Claus W. Gerberich (Hrsg.)

Praxishandbuch Controlling

Claus W. Gerberich (Hrsg.)

Praxishandbuch Controlling

Trends, Konzepte, Instrumente

Bibliografische Information Der Deutschen Bibliothek
Die Deutsche Bibliothek verzeichnet diese Publikation in der Deutschen Nationalbibliografie;
detaillierte bibliografische Daten sind im Internet über <http://dnb.ddb.de> abrufbar.

Dieser Ausgabe liegt ein Post-it® Beileger der Firma
3M Deutschland GmbH bei.

Wir bitten unsere Leserinnen und Leser um Beachtung.

ISBN 978-3-322-90506-2   ISBN 978-3-322-90505-5 (eBook)
DOI 10.1007/978-3-322-90505-5

1. Auflage 2005

Alle Rechte vorbehalten
© Betriebswirtschaftlicher Verlag Dr. Th. Gabler/GWV Fachverlage GmbH, Wiesbaden 2005
Softcover reprint of the hardcover 1st edition 2005
Lektorat: Jens Kreibaum

Der Gabler Verlag ist ein Unternehmen von Springer Science+Business Media.
www.gabler.de

Das Werk einschließlich aller seiner Teile ist urheberrechtlich geschützt. Jede Verwertung außerhalb der engen Grenzen des Urheberrechtsgesetzes ist ohne Zustimmung des Verlags unzulässig und strafbar. Das gilt insbesondere für Vervielfältigungen, Übersetzungen, Mikroverfilmungen und die Einspeicherung und Verarbeitung in elektronischen Systemen.

Die Wiedergabe von Gebrauchsnamen, Handelsnamen, Warenbezeichnungen usw. in diesem Werk berechtigt auch ohne besondere Kennzeichnung nicht zu der Annahme, dass solche Namen im Sinne der Warenzeichen- und Markenschutz-Gesetzgebung als frei zu betrachten wären und daher von jedermann benutzt werden dürften.

Umschlaggestaltung: Nina Faber de.sign, Wiesbaden

Gedruckt auf säurefreiem und chlorfrei gebleichtem Papier

Inhaltsverzeichnis

Vorwort 7

Claus W. Gerberich
Neue Herausforderungen an das Management und das Unternehmenscontrolling 10

Claus W. Gerberich/Thomas Schäfer
Der Weg und die Bausteine zu einem integrierten All-in-one-Management-Konzept 57

Hartmut F. Binner
Prozessorganisation ist die notwendige Voraussetzung für ein funktionierendes
Prozesscontrolling 79

Roland Bardy
Controlling in der Supply Chain 107

Dieter Friedemann
Wertorientiertes Vertriebs-Controlling 139

Bernd Bienzeisler
Die Compentence Card als Mess- und Steuerungsinstrument für die
Dienstleistungswirtschaft 167

Rainer Bürkert
Kalkulation und Management von komplexen Dienstleistungen 185

Guido Leidig
Human-Ressourcen-Risikomanagement: Umfeld, Ablauf, Risikofelder, Instrumente 205

German Jossé
Management von Chance und Risiko 225

Werner Gleißner/Sven Piechota
Die Balanced Scorecard: Chancen und Gefahren – Oder: Wie falsch darf eine
Balanced Scorecard sein 251

Walter Schmidt
Die Messbarkeit von Strategien 271

Petra Clemen
Unternehmenserfolg durch strategische Wirtschaftsmoderation 299

Alexander Fink
Szenarien als Instrumente zur Strategieentwicklung und strategischen Früherkennung 329

Christoph Klingenberg
Erfolgsfaktoren im Management unternehmensweiter Veränderungsprogramme 347

Mario B. Stephan
Das Management der Strategieimplementierung – Initiativen-Management über
Organisationsstufen hinweg 369

Thomas Czekala
Strukturiertes Controlling im Beteiligungsmanagement 389

Arno Kastner
Anforderungen an das Controlling bei der Kreditvergabe 413

Tobias Lotz
Controlling – Herausforderung für einen Nischenanbieter 441

Eugen Hefti
Steuerung der Performance mit KPIs im Maschinen- und Anlagenbau 459

Christoph Lautenbach
Kommunikations-Controlling: Zu Diskussionsstand und Perspektiven 481

Martin Fiedler
Notwendigkeit, Ziele und Gestaltungsmöglichkeiten der IT-Leistungsverrechnung 503

Richard Lederer
Deutscher Corporate Governance Kodex 533

Maren Grau
Das Management von individueller Performance – IT-Unterstützung von
Zielvereinbarungssystemen 561

Peter W. Wetzel
Projektcontrolling im Anlagen-Export 581

Stichwortverzeichnis 609

Literaturverzeichnis 615

Die Autoren 629

Vorwort

Die Unternehmen sind heute mit einer hohen Dynamik der Veränderungen in einer komplexen Welt konfrontiert. Die Erfolgsfaktoren der Vergangenheit können nicht mehr automatisch für die Zukunft fortgeschrieben werden. Neue Erfolgsfaktoren erfordern neue Kernkompetenzen. Immer mehr sind die Unternehmen erfolgreich, die die traditionellen Geschäftsmodelle in Frage stellen und mit neuen Ideen die Spielregeln des Marktes verändern. Dies haben Firmen wie Dell, ALDI, ING-DIBA, Swatch, Ryanair und Nike deutlich bewiesen. Sie alle haben die Märkte verändert und die etablierten Anbieter auf die hinteren Plätze verwiesen.

Die Entwicklung stellt die Rolle des Controllings auf den Prüfstand. Der traditionelle Schwerpunkt der Zahlenermittlung – „bean accounting" – verliert dramatisch an Bedeutung. Neue Methoden im Controlling, eine Verschiebung des Arbeitsschwerpunktes sowie ein neues Rollenverständnis sind gefragt. Während die bisherigen Methoden des Controllings sehr stark nach innen und auf die Vergangenheit orientiert waren, ist heute der Schwerpunkt auf die Zukunft und die Außenorientierung wie Eigentümer, Kunden, Lieferanten und Mitarbeiter gerichtet. Während in der Vergangenheit Einzeloptima im Vordergrund standen, rückt die ganzheitliche Betrachtung immer mehr in den Vordergrund des Handelns. Instrumente wie die Balanced Scorecard beweisen dies sehr deutlich.

Das Praxishandbuch Controlling zeigt, vor welchen Herausforderungen die Unternehmen heute stehen und wie sich das Controlling ausrichtet, um diesen Anforderungen erfolgreich gerecht zu werden. Die Beiträge zeigen die Spannweite der Instrumente und Fragen und verdeutlichen auch, dass das Gewicht und die Relevanz der immateriellen Werte und das ganzheitliche Denken und Handeln für die Erfolgssteuerung immer mehr an Bedeutung gewinnen. Der Controller rückt zunehmend in die Rolle des Change Managers und des Coaches für erfolgreiche Veränderungsprozesse. Er wird zum Partner und Begleiter des Managements.

Der Herausgeber und die Autoren zeigen mit ihren Beiträgen, wie vielseitig das Controlling ist und welche Impulse es in der Zukunft zu setzen hat. Das Praxishandbuch erhebt keinen Anspruch auf Vollständigkeit und wissenschaftliche Fundierung sondern ist von der Praxis für die Praxis geschrieben.

Ganz besonderer Dank gilt meiner Assistentin Frau Mandy Penzel, die die Koordination mit den Autoren übernommen hat und alle Texte mit Fleiß und Genauigkeit formatierte, Herrn Jens Kreibaum als Lektor des Gabler Verlages, der auf Termineinhaltung und Textqualität achtete und meiner Mitarbeiterin Frau Gabi Brandt-Uherek, die mir in dieser hektischen Zeit erfolgreich den Rücken freigehalten hat.

Prof. Dr. Claus W. Gerberich

Neue Herausforderungen an das Management und das Unternehmenscontrolling

Claus W. Gerberich

1.	Einführung	10
2.	Neue Anforderungen an die Unternehmen und das Management	10
3.	Die neuen Anforderungen an das Controlling	12
4.	Integriertes Change Management	17
5.	Systematische Erschließung der Gewinnpotenziale durch Business Design	19
6.	Wertsteigerung durch Unternehmensrestrukturierung im Rahmen des Value Based Managements	20
7.	Managen von Komplexität und Dynamik – eine große Herausforderung für heutige Unternehmen	22
8.	Die Balanced Scorecard – ein innovatives Management Tool – Die Phasen des Aufbaus einer Balanced Scorecard	46

1. Einführung

Die Herausforderungen an die Unternehmen und deren Führung haben sich in den letzten Jahren dramatisch verändert. Die Ansprüche an die strategischen Basisziele wie eine angemessene Kapitalverzinsung, einen stetigen und hohen Cash-flow und eine kontinuierliche Wertsteigerung sind zwar inhaltlich die gleichen geblieben, haben sich jedoch in der Höhe des Zielniveaus und der Dynamik der Veränderungen deutlich verschoben.

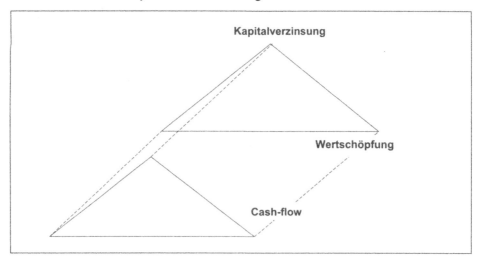

Abbildung 1: *Dynamik der Zielgrößen*

2. Neue Anforderungen an die Unternehmen und das Management

Die Anforderungen an die Erfolgsfaktoren Qualität, Zeit und Kosten der Produkte und Dienstleistungen haben sich dadurch deutlich verändert. Insbesondere die immer schnelleren Veränderungen in den Märkten und den Wettbewerbspositionen und die Kopplung unterschiedlicher Aspekte wie die Verkürzung der Lebenszyklen, die Schrumpfung der Technologiezyklen, die Reduzierung der Innovationszeiten, die Kombination von Produkten und Dienstleistungen als Problemlöser bzw. Systemanbieter, die Reduzierung der Fertigungstiefe und der Aufbauen von Partnerschaften durch ein Single Sourcing tragen dazu bei, dass wir heute permanent vor einer großen Vielfalt von Herausforderungen gleichzeitig stehen. Die

Neue Herausforderungen an Management und Controlling

Globalisierung der Märkte, die Konzentration auf die Kernkompetenzen, die Stärkung und Beherrschung der relevanten Kernprozesse, die immer bessere Ausrichtung aller Produkte und Leistungen auf den individuellen Kunden, das Erfüllen seiner Anforderungen und Erwartungen durch das permanente Abgleichen der eigenen Leistung mit dem Kundennutzen und der rasche Wandel in der Informationstechnologie haben die Anforderungen an das Management und das Controlling radikal verändert. Vergangenheitsorientierung und allgemeine Aussagen („Wir sind kundenorientiert"; „Wir sind ein mitarbeiterorientiertes Unternehmen", „Wir sind kostenbewußt") helfen da nicht mehr weiter.

Trägt das bisherige Planen, Entscheiden, Führen und Steuern durch das Controlling diesen Veränderungen Rechnung? Werden allein mit den finanziellen Ergebnissen der Vergangenheit wie standardisierten Monats- und Quartalsberichten und schematisierten Plan-Ist-Vergleichen, die relevanten Probleme und Krisenfrühindikatoren ausgewiesen und der richtige Weg in die Zukunft gezeigt?

Felder der Früherkennung		Relative Position				
		- -	-	0	+	+ +
1. Technologie	•Reifegrad der Technologie •Stärke in der Technologie					
2. Kunden	•Heutige Kundenanforderungen •Zukünftige Kundenanforderungen					
3. Wettbewerber	•Bisherige Wettbewerber •Neue Wettbewerber					
4. Geschäftsmodell	•Altes Geschäftsmodell •Neues Geschäftsmodell					
5. Randbedingungen	•Normen •Gesetze •Vorschriften					
6. Preispolitik	•Strategisches Pricing •Target Pricing •Life Cycle Pricing					
7. Mitarbeiter	•Motivation •Know-how •Empowerment					

Abbildung 2: Felder der Früherkennung

Die Früherkennung von Veränderungen rückt damit immer mehr in den Mittelpunkt der Unternehmenssteuerung.

3. Die neuen Anforderungen an das Controlling

Die neuen Herausforderungen erfordern nicht nur neue Steuerungsgrößen sondern auch eine andere Form der Zusammenarbeit und Rollenverteilung in der Unternehmenssteuerung.

Das *traditionelle Rollenverhältnis* zwischen Management und Controller muss daher in Frage gestellt werden. Gibt es nicht nur Schnittstellen zwischen Führungs- und Controllingaufgaben oder wird das heutige Controlling nicht elementarer Bestandteil jeder Führungsaufgabe? Die traditionellen Grenzen zwischen Controlling und Management heben sich auf. Hergebrachte Rollenbilder werden damit fraglich. Selbststeuerung gewinnt immer mehr die Oberhand. Fremdsteuerung ist ineffizient und kommt zu spät. Integrierte Dialogsysteme wie SAP R/3 und neue Organisationsformen wie die interdisziplinäre Teamarbeit, die ergebnisverantwortliche Gruppenarbeit und sich selbst steuernde Fraktale fördern dieses Denken und Handeln.

gestern	**morgen**
80% Vergangenheitsdaten	20% Vergangenheitsdaten
20% Zukunftsgestaltung	80% Zukunftsgestaltung

Abbildung 3: Schwerpunktverlagerung der Controller-Tätigkeiten

Zeitnahes und problemorientiertes Controlling wird zu einer entscheidenden Steuerungsfunktion für das Management. Der Controlling-Service entspricht nur dann den Anforderungen des Kunden – und der Kunde ist das jeweilige Management auf allen Ebenen – wenn dadurch die Aufgaben des Managements schneller, besser und effizienter gelöst werden können. Diese Aufgaben sind Veränderungsaufgaben und zukunftsorientiert. Daher sollte sich auch das Controlling der 80:20 Regel anpassen. Maximal 20 Prozent der Aktivitäten sollten der Vergangenheit dienen und 80 Prozent der Aktivitäten sollten zukunftsorientiert sein. Der Controller wird zum Trainer und Coach für das Management. Dieser Aufgabe kann er nur gerecht werden, wenn er sich auf das Wesentliche konzentriert. Was jedoch ist wesentlich?

Neue Herausforderungen an Management und Controlling

Diese Frage kann der Controller allein nicht beantworten, sondern dies müssen seine Kunden – die Empfänger und Nutzer der Informationen – ihm nennen. Controller-Service muss dialogorientiert sein und hat daher zuerst die Bedürfnisse und Anforderungen der Kunden zu ermitteln und dann seinen Werkzeugkasten und seine Berichte und Analysen darauf auszurichten. Er hat interner Dienstleister zu sein.

Bei einer aktuellen Befragung von 100 Controllern aus Großindustrie und mittelständischen Unternehmen durch das Institut für Controlling an der FH Heilbronn wurde diese Aufgabe jedoch in den Tätigkeitsfeldern der Controller überhaupt noch nicht genannt. Es besteht somit noch eine gravierende Lücke in der Kundenorientierung des Controlling. Dies reflektiert sich auch in den Zahlenfriedhöfen des Controlling. Das Controlling ist zu stark methodengetrieben und nicht primär von der Erfüllung des Kundennutzens geprägt.

Die bisherige Methodenkompetenz des Controllers muss durch die Team-, Koordinations- und Sozialkompetenz ergänzt werden. Die Programme des Total Quality Management und des Costumer Focus müssen auch in das Handeln und Denken der Controller einfließen. Welchen Nutzen bringt die weitere Verfeinerung der innerbetrieblichen Leistungsverrechnung im BAB und der „vermeintlich" exakten Verteilung der angefallenen Gemeinkosten gegenüber dem Aufbau von neuen Daten in der Messung und Steuerung der Kundenzufriedenheit oder der Daten bezüglich des vorhandenen und tatsächlich im Unternehmen genutzten Wissens? Der Treiber für das Controlling-Werkzeug kann doch nicht der angefallene Kostenblock sein, sondern vielmehr die bessere Erfüllung der Kundenbedürfnisse. Die traditionell enge Verzahnung des Controlling mit dem Finanz- und Rechnungswesen verleitet immer wieder dazu, den Kosten- und Finanzdaten die überragende Bedeutung für die Steuerung zuzuordnen. Dies sind aber nicht die Frühindikatoren von Chancen und Risiken sondern erst deren zeitlich später erkennbaren Auswirkungen.

Die Wissens-, Innovations-, und Wettbewerbsposition des Unternehmens zu stärken, verlangt somit ein deutlich verändertes Informationssystem und ein neues Rollenverständnis und -verhalten aller Beteiligten. Die alten Controlling-Methoden und Controlling Daten reichen dazu nicht aus, ja können sogar gefährlich sein.

Dies beweisen auch aktuelle empirische Forschungen zum Krisenmanagement. Umbrüche und Unternehmenskrisen wurden vom Controlling oft nicht oder zu spät bzw. falsch erkannt. Der Controller war sehr häufig ein schlechter Krisendiagnostiker. Das Controlling blickte in die Vergangenheit, baute auf Daten der Finanzen und der Kostensphäre auf und setzte damit falsche Signale. Der Controller ist primär noch Datenschaufler und Datenverdichter; er geht den Weg von den Kostenarten über die Kostenstellen und die Kostenträger bis zur Verdichtung für Vorstands- und Aufsichtsratsbericht. Die buchhalterische Genauigkeit der Daten und die Bildung und Prüfung der Abstimmbrücke zwischen der internen Kosten- und Leistungsrechnung und der externen Gewinn- und Verlustrechnung sind ihm wichtiger als das Bemühen, unsichere Daten zum Kunden, zum Wettbewerb und zu den Mitarbeitern zu beschaffen, und das Bestreben, die Qualität und Sicherheit dieser Daten permanent zu verbessern und diese dann durch Ursache-/Wirkungsanalysen in einer Balanced Scorecard ausgewogen zu verknüpfen.

Es sind daher folgende kritische Fragen zu stellen:

- Wann, wo und wie beschäftigt sich der Controller mit seinen Kunden?
- Wie fließen die Anforderungen und Erwartungen der Kunden und ihre Präferenzen in die Kostenpolitik der Produkte und die Steuerung der Prozesse ein?
- Kann von Kundenorientierung gesprochen werden, wenn der Controller oft nicht einmal weiß, welche Prioritäten der Kunde Produkten und Leistungen zumisst?
- Welche Aktivitäten betreibt er zur Förderung der Innovationskraft und der Innovationsfähigkeit der Unternehmung, wenn wir wissen, dass die Innovationsfähigkeit der Schlüssel zum Überleben ist?
- Wie steuert er die Gestaltung neuer Produkte und Leistungen, die in der Zukunft die Basis für den Ertrag sind?
- Wie steuert er das Zeitmanagement, wenn die Reduzierung und Beherrschung der Prozesszeiten immer wichtiger zum Überleben werden?
- Orientiert er sich immer noch an der traditionellen Betrachtungsweise des Monats für die Herstellkosten eines Produktes oder steuert er die gesamten Lebenszykluskosten der Produkte, da die Zykluszeiten deutlich kürzer geworden sind und die Anforderungen heute so gestellt werden müssen, dass sich das Produkt über den gesamten Lebenszeitraum rechnet und angemessen amortisiert?
- Wie beachtet er das Know-how und das Wissen der Mitarbeiter im Unternehmen? Sind die Investitionen in Anlagevermögen (Investitionsrechnungen) immer noch wichtiger für den Controller als das Wissen der Mitarbeiter (Knowledge Management)?
- Wie erkennt und steuert er Veränderungsprozesse im Unternehmen und wie misst er deren Effizienz?
- Kennt er nicht nur die Kapitalverschwendung in Anlagevermögen und Umlaufvermögen, sondern auch in der Ineffizienz der Geschäftsprozesse?

Die effektive Unternehmenssteuerung hat ganzheitlich, vernetzt, außen- und zukunftsorientiert zu erfolgen.

Der monatliche Standard-Controlling-Bericht wird durch das nach vorne zeigende Cockpit Chart ergänzt. Diese Fragestellungen erfordern nicht nur neue Controlling-Werkzeuge, sondern auch ein neues Verhalten und Rollenspiel des Controllers. Er wird zum Partner des Managements, Coach von Teams und Führungskräften und Moderator von permanenten Veränderungsprozessen. Dies verlangt nicht nur eine Neuausrichtung der Arbeit des Controllers, sondern auch neue Qualifikationen. Die heutigen Arbeitsschwerpunkte und Ausbildungen des Controllers erfüllen die Voraussetzungen von morgen für die Erfolgssteuerung noch nicht.

In unserer aktuellen Umfrage unter Controllern hat sich gezeigt, dass die Controller *folgende Aufgaben in der Zukunft* als ihre wichtigsten ansehen:

- Berater bei komplexen betriebswirtschaftlichen Fragestellungen
- Steuerung mit Cockpit Charts zur Navigation
- Experte für die Integration von Teilaspekten und Steuerung des Gesamtzusammenhangs
- Initiator und Moderator von Veränderungsprozessen
- Initiator und Moderator von Lernprozessen
- Wirtschaftlicher Berater bei der Produktentwicklung und -gestaltung
- Wissensmanager und Spezialist für Know-how-Transfer
- Architekt für Informationslandschaften
- Spezialist für Prozessabläufe

Diese Aufgabenliste zeigt damit deutliche Veränderungen gegenüber den klassischen Aufgaben des Kostenrechners und Datenverwalters. Vom Zahlenknecht wird er zum Berater und Moderator.

Die *heutigen Aufgaben des Controllers* zeigen jedoch in dieser Umfrage in ihren Prioritäten noch eine ganz andere Reihenfolge:

- Kostenmanager
- Buchhaltungsexperte
- Wartung und Entwicklung des Planungs- und Kostenrechnungssystems
- Sichern der Abstimmbrücke
- Sicherstellung der Einheitlichkeit der Kalkulationsmethoden
- Initiator für quantitative und qualitative Analysen
- Berater bei betriebswirtschaftlichen Fragestellungen

Aufgrund der dramatischen Veränderungen in den Aufgabenbereichen ergibt sich auch ein *neues Anforderungsprofil an den Controller* in der Zukunft. Neben den traditionellen Fähigkeiten des Controllers wie analytisches Denkvermögen und der Fähigkeit, komplexe Probleme darzustellen, treten folgende Anforderungen verstärkt in den Vordergrund:

- Moderations- und Kommunikationsfähigkeit
- Teamfähigkeit
- Trainerfähigkeit
- ausgeprägtes Kunden- und Lieferantendenken
- Veränderungsbereitschaft
- Überzeugungsfähigkeit

- Konflikt- und Konsensfähigkeit
- Kenntnisse über individuelles und organisatorisches Verhalten
- Mehrdimensionalität in Denken und Handeln

Allein wenn diese Anforderungen erfüllt werden, ist die Basis gegeben, dass der Controller erfolgreich Veränderungsprozesse moderiert und akzeptierter Partner des Managements wird.

Durch das veränderte Markt- und Wettbewerbsumfeld gewinnen auch neue Controlling-Methoden an Bedeutung. In unserer Umfrage wurden folgende *Anforderungen an die Methoden* im Controlling für die Zukunft gestellt:

- Parallele Steuerung der Erfolgsfaktoren Qualität, Zeit und Kosten
- Beherrschen der Kernprozesse
- Steuerung und Verbesserung von Prozessen
- Aufzeigen interner und externer Kundenanforderungen durch Zielkostenmanagement
- Permanentes Benchmarking zur Leistungssteigerung
- Integration der Erwartungen aller Zielgruppen über Balanced Scorecard
- Verknüpfung von strategischen und operativen Maßnahmen
- Mehrdimensionale Cockpit Charts
- Steuerung des Wissensmanagements und effiziente Wissensnutzung
- Ganzheitliches Steuern der Produkte über den Lebenszyklus
- Ganzheitliches Steuern der Kosten und des Nutzens von Lieferanten (Total Cost of Ownership)
- Permanentes Verändern der Strukturen und Abläufe

Change Management wird zum Tagesgeschäft und verlangt vom Controller die Bereitschaft, sein Profil, seine Rolle und seinen Methodenkasten permanent zu verändern. Nur das richtige Zusammenspiel von Anforderungen, Verhalten und Methoden aller führt zum Erfolg. Hier gilt es noch viel zu tun. Wenn der Controller sich nicht verändert, dann wird er geändert.

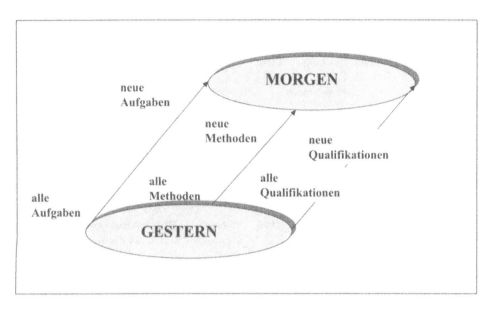

Abbildung 4: *Change Management im Controller-Bild*

4. Integriertes Change Management

Alle Veränderungen erfordern ein integriertes und komplexes Change Management. Change Management muss daher durchgängig aufgebaut sein.

In diesem durchgängigen Prozess sind die Veränderungen zu erkennen und auf ihre Relevanz zu prüfen und in ihrer Ursache Wirkungskette auf die Ziele abzubilden.

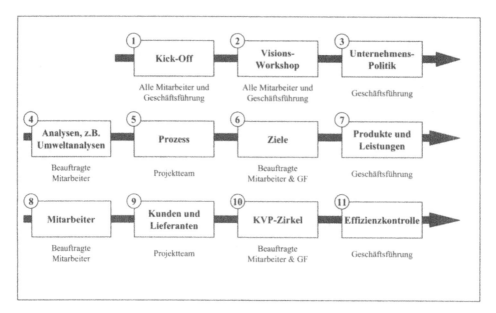

Abbildung 5: Schritte zur Einführung eines integrierten Managementsystems

Für einen erfolgeichen Change Prozess sind folgende Grundregeln zu beachten:

- Keine Suboptimierungen, sondern eine ganzheitliche Betrachtung und Lösung
- Konkreter Geschäftsbezug des Change Managements abgeleitet aus Unternehmenszielen oder einer SWOT Analyse
- Gleichzeitige Neuausrichtung von Strategie, Unternehmensorganisation, Prozessen und Change Management zur Beschleunigung der Umsetzung
- Einbeziehen aller Betroffenen schon im Anfangsstadium
- Einbeziehung der Motivations- und Verhaltensebene statt nur der Sachebene
- Intensive und offene Kommunikation mit allen geeigneten Medien
- Kontinuierliche hohe Energiezufuhr während des gesamten Prozesses durch den CEO, die Unternehmensspitze muss permanent hinter dem Projekt stehen
- Systematisches Erkennen und Überwinden der Veränderungsbarrieren
- Verbindlichkeit des Changes Prozesses und der dort gemachten Aussagen

5. Systematische Erschließung der Gewinnpotenziale durch Business Design

Das Management steht heute vor der permanenten Herausforderung, immer wieder neue Gewinnpotenziale zu erkennen und zu erschließen. Das Business Design hat unerfüllte Kundenwünsche und Kundenprioritäten zu erkennen und daraus Wertsteigerungspotenziale zu realisieren. Dazu ist es wichtig, das geeignete Gewinnmodell als Mechanismus um die Potenziale voll auszuschöpfen zu können. Die bekannten Gewinnmuster dienen als Referenzmodell für die Entwicklung des unternehmensspezifischen Konzeptes. Dabei reicht es jedoch nicht aus, nur ein Gewinnmodell zu kopieren, sondern erfolgreiche Champions kombinieren sinnvoll mehrere Gewinnmodelle zu einem Unikat.

So hat Coca-Cola eine Kombination aus Markenmanagement und Beherrschung der Wertschöpfungskette angewendet, während Nokia oder Swatch das Gewinnmuster der Produktpyramide gewählt haben. Eine breite Produktpalette deckt unterschiedliche Kundenanforderungen ab, der größte Gewinn wird jedoch an der Produktspitze mit den hochwertigen Prämienprodukten generiert.

Intel und Trumpf setzen auf den Zeitvorteil. Innovative Produkte generieren für eine kurz Zeitspanne besonders hohe Gewinne, bevor Nachahmer die Spannen verringern.

Die sieben wichtigsten Gewinnmuster sind die folgenden:

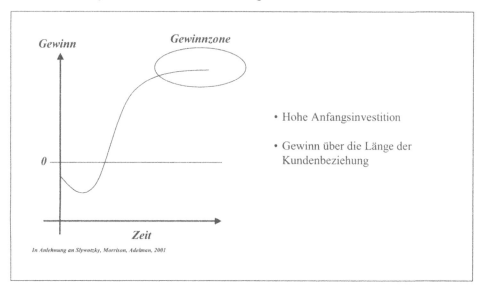

Abbildung 6: Gewinnmuster

6. Wertsteigerung durch Unternehmensrestrukturierung im Rahmen des Value Based Managements

Das klassische und häufig sehr kurzfristige Umsatz-, Kosten- und Ergebnisdenken wird immer stärker ersetzt durch das Denken und Handeln in Werten und in Wertsteigerung. Das Schaffen und Erhalten von Werten steht heute im Vordergrund des Managements. Dies gilt für strategische Aspekte der Unternehmensentwicklung als auch für das operative Handeln im Tagesgeschäft.

Werte schaffen ist entscheidend für die Verbesserung der Ertragskraft und des Shareholder Return aber ebenso entscheidend für die Krisenfrüherkennung und Krisenvermeidung. Hier sind die Wertevernichter zu identifizieren, die spezifischen Wertetreiber zu kennen, um damit eine wertorientierte Restrukturierung von Unternehmen zu realisieren. Dies ist mehr als nur kurzfristiges Kostensenken oder schnell Ergebnissprünge zu realisieren.

Wertmanagement erfordert neue Verhaltensweisen und neue Instrumente im Controlling aber auch neues Denken in den Köpfen aller Mitarbeiter. Die Innenorientierung macht der externen Orientierung Platz und die Vergangenheitsbewältigung weicht der prospektiven Zukunftsbetrachtung.

Wertmanagement hat sich im ersten Schritt mit den Werten in einem Unternehmen zu beschäftigen. Dies beginnt bei den Leitbildern und bei der Unternehmensvision. Ohne diese Wertvorstellungen fehlt allen der gemeinsame Denk- und Handlungsrahmen. Die Vision schafft die Kraft, um die Wertziele anzugehen und auch zu erreichen.

Unternehmen, die Spitzenleistungen erreichen, besitzen eine ausgeprägte Unternehmenskultur und entwickeln diese permanent weiter. Dies muss praktiziert und vorgelebt werden. Visionen sind durch Personen geprägt und nicht durch Handbücher oder Hochglanzbroschüren. Dies ist auch die erste Leitlinie für eine erfolgreiche Restrukturierung von Unternehmen. Die Personen die jahrelang Wertvernichtung betrieben haben, sind daher kaum geeignet, die Wende zu schaffen und die Wertsteigerung wieder einzuleiten.

Wertsteigerung heißt, alle Anforderungen der verschiedenen Interessengruppen (Stakeholder) eines Unternehmens zu kennen, zu beachten und möglichst optimal zu erfüllen. Stakeholder sind natürlich die Eigentümer des Unternehmens aber auch Kunden, Lieferanten, Mitarbeiter und der Staat.

Krisenfrüherkennung bedeutet zu erkennen, welche Erwartungen der verschiedenen Interessengruppen nicht erfüllt oder schlechter erfüllt werden als dies der Wettbewerb kann. Daraus werden Ansätze eines Restrukturierungsprogramms geschaffen, das eine einseitige Betrachtung der Werte und des Wertsteigerungsmanagements allein aus Sicht der Stakeholder vermeidet und alle Interessengruppen in das Programm einbezieht. Wertsteigerung für alle Interessengruppen und erfolgreiches Krisenmanagement sind daher eng miteinander verbunden.

Eigene empirische Untersuchungen des Instituts für Controlling der FH Worms haben gezeigt, dass nur dann eine stabile Wertsteigerung realisiert wird, wenn die Unternehmen möglichst parallel sowohl den Kundenwert als auch den Unternehmenswert steigern. Ein Shareholder Value kann nur dann langfristig erreicht werden, wenn permanent Wertsteigerung für den Markt und die Kunden geschaffen werden. Schaffen von Kundenwert ist die Vorsteuergröße für das Schaffen von Aktionärswert.

> **Die zentralen Fragen der wertorientierten Restrukturierung lauten daher**
> - Wo werden Werte geschaffen?
> - Wo liegen die Wertetreiber?
> - Wo werden Werte vernichtet?
> - Wo liegen die Wertevernichter?

Die Wertevernichter dringen wie Viren in das Unternehmen ein. Die Krankheitsbilder des Unternehmens entstehen durch eine strategische Ausrichtung auf die falschen Märkte und das Nichterkennen der in den Zielmärkten entscheidenden Kernkompetenzen. Dies schlägt sich in strategischen Schwächen nieder, aber noch nicht sofort in Ergebnisschwächen.

Auf der operativen Ebene (G+V und Bilanz) beginnen häufig die Zersetzungsprozesse durch das Produktprogramm und das Sortiment. Es schleichen sich kranke Produkte in das Programm ein – sprich Produkte mit negativem Deckungsbeitrag. Wird dies nicht rechtzeitig erkannt, zieht das kranke Produkt rasch weitere kranke Produkte nach sich und wirkt sich bald auf die gesunden Produkte aus, die schließlich dann auch vom Verlust-Virus infiziert werden.

Es sind jedoch nicht nur die Produkte, sondern auch die Prozesse die das Unternehmen in die Krise führen können. Der Wirkungsgrad des Prozesses ist vielfach erschreckend schlecht und führt nicht nur zur Unzufriedenheit der Kunden sondern zu einem überproportionalen Anstieg der Gemeinkosten. Die Kostenstruktur verschlechtert sich, die Starre des Unternehmens tritt ein.

Das Steuern und Beherrschen der kundenorientierten Geschäftsprozesse rückt dabei immer stärker in den Vordergrund der Wertsteigerung. Beherrscht ein Unternehmen seine zentralen Kernprozesse wie die Auftragserlangung, die Auftragsabwicklung, die Innovation und die Serviceprozesse so kann sie dadurch Wertvernichter erkennen und stoppen und mit geringerem Ressourceneinsatz für den Kunden einen höheren Wert schaffen. In Zukunft entscheidet sich der Wettbewerb nicht mehr allein über die Produkte, sondern immer stärker über das Beherrschen der kundenorientierten Prozesse.

Werte für den Kunden werden daher immer in der Kombination von Produkten und kundenorientierten Prozessen geschaffen. Dabei stehen die Kernprozesse Auftragserlangung, Auftragsabwicklung, Innovation und Kunden-Service im Vordergrund. Diese Tätigkeiten werden in verschiedenen Kostenstellen des Unternehmens angestoßen und durchgeführt. In der traditionellen Unternehmenssteuerung mit Kosten- und Leistungsrechnung sind diese Kosten den Gemeinkosten zugeordnet und dann anhand eines Schlüssels den Produkten zugeordnet bzw. eher willkürlich zugeschlagen. Bei niedrigen Gemeinkosten und bei einem engen und sehr ähnlichem Sortiment mag dies noch tendenziell richtig sein, dies ist jedoch heute in den Unternehmen nicht mehr die Realität. Unternehmen verfügen heute über sehr breite Sortimente mit einem großen Variantenreichtum und haben deutlich andere Kostenstrukturen als vor 30 Jahren. Der Anteil der Gemeinkosten ist überproportional stark und permanent gestiegen, während der Anteil der Einzelkosten tendenziell geschrumpft ist. Daher wird die Bezugsbasis in der traditionellen Zuschlagskalkulation immer kleiner und damit die Gefahr immer größer, dass die Kalkulationsform zu falschen Ergebnissen und Resultaten führt. Viren dringen in das Sortiment ein und führen zum Renner-Penner- Problem. Die Penner werden nicht erkannt und eliminiert, die Renner werden nicht entwickelt und gefördert. Wertsteigerung zeigt, wo im Unternehmen Gefahrenpotenziale im Sortiment schlummern und wie dann mit Hilfe einer Prozesskostenrechnung und einer prozessorientierten Kalkulation diese Schwachstellen erkannt und beseitigt werden können.

Wertsteigerungspotenziale zu erkennen und aufzuspüren ist nicht nur eine Frage der Aktionäre und des Unternehmensmanagements sondern auch eine vitale Frage der finanzierenden Banken. Die klassische Bilanzanalyse hat dabei ihre Grenzen erreicht und ist heute durch umfassende Ratingsysteme zu erweitern. Diese positionieren die Unternehmen in einem Benchmarking mit den Besten der Branche und beziehen ebenso den wichtigen Faktor der Qualität des Managements und die Zukunftsperspektiven in das Rating mit ein. Denn es sind nicht nur die Produkte, die Methoden und Prozesse, die ein Unternehmen auszeichnen, sondern es ist das Management und seine Qualität, die die Fähigkeit schaffen, alle Wertkategorien optimal zu erkennen und zu kombinieren.

7. Managen der Komplexität und Dynamik – eine große Herausforderung für heutige Unternehmen

Wertmanagement hat durch die steigende Komplexität und Dynamik eine neue anspruchsvollere Dimension bekommen. Die Veränderungen kommen rascher, die Halbwertzeiten werden kürzer und die Komplexiät der Produkte und Prozesse in der gesamten Supply Chain haben überproportional zugenommen.

In der Automobilindustrie ist die Komplexität und Dynamik wettbewerbsentscheidend geworden. Eine hohe Komplexität der Produkte und der Produktpalette gehen einher mit immer kürzeren Modellzyklen und einem kürzeren Time to Market. Dadurch sind heute schon 60 Prozent der Kosten Komplexitätskosten.

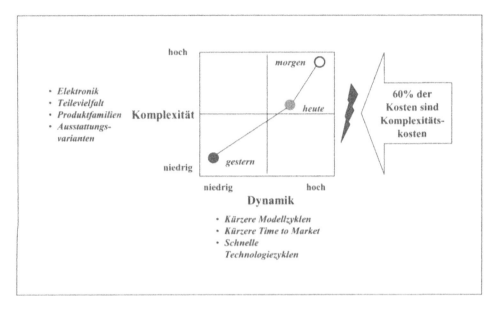

Abbildung 7: Komplexität und Dynamik in der Automobilindustrie

7.1 Veränderungen als Impulsfaktor

Veränderungen sind nichts Neues, unsere Welt ist permanent Veränderungen unterworfen. Neu ist jedoch die Komplexität und Dynamik der Veränderungen. Unsere Wirtschaft ist heute geprägt von einer hohen Zahl an Veränderungen und einer hohen Veränderungsgeschwindigkeit. Das Management von Veränderungen wird damit zum unternehmerischen Erfolgsfaktor. Veränderungen sind rechtzeitig zu erkennen, ihre Relevanz für das Unternehmen zu ermitteln, daraus geeignete Maßnahmen abzuleiten und erfolgreich umzusetzen.

Stabilität weicht Dynamik, Spätindikatoren weichen Frühindikatoren, Innenorientierung weicht Außenorientierung, Trendprognosen weichen Szenarien.

Dabei ist es wichtig, Veränderungen früh zu erkennen und zu handeln. Je später Veränderungen erkannt werden, um so schwieriger wird die Einleitung von Gegensteuerungsmaßnahmen. Dagegen hilft das Denken in Ursache-Wirkungsketten. Eine Kette von in ihrer Ursache-Wirkungskette miteinander verknüpften Indikatoren wird abgebildet. Dabei sind nicht nur die Ursache-Wirkungsketten zu ermitteln, sondern auch die Lead Time zwischen den einzelnen Werten sowie die Stärke ihrer Verzahnung. So beträgt die Lead Time im Anlagenbau zwischen Anfrage und Umsatzrendite des abgewickelten Auftrages zwölf bis 24 Monate, während die Lead Time im Bereich Commodities oft nur Tage oder sogar Stunden ausmacht.

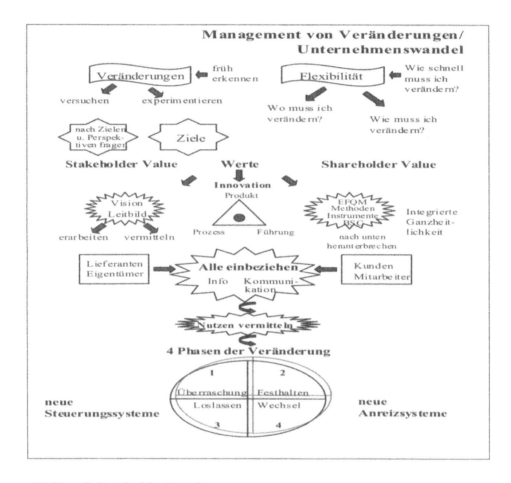

Abbildung 8: *Kreislauf des Veränderungsmanagements*

In einer Zeit, in der es nur zwei Konstanten – die Beschleunigung der Veränderung und die zunehmende Komplexität aller Dinge – zu geben scheint, muss ein Unternehmen immer darauf vorbereitet sein, unvorhergesehene Möglichkeiten zu nutzen, schlecht kalkulierte Risiken abzuwenden und die Antwortgeschwindigkeit auf neue Bedürfnisse der Kunden und unerwartete Aktionen der Konkurrenten zu erhöhen. Dazu ist eine klare Unternehmensstrategie erforderlich.

7.2 Ballonfahren und strategisches Management

Ballonfahren oder Strategien entwickeln: Beides heißt, sich mit Mut auf Etwas einzulassen, was „in die Höhe gehen soll". Es braucht den Visionär, der das Ziel vorgibt. Dieser wiederum benötigt eine kompetente Bodenmannschaft, denn die Arbeit im Vorfeld ist entscheidend, damit das „Abheben" gelingt. Man ist dem Wind ausgesetzt. Es gilt, den Boden nicht zu verlieren, und den gewonnenen Überblick zu nutzen. Der Korb ist eng – die Kommunikation mit den Mitarbeitern ist entscheidend. So verhält es sich auch mit der Strategie. Sie braucht Visionen, aber auch die nötige Bodenhaftung.

7.2.1 Strategie im Rahmen des Veränderungsmanagements

Strategien müssen auf vier Ebenen formuliert werden: auf der Ebene der Produkte, der strategischen Geschäftseinheiten, auf Unternehmens- und auf Netzwerkebene. Dabei sind die goldenen Regeln der Strategie zu beachten, d. h. sich in die Lage nach Eintritt des unsicheren Ereignisses zu versetzen und ethische Grundsätze des Handelns beachten. Die unsicheren Ereignisse sind in Szenarien zu erfassen, zu bewerten und miteinander zu vernetzen.

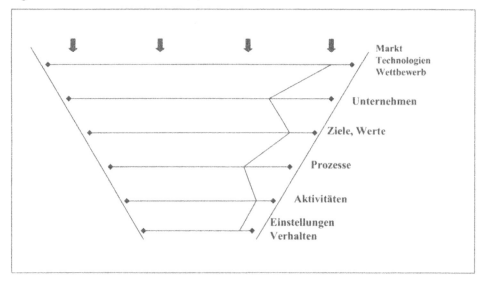

Abbildung 9: Filter im Veränderungsmanagement

7.2.2 Setzen von Filtern im Veränderungsmanagement

Die Unternehmen sind heute von einer Vielzahl von Veränderungen betroffen. Die Relevanz dieser Veränderungen auf die Werte und Ziele sind jedoch sehr unterschiedlich. Daher sind mehrere Filter zu setzen, die zeigen, welches die besonders relevanten Veränderungen sind und wie diese in ihrer Wirkung alle Ebenen des Unternehmens beeinflussen (s. Abbildung 9).

Frühindikatoren zeigen erste Signale für neue Trends auf, die sich im Laufe der Zeit verstärken und dann ihre volle Wirkung zeigen. Frühindikatoren zeigen noch keine oder nur eine schwache Wirkung auf Umsätze oder Ergebnisse. Dies können neue Technologien sein oder veränderte Kundenanforderungen insbesondere bei Lead Usern, aber auch Trends für neue Gesetze oder Normen. Ebenso können es neue Wettbewerber sein, die in den Markt eindringen wollen oder Veränderungen, die in der Supply Chain die Spielregeln des Geschäftes beeeinflussen. Das klassische Five Forces Modell von Porter ist ein gutes Instrument, um diese Veränderungen frühzeitig zu erkennen und in ihrem Einfluss auf die Rivalität der Branche zu bewerten.

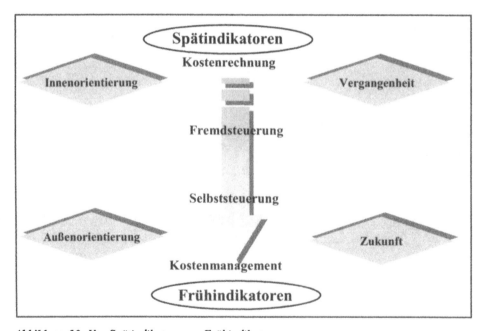

Abbildung 10: *Von Spätindikatoren zu Frühindikatoren*

Neue Herausforderungen an Management und Controlling

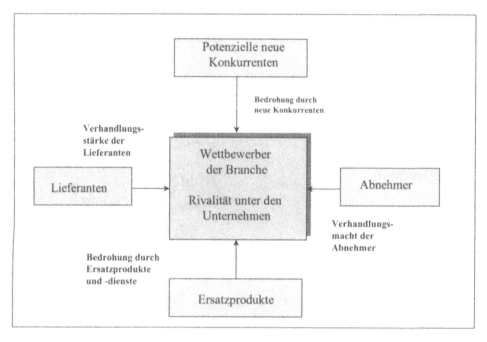

Abbildung 11: Einflussgrößen der Wettbewerbsintensität nach Porter

Anhand dieses Modells wird ermittelt, wie stark der Druck auf ein Unternehmen heute bzw. morgen ist und wie sich im Laufe der Zeit dieser Druck auf Preise, Kosten, Leistungen und Rendite auswirken wird. Dadurch können frühzeitig die richtigen Maßnahmen selektiert und priorisiert werden.

7.3 Veränderungen des Geschäftsmodells

Veränderungen erfordern Aktionen, keine Reaktionen. Nur durch antizipative Maßnahmen können Veränderungen als Chancen genutzt werden. Viele Veränderungen lassen sich im bisherigen Geschäftsmodell des Unternehmens durch Kostensenkungen, Reorganisationen, In-/Outsourcing oder Prozess Engineering abfedern. Besonders gravierende Veränderungen verpuffen jedoch beim bisherigen traditionellen Geschäftsmodell, das alle Player im Markt anwenden. Daher ist es dann entscheidend, das alte Geschäftsmodell durch ein neues zu ersetzen. Mit dem neuen Geschäftsmodell ändert das Unternehmen die Spielregeln des Marktes und setzt damit neue Standards im Markt. So wird ein neues Verhaltensmodell geschaffen und alte Erfolgsfaktoren durch neue ersetzt. Der Erfolg der „Billigflieger" wie Ryanair ist nicht nur auf einfache Kostensenkung zurückzuführen, sondern auf ein völlig neues Konzept der Markterschließung und -bearbeitung. Dadurch können etablierte, bisher erfolgreiche Anbieter schnell überholt werden. Neue Erfolgsfaktoren fordern aber auch neue Kernkompetenzen. Mit den alten Kernkompetenzen können die Anforderungen neuer Erfolgsfaktoren nicht erfüllt werden.

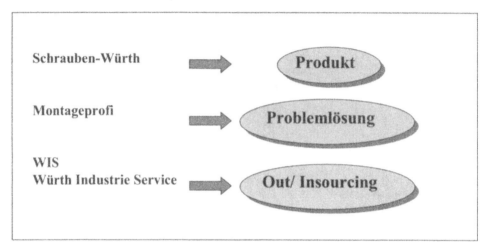

Abbildung 12: Drei Geschäftsmodelle bei Würth

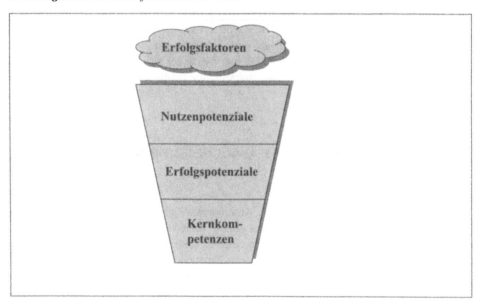

Abbildung 13: Erfolgsfaktoren und Kernkompetenzen

7.3.1 Lernen als Erfolgsmodell

In der Zeit hoher Veränderungsdynamik wird Lernen immer stärker zum Erfolgsfaktor. Wettbewerbsvorteile schaffen sich die Unternehmen, die die Fähigkeit haben, schnell und effizient zu lernen. Lernen setzt Lernfähigkeit und Lernbereitschaft voraus. Dies gilt nicht nur für den Einzelnen, sondern auch für das gesamte Unternehmen.

Die Unternehmen haben auf vier Ebenen zu lernen:

- Lernen erster Ordnung: Lernen durch den Einzelnen
- Lernen zweiter Ordnung: Lernen im Team
- Lernen dritter Ordnung: Lernen des Unternehmens als Ganzes
- Lernen vierter Ordnung: Lernen des Unternehmens im Netzwerk mit Partnern

Diese vier Lernebenen werden miteinander verzahnt und dürfen sich nicht gegenseitig blockieren. Information und Kommunikation dürfen nicht behindert werden. Dies fordert eine offene Lernkultur und ein offenes Unternehmen.

Die zweite Frage des Lernens lautet: „Wie lerne ich?" Das Unternehmen kann aus seiner Erfahrung, sprich seiner Vergangenheit lernen. Hier kommt es darauf an, Verhaltens- und Entscheidungsmuster zu erkennen, zu prüfen und diese auf die Zukunft zu übertragen. Als zweites kann das Unternehmen aber auch von anderen lernen, um dort zu erkennen, welche Verhaltensmuster diese Unternehmen mit welchen Resultaten angewendet haben. Als dritter Ansatz bietet sich das Lernen von den Besten (Benchmarking) an. Hier ist entscheidend, über die eigene Branche hinauszugehen, sich auf die Erfolgsmodelle anderer zu konzentrieren und zu sehen, wie diese Erkenntnisse auf das eigene Unternehmen und die eigene Situation zu übertragen sind. Benchmarking heißt aber nicht einfach nur kopieren, sondern daraus Strategien, Prozesse und Verhaltensweisen innovativ anzupassen und zu gestalten. Gerade in komplexen und dynamischen Situationen wird dies immer wichtiger. Das Lernen aus der Vergangenheit reicht nicht mehr aus.

Nach der Frage des „Wie" kommt die Frage „Was?" Hier ist es zuerst das fachliche, technisch geprägte Lernen, dann das Lernen der sozialen Kommunikation, gefolgt vom Lernen des Führens und des Leaderships. Nur in der richtigen Kombination der vier Ebenen des Lernens mit dem Wie und dem Was wird die geplante Veränderung realisiert werden.

7.3.2 Wachstumsschwellen bewirken Veränderungen

Ohne Wachstum wird keine Wertentwicklung und Wertsteigerung realisiert. In vielen Fällen wächst das Geschäft, die Zahl der Aufträge, die Zahl der Kunden und die Zahl der Produkte, doch leider nicht die Organisation des Unternehmens. Dies kann dann zu einer eklatanten Wachstumsbremse und zum Wertvernichter werden. Durch das Beharren auf einer bestimmten Organisationsstruktur wird das Unternehmen schwerfällig, inflexibel und entscheidungsschwach. Die interne Aufbau- und Ablauforganisation beherrscht die Komplexität und Dynamik des Marktes nicht mehr. Das Unternehmen verliert an Wettbewerbsfähigkeit und Wettbewerbsvorteilen. Wachstum ist nur zu erreichen und abzusichern bei einem dynamischen, den Veränderungen vorauseilenden Organisationswandel. Der Organisationswandel bezieht sich dabei nicht nur auf Entscheidungsprozesse, Verantwortung und Kompetenzen, sondern auch auf die Fähigkeit und Flexibilität, Prozesse laufend zu überprüfen und zu verändern.

7.4 Wege in die Dynaxität

Die Unternehmen rutschen immer stärker in die Falle der Dynaxität (= Dynamik plus Komplexität). In dieser Situation herrscht eine hohe Komplexität des Geschäftes bei gleichzeitig hoher Veränderungsgeschwindigkeit der Erfolgsfaktoren.

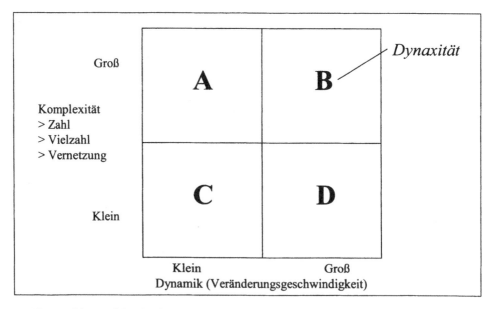

Abbildung 14: Portfolio der Dynaxität

Dadurch sind Veränderungen immer schwieriger zu beherrschen. Daher gilt es, Wege zu finden, um aus der Falle der Dynaxität herauszukommen. Viele Branchen befinden sich heute in dieser schwierigen Situation. Typisch ist dieses Problem in der Automobilindustrie, der Computerbranche oder der Telekommunikation. So steigt in der Automobilindustrie die Komplexität der Produkte enorm durch den immer stärkeren Einsatz der Elektronik und die elektronische Vernetzung des Fahrzeugs mit seiner Umwelt (GPS; DC), ebenso nimmt die

Variantenvielfalt überproportional zu bei gleichzeitigem Rückgang der Lebenszyklen durch einen immer kürzer werdenden Modellzyklus und einem wachsenden Teil der Ausstattungsvarianten. Losgrößen werden kleiner, Rüstkosten und Stillstandskosten steigen überproportional an, falls nicht dramatische Strukturveränderungen ergriffen werden.

7.5 Felder der zunehmenden Komplexität

Die Komplexität wirkt sich dabei primär auf folgende vier Felder aus, sekundär beeinflusst sie dann alle Bereiche des Unternehmens und kann zu einer Lähmung des Unternehmens führen, wenn es nicht gelingt, die Komplexität mit hoher Veränderungsgeschwindigkeit zu beherrschen.

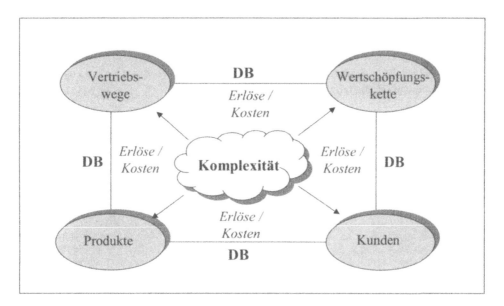

Abbildung 15: Felder der Komplexität

Die primären Felder der Komplexität sind:

1. Die Produkte

Vielzahl und Variantenvielfalt der Produkte steigen stark an. In einigen Branchen hat sich die Zahl der Produkte in den letzten zehn Jahren um den Faktor 3 und die Zahl der Varianten um den Faktor 4 erhöht. Gleichzeitig gehen Auftragsgrößen und Losgrößen nach unten. Dies führt insbesondere zu einer überproportionalen Steigerung der Gemeinkosten und zu immer komplexeren Prozessen der Produktplanung und -steuerung.

2. Die Wertschöpfungskette

Die Wertschöpfungskette hat in den letzten Jahren erheblich an Komplexität zugenommen. Die Unternehmen haben auf der einen Seite deutlich die eigene Wertschöpfung reduziert, sich auf ihre Kernkompetenzen konzentriert, sich aber auf der anderen Seite sehr viel stärker in einem Supply Chain-Management mit den Zulieferern über mehrere Stufen verzahnt. Diese Verzahnung führt zu einer starken gegenseitigen Abhängigkeit und zur Notwendigkeit einer umfassenden, aber auch detaillierten Abstimmung aller Beteiligten. Dies gilt nicht nur für die Produkte und deren modularen Aufbau, sondern auch für das Qualitätsmanagement, die Warenwirtschaft, die Logistikkette und die Kapazitätsplanung.

Die Abstimmung hat jedoch nicht nur auf der operativen Ebene zu erfolgen sondern auch auf der strategischen Ebene. Dazu zählen das Entwicklungskonzept und die Innovation Road Map.

Von besonderer Bedeutung ist in der Supply Chain die Steuerung und Beherrschung des Peitscheneffektes. Geringe Nachfrageschwankungen auf der Seite der Endkunden können zu erheblichen Auswirkungen entlang der Wertschöpfungskette führen, von Stufe zu Stufe werden die Ausschläge stärker. Kapazitätsabstimmungen und Engpassbeseitigungen sind daher über die gesamte Supply Chain relevant.

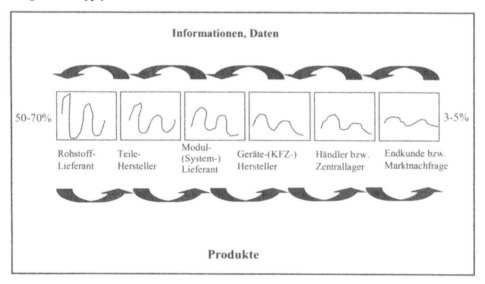

Abbildung 16: Peitscheneffekt

3. Die Kunden

Der Kunde ist heute nicht mehr mit einem Standardprodukt zufrieden, er verlangt ein auf seine Bedürfnisse zugeschnittenes Produkt und die dazu passenden Dienstleistungen. Das „Rundum-sorglos-Paket" für den B2C-Kunden bzw. die spezifische Problemlösung für den B2B-Kunden wird gefordert. Dadurch steigt die Komplexität der kundenindividuellen Lösung und die Losgröße tendiert gegen Eins. Die Individualisierung wirkt sich nicht nur auf das Produkt sondern auch auf die vielfältigen Serviceleistungen aus. Jeder Kunde beansprucht individuelle Beratungsleistungen, die entwickelt, vorgehalten und realisiert werden müssen. Die kundenorientierten Prozesse werden damit komplexer und erzeugen viele Schnittstellen in den Abläufen und Zuständigkeiten. Dies gilt für Angebots-, Auftragsabwicklungs- und Kundenbetreuungsprozesse.

4. Die Organisation

Komplexität entsteht nicht nur von außen, sondern auch sehr stark von innen. Die Unternehmen haben sich komplexe Organisationsstrukturen geschaffen, die zu vielfältigen Schnittstellen und Abstimmproblemen geführt haben.

Schnittstellen treten dabei in zweifacher Form auf. Horizontale Schnittstellen zeigen sich in der Tatsache, dass es für einen kundenfokussierten Prozess keine Gesamtverantwortung gibt. Vertikale Schnittstellen zeigen sich darin, dass interne Entscheidungskompetenzen mit den Kundenanforderungen nicht übereinstimmen. Dies führt zu erheblichen Effizienzproblemen in den Prozessen; die Prozesse sind zu langsam, zu teuer und haben Qualitätsmängel. Dies bewirkt Unverständnis beim Kunden und erzeugt die Gefahr der Abwanderung. Die Komplexität der Organisation wirkt sich aber auch auf die Kostenstruktur des Unternehmens aus. Die Gemeinkosten wachsen überproportional und behindern damit die Kostenflexibilität. Die Gemeinkostenfalle droht.

	Problem	Lösung
Vertikale Schnittstellen	Mitarbeiter Kompetenzen und Kunden-Wünsche differieren	Empowerment Kompetenzen erweitern
Horizontale Schnittstellen	Funktionssicht dominiert	Prozess-verantwortung etablieren

Abbildung 17: Beseitigung der Schnittstellenprobleme

7.5.1 Wege zur Beherrschung der Komplexität

Der Weg zurück zur totalen Vereinfachung ist leider versperrt. Die Aussage von Henry Ford, „Der Kunde kann jede Farbe bekommen, sie muss nur schwarz sein", gilt nicht mehr.

Autos von der Stange sind out. Der Kunde von heute wünscht individuelle Lösungen. Und da der Kunde König ist, erfüllt die Automobilindustrie ihm – fast – jeden Wunsch. Zur Auswahl stehen nicht nur verschiedene Modelle in unterschiedlichen Farben mit variablen Motorstärken, Stoßstangen, Konsolen und Felgen sowie Innenausstattungen, sondern auch eine Vielfalt von Kaufmöglichkeiten und Serviceleistungen.

Die Nachfragemacht des Kunden führt zu Forderungen, die erfüllt werden müssen. Nur bleibt die Frage offen, welches der optimale Weg ist, um diese Forderungen zu erfüllen, damit beide Parteien davon profitieren und in eine Win-Win-Situation kommen.

7.5.2 Wege zur Beherrschung der Produktkomplexität

Die Variantenexplosion ist für die Automobilindustrie ein logistisches Problem geworden. Von jedem Fahrzeugmodell gibt es theoretisch mehr als einige hunderttausend Varianten. Die Hersteller können Fahrzeuge nicht mehr wie früher aus wenigen standardisierten Teilen fertigen, sondern sie arbeiten mit kundenspezifischen Modulen, die von Zulieferfirmen zum gewünschten Zeitpunkt und in der gewünschten Reihenfolge bereitgestellt werden.

Der Grundgedanke zur Beherrschung der Produktkomplexität beginnt in der Phase des Produktdesigns und der Produktentwicklung. Hier werden die zukünftige Komplexität und die zukünftigen Herstellkosten determiniert. Der Erfahrungswert besagt: 80 Prozent der Herstellkosten werden durch die Entwicklung bestimmt, nur 20 Prozent können noch durch die Herstellung direkt beeinflusst werden. Bisher wurde jedoch im Kostenmanagement der Schwerpunkt in der Steuerung der Herstellkosten gesehen. Damit war aber nur ein sehr beschränkter Aktionsradius vorgegeben. Die weitaus größeren Potenziale liegen im Bereich der Entwicklung, im Design to Cost.

Folgende Wege bieten sich an, um die Komplexität und damit die Herstellkosten strategisch signifikant zu beeinflussen:

- die Modularisierung der Produkte
- der Aufbau eines Baukastensystems
- die Erhöhung des Anteils der Gleichteile und Mehrfachverwendungsteile
- die Verschiebung des Freeze Points an das Ende der Wertschöpfungskette
- die Entwicklung von Plattformstrategien

Alle diese Maßnahmen können nicht nur einzeln gesehen werden, sondern der große Erfolg entsteht erst in der sinnvollen Kombination der Einzelmaßnahmen. Sie bewirken eine deutliche Verbesserung der Life Cycle Costs. Plattformstrategien sind in den Varianten mit einer Modularisierung der Produkte zu kombinieren, um dabei mehr Gleichteile und Wiederverwendungsteile einzusetzen. Der Freeze Point der Variantenvielfalt kann an das Ende der Wertschöpfungskette geschoben werden.

Diese Maßnahmenpakete haben eine starke Wirkung auf die Reduzierung der Variantenvielfalt und die dadurch verursachten Komplexitätskosten. Bei ansteigender Variantenvielfalt können diese Komplexitätskosten bis zu 60 Prozent der Gesamtkosten ausmachen. Durch diese Maßnahmen können nicht nur die Herstellkosten gesenkt werden, sondern auch Prozesszeiten und Qualitätsmängel erheblich reduziert werden.

Bauteile – Vielfalt	
Anforderungen an mechanische, thermische, elektrische und optische Eigenschaften. Marktanforderungen nach Lebensdauer, Ästhetik, Sicherheit, Zuverlässigkeit. Funktionsanforderungen, Zielkosten. Modularität, Größe, Stückzahl. Qualitätssicherung, Servicefreundlichkeit, Recycling	
Werkstoff – Vielfalt	**Verfahrens – Vielfalt**
Metalle	nach DIN 8580
Nichtmetalle	Urformen
Mischformen	Umformen
Polymere	Trennen
Verbundwerkstoffe	Fügen
Werkstoffverbunde	Beschichten
Verbundkonstruktionen	Stoffeigenschaft ändern

Abbildung 18: Zusammenhang

7.5.3 Wege zur Beherrschung der Life Cycle Costs

Die oben genannten Maßnahmen zur Reduzierung der Komplexitätskosten wirken sich aber nicht nur auf die Herstellkosten aus, sondern beeinflussen auch sehr stark die gesamten Life Cycle Costs eines Produktes gerechnet über den gesamten Lebenszyklus.

Dazu zählen folgende Maßnahmen:

- Design to Cost
- Design for Manufacturing
- Design for Assembly
- Design for Quality
- Design for Service
- Design for Sales

Mit diesen Maßnahmen soll erreicht werden, dass die Lebenszykluskosten der Produkte proaktiv gesteuert werden. Mit Design for Manufacturing wird untersucht, welche Kostenkonsequenzen das Produkt für den Herstellprozess haben wird; beim Design for Assembly wird die Voraussetzung geschaffen, dass die Montagekosten reduziert werden können; beim Design for Quality soll sichergestellt werden, dass die Kosten der Qualitätsprüfung gesenkt werden und beim Design for Service sind die Voraussetzungen zu schaffen, dass die Servicekosten später möglichst niedrig ausfallen. Dies alles soll dazu führen, dass damit die gesamten Lebenszykluskosten gesenkt und geplant werden können. Je niedriger die Life Cycle Costs, umso früher kann die Gewinnschwelle erreicht und die Floprate reduziert werden.

7.5.4 Wege zur Beherrschung der Komplexität der Wertschöpfungskette

Die Wertschöpfungskette eines Produktes vom Rohstoff bis zum Endprodukt gab es schon immer. Die Verzahnung der Stufen ist vom Grundgedanken nichts Neues. Verändert hat sich jedoch die Komplexität und die Integration der einzelnen Stufen der Supply Chain. SCM wird damit immer stärker zu einem entscheidenden Erfolgsfaktor. So geht in der Automobilindustrie der Trend weg von traditionellen Hierarchien in der Lieferkette hin zu netzwerkartigen Verflechtungen. Die optimale Zusammenarbeit erfordert aber eine ausgeklügelte Planung und Logistik.

SCM hat heute in der Praxis eine große Relevanz erhalten. Es zeigt sich immer deutlicher, dass Prozessoptimierungen innerhalb der eigenen Unternehmensgrenzen alleine nicht mehr ausreichend sind, um die Wettbewerbsfähigkeit zu erhalten bzw. zu verbessern. Zunehmend wird eine unternehmensübergreifende Gestaltung und ein Management der gesamten Wertschöpfungskette notwendig. Daher wird die unternehmensübergreifende Zusammenarbeit aller Beteiligten immer wichtiger. Dies setzt jedoch voraus, dass die beteiligten Unternehmen nicht nur ihre Prozesse offenlegen, sondern diese auch mit den Partnern in der Supply Chain abstimmen.

Trotz dieser hohen Relevanz ist der Implementierungsstand in der Praxis noch unzureichend. Ursachen sind nicht nur fehlende integrierte IT-Systeme, sondern auch die mangelnde Bereitschaft der Beteiligten zur Kooperation. Für das Supply Chain-Controlling müssen spezifische Instrumente bereitgestellt werden.

Diese Instrumente haben folgende Aufgaben abzudecken:

- Einheitliche Darstellung der Prozesse über Unternehmensgrenzen hinweg und Bewertung dieser Prozesse. Darauf und auf den strategischen Zielen der Supply Chain-Partner ist eine Optimierung der Prozesse vorzunehmen.
- Definition von einheitlichen, unternehmensübergreifenden Kennzahlen, um die Kommunikation zwischen den Unternehmen zu vereinfachen.

- Unterstützung der Planung und Kontrolle der Zielerreichung. Dies ist durch die Etablierung eines unternehmensübergreifenden Kommunikationsprozesses möglich.
- Operationalisierung der Strategie durch einen operativen Maßnahmenkatalog, der in Abstimmung aller Partner der Supply Chain erfolgt. Dabei ist insbesondere auf die strategischen und operativen Engpässe in der Supply Chain zu achten und diese möglichst zu beseitigen.
- Quantifizierung der weichen Faktoren, die eine Aussage zur Qualität und Intensität einer Kooperation geben, wie gegenseitiges Vertrauen, sind verstärkt zu beachten.

Die Aufgaben des Supply Chain-Controlling können durch ein Set von Instrumenten abgedeckt werden. Die Schaffung eines gemeinsamen Prozessverständnisses lässt sich durch ein gemeinsames Prozessmapping erreichen.

Ein Controllingzyklus für die Beziehungen innerhalb der Supply Chain sowie die Berücksichtigung beziehungsrelevanter weicher Faktoren kann durch die Methoden des Beziehungscontrollings abgedeckt werden.

Die Identifikation von wesentlichen Prozesskostentreibern und die Schaffung einer gemeinsamen Sprache wird durch eine unternehmensübergreifende Prozesskostenrechnung erreicht. Mit Hilfe der Balanced Scorecard wird eine ausgewogene Darstellung aller Faktoren in einem Supply Chain-Netzwerk realisiert.

Weber empfiehlt für die Einführung eines Supply Chain-Controlling folgende Phasen des Aufbaus:

Anforderungen an ein Supply Chain Controlling	Lösung: Ganzheitliches Supply Chain Controlling Konzept
Schaffung eines gemeinsamen Prozessverständnisses in der Supply Chain	Prozessmapping
Etablierung einer Vorgehensweise bzgl. Zielsetzung in der Supply Chain und Quantifizierung von beziehungsrelevanten Faktoren	Methoden des Beziehungscontrolling
Identifikation von wesentlichen Prozesstreibern und Schaffung einer gemeinsamen Datenbasis für Kennzahlen	Unternehmensübergreifende Prozesskostenrechnung inkl. Rückgriff auf Daten der innerbetrieblichen Logistik
Fokussierung auf Engpässe der Supply Chain durch die Verwendung von unternehmensübergreifenden Kennzahlen	Konzept der Selektiven Kennzahlen für das Supply Chain Controlling (interaktives System)
Abbildung der Kernfaktoren der gesamten Wertschöpfungskette und der Partnerschaft und damit Schaffung eines Gesamtüberblicks	Balanced Scorecard für das Supply Chain Controlling (diagnostisches System)

Abbildung 19: Steuerung der Supply Chain

Es handelt sich dabei um eine anspruchsvolle und zeitintensive Aufgabe. Daher ist es wichtig, eine schrittweise Vorgehenweise zu empfehlen, um damit auch schnelle Erfolgserlebnisse realisieren zu können.

7.5.5 Wege zur Beherrschung der Kundenkomplexität

Customer Relationship Management ist der Weg zur Identifikation der Kundenbedürfnisse, zu der richtigen Segmentierung der Kunden, um den spezifischen Kundensegmenten die richtigen Problemlösungen anbieten zu können. Die Basis ist dazu der 5i-Prozess von CSC Ploenzke.

Phase 1: *Inform: Den Kunden kennen und verstehen*

Hier ist es wichtig, alle relevanten Daten der Kunden zu erarbeiten, um damit die Prioritäten zu erkennen und zu ermitteln, welche Präferenzen die einzelnen Kundengruppen haben. Relevant sind dabei alle Daten, die in der Beziehung mit dem Kunden von Bedeutung sind. Unternehmen haben somit die Chance, mehr über die heutigen und zukünftigen Wünsche der Kunden zu erfahren.

Phase 2: *Identify: Die attraktiven Kunden aufspüren*

In den kundenbezogenen Daten stecken wichtige Informationen für die Kundenstrategie des Unternehmens. Hier gibt es genaue Anforderungsprofile der Kunden und die Potenziale, die diese Kunden in der Zukunft haben. Mit der Kenntnis der Kundenstruktur können die Unternehmen gezielt ihre Kunden selektieren und diesen Kunden einen spezifischen Nutzen anbieten.

Phase 3: *Intensify: Dialoge mit dem Kunden aufbauen*

Die Vertiefung der Kundendialoge geht weit über das klassische Marketing hinaus und strebt langfristig an, mit ausgewählten Kunden Wertschöpfungspartnerschaften aufzubauen. Gerade das E-Business bietet die Möglichkeit, völlig neue Informations- und Kommunikationskanäle aufzubauen.

Phase 4: *Incorporate: Den Kunden in die Prozesse integrieren*

Komplexität auf der Kundenseite entsteht dadurch, dass man Kunden nicht richtig segmentiert hat und damit gezwungen ist, den Kunden eine Vielfalt von Produkten und Leistungen undifferenziert anzubieten.

Alle Unternehmensprozesse können jetzt aber spezifisch auf den Kunden ausgerichtet werden, um diese dann mit dem Kunden zu verzahnen. Dies gilt nicht nur für Vertrieb und Marketing, sondern auch für die Forschung, die Produktion oder den Service. Dadurch werden im Unternehmen in sich geschlossene Fraktale geschaffen, die klar auf ein Kundensegment fokussiert sind. Die Komplexität in diesen Fraktalen wird damit deutlich reduziert. Es entsteht eine Partnerschaft und damit eine Win-Win-Situation. Dies zwingt dann auch dazu, für dieses Kundensegment spezifische Prozesse zu gestalten und zu realisieren. Damit muss parallel die Organisation des Unternehmens angepasst werden.

Phase 5: *Invest: Die Kundenbeziehung durch gezielten Mittelfluss intensivieren*

Nun hat das Unternehmen die Chance, gezielt für ein Kundensegment zu investieren. Damit wird der Nutzen für diesen Kunden erhöht, die Kundenbindung steigt und der Wert des Unternehmens kann im Sinn des Shareholder Value Management gesteigert werden.

Aufgrund dieser fünf Phasen kann ein Kundenzufriedenheitsportfolio erstellt werden, indem die Anforderungen der Kunden ermittelt und diesen Anforderungen die dafür relevanten Prozesse gegenübergestellt werden.

Damit wird die externe Kundensicht in die interne Prozesssicht des Unternehmens umgesetzt. Die Anforderungen, die für den Kunden wichtig sind, erhalten dann auch im Unternehmen eine hohe Relevanz für die Prozesse. Die externe und interne Sicht werden damit im Idealfall deckungsgleich. Ressourcen werden nicht verschwendet sondern klar auf die wichtigen Kundenwünsche fixiert.

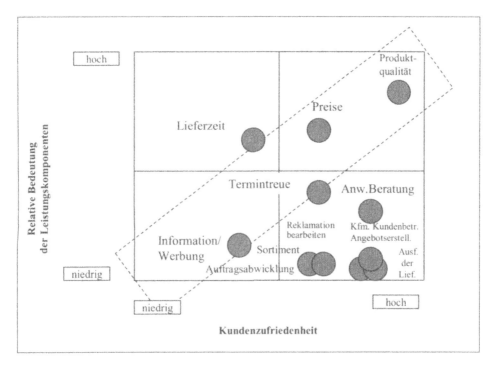

Abbildung 20: Kundenportfolio

7.5.6 Wege zur Beherrschung der Organisationskomplexität

Die aufgezeigten Wege zur Reduzierung der Produktkomplexität, zur Verringerung der Komplexität in der Wertschöpfungskette und der CRM-Ansatz führen dazu, die interne Organisation zu prüfen und neu zu gestalten. Die funktionale Organisation wird diesen Anforderungen nicht mehr gerecht und ist durch eine prozessorientierte Organisation abzulösen. Alle Prozesse, die auf die Produkte ausgerichtet sind bzw. die Steuerung der Wertschöpfungskette bestimmen und auf den Kunden fokussiert werden, müssen neu gestaltet werden.

Um den Weg zur Prozessoptimierung zu finden, erfolgen in der Problemdiagnose drei wesentliche Schritte:

- Identifikation von Schwachstellen
- Aufdecken von Ursache-Wirkungszusammenhängen
- Identifikation der wirkungsvollsten Stellhebel zur Prozessoptimierung

Folgende Schwachstellen treten in der Organisation immer wieder auf:

- *Ineffiziente Schnittstellen:* Schnittstellen zwischen den Prozessschritten führen zu einem hohen Abstimmungs- und Koordinationsaufwand
- *Lange Durchlaufzeiten:* Wenn ein Missverhältnis zwischen wertschöpfenden und nichtwertschöpfenden Zeiten besteht oder aufgrund von Nachbesserungen oder Feedbackschleifen Zeitverzögerungen entstehen, wird die Durchlaufzeit unnötig verlängert.
- *Transaktionsfehler:* Die Falscheingabe von Daten in IT-Systeme oder deren falsche Verarbeitung.
- *Kontrollfehler:* Fehlerhafte Kontrollen können zu Qualitätsmängel führen und nach gelagerte Prozessschritte verzögern.
- *Streng hierarchische Ausrichtung der Entscheidungs- und Berichtswege:* Dies führt zu höheren Kosten, geringer Qualität und längeren Durchlaufzeiten
- *Abstimmungsprobleme:* Organisatorisch lange Abstimmungszyklen können zu einer erheblichen Verlängerung der Durchlaufzeiten führen oder die Konsensfindung verhindern.
- *Doppelarbeit:* Wenn nur unvollständige Informationen über die Aufgaben und Rollen im Prozess vorliegen, können Arbeiten durchgeführt werden, die an anderer Stelle schon in anderen Prozessschritten durchgeführt wurden.
- *Fragmentierung der Arbeit:* Wenn die Verrichtung der einzelnen Prozessschritte durch eine starke Spezialisierung und Arbeitsteilung gekennzeichnet ist, entsteht dadurch ein hoher übergeordneter Abstimmungsbedarf.
- *Trennung zwischen dispositiven und durchführenden Tätigkeiten:* Wenn die Koordination der Aufgabenerfüllung und die Verrichtung der Aufgaben nicht durch denselben Mitarbeiter geschieht, bedarf es der Koordination durch eine übergeordnete Einheit, was zu Kommunikationsproblemen und einer langen Durchlaufzeit führen kann.
- *Ressourcenbeschränkungen:* Diese verhindern eine optimale Gestaltung der Prozesse, wenn beispielsweise die erforderlichen Fertigungsmittel oder IT-Systeme nicht beschafft werden können.
- *Fehlen von Standards:* Dadurch werden die Mitarbeiter gezwungen, durch Improvisation eine eigene Lösung zu suchen. Damit fehlt die einheitliche Lösung und der Erfahrungskurveneffekt kann nicht realisiert werden. Ebenso wird kaum eine gleichmäßige Produktqualität gesichert.
- *Dokumentationsfehler oder fehlende Dokumentation:* Dies führt zu Falschinformationen und damit zu fehlerhaftem Verhalten im Prozess.
- *Schwankende Kapazitätsauslastung:* Diese führt immer wieder dazu, dass Engpässe entstehen bzw. nicht ausgelastete Kapazitäten vorhanden sind.

- *Inkonsistenter Arbeitseinsatz:* Wenn Mitarbeiter immer wieder neue Aufgaben bekommen und quasi in einer Springerfunktion eingesetzt werden, bleibt die Lernkurve flach.
- *Ungenauer Arbeitseinsatz:* Dies tritt dann ein, wenn den Mitarbeitern die Aufgabeninhalte nicht klar bekannt sind oder sie diese nicht ausreichend verstehen.
- *Inhaltliche Komplexität:* Dies führt zu Verzögerungen und Fehlverhalten, wenn die Mitarbeiter kein ausreichendes umfassendes Know-how haben.
- *Papierflut:* Wenn unterschiedliche Medien eingesetzt werden, führt dies zu Erschwernissen auf den Transportwegen und zur Gefahr des Verlustes von Informationen.

Alle diese Schwachstellen führen dazu, dass Prozesse nicht beherrscht werden und damit Prozesszeiten zu lange sind, die Qualität der Prozesse den gewünschten Standard nicht erreichen, die Kosten nicht mehr akzeptabel sind. Prozesse werden zu komplex und entsprechen durch diese Schwachstellen nicht den Anforderungen der Kunden, sie sind durch eine funktionale Organisation und eine entsprechendes Funktionsdenken (Kästchendenken) geprägt und damit ineffizient. Die Forderung lautet: „Die Prozesse sind zu vereinfachen und zu optimieren." Die Optimierung muss in drei Richtungen laufen:

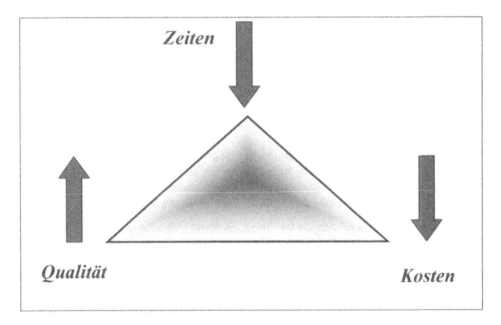

Abbildung 21: *Zeit, Kosten, Qualität*

Mit welchen Maßnahmen können Prozesse optimiert werden?

- Eliminieren überflüssiger Prozessschritte
- Parallelisieren von Prozessschritten
- Sicherstellen der Prozessqualität
- Standardisieren von Prozessen
- Automatisieren von Prozessen
- Flexibilisieren von Prozessen
- Optimieren der Nahtstellen zum Kunden
- Optimieren der Nahtstellen zu den Lieferanten
- Neugestalten der Organisationsstruktur
- Outsourcen von Prozessen

Nach eigenen Erfahrungen können Qualitäten um 50 Prozent gesteigert sowie Zeiten um 40 Prozent und Kosten um 30 Prozent reduziert werden.

7.6 Herausforderungen des Komplexitätsmanagements

Das Scheitern von Unternehmen hat nur in den wenigsten Fällen etwas mit dem Markt, den Kunden oder den Gesetzen zu tun. Es ist fast immer das Versagen des Managements, das ein Unternehmen ruiniert. Die Unternehmen versagen, weil sie den Kundenwünschen nicht richtig nachkommen oder die Angriffe der Wettbewerber nicht richtig parieren können.

Überkomplexe Unternehmen werden langfristig am Markt scheitern, da sie nicht die Fähigkeiten haben, die immer höheren Kundenanforderungen richtig schnell und kostengünstig zu erfüllen. Da ist es Managementaufgabe, die Überkomplexität auf ein unbedingt notwendiges Maß zu reduzieren, damit die verbleibende Komplexität noch beherrscht werden kann. Allein eindimensionale Maßnahmen reichen dabei nicht aus. Ein einseitiges Kostensenkungsprogramm, das die Kostenstrukturen nicht verändert, erfüllt nicht den Zweck. Dazu zählen alle klassischen Maßnahmen wie die Gemeinkostenwertanalyse, Zero Based Budgeting oder Time Based Management. Das Komplexitätsmanagement liegt daher an der Schnittstelle zwischen der exogenen Komplexität und der endogenen, internen Komplexität und hat die Aufgabe, die richtige Balance zwischen beiden zu finden.

7.6.1 Balance zwischen interner und externer Komplexität

Die Erreichung des Gesamtoptimums basiert auf den beiden Stoßrichtungen Vermeidung und Beherrschung der externen und der internen Komplexität. Besteht beidseitig ein zu hoher Komplexitätsgrad, ist eine umfassende Vermeidungsstrategie zu wählen. Zentrale Zielrichtung ist dabei aber immer die Optimierung und nicht die einseitige Komplexitätsreduzierung durch eine Simplifizierung. Wichtig ist, dass sich das Unternehmen auf seine Kernkompetenzen konzentrieren kann und die Geschäfte nicht so simplifiziert, dass damit die eigenen Kernkompetenzen nicht mehr relevant sind.

7.6.2 Optimaler Komplexitätsgrad

Ziel ist es nicht, die Komplexität zu minimieren. Die Komplexität muss der Situation des Unternehmens und des Marktes angepasst werden. Bei der Analyse der Komplexität interdisziplinärer Systeme kommt es auf ein gleichgewichtiges Verhältnis von Komplexitätsbedarf und -angebot an. Im Optimum hat der Grad der externen Komplexität der internen zu entsprechen. Ist dieses Gleichgewicht nicht gegeben, kann von relativer Über- oder Unterkomplexität gesprochen werden. Bei Überkomplexität ist das Unternehmen nicht fähig, den Anforderungen der Märkte gerecht zu werden. Bei Unterkomplexität erfüllt das Unternehmen nicht das Anspruchsniveau der Kunden und bietet zu einfache triviale Lösungen an. Betreibt das Unternehmen ein effizientes Komplexitätsmanagement, so kann es einen höheren Komplexitätsgrad anstreben und damit Nutzenvorteile gegenüber der Konkurrenz realisieren. Unternehmen, die modularisierte Baureihen anbieten, haben Vorteile gegenüber denjenigen, die die Modularisierung nicht beherrschen.

7.7 Managementempfehlungen zum Komplexitätsmanagement

- Komplexitätsmanagement wird zu einem kritischen Erfolgsfaktor der Zukunft. Nicht das Minimum an Komplexität ist wettbewerbsfähig, sondern das Optimum.
- Die Ursachen von Komplexität müssen erkannt werden. Sie liegen häufig im Management, in der Produktvielfalt, in der Organisation und der Wertschöpfungskette.
- Produkt- und Prozessstrukturierung ist das zentrale Element des Komplexitätsmanagements.
- Transparenz gegenüber Kunden, Lieferanten und Mitarbeitern ist Voraussetzung für den Erfolg.

- Der Freeze Point ist so weit wie möglich an das Ende der Wertschöpfungskette zu schieben.
- Ein durchgängiger Informationsfluss zwischen allen beteiligten Abteilungen muss sichergestellt werden.
- Komplexitätsmanagement verlangt echtes Commitment des Managements
- Komplexitätsmanagement ist eine Daueraufgabe, sowohl nach innen als auch nach außen gerichtet.
- Komplexitätsmanagement soll Werte schaffen und nicht Werte vernichten.

Komplexität und Dynamik erfordern ein ganzheitliches Führungsinstrument.

8. Die Balanced Scorecard – ein innovatives Management Tool – Die Phasen des Aufbaus einer Balanced Scorecard

Nichts ist so flüchtig wie der Erfolg. Ein Patentrezept für unternehmerischen Erfolg gibt es nicht. Aber man kann sich durchaus erfolgreich gegen Probleme wappnen und selbst noch in der Krise gegen das drohende Aus angehen. Unternehmerische Erfolgsgrößen wie Strategie, Führung, Controllling, Marketing, Personalführung, Kundenpflege, Prozessbeherrschung und Lernen und Innovation sind ähnlich einem Baukasten nutzbar. Die Kunst der erfolgreichen Unternehmensführung besteht darin, diese Instrumente zur rechten Zeit und in der richtigen Kombination und mit Nachdruck einzusetzen.

8.1 Die Kluft zwischen Strategieerstellung und Strategieumsetzung

Immer mehr Unternehmen erkennen, dass eine große Kluft zwischen der formulierten Strategie und dem operativen Tun und Handeln klafft. Die Unternehmensstrategie wird im Alltagsgeschäft nicht oder nur unzulänglich umgesetzt. Parallel verkürzt sich jedoch dramatisch die Halbwertzeit von Strategien. Daher suchen die Unternehmen verstärkt nach Konzepten, um diese gravierende Lücke zu schliessen. Diese Konzepte müssen ganzheitlich und integriert sein und eine hohe Umsetzungsgeschwindigkeit haben. Das Instrument der Balanced Scorecard (BSC) bietet sich dafür an und hat bei den bisherigen Anwendungen in der Beratungspraxis große Erfolge erzielt.

Doch gerade bei dem Konzept der BSC ist der Erfolg sehr stark abhängig von der richtigen und adäquaten Vorgehensweise für die Erstellung der BSC. Fehler und Mängel in der Erstellung der BSC lassen sich später auch durch motiviertes Leben des Konzeptes im Geschäftsalltag nicht mehr ausgleichen und provozieren Fehlentscheidungen und Unzufriedenheit bei Mitarbeitern und Management. Nur ein Tool, das richtig verstanden und angewendet wird, ist ein wertvolles Tool. Um dies zu erkennen und zu tun, bedarf es klarer Zielvorstellungen, aktueller Daten und den Mut auch unpopuläre Kurskorrekturen durchzuführen.

8.2 Die Gründe des Scheiterns von Unternehmen

Empirische Untersuchungen bestätigen, dass 80 Prozent der Unternehmen nicht an der falschen Strategie sondern an der falschen bzw. fehlenden Umsetzung der Strategie scheitern. Die Gründe dafür finden sich primär in der Führung und der Kommunikation der Unternehmen zu suchen. Die Strategie ist nicht gemeinsam erarbeitet, wurde nicht richtig und umfassend kommuniziert, und es wurde nicht die gemeinsame Zustimmung zur Strategie erlangt.

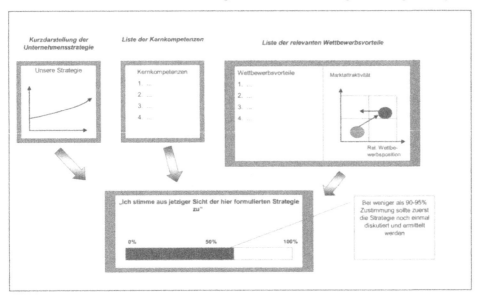

Abbildung 22: Zustimmung zur Strategie

8.3 Vision und Unternehmensstrategie

Voraussetzung zur Erstellung einer BSC ist die Formulierung einer eigenen unternehmensindividuellen Strategie. Unklar formulierte Allgemeinplätze helfen nicht weiter. Die BSC erarbeitet keine Strategie, sondern kommuniziert diese und macht sie für die einzelnen Führungsebenen operabel. Die Strategie hat sich aus der Vision und dem Leitbild des Unternehmens abzuleiten. Die Vision sollte ein anspornendes und motivierendes Bild der Zukunft entwerfen, das anspruchsvoll aber auch mittelfristig erreichbar ist. Die Vision ist die Klammer für alle Mitarbeiter, die Shareholder und Stakeholder des Unternehmens, darf aber auch nicht zu stark einengen und muss Raum lassen für die Entfaltung eigener Ideen. Die Vision hat sich an dem Wertesystem des Unternehmens zu orientieren, die Kernkompetenzen des Unternehmens zu beachten und die Stoßrichtung des Unternehmens visionär vorgeben. Aus der Vision kann dann unter Beachtung der strategischen Erfolgsfaktoren die Strategie des Unternehmens abgeleitet werden. Diese wird dargestellt über

- die Rolle des Unternehmens im Markt
- den Weg der Differenzierung und Positionierung im Markt
- die Entwicklung der Kernkompetenzen und der dazu relevanten Kernprozesse
- die strategischen Rendite-, Cash-flow-. und Wertsteigerungsziele
- die Philosophie der Führung und Steuerung
- die Kultur der Information und der Kommunikation

Diese so formulierte Strategie wird dann mittels der BSC operationalisiert und auf die einzelnen Perspektiven heruntergebrochen, im Unternehmen kommuniziert und in Zielvereinbarungen und Maßnahmen umgesetzt.

8.4 Die Phasen des Aufbaus einer BSC

Für den Aufbau einer BSC sind folgende *sieben* Schritte zu gehen:

- *Vision und Strategie klären:* Wo wollen wir hin?
- *Strategische Ziele auf den vier Perspektiven festlegen:* Finanzziele, Kundenziele, Prozessziele und Mitarbeiter- und Lernziele
- *Ziele miteinander verketten:* Ursache-Wirkungs-Beziehungen zwischen den Perspektiven aufbauen
- *Messgrößen ermitteln:* Kennzahlen als Früh- und Spätindikatoren bestimmen

- *Zielwerte bestimmen:* Strategische und operative Zielwerte in Zielvereinbarungen niederlegen
- *Aktionen festlegen:* Strategische Maßnahmen planen und verabschieden
- *Maßnahmen Controlling:* Maßnahmen permanent über alle Perspektiven steuern und Performance Messung sicherstellen

Dabei ist es in dem Six Loop Concept sichergestellt, dass die einzelnen Loops miteinander vernetzt sind.

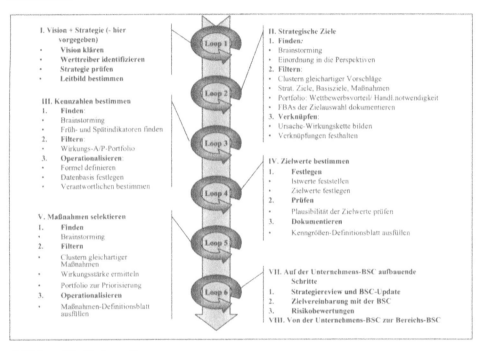

Abbildung 23: Six Loop Concept

8.4.1 Strategische Ziele für die BSC-Perspektiven

Die Ableitung der strategischen Ziele ist der Ausgangspunkt des Aufbaus der BSC. Die BSC ist daher mehr als ein reines Kennzahlen- und Controllingsystem, sie hilft, strategische Ziele auf ihre Machbarkeit und ihre Plausibilität zu prüfen und in konkrete operative Pläne und Aktionen umzusetzen.

Die relevanten strategischen Ziele müssen durch verschiedene Filter aus der Vielzahl potenzieller Ziele selektiert werden. Mehr als zwanzig strategische Ziele „ABB AG: Twenty is plenty" können und dürfen es auch nicht sein. Je Perspektive sollten es vier bis fünf strategische Ziele sein.

Relevante Filter für das Prüfen potenzieller strategischer Ziele sind:
- die vorhandenen Kernkompetenzen
- die Anforderungen und Erwartungen der Markt- und Kundensegmente
- die relevanten Kernprozesse des Unternehmens
- die Verfügbarkeit von finanziellen, technologischen und personellen Ressourcen
- der Fit zur Unternehmenskultur
- die Potenziale aus Allianzen, Partnerschaften und Netzwerken

Die selektierten strategischen Ziele werden dann aus den verschiedenen Perspektiven betrachtet und gezeigt, wie das laufende Geschäft sich entwickelt und welches die Werttreiber zukünftiger Erfolgspotenziale sind.

8.4.2 Die Perspektiven der Balanced Scorecard und die Abbildung durch Kennzahlen

Die Kennzahlen haben die Aufgabe, die strategischen Ziele abzubilden. Die Strategien werden dann in die einzelnen Perspektiven

- finanzielle Perspektive
- Markt- und Kundenperspektive
- Prozessperspektive
- Mitarbeiter, Lern- und Entwicklungsperspektive

mittels Kennzahlen umgesetzt. Bei jeder Perspektive sind Kennzahlen sowohl als Spätindikatoren als auch als Frühindikatoren zu ermitteln. So ist auf der Kundenperspektive ein Spätindikator die Wechselquote von Kunden, während ein Frühindikator der Erfüllungsgrad der Kundenanforderungen, das Beherrschen der kundenorientierten Prozesse und die Termintreue ist. Mittels Ursache-Wirkungsmatrix wird die Wirkungsstärke der Kennzahlen emittelt. Es wird geprüft, wie gut eine Kennzahl die Erreichung des Ziels abbildet.

Für jedes der strategischen Ziele werden die Istwerte und die Zielwerte für den Planungshorizont erarbeitet. Man sollte sich daher auf einfache und schnell ermittelbare Kennzahlen konzentrieren. Die Kennzahlenwert sollten innerhalb von sechs Monaten zu ermitteln sein und dann in einer Testphase kalibriert werden.

Neue Herausforderungen an Management und Controlling

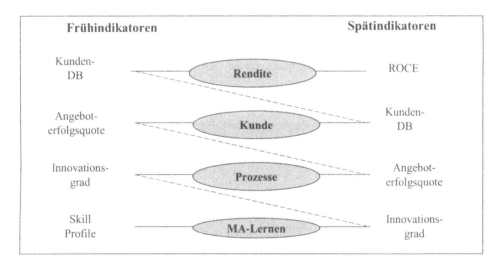

Abbildung 24: Verknüpfung der Kennzahlen über die vier Perspektiven

Dadurch wird die Unternehmensstrategie operationalisiert und anhand von Kennzahlen aufgezeigt, wie sich der Zustand des Unternehmens in allen Perspektiven verändert und wie damit die Erreichung der strategischen Ziele gemessen wird.

8.4.3 Die Ursache-Wirkungsketten in den strategischen Maßnahmen

Die Ziele und die Kennzahlen der vier Perspektiven werden über Ursache-Wirkungsbeziehungen miteinander verknüpft und mit Messgrößen der Wirkungsintensität hinterlegt. So kann die Verknüpfung zwischen der Reduktion der Durchlaufzeit in der Auftragsabwicklung und der Verbesserung der Termintreue und dadurch die Steigerung der Kundenzufriedenheit aufgezeigt werden. Damit erarbeitet man sich eine Strategiekarte, diese visualisiert die Zusammenhänge, erkennt die Intensität der Beziehungen der Maßnahmen und schafft damit einen Aktionskonsenz im Management. Alle selektierten Maßnahmen werden durch die Aktiv-Passiv-Matrix wieder auf ihre Wirkungsstärke untersucht. In einem Maßnahmenportfolio werden die Prioritäten für die selektierten Maßnahmen gesetzt. Dabei werden die Wirkungsstärke und der Ressourcenaufwand gegenübergestellt. Es werden gemeinsame Prioritäten gefunden und jeder Beteiligte weiß, wie weit man auf dem Weg zur Erreichung der strategischen Ziele schon gegangen ist. Folgende Prioritäten werden gesetzt:

Feld I: höchste Priorität, Maßnahmen haben eine hohe Wirkungsstärke und geringen Ressourcenaufwand

Feld II: quick wins, Maßnahmen haben zwar nur eine geringe Wirkungsstärke aber auch nur einen geringen Ressourcenverbrauch

Feld III: typisch strategische Maßnahmen, die einen hohen Ressourcenverbrauch und eine hohe Wirkungsstärke haben

Feld IV: Maßnahmen, die nicht angepackt werden sollten, da sie ein schlechtes Aufwand-Nutzen-Verhältnis haben

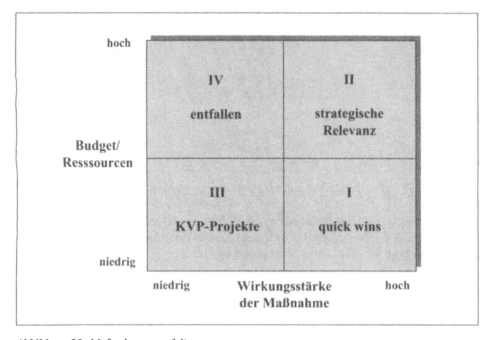

Abbildung 25: *Maßnahmenportfolio*

Dadurch werden alle Maßnahmen auf die strategischen Ziele und auf die Erfüllung der Unternehmensvision ausgerichtet. Die BSC schafft damit die strategische Kommunikation und erreicht im Unternehmen einen breiten Konsens zur Strategie und zur Strategierreichung. Die strategischen Führungsprozesse werden dadurch vernetzt und von allen Beteiligten getragen.

8.5 Change Management mit der BSC

Die Optimierung und bessere Vernetzung der strategischen Führungsprozesse erfordert ein integriertes Programm, bei dem die Dimensionen Strategie, Operation, Führungskultur, Führungsprozesse, Informationstechnik und Organisation zusammenwirken müssen. Die BSC ist ein Management- und Führungstool und hilft damit Veränderungsprozesse anzustoßen, zu begleiten und alle Beteiligten auf die neuen Ziele auszurichten. Die BSC ist das Tool, um der dramatisch gestiegenen Dynamik und Komplexität der Veränderung gerecht zu werden. Es hilft, alle Kräfte auf das gemeinsame Ziel zu konzentrieren.

8.6 Stakeholder Value Management – Vertrauen als Grundlage einer Zusammenarbeit mit den Stakeholdern

Die Balanced Scorecard ist in der Welt eines starken Veränderungsmanagements zu einem wichtigen Führungsinstrument geworden. Die Methode reicht jedoch nicht aus, wenn nicht gleichzeitig ein aktives Vertrauensmanagement betrieben wird. Gerade das Vertrauen in das Management und das Controlling hat in den letzten Jahren stark gelitten.

Es geht heute darum, dass ein Unternehmen vom Vertrauen lebt. Ein Unternehmen welches auf den verschiedenen Ebenen des Stakeholder Management kein Vertrauen genießt, kann nicht existieren. Vertrauen in ein Unternehmen ist das Fundament des Erfolges.

Vertrauen beruht in der Regel auf kognitiven Elementen, dies sind Kosten-Nutzen- und Renditeüberlegungen und emotionale Elementen dies sind Verhaltensweisen und Formen der Wahrnehmung. Dies gilt sowohl für die Ebene des Unternehmens als auch für die Ebene des Individuums. Unternehmen und Individuen werden nicht nur über ihre Handlungen sondern auch über Faktoren wie Ausstrahlung, Verhalten wahrgenommen. Ein Unternehmen kann die Dinge richtig tun, doch die Handlungen werden auf den verschiedenen Stakeholderebenen ganz unterschiedlich wahrgenommen und bewertet.

Es kommt also nicht nur darauf an, die Dinge wie in der Balanced Scorecard richtig zu tun, sondern es kommt auch darauf an, die Dinge richtig zu vermitteln und nach außen zu transportieren. Die Frage nach der Wahrnehmung ist also mindestens so wichtig, wie die Frage nach den Fakten. Stakeholder Value Management will in einem integrierten Ansatz ein durchgängiges Vertrauensmanagement für alle Stakeholder des Unternehmens schaffen. Die Unternehmenswerte, die die Grundlage der Ziele der BSC bilden, sind daher auf die verschiedenen Stakeholderebenen zu beziehen. So hat Swisscom Mobile die Unternehmenswerte 1:1 den verschiedenen Stakeholder Ebenen zugeordnet.

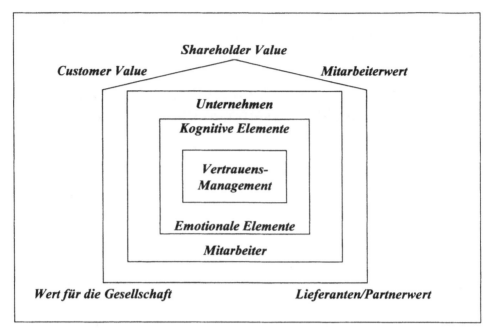

Abbildung 26: Stakeholder Value Management

Vertrauen ist die wichtigste Grundlage unserer Stakeholderbeziehung. Es spiegelt sich in allen unseren Unternehmenswerten wider:

- *Kundenorientiert:* Wir begeistern unsere Kunden und übertreffen ihre Erwartungen.
- *Mitarbeiterorientiert:* Wir fördern unsere Mitarbeiter gezielt und befähigen sie zu überdurchschnittlichen Leistungen.
- *Unternehmerisch:* Wir handeln unternehmerisch und gewinnen.
- *Partnerschaftlich:* Wir sind gemeinsam mit unseren internen und externen Partnern erfolgreich.
- *Verantwortlich gegenüber der Gesellschaft:* Wir sind unserer hohen Verantwortung bewusst und nehmen diese aktiv wahr.

Abbildung 27: Unternehmenswerte der Swisscom Mobile AG bezogen auf die verschiedenen Stakeholderebenen[1]

---

[1] Carsten Schloter, Vertrauen als Grundlage von Stakeholderbeziehungen, in: zfo 4/2004, S. 202-206.

Das Controlling hat daher alle Stakeholderebenen in die Steuerung einzubeziehen. So kann es Sinn machen, bei einer geringen eigenen Wertschöpfungstiefe die BSC noch um die Lieferantenperspektive zu ergänzen oder das Image des Unternehmens in der Gesellschaft zu integrieren. Diese Werte aller Stakeholder sollten auch in der Vergütung beachtet werden. So fließt heute bei Swisscom in die variable Vergütung des Managements auch das Image des Unternehmens und die Kundenzufriedenheit ein. Dies kann zu immer wiederkehrenden Zielkonflikten führen, deren Diskussion aber wichtig sind für ein wertsteigerndes Vertrauen aller Partner.

Der Weg und die Bausteine zu einem integrierten All-in-one-Management-Konzept

Claus W. Gerberich/Thomas Schäfer

1. Einführung	58
2. Bedarf Mittelstand	60
3. Bedarfsgerechtes All-in-one-Management-Konzept	61
4. Einführungsmethodik „Six loop Concept®"	64
5. Nutzen und Vorteile für den Mittelstand	73
6. Zusammenfassung und Ausblick	75

1. Einführung

Auf dem Mittelstand lastet zukünftig ein enormer Anforderungsdruck, der – bedingt durch seine traditionelle Eigenkapitalschwäche als unzureichende Antwort auf das Rating nach Basel II – stetig zunimmt und ein gewisses Spannungsfeld zwischen Banken und Mittelstand bei der Kreditvergabe erzeugt.

Während Banken in diesem Spannungsfeld zunehmend die Rolle des Kooperationspartners der Mittelständler einnehmen, um die Wettbewerbsfähigkeit des Kunden im Wandel der Finanzierungskultur zu sichern, forciert sich für die Unternehmen die Rolle des praktischen Strategen deutlich zum Wettbewerbsfaktor: um das Unternehmen langfristig auszurichten, Erfolgspotenziale auszuschöpfen, zukünftig das Rating zu optimieren und als kreditnehmendes Unternehmen eine optimale Finanzierungsstruktur zu schaffen. Ebenso muss das Controlling diesen Ansprüchen gerecht werden und sich von bisher eher operativen Zielgrößen des Absatzes bzw. Umsatzes hin zur strategisch wertorientierten Unternehmensführung entwickeln, um zukünftigen Anforderungen aller Interessensgruppen ausführlich gerecht zu werden.

In der Praxis zeigt sich häufig, dass in vielen mittelständischen Unternehmen oftmals multiple Interpretationen über die strategische Ausrichtung und die strategischen Ziele vorherrschen. Dies führt i. d. R. zu „blindem" Steuern, zu allgemeinen Strategiediskussionen und Verschwendung von organisatorischer Energie in strategisch wertlosen Aktionen und Projekte. Synergiepotenziale der verschiedensten Unternehmensressourcen bleiben damit ungenutzt. Steuerungssysteme sind häufig stark monetär statt strategiekonform, reaktiv statt zukunftsorientiert (proaktiv), kaum risiko-, kunden- und marktorientiert.[1]

Gerade im Kontext der Internationalisierung der Märkte befinden sich mittelständische Unternehmen in einem Prozess des Wandels. Die Anforderungen zur Sicherung der Wettbewerbsfähigkeit und eines nachhaltigen profitablen Wachstums nehmen dabei stetig zu:[2]

- Ansprüche der Kunden steigen und die Wechselbarrieren werden immer niedriger, d. h. Kunden sind immer schneller bereit, ein Produkt oder eine Dienstleistung von einem anderen Anbieter in Anspruch zu nehmen, der z. B. im Preis/Leistungs-Verhältnis besser ist.

- Lebenszyklen von Produkten und Dienstleistungen verkürzen sich weiterhin und treiben die technologischen Entwicklungen und Innovationen immer stärker voran, wodurch der Wettbewerbsfaktor Zeit immer entscheidender wird.

---

[1] Leidig (2004).
[2] Schmelzer/Sesselmann (2004), S. 1 f.

Weg und die Bausteine zu integriertem All-in-one-Management-Konzept

- Wachsender Kostendruck und Preisverfall zwingen die Unternehmen zur kontinuierlichen Verbesserung und effizienteren Gestaltung der Geschäftsprozesse.
- Zunehmende Markttransparenz hat den Wettbewerbsdruck erheblich ansteigen lassen.

Allgemein lässt sich festhalten, dass der Wandel das gesamte Unternehmen umfasst:[3]

Einstellungen und Verhalten von Management und Mitarbeitern

- Führungssystem
- Organisation
- Controlling
- Technologien, Prozesse und Produkte

Ein zukunftsfähiges Managementsystem muss also lebendig sein und sich stets mit dem gesamten Unternehmen weiterentwickeln, um den Wandel und die mit diesem verbundenen Herausforderungen wertorientiert, strategisch und mit klaren Zielvorstellungen steuern zu können.

Für die Unternehmen wird es damit notwendig, einen ganzheitlichen Bezugsrahmen für die Unternehmensstrategie zu schaffen[4], der einzelne Themen wie Shareholder Value, Prozessmanagement, Qualität, Kernkompetenzen, Innovation, Humanressourcen, Informationstechnologie, Organisationsgestaltung und Lernen berücksichtigt.

Diesen Bezugsrahmen zur „Beschreibung von Strategien zur Wertschöpfung"[5], „Umsetzung von Unternehmensstrategien"[6] sowie „das Denken in offenen Prozessen und vernetzten Systemen"[7] bietet die Balanced Scorecard.

---

[3] Ebenda, S. 2.
[4] Kaplan/Norton (2004), S. 5.
[5] Ebenda, S. 6.
[6] Gleißner/Füser (2003), S. 253.
[7] Doppler/Lauterburg (2002), S. 99.

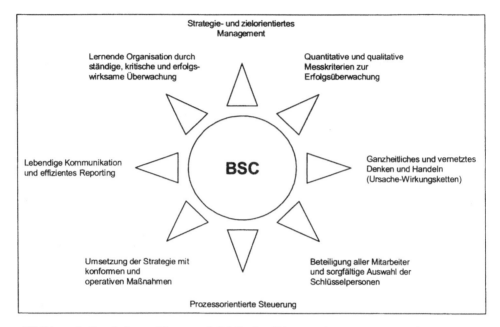

Abbildung 1: Die Balanced Scorecard (BSC) als effektives Managementkonzept[8]

2. Bedarf Mittelstand

„Jeder, der Organisationen kennt, weiß im Grunde, dass eine riesige Anzahl von Steuerungs- und Kontrollsystemen den Alltag der Organisation bestimmen. Dennoch besteht wenig systematisches Verständnis darüber, warum oder wie Manager diese Systeme anwenden, um ihre Programme durchzuführen."[9]

Ein auf den Mittelstand zugeschnittenes Managementkonzept „gibt dem Unternehmen gewöhnlich zum ersten Mal eine klare Vorstellung von der Zukunft und dem Weg der dorthin führt"[10] und ist in der Lage, dieses systematische Verständnis, die Prozesse und Vernetzungen ganzheitlich zu vermitteln.

---

[8] Darstellung in Anlehnung an Doppler/Lauterburg (2002), S. 148.
[9] Simons (1995), S. 11.
[10] Kaplan/Norton (1997), S. 282.

Besonders auf den globalen Kapitalmärkten steigen Druck und Ansprüche der Kapitalgeber im Rahmen von „Basel II und Ratings" gegenüber dem Management mittelständischer Unternehmen, da die „Unternehmensbeurteilung ganzheitlicher und zukunftsgerichteter"[11] wird und somit nicht mehr nur quantitative sondern auch qualitative Werttreiber starken und direkten Einfluss auf die Finanzstruktur als auch auf die Ratingnote des Unternehmens haben.

Gerade für den Mittelstand, der in hohem Maße mit Fremdkapital versorgt ist, wird es zunehmend von Bedeutung sein, sich strategisch auszurichten, um sich Banken als Kooperationspartner auf dem Weg zu wirtschaftlichem Erfolg und profitablem Wachstum sichern zu können. „Transparenz" rückt daher in den Mittelpunkt des Geschäftsverhältnisses zwischen Firmenkunde und Kreditinstitut.

Ein bedarfsgerechtes Managementsystem muss entsprechend die Ziele mittelständischer Unternehmen reflektieren, die sich wie folgt zusammenfassen lassen:

- Erfolgspotenziale langfristig sichern
- eine optimale Kapitalversorgung gewährleisten
- die Wettbewerbsfähigkeit aufrecht erhalten
- den verschiedenen Interessensgruppen (Eigentümer, Mitarbeiter, Lieferanten und Kunden) gerecht werden
- interne Veränderungen der Organisation als auch den externen Wandel von Märkten und Umwelt bewältigen

An diesen Zielen orientiert stellt sich die Herausforderung, ein Managementsystem zur erfolgreichen Unternehmensführung zu schaffen, das sowohl branchenunabhängig als auch unternehmensindividuell umgesetzt werden kann.

3. Bedarfsgerechtes All-in-one-Management-Konzept

In einem modernen Führungscockpit dürfen die klassischen Managementaufgaben wie Controlling, Strategie, Risikomanagement und andere nicht mehr isoliert betrachtet, sondern müssen in einem verzahnten Prozess gesteuert werden. Gerade in diesem Zusammenhang wurde die Lean Balanced Scorecard entwickelt, um den Unternehmenserfolg nachhaltig sicher zu stellen. Die Integration der Ratingstrategie vervollständigt die Lean Balanced Scorecard zu einem „All-in-one-Management-Konzept".

---

[11] Achleitner/Everling (2004), S. 166.

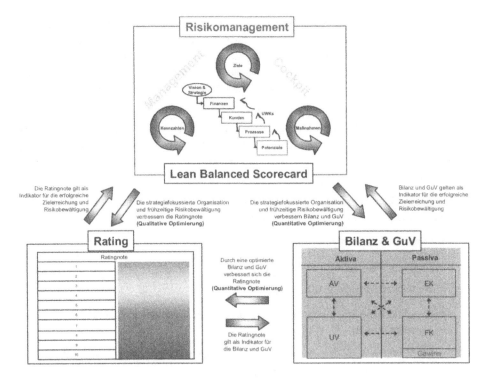

Abbildung 2: *„All-in-one"-Management-Konzept*

Mit der Lean Balanced Scorecard als schlankes und trotzdem umfassendes Führungscockpit wird den besonderen Anforderungen des Mittelstandes hinsichtlich einer möglichst effizienten Umsetzung Rechnung getragen, eine ganzheitliche Betrachtung angrenzender Themengebiete wie Risikomanagement und Rating nach Basel II gewährleistet sowie deren Stakeholders-Forderungen nach Transparenz und nachhaltiger Wertsteigerung realisiert.

Da die strategische Ausrichtung speziell für den Mittelstand von zunehmender Bedeutung ist, soll die Lean Balanced Scorecard einen möglichen Ansatz zur Bewältigung heutiger und vor allem zukünftiger Herausforderungen im Kontext wertorientierter Unternehmensführung bieten.

Gerade im Kontext von Basel II sehen sich zukünftig mittelständische Unternehmen quantitativen und qualitativen Bonitätsprüfungen, so genannten Ratings, von Banken gegenüber, die als zentrale Risikoparameter die Ausfallwahrscheinlichkeit des Kreditnehmers bestimmen. Das Rating eines Unternehmens wird somit maßgeblich von der Insolvenzwahrscheinlichkeit und dem zur Risikodeckung erforderlichen Eigenkapital beeinflusst.[12]

---

[12] Gleißner/Füser (2003), S. 286 f.

Ein adäquates Führungssystem muss demnach unternehmensindividuelle Risiken berücksichtigen, um sowohl „die Ausfallwahrscheinlichkeit zu reduzieren und damit steigenden Bonitätsaufschlägen"[13] bei der Kreditvergabe durch Banken vorzubeugen als auch die Realisierung der Erreichung der Unternehmensziele durch Umsetzung der Strategie in Aktionen zu gewährleisten.

Die Lean Balanced Scorecard stellt einen direkten Zusammenhang zwischen den Kernkompetenzen und den strategischen Zielen eines Unternehmens her. Werden nun den strategischen Zielen relevante Risiken zugeordnet, so gelingt eine direkte Wirkungsbeziehung zwischen dem einzelnen Risiko und der Kernkompetenz.[14]

Die Berücksichtigung der Kernrisiken in der operativen und strategischen Planung ist neben einer strategie- und zielorientierten Ausrichtung eines Unternehmens der zweite wesentliche Baustein der Antwort auf Basel II. Aktivitäten des Risikomanagements sind es, die neben operativen und strategischen Maßnahmen der Ertragssteigerung, einer Optimierung von Kapitalbindung und Finanzierung und einer Verbesserung der Kommunikation mit der Hausbank die wichtigsten Hebel im Rahmen der Ratingstrategien darstellen.[15]

Die Integration von Chancen und Risiken in die Lean Balanced Scorecard bietet mittelständischen Unternehmen somit einen realisierbaren und effizienten Ansatz zur risiken- und chancenorientierten Umsetzung strategischer Maßnahmen und führt damit auch zu einer Verbesserung des Ratings.

Mit einem überzeugenden Gesamtmanagementkonzept für die Geschäftsstrategie wie der risiken- und chancenorientierten Lean Balanced Scorecard werden frühzeitig ratingbeeinflussende quantitative und qualitative Faktoren entscheidend und nachhaltig verbessert und sichern ein von Banken gewünschtes, ganzheitliches Unternehmensbild für ein gutes Bonitätsurteil (Rating). Kreditkonditionen spiegeln damit zukünftig die Risiko-Ertrags-Situation eines Unternehmens wider.[16]

Kurzfristig kennzahlenschönende Bilanzpolitik kann nun durch eine wertorientierte Unternehmensführung anhand der Lean Balanced Scorecard – deren konsequente Umsetzung sich positiv auf die gegenwärtige und vor allem zukünftige Vermögens-, Finanz- und Ertragslage des Unternehmens auswirkt – ergänzend durch eine strategisch ausgerichtete Bilanzoptimierung (aktives Bilanzmanagement), ersetzt werden. Die Ratingstrategie ist so in die strategische Ausrichtung des Unternehmens integriert und somit wesentlicher Bestandteil der Lean Balanced Scorecard. Die erfolgreiche und stringente Anwendung einer Lean Balanced Scorecard verbessert Bilanz sowie GuV und ermöglicht ebenso die Quantifizierung der qualitativen Erfolgsfaktoren eines Unternehmens.

---

[13] Reichling (2003), S. 18.
[14] Horváth & Partners (2004), S. 407.
[15] Gleißner/Füser (2003), S. 286ff.
[16] Reichling (2003), S. 124.

Gerade die qualitativen Merkmale des Unternehmens, die das Rating im Wesentlichen von der traditionellen Kreditwürdigkeitsprüfung unterscheiden, bieten dem Unternehmen zahlreiche Möglichkeiten, sich den Kapitalgebern besser zu präsentieren, da die Kennzahlen nunmehr im Kontext der Strategien gesehen werden.[17]

Die Veränderungen von weichen Faktoren (Kompetenz, Führung, Kommunikation, Zusammenarbeit, etc.) werden so zum Schlüsselfaktor des Unternehmenserfolgs. Die Erfahrung zeigt: „Misserfolge sind in neun von zehn Fällen auf Fehler im Bereich der weichen Faktoren zurückzuführen".[18]

Mit der risiken- und chancenorientierten Lean Balanced Scorecard, die die Unternehmens-, Rating- und Risikostrategie in einem plausiblen und zielgerichteten Strategiebündel operativ umsetzt, wird es daher kaum Ansatzpunkte für negative Bewertungen innerhalb des Ratingprozesses geben.

Nur wenn das Managementkonzept richtig verstanden wird, kann es erfolgreich im Unternehmen umgesetzt werden und seine Stärken frei entfalten. Die Umsetzungsgeschwindigkeit muss hoch sein, doch der Erfolg des ganzheitlichen und integrierten Managementsystems „All-in-one" steht und fällt mit der adäquaten Vorgehensweise beim Aufbau.

4. Einführungsmethodik „Six loop Concept®"

Stringentes Vorgehen, inhaltlich und formal aufeinander aufbauende Elemente sowie eine geordnete, strukturierte und in sich logische Geschlossenheit bestimmen über die Wirksamkeit einer Balanced Scorecard.[19] Das Six Loop Concept® hat sich in der Praxis bewährt, die Balanced Scorecard erfolgreich in Unternehmen zu implementieren.

Dabei ist in dem Six Loop Concept® sichergestellt, dass die einzelnen Loops miteinander vernetzt sind. Durch kritische Reflexionen regt das Konzept zu einem kontinuierlichen Verbesserungsprozess an. Es erfordert die Bereitschaft zu permanentem Überdenken und kontinuierlichen Veränderungen.

---

[17] Achleitner/Everling (2004), S. 322.
[18] Doppler/Lauterburg (2002), S. 377.
[19] Horváth & Partners (2004), S. 168.

Weg und die Bausteine zu integriertem All-in-one-Management-Konzept

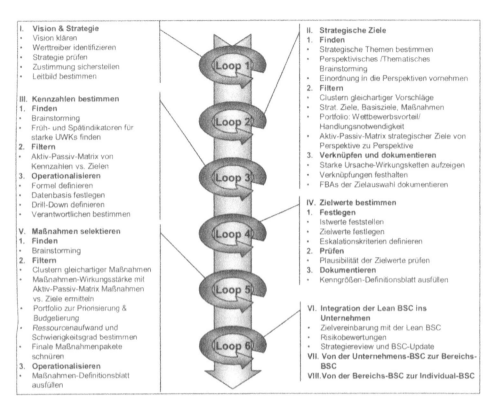

Abbildung 3: Einführung der Lean Balanced Scorecard nach dem Six Loop Concept®

Voraussetzung zur Erstellung einer Lean Balanced Scorecard ist die Formulierung einer unternehmensindividuellen Strategie, die aus der Vision und dem Leitbild des Unternehmens abzuleiten ist. Unklare Vorstellungen von der Zukunft des Unternehmens bilden keine erfolgreiche Grundlage für eine Lean Balanced Scorecard. Die Lean Balanced Scorecard erarbeitet keine Strategie, sondern kommuniziert diese und macht sie für die einzelnen Führungsebenen operabel.

Die Vision sollte ein motivierendes Bild der Zukunft entwerfen, das anspruchsvoll, aber mittelfristig erreichbar ist. Sie ist die Klammer für alle Mitarbeiter, die Share- und Stakeholder des Unternehmens, darf aber auch nicht zu stark einengen und muss Raum für die Entfaltung eigener Ideen lassen. Die Vision orientiert sich am Wertesystem des Unternehmens, beachtet die Kernkompetenzen und gibt die Stossrichtung des Unternehmens visionär vor. Aus der Vision und dem Leitbild kann dann, unter Beachtung der strategischen Erfolgsfaktoren, die Strategie des Unternehmens abgeleitet werden.

Die Strategie wird dargestellt über:

- die Rolle des Unternehmens im Markt
- den Weg der Differenzierung und Positionierung im Markt
- die Entwicklung der Kernkompetenzen und der dazu relevanten Kernprozesse
- die strategischen Rendite-, Cash-flow- und Wertsteigerungsziele
- die Philosophie der Führung und Steuerung
- die Kultur der Information und der Kommunikation

Aus der Strategie abgeleitete strategische Ziele mit hoher Relevanz für den Unternehmenswert bilden den Ausgangspunkt des Erstellungsprozesses einer Lean Balanced Scorecard.

Die Konzentration liegt ausschließlich auf den strategischen Zielen und deren Interdependenzen, die eine große Bedeutung für das Unternehmen haben. Relevante Filter für die Prüfung potenzieller strategischer Ziele sind:

- die vorhandenen Kernkompetenzen
- die Anforderungen und Erwartungen der Markt- und Kundensegmente
- die relevanten Kernprozesse des Unternehmens
- die Verfügbarkeit von finanziellen, technologischen und personellen Ressourcen
- der Fit zur Unternehmenskultur
- die Potenziale aus Allianzen, Partnerschaften und Netzwerken

Die Kennzahlen haben die Aufgabe, die strategischen Ziele abzubilden. Die Strategien werden dann in die

- finanzielle Perspektive
- Markt- und Kundenperspektive
- Prozessperspektive
- Mitarbeiter-, Lern- und Entwicklungsperspektive (Potenzialperspektive)

mittels Kennzahlen umgesetzt. Bei jeder Perspektive sind Kennzahlen sowohl als Spätindikatoren als auch als Frühindikatoren zu ermitteln. So ist in der Kundenperspektive ein Spätindikator z. B. die Wechselquote von Kunden, während Frühindikatoren z. B. der Erfüllungsgrad der Kundenanforderungen, das Beherrschen der kundenorientierten Prozesse und die Termintreue sind.

Mittels Ursache-Wirkungsmatrix wird die Wirkungsstärke der Kennzahlen ermittelt. Es wird geprüft, wie gut eine Kennzahl die Zielerreichung abbildet. Für jedes der strategischen Ziele werden die Istwerte und die Zielwerte für den Planungshorizont erarbeitet. Man sollte sich daher auf einfache und schnell ermittelbare Kennzahlen konzentrieren. Die Kennzahlenwerte sollten innerhalb von sechs Monaten zu ermitteln sein und dann in einer Testphase kalibriert werden. Dadurch wird die Unternehmensstrategie operationalisiert, anhand von Kennzahlen die Erreichung der strategischen Ziele gemessen und somit aufgezeigt, wie sich der Zustand des Unternehmens in allen Perspektiven verändert.

Zur Umsetzung und Erreichung der strategischen Ziele werden Maßnahmen zusammengestellt, um ein nach strategischen Kriterien bereinigtes und fokussiertes, budget- und ressourcenorientiertes Maßnahmenportfolio zu verabschieden. Alle aktuell laufenden Maßnahmen und Projekte werden auf ihren strategischen Zielbeitrag und Synergieeffekte untersucht. Alle Maßnahmen werden also auf die strategischen Ziele und die Erfüllung der Unternehmensvision ausgerichtet.

Die Lean Balanced Scorecard schafft damit einen breiten Konsens zur Strategie und schließt die Lücke zwischen Strategie und Strategieerreichung mit Maßnahmenpaketen, die operativ Schritt für Schritt realisiert werden. Sie dient der Unternehmensführung als Strategiekarte, die Zusammenhänge visualisiert, die Intensität der Beziehungen der Maßnahmen erkennt und dadurch einen Aktionskonsens im Management garantiert.

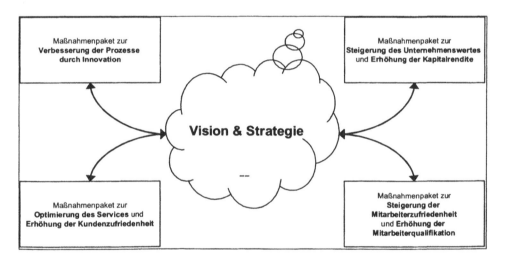

Abbildung 4: Umsetzung von Vision und Strategie

Am Ende des Ersterstellungsprozesses einer Lean Balanced Scorecard werden die Scorecards der vier Perspektiven aufbauend auf den erarbeiteten Ergebnissen mit weiteren Schritten im Unternehmen verankert.

Zur Vorbereitung auf die Integration in das Ziel- und Anreizsystem wird die Unternehmens-Balanced Scorecard zur Funktions-/Bereichs-Balanced Scorecard bis auf die Individual-Balanced Scorecard heruntergebrochen (Roll-Out). Ausgangspunkt für die Aggregation der Unternehmens-Balanced Scorecard auf die Bereichs-Balanced Scorecard bilden die das Geschäft „treibenden Bereiche", d. h. die strategischen Geschäftseinheiten.

Durch die Identifikation von Schlüsselpersonen in verschiedenen Ebenen werden die einzelnen Bereiche personell verzahnt und die Strategien und Balanced Scorecards (Bereichs- und Individual-Balanced Scorecard) auf Ziel- und Kennzahlen- sowie Maßnahmen- und Zielwertkongruenz abgestimmt. Jede Unternehmenseinheit liefert somit ihren individuellen Beitrag zur erfolgreichen Umsetzung der Unternehmensstrategie. Gerade durch die personelle Verknüpfung wird die Kommunikation der Lean Balanced Scorecard in alle Bereiche, vertikal und horizontal, sichergestellt.

Folgende Schwerpunkte sind bei der Integration der Lean Balanced Scorecard in die bestehenden Unternehmenssteuerungs-Prozesse zu setzen:

- Die Integration der Lean Balanced Scorecard ins Unternehmen stellt keineswegs eine einmalige Aktion dar. Interne und externe Veränderungen nehmen Einfluss auf die Lean Balanced Scorecard und somit auf die strategische Ausrichtung des Unternehmens. Um den Unternehmenserfolg langfristig sichern zu können, muss sich die Lean Balanced Scorecard deshalb stets mit dem gesamten Unternehmen weiterentwickeln. Dies geschieht durch jährlich wiederkehrende Strategiereviews und Lean Balanced Scorecard-Updates, in denen die Lean Balanced Scorecard immer wieder aktualisiert wird.

- In einer weiteren Konkretisierung der Strategie werden die Planungs- und Budgetierungsprozesse an die Lean Balanced Scorecard angepasst. Die strategischen Maßnahmen zur Strategieumsetzung werden operativ detailliert und langfristig geplant. Die heruntergebrochenen Periodenziele, denen Maßnahmenbudgets zugeordnet werden, orientieren sich dabei am strategischen Zielwert (Cause Effect Chain Budgeting). „Damit entsteht ein strategischer Fokus bei der operativen Planung und Budgetierung."[20]

- Mitarbeiter sind die wertvollste und kritischste Ressource eines Unternehmens. Sie entscheiden bei der Umsetzung der Strategie damit direkt über Erfolg oder Misserfolg. Ursache-Wirkungsbeziehungen der Lean Balanced Scorecard vermitteln den Mitarbeitern ein gemeinsames Verständnis der Strategie. Da die kaskadierten strategischen Ziele einen Bezug zu den Tätigkeiten der einzelnen Beschäftigten aufweisen, ist die Einbindung aller beteiligten Personen gewährleistet. Entsprechende Bonus- und Incentivesysteme, die an die individuellen Zielvereinbarungen für die Mitarbeiter gekoppelt sind, stellen die konsequente Ausrichtung der individuellen Ziele an den Unternehmenszielen sicher.

- Ein wettbewerbsfähiges Berichtssystem muss die Kriterien der Schnelligkeit, Verfügbarkeit, Regelmäßigkeit und Genauigkeit steuerungsrelevanter Informationen erfüllen. Gerade mit der Lean Balanced Scorecard fokussiert sich das Unternehmen auf klare strategische Ziele, Messgrößen und Maßnahmen im Informationsfluss. Durch Aggregation und Kaskadierung sind ein klarer ZielBezug und damit klare Zuständigkeiten gewährleistet, da alle Mitarbeiter in den Zielerreichungsprozess integriert sind. Auf Grund des über Ursache-Wirkungsbeziehungen vermittelten systematischen Verständnisses bietet die Lean

---

[20] Horváth & Partners (2004), S. 321.

Balanced Scorecard so die Basis für ein transparentes, in verständlicher Form vorhandenes Reporting und Monitoring, das führungsrelevante Informationen angemessen detailliert und periodisch zur Verfügung stellt. Das mit der Lean Balanced Scorecard verknüpfte Berichtssystem vermeidet einen unerwünschten Informations-Overload, dokumentiert den aktuellen Stand der Strategieumsetzung und macht diesen im Unternehmen transparent.

- Die Werttreiber des Unternehmens sind durch die Bestimmung der strategischen Zielsetzungen (Top-Down) klar definiert, werden mit Ursache-Wirkungsketten zusammenhängend beschrieben, mittels strategiekonformer Maßnahmen vorangetrieben (Bottom-Up) und anhand relevanter Messgrößen überwacht. Potenziale, Erfolgsfaktoren und Kernkompetenzen der Unternehmung werden unternehmensweit erkannt, ausgeschöpft und in den operativen Handlungen der gesamten Organisation verankert.

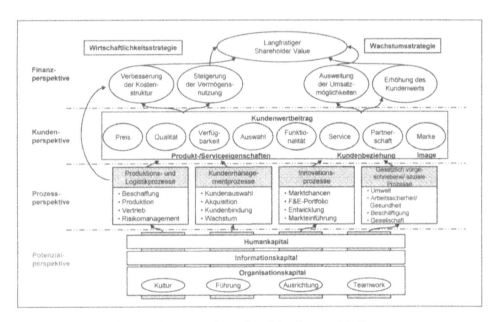

Abbildung 5: Identifikation der Werttreiber anhand der Strategy Map[21]

Die Einführung des Risikomanagements von der Risikoidentifikation bis zur Risikoüberwachung wird vollständig und konsequent in das Six Loop Concept® integriert. Das Führungscockpit lässt sich damit um die notwendigen Risikoinstrumente erweitern. Aktives Risikomanagement wird so integraler Bestandteil der Organisations- und Führungsstrukturen sowie zu

---

21 Kaplan/Norton (2004), S. 10.

einem der wesentlichen Erfolgsfaktoren und leistet einen zusätzlichen Beitrag zur Steigerung des Unternehmenswertes.

Die Risikostrategie des Unternehmens ist gemeinsam zu erarbeiten und muss ebenfalls, wie die Unternehmensstrategie, ganzheitliche Zustimmung finden. Sie wird beeinflusst von:

- qualitativen Kriterien (Soft Facts), wie z. B. Führungsstil des Managements
- quantitativen Faktoren (Hard Facts), wie z. B. Geschäftsberichte, Ergebnisse, Eigenkapitalausstattung und
- Risiken, die aus dem Mikro- (Five Forces, Stakeholder, etc.) und Makrokosmos (Gesellschaft, Recht, Politik, Demographie, Technologie, Gesamtwirtschaft, etc.) auf das Unternehmen wirken.

Strategische Risiken, die mit einer bestimmten Wahrscheinlichkeit eintreten und einen damit verbundenen Schaden in gewisser Höhe verursachen, müssen identifiziert, quantitativ bewertet und aggregiert werden, da sie zu einer wesentlichen Beeinträchtigung der Kernkompetenzen des Unternehmens führen können.[22]

Sämtliche Kernrisiken, d. h. strategisch relevante Risiken, „die in unmittelbarem Zusammenhang mit dem Aufbau bzw. der Nutzung von Erfolgspotenzialen stehen und nicht auf andere übertragen werden können"[23] und somit in direktem Zusammenhang mit den strategisch relevanten Zielen stehen, werden identifiziert.

Das Ergebnis der Risikoanalyse und -bewertung ist ein Risikoinventar, das sich aus den wichtigsten Risiken zusammensetzt, die den entsprechenden strategischen Zielen der Lean Balanced Scorecard zugeordnet werden können.

Im Zuge der Implementierung der Lean Balanced Scorecard wird so der Risikoprozess konsequent im Unternehmen verankert und die Auswirkungen der strategischen Risiken auf die strategischen Ziele aufgezeigt, so dass operative Handlungen chancenorientiert umgesetzt werden können.

---

[22] Gleißner/Füser (2003), S. 286 ff.
[23] Ebenda (2003), S. 288.

Weg und die Bausteine zu integriertem All-in-one-Management-Konzept

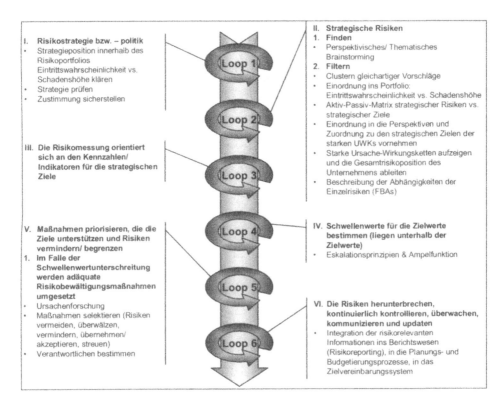

Abbildung 6: *Integrationsprozess des Risikomanagementsystems*

Die Kaskadierung der Risiken läuft entsprechend simultan zu den Zielen, Zielwerten, Kennzahlen und Maßnahmen, die evtl. um Risikoaspekte in der Umsetzung verfeinert werden.

Da die Risikosituation eines Unternehmens einem stetigen Anpassungsprozess unterliegt, müssen regelmäßig Risiken neu identifiziert, bewertet und alternative Risikobewältigungsmaßnahmen gefunden werden.

In den Planungs- und Budgetierungsprozessen können die geschätzten Risikokosten berücksichtigt, die Zielvereinbarungen können mit Schwellenwerten ausgestattet und das Eskalationsreporting kann bei Zielwertabweichung in das Berichtssystem integriert werden.

Die Ratingoptimierung vervollständigt das integrierte „All-in-one-Management-Konzept" zu einem in sich geschlossenen Führungssystem.

Die Ratingstrategie leitet sich aus der Ist-Analyse ratingbeeinflussender Kriterien und der unternehmensindividuellen Finanzierungspolitik ab. Es ist darauf zu achten, dass die Unternehmens-, Risiko- und Ratingstrategie Konformität wahren.

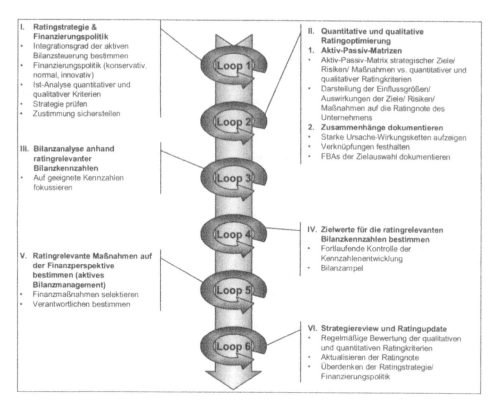

Abbildung 7: *Integration der Ratingstrategie in die Lean Balanced Scorecard*

Die unternehmensindividuelle Bewertung der Erfüllung quantitativer und qualitativer Kriterien erfolgt anhand eines Scoringmodells, dessen Gesamtpunktzahl die aktuelle Ratingnote abbildet.

Die strategischen Ziele, Risiken und Maßnahmen werden im Folgenden bezüglich ihrer Auswirkungen auf die quantitativen und qualitativen Kriterien untersucht und bewertet, d. h. die Einflussstärke einer strategischen Maßnahme auf das einzelne Ratingkriterium bestimmt.

Dem Unternehmen wird so die Möglichkeit gegeben, genau zu erkennen, wo sich die wesentlichen Hebel zur Ratingoptimierung befinden und wie sich die Zusammenhänge von Ziel, Risiko und Rating als auch Bilanz und GuV darstellen.

Das aktive Bilanzcontrolling bildet einen weiteren Baustein im Führungscockpit der Lean Balanced Scorecard und dient gleichzeitig als Kontrolle der quantitativen Ratingoptimierung. Ratingrelevante Kennzahlen, die sich aus Bilanz und GuV ableiten, komplettieren das unternehmensindividuelle Kennzahlensystem. Bilanz- und GuV-Veränderungen können so frühzeitig erkannt und deren Entwicklungen aktiv gesteuert werden.

Die Entwicklung der Bilanzkennzahlen wird fortlaufend überwacht und Zielwerte von Bilanzkennziffern, die sich z. B. am Benchmark orientieren, werden angestrebt. Positive Veränderungen der Kennzahlen aus Bilanz und GuV dienen als Erfolgsindikator für die gelungene Umsetzung der strategischen Ziele aus der Lean Balanced Scorecard bzw. als Indikator für die Auswirkungen eines aktiven Bilanzmanagements.

Die Finanzperspektive der Lean Balanced Scorecard bildet die Schnittstelle zum aktiven Bilanzmanagement, da Finanzmaßnahmen getroffen werden, die auf die Optimierung der Ratingnote ausgerichtet sind. Zielsetzung ist hierbei, die Bilanz durch strategische Maßnahmen nachhaltig und wertorientiert zu optimieren. So lassen sich die Maßnahmen zur aktiven Bilanzsteuerung wiederum in die bereits bestehenden Maßnahmenpakete der Lean Balanced Scorecard integrieren.

Systematisch werden quantitative und qualitative Indikatoren optimiert und strategiefokussiert transparent gemacht, mit dem Ziel, eine wettbewerbsfähige Kapitalversorgung und somit die Zukunftsfähigkeit des Unternehmens zu sichern.

Die konsequente Umsetzung der Lean Balanced Scorecard ins und im Unternehmen führt so zu einer Verbesserung der Bilanz, GuV und Ratingnote eines Unternehmens.

5. Nutzen und Vorteile für den Mittelstand

Ein Managementsystem für den Mittelstand muss folgende Grundsatzfragen unternehmensindividuell beantworten: Wir wissen,

- wohin wir gehen wollen
- warum wir dorthin wollen
- wie wir dorthin kommen und
- wie wir unseren Fortschritt messen können

Mit der Lean Balanced Scorecard ist ein schlankes und speziell für den Mittelstand umsetzbares Managementsystem geschaffen worden, das konsequent Ziele, Kennzahlen und Maßnahmen an der Vision und Strategie des Unternehmens ausrichtet und die kritischen Erfolgsfaktoren und Werttreiber fokussiert.

Nach dem Six Loop Concept® wird die Lean Balanced Scorecard Schritt für Schritt (Loop für Loop) erarbeitet, spezifisch an das Unternehmen angepasst, systematisch integriert und prozessorientiert umgesetzt.

Durch die Integration des Risikomanagementprozesses werden strategische Ziele und Maßnahmen strategiefokussiert sowie risikosensibel umgesetzt. Ursache-Wirkungsbeziehungen schaffen ein systematisches, vernetztes Verständnis, das der Unternehmensführung hilft, die Abhängigkeiten und Zusammenhänge von Zielen und Risiken effizient zu managen. Kennzahlensammlungen werden auf die Steuerung des Unternehmenswertes ausgerichtet, machen den Zielumsetzungsgrad messbar und Abweichungen vom Zielwert dienen als Frühwarnindikatoren, die Risiken automatisch identifizieren.

Die risiken- und chancenorientierte Lean Balanced Scorecard erlaubt so eine fundierte, wertorientierte und strategische Unternehmenssteuerung durch operative Handlungen.

Das integrierte Ratingkonzept hinsichtlich Basel II stellt für mittelständische Unternehmen sowohl eine Chance als auch eine Herausforderung dar und vervollständigt das Führungscockpit der Lean Balanced Scorecard durch Berücksichtigung quantitativer sowie qualitativer Faktoren.

Die Hauptfunktion des Ratings, Transparenz und somit Vergleichbarkeit für Investoren und Gläubiger hinsichtlich des Risikos einer Finanzanlage zu schaffen, wird von der Lean Balanced Scorecard optimal erfüllt, da sie u. a. auch ein individuelles Kommunikationstool darstellt und hilft, Wettbewerbsvorteile zu sichern.

So gewährleistet die Lean Balanced Scorecard dem Unternehmen in der Kunde-Bank-Beziehung eine verbesserte Verhandlungsposition, schafft vor allem durch strategische Planung und frühzeitige Risikovorsorge Vertrauen in die Bonität und sichert damit den Zugang zum Kapitalmarkt sowie zu günstigen Konditionen bei klassischen Bankdarlehen.

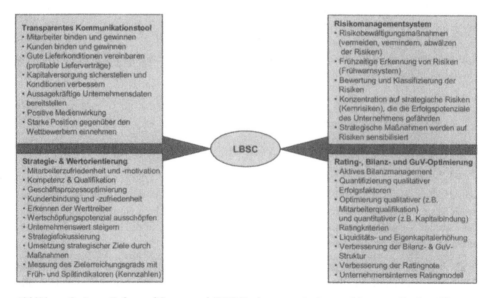

Abbildung 8: *Lean Balanced Scorecard (LBSC) als strategischer und kommunikativer Wettbewerbsfaktor*

6. Zusammenfassung und Ausblick

Die risiken- und chancenorientierte Lean Balanced Scorecard ist ein Führungssystem für den Mittelstand, das die unternehmensindividuellen Erfolgspotenziale effizient strukturiert. Die Einbettung des Risikomanagementprozesses und der Ratingstrategie in die strategische Unternehmenssteuerung stellt dem Management so ein ganzheitliches und in sich geschlossenes Managementsystem zur Verfügung.

Strategische Ziele werden konsequent verfolgt und im Rahmen strategieorientierter, operativer Handlungen realisiert. Eine exakte Schwachstellenanalyse entlang der Erfolgspotenziale lässt Krisensymptome frühzeitig erkennen und vermeidet so eine Erfolgskrise, in der substanzielle Verluste erwirtschaftet werden, oder vielleicht sogar eine Vermögens- und Liquiditätskrise, in der die Zahlungsfähigkeit wegen nachhaltiger Verluste des Unternehmens bedroht oder nicht mehr vorhanden ist.

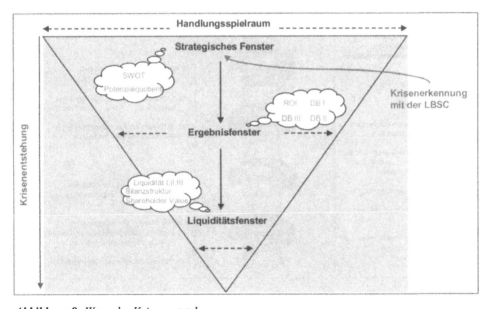

Abbildung 9: Wege der Krisenentstehung

Die Optimierung qualitativer Unternehmenspotenziale bildet die Schnittstelle zur Verbesserung der Ratingnote, die durch ein integriertes, aktives Bilanzmanagement und die Quantifizierung qualitativer Faktoren vervollständigt wird.

So wird die Umsetzung der Lean Balanced Scorecard ins Unternehmen zu einem Schlüsselprojekt, das die Veränderungsprozesse der Unternehmung im ständigen Wandel des Umfelds hin zu einer strategiefokussierten Organisation forciert. Das Ergebnis ist ein universelles Managementinstrument, das das Unternehmen auf der „Fahrt in bewegten Wassern"[24] wertorientiert und sicher – stets der Welle einen Bug voraus – in die Zukunft lenkt.

Zusammengefasst ist die Lean Balanced Scorecard als ganzheitliche Managementlösung ein Gewinn und Mehrwert für das Unternehmen wie auch für das Unternehmensumfeld.

Über den Erfolg entscheidet die stringente und konsequente Umsetzung der Lean Balanced Scorecard ins Unternehmen oder wie Johann Wolfgang von Goethe sprach: „Es ist nicht genug, zu wissen, man muss auch anwenden; es ist nicht genug zu wollen, man muss auch tun."

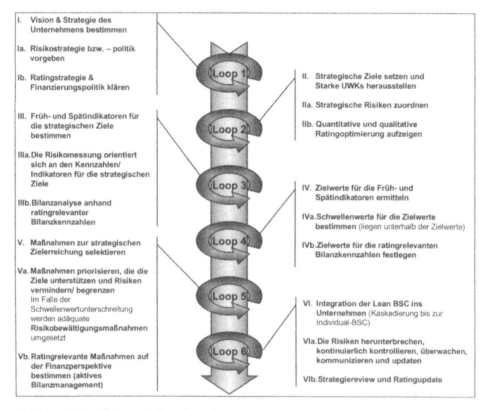

Abbildung 10: „*All-in-one"-Vorgehensplan*

---

[24] Doppler/Lauterburg (2002), S. 192.

Checkliste

✓ **Lean Balanced Scorecard**

　✓ Systematisches und vernetztes Verständnis bei steigender Dynamik und Komplexität von Veränderungen

　✓ Bündelung und Integration von Strategieansichten und -interpretationen

　✓ Umfassende und ganzheitliche Betrachtung des gesamten Unternehmens

　✓ Visions- und Strategiekonformität unter Einbindung aller relevanten Unternehmensebenen

　✓ Transparenz und verbindliche Akzeptanz, die Feedback und unternehmensweite Lerneffekte fordern und fördern

　✓ Fokussierung auf Werttreiber, Kernkompetenzen und Erfolgsfaktoren

　✓ Zeitnahe Umsetzung von strategischen Zielen in operative Maßnahmen

　✓ Kalkulierbarer Schutz vor unnötigen Investitionen

　✓ Kontinuierliche Messung des Zielerreichungsgrades

　✓ Zukunftsorientierte und sich stetig weiterentwickelnde Unternehmensstruktur

　✓ Klare Verantwortlichkeiten und weg von den Konjunktiven des Lebens

　✓ Interne (Mitarbeiter) und externe (Banken, Partner, Kunden, Lieferanten, etc.) Kommunikationsbasis

　✓ Zielorientierte Mitarbeiterführung

✓ **Integriertes Risikomanagement**

　✓ Frühzeitiges Erkennen von Risiken durch ein integriertes Frühwarnsystem

　✓ Allgemeine Wahrnehmung von Risiken aller Mitarbeiter durch Risikokaskadierung („gesundes Risikobewusstsein")

　✓ Risikobewältigungsstrategien werden umrissen und strategische Initiativen auf Risiken sensibilisiert

　✓ Konsequenter Fokus auf klassifizierte, strategische Risiken (Kernrisiken)

✓ **Bilanz-, GuV- und Ratingoptimierung**

　✓ Optimierung qualitativer und quantitativer Ratingkriterien zur nachhaltigen Sicherung der Existenz und des Zugangs zum Kapitalmarkt

Prozessorganisation ist die notwendige Voraussetzung für ein funktionierendes Prozesscontrolling

Hartmut F. Binner

1. Einleitung — 80
2. Ganzheitliches Vorgehensmodell zur Prozessorientierung — 84
3. Prozessorientierung als neues Organisationsgestaltungsparadigma — 85
4. Implementierung einer Prozessorganisation — 87
5. Funktionierendes Prozessmanagement mit Prozesscontrolling — 91
6. Grundlagen des Prozesscontrollings — 93
   - 6.1 Ziele des Prozesscontrollings — 96
   - 6.2 Prozessregelkreismodell — 97
   - 6.3 BSC-Entwicklung — 99
7. Prozessverbesserung und -bewertung — 101
   - 7.1 Bewerten der Prozessergebnisse (Effektivität und Effizienz) — 103
8. Zusammenfassung und Nutzen — 105

1. Einleitung

Unter den veränderten Rahmenbedingungen mit den damit verbundenen vielschichtigen Veränderungsprozessen, wie sie nachfolgend genannt sind, müssen die Verantwortlichen in den Unternehmen dafür sorgen, dass die Prozesse der Produkt- und Dienstleistungserstellungs hochproduktiv und kostengerecht ablaufen, um die Wettbewerbsfähigkeit zu garantieren. Gerade in den letzten Jahren ist dabei sehr klar geworden, dass der einfachste und schnellste Weg zur Kostenreduzierung in der Prozessoptimierung liegt. Unflexible, unstrukturierte und intransparente Prozessabläufe beinhalten viele Schwachstellen und Reibungsverluste, die beseitigt werden müssen.

Wie Abbildung 1 zeigt, finden diese Veränderungsprozesse in sehr unterschiedlichen Bereichen statt, die nachfolgend kurz erläutert werden.

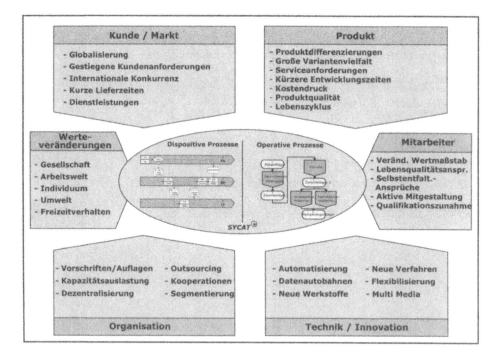

Abbildung 1: Veränderungsprozesse und struktureller Wandel

Bei den *Marktveränderungen* ist insbesondere der Wechsel vom Verkäufermarkt zum Käufermarkt zu beachten. Für den Käufer ist es nicht mehr interessant, ein Standardprodukt zu einem möglichst niedrigen Preis zu erhalten, er erwartet vielmehr unter dem Stichwort *Kunden-*

Prozessorganisation als Voraussetzung für Prozesscontrolling

orientierung eine Nutzenmaximierung hinsichtlich des Leistungsangebotes. Dieses Leistungsangebot, das das Unternehmen zu bieten hat, beinhaltet unter anderem Produktvariationen, Zuverlässigkeit, Service, Sicherheit, Garantie, Kompatibilität, Kommunikation, Schulung und weitere individuell zu bestimmende Nutzenkomponenten für den Kunden.

Bisherige Strategien, wie beispielsweise der erfolgreiche Verkauf von Produkten auf Grund hoher Qualität, Marktpräsenz und gutem Preis-/Leistungsverhältnis verlieren an Bedeutung, weil wegen der vielfachen Konkurrenz über diese Produktdifferenzierung kein Wettbewerbsvorteil mehr erzielbar ist. Die Produktfunktionalität und das Design ähneln sich immer mehr. Falls ein Produkt eine besondere Eigenschaft oder Fähigkeit besitzen sollte, zieht die Konkurrenz sofort nach. Preisreduzierungen beeinflussen stark die Wirtschaftlichkeit, deshalb erhält die *Servicedifferenzierung*, das heißt das Abgrenzen und Herausstellen durch zusätzliche Dienstleistungen gegenüber der Konkurrenz einen immer stärkeren Stellenwert. Nur ein Unternehmen, das in der Lage ist, den Kunden umfassend produkt- und dienstleistungsbezogen über den gesamten *Produktlebenszyklus* zu bedienen, wird erfolgreich sein. Die Integration der einzelnen Unternehmensaktivitäten innerhalb der gesamten *Wertschöpfungskette* mit Entwurf, Herstellung, Vertrieb und Auslieferung und den darin enthaltenen servicerelevanten Tätigkeiten, bestimmt immer mehr den Wettbewerbserfolg. Die Servicequalität wird entscheidend für die Kundenzufriedenheit und Kundenloyalität.

Unterstützt wird dieser Trend durch den *Globalisierungsprozess,* der zu einer zunehmenden internationalen Verflechtung der Handels-, Kapital- und Technologieströme in der Welt führt. Insbesondere sind von der Globalisierung die Beschaffungs- und Distributionsmärkte betroffen. Die freie Marktwirtschaft im Welthandel setzt sich immer mehr durch, dies in Verbindung mit:

- Abbau von Grenzkontrollen
- Reduzierung technischer Handelshemmnisse
- Verabredung gemeinsamer Normen
- Liberalisierung des öffentlichen Auftragswesens
- Harmonisierung der Steuern
- Gemeinsamen Entwicklungen in Umweltschutz, Forschung und Technologien
- Zusammenarbeit in Wirtschafts- und Währungsfragen
- Einführung des EURO

Die *Liberalisierung* führt zu einer Wettbewerbsverschärfung durch zunehmende internationale Konkurrenz. Dies führt zu zunehmendem Kostendruck. Wesentliche Einsparungspotenziale liegen wiederum nicht so sehr im angebotenen Produktbereich sondern primär bei der Rationalisierung der Abläufe und den logistischen Aktivitäten innerhalb der Wertschöpfungskette und zwar innerhalb und außerhalb des Unternehmens.

Die Globalisierung der Märkte und die Marktsättigung bewirken, dass die *Kundenorientierung* für das Unternehmen den höchsten Stellenwert erhält. Technologische Entwicklungen, insbesondere auf dem Gebiet der Informations- und Kommunikationstechnologie führen dazu, dass es den Unternehmen immer leichter fällt, die Entwicklung weg vom Standard hin zur Individualität zu erfüllen. Damit steigt die Dynamik auf den Märkten durch schnelllebige Produkte und kurzfristige Modetrends weiter.

Hinzu kommt, dass die Kostenvorteile uniformer Produkte bei der konventionellen Massenproduktion mit kleiner werdenden Losgrößen bei steigenden Variantenzahlen und kürzeren Produktlebenszyklen nicht mehr gegeben sind. Die Änderungs- und Anpassungskosten steigen überproportional. Produktionsstrukturen, die sich auf Verkäufermärkten als erfolgreich erwiesen haben, kehren sich bei Käufermärkten in Nachteile um.

Neben dem vorhandenen Anpassungsdruck mit der Notwendigkeit einer individuellen *Kundenwunscherfüllung* kommt ein steigender Kostendruck durch die Gesetzgebung hinzu. Beispielsweise wird auf die Übernahme der Verantwortung für Recycling und Umweltschutz hingewiesen. Auch hier hat ein *Veränderungsprozess* von konsumorientiertem zu ökologieorientiertem Verhalten der Menschen stattgefunden. Die Gesellschaft achtet sehr stark darauf, dass die Unternehmen ihre gebrauchten Produkte zurücknehmen, um sie in aufbereiteter Form dem Nutzungskreislauf wieder zur Verfügung zu stellen. Recyclingfunktion, Entsorgungsfähigkeit und Ressourcenschulung sind eine weitere wichtige Fähigkeit, die ein Unternehmen beherrschen muss.

Das steigende Umweltbewusstsein der Kunden muss von den Unternehmen gefördert werden, wobei damit die Kundentreue nicht gesichert wird, weil die Konsumenten immer stärker modeorientiert vorgehen. Sie sind auf der Suche nach Produkten, die sich von der Konkurrenz abheben.

Die Unbeständigkeit der Kunden führt dazu, dass eine Vorhersage des Marktverhaltens immer schwieriger, wenn nicht gar unmöglich wird. Es kann nur das Unternehmen überleben, das über die Fähigkeit einer schnellen Anpassung an geänderte Marktverhältnisse verfügt.

Die steigenden Ansprüche der Verbraucher bringen die Abkehr von der Massenproduktion standardisierter Produkte und die Zuwendung zum kundenbezogenen Individualprodukt. Dieser Wechsel ist wiederum eine Folge der Veränderungen im *Wertbewusstsein* der Gesellschaft.

Der *Wertewandel* ist im persönlichen Bereich durch die Aufgabe der freiwilligen Selbstbeschränkung gekennzeichnet, dies verbunden mit Begriffen wie Pflichtbewusstsein, Leistungsbereitschaft, Arbeitsorientierung, Sparverhalten, Besitzdenken, Berufszentrierung bis zur Seinorientierung mit individueller Bedürfniserfüllung.

Hierzu gehören Seinbewusstsein, Selbstentfaltung, Leistungsverzicht, Freizeitorientierung, Erlebnisdenken und Familienzentrierung. Arbeit ist nicht mehr zentraler Orientierungspunkt im Leben, sondern individuelles Ausleben von Wünschen und Lebensvorstellungen in der Freizeit – dort durchaus mit hoher Leistungsbereitschaft verbunden. Dies geschieht, weil die reizarme, monotone Arbeitswelt die Wünsche nach Bewährung und *Selbstentfaltung* nicht mehr erfüllt.

Immer mehr Menschen wird deutlich, dass jeder Tag ihres Lebens unwiederbringlich ist und dass verpasste Chancen und Herausforderungen nicht noch einmal geboten werden. Das eigene Leben in der Massengesellschaft muss individuell gestaltbar sein. An seinem Ende darf nicht die Reue stehen, alles falsch gemacht zu haben. Ein Leben von der Stange reicht nicht mehr aus. Natürlich strahlt diese Veränderung in die Arbeitswelt zurück.

Die *Anpassung* mit konservativen, das heißt hierarchisch orientierten Führungs- und Organisationsstrukturen wird durch den Wertewandel nicht mehr möglich sein. Ein höheres Anspruchsdenken der Mitarbeiter in Bezug auf die Verbesserung der persönlichen Lebensqualität ist entstanden. Dies berührt nicht allein das Kaufverhalten, sondern auch die Einstellung zum Arbeitsplatz. Gefordert werden Machtteilung, Kooperation, Offenheit und das Zulassen von Kreativitätsspielräumen. Autorität, Kästchendenken, Statuspflege und Funktionseinengung werden nicht mehr ohne weiteres akzeptiert.

Mitarbeiterorientierung ist das Schlüsselwort, mit dem dieser veränderten Lebenseinstellung erfolgreich begegnet werden kann. Die Vorgesetzten im Unternehmen müssen sich auf die neuen Ansprüche der Mitarbeiter einstellen. Die Arbeitsinhalte und Aufgabenstellungen müssen so interessant und abwechslungsreich gestaltet werden, dass sie ein hohes Maß an Motivation und Zufriedenheit gewährleisten. Selbstmanagement, Selbstverantwortung und Selbstcontrolling sind zu trainierende Eigenschaften von Mitarbeitern, um den gesellschaftlichen *Wertewandel* zu unterstützen und erfolgreich auf *Marktveränderungen* zu reagieren.

Nicht mehr die *tayloristische Arbeitsorganisation* und die damit verbundene Funktions- und Arbeitsteilung zum Zwecke der Produktivitätssteigerung durch Spezialisierung mit ihren eher sinnentleerten und anspruchslosen Tätigkeiten sowie einer auf Kontrolle basierenden Führungskultur stehen zur Diskussion. Flexible, dezentrale Organisationseinheiten, die durch die Erfüllung von Funktionsintegration und Selbstregulation mehr Entscheidung, mehr Verantwortung und den Abbau von monotonen Arbeitsabläufen beinhalten und sich gleichzeitig schnell geänderten Marktsituationen anpassen können, sind gefordert. *Prozessorientierung* ist der Ansatz zur Neugestaltung der Arbeitsinhalte und -abläufe.

Das optimale Zusammenwirken der drei erläuterten Handlungsfelder

- Kundenorientierung
- Mitarbeiterorientierung
- Prozessorientierung

in Verbindung mit Vision, Strategie und Unternehmenszielvorgaben führt im vierten Handlungsfeld „Erfolgsorientierung" zum angestrebten Wettbewerbserfolg.

2. Ganzheitliches Vorgehensmodell zur Prozessorientierung

Wandlungsfähigkeit, Mobilität, Flexibilität, Effektivität, Produktivität, Effizienz, Qualität, Partizipation, Funktionsnetzwerke, Virtualität, Standardisierung und noch weitere Eigenschaften, Merkmale oder Fähigkeiten muss heute die kunden-, mitarbeiter-, prozess- und erfolgsorientierte Arbeitsorganisation besitzen, um erfolgreich am Markt zu agieren (s. Abbildung 2).[1]

Um die Komplexität innerhalb dieser Kategoriefelder, Sichtweisen, Strukturen, Konzepte, Lösungsansätze zu reduzieren und den Anwendern ein praktikables und handhabbares Vorgehensmodell an die Hand zu geben, werden in insgesamt vier aufeinander aufbauenden Abschnitten und zwar

- Prozessorientierung
- Prozessorganisation
- Prozessmanagement
- Prozessverbesserung

die sachlich-logischen Aktivitäten differenziert nach Anforderungen, Zielen und Maßnahmen systematisch und strukturiert beschrieben. Dabei findet das *Prozess-Metamodell* Verwendung. Ausgehend vom Prozessmodell erfolgen Analyse, Modellierung und Dokumentation in der spezifischen *Organisationsprozessdarstellung* von Professor Binner durchgängig über alle Hierarchieebenen innerhalb eines Organisationsebenenmodells. Alle Eigenschaften des verwendeten Metamodells werden durch den umfassenden, durchgängigen, integrierten, flexiblen, offenen und einfachen Gestaltungsansatz charakterisiert. Der Nutzen dieses Ansatzes unterstreicht noch einmal den Anspruch der Allgemeingültigkeit dieses Modells bei Veränderung und Optimierung von Organisationen, Prozessen, Abläufen und Arbeitsplätzen – unabhängig von Branche und Betriebsgröße.

---

[1] In dem im Mai 2004 im Carl Hanser-Verlag – vom selben Autor – erschienenen „Handbuch der prozessorientierten Arbeitsorganisation" werden ausführlich die Strategie-, Ziel-, Entscheidungs- und Handlungsfelder erläutert, wie sie in Abbildung 2 in Bezug auf Führungsorganisation, Ablauforganisation, Aufbauorganisation und Kommunikation/Dokumentation stichwortartig genannt sind.

Prozessorganisation als Voraussetzung für Prozesscontrolling

Arbeits-organisations-gestaltungs-kategorien	Strategie-, Ziel-, Entscheidungs- und Handlungsfelder			
	Kunden-orientierung	Mitarbeiter-orientierung	Prozess-orientierung	Erfolgs-orientierung
Führungs-organisation (Entscheidungen)	- Kritischen Erfolgsfaktoren - Kundenaus-richtung	- Funktions-integration - Arbeitsteiligkeit aufheben - KVP	- Schnittstellen-reduzierung - Prozess-sicherheit - Effizienz	- Wirtschaft-lichkeit - Prozess-monitoring - Prozess-controlling
Ablauf-organisation (Zusammenspiel)	- Flexibilität - Transparenz	- Qualifizierung - Team-organisation - Gruppenarbeit	- Dezentra-lisierung - Segmentierung - Durchgängigkeit	- Prozess-verantwortliche - Kennzahlen-system - BSC
Aufbau-Organisation (Koordination)	- Kurze Ent-scheidungs-wege - Selbst-bewertung - Autonomie	- Eigen-verantwortung - Selbst-management - Motivation	- Prozessowner - KVP - Prozessregel-kreise	- Zielverein-barungen - Stärken/Schwächen - Chancen/Risiken
Kommunikation u. Dokumentation (Regelungen/Statuten)	- Kunden-/Lieferantenver-einbarungen - Nachweise - CRM	- Organisations-handbuch - Leistungs-vereinbarungen - Erfolgs-beteiligung	- IT-System-einsatz - Prozessvisua-lisierung - Messgrößen	- Visionen - Leitbilder - Strategien - Management-systeme

Abbildung 2: Handlungsfeldbezogene Ansatzpunkte zur Gestaltung der prozessorientierten Arbeitsorganisation

3. Prozessorientierung als neues Organisations-gestaltungsparadigma

Die Prozessorientierung als neues Organisationsgestaltungsparadigma – mit dem Wandel von der funktionsorientierten zur prozessorientierten Unternehmensorganisation – erfordert eine grundsätzliche Veränderung im Strategie-, Modell-, Methoden- und Konzeptansatz für die Gestaltung der prozessorientierten Arbeitsorganisation. Dies muss systematisch, handhabbar und praktikabel erfolgen. Insbesondere ist eine klare Begriffsabgrenzung vorzunehmen, um damit das zurzeit vorherrschende Begriffswirrwarr zum Thema Prozessgestaltung und -entwicklung aufzulösen.

Wie Abbildung 3 zeigt, wird im o. g. Handbuch unter Anwendung eines Organisationsregel-kreismodells eine sachlich-logische aufeinanderfolgende Abschnittsreihenfolge gewählt, um die Inhalte der prozessorientierten Arbeitsorganisation zusammen mit den einzusetzenden

Methoden und Werkzeugen systematisch und strukturiert aufzubereiten. Die bekannten Managementstrategien werden dazu im Sinne einer „General Management Strategie" (GMS) gebündelt.

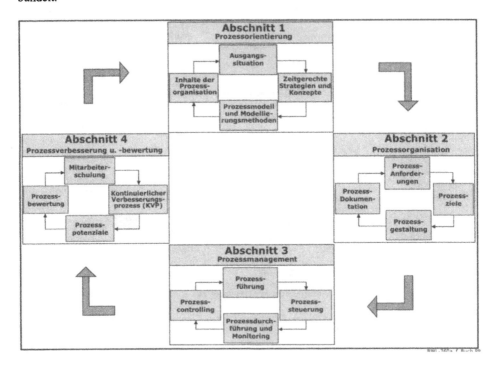

Abbildung 3: *Aufbau des Handbuches der prozessorientierten Arbeitsorganisation*

Abschnitt 1 behandelt die Grundlagen der Prozessorientierung.

Die Prozessorientierung als grundsätzlicher theoretischer Ansatz zur Unternehmensgestaltung und -entwicklung ermöglicht eine funktionsübergreifende Wertschöpfungsoptimierung des Unternehmensgeschehens bzw. der Unternehmensabläufe und bietet durch Funktionsintegration und Schnittstellenabbau die Möglichkeit zur Überwindung von Barrieren zwischen den betrieblichen Funktionsbereichen. Die Prozessorientierung unterstützt die Integration von betrieblichen Abläufen und ermöglicht die Verknüpfung zwischen internen Unternehmenserfolgsfaktoren mit dem markteigenen Erfolgspotenzial eines Unternehmens. Gleichzeitig entsteht eine Komplexitätsreduktion und Kapazitätsentflechtung durch Abbildung produktorientierter Organisationseinheiten (Center).

Abschnitt 2 beschreibt die Einführung der Prozessorganisation auf der Grundlage von Prozessanalyse.

Kerngedanke der Prozessorganisation ist, dass sich der strukturelle Aufbau einer Unternehmung an den betrieblichen Prozessen orientiert, d. h. es wird eine Ausrichtung der Aufbauorganisation (Stellen- und Abteilungsgeflecht) an den Bedingungen des Ablaufes vorgenommen. Dabei erfolgt eine Schwerpunktverlagerung des Unternehmensgeschehens von Abteilungs- und Bereichsdenken hin zum Prozessdenken mit dem Mitarbeiter als Mitdenker und Mitlenker mit hohem Verantwortungs- und Entscheidungsspielraum. Kennzeichen der Prozessorganisation ist weiter das Durchsetzen interner Kunden/Lieferantenprinzipien mit kontinuierlichen Verbesserungen und Know-how-Nutzung der Mitarbeiter.

Abschnitt 3 erläutert die praktische Umsetzung der Prozessorientierung durch das Prozessmanagement.

Die praktische Umsetzung der Prozessorientierung erfolgt durch das Prozessmanagement im Rahmen der vorher festgesetzten Prozessorganisation. Unter Prozessmanagement werden alle planerischen, organisatorischen und kontrollierenden Maßnahmen verstanden, die zur zielorientierten Führung und Steuerung der vorher analysierten, modellierten und dokumentierten Wertschöpfungsketten in den Unternehmen dient. Das Prozessmanagement hat weiter das Ziel, die Wiederholbarkeit und die Standardisierbarkeit der Abläufe zu erreichen, um über diesen Weg der Produktivitäts- und Effizienzsteigerung mit kontinuierlichen Prozessverbesserungen dem Kunden einen höheren Nutzen zu bieten.

Abschnitt 4 bezieht sich auf die Beschreibung der Methoden zur Prozessverbesserung und -bewertung.

Dies geschieht auf der Grundlage der Qualifizierung der Mitarbeiter und den ihnen vermittelten Verbesserungsmethoden. Die Messung der Leistungsfähigkeit der ablaufenden Prozesse erfolgt auf Grundlage der Prozesspotenzialermittlung bezüglich Prozesskosten und Prozesszeiten. Die dabei gewonnen Istdaten werden mit den Prozesszielvorgaben verglichen. Über Prozessbenchmarks auf Grundlage der Prozessleistungskennzahlen bzw. mit den im Zusammenhang mit der Kernkompetenz erfassten Prozessschlüsselgrößen, wie zum Beispiel Kosten, Zeiten, Servicegrad, Qualität, Kundenzufriedenheit, ist die Leistungsfähigkeit der betrachteten Prozesse feststellbar, bestehende Leistungslücken zum „Best-of-Class"-Prozess werden aufgedeckt und Anstöße zur Beseitigung dieser Lücken gegeben. Weitere Prozessbewertungsmethoden sind die ebenfalls näher beschriebenen Prozessaudits, Prozess-FMEAs, Prozessreifegradermittlung, Prozessevaluation oder Prozesszertifizierung

4. Implementierung einer Prozessorganisation

Das Unternehmensumfeld verändert sich ständig. Das Changemanagement hat Aufgaben, im Rahmen der Unternehmensentwicklung auf diese Veränderungen flexibel zu reagieren.

„Die Unternehmensentwicklung ist hierbei das stetige Erschließen und Entwickeln von Unternehmens-Potenzialen zur Effektivität und Effizienzsteigerung bei der Produkt-/Dienstleistungserstellung zum Nutzen des Kunden."

Leitideen der Unternehmensentwicklung sind z. B.:

- Von der Funktionsorientierung zur Prozessorientierung
- Von der Misstrauenskultur zur Vertrauenskultur
- Von der Zentralisierung zur Dezentralisierung
- Von Einzelkämpfern zum Team
- Vom Mitarbeiter zum Mitdenker
- Von der Produktsicht (Verkäufermarkt) zur Kundensicht (Käufermarkt)
- Vom Preiswettbewerb zum Zeitwettbewerb

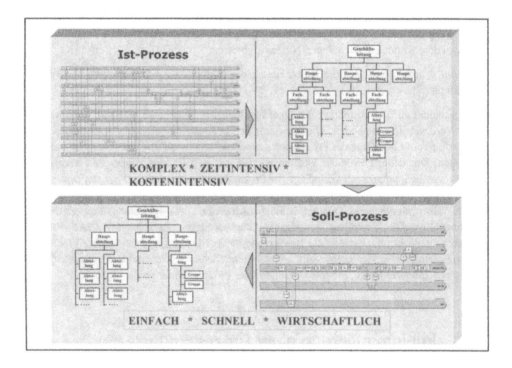

Abbildung 4: *Vergleich von Ist- zum Sollprozess*

Zur Umsetzung der Leitideen wurde ein strukturiertes Vorgehensmodell für ein effektives und effizientes Changemanagement entwickelt. Grundlage hierfür ist die schnelle und einfache Analyse, Modellierung und Dokumentation der Unternehmensprozesse gemeinsam mit allen

Prozessorganisation als Voraussetzung für Prozesscontrolling

Prozessbeteiligten. Aufwendung findet hierbei die in Abbildung 4 gezeigte SYCAT-Prozessabbildung mit der von Professor Binner entwickelten Organisationsprozessdarstellung (OPD). Diese OPD-Darstellung hat seit Anfang der 90er Jahre unter der Bezeichnung „Swimlane" viele Nachahmer gefunden. Die Prozess-Analyse-Software SYCAT verknüpft die Abbildung des funktionsübergreifenden sachlich-logischen und zeitlichen Ablaufes im Grafiktool MS VISIO mit der Beschreibung des Arbeits-, Informations- und Ressourcenflusses in einer SQL- oder Access-Datenbank. Bei einem Wechsel der Verantwortung in eine andere Organisationseinheit werden die Schnittstellen durch weitergeleitete Informationsträger eindeutig definiert. Des Weiteren wird der Dokumenten- und Datenfluss dargestellt. Diese Arbeits-, Ressourcen- und Informationsflussdarstellungen lassen sich über in der Datenbank hinterlegte Prozessparameter präzisieren. Die vorhandenen oder einzusetzenden IT-Komponenten sind den Prozessen ebenfalls sachlich, logisch und zeitlich zugeordnet und zeigen, wie die Kommunikation und das Zusammenwirken der Prozessbeteiligten damit optimiert wird.

Nach einer strukturierten Ist-Analyse folgt die Schwachstellenanalyse mit der nachfolgenden Sollprozessmodellierung. Durch das Changemanagement eingeleitete Reaktionen bzw. Maßnahmen auf diese Entwicklungen sind beispielsweise Organisations-, Prozess- oder Dienstleistungsveränderungen. Bei diesen Maßnahmen geht es darum, den enormen Kostendruck aufzufangen und über eine Unternehmensmodernisierung den Kunden einen höheren Nutzen zu bieten, selbstverständlich auch dabei die erhöhten Qualitätsanforderungen zu erfüllen. Weiter spielt der Zeitfaktor bei der Vorgangsbearbeitung eine immer größere Rolle. Auch hierauf müssen sich die Unternehmensorganisationen mit den dazugehörenden Prozessen einstellen. Die Geschäftsprozesse müssen effizienter und reibungsloser ablaufen.

Durch die Einführung einer Prozessorganisation in Abschnitt 2 nach den Grundsätzen der Prozessorientierung aus Abschnitt 1 wird mithilfe der entwickelten Vorgehens- und Bearbeitungsmodelle über neu zu gestaltende Führungs-, Aufbau- und Ablaufprozesse das Kästchendenken überwunden. Beschrieben ist diese Prozessorganisation durch das Zusammenwirken der analysierten und dokumentierten Haupt- und Teilprozesse und deren internen und externen Schnittstellen, zum Beispiel zu Kunden und Lieferanten. Wichtig ist, dass über die verwendete Darstellungsmethode diese verschiedenen Prozesse abgebildet werden können. Hier gibt es ebenfalls eine ganze Anzahl unterschiedlicher, das heißt einfacher bis komplexer Modellierungsmethoden.

Die Visualisierung der Aktivitäten bzw. Tätigkeits-, Handlungs- oder Aufgabenabfolgen innerhalb der prozessorientierten Arbeitsorganisation, die in einem sachlich logischen und zeitlichen Zusammenhang bei der Durchführung des Prozesses stehen und die durch einen Prozessbeginn und durch ein Prozessende abgrenzbar sind, erfolgt hier auf Grundlage der in Abbildung 5 gezeigten Organisationsprozessdarstellung (OPD).

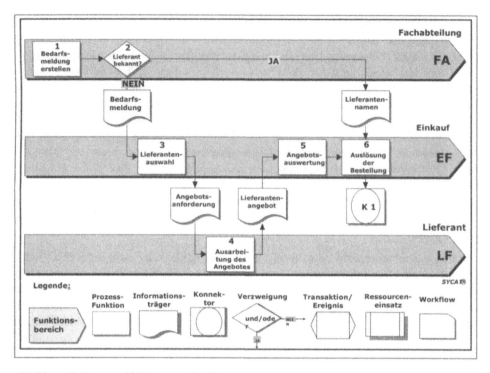

Abbildung 5: *Prozessabbildungsmethodik*

Der Aufbau dieses Modells eines gemeinsamen Prozessbildes setzt sich wie folgt zusammen:

- Die Funktionsbereiche bzw. die Prozessbeteiligten (Rollen) werden in Form von Zeitgrafen abgebildet, hierbei kann nach Entscheidungs-, Mitwirkungs- und Ausführungsfunktionen unterschieden werden.

- Die Funktionen (Soll) bzw. Tätigkeiten (Ist) der Prozessbeteiligten werden in Kästchenform innerhalb der Zeitgrafen dargestellt, die Detaillierung der Arbeitsschritte in der Datenbank ist frei wählbar.

- Der betrachtete Geschäftsprozess ergibt sich zwangsläufig durch die zeitliche und logische Ablaufreihenfolge der eingetragenen Funktionen oder Tätigkeiten.

- Die IT-bezogenen Transaktionen und die Anstöße (Ereignisse) dazu werden als Rhomboid (Sechseck) gekennzeichnet

- Der Kommunikations- und Informationsfluss pro Funktion oder Tätigkeit wird input- und outputseitig durch Informationsträgersymbole dargestellt. In Bezug auf dieses Informationsträgersymbol können die Kommunikationsbeziehungen bis auf Datenformatebene mit Frequenzangaben über eine Matrixdarstellung präzisiert werden.

- Über alle ablaufenden Geschäftsprozesse lässt sich dann das Unternehmensdatenmodell ableiten.

- Über Richtungspfeile und Linien werden in der zeitlichen Reihenfolge der Aufgabenerledigung die Funktionen (Kästchen) und Informationen miteinander verknüpft, damit die Vor- und Nachfolgerbeziehungen eindeutig bestimmt und die gegenseitigen Wechselbeziehungen der Prozessparameter grafisch sichtbar. Weitere SYCAT-Modellierungsobjekte werden unter Punkt 3.5 „Prozessdarstellung" im Vergleich zu anderen Darstellungsmethoden genannt.

Eine beliebige Detaillierung in Haupt-, Neben- und Unterprozesse und die Verbindung über Prozesskonnektoren sind möglich.

5. Funktionierendes Prozessmanagement mit Prozesscontrolling

Das Prozessmanagement erfolgt nach Vorgabe der im Abschnitt 2 „Prozessorganisation" von der Geschäftsführung auf der übergeordneten, das heißt strategischen Führungsebene, vorgegebenen Strategien und Zielwerte sowie der innerhalb des unternehmensspezifischen Prozessmodells analysierten und dokumentierten Prozesse.

Unter Prozessmanagement werden alle planerischen, organisatorischen, ausführenden und kontrollierenden Maßnahmen verstanden, die zur zielorientierten Führung und Steuerung der vorher analysierten, modellierten und dokumentierten Wertschöpfungsketten in den Unternehmen dienen. Das Prozessmanagement hat weiter das Ziel, die Wiederholbarkeit und die Standardisierbarkeit der Abläufe zu erreichen, um über diesen Weg der Produktivitäts- und Effizienzsteigerung mit kontinuierlichen Prozessverbesserungen dem Kunden einen höheren Nutzen zu bieten.

Das Prozessmanagement ermöglicht es, Kompetenzen, Verantwortungen und Aufgaben in einem Unternehmen derart zu ordnen, dass Kundenorientierung, Eigenverantwortung, Teamarbeit und Beteiligung aller Mitarbeiter unter Berücksichtigung der vorhandenen funktionsorientierten Strukturen in hohem Maße erreicht werden können.

Gleichzeitig ermöglicht das Prozessmanagement die Umsetzung vieler einzelner Managementstrategien wie sie zusammengefasst unter dem Oberbegriff „General Management Strategie" im Unternehmen Anwendung finden. Dies geschieht innerhalb der vier bereits beschriebenen Handlungsstrategiefelder und durchgängig über alle Hierarchieebenen wie sie in dem dargestellten Unternehmensmodell nach kybernetischen Regelkreisvorgaben ablaufen. Hierbei werden die im Unternehmenszielnetzwerk miteinander verknüpften, häufig strategiebezogenen Zielsetzungen optimal erreicht.

Die einzelnen Kapitel von Abschnitt 3 beinhalten folgende Aussagen (s. Abbildung 6):

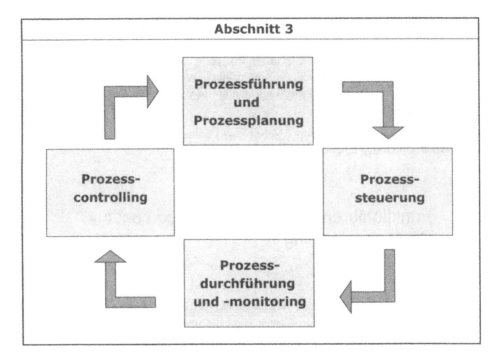

Abbildung 6: *Schematische Darstellung für Abschnitt 3*

Die Prozessführung und Prozessplanung

Bei der systematischen Führung von Geschäftsprozessen geht es aus personalorientierter Sicht um die Darstellung und Zuordnung von Prozessverantwortlichkeiten, Teilprozessverantwortlichkeiten mit Vorgabe von Prozesszielvereinbarungen und der direkten Mitarbeiterführung in Verbindung mit Leistungskontrollen bzw. -vergleichen. Erkenntnisse aus Vorgesetzten- und Mitarbeiterbeurteilungen zeigen, inwieweit durch die Prozessverantwortlichen Handlungsspielräume an die Mitarbeiter übertragen werden können. Aus sachorientierter Prozessführungssicht müssen als Ergänzungsgröße für die Umsetzung der Zielvorgaben die strategischen und taktischen Unternehmens- und Prozessplanungsprozesse durchgeführt werden.

Die Prozesssteuerung

Die Prozesssteuerung zur Erreichung der vorgegebenen Zielsetzungen muss nach exakt festgelegten Regeln und Anweisungen erfolgen. Die Sicherstellung eines effektiven Ressourcen- und Problemmanagements mit den dafür anforderungsgerecht in Verbindung mit dem Arbeitsschutzmanagement ausgewählten PPS- bzw. ERP-Systemen ist ebenfalls eine Prozesssteuerungsfunktion. Weiter gehört dazu die umfassende und aktuelle Informationsbereitstellung für die Mitarbeiter sowie exakte Schnittstellenvereinbarungen. Ferner ist der Nachweis über die Einhaltung von Systemnormen, wie zum Beispiel der DIN EN ISO 9000 und die Vorgabe von Unfallverhütungssystemen zu führen.

Das Prozessmonitoring

Das Prozessmonitoring bzw. die kontinuierliche Prozessmessung ermöglicht die laufende Prozessbeobachtung mit einer Qualitäts- und Leistungsmessung und einem entsprechenden Feed-back zur vorgelagerten Prozesssteuerung und zum nachfolgenden Prozesscontrolling. Die beispielsweise mithilfe von BDE-Systemen erfassten Kennzahlen zeigen Ansatzpunkte zur Schwachstellenbeseitigung, sie können auch im Rahmen des Prozesscontrollings für interne Benchmarks Verwendung finden. Vorher muss allerdings produktionsfertigungs- und materialflussgerecht geplant und realisiert sein. Auch die Grunddaten für die Prozessdurchführung sind aktuell und vollständig zur Verfügung zu stellen.

Das Prozesscontrolling

Das Prozesscontrolling zeigt den Grad der Zielerreichung durch regelmäßigen Soll-/Ist-Vergleich. Hierbei wird festgestellt, ob die vorgegebenen Verbesserungszielsetzungen erreicht und die angestrebten Verbesserungen tatsächlich erfolgt sind. Gleichzeitig wird messbar, ob das Unternehmen über Prozessveränderungen auf externe und interne Veränderungen anforderungsgerecht reagiert hat. Voraussetzung dafür ist die Entwicklung eines durchgängigen Kennzahlensystems nach Balanced-Scorecard-Perspektiven über alle hierarchischen Ebenen bis zum einzelnen Arbeitsplatz.

6. Grundlagen des Prozesscontrollings

Als *Prozesscontrolling* wird hier ein durchgängiges, über alle hierarchischen Ebenen im Organisationsebenenmodell vernetztes Führungsinstrumentarium verstanden, mit dem sämtliche Unternehmensaktivitäten sowie Prozessleistungen und -kosten geplant, gesteuert und kontrolliert werden. Das Hauptziel dieses prozessorientierten Unternehmenscontrollings besteht also darin, allen Beteiligten in jeder Ebene die Führungsinformation zu liefern, damit die richtige unternehmerische bzw. prozessbezogene Entscheidung getroffen werden kann. Aus übergeordneter Sicht ist deshalb das Controlling allgemein als die zielbezogene Unterstützung von Führungs- und Entscheidungsaufgaben auf der Grundlage IuK-gestützter Informationsbeschaffung und -bearbeitung zu verstehen.

Integrierte Informationssysteme müssen die notwendige Datenbasis in Form von Sollkennzahlen und Istkennzahlen liefern, um über Abweichungsanalysen festzustellen, ob die Zielvorgaben innerhalb der nachfolgend erläuterten organisationsspezifischen Zielsysteme erreicht wurden. Wie Abbildung 7 zeigt, lassen sich anhand des schon mehrfach erläuterten *Organisationsebenenmodells* nach der Verwendung in der jeweiligen Ebene

- Führungskennzahlen
- Planungskennzahlen
- Steuerungskennzahlen
- Ausführungskennzahlen

jeweils nach *Sollkennzahlen* (Zukunftsverbesserungen) und *Istkennzahlen* (vergangenheitsbezogen) unterscheiden.

Hierbei besteht eine 1:1-Beziehung zu der dahinterstehenden Zielhierarchie. Das *Controllingsystem* muss mit jeder verwendeten Controllingkennzahl die Zielerfüllung der strategischen Ziele mit der dahinter liegenden Ausrichtung des Unternehmens messen. Somit spielt jede der verwendeten *Kennzahlen* einen Teil der Strategie wieder und gibt einen aktuellen Überblick über den Zustand des Unternehmens (s. Abbildung 7).

Die strategischen bzw. *Führungskennzahlen* werden hierbei auf der darunter liegenden Ebene in *Planungskennzahlen* zerlegt, diese eine Ebene tiefer in *Steuerungskennzahlen,* die wiederum auf der untersten Ebene die Grundlage für die *Ausführungskennzahlen* liefern. Die ermittelten Sollkennzahlen in jeder Ebene dienen der Bewertung von Alternativen und sollen das Verhalten der Handlungs- bzw. Verantwortungsträger ergebnisorientiert beeinflussen. Im Wesentlichen sollen sie allerdings über die Messung der Ist-Größen den beim Controlling im Fokus stehenden *Soll-/Ist-Vergleich* ermöglichen. Auf diese Weise stellt das Organisations- bzw. Prozesscontrolling ein integriertes Kommunikations-, Koordinations-, Informations- und Strategieumsetzungs-Instrumentarium dar, das nach dem hier vorgestellten Modell für alle Unternehmensbereiche und Unternehmensteile eine ganzheitliche, umfassende und durchgängige Betrachtung ermöglicht. Diese übergeordnete Controllingsicht schafft damit die in Abbildung 8 integrierte Controlling plattform und ermöglicht beispielsweise nach einer der hier folgenden, frei auszuwählenden *Sichtweisen* wie

- prozessorientiert
- funktionsorientiert
- handlungsfeldorientiert
- strategisch
- operativ oder auch
- integriert

das entsprechende Controllingsystem zu konfigurieren.

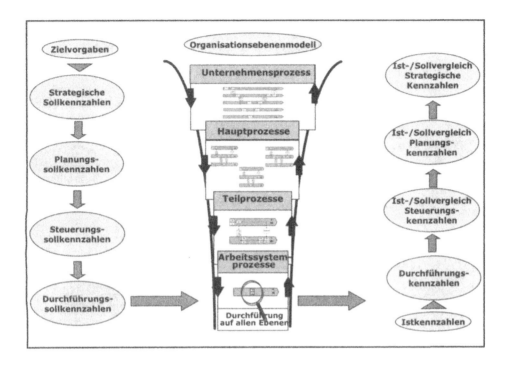

Abbildung 7: *Informationssystemgestütztes durchgängiges Führungsinstrumentarium*

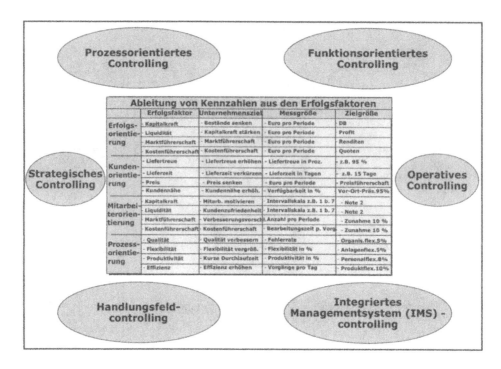

Abbildung 8: Integrierte Controllingplattform in Unternehmen

6.1 Ziele des Prozesscontrollings

Die *Ziele eines Controllingsystems* als Führungs-, Planungs-, Steuerungs- und Kontrollinstrumentarium sind in Abbildung 9 zusammenfassend genannt. Geschaffen werden soll eine schnelle, umfassende und durchgängige Prozessleistungs- und Prozesskostentransparenz, damit sich daran die Vorgabe und Überprüfung der Prozesszielerfüllung sowie die Verfolgung aller Unternehmensaktivitäten über Indikatoren und Messzahlen anschließen kann. Dies soll in Form eines einfachen informationssystemgestützten Führungssystems geschehen, das eine aktuelle Entscheidungs- und Argumentationsunterstützung auf allen Unternehmensebenen gewährleistet. Hierfür müssen die notwendigen Informationen allen Prozessverantwortlichen aktuell, vollständig und richtig zur Verfügung gestellt werden.

Weiter soll das *Prozesscontrolling* Selbstmanagement und Motivationsanreize bieten, die die Prozessorientierung und Wertschöpfungsketten unterstützt sowie alle Beteiligten anregt, kontinuierliche Verbesserungsmaßnahmen durchzuführen. Gerade bei prozessorientierten Organisationsstrukturen mit flachen Hierarchien und einem hohen Selbststeuerungsanteil in dezentralen, flexiblen Einheiten müssen die Vorgesetzten und Mitarbeiter flexibel in der Zielerreichung agieren und ein kurzfristiges Umsteuern ermöglichen.

Diese Ziele lassen sich allerdings nur dann erreichen, wenn innerhalb eines systematischen Strategiezielfindungs-Prozesses bereits eine *Prozessidentifikation* und Prozesszuordnung der Schlüsselprozesse zu dem jeweiligen vorgegebenen Strategieziel erfolgt ist.

Die aus den *kritischen Erfolgsfaktoren und -potenzialen* abgeleiteten strategischen Führungsgrößen werden durch *Kennzahlen* präzisiert, wobei eine Kennzahl durch eine Messgröße, eine Dimension der Messgröße und diverse Bezugsbasen zur Messgröße charakterisiert werden. Auf diese Weise werden Kennzahlen zu Maßgrößen, die in einer konzentrierten Form entweder absolut oder als Verhältniszahl über einen zahlenmäßig erfassbaren Sachverhalt berichten können.

6.2 Prozessregelkreismodell

Das integrierte Organisations- und Prozesscontrollingsystem richtet sich in seiner Struktur an *Regelkreisprinzipien* aus. Ein *Regelkreis* ist nach dem technischen Verständnis ein geschlossener Wirkungskreislauf, der Regelungen, bei dem die zu regelnden Messgrößen ständig erfasst und mit der Vorgabegröße, das heißt dem Sollwert verglichen wird. Sollten sich Abweichungen des Istwertes vom Sollwert ergeben, muss über eine Maßnahme eine Angleichung des weiteren Prozess-Istwerts an den Sollwerten erreichbar sein.

Die übergeordnete Verknüpfung des bereits bekannten Prozessmodells innerhalb eines Prozessregelkreismodells zeigt Abbildung 9, hier unterteilt in einen *ergebnisorientierten Regelkreis* auf der strategischen Ebene sowie einen *prozessorientierten Regelkreis* auf der operativen Ebene (s. Abbildung 9).

Die *strategischen Zielvorgaben* führen innerhalb der dem strategischen Regelkreis zugeordneten Führungsprozesse im Prozessmodell auf den nachfolgende Ebenen zu einer Zergliederung der Führungsgrößen in Form operativer Vorgaben für die betrachteten Haupt- oder Teilprozesse. Die Prozessdurchführung innerhalb dieser Haupt- und Kernprozesse – aber auch in den Unterstützungsprozessen – anhand der vorgegebenen Steuerungs- und Ausführungskennzahlen ermöglicht nach Erfassung der Istwerte in den Prozessen eine Bewertung der Zielerfüllung auf der dispositiven und operativen Ebene. Diese Ergebnisse finden dann in verdichteter Form im strategischen Regelkreis weitere Verwendung und ermöglichen so einen direkten Vergleich, ob die strategischen Zielvorgaben erreicht wurden.

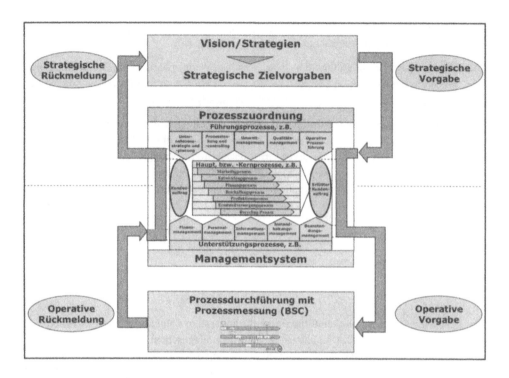

Abbildung 9: *Prozessregelkreismodell*

Zwischen operativem und strategischem Controlling lassen sich bezüglich der Zielsetzung der Orientierung und des Betrachtungszeitraumes Unterscheidungen feststellen. Hinsichtlich der Erreichung der Zielsetzung steht beim operativen Controlling mehr die Erreichung der kurz- und mittelfristigen Ziele im Fokus, während dessen beim strategischen Controlling mehr die langfristige und nachhaltige Existenzsicherung des Unternehmens bzw. der Organisation im Vordergrund steht. Dies ist auch durch die strategische Zielsetzung begründet. Hinsichtlich der Orientierung bezieht sich das operative Controlling mehr auf interne Informationsquellen in der Organisation mit besonderem Schwerpunkt auf finanzorientierte Kennzahlen aus dem Rechnungswesen und der Kosten- und Leistungsrechnung. Dagegen berücksichtigt das strategische Controlling ganz bewusst externe Einfluss- und Entwicklungsfaktoren vom Markt und der Gesellschaft.

Hinsichtlich des Betrachtungszeitraumes bezieht sich das operative Controlling vor allem auf gegenwarts- oder vergangenheitsbezogene Kennzahlen und Indikatoren. Dies hängt auch mit der Definition des bereits bei der Zielsetzung genannten Planungshorizontes mit kurzen und mittelfristigen Zielvorgaben zusammen. Dagegen orientiert sich das strategische Controlling mehr an zukunftsorientierten Kennzahlen und Ergebnissen. Hier wird versucht, auch langfristige Perspektiven zu ermitteln und zu planen. Insbesondere sollen Chancen und Risiken bei der Erreichung von Unternehmenszielen frühzeitig erkannt werden. Dagegen steht beim operativen Controlling mehr die Sicherung der Effizienz und Effektivität bei den wertschöpfenden Prozessen. Hier sind auch die Mitarbeiter direkt mit eingebunden.

6.3 BSC-Entwicklung

Voraussetzung für die Erfüllung all dieser Anforderungen und damit für eine erfolgreiche Prozessführung, -planung, -steuerung, -ausführung und -kontrolle sind die in Abbildung 10 gezeigten Kennzahlensystemkomponenten

Diese setzen als Erstes über alle Prozessebenen des Unternehmens eine durchgängige Zielhierarchie voraus, weiter ein *prozessbezogenes Zielsystem,* das die Unternehmensorganisation mit den darin ablaufenden Prozessen verbindet sowie die Erfüllung der vorher genannten Zielgrößenanforderungen und eine durchgängige Kennzahlensystemstruktur, unterteilt nach mehreren Zielperspektiven (s. Abbildung 10).

Als Ergebnis stellt sich dann innerhalb eines durchgängigen Unternehmensmodells eine dazu angepasste durchgängige Zielhierarchie mit Ableitung von strategischen, taktischen, dispositiven und operativen Zielen in Verbindung mit einem prozessbezogenen Zielsystem dar. Voraussetzung ist, dass vorher diejenigen Prozesse innerhalb des unternehmensspezifischen Prozessmodells identifiziert werden, die für die jeweiligen Ziele innerhalb der Zielhierarchie zuständig sind.

Über eine Kennzahlensystemstruktur, wie sie die Balanced Scorecard darstellt, kann jetzt eine spezifische *Balanced Scorecard-Entwicklung* für das Unternehmen erfolgen. In Abbildung 11 ist diese Entwicklung in sechs Schritten dargestellt (s. Abbildung 11).

Schritt 1 beinhaltet das Transformieren von Visionen und Strategien in die Vorgabe eines durchgängigen Zielsystems mit den dazugehörigen Zielwerten. Es folgt in Schritt 2 die Kennzahlensystementwicklung unter Beachtung der Ursache-/Wirkungskettenvorgaben. Jede auszuwählende Kennzahl sollte unter Berücksichtigung der Kennzahlenanforderungsaussagen folgender Bewertung unterzogen werden:

- Besteht eine Beziehung zu Vision, Strategie, Erfolgsfaktor?
- Handelt es sich um eine erfolgskritische Kennzahl oder um eine Basiskennzahl?
- Handelt es sich um einen Früh- oder Spätindikator?
- Bezieht sich die Kennzahl auf die Gegenwart, Vergangenheit, Zukunft?
- Wurde eine führungs-, planungs- und steuerungsrelevante Kennzahl ausgesucht?
- Entspricht diese Kennzahl dem Informationsbedürfnis des Empfängers?
- Ist diese Kennzahl einfach und verständlich?

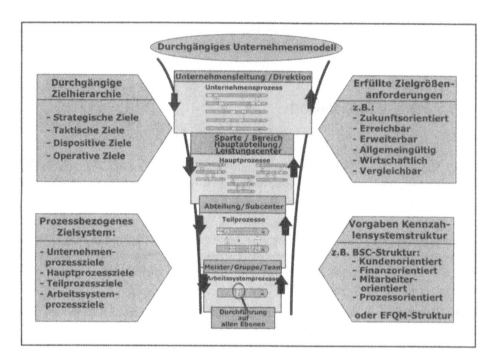

Abbildung 10: *Voraussetzungen für die Kennzahlensystementwicklung*

Aus den vorgegebenen Zielwerten resultieren anschließend in Schritt 3 auf jeder Prozessebene die Messgrößenfestlegung, wobei die Grundlage für die Durchführung von Schritt 3 die vorher modellierten und dokumentierten Prozesse in dem jeweils betrachteten Detaillierungsgrad je Prozessebene sind. Weiter ist die Erfüllung der Anforderungen an die diesen Zielkennzahlen zuzuordnenden Messgrößen in diesem Schritt zu beachten.

Aus dieser Analyse ergeben sich für die eigentliche Prozessmessung in Schritt 4 auch das jeweilige Anforderungsprofil und der Zeitpunkt des Informationsbedarfes. Die Beschreibung der Messgröße erfolgt am zweckmäßigsten in Form einer Arbeitsanweisung bzw. Übersichtstabelle in der neben der Kennzahlendefinition auch die Berechnungsvorschrift, der Informationslieferant und die Datenquellen genannt sind. Ferner sollte diese Arbeitsanweisung die verantwortlichen Mitarbeiter nennen sowie die Empfänger für den Kennzahlenbericht und die Frequenz. Hier wird festgelegt, in welcher Häufigkeit diese Kennzahl zu erfassen und aufzubereiten ist, beispielsweise quartalsweise, monatlich, wöchentlich oder stündlich. Auch der Informationsgehalt des Kennzahlenberichtes kann zusammen mit der Berichtsart und dem Berichtsweg beschrieben werden.

In Schritt 5 erfolgt der Soll-/Ist-Vergleich in Verbindung mit einer Abweichungsanalyse und ggf. mit Einleitung der Korrekturmaßnahmen. Den Abschluss bildet mit Schritt 6 das Berichtswesen.

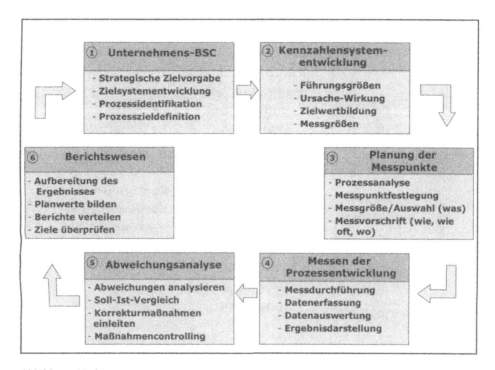

Abbildung 11: Systematische BSC-Entwicklung und -Einführung

7. Prozessverbesserung und -bewertung

Nach Einführung der Prozessorganisation und der Anwendung des Prozessmanagements mit dem Prozesscontrolling ist in Abschnitt 4 des Handbuches ein übergeordnetes Ziel der prozessorientierten Arbeitsorganisation die **kontinuierliche Verbesserung aller Prozesse (KVP)** im organisationsspezifischen Prozessmodell. Deswegen erfolgt im dispositiven und operativen Bereich eine gezielte Prozessschulung und Qualifikationsverbesserung der Mitarbeiter, um sie für KVP-Maßnahmen zu qualifizieren. Über Prozesskosten und -zeiten lassen sich die Verbesserungspotenziale erfassen, die bei der Prozessergebnismessung beispielsweise in Form einer Excellence-Bewertung klare Aussagen darüber geben, ob eine ständige Steigerung der Unternehmensleistung über die dort ablaufenden Geschäftsprozesse tatsächlich erreicht wurde.

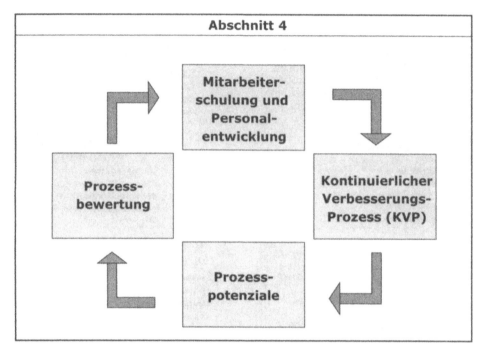

Abbildung 12: *Schematische Darstellung für Abschnitt*

Prozessschulung und Personalentwicklung

Für die Mitarbeiterqualifizierung existieren eine ganze Anzahl handlungsfeldorientierter Zielsetzungen, die durch ein systematisches Qualifizierungskonzept erreicht werden sollen. Hierbei geht es um die Entwicklungen von Anforderungsprofilen, Aufgaben- und Stellenprofilen, Fähigkeitsprofilen und auch die Entwicklung eines Personalportfolios. Weiter werden das Skillmanagement sowie die Durchführung von Personalbedarfsermittlungen beschrieben. Den Abschluss bildet die Beschreibung von prozessorientierten Entgeltsystemen und Lohnformen auf Grundlage einer anforderungs- und leistungsgerechten Lohndifferenzierung.

Kontinuierlicher Verbesserungsprozess

Für die erfolgreiche Durchführung eines kontinuierlichen Verbesserungsprozesses ist eine ganze Anzahl von organisatorischen und personellen Voraussetzungen zu schaffen. Dies erfolgt am zweckmäßigsten in einer systematischen Vorgehensweise nach dem Regelkreisprinzip. Hierbei wird zwischen strategischer KVP-Vorbereitung und operativer KVP-Durchführung unterschieden. Für beide Phasen gibt es eine große Anzahl unterschiedlicher KVP-Methoden und Lösungsansätze zur Problemanalyse, Problemursachenbestimmung oder Problemlösung. Insbesondere geht es darum, die Mitarbeiter zu qualifizieren und die notwendigen Organisationsstrukturen zu schaffen, damit die Mitarbeiter aus eigenem Antrieb kontinuierliche Verbesserungsprozesse betreiben können.

Prozesspotenziale

Das systematische Aufdecken von Prozesspotenzialen erfolgt in Form von Potenzialanalysen, in denen Prozesskosten und Prozesszeiten ermittelt werden. Hierbei gibt es eine ganze Reihe von Methoden für unterschiedliche Prozessleistungskennzahlen, beispielsweise die Zeiterfassung für Durchlaufzeiten, Tätigkeitszeiten oder Wartezeiten. Ähnliches gilt für die Prozesskostenerstellung. Über ABC-Analysen lassen sich die ermittelten Potenzialgrößen klassifizieren, um über geeignete Maßnahmen die wesentlichen Ansatzpunkte zu priorisieren. Mithilfe einer Prozesswertanalyse können die Verschwendungen im Prozess quantitativ und qualitativ über die Bestimmung der Nutz-, Blind-, Stütz- und Fehlleistungsanteile deutlich gemacht werden. Die bei der Prozesspotenzialermittlung gewonnenen Kenntnisse lassen sich unter anderem im abschließenden Kapitel 12 verwenden.

Prozessbewertung

Bei der Prozessbewertung können unterschiedliche Bewertungsmethoden Anwendung finden. Beispielsweise erfolgt der Nachweis der Prozessleistung und -qualität über Audits, Qualitätsprüfungen oder Prozess-FMEA. Weitere Methoden zur Erfolgsmessung sind zum Beispiel die Prozessreifegradermittlung, die Evaluation oder die Selbstbewertung nach dem EFQM-Modell. Auch die Zertifizierung wird zur Bewertung der Prozessqualität verwendet. Anzustreben ist, dass durch kontinuierliche Mitarbeiterschulungen auf Grund der gestiegenen Qualifizierungsanforderungen der Mitarbeiter diese Prozessqualität – wenn möglich bis zur Nullfehlerausführung – verbessert. Da der Unternehmenserfolg entscheidend von den Kundenreaktionen abhängt, gehören hier auch Kundenzufriedenheitsmessungen und die Kundenreklamationsbearbeitung zur Gesamtbewertung der Unternehmensleistung.

7.1 Bewerten der Prozessergebnisse (Effektivität und Effizienz)

Die Bewertungskriterien für die Leistungserbringung innerhalb der Prozesse lässt sich, wie Abbildung 13 zeigt, durch Effizienz und Effektivität beurteilen. Bei der Effektivität geht es darum, die gesetzten Ziele im Produkt- oder Dienstleistungserstellungsprozess ohne hohen Aufwand und möglichst fehlerfrei zu erreichen. Das Prozessmanagement muss hier ergebnisorientiert handeln, um die richtigen Dinge zu tun und so die vorgegebenen Ziele optimal zu erreichen

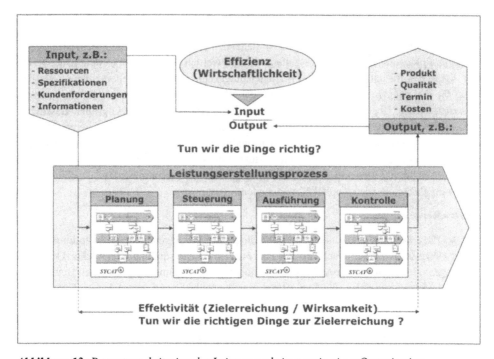

Abbildung 13: Bewertungskriterien der Leistungserbringung in einer Organisation

Die Effizienz bewertet, ob das Aufwand/Nutzenverhältnis stimmt, das heißt ob der Aufwand dabei so gering wie möglich war, um bei der Aufgabenerledigung ein optimales Ergebnis zu erreichen. Nur unter dieser Rahmenbedingung wird die Effizienz gesichert. Ziele lassen sich beispielsweise auch mit einem sehr hohen Aufwand realisieren. Die Effizienz wird dabei aber sehr gering sein. Die Frage stellt sich also bei der Effizienz „Tun wir die Dinge richtig?" Die Organisation arbeitet dann effizient, wenn der Aufwand der benötigt wurde, um ein Produkt- oder Dienstleistungsergebnis zu erzielen, so gering wie möglich war. Hieraus lässt sich auch der Schluss ziehen, dass eine hohe Prozessqualität die Voraussetzung für Effizienz ist, weil wenig Fehler gemacht werden und damit auch die Reibungsverluste gering sind.

Mithilfe des Prozessmanagements soll eine optimale Planung, Steuerung und Durchführung der Prozesse erfolgen, um die oben genannten Anforderungen zu erreichen. Dafür ist es als erstes nötig, die Prozesse auch transparent abzubilden und über ein prozessorientiertes Kennzahlensystem die erbrachte Prozessleistung einfach und schnell zu messen. Hierbei werden genau die Potenziale bzw. die Potenzialreserven innerhalb der verwendeten Strategieansätze aufgedeckt, deren Aktivierung den Geschäftserfolg erst ermöglichen.

8. Zusammenfassung und Nutzen

Um in einem Wirtschaftsunternehmen ein softwaregestütztes Kennzahlensystem mit der entsprechenden BSC-Software einzuführen, muss ein in Verbindung mit der Prozessorganisationseinführung übergeordnetes, umfassendes, ganzheitliches und durchgängiges Konzept für die BSC-Einführung vorliegen. Weiter sind geeignete Vorgehens- und Beschreibungsmodelle einzusetzen, die zusammen mit den zugehörigen Softwaretools den Erfolg garantieren. Durch diese Rahmenvorgabe muss insbesondere abgesichert sein, dass – angefangen von der Visionsvorgabe über die Einführung der Prozessorganisation und die Qualifizierung der Mitarbeiter – dieser BSC-Einsatz die Ergebnisse liefert, die die Unternehmensführung auf jeder Ebene und an jedem Arbeitsplatz von der zu beschaffenden BSC-Software erwartet. In Abbildung 14 ist das hier beschriebene Vorgehensmodell noch einmal zusammengefasst dargestellt. Hierbei handelt es sich um ein durchgängiges Rahmenkonzept (Framework) in vier Phasen, das die umfassende und durchgängige, organisationsspezifische Kennzahlensystementwicklung und -einführung zum Ziel hat. Über dieses Vorgehensmodell in vier Phasen wird gemeinsam mit der SYCAT-Software zur Entwicklung eines prozessorientierten Kennzahlensystems nach Balanced-Scorecard-Gesichtspunkten die Forderung der DIN EN ISO 9001:2000 ebenso erfüllt wie die Anforderung an Prozessdetaillierung und Genauigkeit. Es werden Geschäftsprozesse in Unternehmensorganisationen durchgängig und umfassend messbar, bewertbar und damit vergleichbar. Durch die Vergleichbarkeit werden gleichzeitig Methoden wie Best-Practice, Benchmarking oder KVP systematisch anwendbar. Der Produkt- bzw. Dienstleistungserstellungsprozess wird transparent. Auch Veränderungsprozesse werden damit messbar, so dass es den Verantwortlichen in dem Unternehmen immer rechtzeitig möglich sein wird, auf Veränderungen richtig zu reagieren.

Dieses Modell ermöglicht durch seinen durchgängigen Gestaltungsansatz innerhalb des entsprechenden Unternehmensmodells die Möglichkeit, eine aktive Erfolgssteuerung durchzuführen, weil einmal aus strategischer Sicht gewährleistet ist, dass die von der Finanz- und Kostenseite geforderten Ergebnisdarstellungen ebenso erfasst werden, wie die Mitarbeiter-, Kunden- und prozessorientierten Kennzahlen in der jeweilig betrachteten Unternehmensprozessebene. Da die Mitarbeiter in die Entwicklung dieses Kennzahlensystems aufgrund der Beteiligung bei den Prozessanalysen, Modellierungen und Dokumentationen involviert waren, ist eine große Akzeptanz vorhanden, nach diesem Modell über Zielvereinbarungen die gestellten Vorgaben zu erfüllen. Dies geschieht aufgrund transparenter und einfacher Prozesse mit einem relativ geringen Controllingaufwand.

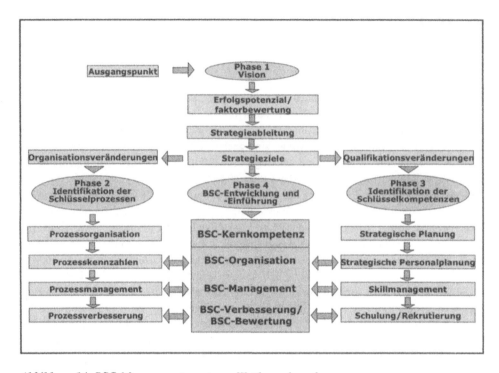

Abbildung 14: *BSC-Managementansatz zur Wettbewerbsverbesserung*

Controlling in der Supply Chain

Roland Bardy

1. Einführung	108
2. Methodische Unterstützung des Einkaufs- und des Logistik-Managements	109
2.1 Kennzahlen für Kosten und Preise, Prozesse, Lieferanten und Qualität	109
2.2 Budgetierungen und Reports	112
2.3 Entscheidungshilfen für Out-Sourcing, Co-Sourcing und In-Sourcing	113
3. Analysefelder des Supply Chain-Controlling	114
3.1 Prozessketten und Wertschöpfungsketten	115
3.2 Schnittstellenanalysen und Schnittstellenoptimierung	116
3.3 Integrated Supply Chain Management und integratives Controlling	117
4. Integration der Methoden	123
4.1 ROI und der Beitrag des Logistik-Managements	123
4.2 Material- und Lieferantenportfolio	125
4.3 Time-Based Management	127
4.4 Total Cost of Ownership (TCO)	128
4.5 Kostenmanagement: Target Costing und „genka kikaku"	129
5. Die Balanced Scorecard (BSC) – ein methodenübergreifender Ansatz	131
6. Risikomanagement	133
6.1 Einflussfaktoren auf Ursache-Wirkungsketten; Risikoidentifikation und Risikoanalyse	133
6.2 Erfolgsfaktoren und Risiken – Erfolgsfaktoren-basierte Balanced Scorecard	136
6.3 Risikosteuerung und -kontrolle	136
7. Ausblick	137

1. Einführung

Effektivität und Effizienz der Beschaffung lassen sich immer wieder neu optimieren, denn Praxis und Betriebswirtschaftslehre haben in der jüngsten Vergangenheit immer neue Methoden für die Beherrschung der Beschaffungskette – der Supply Chain – entwickelt. Diese Entwicklung muss der Controller begleiten. Hat sich der typische „Einkaufs-Controller" in der Vergangenheit vorrangig mit Kosten, Qualität, Zeit und Flexibilität der Beschaffungsleistung befasst, so ist heute die gesamte Materialwirtschaft sein Arbeitsfeld, von der Bedarfsplanung bis hin zur Bereitstellung von Gütern oder Dienstleistungen bei den Bedarfsträgern. Er muss deren vielfältige Zielsetzungen und Prozesse methodisch und durch Bereitstellen von geeigneten Informationen unterstützen.

Erster Ansatzpunkt für den Controller ist, sicherzustellen, dass strategische und operative Planungen und Maßnahmen, Ausschreibungen und Verhandlungen, Lieferantenauswahl und Lieferantenbetreuung, Materialabrufe und Anlieferungen nicht isoliert voneinander erfolgen, sondern miteinander verknüpft sind, und das auf allen Ebenen, in allen Geschäftsfeldern und in allen Standorten des Unternehmens. In dem Konzept, die Materialwirtschaft als eine integrierte „Querschnittsfunktion" anzulegen, liegt der Schlüssel für die immer noch vorhandenen Einsparpotenziale in der Beschaffung, über die allerorts berichtet wird.

Ohne die Integration aller die Wertschöpfungskette bestimmenden Komponenten ist eine kosten- und zeitoptimale Versorgung nicht möglich, ebenso wenig ein effektives Lieferanten-Management, eine wirkungsvolle e-Collaboration oder ein ergebnisorientiertes Coordinated Sourcing. In die Wertschöpfungskette der Beschaffung sind die Partner Produkt- und Dienstleistungslieferant mit den dort eingesetzten Methoden und Geschäftsabläufen einzubeziehen; man kann dies als „Value Network Management" begreifen.

Ein Value Network Management in der Supply Chain erfordert zunächst umfängliche Prozessanalysen bei allen Instanzen des Netzwerks – in den organisatorischen Einheiten des Unternehmens und seiner Beteiligungen, bei den Kooperationspartnern einer strategischen Allianz oder eines Joint Venture und bei allen anderen, mit denen das Unternehmen durch Kunden- und Lieferantenbeziehungen verbunden ist. Auf dieser Grundlage ist dann sicherzustellen, dass die wichtigsten horizontalen und vertikalen Planungsprozesse flexibel, schnell und aufeinander abgestimmt ablaufen. Ergänzend ist eine übergreifende Entscheidungsunterstützung einzurichten: Ein Hilfsmittel sind „Alert Systems,„ also (Früh-) Warn-Systeme, die das gesamte Netzwerk überwachen. Über ein reines Monitoring hinaus müssen solche Systeme bestimmte Entscheidungssituationen („Supply Chain Events") durch den Aufbau von Szenarien, what-if-Analysen, best-and-worse-case-Planungen proaktiv vorwegnehmen („Supply Chain Events Management", SCEM). Was der Controller ebenso unterstützen oder in eigener Verantwortung betreiben muss, ist das Risikomanagement in der Supply Chain. Die Hilfsmittel liefern das breite Spektrum dessen, was in Literatur und Beratungsangebot an risikopolitischem Instrumentarium beschrieben ist.

2. Methodische Unterstützung des Einkaufs- und des Logistik-Managements

Wie eine Supply Chain bemessen ist, hängt ab von der Fertigungstiefe des Unternehmens, das Leistungen auf einem Beschaffungsmarkt nachfragt, von der Komplexität dieses Beschaffungsmarktes und seiner Verknüpfung mit anderen Beschaffungsmärkten sowie von der Art der Prozesse, die Käufer und Lieferanten einsetzen. Aber ob es nun um Global Sourcing geht oder um Beschaffung in einem überschaubaren Binnenmarkt, um Make-or-Buy-Analysen oder Lieferantenbewertung, um die Bestimmung der Total Cost of Ownership oder um einen einfachen Preisvergleich, der Controller muss immer Kennzahlen erstellen; er braucht Kennzahlensysteme für Kosten und Preise, Prozesse, Lieferanten und Qualität, und die Kennzahlen müssen planbar sein und mit vertretbarem Aufwand festgelegt und gemessen werden können. Die Kennzahlen müssen einfliessen in Budgetierungen und Reports, und sie müssen Entscheidungshilfen liefern für einfache Beschaffungsvorgänge ebenso wie für Maßnahmen zum Out-Sourcing, Co-Sourcing und In-Sourcing.

2.1 Kennzahlen für Kosten und Preise, Prozesse, Lieferanten und Qualität

Einkaufs- und Logistikkosten müssen zuerst einmal zutreffend definiert sein, d. h. sie müssen die für die betrachteten Vorgänge relevanten Inhalte umfassen. Was da hineinzurechnen ist und was nicht, wird bestimmt von der Unternehmensorganisation. Aus ihr sollte auch hervorgehen, was als „Beschaffungsvolumen" anzusehen ist: Nach Möglichkeit sollte alles, was von aussen bezogen wird, darunter fallen, auch wenn Teile dieses Fremdbezugs nicht unmittelbar von dem Einkäufer disponiert werden, wie vielleicht Beratungsleistungen, Bewirtung, Reisekosten. Nur dann lassen sich dem Beschaffungsvolumen die Wertschöpfung des Unternehmens und die Kosten der Beschaffung sinnvoll gegenüberstellen. Gehen wir also vor der Bestimmung von Kennzahlen für die Kosten noch einen Schritt weiter zurück. Wir müssen das Geschehen in der Beschaffung abbilden durch Rahmen- und Strukturkennzahlen (s. Abbildung 1).

Ein solches Strukturbild dient Einkauf und Logistik als Grundlage zunächst für bereichs- oder unternehmensinterne Optimierungen. Schon die Einbeziehung des Bestände-Managements weist aber über die Unternehmensgrenzen hinaus: Bestandsoptimierungen gelingen nicht ohne Mitwirkung der Partner in der Supply Chain.

Den Elementen dieser Struktur sind nun die jeweiligen Kosten gegenüberzustellen, und wir erhalten so die grundlegenden Kostenkennzahlen der Beschaffung wie die Abbildung (s. Abbildung 2) auf der folgenden Seite zeigt.

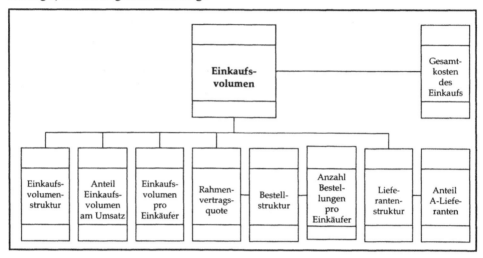

Abbildung 1: Rahmen- und Strukturkennzahlen zum Einkaufsgeschehen

Auf diese Rahmen- und Strukturkennzahlen sind dann die Kostenpositionen zu beziehen, und wir erhalten so die grundlegenden Kostenkennzahlen.

In der gleichen Art sind Preiskennzahlen aufzubauen: Ausgehend von der Preisinformation der Beschaffungsplanung und der Eingangsrechnungen gelangt der Controller zu Plan- und Istpreisen je Beschaffungsfeld, Bestellung und Einkäufer. Aus der Einkaufshistorie entwickelt er Zeitreihen für Preisindizes der unternehmenstypischen Beschaffungsleistungen, und wenn der er diese – falls vorhanden – mit den Marktpreisindizes der Branche oder des Unternehmensumfeldes vergleicht, kann er dem Management erste Informationen über die Leistung des Einkaufs liefern. Diese Informationen lassen sich verfeinern, wenn Daten zu den Verhandlungsergebnissen der Einkäufer erfasst und aufbereitet werden. Wir erhalten so Aussagen über einzelne Preisnachlässe und Preisnachlass-Quoten. Immer muss das Augenmerk aber gesamthaft auf die vom Einkauf erzielten Preise und die Kosten des Einkaufs gerichtet sein.

Die nächste Dimension ist die Zeit: Sie ist zusammen mit Kosten und Preisen ein Maßstab dafür, wie der Einkauf die Beschaffungsprozesse beherrscht und wo Verbesserungspotenziale liegen. Mehr als Kosten und Preise messen aber zeitbezogene Kennzahlen wie etwa schon die Verzugsquote (das Verhältnis zwischen der Anzahl von Lieferungen mit verfallenen Supply Chain. Die Zeitspanne zwischen der Bedarfsanforderung (durch den Besteller, in einem

Controlling in der Supply Chain 111

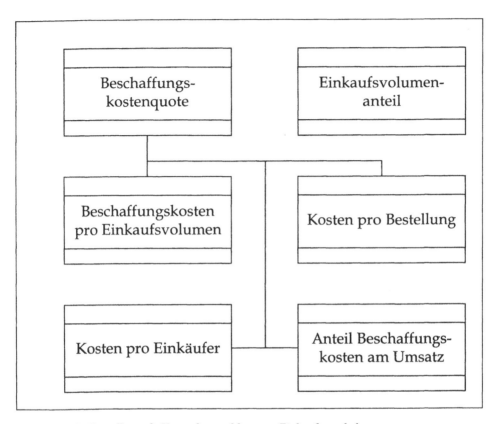

Abbildung 2: Grundlegende Kostenkennzahlen zum Einkaufsgeschehen

Herstellunternehmen z. B. der Bereich Produktion) und der Anlieferung des bestellten Wirtschaftsgutes oder die Fertigstellung eines Werkauftrages ist ein weiterer derartiger Indikator. Sie gewinnt ihre Aussagekraft natürlich erst im Plan-Ist-Vergleich oder durch Benchmarking. Hier sind wir in der Nähe der Qualitätskennzahlen: Begreift man Qualität als Übereinstimmung von vorab gemeinsam (durch den Lieferant und den Kunden) festgelegten Anforderungen mit der Realität (also das Zusammenfallen erwarteter und wahrgenommener Eigenschaften), so ist Qualität messbar sowohl für physisch begreifbare Produkte als auch für Geschäftsprozesse und Dienstleistungen sowie für Verhandlungsabläufe und -ergebnisse. Im Einkauf geht es dabei natürlich auch um Beanstandungsquoten und Zurückweisungsquoten. Vertiefend (möglicherweise auch zur Bestimmung der Ursachen von Beanstandungen und Zurückweisungen) wird es um die Qualität von Prozessen gehen.

Geordnete Geschäftsprozesse sind eine Vorbedingung für das reibungslose Funktionieren einer Supply Chain. Zu den anderen Vorbedingungen gehören Vertrauen und offene Kommunikation, eine geeignete Informationstechnik und, von den Partnern in der Supply Chain nicht immer voll beeinflussbar, das Vorhandensein verlässlicher Rahmenbedingungen. Was hier allenfalls beeinflusst werden kann, ist das Zustandekommen von Normen und Standards. Ein Beispiel bieten die Bemühungen deutscher Unternehmen des Anlagenbaus, eine einheitliche Datenkonfiguration für den Austausch von Produktdaten mit ihren Kunden und mit ihren (Unter)-Lieferanten zu entwickeln. Ergebnis dieses internationalen Harmonisierungsprozesses ist der ISO-Standard „STEP" (ISO 10303), eine genormte Methode zum präzisen und effizienten Austausch von elektronischen Produktdaten. Auf dieser Basis wird der Prozess der Auftragsvergabe nicht nur beschleunigt, sondern er kann auf der Grundlage validierter Informationen erfolgen, die allen Beteiligten zur Verfügung gestellt werden. Das Beispiel zeigt auch, wie richtig eingesetzte Informationstechniken das Zustandekommen von Supply Chains unterstützen, weit mehr noch als die elektronische Vernetzung von Partnern einer Supply Chain durch EDI. Deren Zeit- und Kostenverbesserungen haben ja nicht unzutreffend den Slogan „EDI or die" hervorgebracht.

Zeit- und Kostenverbesserungen sind es ganz allgemein, die durch Optimierungen der Prozessketten von der Bedarfsanforderung bis zur Anlieferung bewirkt werden. Hier wird sichtbar, dass das Ketten sind, die die Grenzen der beteiligten Unternehmen überschreiten: Dem Prozess der Auftragsvergabe auf der einen Seite entspricht auf der anderen der Prozess der Auftragserlangung. Wieviel Teilprozesse darin integriert sind, richtet sich danach, was für ein Gut oder was für eine Dienstleistung beschafft wird. Gemessen wird ihre Effizienz durch Prozess-Kennzahlen, die Zeitdauer, Genauigkeit, Termintreue und Beschaffenheit des Prozess-Outputs messen. Vorauszugehen hat der Festlegung solcher Kennzahlen eine detaillierte Tätigkeitsanalyse, wobei schwerpunktmässig auch die Informationsumgebung der Schnittstellen zwischen den Teilprozessen analysiert werden muss. Es sind Bezugsgrößen („Cost Drivers") auszuwählen, die ursächlich sind für die Kosten und die Ausgestaltung der einzelnen Tätigkeiten oder Prozess-Schritte. Für die Bezugsgrößen und die Kosten sind Planwerte festzulegen. Es ist ein Prozess-Verantwortlicher („process owner") zu bestimmen. Bei Prozessen, die Unternehmensgrenzen – oder Abteilungsgrenzen – überschreiten, wird der process owner ein Team sein müssen, in dem die Fachspezifika der betroffenen Einheiten repräsentiert sind.

Last not least sind Lieferanten-Kennzahlen zu entwickeln, von Preisen und Konditionen über Liefertreue und Service-Qualität bis hin zu Portfolio-Analysen und zur Bestimmung von Verknüpfungsgrad und -sensitivität bei mehrstufigen Anhängigkeiten. Lieferanten-Audits und Lieferantenbewertung werden in einer kooperativen Supply Chain wohl ersetzt werden durch gemeinsame Begutachtungen (und Weiterentwicklungen) der Systeme, die die Partner gemeinsam zu nutzen haben.

2.2 Budgetierungen und Reports

Die Festlegung von Plandaten – auf Basis der vom Controller entwickelten Kennzahlen – sowie die Berichterstattung darüber, in welchem Umfang die Plandaten erreicht wurden und ob sie aufgrund nachhaltiger Abweichungen in einer Hochschätzung revidiert werden müssen, ist ein Arbeitsfeld, das die Partner in einer Supply Chain gemeinsam gestalten. Die Techniken dazu reichen vom „Jahresgespräch" zwischen Einkäufer und Lieferant bis zu komplexen Systemen des „Collaborative Planning, Forecasting and Replenishment" (CPFR), in denen Lieferanten, Abnehmer und deren Kunden ihre Budgets und Hochrechnungen miteinander abstimmen. Je nach der Systemunterstützung von CPFR (hierzu haben größere Handels- und Industrieunternehmen gemeinsam mit Software-Herstellern wie z. B. SAP hochtechnische Fazilitäten entwickelt) werden Daten zum Mengen- und zum Kostengerüst in unterschiedlicher Aggregation sämtlichen Partnern in der Supply Chain zur Verfügung gestellt und in wechselnden Rhythmen neu erarbeitet. Wie gut die Systeme funktionieren, hängt immer ab von der Güte der Budgetdaten und der Fähigkeit der beteiligten Manager, Reports richtig zu interpretieren. Collaborative Planning, Forecasting and Replenishment muss nicht eine konstante Teilnehmerschaft an der Supply Chain unterstellen: Neue Teilnehmer können jederzeit eingebunden werden, wenn sie die erforderlichen Daten einbringen. Aber für die grundlegende Entscheidung, einer Supply Chain als Partner beizutreten, bedarf es einer Entscheidungshilfe, die das System allein nicht liefern kann.

2.3 Entscheidungshilfen für Out-Sourcing, Co-Sourcing und In-Sourcing

Die Frage, welchen Bedarf ein Unternehmen selbst deckt und welchen ausserhalb, ist eine Grundsatzentscheidung: „Make or Buy,, ist auszurichten an Kapazitätsüberlegungen, Kapital- oder/und Know-how-Begrenzungen. Die „hard facts" müssen aus detaillierten Preis- und Kosten-Betrachtungen abgeleitet werden; der Vergleich von Bezugspreis und Kosten der Eigenfertigung muss ergänzt werden um die Ermittlung der Transaktionskosten: Wird ein Produkt oder eine Leistung über eine Unternehmensgrenze transferiert, bedarf es – Kosten verursachender – Informationsprozesse, vertraglicher Absicherungen, Kontrollen und möglicherweise Systemanpassungen. Deren Kosten sind in die Entscheidung einzubeziehen. Zu bewerten sind auch „soft facts", wie sie in der nachstehenden Gegenüberstellung von Stufen einer Einbindung Dritter beispielhaft aufgeführt sind:

	Einbindung Dritter in die Bedarfsdeckung		
	Das Unternehmen	*Netz von Unternehmen (zzgl. F&E- und Lieferpartner)*	*Erweitertes Netz (zzgl. Kunden, Umfeld)*
Ressourcen	eigene	der Partner im Netz	der Partner und ihres Umfelds: Multiple Nutzung von Investitionen
Zugangsweg zu Kompetenzen	interne Verfahren	gleichberechtigte Nutzung	Infrastruktur für dauerhaften Dialog
Weg, um Mehrwert zu schaffen	eigene Entwicklungen	gemeinsame Entwicklungen	Nutzung der Kundenkompetenz
Mehrwert-Zuordnung	selbstständig	in Kooperation	dauerhafte Zusammenarbeit
Anlässe zu Konflikten	Autonomie der Geschäftseinheiten	Partner sind auch Wettbewerber	Interessen können divergieren

Abbildung 3: *Einbindung Dritter in die Bedarfsdeckung*

Aus den – strategisch zuverlässig zu begründenden – Präferenzen der Entscheidungsträger folgt nun entweder die Beteiligung an einer Supply-Chain. Umgekehrt bilden sie auch die Grundlage für einen Rückzug aus einer solchen.

3. Analysefelder des Supply Chain-Controlling

Wie jede betriebliche Aktivität muss auch die überbetriebliche Logistik ständig darauf untersucht werden, ob sie den Anforderungen genügt, die gestellt wurden, als die Einbindung in eine Supply Chain entschieden wurde, ob neue Anforderungen hinzugekommen sind und wie diesen Rechnung getragen wird. Für Analysen dieser Art wird das Controlling ansetzen

- an den Prozess- und Wertschöpfungsketten;
- an den Schnittstellen zwischen den Teilprozessen oder den beteiligten Unternehmen;
- an der Frage, wie weit Management und Controlling der Beteiligten verzahnt sind;
- an der Frage, ob die Wertschöpfung/die Effizienzgewinne in der Partnerschaft (noch) richtig verteilt sind.

3.1 Prozessketten und Wertschöpfungsketten

Analyse und Dokumentation der logistischen Prozesskette sind die Voraussetzung dafür, dass Messpunkte für Kennzahlen, die die Beurteilung ihrer Leistungsfähigkeit erlauben, bestimmt werden können. Die logistische Leistungserstellung lässt sich in vereinfachter Form als Input-Prozess-Output-Modell skizzieren: Der Input wird durch zwei Faktorklassen gebildet. Erstens gehört dazu das logistische Objekt (Material, Ware oder Information), das in seinem Verfügbarkeitsgrad durch Prozesse verändert werden soll, mit denen Raum- und/oder Zeitdimensionen überbrückt werden. Zweitens müssen entsprechende Ressourcen vorliegen, über die das jeweils in die Supply Chain eingebundene Unternehmen selbständig disponieren können und die geeignet sind, die angestrebte Wertschöpfung zu erbringen. Fokussiert wird hier für die Beurteilung der Leistungsfähigkeit also auf die Wertschöpfungsperspektive – die Prozesskette lässt sich darüber hinaus auch unter drei anderen Gesichtspunkten analysieren, nämlich ihrer Eignung zur Erreichung strategischer Ziele, zur Mobilisierung der Mitarbeiter und zur Hervorbringung von Innovationen.

Strategieperspektive, Mitarbeiterperspektive und Lernperspektive sehen nach Aspekten, die die Teilprozesse übergreifen. Hingegen lässt sich die Wertschöpfungsperspektive auf Einzelaktivitäten herunterbrechen. Hier wird der Controller vorrangig ansetzen. Messbar gemacht werden können

- der Leistungs-Output, erfasst (1) als Prozessgenauigkeit (Erfüllung der Anforderungen), (2) als Termintreue und (3) als Beschaffenheit (Freisein von Beanstandungen);
- die in Kosten zu bewertende Inanspruchnahme von Ressourcen;
- der Kostentreiber als Maß für die Anzahl durchführbarer/durchgeführter Prozesse;
- die Durchlaufzeit – die Leistungsfähigkeit des Prozesses, diagnostiziert (1) als Widerstandsfähigkeit des Prozesses gegen Fehler (der Prozess gilt als „robust", wenn die zugesagt logistische Leistung trotz des Auftretens von Fehlern erbracht wird) und (2) als Flexibilität (er kann unterschiedliche Auftragstypen bewältigen) und (3) als Prozesskapazität („Leistungsmenge je Zeiteinheit").

Mit diesen Messgrößen kann eine prozessorientierte Leistungsrechnung der (unternehmensübergreifenden) Logistik eingerichtet werden. Sie ist zu ergänzen um eine prozessorientierte Kostenrechnung der Logistik. Derartige Instrumente mit einer detaillierten Zuordnung der Kosten für Teilprozesse sind bei der Neckermann Versand AG und in einigen Bereichen der Siemens AG im Einsatz.[1]

3.2 Schnittstellenanalysen und Schnittstellenoptimierung

Es ist selbstverständlich, dass die Controller der an einer Supply Chain beteiligten Partner ein Hauptaugenmerk auf reibungslose Transaktionen an den Schnittstellen innerhalb ihrer Unternehmen und zwischen diesen zu legen haben. Transaktionskosten, wie im vorletzten Abschnitt definiert, können auch angesehen werden als das kostenrechnerische Spiegelbild von Reibungsverlusten an Schnittstellen. Es geht hier sowohl um die informatorischen als auch um die physischen Schnittstellen z. B. der Auftragsbearbeitung: Am leichtesten lassen sie sich beherrschen, wenn die Beteiligten standardisierte Abläufe einsetzen. Diesem Ziel dienen die Bemühungen des Supply Chain Council, SCC, (www.supply-chain.org), eines unabhängigen, nicht-gewinnorientierten Verein, der einen branchenübergreifenden Standard, das Supply Chain Operations Reference-Modell (SCOR), erarbeitet hat und diesen weiterentwickelt. Im europäischen Chapter des SCC repräsentiert die Siemens AG die deutsche Wirtschaft. Die chemische Industrie ist zurzeit durch die schwedische Borealis A/S und die schweizerische Tochtergesellschaft von JohnsonDiversey® vertreten.

Das SCOR-Modell definiert auf vier Ebenen – Top Level, Configuration Level, Process Element Level und Implementation Level – Umfang, Inhalt und Umsetzung einer Supply Chain. Auf allen vier Ebenen werden die Hauptprozesse „Planen" *(plan)*, „Beschaffen" *(source)*, „Herstellen" *(make)* und „Liefern" *(deliver)* als ein Bündel von Aktivitäten („Prozesskategorien") spezifiziert: In der obersten Ebene sind die Infrastruktur, der Input, der „Throughput" (physische Umsetzung) und der Output angelegt bzw. individuell anzulegen. In der nächsten Ebene sind Standardmodule für die Interaktionen zwischen den Prozesskategorien konfiguriert. Aus ihnen ist die für die jeweilige Supply Chain die zutreffende Konfiguration auszuwählen und in der darauf folgenden, der Gestaltungsebene, in Einzelprozesse zu zerlegen, für die Standards und Benchmarks vorgegeben sind. Zu implementieren ist dann in der untersten Ebene die netzwerkindividuelle Ausprägung (Preise, Kosten, Lagerorte, Terminstrukturen, etc.). Die am Netz-

---

[1] Nähere Informationen dazu und zu entsprechenden Softwarelösungen sind wiedergegeben in dem von Werner Delfmann und Markus Reihlen herausgegebenen Aufsatzband „Controlling von Logistikprozessen" (Schäffer-Poeschel 2003).

werk beteiligten Unternehmen „sprechen dann eine einheitliche Sprache" und können so ihre Kennzahlen identisch definieren.

Auch die weitestgehende Vereinheitlichung der Begriffe, Strukturen und Kennzahlen und, noch weitergehend, der in den Partnerunternehmen eingesetzten EDV-Anwendungen, löst noch nicht das Problem an der Schnittstelle zwischen diesen EDV-Systemen und dem Internet: Das Systemangebot im World Wide Web zeichnet sich aus durch seine Multimedialität und die einfache Benutzerführung durch Hyperlinks. Mit diesen innovativen Technologien werden in der Regel meist statische, multimediale Informationen dargestellt. In den Anwendungssystemen der Unternehmen überwiegen dagegen einfache, alphanumerische Informationen, die z. T. hohen Änderungsraten unterworfen sind. Sie werden deshalb zumeist durch Datenbankmanagementsysteme (DBMS) verwaltet. Es geht also um die Frage, wie sich die multimediale, hyperlinkbasierte Kommunikationstechnik mit dem Phänomen hoher Änderungsraten und der Forderung nach Transaktionssicherheit verbinden lassen. Aus technischer Sicht geht es um die Kopplung der Internet-Server mit den DBMS. Das Controlling wird diese Aufgaben nicht ohne Mithilfe von IT-Spezialisten lösen können. Wenn die Controller die Problematik verstehen, können sie zur Lösung beitragen.

3.3 Integrated Supply Chain Management und integratives Controlling

Die Vereinheitlichungen der Aufgabendefinitionen und der Anwendungssysteme in einer Logistik-Kette sind nicht allein der Kern von „Integrated Supply Chain Management", es kommt auch darauf an, wie intensiv Management und Controlling der Beteiligten verzahnt sind.

Die ganzheitliche Orientierung kann nicht beschränkt bleiben auf ein durchgängiges Konzept für die Beschaffung. Zunächst ist hier ein Paradoxon zu sehen: Die Beteiligung an einer Supply Chain verschafft deren Mitgliedern zum einen Vorteile gegenüber „stand alone"- Lösungen; zum anderen muss sich jedes der beteiligten Unternehmen herausragende Fähigkeiten, „distinctive competences", bewahren, in welchen es einzigartig gut ist. Dieses Nebeneinander von Zusammenarbeit und Wettbewerb ist mit dem neuen Terminus der Begriff „*Coopetition*" = Cooperation + Competition charakterisiert worden. Für ein professionelles Management bedeutet das, dass es kooperatives Verhalten und wettbewerbliche Fähigkeiten in Einklang zu bringen hat. Und auch dafür muss ihm das Controlling Unterstützung leisten. Es geht also um die Integration von Methoden, die die Erfolgswirksamkeit, den Erfolgsbeitrag (gemessen an ROI und cash flow) der Beteiligung an einer Supply Chain ebenso aufzeigen wie die Erfolgswirksamkeit und den Erfolgsbeitrag der wettbewerblichen Aktivitäten.

Zur Überprüfung der Grundsatzentscheidung, an einer Supply Chain zu partizipieren, steht dem Controller die GAP-Analyse (Lückenanalyse) zur Verfügung, ein klassisches Instrument der strategischen Planung. Bei der GAP-Analyse werden zwei Zukunftsprojektionen abgebildet, und zwar die Zielgrößen und die Zielerreichungsgrade. Als Zielgröße wird im konkreten Fall die mit der Beteiligung an der Supply Chain angestrebte Ergebnisverbesserung angesetzt. Es müssen daher die Ergebnissituationen mit und ohne diese Beteiligung projiziert werden können. Das Ausmass des Zielerreichungsgrades ist dann das Mass für die Güte der Entscheidung. Die „strategische Lücke" kann auch gesehen werden als die Differenz zwischen dem Basisgeschäft („stand alone") und dem Geschäft im Supply Chain Netzwerk. Es kann sein, dass mit dem Basisgeschäft schon die Entwicklungsgrenze des Unternehmens erreicht worden ist. Nun ergibt sich die Frage, ob die strategische Lücke durch Beteiligung an einer Supply Chain tatsächlich geschlossen werden kann, oder ob es alternativ dazu eher neuer Produkt-/ Marktkombinationen bedarf, für die neue Ressourcen zu erschliessen wären.

Das Beispiel der GAP-Analyse zeigt, wo integratives Controlling im Langfristbereich anzusetzen hat. Als weitere Beispiele werden nun die Methoden des „Cost Tracking" und der „Hard- (Soft)-Analyse", vorgestellt, die als Entsprechung der GAP-Analyse im kurzfristigen Controlling anzusehen sind. „Cost Tracking" ist ein spezielles Überwachungssystem, in der Regel innerhalb des Reporting, das aufzeigt, welche Kostenauswirkungen von einer Massnahme ausgehen. Es leuchtet ein, dass das nur möglich ist, wenn eine aussagefähige Kosten- und Leistungsrechnung vorhanden ist, und nur dann, wenn für den Prozess, der durch die betrachtete Massnahme verändert wird, Leistungskennzahlen ermittelt sind. Ist die Massnahme etwa der Wechsel zu einem in einer anderen Region domizilierten Lieferanten, werden sich möglicherweise der Einstandspreis, die Frachtkosten und die Bestandshöhe verändern.

Zur Demonstration der Auswirkungen unseres Lieferantenwechsels wird im folgenden die Hard-(Soft)-Analyse herangezogen werden. Sie wurde Ende der 80er Jahre unter anderem von ITT entwickelt und hat in Deutschland erst in den 90er Jahren, primär in der Automobil- und ihrer Zulieferindustrie, einige Verbreitung erlangt. So wird sie etwa bei Continental eingesetzt. Eine Hard-(Soft)-Analyse zeigt Erklärungen für Abweichungen auf. Dabei werden ausgewählte Komponenten der Erfolgsrechnung von einer Periode zur nächsten übergeleitet. Eine Abweichungserklärung findet man dann für ein Geschäftsjahr pro Quartal selektiv und für das gesamte Jahr kumulativ. Die Hard-(Soft)-Analyse trägt ihren Namen daher, weil positive Abweichungen innerhalb der Überleitung einen „Hard Spot", eine Verfestigung des Ergebnisses, darstellen. Umgekehrt beschreiben negative Abweichungen eine „Aufweichung", einen (Soft) Spot.

In unserem Beispiel wird eine Antort auf die Frage verlangt, ob der Lieferantenwechsel insgesamt wirtschaftlich sinnvoll ist (positiv auf Umsatz, Betriebsergebnis und Ergebnis vor Steuern gewirkt hat). Dazu ist zunächst im „Cost Tracking" nach den Einzelwirkungen zu suchen. Begonnen wird mit der Materialpreisänderung, es folgen die Frachtkosten und dann die Auswirkungen der Bestandserhöhung (Tabellen 1 bis 3). Das Beispiel ist entnommen aus Hartmut Werner, Supply Chain Management, Wiesbaden 2002, S. 242 ff. sowie S. 252 ff.

Controlling in der Supply Chain

Projekt: Wechsel von einem italienischen auf einen mexikanischen Lieferanten

	Zahlen in Tausend Euro kumuliert Jahr 2005											
Monat	01	02	03	04	05	06	07	08	09	10	11	12
Periode	ACT	ACT	ACT	ACT	ACT	ACT	ACT	OLK	OLK	OLK	OLK	OLK
B1 Ist-Änderungen	45	66	95	112	132	164	194	217	242	269	295	322
C1 Komponenten												
Volumen	34	51	75	91	103	141	170	180	190	210	230	250
Börsennotierung	-3	-7	-13	-17	-23	-27	-31	-35	-39	-43	-47	-51
Wechselkurs	15	23	34	41	55	62	73	85	95	105	115	125
Werkzeugkosten	-1	-1	-2	-4	-5	-5	-5	-6	-7	-7	-7	-7
Skonto	0	0	1	1	2	3	3	3	3	4	4	5
D1 Budgetierte Änderung (BUD)	10	20	30	40	50	60	70	80	90	100	110	120
E1 ACT/OLK vs. BUD	35	46	65	72	82	104	124	137	152	169	185	202

Tabelle 1: Tracking der Materialpreisänderung

ACT = actual (Ist)
OLK = Outlook (geschätztes Ist)
BUD = Budget

Projekt: Wechsel von einem italienischen auf einen mexikanischen Lieferanten

	Zahlen in Tausend Euro kumuliert Jahr 2005												
Monat	01	02	03	04	05	06	07	08	09	10	11	12
Periode	ACT	ACT	ACT	ACT	ACT	ACT	ACT	OLK	OLK	OLK	OLK	OLK
B3 Ist-Frachtkosten	23	38	80	105	123	136	166	181	207	232	256	283
C2 Komponenten												
Eingangsfrachten	20	35	75	97	115	126	156	170	194	219	243	267
Ausgangsfrachten	3	3	5	8	8	10	10	11	13	13	13	16
D2 Budget Eingangsfrachten (BUD	20	40	60	80	100	120	140	160	180	200	220	240
ACT/ OLK vs. BUD	0	-5	15	17	15	6	16	10	14	19	23	27

Tabelle 2: *Tracking der Frachtkosten*

Controlling in der Supply Chain

Projekt: Wechsel von einem italienischen zu einem mexikanischen Lieferanten

Zahlen in Tausend Euro kumuliert Jahr 2005												
Monat	01	02	03	04	05	06	07	08	09	10	11	12
Periode	ACT	ACT	ACT	ACT	ACT	ACT	ACT	OLK	OLK	OLK	OLK	OLK
B3 Ist-Bestand (brutto)	286	276	287	267	268	260	229	214	210	195	188	175
C3: Komponenten												
Bezogene Fertigteile	177	199	203	187	199	187	165	150	150	140	135	126
Halbfabrikate	39	31	27	30	25	24	22	20	18	16	16	15
Werkstattbestand	33	29	23	19	22	25	27	30	28	28	26	25
Fertigfabrikate	33	12	31	27	19	18	10	10	10	8	8	6
Gemeinkostenmaterial	4	5	3	4	3	6	5	4	4	3	3	3
D3: Budget Bruttobestand (BUD)	250	250	250	225	225	225	200	200	200	175	175	175
E3: ACT/OLK vs. BUD	36	26	37	42	43	35	29	14	10	20	13	0

Tabelle 3: Tracking der Bestände

In den drei „Tracking"-Formularen sind jeweils per 31.07.2005 die Ist-Zahlen und danach für den Rest des Jahres Hochschätzungen der Ist-Zahlen eingetragen. Ihnen wird in den Zeilen E1, E2 und E3 der Budgetwert gegenübergestellt. Es ist zu sehen, dass für das Vorhaben, von einem italienischen auf einen mexikanischen Lieferanten zu wechseln, Minderungen bei den Einstandskosten mit einer Ergebnisverbesserung von 10 Tsd Euro p.m. budgetiert wurden; die tatsächliche Verbesserung lag zum 31.07. bei 194 Tsd Euro, also 124 Tsd Euro über dem Budget. Zum Jahresende wird mit einer Verbesserung gerechnet, die 202 Tsd Euro über der budgetierten liegen soll. Die Frachtkosten haben sich schlechter entwickelt als geplant. Die Überhöhung beträgt per 31.07. kumuliert 16 Tsd Euro und wird zum Jahresende 27 Tsd Euro betragen. Für die Bestände wurde im Budget der ersten Monate 2005 aufgrund der deutlich längeren Lieferzeiten ein zusätzlicher Sicherheitsbestand angesetzt, der schrittweise abgebaut werden soll. Dies ist zum 31.07. noch nicht vollständig erfolgt. Der Controller erwartet aber, dass es bis zum Ende des Jahres gelingt.

Diese Erkenntnisse fließen nun in die Hard-(Soft)-Analyse: Materialpreise und Frachtkosten-Verrechnung wirken voll auf das Betriebsergebnis, ebenso die Kapitalbindung, die kalkulatorisch verzinst wird. Das Beispiel unterstellt, dass die Vorräte, die noch aus Lieferungen des italienischen Lieferanten stammen, vollständig zurückgenommen werden. Daher ist nach dem Lieferantenwechsel der komplette Bestand, wie ihn die Tracking Card ausweist, in die Analyse zu überführen. Das Betriebsergebnis wird mit Zinsen in Höhe von 10 Prozent belastet. Der frühere Lieferant hatte seine Dispositionsleistungen mit jährlich 20 Tsd Euro in Rechnung gestellt, die nun wegfallen und pro Quartal das Ergebnis um 5 Tsd Euro verbessern. Aus diesen Angaben und den Erkenntnisse aus den Tracking-Cards entsteht die Hard-(Soft)-Card:

Projekt: Wechsel von einem italienischen zu einem mexikanischen Lieferanten

Hard (Soft-) Komponenten	Zahlen in Tausend Euro kumuliert Jahr 2005							
	Halbjahr 1			Halbjahr 2			Gesamtjahr		
	NU	BE	EvS	NU	BE	EvS	NU	BE	EvS
Basisplanung	12000	1600	800	12000	1600	800	24000	3200	1600
Materialpreis-abweichung	0	164	83	0	158	79	0	322	162
Frachtkosten	0	-136	-68	0	-147	-74	0	-283	-142
Bestände	0	-55	-28	0	-39	-20	0	-94	-48
Wegfall Dispos. Lieferant	0	10	6	0	10	6	0	20	12
Zwischensumme	0	-17	-7	0	-18	-9	0	-35	-16
Revidierte Planung	12000	1583	793	12000	1582	791	24000	3165	1584

Tabelle 4: Hard-(Soft-)Analyse

NU = Nettoumsatz
BE = Betriebsergebnis
EvS = Ergebnis vor Steuern

Sie zeigt den Effekt aus dem Lieferantenwechsel auf Umsatz, Betriebsergebnis sowie Ergebnis vor Steuern. So ergibt sich bei der Materialpreisabweichung im ersten Halbjahr ein Hard Spot von 164 Tsd Euro für das Betriebsergebnis. Steuern und Zinsen reduzieren die Auswirkung auf den Jahresüberschuss um etwa 50 Prozent auf 83 Tsd Euro. Es ist rasch zu erkennen, dass sich die Auswirkungen des Lieferantenwechsels auf das Betriebsergebnis und den Jahresüberschuss nahezu ausgleichen. Der Controller spricht hier von einem „Netting". Für das Betriebsergebnis addieren sich im ersten Halbjahr die beiden Hard Spots auf 174 Tsd Euro: 164 Tsd Euro resultieren aus der Reduzierung der Materialpreise, und 10 Tsd Euro entstammen aus dem Wegfall der Dispositionsleistungen des früheren Lieferanten. Diesen positiven Auswirkungen stehen im zwei Soft Spots gegenüber: 136 Tsd Euro durch höhere Frachtkosten, und 55 Tsd Euro aufgrund höherer Sicherheitsbestände. Beide Effekte ergeben in Summe einen Soft Spot von 191 Tsd Euro. Insgesamt verbleibt ein Soft Spot von 17 Tsd Euro für das Betriebsergebnis.

4. Integration der Methoden

Die herkömmlichen Techniken des Controllings lassen sich höchst effektiv verflechten mit dem Arbeitsfeld einer Unternehmensgrenzen überschreitenden Logistik. Das wird im Folgenden am Leistungsausweis des Logistik-Managements, am Instrument der Portfolio-Analyse für Material und Lieferanten, am Zeitmanagement und am Konzept des Total Cost of Ownership (TCO) gezeigt.

4.1 ROI und der Beitrag des Logistik-Managements

Der Einfluss von Kosten und Kapitalbindung auf das Unternehmensergebnis ist wohl am einprägsamsten mit dem „ROI-Stammbaum" zu zeigen, der erstmals bei dem amerikanischen Chemieunternehmen DuPont eingesetzt wurde und so auch DuPont-Schema heißt. Von dort kommt auch der Begriff des „Return on Logistics Assets„ (ROLA):

Return on Logistics Assets (ROLA)

ROLA = Ergebnisbeitrag d. Logistik – Logistikkosten
  Logistikbezogene Investitionen

Die Berechnung dieser Rendite setzt voraus, dass die drei Größen im Zähler und im Nenner der Kennzahl ermittelt werden können. Am wenigsten genau lässt sich hiervon zumeist der Ergebnisbeitrag der Logistik feststellen. Eine Hilfe bietet das nachfolgend wiedergegebene Schema (s. Abbildung 4).

Der Controller muss den einzelnen Inhalten dieses Schemas Zahlen zuordnen, und zwar sowohl Plan- als auch Ist-Größen. Eine Hilfe dazu bieten ihm die im zweiten Abschnitt dieses Beitrages beschriebenen Prozess-Kennziffern. Wie er die Logistik-Leistungsrechnung im einzelnen ausgestaltet, richtet sich nach den Verhältnissen in seinem Unternehmen und in der Supply Chain, der es angehört.

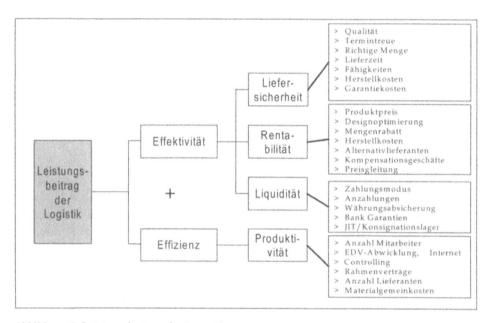

Abbildung 4: Leistungsbeitrag der Logistik

Mit welchen Leistungskennzahlen das Management auch immer versorgt wird, es wird in der Regel eine Ergebnisrechnung nachgefragt werden. Das nachfolgende grobe Muster (s. Abbildung 5) für den Ausweis des Ergebnisbeitrages der Beschaffung lässt sich beliebig erweitern auf den grösseren Verantwortungsbereich der Logistik.

In diesem Zusammenhang ist interessant, dass in manchen Unternehmen (ein Beispiel ist die BASF-Gruppe) der bisherige Verantwortungsbereich „Logistik" in einen Verantwortungsbereich „Beschaffung" umgewandelt wurde, und das nicht nur nominell: Eine große Anzahl von Logistikleistungen, wie Transport, Lagerung, Export- und Importabwicklung kann von aussen beschafft werden. Es können Einkaufsplattformen geschaffen werden, an denen auch Wettbewerber und Kunden beteiligt sind: Der Beschaffungsbereich ist Teil einer Supply Chain, die Logistik wird von den Mitgliedern der Supply Chain besorgt.

Controlling in der Supply Chain

```
Betriebsrechnung:
Verkaufserlös brutto        110
./. Erlösminderungen         10     ←    Beschaffung    Kompensationsgeschäfte
= Verkaufserlös netto       100
./. Herstellkosten           60     ←    Beschaffung    Materialkosten
= DB 1                            40
./. Materialgemeinkosten      5     ←    Beschaffung    Personalkosten/Prozesse
./. Deckungsdifferenz         2     ←    Beschaffung    Kapazitätsauslastung
= DB 2                            33
./. Entwicklungskosten       15     ←    Beschaffung    Concurrent Engineering
./. Garantiekosten            2     ←    Beschaffung    Termintreue
./. Übrige Kosten             3
= DB 3                            13
./. Kalk. Zinsen              2     ←    Beschaffung    Zahlungsmodalitäten
./. Verwaltungskosten         5
=  Betriebsergebnis                6
+ Kalk. Zinsen                2
= Ergebnis v. St. und Zinsen       8
```

Abbildung 5: *Schema einer Betriebsrechnung*

4.2 Material- und Lieferantenportfolio

Der Entscheidung, einer Supply Chain beizutreten, wird eine gründliche Analyse der Vor- und Nachteile, der Stärken und Schwächen dieses Netzwerks, der zu beschaffenden Güter und Dienstleistungen und der bestehenden Lieferantenbeziehungen vorausgehen. Die Analyse wird auch regelmässig neu vorgenommen werden müssen, um zu prüfen, ob die Entscheidung geändert werden soll.

In Abbildung 6 ist der Auszug aus einem Beschaffungsportfolio eines Unternehmens der feinmechanischen Industrie wiedergegeben. Als Koordinaten wurden der Bedarfswert (in Prozent des Beschaffungsvolumens) und der Schwierigkeitsgrad der Beschaffung gewählt. Die Grösse der Ellipsen hat keine Bedeutung, es liesse sich aber mit ihr beispielsweise Lieferzeit, Anzahl der Beschaffungsquellen u. ä. visualisieren.

Ein Controller, der aus diesem Portfolio Schlussfolgerungen und Entscheidungsvorschläge herleiten soll, muss nicht nur berücksichtigen, wie eng die Verzahnung von Beschaffungs- und Produktionslogistik ist, er muss das jeweilige Beschaffungsrisiko auch in Beziehung setzen zu den Alternativen (Bindung an einen Lieferanten, also „Single Sourcing", versus „Multiple Sourcing"; gemeinsame Entwicklungsplattformen oder Eigenentwicklung, u. s. w). Ein Hilfsmittel sind natürlich Lieferantenbewertung und Lieferanten-Audits. Die Ergebnisse lassen sich in einem Lieferanten-Portfolio visualisieren, für das als die eine Koordinate z. B. die Attraktivität der Lieferanten, gemessen in Lieferfähigkeit, Produktspektrum und Konditionen, und als die andere Koordinate dessen Verhandlungsposition gewählt werden. Eine andere Darstellungsform zeigt das nachstehende Bild einer Potenzialbewertung. Sind darin nicht nur der Ist-Zustand, sondern auch Zukunftsprojektionen erfasst, kann eine solche Bewertung die Basis bilden für konkrete Pläne einer spezifischen Lieferantenentwicklung bis hin zu einer Integration des Lieferanten in die Entwicklungsvorhaben des Unternehmens (s. Abbildung 7).

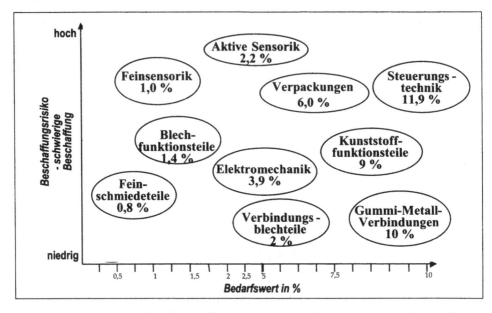

Abbildung 6: Auszug aus dem Beschaffungsportfolio eines Unternehmens der Feinmechanik

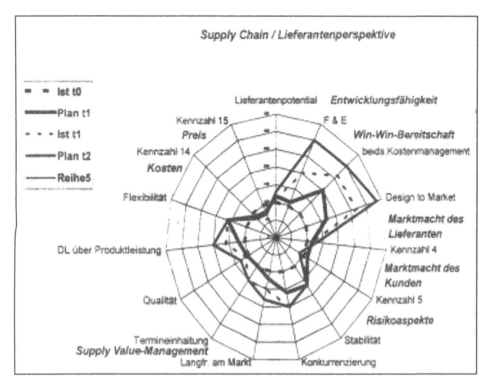

Abbildung 7: Supply Chain/Lieferantenperspektive

4.3 Time-Based Management

Zykluszeiten, Durchlaufzeiten, Verweilzeiten, Wartezeiten, „Response-Time", Prozess-Geschwindigkeiten, Bearbeitungsdauer und andere auf Zeiterfassungen und Zeitvorgaben beruhende Kennzahlen sind feste Bestandteile im Instrumentarium des Supply Chain-Controlling. Wie in vielem anderen ist auch hier die japanische Automobilindustrie Innovator gewesen. Sie ist aber auch Vorreiter in der Komplexitätsminderung und beschränkt selbst bei weitgehend automatisierter Betriebsdatenerfassung (BDE) die Zeitaufzeichnungen auf das, was insbesondere für Fehlervermeidungen gebraucht wird. Einer McKinsey-Langzeitstudie im Maschinenbau zufolge haben erfolgreiche Unternehmen eine um 40 Prozent geringere BDE am Arbeitsplatz als die weniger erfolgreichen.

Es gilt auch für das „time-based management", dass es integrativ betrieben werden muss. Insbesondere ist ein Zusammenhang mit der Wertschöpfung zu suchen: „Zeitfresser" sind da am gefährlichsten, wo es sich um nicht wertschöpfende Zeiten handelt. Jeder, der Prozessanalysen angestellt hat, weiß, dass man immer redundante Aktivitäten findet, und dass man wieder von vorne beginnen muss, wo Diskrepanzen zwischen dem Kostenvolumen festgestellt werden, das die Kostenstellenrechnung ausweist, und dem Kostenvolumen, das sich aus der Bewertung der in der Analyse erhobenen Prozess-Zeiten ergibt. Ein wesentlicher Grund sind die Aktivitäten, für die kein Zusammenhang zu einem Kostentreiber hergestellt werden kann. Auf sie ist das Hauptaugenmerk zu richten. In der Logistik wird ein weiteres Problem darin liegen, dass die Aktivitäten nicht immer eindeutig voneinander abgegrenzt werden können: Gehört z. B. die Entladung eines LKW noch zum Transport oder zur Einlagerung? Zudem können je nach Abgrenzung eine Vielzahl von Bezugsgrößen verwendet werden, wie Paletten, Gewicht, Aufträge, etc. – eine Lösung kann darin liegen, Aussagen zum Zeitbedarf für typische Situationen zu differenzieren.

In manchen Bereichen der Logistik ist auch mitunter rasch die Grenze für ein Beschleunigungs-Management gefunden. Während das Engineering spektakuläre Zeitersparnisse hervorbringen kann (*Boeing* verkürzte den Aufwand für Konstruktionszeichnungen von im Durchschnitt zwei Wochen auf 38 Minuten, *Matsushita* den Zeitbedarf für die Fertigung einer Waschmaschine von 360 Stunden auf zwei Stunden), liegen Zeitreserven vielleicht noch in der informatorischen Komponente der Auftragsbearbeitung. In der physischen Komponente ist der Fokus eher auf die Flexibilität und die Robustheit der Prozesse (in dem weiter oben beschriebenen Sinne) zu legen. „Time-to-Market" bzw. „Concept-to-Cash" sind also hier notwendigerweise Schranken gesetzt.

In der Logistik wird „time-based management" häufig auch zur bewussten Entschleunigung von Geschäftsprozessen führen. Das Supply Chain Management spricht hier von „Postponement", also von der nachhaltigen Verzögerung bestimmter Aktivitäten. Ziel kann es z. B. sein, die Bestände an Halb- oder Fertigfabrikaten abzubauen, und dazu könnte die Produktspezifizierung so lange hinausgeschoben werden, bis sicherere (Kunden)-Informationen vorliegen. Ergebnis ist die Methode der „Mass Customization": Erst wenn der Kundenauftrag vorliegt, werden die Standardkomponenten zusammengefügt. Noch komplexer sind „Logistic Postponements": Produktion oder Lieferung werden von einem Zwischenlager aus vorgenommen, womit vor allem im Konsumgüterbereich der Engpass an den Lagerrampen beseitigt wird („Cross Docking"). Die Hersteller liefern nicht an den Handel, sondern an eine Zwischenstation, den „Transshipment Point", und erst dort wird kommissioniert. Es ist selbstredend, dass eine solche Supply Chain einer Vielzahl unterstützender Controlling-Informationen bedarf.

4.4 Total Cost of Ownership (TCO)

Jeder für Beschaffung Verantwortliche muss über die Anschaffungskosten von Produkten oder Services hinaus die Summe aller Kosten („total cost") erfassen, die rund um deren Nutzung („ownership", d. h. deren Aneignung) entstehen. Für eine Wirtschaftlichkeitsrechnung ist dies selbstverständlich; die Einbeziehung aller direkt und indirekt mit dem Bezug einer

Leistung verbundenen Kosten ist Voraussetzung dafür, dass Investitions- und Make-or-Buy-Entscheidungen richtig getroffen werden und dass ein Leistungsgefüge wie etwa eine Supply Chain richtig dimensioniert wird.

Von seiner Herkunft her ist Total Cost of Ownership (TCO), seit der Begriff im Jahr 1984 von dem IT-Beratungsunternehmen Gartner Group kreiert wurde, eine Kategorie aus dem Bereich der Optimierungsbestrebungen für IT-Einsatz. Nun ist ja der richtig dimensionierte IT-Einsatz gerade eines der wesentlichen Hilfsmittel einer Supply Chain, und auch hier gilt das von Gartner in vielen Untersuchungen verifizierte Ergebnis, dass nur 30 Prozent der Gesamtkosten der IT-Lösung von den so genannten capital costs (Software, Hardware und Netzwerk) gebildet werden; 70 Prozent entstammen den Kosten für Anwenderzeit und Aufwand für Systemunterstützung, Schulung, Upgrading, Anpassungen, Zusatzeinrichtungen sowie anderen Folgeinvestitionen. So muss auch den an dem Netzwerk einer Supply Chain Beteiligten die Total Cost of Ownership ihres Anwendungsverbundes bewusst gemacht werden, ehe es eingerichtet wird. Gartner bietet dazu ein Paket von Analyse-Software und Modellierungs-Software an, die Benchmarks, die Berechnung von Alternativen bei Variationen des Service-Levels etc. ermöglicht.

Der Grundgedanke von TCO, aber auch die Struktur der Analysen und Modellierungen, lassen sich auf jeden Beschaffungsvorgang übertragen, auf einen vordergründig einfachen wie auf einen höchst komplexen. Manche der mit viel Enthusiasmus gegründeten Einkaufs-Plattformen haben nicht lange überlebt und ihren Gründern hohe Verluste beschert, weil der Entscheidung, sie einzurichten, unvollkommene Analysen zugrunde lagen. Der Controller, der solche Entscheidungen vorbereitet, sollte TCO eben nicht nur auf das IT-Netzwerk, sondern auch auf die „capital costs" und die Folgekosten des gesamten Integrationsvorhabens anwenden. Das darf ebenso wenig vernachlässigt werden wie die Bestimmung der Transaktionskosten, die mit einer Out-Sourcing-Entscheidung verbunden sind. Dass TCO und Transaktionskosten verknüpft sind, kann dem Controller eine Argumentationshilfe, ebenso auch eine Arbeitshilfe, sein.

4.5 Kostenmanagement: Target Costing und „genka kikaku"

Das Kostenmanagement in der Supply Chain hat eine breite Facette von Betätigungen: Zielsetzung ist immer, das Volumen an Kosten zu realisieren, das der jeweiligen Aufgabe adäquat ist. Der Controller hat es zu tun mit Einstandskosten, Materialkosten, Bestellkosten, Lagerkosten, Qualitätskosten, Transaktionskosten, Fehlerkosten, Fehlermengenkosten, mit Prozesskosten, Gemeinkosten, Prüfkosten, Dispositionskosten, channel costs, life-cycle-costing, und noch weit mehr Kostenbegriffen. Eine Systematisierung könnte dahin gehen, dass grob unterschieden wird zwischen zwei Handlungsfeldern. Eines ist das *objektorientierte Kostenmanagement*. Es befasst sich vorrangig mit den Einzelkosten des Beschaffungsobjekts. Das andere ist das *prozessorientierte Kostenmanagement*. Es befasst sich vorrangig mit Gemeinkosten. Eine andere Systematisierung, die die erste eigentlich eher ergänzt als ersetzt, geht dahin, dass drei Verursachungsgründe für Kosten der Supply Chain betrachtet werden, die *Arbeitsteilung,* die *Koordination* und die *Leistungen (*auch die *Fehlleistungen) der Beschaffung.*

In jedem der Handlungsfelder und Betrachtungsfelder steht ein gut ausgebautes Instrumentarium zur Verfügung. Es würde den Rahmen dieses Beitrages sprengen, diese Instrumente detailliert zu erörtern. Aufgegriffen werden soll, vorrangig unter dem Aspekt ihres übergreifenden Charakters, die Konzeption des Target Costing (Zielkostenrechnung). Die Kapitelüberschrift nennt dazu deren japanische Bezeichnung, „genka kikaku", die in einer Reihe steht mit „genka kaizen" und „genka keisan". Das Wort „genka" in diesen drei Termini deutet auf „Entwurf, Planung und Berichterstattung im Konsens" – hier bezogen auf „kikaku", also Projekt(e), bei „kaizen" auf (Produktions-)Verbesserungen, und bei „keisan" auf Kosten. Target Costing ist also vom Grundgedanken her viel mehr als nur die Bestimmung der „allowable cost" als Differenz zwischen dem Marktpreis und dem geplanten Gewinn („Market-into-Company"). Es geht um gemeinsame, kooperative Entscheidungsfindung und Kontrolle bezüglich der „allowable cost"; es geht um Konsens bezüglich der Schließung der Lücke zwischen diesen und den als „drifting cost" bezeichneten ursprünglichen, also vor der gemeinsamen Entscheidungsfindung, errechneten Kostenansätzen. Das ist vor dem Hintergrund einer als „pull method of production" bezeichneten Philosophie der Fertigung zu sehen, in der die jeweils nachfolgende Fertigungsstufe zu einem durch sie bestimmten Zeitpunkt die durch sie bestimmten Vorprodukte von der ihr vorgelagerten Fertigungsstufe anfordert. Dagegen wird mit der in westlichen Produktionsformen eingesetzten „push method" das jeweils fertiggestellte Teil weitergereicht an die nächste Stufe. Natürlich gibt es auch bei der „push method" ein feed-back. Das ist aber nicht vergleichbar mit dem kollektiven „two-way-management" der „pull method". Ein weiterer Aspekt des Target Costing ist, dass in gemeinsamer Anstrengung der Beteiligten die Zielsetzungen für das Erreichen der „allowable cost" an den Kundenanforderungen ausgerichtet werden. Die Kosten werden heruntergebrochen („decomposition") auf die Funktionen und Komponenten des Produktes (analog auch für eine Dienstleistung), und dann wird im Konsens entschieden, welche davon wieviel zu welcher Anforderung eines Kunden beitragen. Technisch geschieht das mit Hilfe einer Funktionskostenmatrix. Die größte Kostenminderung wird dann auf jene Komponente fallen, die am wenigsten zum Erreichen einer Kundenanforderung beiträgt.

Zu den Wesenszügen einer Supply Chain gehören a priori kollektive Entscheidungsfindung, ein „two-way-management", eine der „pull method" vergleichbare Art der Bedarfsanforderung und die gemeinsame Zielsetzung. So wird auch das, was das Wesen des Target Costing ausmacht, hier voll einsetzbar sein: Für einen Teilnehmer an der Supply Chain wird „Market-into-Company" bedeuten, dass in der Logistik die Lieferanten-, die Kunden- und die Konkurrentenattribute berücksichtigt sind. Die wesentlichen Marktdeterminanten sind abgedeckt. Und für das Netzwerk der Supply Chain insgesamt bedeutet „Market-into-Company", dass sowohl von der Seite der Lieferanten als auch von der Seite der Käufer Schwachstellen im „Design" und im Entwicklungsprozess der Supply Chain aufgedeckt und kostentreibende

Prozesse identifiziert werden. Es entsteht ein Zwang zur gemeinsamen Suche nach Lösungen mit geringeren Kosten.

Zur Illustration führen wir den Fall des Lieferantenwechsels aus dem „Cost-Tracking"-Beispiel fort: Der Wechsel möge zur Folge haben, dass bestimmte Parameter des Supply Chain-Managements neu festgelegt werden können, wie Bedarfsmengenstruktur, Anlieferfenster, Verpackungen und Lagerbewirtschaftung. Der negative Ergebniseffekt von -27 Tsd Euro aus der Erhöhung der Frachtkosten könnte damit kompensiert werden. Dabei widersprechen aber möglicherweise die Auswirkungen der Einsparung bei der Verpackung den Anforderungen der Kunden. Das Einsparungsziel von 27 Tsd Euro muss also allein aus den Verbesserungen in der Bedarfsmengenstruktur, der Anlieferfenster und der Lagerbewirtschaftung erwirtschaftet werden. Die dafür jeweils verantwortlichen Disponenten haben nun gemeinsam zu entscheiden, wie der Betrag zustande kommen soll. Wesentlich ist, dass diese Entscheidung getroffen wird, solange die Parameter noch verändert werden können. In der Logistik wird dafür eine kürzere Vorlaufzeit zur Verfügung stehen als etwa in der Automobilherstellung, die ja das Konzept des Target Costing für Vorlaufzeiten entwickelt hat, die es erlauben sollen, Produktentwicklung, Konstruktion und Fertigungsinvestitionen an den Zielkosten auszurichten („Design to Cost").

5. Die Balanced Scorecard (BSC) – ein methodenübergreifender Ansatz

Eine sehr weitgehende Integration von Methoden der Planung, Steuerung und Berichterstattung ist die Balanced Scorecard (BScC). Sie verknüpft das Erarbeiten strategischer Zielsetzungen, die Ermittlung von Kennzahlen, an denen diese Ziele gemessen werden können, die Bestimmung von Ursache-Wirkungsbeziehungen zwischen den vier Perspektiven Finanzen, Markt/Kunde, Geschäftsprozesse und (Mitarbeiter)-Potenzial sowie das Entwickeln konkreter Maßnahmen mit einem regelmässigen Soll-Ist-Vergleich, Abweichungsanalysen und der Vorbereitung von Aktionen bei Plan-Über- oder Unterschreitungen. Grundlegendes zur BSC wird in einem anderen Beitrag dieses Handbuches vorgestellt. Hier soll gezeigt werden, welchen Nutzen der Controller im Beschaffungsbereich daraus ziehen kann, dass er in der BSC Methoden der langfristigen und der kurzfristigen Planung, der Ergebnismessung durch Kennzahlen und des Kostenmanagements miteinander verknüpfen kann.

Ausgangsbasis für den Controller und das mit der Erstellung der BSC beauftragte Team ist eine Analyse der bestehenden Wertschöpfungs- und Prozess-Ketten, eine Überprüfung der vorhandenen Strategien und Pläne und des vorhandenen Kennzahlensystems. Dann wird das Team gemeinsam mit dem jeweils verantwortlichen Manager Teilziele formulieren, Messgrößen und Messwerte dazu festlegen und aufzeigen, in welcher Beziehung die Teilziele zueinander stehen. Das Ergebnis einer solchen Arbeit ist nachstehend dargestellt. Es ist zu sehen, wie die Einzelziele in einer Kette von Ursache-Wirkungsbeziehungen voneinander abhängen. Jedes der Ziele ist einer der vier Perspektiven und damit einem Verantwortungsbereich zugeordnet und steht in Verbindung mit den Leitsätzen der „Vision". Die zu den Zielen gehörenden Kennzahlen sind so geartet, dass konkrete Plangrößen für sie bestimmt werden können, und dass gemessen werden kann, ob sie erreicht werden (s. Abbildung 8).

Nun ist mit der Umsetzung zu beginnen, wobei das Controlling dafür zu sorgen hat, dass die zu beschließenden Maßnahmen in Einklang stehen mit dem Konzept der Gesamtunternehmung. In unserem Beispiel sei in diesem Konzept unter anderem enthalten dass die Fertigungstiefe gesenkt, die Produkte modularisiert und die Auftragsabwicklungszeiten beschleunigt werden sollen und dass zu der Vermarktung von Produkten die Vermarktung von Paketlösungen hinzutreten soll. Im Beschaffungsbereich werden dafür die Ziele gesetzt, die aus der Darstellung der Ursache-Wirkungsketten ersichtlich sind: So ist die Zahl der Lieferanten zu reduzieren, neue Beziehungen zu (wenigen) Systemlieferanten sind aufzubauen. Das hat Auswirkungen auf die Geschäftsprozesse, deren Umfang verringert wird, und in der Folge verbessern sich Niveau und Struktur der Kosten.

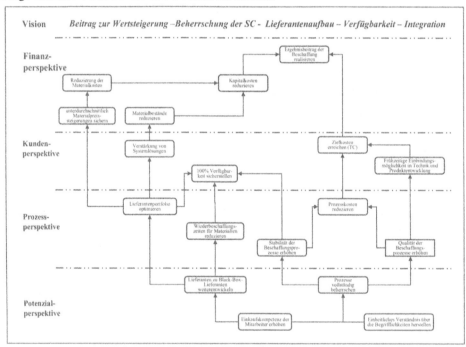

Abbildung 8: Ursache-Wirkungsketten einer Beschaffungs-Balanced Scorecard

Eine Voraussetzung ist, dass die Einkaufskompetenz der Mitarbeiter in der Beschaffung erhöht wird. Hier geht es um Qualifizierungsmaßnahmen. Sind alle diese Maßnahmen – in ihrer Implementation messbar gemacht mit den gleichen Kennzahlen wie die strategischen Ziele –

aufeinander abgestimmt und eingeleitet, wird die Kette der Ursache-Wirkungsbeziehungen in Gang gesetzt. Treten Störungen ein, werden ihre Auswirkungen auf das Gesamtgefüge rasch erkennbar, und es kann ein Aktionsprogramm auf den Weg gebracht werden, das der Controller tunlichst „in der Schublade" hat und das an den Ursachen ansetzt.

6. Risikomanagement

Ein Aktionsprogramm, das der Controller tunlichst „in der Schublade" hat und das an den Ursachen ansetzt, ist nicht nur Bestandteil erfolgreicher Implementationen der für eine Balanced Scorecard entwickelten Maßnahmen. Es ist auch im Kern die Grundlage eines erfolgreichen Risikomanagements. Wenn Kenntnis darüber geschaffen ist, welche Einflussfaktoren eine Störung in den Ursache-Wirkungsketten hervorrufen können, kann man diesen Störungen auch begegnen. Positiv formuliert hieße das, die Erfolgsfaktoren einer Balanced Scorecard zu beherrschen. Von beiden Seiten her kommt man zur Identifikation von Risiken, einem wesentlichen Element der Risiko-Beherrschung, das dann ergänzt werden muss durch Risikoanalyse, Risikosteuerung und Risikokontrolle. Hier werden die Ausprägungen des Risiko-Managements im Beschaffungsbereich dargestellt.

6.1 Einflussfaktoren auf Ursache-Wirkungsketten – Risikoidentifikation und Risikoanalyse

Risiken sind Gefährdungspotenziale. Auch sie haben eine Ursache-Wirkungskette. Das Abbildung 9 zeigt, wie eine potenzielle Gefahr dann, wenn die Wahrscheinlichkeit, dass sie eintritt, hoch ist, auf einen Zustand oder ein Objekt wirkt: sie kann eintreten, ohne diesen Zustand oder dieses Objekt zu gefährden. Auch hierfür muss es Ursachen geben. Erst wenn die Gefährdungswahrscheinlichkeit hoch ist, kommt es zu der Auswirkung der Gefahr, und dies zieht in der Regel einen Verlust nach sich. Ist das Objekt, auf den die Gefährdung wirkt, Teil einer Ursache-Wirkungskette, wird die ganze Kette in Gefahr gebracht.

Worum es geht, ist, vorab zu analysieren, welche Gefahren an welcher Stelle einer Kette von Ursachen und Wirkungen oder von Geschäftsprozessen bzw. Wertschöpfungsaktivitäten bestehen und welche Eintrittswahrscheinlichkeit und welche Gefährdungswahrscheinlichkeit sie haben. Bei der Bemessung solcher Wahrscheinlichkeiten geht es keineswegs um „Münzwerfen". Das lässt sich an dem folgenden Beispiel demonstrieren:

„Es besteht die Gefahr, dass die Produktion im ersten Quartal nur 45 Prozent der geplanten Menge von 5000 Stück pro Woche von einem Normteil fertigen kann. Das wird eine Verringerung des Deckungsbeitrages um 55 Prozent auf 5322 TEuro zur Folge haben".

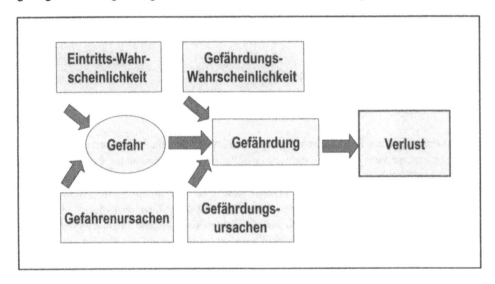

Abbildung 9: Ursache-Wirkungskette

Die Analyse ergibt: Es wurde eine neue Fertigungsstraße installiert. Erfahrungsgemäß ist bei 70 Prozent solcher Installationen in den ersten drei Monaten die Kapazität um 55 Prozent eingeschränkt. Für ein Ausweichen auf eine Zusatzschicht steht ausreichend geschultes Personal nicht zur Verfügung. Ob ein Lieferant kurzfristig das Normteil liefern kann, ist unbekannt. Bis dies geklärt ist, muss für die Gefährdung eine Wahrscheinlichkeit von 70 Prozent angenommen werden. Dass der Deckungsbeitrag dann um 55 Prozent sinkt, hat eine Wahrscheinlichkeit von 100 Prozent. Die Verlustauswirkung sind 6505 TEuro (5322/45*55).

Welche Risiken in einer Beschaffungskette bestehen und welche Auswirkungen sie haben können, ist zumindest theoretisch jedem Supply Chain-Manager bekannt: Der vorübergehende oder dauerhafte Ausfall eines Lieferanten kann zur Gefährdung der Produktion oder der Lieferfähigkeit führen, es können Terminprobleme und Qualitätsprobleme und unerwartete Kostensteigerungen eintreten. Eine Systematisierung der Risiken zeigt Abbildung 10.

Diese Art der Systematisierung (denkbar ist natürlich auch die Heranziehung anderer Kriterien für die Kategorisierung von Risiken) hat den Vorteil, dass sie auf Gefährdungen schon in einer recht frühen Phase hinweist. Die Risiko-Identifikation (das „risk tracking") setzt ein, so lange noch Vorkehrungen an allen möglichen Stellen der Supply Chain getroffen werden können.

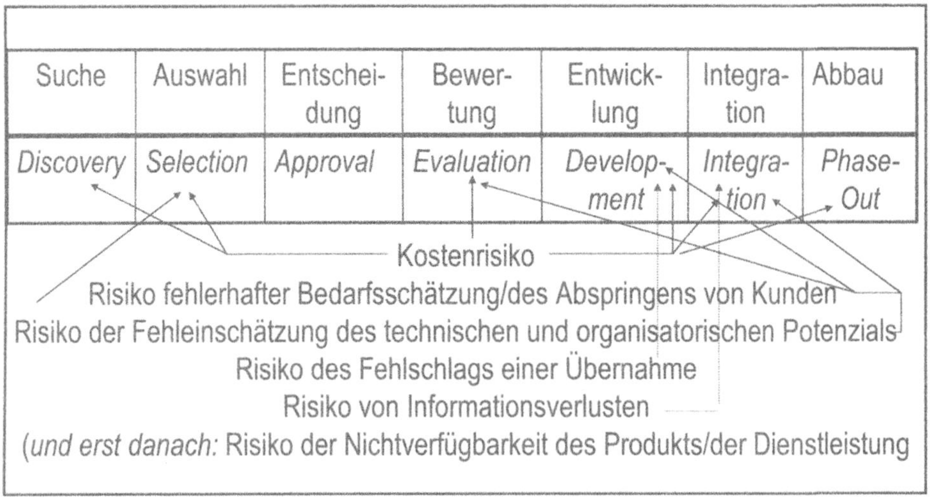

Controlling in der Supply Chain

Suche	Auswahl	Entschei-dung	Bewer-tung	Entwick-lung	Integra-tion	Abbau
Discovery	*Selection*	*Approval*	*Evaluation*	*Develop-ment*	*Integra-tion*	*Phase-Out*

————————— Kostenrisiko —————————
Risiko fehlerhafter Bedarfsschätzung/des Abspringens von Kunden
Risiko der Fehleinschätzung des technischen und organisatorischen Potenzials
Risiko des Fehlschlags einer Übernahme
Risiko von Informationsverlusten
(*und erst danach:* Risiko der Nichtverfügbarkeit des Produkts/der Dienstleistung

Abbildung 10: Risikosystematisierung anhand des Lebenszyklus von Lieferbeziehungen

Nehmen wir die fünf im vorstehenden Bild identifizierten Risiken:

1. Kostenrisiko

2. Risiko fehlerhafter Bedarfsschätzung/des Abspringens von Kunden

3. Risiko der Fehleinschätzung des technischen und organisatorischen Potenzials

4. Risiko des Fehlschlags einer Übernahme

5. Risiko von Informationsverlusten

Als Abwehrmaßnahmen können entwickelt und eingeleitet (oder, wenn das Gefährdungspotenzial noch als klein eingeschätzt wird, „in die Schublade gelegt") werden

zu 1 und 2: Gründliche Kalkulation und Planung; Verbessern der Kundenbindung;

zu 3: Heranziehen von Experten zur technischen Begutachtung; QS-Abkommen;

zu 4: Rechtzeitiges Entwickeln von Alternativen,

zu 5: Durchsetzbare Geheimhaltungsabkommen, Konzept zur Datensicherheit.

Das Risikomanagement muss auch das Risiko, dass Risiken unzutreffend eingeschätzt werden, berücksichtigen, und es muss darauf hingewirkt werden, dass die Risikoträger (das jeweilige Management der Verantwortungsbereiche in einer Supply Chain) die Situation, in der sie sich befinden, nicht einfach hinnehmen, sondern bereit sind, Maßnahmen zu ihrer Bewältigung zu ergreifen (an die Stelle von „Risiko-Aversion" muss rationales Handeln, optimierendes Verhalten treten).

6.2 Erfolgsfaktoren und Risiken – Erfolgsfaktorenbasierte Balanced Scorecard

Risikomanagement gelingt nur, wenn es im Unternehmen nicht als ein isoliertes System besteht. Da mit der Balanced Scorecard Unternehmensziele und -strategien in Kennzahlen und Maßnahmen übersetzt werden sollen, liegt es nahe, auch den Risikoaspekt, der in einer solchen Umsetzung liegt, in die Balanced Scorecard mit einzubeziehen.

Die „positive Entsprechung" von Risiko-Faktoren sind Erfolgsfaktoren. Erfolgsfaktoren sind Umstände, Potenziale, Fähigkeiten, die das Unternehmen nutzt und die sein Überleben sichern. Die richtige Wahl und der richtige Einsatz der Erfolgsfaktoren bestimmen schon in der Phase der Strategieformulierung, ob eine Ursache-Wirkungskette überhaupt den gewünschten Effekt und den in den Plangrößen für die Kennzahlen manifestierten Ergebnisbeitrag erbringen wird. Wenn etwa, wie in unserem Beispiel einer Beschaffungs-BSC, die Qualifizierung der Mitarbeiter als erfolgsbestimmend dafür angesehen wird, ob die Umstellung auf Systemlieferanten gelingt, kann man für den strategischen Erfolgsfaktor „Personalqualität" eine separate Scorecard entwickeln. In ihr würde der Tabelle mit den Kennzahlen und Ergebnismessgrößen eine Tabelle mit Risikomessgrößen beigefügt. Sie enthält Risikokennzahlen, möglichst auf der Basis von Frühindikatoren, die auf den spezifischen Erfolgsfaktor „Personalqualität" zugeschnitten sind. Sie sind als „Stellhebel" anzusehen, die den Erfolgsfaktor und seine Komponenten auf Zielerreichung hinlenken sollen, wenn Risiken erkannt werden. Wenn die Komponenten z. B. „Qualifikationstand", „Mitarbeitermotivation", „Persönlichkeitsprofil" und „Verhalten gegenüber Geschäftspartnern" sind (und das sind alles durch Kennzahlen messbare Indikatoren), kann frühzeitig erkannt werden, welche Komponente gefährdet ist, und die Entwicklung lässt sich auf den richtigen Weg bringen.

Eine Erfolgsfaktoren-basierte Balanced Scorecard wird gerade im Supply Chain-Management mit dessen starker Verästelung der Ursache-Wirkungsketten eine nützliche Hilfe sein. Dem steht die hohe Anzahl von Prozessen einer Supply Chain nicht entgegen: Anwendungsunterstützung liefert z. B. SAP (wie ja auch für das „Collaborative Planning Forecasting and Replenishment").

6.3 Risikosteuerung und -kontrolle

Rationales Handeln und optimierendes Verhalten sind Voraussetzung für die Bewältigung von Risiken. Bei jeder Einstufung der Risikolage eines Unternehmens, etwa im Rahmen des Ratings durch ein Kreditinstitut, wird nach der Bereitschaft und der Fähigkeit des Managements gefragt werden, Gefahren zu begegnen. In diesem Zusammenhang ist für den Supply Chain-Manager interessant, dass große Bank-Institute diese Fragen zumindest bisher auf die Supply

Chain nicht ausrichten. Ein bedeutendes deutsch-österreichisches Bankhaus nennt für sein qualitatives Rating taxativ die folgenden „Soft Facts", „jene Potenziale und Risiken, die sich letztendlich auch in der Bilanz niederschlagen müssen":

- Qualität des Managements (Unternehmenskonzept, Strategien, Nachfolgesituation, Informationsverhalten gegenüber der Bank, etc.)
- Rechnungs- und Berichtswesen (Controlling, Einsatz von Planungs- und Steuerungsinstrumenten, etc.)
- Anlagen, Systeme und Organisation (Qualität der Anlagen und der Betriebsausstattung, Qualität der Produkte/Dienstleistungen, Produktlebenszyklus, Marketing und Vertrieb, Organisationsstruktur, etc.)
- Markt und Marktentwicklung (Marktsituation, Marktposition, Abhängigkeiten, marktspezifische Risiken, etc.)
- Auftragslage und Kapazitätsauslastung.

Ein Bezug zu Supply Chain-Risiken fehlt. Im Umkehrschluss kann das bedeuten, dass ein Unternehmen, das konkret Angaben machen kann zur Identifikation, Kontrolle und Steuerung dieser Risiken ein besseres Rating erzielt.

7. Ausblick

Zu der vorstehend beschriebenen Situation beim Rating durch Banken passen die Ergebnisse einer Studie von Ernst & Young. Ernst & Young (Schweiz) untersuchte im November 2003 die Supply Chains von 50 führenden Retail- und Consumer Products-Unternehmen in zehn Ländern.

Gefragt wurde nach der Risikoeinschätzung für folgende Bereiche:

Business Continuity Planning, Supply Chain Management (SCM), Datenintegrität, Corporate Governance, Kundenbeziehungen, Mitarbeiterschulung und Steuersituation.

Die wichtigsten das SCM betreffenden Aussagen sind auszugsweise:

- Nur 90 Prozent der Bestellungen werden korrekt abgewickelt
- 20 Prozent der Befragten halten Verbesserungen im Planungs-, Einkaufsabwicklungs- und Retourenprozess für erforderlich. Sie berichten von hohem Aufwand für Datenbereinigungen und fehlendem Vertrauen in die Datenintegrität.
- Nur 50 Prozent kennen ihre aus der Supply Chain stammenden Steuerrisiken.

- Etwa 22 Prozent geben zu, dass ihre Mitarbeiter nicht alle im Unternehmen verfügbaren Instrumente des SCM kennen.
- Nur 50 Prozent messen den ROI von SCM-Investitionen. Externe Audits/Zertifizierungen ihrer SCM-Prozesse haben nur zwei Drittel der Befragten.
- Nur 80 Prozent der Lieferanten werden regelmäßig bewertet.
- Nur 60 Prozent der Befragten haben standardisierte Ausschreibungsverfahren.

Das bedeutet: Es gibt viel zu tun für ein Controlling in der Supply Chain!

Wertorientiertes Vertriebs-Controlling

Dieter Friedemann

1. Ausgangssituation	140
2. Wertorientiertes Vertriebs-Controlling	140
3. Rolle des Vertriebscontrollers	141
4. Strategiereview	142
5. Ausgewählte strategische Instrumente	143
5.1 ABC-Analyse	143
5.2 Konkurrenzanalyse	146
5.3 Produktportfolio-Analyse	147
5.4 Product Life Cycle	150
5.5 Kunden-Portfolio-Analyse	152
5.6 Customer Life Cycle	154
6. Ausgewählte operative Instrumente	155
6.1 Planung	156
6.2 Stufenweise Fixkostendeckungsrechnung	158
6.3 Multidimensionale Ergebnisrechnung	160
6.4 Prozesskostenrechnung	161
6.5 Break Even-Analyse	163
7. Einsatz moderner Planungs- und Controlling-Software	165

1. Ausgangssituation

Seitdem sich die meisten Märkte von Verkäufermärkten zu Käufermärkten gewandelt haben, ist ein gut funktionierender Vertrieb die wichtigste Voraussetzung für den Unternehmenserfolg. Ob die Produkte oder Dienstleistungen, die dem Kunden angedient werden, selbst erzeugt oder zugekauft werden, ist in vielen Fällen eine Frage der Wirtschaftlichkeit (make or buy). Solange es für eine Leistung viele Anbieter gibt – das dürfte für die meisten Märkte gelten – ist es schwierig, für die Unternehmen auskömmliche Ergebnisse zu erwirtschaften. In der Vergangenheit haben sich die Controller hauptsächlich der Planung und dem Controlling der Bereiche Produktion, Beschaffung und Verwaltung gewidmet. Um so mehr ist es an der Zeit, dass die Controller nun dem Vertriebsmanagement umfassende Informationen über Wirtschaftlichkeit und Zielerreichung im Vertrieb zur Verfügung stellen. Damit soll dem Vertriebsmanager ermöglicht werden, seine Entscheidungen besser zu fundieren und die Effizienz der getroffenen Entscheidung zu kontrollieren.

2. Wertorientiertes Vertriebs-Controlling

Ein wertorientiertes Vertriebs-Controlling schafft Ergebnistransparenz nach Vertriebssegmenten

- Kunden/Kundengruppen
- Artikel/Artikelgruppen
- Vertriebswegen/Vertriebskanälen
- Marken/Handelsmarken
- Märkten/Regionen
- Sparten/Profit Center

und stellt Steuerungsinformationen für alle Ebenen des Managements zur Verfügung.

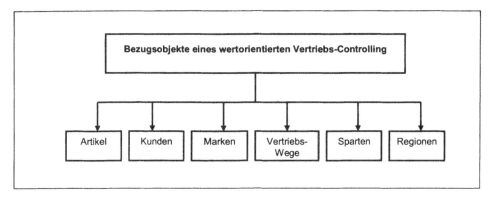

Abbildung 1: *Bezugsobjekte*

Ein wertorientiertes Vertriebs-Controlling beantwortet insbesondere die Fragen

- bei welchen Artikeln, Kunden, Vertriebskanälen bzw. Sparten Geld verdient wird und wo Verluste gemacht werden,
- wie sich bestimmte Marktentwicklungen auf das Ergebnis auswirken,
- ob die Umsatzziele bzw. die angestrebten Marktanteile erreicht werden.

Als zukunftgerichtetes, pro-aktives Controlling erfordert es eine fundierte Vertriebs- und Ergebnisplanung und ist in das Gesamt-Controllingkonzept des Unternehmens eingebunden.

3. Rolle des Vertriebscontrollers

Der Vertriebs-Controller hat die Aufgabe, das Vertriebsmanagement als betriebswirtschaftlicher Berater zu begleiten und die Entscheidungen im Vertriebsbereich mit zielgerichteten Informationen zu unterstützen. Er sorgt mit seinem Sachverstand und einem reichhaltigen Instrumentarium für Ergebnistransparenz und stellt in Wirtschaftlichkeitsbetrachtungen ex ante die Konsequenzen von Managemententscheidungen dar. Insbesondere ist er für die Gestaltung der Planungsprozesse verantwortlich.

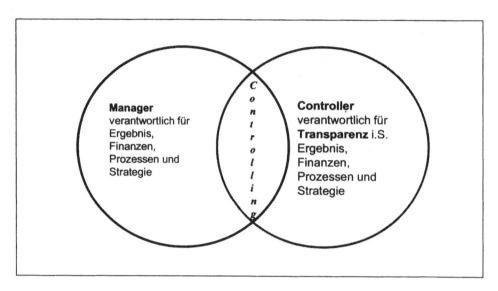

Abbildung 2: *Verantwortung Manager/Controller*

Zur Bewältigung seiner Aufgaben benötigt der Vertriebs-Controller eine gut ausgestattete „Controllers-Toolbox".

4. Strategiereview

Vor dem Beginn der operativen Planung ist in einem Strategiereview zu überprüfen, ob Unternehmens-, Geschäfts- und funktionale Strategien in ihrer Grundausrichtung noch marktgerecht sind und ggf. angepasst werden müssen.

- Ist die Unternehmensvision noch stimmig?
- Sind die wesentlichen strategischen Ziele hinsichtlich der eigenen Wettbewerbsfähigkeit erreicht worden?
- Wo liegen die strategischen Lücken?
- Wie haben sich die kritischen Erfolgsfaktoren bei der Kunden- und Marktbearbeitung und bei den eigenen Kernkompetenzen verändert?
- Welche neuen kritischen Erfolgsfaktoren sind zu berücksichtigen (Frühindikatoren, schwache Signale)?

Wertorientiertes Vertriebs-Controlling

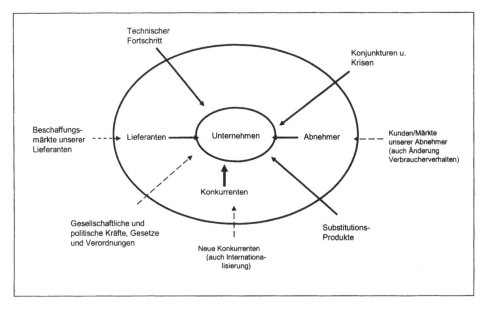

Abbildung 3: *Analyse des Unternehmensumfeldes*

Aus dem Ergebnis des Strategiereviews werden die Zielvorgaben für die operative Planung abgeleitet.

5. Ausgewählte strategische Instrumente

5.1 ABC-Analyse

Die ABC-Analyse nimmt eine Einteilung von Lagergütern nach ihrem relativen Anteil am Wert des gesamten Lagerbestands in A-Güter, B-Güter und C-Güter vor. In der Praxis hat sich gezeigt, dass meist ein relativ kleiner Teil der Güterarten den Hauptanteil am gesamten Lagerbestandswert repräsentiert (A-Güter). Auf die Controllerarbeit übertragen ist die ABC-Analyse ein Werkzeug, um Prioritäten zu bilden. Dadurch, dass man Kunden oder Produkte in die Kategorien A, B und C einteilt, kann man erkennen, wo sich gezielte Maßnahmen lohnen oder wo detailliert budgetiert werden soll. Die ABC-Analyse ist also ein wichtiges Prinzip, um Kunden und Artikel nach ihrer Bedeutung für das Unternehmen zu strukturieren.

Häufige Anwendungsbereiche sind

- Produktion
- Einkauf
- Vertrieb
- Kundenbereinigung
- Sortimentsbereinigung
- Kostenmanagement
- Logistik
- usw.

Eine einfachere Anwendung der ABC-Analyse ist im Vertrieb die so genannt „Renner-Penner- Liste. Dabei werden Artikel und/oder Kunden absteigend nach Umsatz bzw. Absatzmengen sortiert. Es wird ein Ranking vorgenommen. Die ABC-Analyse ist zweidimensional, sie zeigt auf, mit wie viel Kunden bzw. Artikel man z. B. 80 Prozent des Umsatzes gemacht werden. Angewandt auf Deckungsbeiträge und/oder Potenziale ist die ABC-Analyse ein Instrument, die Vertriebsressourcen auf die Kunden und/oder Artikel zu konzentrieren, deren intensive Bearbeitung den höchsten Erfolg verspricht.

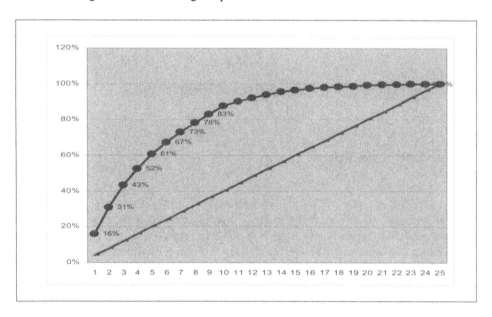

Abbildung 4: Tabellarische Darstellung der ABC-Analyse

Wertorientiertes Vertriebs-Controlling

Kunden	Anzahl Kunden kumuliert		Bruttoumsatz	kumuliert	
Klein	1	4 Prozent	844.230	844.230	16 Prozent
Groß	2	8 Prozent	780.029	1.624.259	31 Prozent
Utz	3	12 Prozent	673.359	2.297.618	43 Prozent
Klau	4	16 Prozent	471.026	2.768.644	52 Prozent
Hien	5	20 Prozent	448.209	3.216.853	61 Prozent
Glanz	6	24 Prozent	343.845	3.560.698	67 Prozent
Umrich	7	28 Prozent	301.567	3.862.265	73 Prozent
Haberstock	8	32 Prozent	270.018	4.132.283	78 Prozent
Hansen	9	36 Prozent	259.999	4.392.282	83 Prozent
Immler	10	40 Prozent	247.533	4.639.815	88 Prozent
Jung	11	44 Prozent	126.578	4.766.393	90 Prozent
Kai	12	48 Prozent	110.461	4.876.854	92 Prozent
Paul	13	52 Prozent	96.321	4.973.175	94 Prozent
Emri	14	56 Prozent	88.667	5.061.842	96 Prozent
Häberli	15	60 Prozent	50.451	5.112.293	97 Prozent
Bärli	16	64 Prozent	36.500	5.148.793	97 Prozent
Bader	17	68 Prozent	35.177	5.183.970	98 Prozent
Hansleitner	18	72 Prozent	22.389	5.206.359	98 Prozent
Obermeier	19	76 Prozent	21.000	5.227.359	99 Prozent
Geneter	20	80 Prozent	18.900	5.246.259	99 Prozent
Untermann	21	84 Prozent	16.532	5.262.791	99 Prozent
Dovermann	22	88 Prozent	12.000	5.274.791	100 Prozent
Gerhardt	23	92 Prozent	8.000	5.282.791	100 Prozent
Masur	24	96 Prozent	6.548	5.289.339	100 Prozent
Donatur	25	100 Prozent	3.504	5.292.843	100 Prozent
			5.292.843		

Abbildung 5: *Tabellarische Darstellung der ABC-Analyse*

5.2 Konkurrenzanalyse

> „Wenn Du den Feind kennst und Dich selbst,
> musst Du auch hundert Schlachten nicht fürchten.
> Wenn Du Dich selbst kennst, aber den Feind nicht,
> wirst Du für jeden Sieg auch eine Niederlage einstecken.
> Wenn Du weder den Feind kennst noch Dich selbst,
> wirst Du in jeder Schlacht unterliegen"
> (SUN TZU, Die Kunst des Krieges; China 500 v. Chr.)

In der Regel werden in der Konkurrenzanalyse insbesondere die stärksten Wettbewerber auf ihr Wettbewerbsverhalten untersucht. Die Bedeutung der Konkurrenzanalyse zeigt sich darin, dass etwas 80 Prozent der eigenen Produkte von den Wettbewerbern in vergleichbarer Qualität angeboten werden. Nur in ca. 20 Prozent können sich die Unternehmen deutlich differenzieren. Analysiert werden die Stärken und Schwächen, die Potenziale, Ziele und Strategien der stärksten Wettbewerber. In speziellen Marktsituationen muss evtl. auch eine Analyse für ausgewählte, kleinere Anbieter durchgeführt werden. Bei der Durchführung der Analyse ist es empfehlenswert, die Konkurrenten in drei Hauptgruppen zu unterteilen:

Marktführer

Diese Unternehmen haben auf Grund ihrer Marktpositionierung eine Führungsfunktion hinsichtlich Produktangebot, Qualitätsstandards, Kundenkonditionen und Serviceangebot.

Mitläufer

Mitläufer haben oft Schwerpunkte auf anderen Märkten und haben i. d. R. eine untergeordnete Markposition. Oft sind es Unternehmen, die diese Märkte nutzen, um ihre Restkapazitäten abzusetzen. Ein Interesse an einer herausragenden Marktposition besteht meist nicht.

Nischenanbieter

Nischenanbieter konzentrieren sich mit einem schmalen Sortiment auf ein abgrenzbares Marktsegment und treten dort oft als Spezialisten auf. Diese Märkte sind i. d. R. durch geringe Marktvolumina gekennzeichnet.

Drei bis fünf der wichtigsten Konkurrenten werden anhand einer dreiwertigen Skala (z. B./., =, +) daraufhin bewertet, ob sie folgende Kriterien schlechter, genauso gut oder besser erfüllen als das eigene Unternehmen:

- Markt
- Produktion
- Mitarbeiter

- Material
- weitere Kriterien

Nicht nur das gesamte Unternehmen, sondern auch einzelne Bereiche, Produkte oder Produktgruppen können auf diese Weise vergleichbaren des eigenen Unternehmens gegenübergestellt werden. Daten sind auf diesem Gebiet in den meisten Fällen nur schwer zusammenzutragen. Quellen sind unter anderem

- Preislisten
- Fachliteratur
- Wirtschaftspresse
- Kundengespräche
- Kollegengespräche
- Verbandsinformationen
- Lieferanten
- Unternehmensvergleiche

In einigen Branchen gibt es auch öffentlich zugängliche Benchmark-Unterlagen, die auf anonymisierten Erhebungen basieren. Die Konkurrenzanalyse wird am besten von mehreren Führungskräften mit guter Marktkenntnis durchgeführt, da durch die Zahl der unterschiedlichen Bewertungen eine größtmögliche Objektivität erreicht werden kann. Eine kontinuierliche Markt- und Wettbewerbsanalyse ist heute ein fester Bestandteil moderner Vertriebsarbeit.

5.3 Produktportfolio-Analyse

Die Portfolio Analyse wurde von amerikanischen Unternehmensberatern (Boston Consulting Group u. a.) als qualitatives Planungsverfahren zur Unterstützung der strategischen Planung entwickelt. Diese Methode erlaubt eine Analyse der Positionierung des gesamten Unternehmens, von Unternehmensteilen (strategischen Geschäftsfeldern, SGFs), Produkten bzw. Produktgruppen am Markt. Einflussfaktoren für die Markt- und Unternehmensentwicklung werden jeweils zu zwei Hauptdeterminanten (z. B. Marktwachstum und eigener Marktanteil) verdichtet und in einem geschlossenen Koordinatensystem gegenübergestellt.

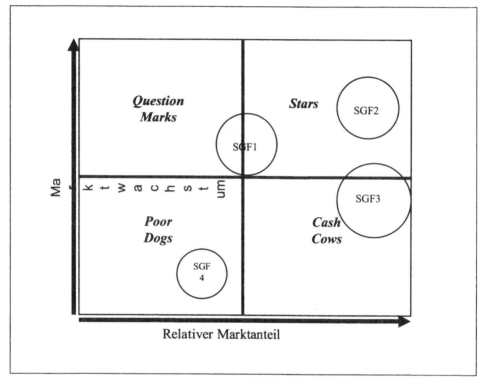

Abbildung 6: *Vier-Felder-Matrix der Boston Consulting Group (BCG-Matrix)*

Vorteile der Vierfelder-Matrix:

- Systematische Vorgehensweise
- Einfache Handhabung
- Übersichtlichkeit
- Komprimierung auf zwei Faktoren (z. B. relativer Marktanteil/Marktwachstum)
- Geeignet für die Darstellung vieler dreidimensionaler Phänomene mit zwei Abhängigkeiten
- Aussagen sehr gut in einem Gremium vermittelbar

Wertorientiertes Vertriebs-Controlling

Beispiel für ein Produkt Port Folio

Artikel	relativer Marktanteil	Marktwachstum	Umsatz in TEuroO
Artikel 1	1,6	4 Prozent	24.000
Artikel 2	0,8	14 Prozent	6.000
Artikel 3	0,2	-4 Prozent	10.000
Artikel 4	1,8	0 Prozent	30.000
Artikel 5	1,4	16 Prozent	8.000

Abbildung 7: Grafische Darstellung eines Produktportfolios

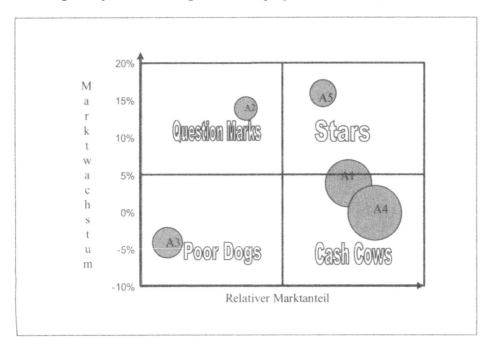

Abbildung 8: Grafische Darstellung des Produktportfolios

Kommentar:

Der Artikel A1 und A4 dienen als Cash Cows zur Finanzierung des A2, um dieses Segment auszuweiten und auszubauen, da sich die Unternehmensleitung von A2 sehr gute Erfolgsaussichten verspricht. Ebenso liefern die Cash Cows die Finanzmittel, um die Marktposition des Stars A5 auszubauen und im Wettbewerb zu stärken. Beide Strategien werden durch die hohen Deckungsbeiträge unterstützt. Die Produktion des A3 sollte eingestellt werden. Die dort gebundenen Ressourcen (Mitarbeiter) und Anlagen sollten für die Produktion von A2 und A5 verwendet werden.

Normstrategien:

Fragezeichen (Question Marks) sind Produkte, die in Märkten aufgebaut werden, die ein hohes Marktwachstum aufweisen (vor allem bei neuen Produkten), in denen das Unternehmen aber noch keine maßgebliche Wettbewerbsposition erreicht hat. Empfohlene Strategie: ausbauen oder aussteigen. Als Star bezeichnet man ein Produkt, das durch hohes mengenmäßiges Marktwachstum und dominanten relativen Marktanteil gekennzeichnet ist. Ein Star benötigt zur Erhaltung seiner Marktposition in der Regel einen hohen Finanzmitteleinsatz, um mindestens mit dem Marktwachstum mitwachsen zu können. Empfohlene Strategie: Marktanteil halten oder ausbauen. Cash Cows sind Produkte mit niedrigem mengenmäßigem Marktwachstum und dominantem relativem Marktanteil. Sie sind in der Regel die Hauptquelle des Cash-flows und sollten neue Produktentwicklungen finanzieren. Empfohlene Strategie: Marktanteil halten, ohne wesentliche Investitionen zu tätigen. Als Dogs (Poor Dogs) werden Produkte bezeichnet, die niedriges mengenmäßiges Marktwachstum und niedrigen relativen Marktanteil aufweisen. Mit ihnen kann in der Regel kein positiver Cash-flow und Gewinn erzielt werden. Strategie: Relaunch, Verkauf oder Aufgabe. Unter einem Relaunch versteht man die Neupositionierung eines bestehenden Produkts, was in der Regel eine Reihe von Produktkonzeptänderungen wie die Ansprache neuer Zielgruppen, Produktverbesserungen (Produkt, Verpackung, Design) und den Einsatz einer unterstützenden Werbekampagne umfasst. Damit soll das Produkt wieder attraktiv gemacht und in eine neuerliche Wachstumsphase geführt werden.

5.4 Product Life Cycle

Ein Product Life Cycle (PLC) ist der Weg eines Produktes von der Markteinführung bis zum Ausscheiden aus dem Markt. Die Maßeinheiten sind Umsätze, Umsatzveränderungen, Gewinne und Verluste. Produkt-Lebenszyklen lassen sich auch für Verbrauchs- und Gebrauchsgüter sowie Dienstleistungen aufstellen. Der PLC kann als Frühwarnsystem (Prognose-Modell) und als Orientierungshilfe für Marketingentscheidungen dienen, um beispielsweise die Überalterung eines Produktprogramms zu verhindern. Es ist wichtig, den PLC nie alleine, sondern stets im Gesamtzusammenhang (z. B. mit der BCG-Matrix) zu betrachten.

Einführungsphase:
Die Marktdurchsetzung ist mit hohen Kosten für Werbung, PR-Maßnahmen und anderen Aktionen der Absatzförderung belastet. Die Produkte werden mit niedrigen Preisen in die Märkte gedrückt. Die Kosten der Fertigung können auf Grund der Anlaufkurve (geringe Produktivität, Qualitätsprobleme) noch sehr hoch sein. Gewinne sind noch negativ oder marginal.

Wachstumsphase:
Die Wachstumsphase ist gekennzeichnet durch einen starken Umsatzanstieg. Die Akzeptanz und der Bekanntheitsgrad des Produktes nehmen zu, es werden größere Mengen gekauft. Die Kosten für Werbung kann evtl. reduziert werden. Konkurrenten treten am Markt auf. Die Kosten steigen noch.

Reifephase:
Die Umsatzkurve verläuft flacher. Auf Grund der Erfahrungskurve nimmt die Sicherheit bei der Produktion zu, die Produktivität steigt, die Herstellkosten sinken. Der Wettbewerb wird härter, der Druck auf die Preise nimmt stärker zu als die Kosten gesenkt werden können. Die Gewinnkurve flacht ab.

Sättigungsphase:
Der Markt ist gesättigt. Die Umsätze stagnieren auf höchstem Niveau und die Deckungsbeiträge sinken weiter. Signifikante Kostensenkungen sind nicht mehr möglich, der Wettbewerb erreicht seinen Höhepunkt. Die Gewinne nehmen ab.

Degenerationsphase:
Die Phase starken Umsatzrückgangs ist angebrochen, es kommt zur Gewinnstagnation. Evtl. sind Verluste zu erwarten. Die ersten Anbieter ziehen sich aus dem Markt zurück. Vielleicht ist es jetzt mit Hilfe eines gelungenen Relaunches möglich, das Produkt als „Cash Cow" noch eine Weile in der Gewinnzone zu halten (s. Abbildung 8).

Kritik:
In den bestehenden Modellen des PLC werden in den meisten Fällen Vorlaufkosten wie Kosten für Konzeption und Entwicklung nicht berücksichtigt. Für die Beurteilung des wirtschaftlichen Erfolgs eines Produktes sind auch diese Kosten in die Wirtschaftlichkeitsbetrachtung einzubeziehen. Das gilt insbesondere in der Vorphase der Planung einer Produktentwicklung. Die Dauer einzelner Phasen kann nicht prognostiziert werden. Dennoch ergeben sich zwei wesentliche Folgerungen aus dem Konzept des Produktlebenszyklus:

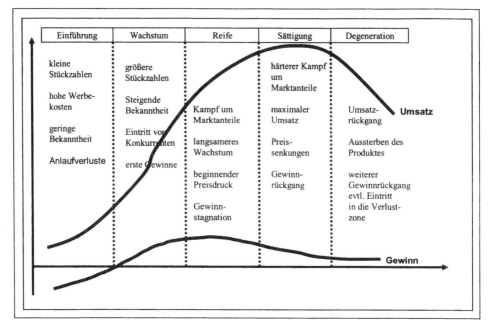

Abbildung 9: *Product Life Cycle*

1. Eine starke Marktposition kann ein Unternehmen am ehesten in einer frühen Phase der Marktentwicklung erreichen.
2. Produkte oder Geschäftsfelder, die in Zukunft die Rentabilität des Unternehmens garantieren sollen, müssen frühzeitig entwickelt und auf den Markt gebracht werden.

Der Produktlebenszyklus bietet die Möglichkeit, Modifikationen des Nachfrageverhaltens und des Wettbewerbs im Zeitablauf zu erkennen, um gegebenenfalls notwendige Entscheidungen treffen zu können.

5.5 Kunden-Portfolio-Analyse

Das Kundenportfolio ist ein Instrument zur Bewertung der Kundenstruktur und der Kundenbeziehungen, das die Kundenbeziehung als Investitionsobjekt betrachtet und versucht, herauszufinden, auf welche Kunden sich das Unternehmen konzentrieren sollte. Anhand der Dimensionen der Kundenattraktivität und der Lieferantenposition (Anteil des jährlichen Bedarfs, den das Unternehmen beim Kunden erzielt) wird ein Portfolio aufgespannt, anhand dessen die Kunden in vier Kategorien unterteilt werden und darauf aufbauend Strategien für die Bearbeitung der Kundengruppen abgeleitet werden.

Wertorientiertes Vertriebs-Controlling

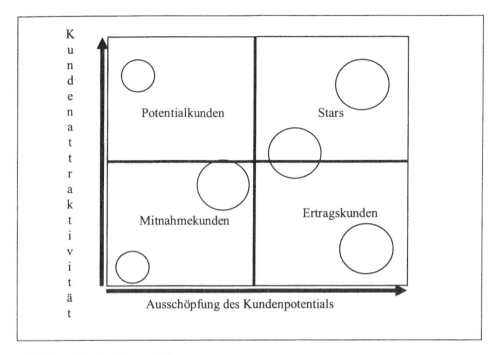

Abbildung 10: Kundenportfolio

Die Kundenattraktivität beinhaltet Profitabilität für das Lieferunternehmen, Zukunftsperspektiven und Umsatzpotenzial der Kunden. Ausschöpfung des Kundenpotenzials ist der realisierte Umsatz des Lieferunternehmens im Verhältnis zum gesamten Einkaufvolumen in der entsprechenden Produktgruppe des Kunden.

Normstrategien:

Potenzialkunden weisen bei geringer Ausschöpfung des Kundenpotenzials eine hohe Marktattraktivität aus. Empfohlenen Strategie: fördern und ausbauen. Stars sind attraktive Kunden, bei denen das Lieferunternehmen bereits eine hohe Ausschöpfung des Kundenpotenzials erreicht hat. Strategie: Position halten und ausbauen. Ertragskunden zeichnen sich durch geringe Attraktivität aus bei hoher Ausschöpfung des vorhandenen Potenzials. Strategie: halten bei niedrigen Investitionen. Mitnahmekunden werden solange gehalten, solange sie auf Grund von ausreichendem Volumen zur Cash-Erzeugung beitragen. Strategie: ohne Investition halten und bei rückläufigem Ertrag aufgeben. Aus der Position der Kunden lassen sich entsprechende Kundenbetreuungs-Strategien ableiten:

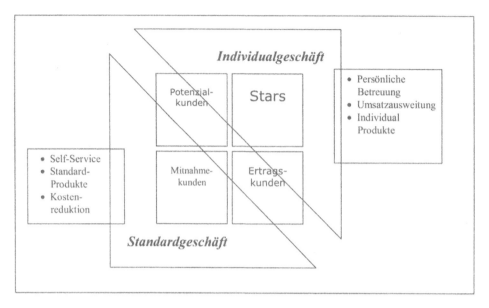

Abbildung 11: *Kundenbetreuungs-Strategien*

5.6 Customer Life Cycle

Der Wert, den ein Kunde für ein Unternehmen hat, ist nicht auf Basis der aktuellen Umsatz- und Ertragssituation zu messen. Eine Betrachtung der zukünftigen Entwicklung ohne die Berücksichtigung der Investitionen und Kosten, die für den Aufbau und Ausbau der Kundenbeziehung und die Kundenbindung notwendig sind, ist ebenfalls unvollständig.

Unter dem Begriff CLV wird eine dynamische Kundenwertberechnung über die gesamte Dauer der Kunden-Unternehmensbeziehung verstanden. Somit bildet der CLV einen Ansatz, der nicht nur primär den aktuellen Wert der Kundenbeziehung betrachtet, sondern auch den Schwerpunkt auf den zukünftigen Ertragswert der Kundenbeziehung legt.Der CLV Ansatz bildet demnach eine Abkehr von herkömmlichen Kundenstrukturanalysen in denen eine Bewertung und Einteilung der Kunden gemäß ihrer getätigten Umsätze in A-, B- oder C-Kunden vorsah. Das Kundenlebenszyklus-Modell geht davon aus, dass jeder Kunde bestimmte Phasen durchläuft.

- Einführungsphase
- Wachstumsphase
- Reifephase
- Degenerationsphase.

Wertorientiertes Vertriebs-Controlling

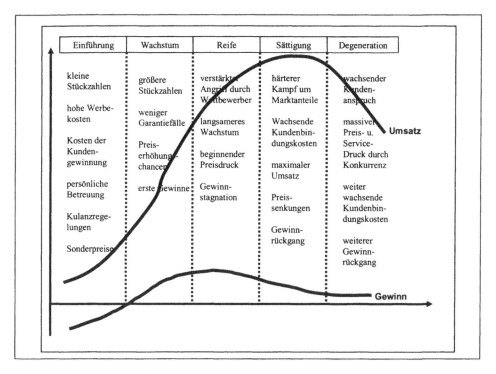

Abbildung 12: Customer Life Cycle

Kritik:

In den bestehenden Modellen des CLC werden in den meisten Fällen die im Vorfeld entstehenden Kosten der Kundengewinnung nicht berücksichtigt. Der Kunden-Lebenszyklus ist i. d. R. ist sehr schwer abzuschätzen, da er auf einer bilateralen Beziehung beruht – im Gegensatz zum Produkt-Lebenszyklus – und spontane, einseitige Entscheidungen des Kunden die Beziehung abrupt beenden können. Das Customer Life Cycle-Management soll helfen, Ertragsentwicklungen besser zu interpretieren und die richtigen Steuerungsmaßnahmen zu ergreifen. Kundenorientierung ist der wichtigste Faktor für die Zukunftssicherung des Unternehmens.

6. Ausgewählte operative Instrumente

Nur wenn sich das Vertriebsmanagement mit den strategischen Fragen auseinandergesetzt hat, ist es in der Lage, in der operativen Planung die Ressourcen auf die richtigen Marktsegmente, Kunden und Artikel zu lenken. Es ist Aufgabe des Vertriebs-Controllers, das Management mit den entsprechenden Informationen und Instrumenten zu unterstützen.

6.1 Planung

Die zielgerichtete Führung eines Unternehmens ist nur möglich, wenn feststeht, welche Zielrichtung eingeschlagen werden muss. Die Zielrichtung für den operativen Vertriebsplan wird im zeitlichen Vorfeld mit dem Strategiereview vorgegeben. Diese Zielrichtung findet in der Planung in Teilzielen in den einzelnen Teilplänen ihren Niederschlag. Der Vertriebs-Controller hat die Aufgabe, das Vertriebsmanagement bei der Erarbeitung eines an diesen Zielen ausgerichteten Vertriebsplans mit Methoden und Instrumenten zu unterstützen.

Die Zahlen des Vertriebsplanes (Preise, Umsatz und Absatzmenge) stellen in einem Unternehmensplan/Businessplan die wichtigsten Eingangsgrößen dar. Die im Vertriebs- und Marketingplan ausgewiesenen Mengen und Umsätze beeinflussen die rechnerischen Größen der meisten anderen zeitlich und logisch nachfolgenden Teilpläne des Unternehmens wie z. B. Investitionsplan, Materialplan, Einkaufsplan, Kapazitätsplan, Produktionsplan, Logistikplan, Personalplan und nicht zuletzt den Finanzplan.

Vor der Planung sind die wirtschaftlichen Rahmendaten wie z. B. Wirtschaftswachstum, segmentbezogene Marktstudien, Einkommensentwicklungen, Entwicklung der Rohstoffpreise usw. sowie die aus der Strategie abgeleiteten Ziele wie z. B. angestrebte Marktanteile u. ä. in einem Planungsrundbrief den Planungsverantwortlichen mitzuteilen. Der Vertriebsplan wird von der Geschäftleitung bzw. Vertriebsleitung Top Down vorgegeben und dann in einer detaillierten Bottom Up-Planung durch die Vertriebsmitarbeiter erarbeitet. Um das umfangreiche Datenvolumen (Anzahl Kunden, Anzahl Artikel) in einem vertretbaren Zeitraum bewältigen zu können, wird i. d. R. nach ABC-Kriterien geplant, d. h. detailliert werden nur die A-Kunden und die A-Artikel geplant. Die B-Kunden und die B-Artikel werden geclustert geplant.

Wertorientiertes Vertriebs-Controlling

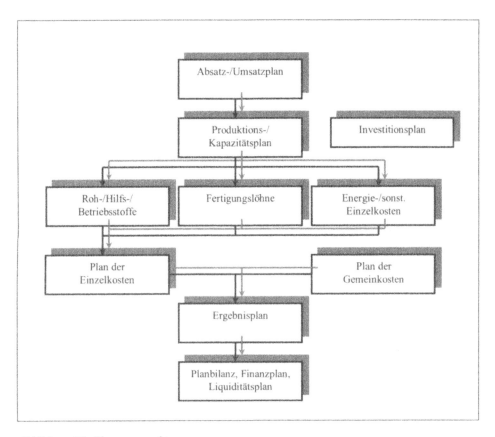

Abbildung 13: Planungsstruktur

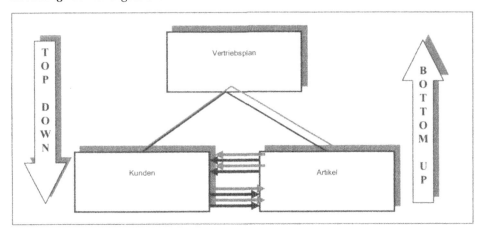

Abbildung 14: Vertriebsplanung

Die C-Kunden und C-Artikel werden häufig direkt als Vorjahreswert übernommen. Die Planung der A-Kunden und der B-Kunden sollte sich nicht nur an den bisher erreichten Umsatzzielen, dem erwarteten Marktwachstum sondern auch an den Potenzialen dieser Kunden orientieren. Das bedeutet, dass die Mengen- und Umsatzplanung mit entsprechenden Maßnahmen zu hinterlegen ist. Diese Maßnahmen sind in der Prämissen-Liste mit aufzuführen und in einem Maßnahmencontrolling auf ihre Realisierung zu verfolgen. Planungs-Elemente der Vertriebsplanung sind:

- Mengen
- Umsatz
- Preise
- Skonti
- Kundenrabatte
- Artikelrabatte
- Werbekostenzuschüsse
- Boni
- Frachtkosten
- Deckungsbeiträge
- Dienstleistungen für die Kunden
- Anzahl der Kundenbesuche
- Fixe Kosten des Vertriebsbereiches (Grundlagen für eine stufenweise Fixkostendeckungsrechnung)
- usw.

Der Planungsprozess ist ein interativer Prozess, d. h. oft sind mehrere Planungsrunden notwendig, um zum gewünschten Ziel zu gelangen.

6.2 Stufenweise Fixkostendeckungsrechnung

Der Erfolg der Vertriebsaktivitäten kann am besten mit Hilfe der stufenweisen Fixkostendeckungsrechung dargestellt werden. Grundlage ist die Deckungsbeitragsrechnung nach der Formel

> **Deckungsbeitragsrechnung**
>
> Brutto-Erlöse
> ./. *Erlösschmälerungen*
> = Netto Erlöse
> ./. *variable Kosten*
> = Deckungsbeitrag 1 (DB 1)

Die Deckungsbeitragsrechnung ist das wichtigste Instrument zur Unternehmens- und Erfolgssteuerung insbesondere im Bereich Vertrieb. Die Deckungsbeitragsrechnung rechnet dem Betrachtungsobjekt ausschließlich die entscheidungsrelevanten Kosten und Erlöse verursachungsgerecht zu. Dadurch kann festgestellt werden bei welchen Artikel/Artikelgruppen und/oder Kunden/Kundengruppen „Geld verdient oder Geld verloren" wird. Der DB 1 zeigt an, was der einzelne Artikel zur Deckung der Strukturkosten des Unternehmens beiträgt. Er ist die maßgebliche Größe für die Produktbeurteilung. Je nach Unternehmenssituation sind nachstehende DB-Ansätze zur Entscheidung heranzuziehen:

- DB 1 pro Produkt-(Mengen)Einheit -> bei freien Kapazitäten

- DB 1 in Prozent zum Umsatz (Deckungsgrad) -> Maß der DB-Qualität

- DB 1 pro Engpasseinheit -> bei ausgelasteten Kapazitäten entsprechend der direkten Zurechenbarkeit (ohne Schlüsselung) wird die stufenweise Fixkostendeckungsrechnung nach nachstehendem Muster aufgebaut.

Die Fixkostendeckungsrechung ist Voraussetzung für eine fundierte Bereinigung der Sortiments- und der Kundenstrukturen. Sobald eine Deckungsbeitragsstufe negativ wird, sollten alle darüber liegenden Bereiche abgebaut werden, wenn die Kosten nicht veränderbar sind. Aber: beim Abbau bzw. der Eliminierung von Produktumsätzen ist zu beachten, wie lange es dauert, bis die Fixkosten abgebaut sind. Das gleiche gilt selbstverständlich auch für die Bereinigung der Kundenstruktur.

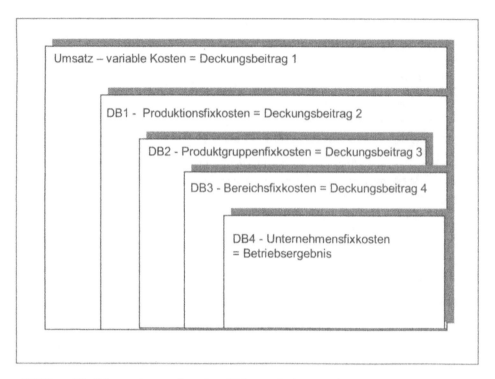

Abbildung 15: Schema einer stufenweisen Fixkostendeckungsrechnung

6.3 Multidimensionale Ergebnisrechnung

Der Vertriebscontroller bereitet die Informationen für das Vertriebsmanagement bis auf die tiefste Ebene (Artikel, Kunde) auf und erstellt daraus ein Vertriebs-Informationssystem. Der Controller muss gegenüber dem Vertriebsmanagement auf Basis der mehrstufigen Deckungsbeitragsrechnung begründen können, welches Produkt im Salesmix vom Ergebnis her am meisten förderungswürdig oder welcher Vertriebsweg profitabler ist als andere. Diese Anforderung erfordert eine multidimensionale Ergebnisdarstellung. Grundlage sind die eingangs erwähnten „Bezugsobjekte eines wertorientierten Vertriebs-Controlling".

Eine entscheidungsorientierte, multidimensionale Ergebnisrechung basiert auf dem Deckungsbeitragsschema der Fixkostendeckungsrechnung. Sie ermöglicht die Schaffung von Ergebnistransparenz nach verschiedenen Blickwinkeln des Vertriebsgeschehens und zeigt den Erfolg und Misserfolg grundsätzlicher Entscheidungen des Vertriebsmanagements. Die multidimensionale Ergebnisrechung ist eine unverzichtbare Grundlage für operative und strategische Entscheidungen.

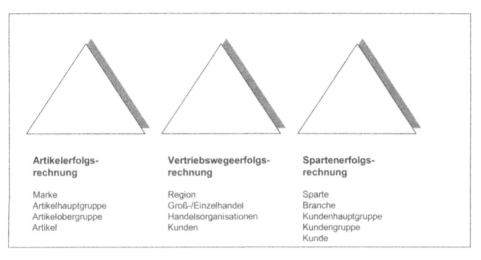

Abbildung 16: Mögliche Darstellungen einer multidimensionalen Ergebnisrechnung

6.4 Prozesskostenrechnung

Die Prozesskostenrechnung stellt bei der Kostenverursachung die jeweiligen Prozesse der Leistungserstellung im Bereich der Gemeinkosten bzw. deren Kostentreiber in den Vordergrund. Ziel ist eine Verbesserung der Gemeinkostenverrechnung, dazu werden als Bezugsgrößen nicht Kosten, sondern Leistungen (cost-driver) verwendet. Die Kosten werden dadurch verursachungsgerechter auf die kostentreibenden Prozesse verteilt, als es durch die herkömmlichen Verfahren der Zuschlagskalkulation oder der innerbetrieblichen Leistungsverrechnung möglich ist. Die Prozesskostenrechnung ist das Pedant zu den Arbeitsplänen, die seit Jahrzehnten Grundlage jeder Arbeitsvorbereitung und der Kalkulation der Produktkosten im Fertigungsbereich sind. Der entscheidende Unterschied besteht vor allem darin, dass den in den Arbeitsplänen geplanten Prozessen mit Hilfe der Betriebsdatenerfassung Rückmeldungen des Ist-Geschehens gegenüber stehen und somit eine permanente Überprüfung dieser Prozesskosten stattfindet. Aufgrund des Aufwandes und arbeitsrechtlicher Vorschriften wird eine Überprüfung nach dieser Methode z. B. im Bereich der Administration nicht durchgeführt.

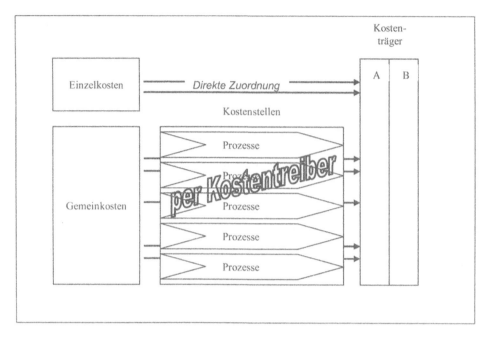

Abbildung 17: *Kostenzurechnung nach den Prinzipien der Prozesskostenrechnung*

Ablauf der Prozesskostenrechnung:

1. Ermittlung der Hauptprozesse
2. Ermittlung der Kostentreiber der Hauptprozesse
3. Ermittlung der Teilprozesse in den Kostenstellen
4. Ermittlung der Kostentreiber der Teilprozesse
5. Ermittlung der Tätigkeiten
6. Ermittlung der Maßzahlen
7. Ermittlung der Prozesskostensätze
8. Bewertung der Kostentreiber mit den Prozesskostensätzen

Hauptprozesse sind die wesentlich ablaufenden Vorgänge in den Gemeinkostenbereichen. Es ist i. d. R eine Zusammenfassung von sachlogisch zusammengehörigen Teilprozessen mehrerer Kostenstellen. Für diese Hauptprozesse sind die Kostentreiber zu bestimmen. Teilprozesse sind kostenstellenbezogene Arbeitsvorgänge. Nach Möglichkeit sind mehrere Tätigkeiten eines oder mehrerer Mitarbeiter zu einem Teilprozess zusammenzufassen. Auch für die Teilprozesse sind die Kostentreiber zu bestimmen. Tätigkeiten sind produktionsfaktorenverzehrende Arbeitsvorgänge eines Mitarbeiters in einer Kostenstelle. Sie stellen die kleinsten erfassbaren und abgrenzbaren Einheiten dar. Für mengenorientierte Tätigkeiten sind Maßgrößen festzustellen. Nach Identifizierung aller Prozesse einer Kostenstelle müssen diese daraufhin untersucht werden, ob sie sich in Abhängigkeit von dem in der Kostenstelle zu erbringenden Leistungsvolumen variabel (leistungsmengen-induzierter Prozess) verhalten oder als fix (leistungsmengen-neutraler Prozess) anzusehen sind. Für alle leistungsmengen-induzierten Prozesse müssen geeignete Maßgrößen gefunden werden, mit deren Hilfe die Prozesse mengenmäßig quantifiziert werden können. Die Mengengerüste für die einzelnen Prozesse werden mit Hilfe von arbeitszeitwirtschaftlichen Methoden oder sehr häufig auch durch Aufschreibungen der durchführenden Personen ermittelt. Um zu einer Prozesskostenrechnung zu gelangen, wird für jeden Einflussgrößen-abhängigen Prozess ein so genannter Prozesskostensatz ermittelt. Für Tätigkeiten und Prozesse, die prozessmengen-unabhängig entstehen und damit als „fix" angesehen werden müssen, gibt es auch keine direkten produktbezogenen Maßgrößen für die Kostenverursachung.

Trotz des großen Aufwandes für die Durchführung und den o. a. Unzulänglichkeit ist die Prozesskostenrechnung eine Verbesserung der verursachungsgerechten Zurechnung von Gemeinkosten und kann Grundlage besserer Entscheidungen sein. So ist gerade im Bereich Vertrieb diese Methode der Verrechnung der üblichen Zuschlagskalkulation vorzuziehen.

6.5 Break Even-Analyse

Break Even bezeichnet jenes Absatz- oder Umsatzvolumen, ab dem ein Unternehmen in die Gewinnzone gelangt. Bis zur Erreichung des Break Even-Punkts werden alle Deckungsbeiträge zur Deckung der anfallenden Strukturkosten benötigt. Mathematisch bedeutet Break Evendie Gleichsetzung zweier Funktionen. Im Break Even-Point ist die Umsatzfunktion mit der Kostenfunktion identisch. Berechnung des Break Even-Points ist die Trennung der Kosten des Vertriebsergebnisses in variable Kosten und fixe Kosten unabdingbare Voraussetzung. Eine Break Even-Analyse kann für alle Vertriebsbereiche, für die diese Voraussetzungen vorliegen, durchgeführt werden. D. h. für alle multidimensionalen Ergebnisse ist die Errechnung des Break Even-Points möglich. Neben der rechnerischen Ermittlung und Darstellung ist auch eine grafische Darstellung möglich. Der Break Even-Point kann rechnerisch auf zwei Arten ermittelt werden:

$$\text{Break Even-Point (wertmäßig)} = \frac{\text{Summe Fixkosten}}{\text{Deckungsquote}}$$

$$\text{Break Even-Point (mengenmäßig)} = \frac{\text{Summe Fixkosten}}{\text{Deckungsbeitrag pro Stück}}$$

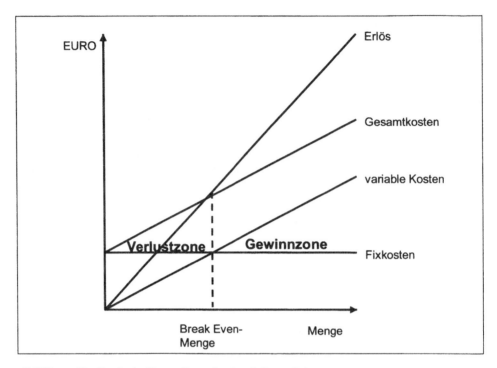

Abbildung 18: Grafische Darstellung des Break Even-Points

Zur Stabilisierung der Unternehmenssituation kann der Break Even-Point durch nachstehende Maßnahmen nach „links" verschoben werden, d. h. der Umsatz bzw. die Absatz-/Produktionsmenge bei der die Deckung der Vollkosten erreicht wird, wird reduziert.

Maßnahmen:

- Erhöhung der Verkaufspreise
- Verbesserung der Deckungsbeitragsstruktur
- Senkung der variablen Kosten
- Senkung der fixen Kosten

Die Aufzählung zeigt, dass ein konsequentes Kostenmanagement sowohl bei den variablen Kosten als auch bei den fixen Kosten zur finanziellen Stabilität des Unternehmens beiträgt. Der Druck zu einer hohen Kapazitätsauslastung wird reduziert. Die Break Even-Analyse sollte durch eine ISO-Deckungsbeitrags-Analyse ergänzt werden. Eine ISO-Deckungsbeitrags-Analyse spiegelt verschiedene Kombinationen aus Verkaufspreis und Absatzmenge wider, die alle dieselbe Deckungsbeitragshöhe je Periode repräsentieren (ISO im Sinn von gleich). Soll z. B. eine Reduktion des Verkaufspreises überlegt werden – etwa um 10 Prozent –, dann sagt die ISO-Kurve, wie viel Prozent mehr Menge verkauft werden muss, um denselben Deckungsbeitrags-Besitzstand zu halten. Umgekehrt würde ein höherer Verkaufspreis erlauben, eine bestimmte Stückzahl weniger verkaufen zu müssen, um immer noch dieselbe Deckungsbeitragshöhe je Periode zu halten.

7. Einsatz moderner Planungs- und Controlling-Software

Um dem Vertriebs-Controller die Wahrnehmung seiner vielfältigen Aufgaben zu ermöglichen und ihn in die Lage zu versetzen, das Vertriebsmanagement zeitnah mit den notwendigen Steuerungsinformationen zu versorgen, ist das Unternehmen aus der Sicht des Autors gut beraten, eine moderne, datenbankbasierte Planungs- und Controlling-Software einzusetzen. Standardaufgaben im Controlling wie Planung, Abweichungsanalysen und Erstellung von Standardreports sollten durch Standard-Software weitgehend unterstützt werden. Noch sind die meisten Controller damit beschäftigt, mit Hilfe ihrer Tabellen-Kalkulation die Informationen zusammenzutragen. Sie haben dann oft keine Zeit mehr, das Management pro-aktiv zu unterstützen. Aus eigenen Anschauungen ist bekannt, dass auch große Unternehmen durch Einsatz solcher Software zusätzlich zu den bekannten ERP-Systemen allein bei der Vertriebsplanung bis zu 80 Prozent Zeitersparnis erzielen konnten.

Die Competence Card als Mess- und Steuerungsinstrument für die Dienstleistungswirtschaft

Bernd Bienzeisler

1. Entwicklungslinien der Dienstleistungswirtschaft 168

2. Herausforderung Service Performance Measurement 170

3. Die Competence Card als Steuerungsinstrument für die Dienstleistungswirtschaft 176

4. Ausblick 182

1. Entwicklungslinien der Dienstleistungswirtschaft

Es deutet einiges darauf hin, dass die Diskussion um Dienstleistungen in eine neue Runde geht. Galt ein Großteil der Aufmerksamkeit bislang der Frage, ob Deutschland im Vergleich zu anderen Ländern einen signifikanten Rückstand an Dienstleistungen aufweist, scheint die aktuelle Diskussion stärker Aspekte der Gestaltung und des Managements von Dienstleistungen zu betonen. Dabei geht es zunehmend auch um die Frage, wie produzierende Unternehmen ihr Produkt- und Leistungsportfolio mit neuen Services anreichern können, um Innovations- und Wettbewerbsvorteile zu erzielen. Das Thema Dienstleistungen ist also gerade für Bereiche interessant geworden, die sektoral nicht direkt der Dienstleistungswirtschaft zuzurechnen sind.

Ohnehin scheint eine streng sektorale Unterteilung in Dienstleistungs- und Sachgutwirtschaft eher statistische Zwecke zu bedienen. Faktisch ist die Welt komplizierter geworden. Auch im produzierenden Sektor werden weite Anteile der Wertschöpfung direkt oder indirekt mit Dienstleistungen erwirtschaftet. Zugleich wandeln sich viele Produktionsunternehmen langsam aber sicher zu Dienstleistungsspezialisten. Auf der anderen Seite gibt es Dienstleister, die Konzepte und Instrumente aus der Produktionswirtschaft erfolgreich adaptieren, um ihre Service-Produkte und -Prozesse zu gestalten (vgl. Bullinger/Scheer 2003). Vielleicht gibt noch am ehesten die allgegenwärtige Aufmerksamkeit, die das Thema „Kundenorientierung" genießt, Hinweise darauf, dass die Transformation in Richtung Dienstleistungsökonomie nicht mehr nur Vision, sondern vielfach schon Realität ist (vgl. Bullinger 2004).

Obwohl mit dem Wachstum von Dienstleistungen ökonomische und soziale Chancen verbunden sind und inzwischen selbst von Skeptikern akzeptiert wird, dass künftige Beschäftigungszuwächse in erster Linie von tertiären Tätigkeiten zu erwarten sind, ist die Dienstleistungswirtschaft alles andere als eine wettbewerbsfreie Zone. Im Gegenteil. Viele Anbieter von Dienstleistungen sind gezwungen, sich intensiver mit einer systematischen Produktivitätssteigerung auseinander zu setzen – allerdings ohne dass dafür bislang dienstleistungsspezifische Steuerungs- und Bilanzierungsinstrumente in ausreichendem Maße bereit stünden. Dies wiegt um so schwerer, als verschiedene Entwicklungslinien darauf hindeuten, dass die Dienstleistungswirtschaft einschneidende Veränderungsprozesse durchläuft, die durch Wachstumschancen, durch Anpassungsprozesse, vor allem aber durch einen erhöhten Kosten- und Produktivitätsdruck gekennzeichnet sind:

- Ansätze der *Privatisierung und Deregulierung* von Dienstleistungen führen dazu, dass ehemals öffentlich kontrollierte Branchen dem Spiel der Märkte ausgesetzt werden. Die Segmente Telekommunikation und Energie können heute als gelungene Beispiele für die Überführung staatlicher Monopole in prosperierende Dienstleistungsmärkte angeführt werden. Weitere Bereiche wie die Gesundheits- oder Bildungswirtschaft, um nur zwei zu nennen, sind auf dem Sprung, sich zu Mega-Dienstleistungsmärkten der Zukunft zu entwickeln. Die betroffenen Akteure müssen schon heute stärker in Kosten-/Leistungs-Ka-

tegorien denken, um den Entwicklungen nicht unvorbereitet gegenüber zu stehen. Es gilt, Produkte und Leistungen zu bepreisen, zu bewerben und die internen Prozesse transparent und steuerbar zu halten.
- Neben der Entfaltung nationaler spielt die Erschließung *internationaler Dienstleistungsmärkte* eine wichtige Rolle. Hier ist davon auszugehen, dass mit den aktuellen Bemühungen um eine Harmonisierung der internationalen Dienstleistungs-Handelsrichtlinien die Bedeutung des länderübergreifenden Austausches mit Dienstleistungen und Dienstleistungsprodukten stark zunehmen wird. Neben hoch spezialisierten Beratungsdiensten und Ingenieurdienstleistungen verspricht z. B. die internationale Vermarktung von Bildungs- und Gesundheitsleistungen hohe Wachstumsraten. Die Internationalisierung von Dienstleistungsmärkten bedeutet freilich zugleich einen intensiveren Wettbewerb und erhöhten Kostendruck.
- Die Internationalisierung der Dienstleistungswirtschaft wird von neuen Formen der *Dienstleistungsrationalisierung* begleitet und zum Teil getragen. Es ist wohl nicht übertrieben zu sagen, dass sich ein Großteil der Dienstleistungswirtschaft vor einem Industrialisierungsprozess ungeahnten Ausmaßes befindet (vgl. Karmarkar 2004a). Während die Verlagerung von Arbeitsplätzen ins Ausland (Offshoring) in der öffentlichen Wahrnehmung als Problem der Produktionswirtschaft wahrgenommen wird, hat Karmarkar für die USA das Offshoring-Potenzial von 700 Berufskategorien in der Dienstleistungswirtschaft berechnet. Ergebnis: Jeder zehnte Service-Job ist gefährdet (vgl. Karmarkar 2004b). Betroffen sind vor allem informationsintensive Tätigkeiten, z. B. der Bereich der Transaktionsabwicklung im Banken- und Versicherungsbereich, aber auch Jobs in der Softwareentwicklung. Weil es in Kombination von moderner EDV-Technik mit einem ausgereiften Prozessmanagement immer besser gelingt, die Schnittstellen von Arbeitsprozessen sauber zu definieren, können Unternehmen weite Teile ihres Service-Portfolios auslagern.
- Nicht zuletzt durch die Globalisierung der Dienstleistungsmärkte ist die *Verflechtung* zwischen Dienstleistungs- und Güterwirtschaft in vielen Bereichen soweit fortgeschritten, dass es kaum noch möglich ist, eine trennscharfe Unterscheidung vorzunehmen. Denn überall dort, wo das Wissen um Kunden und Kundenbedürfnisse für die Erarbeitung kundenspezifischer Problemlösungen maßgeblich ist, greifen die Gesetze einer postindustriellen Netzwerk-Ökonomie. Darunter ist zu verstehen, dass wichtige Teile der Wertschöpfung nicht mehr dem alleinigen Einflussbereich des Unternehmens unterstehen, sondern sich entlang der gesamten Wertschöpfungskette und damit immer öfter auch außerhalb (!) der Grenzen der Organisation finden, z. B. in der Form von Kundenbeziehungen und dem Management von Kooperations- und Netzwerkpartnern (vgl. Hedberg et al. 1997). Gerade in solchen Netzwerkkonstellationen ist es allerdings schwierig, Produktivitätspotenziale auf Basis funktional orientierter Einzelarbeitsplatzauswertungen zu berechnen (vgl. Armistead/Machin 1998).
- Schließlich setzen sich breitflächig *dienstleistungsorientierte Management-Leitbilder* durch, welche organisatorische Aspekte der Rationalisierung in den Vordergrund rücken. Generell gilt, dass das Bewusstsein für die Potenziale organisatorischer und prozessori-

entierter Restrukturierungen seit Ende der 80er Jahre gestiegen ist. Zuvor haben Maßnahmen zur Produktivitätsoptimierung hauptsächlich am Einsatz neuer technologischer Produktions- und Arbeitsmittel (Automatisierung) sowie an zeitwirtschaftlichen Methoden angesetzt (vgl. Springer 2004). Spätestens seit der von Hammer und Champy (1994) losgetretenen Debatte um ein prozessorientiertes Business Reengineering dominiert hingegen die Reorganisation der Wertschöpfungskette den Management-Diskurs. Gummesson (1994) sieht dabei einen fundamentalen Management-Paradigmenwechsel von einem Produktions- in Richtung eines Service-Leitbildes. Revolutionär dabei ist, so Gummesson, dass Kunden nicht mehr allein als Konsumenten, sondern als Bestandteil des Wertschöpfungsprozesses wahrgenommen und bestenfalls auch so behandelt werden.

2. Herausforderung Service Performance Measurement

Angesichts der skizzierten Dynamik stehen Wissenschaft und Praxis vor der Herausforderung, die Wirkungs- und Funktionszusammenhänge einer produktiven Dienstleistungserbringung nachzuvollziehen. Weil sich Dinge bekanntlich nur dann zielgerichtet verändern und steuern lassen, wenn sie mess- und dokumentierbar sind, bedarf es geeigneter Instrumente, die in der Lage sind, die Wertschöpfungslogik von Dienstleistungen zu erfassen und abzubilden. Nur so kann es gelingen, die Entscheidungskompetenz des Managements und der Mitarbeiter zu verbessern, um komplexe Unternehmen in turbulenten Märkten anpassungsfähig und steuerbar zu halten.

Allerdings ist in Dienstleistungssettings vielfach nicht klar, was als wertschöpfende und was als unproduktive Tätigkeit zu gelten hat. Ist die Zigarettenpause auch dann als Aufwand zu betrachten, wenn dabei relevante Informationen ausgetauscht werden? Dient der Plausch am Telefon der Wertschöpfung des Unternehmens, wenn er die Kundenbeziehungen intensiviert? Kann man das private Surfen im Internet auch unter Aspekten der Weiterbildung verbuchen? Der Versuch, hierauf Antworten zu formulieren, wirft nicht selten weiterführende Fragen auf: Was sind adäquate Effizienzkriterien? Wie können diese operationalisiert, gemessen und bewertet werden? Wie lassen sich im Dienstleistungsbereich Führungs- und Steuerungskonzepte entwickeln, ohne dass die gesetzten Ziele und die verwendeten Kontrollvariablen der Arbeit im Kundenkontakt zuwider laufen?

Klassische Steuerungs- und Bilanzierungssysteme sind dafür nur begrenzt geeignet. Überwiegend handelt es sich um Instrumente, die an monetär bewertbaren Kenngrößen eines Produktionsprozesses festmachen und schwer quantifizierbare Faktoren, so genannte „Intangible Assests,", wie Kundenbeziehungen etc. außer Acht lassen (vgl. Daum 2002). Seit den späten 80er Jahren beschäftigt sich die Management-Forschung mit Konzepten, die darauf abzielen, solche Größen stärker zu berücksichtigen. Die dabei entstandenen Steuerungs-, Führungs-

und Messinstrumente firmieren gewöhnlich unter dem Begriff *Performance Measurement*. Performance Measurement dient gleichsam als Oberbegriff für die Entwicklung und Umsetzung alternativer Steuerungs- und Bewertungsinstrumente, die um strategisch relevante, aber bislang vernachlässigte Dimensionen erweitert werden (vgl. Gladen 2002). Ein wesentlicher Unterschied von Konzepten des Performance Measurement im Vergleich zu älteren Ansätzen, wie dem Management by Objectives (MBO), ist darin zu sehen, dass nicht allein auf Zielkontrolle, sondern stark auf den Zielfindungsprozess abgestellt wird. Kennzahlen und Steuerungsgrößen dienen demzufolge nicht nur der Leistungsbeurteilung von Beschäftigten und Organisationseinheiten, sondern helfen, Informationen zu bewerten und die Entscheidungsqualität zu verbessern. Performance Measurement reduziert sich aus dieser Perspektive nicht auf Kontrolle, sondern steht stellvertretend für eine dezentral ausgerichtete Informations- und Entscheidungskultur im Unternehmen (vgl. Schwab 2003).

Dies allerdings wird bei der praktischen Umsetzung gerne und oft vergessen. Dabei hat bereits Robert Kaplan als einer der Vordenker des Performance Measurement darauf hingewiesen, dass über Kennzahlen die Beschäftigten und das Management in die Lage versetzt werden, im Spannungsverhältnis von Qualität, Kosten und Zeit schnell und dezentral angemessene Entscheidungen zu treffen (vgl. auch Bühner 1996). Es ist zweifellos das Verdienst der von Kaplan und Norton (1992) präsentierten *Balanced Scorecard* (BSC), externe Faktoren für die unternehmensbezogene Steuerung in den Fokus gerückt zu haben. Kritiker argumentieren jedoch, dass die BSC stark an strategischen Zielvorstellungen festmacht und keine explizite Nutzerperspektive einnimmt (vgl. Hudson et al. 2001). Andere Autoren betonen, dass die Außenperspektive der Organisation nicht umfassend genug definiert werde und relevante Einflussgrößen wie soziale und externe Rahmenbedingungen sowie die Perspektive der Stakeholder ausgeblendet würden (vgl. Brignall 2003). Die wesentliche Kritik an der BSC und anderen Instrumenten des Performance Measurement kann dahingehend zusammengefasst werden, dass es selten gelingt, von einer strategischen Finanzperspektive zu abstrahieren und eine prozessorientierte Sichtweise einzunehmen (vgl. Crandell 2002).

Eine Berücksichtigung des gesamten Wertschöpfungsprozesses und seiner wechselseitigen Einflussgrößen ist insbesondere im Kontext von Dienstleistungen von elementarer Bedeutung, denn Dienstleistungen haben quasi per se prozessualen Charakter. Anhand von Überlegungen zur Produktivität von Dienstleistungen wird im Weiteren verdeutlicht, dass die Wertschöpfung von Dienstleistungen erheblich von einem produktionsorientierten Wertschöpfungsverständnis abweichen kann.

Dienstleistungsproduktivität – Performance im Prozess

Die idealtypischen Unterscheidungen von Dienstleistungen und der Sachgutwirtschaft sind inzwischen relativ geläufig, wenngleich in der Praxis selten klar konturiert anzutreffen (vgl. Abbildung 1). Gleichwohl wurde bislang für die Produktivität von Dienstleistungen weder ein eigenes begriffliches Repertoire, geschweige denn ein allgemein verbindliches Produktivitätsmodell entwickelt. Fest steht lediglich, dass die Produktivität in Dienstleistungskontexten zeitweise anderen Gesetzmäßigkeiten folgt, weshalb Grönroos (2000) dafür plädiert, eine produktionsorientierte Semantik für die Analyse von Dienstleistungssettings zu vermeiden, weil die damit verbundenen Begrifflichkeiten zu stark funktional und zu wenig prozessorientiert ausgelegt seien. Alternativ schlägt er den Begriff *Service Productivity* vor, der zwar nicht völlig befriedigen kann, der jedoch zumindest deutlich macht, dass es sich um eine spezielle Form der Produktivität, nämlich um Dienstleistungsproduktivität handelt. Der Begriff Service Productivity bietet darüber hinaus den Vorteil, eine Brücke zwischen der Sachgut- und der Dienstleistungswirtschaft zu schlagen, indem er die klassische Zweiteilung ein Stück weit einebnet, die vor dem Hintergrund sektorübergreifender Wertschöpfungsketten an Erklärungskraft eingebüßt hat (s. Abbildung 1).

So verstanden, adressiert Service Productivity weniger Fragen der Produktivität innerhalb klar definierter Teilsegmente, sondern steht repräsentativ für Wertschöpfungsformen, welche den kundenorientierten Prozess der Leistungserstellung ins Zentrum rücken. Damit stellt sich die Frage, wie sich dies zu klassischen Kategorien der Performanzbestimmung verhält.

Betrachtungsebene	Sachgutproduktion	Service-Settings
Produktion & Konsum	getrennte Prozesse	simultane Prozesse
Kunden	kaum in Produktion integriert	in »Produktion« integriert
Qualität	weitgehend konstant	abhängig vom Prozess
Input/Output-Faktoren	relativ homogen	weitgehend heterogen
Nachfrage	kein Einfluss auf Produktivität	beeinflusst die Produktivität
Output	materiell wahrnehmbar	überwiegend immateriell

Abbildung 1: *Idealtypische Unterscheidungsmerkmale zwischen der Sachgutproduktion und Dienstleistungssettings*

Auf allgemeiner Ebene werden unternehmerische Performanzbestimmungen mit den Begriffen Effizienz, Effektivität und Produktivität vorgenommen. *Effizienz* beschreibt den Wirkungsgrad einer bestimmten Aktivität. In Managementzusammenhängen wird Effizienz definiert als das Verhältnis zwischen dem erzielten Ergebnis und den eingesetzten Mitteln. Die Effizienz beschreibt folglich eine Relation zwischen einem gesetzten Input bei einem Maximum an Output oder aber zwischen einem gesetzten Output bei einem Minimum an Input. Im Gegensatz dazu verweist *Effektivität* auf den Einsatz bzw. die Kombination von Einsatzfaktoren, um ein wünschenswertes Ziel zu erreichen. Bei Effizienz geht es also eher darum, die Dinge „richtig" zu tun und bei Effektivität darum, die „richtigen" Dinge zu tun. Analog zur Effizienz wird *Produktivität* aufgefasst als Quotient von Output und Input. Während aber Effizienz auf die Vergleichbarkeit eines Prozesses gegenüber einem gesetzten Standard abstellt, zielt Produktivität auf die Vergleichbarkeit zwischen Leistungsprozessen bzw. Leistungseinheiten: „In the case of a productivity ratio, the aim is to compare the output-input ratios across units and time, whereas in the case of an efficiency ratio, the comparison is made against a predetermined standard or ideal" (Vuorinen et al. 1998: 380).

Das Kernproblem bei der Berechnung der Produktivität von Dienstleistungen ist nun, dass die exakte Bestimmung von Input und Output schwierig ist, weil sowohl Input wie auch Output zu einem Großteil von einer externen Ressource abhängig sind, die sich schwer kontrollieren und nur begrenzt steuern lässt: dem *Kunden* (s. Abbildung 2).

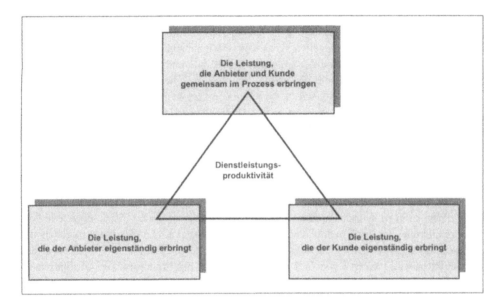

Abbildung 2: Teilkomponenten der Dienstleistungsproduktivität

Die Gesamtproduktivität einer Dienstleistung resultiert erst aus dem Zusammenspiel von drei Teilproduktivitäten, die im Leistungsprozess eng ineinander greifen:

1. Die Leistung, die der Dienstleistungsanbieter eigenständig erbringt.
2. Die Leistung, die der Kunde eigenständig erbringt.
3. Die Leistung, die Kunde und Dienstleister gemeinsam im Dienstleistungsprozess erbringen.

Bei der Leistung, die der Dienstleistungsanbieter selbständig erbringt, handelt es sich um „klassische" Einsatzfaktoren, wie Personal- und Materialeinsatz, die Bereitstellung technischer und räumlicher Infrastrukturen etc. Diese Größen lassen sich relativ leicht identifizieren, quantifizieren und bewerten. Anders sieht es bei denjenigen Anteilen aus, die der Kunde in den Gesamtprozess einspeist. Die Input-Leistung des Kunden nämlich hängt zu einem Großteil von seiner Bereitschaft, aber auch von seiner Fähigkeit (Kompetenz) zur Übernahme von Leistungsanteilen ab. Besonders deutlich zeigt sich dies bei Selbstbedienungskonzepten,

z. B. beim Online-Banking oder beim Fahrkartenkauf am Automaten. Voraussetzung ist allerdings immer, dass Kunden gewillt und befähigt sind, solche Systeme in Anspruch zu nehmen – Faktoren, die zumindest schwer zu kalkulieren sind.

Aber auch bei hochqualifizierten Diensten spielt die Input-Leistung des Kunden eine wichtige Rolle für die Gesamtproduktivität. Aus der kundenspezifischen Software-Entwicklung ist bekannt, dass die Entwicklung nur dann zügig vonstatten geht, wenn Kunden in der Lage sind, ihre Arbeitsprozesse detailliert zu beschreiben und ihre Anforderungen klar und unmissverständlich zu formulieren. Auch im Bereich personenbezogener Dienstleistungen, wie z. B. in der Medizin, ist der Leistungserfolg – z. B. der Heilungsprozess – direkt vom Mitwirken des Kunden bzw. seinen individuellen Verhaltensweisen abhängig. Ebenfalls schwer quantifizier- und messbar ist der Anteil der Leistung, den Kunde und Dienstleister gemeinsam im Dienstleistungsprozess erbringen. Vor allem dann, wenn die Dienstleistungserbringung durch Aushandlungs- und Interaktionsprozesse im Sinne von Face-to-Face-Kontakten gekennzeichnet ist (vgl. Bienzeisler 2004). Wie lässt sich z. B. die Pflegeleistung einer Krankenschwester quantifizieren und berechnen? Allein an der Anzahl der versorgten Fälle? Wohl kaum. Vielmehr dürfte auch das persönliche Verhältnis zu den Patienten eine wichtige Leistungskomponente darstellen.

Die Gesamtproduktivität eines Dienstleistungsprozesses lässt sich deshalb nicht von der *Dienstleistungsqualität* separieren. Was die Wertschöpfungslogik von Dienstleistungen angeht, dürfte darin ein entscheidender Unterschied zur Güterproduktion liegen, denn jede Prozessoptimierung der Teilkomponenten der Dienstleistungsproduktivität muss zugleich die Auswirkungen auf die Dienstleistungsqualität reflektieren. Ein Beispiel: Wer sich ein neues Automobil zulegt, interessiert sich zwar für die Qualität des Produktes. Die Qualitätswahrnehmung ist jedoch von den Produktionsprozessen des Automobilherstellers weitgehend entkoppelt. Denn in der Produktion kann ein Fahrzeug mit Qualitätsmängeln aus dem Fertigungsprozess ausgeschleust und nachgebessert werden, ohne dass der Kunde davon etwas mitbekommt. Bei Dienstleistungen ist dies kaum oder nur begrenzt möglich, weil der Kunde in den Prozess der Leistungserstellung einbezogen ist. Die Folge ist, dass sich selbst kleine Prozessfehler fatal auf die Qualität der Leistung auswirken können. Wer die Beförderungsdienste der Bahn in Anspruch nimmt und unfreundlich behandelt wird, der wird auch dann einen negativen Gesamteindruck von der Leistung behalten, wenn am Transportergebnis von A nach B nichts auszusetzen ist.

Bei Dienstleistungen existiert demnach keine lineare Beziehung zwischen der Prozessoptimierung (durch Standardisierung, Rationalisierung, Automatisierung) und der vom Kunden wahrgenommenen Qualität. Denn während in der Güterproduktion arbeitsteilig organisierte und standardisierte Prozesse in der Regel für den Kunden mit einer Verbesserung oder zumindest mit einer Verbilligung des Produkts einhergehen, ist dies im Dienstleistungsbereich nicht immer der Fall. Dazu vier weitere Beispiele:

1. Flaschenhalseffekte können sowohl die Anbieterproduktivität steigern wie auch die Service-Qualität erhöhen. Aus der Fast-Food-Wirtschaft ist bekannt, dass Kunden eine ge-

Die Competence Card als Mess- und Steuerungsinstrument

wisse Verweildauer in Warteschlagen vor den Schaltern als angenehm empfinden, weil sie so in Ruhe von den Tafeln über den Tresen ihre Bestellungen auswählen können.

2. Eine größere Varianz des Dienstleistungsangebotes muss nicht zwingend Skaleneffekte minimieren und die Produktivität des Anbieters reduzieren. Ein Beispiel dafür sind unterschiedliche Zugangswege, die Kunden für die Erledigung finanzieller Transaktionen in Anspruch nehmen (Multi-Channel-Banking). Hier trägt gerade die Varianz des Service-Angebotes zu einer Produktivitätssteigerung auf Anbieterseite und Abnehmerseite (durch erhöhte Flexibilität) bei.

3. Standardisierungen und Automatisierungen können zwar die Anbieter-Produktivität erhöhen, können sich aber negativ auf die Service-Qualität auswirken. Unerreichbare Callcenter, unterqualifizierte Service-Mitarbeiter oder kaum bedienbare Automaten sind Beispiele, die wohl jeder schon erleben musste.

4. Geringe Spezialisierung und breite Qualifizierung kann sowohl die Anbieterproduktivität erhöhen als auch für den Kunden mit einer verbesserten Service-Qualität einhergehen. Gerade bei unregelmäßiger Nachfrage der Dienstleistung (Leerzeiten) ist es sinnvoll, das Aufgabenspektrum und die Qualifikation der Beschäftigten so zu erweitern, dass andere wertschöpfende Tätigkeiten ausgeübt werden können.

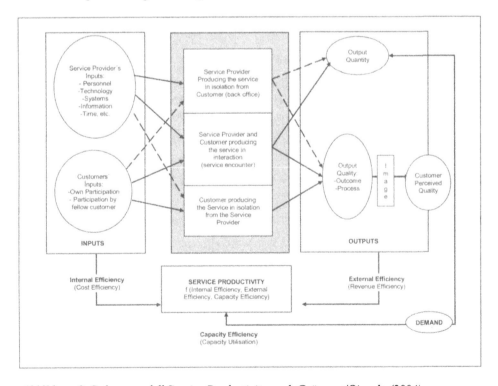

Abbildung 3: Rahmenmodell Service Productivity nach Grönroos/Ojasalo (2004)

Zusammenfassend kann Service Productivity als eine komplexe Funktion beschrieben werden, die von internen und externen Effizienzkriterien, von Fragen der Dienstleistungsqualität sowie von Aspekten der Kapazitätsauslastung abhängig ist (s. Abbildung 3).

3. Die Competence Card als Steuerungsinstrument für die Dienstleistungswirtschaft

Der Ausflug in die Problemstellung der Dienstleistungsproduktivität zeigt, dass im Dienstleistungsbereich die Performanz von Faktoren abhängig ist, die wechselseitig miteinander verknüpft sind und die sich nur unvollständig antizipieren, kontrollieren und bewerten lassen. Die wesentliche Herausforderung an ein leistungsfähiges Service Performance Measurement liegt deshalb in der Verfolgung eines *ganzheitlichen Ansatzes*. Genauer: Die Komplexität des Leistungserstellungsprozesses ist in den Mess- und Steuerungsinstrumenten abzubilden. Denn im Kontext von Dienstleistungstätigkeiten sind unterkomplexe Kennzahlen- und Steuerungssysteme nicht nur unzureichend, sondern kontraproduktiv, vor allem dann, wenn sie die verantwortlichen Entscheider in eine falsche Richtung lenken.

Die Entwicklung der Competence Card

Mit der Entwicklung der Competence Card am Fraunhofer-Institut für Arbeitswirtschaft und Organisation wurde ein dienstleistungsspezifisches Mess- und Steuerungsinstrument erarbeitet, welches sich an einer ganzheitlichen Betrachtungsweise orientiert. Dazu zählen unter anderem:

- Die Übersetzung von Zielen, Leitbildern und Visionen in bewertbare Ziele und Erfolgsfaktoren, die von Kunden, Mitarbeitern und Stakeholdern geteilt werden.
- Die Festlegung und Verknüpfung von Messgrößen und Kennzahlen für materielle und immaterielle Wertschöpfungsfaktoren.
- Die Fokussierung auf die Beschäftigten als zentrale Ressource des ökonomischen Erfolges.
- Die Unterstützung des permanenten Wandels der Organisation durch Offenheit und Anpassbarkeit des Steuerungsinstrumentes.

Darüber hinaus galt es, die Besonderheiten der Dienstleistungswirtschaft zu berücksichtigen. Grob vereinfacht kann die zentrale Herausforderung von Leistungsmessungen im Dienstleistungsbereich darauf reduziert werden, dass bei der Messung eine *adäquate Kausalbeziehung* zwischen den definierten Zielen, den jeweiligen Messgrößen und den Maßnahmen zur Erreichung der Ziele herzustellen ist. Denn wie oben aufgezeigt, existiert im Kontext von Dienstleistungen keine 1:1-Relation zwischen der Steigerung einzelner Werte und der Erreichung des Gesamtziels. Es geht also nicht nur um Messung, sondern auch darum, durch den Prozess der Messung die Stellschrauben für eine Steigerung der Gesamtperformanz zu identifizieren. Denn, um mit Robert Johnston zu sprechen: „You can't make pigs fat by weighing them."[1]

Die Erklärungslücken zwischen der strategischen Zielsetzung, den zu messenden Werten und den Maßnahmen zur Erreichung der Ziele sind folglich gering zu halten. Soll beispielsweise die Erreichung des Ziels „Umsatzerhöhung" am individuellen Umsatzvolumen der Beschäftigten gemessen werden, ohne gleichzeitig festzuschreiben, wie das Ziel zu erreichen ist, mag zwar kurzfristig eine Umsatzsteigerung herbeigeführt werden. Mittelfristig jedoch können sich negative Effekte einstellen, z. B. dann, wenn die von den Beschäftigten gewählten Strategien zur Zielerreichung der Dienstleistungsqualität zuwider laufen (beispielsweise durch Verzicht auf Freundlichkeit zugunsten eines höheren Kundendurchsatzes).

Solche und ähnliche Frage- und Problemstellungen waren Ausgangspunkt des BMBF-Verbundprojektes „Fit for Service".[2] Der Projektverbund (Gesamtlaufzeit 12/1999 – 06/2004) wurde als dienstleistungsspezifisches Forschungs-, Lern- und Anwendungsnetzwerk konzipiert, welches Entscheider in Wirtschaft und Politik unterstützt, durch systematisches Benchmarking von den Besten zu lernen. Die Forschungsaktivitäten fokussierten die Entwicklung definierter Wachstumsfelder der Dienstleistungswirtschaft, wie z. B. Freizeitwirtschaft, Telekommunikation und Finanzdienstleistungen. Entlang der Wachstumsfelder haben sich die Anwendungspartner aus der Dienstleistungswirtschaft zusammen mit der wissenschaftlichen Begleitforschung in so genannten „Fit4Service Benchmarking Clubs" organisiert (vgl. Karapidis 2001).

Unter der Leitung von Lead-Partnern aus der Dienstleistungswirtschaft haben die Clubs in ihrem jeweiligen Wachstumsfeld maßgeblich zur prototypischen Entwicklung der Competence Card beigetragen. Durch den Fokus auf Wachstumsfelder und eine netzwerkförmige Organisation der Forschungs- und Anwendungspartner konnte ein Steuerungsinstrument entwickelt werden, das nicht nur Unternehmen, sondern auch Organisations- und Akteursnetzwerke unterstützt, die für das jeweilige Wachstumsfeld relevanten Erfolgsziele zu erkennen, operative Ziele und Kompetenzen zu definieren und ein systematisches Benchmarking zu betreiben (vgl. Ganz/Holzschuh/Tombeil 2001).

Konzeptionelle Grundlagen der Competence Card

In konzeptioneller Hinsicht wurden bei der Entwicklung der Competence Card zentrale Elemente der *Balanced Scorecard* aufgenommen und um zusätzliche Elemente des *EFQM-Modells* erweitert (vgl. Ganz/Tombeil 2002). Ziel war es, die Stärken beider Systeme zusammenzuführen und diese für die inhaltliche Gestaltung des *Dienstleistungsbenchmarking* nutzbar zu machen (s. Abbildung 4). Die Vorteile des Balanced Scorecard- und des EFQM-Modells liegen nicht zuletzt darin, dass beide Ansätze für sich beanspruchen können, eine

---

[1] Mündliches Zitat von Robert Johnston beim Workshop „Service Productivity", Fraunhofer Institut für Arbeitswirtschaft und Organisation, 21. November 2003, Stuttgart.
[2] Förderkennzeichen: FKZ 01H9951, FKZ 01H9967/6. Weitere Informationen unter: http://www.fit4service.de

erweiterte Perspektive einzunehmen. Darüber hinaus ist relevant, dass im EFQM die Dimension „Befähiger" verankert ist, mit der organisationale Stellschrauben beleuchtet werden, anhand derer Organisationen exzellente Ergebnisse im Hinblick auf Leistung, Kunden, Mitarbeiter und Gesellschaft erzielen.

Die Competence Card wurde so konzipiert, dass sie objektoffen und bezüglich der Art des Benchmarking (internes, externes, Produkt-, Prozess-, strategisches Benchmarking) nicht festgelegt ist. D. h., die Auswahl von Benchmarking-Objekten und einer spezifischen Benchmarking-Art erfolgt erst durch die Anwender selbst entsprechend ihrer individuellen Bedürfnisse. Wie in den neueren BSC-Konzepten ist auch in der Competence Card die Festlegung von strategischen und operativen Zielen vorgeschrieben. Analog zu aktuellen BSC-Debatten wird angestrebt, dass die gewählten Ziele zur Erreichung von Visionen und strategischen Leitbildern beitragen. Neben diesen Berührungspunkten zur Balanced Scorecard wird durch drei weitere Elemente versucht, neue Wege im Performance Measurement zu gehen, unter besonderer Berücksichtigung des Benchmarking-Gedankens (s. auch Abbildung 5):

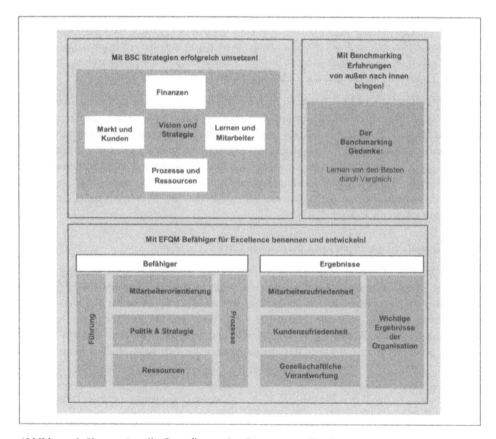

Abbildung 4: Konzeptionelle Grundlagen der Competence Card

Die Competence Card als Mess- und Steuerungsinstrument

1. Erstens wird in der Competence Card das Element *Kompetenzen* methodisch verankert. Kompetenzen beschreiben die Befähigung, strategische Ziele zu erreichen, dauerhaft zu halten und möglichst zu übertreffen. Thematisiert wird damit nicht nur das „Was", d. h. welche Ziele eine Organisation erreichen möchte, sondern auch das „Wie", d. h. mithilfe welcher Kompetenzen diese Ziele erreicht werden können. Während bei der BSC die strategische Verknüpfung von Zielen und den dazugehörigen Perspektivfeldern im Mittelpunkt steht, versucht die Competence Card neben der Zieldefinition eine Verknüpfung zwischen gewählten Zielen und dem dafür notwendigen Kompetenzaufbau herzustellen. Kompetenzen können sich sowohl auf die organisationale Ebene beziehen (welche Kompetenzen liegen in der Organisation vor bzw. sind dort notwendig?) als auch auf die individuelle Ebene (welche Kompetenzen liegen auf Mitarbeiterseite vor bzw. sind dort notwendig?). Durch die Berücksichtigung von organisationalen und individuellen Kompetenzen zur Zielerreichung wird verhindert, dass für Dienstleistungssettings produktionsorientierte Zusammenhänge von Zielen, Kennzahlen und Maßnahmen unterstellt werden, die zu nicht-intendierten Nebenfolgen und schließlich zu einer negativen Gesamtperformanz führen. Auf Basis unternehmenspraktischer Erfahrungen und wissenschaftlicher Erkenntnisse sowie eines intensiven Austausches im Rahmen der Benchmarking-Clubs konnten in vielen Bereichen aussagekräftige Kausalbeziehungen (im Sinne von Ursache-Wirkungs-Relationen) zwischen dem notwendigen Kompetenzaufbau und definierten Zielstellungen formuliert werden. Die Beschreibung solcher Interdependenzen wurde im Verlauf des Forschungsprojektes mit den jeweiligen Anwendungspartnern überprüft und gegebenenfalls reformuliert.

2. Zweitens werden im Konzept der Competence Card die aus der Balanced Scorecard bekannten vier Perspektivfelder „Finanzen", „Lernen & Mitarbeiter", „Prozesse und Ressourcen", sowie „Markt & Kunde" zunächst einmal ausgeblendet. Dem Verzicht auf die in der BSC vordefinierten Perspektivfelder liegt die Annahme zugrunde, dass es in dynamischen Kontexten wichtig ist, eine größtmögliche *Offenheit bei der Zieldefinition* zuzulassen und keine irreversible Fokussierung auf einzelne Felder vorzunehmen. Im Projektverlauf „Fit for Service" waren die Akteure der Benchmarking-Clubs deshalb selber aufgefordert zu entscheiden, welche Dimensionen der Steuerung und Gestaltung sie in ihrem Wachstumsfeld als relevant erachten und welche wechselseitigen bzw. multidimensionalen Interdependenzen zwischen den daraus abgeleiteten Zielen und den zur Zielerreichung erforderlichen Kompetenzen betrachtet, gemessen und gebenchmarkt werden. Der Nachteil der Ausblendung von Perspektivfeldern mag darin liegen, dass sich ohne Vorgaben eine Tendenz zum Ungleichgewicht bei der Auswahl von Zielsetzungen manifestieren kann. Dem wäre entgegen zu halten, dass auch bei der Arbeit mit der Balanced Scorecard sowie anderen Performance Measurement-Systemen kaum von einer echten Balance in der Umsetzung gesprochen werden kann. Vielmehr scheinen in der praktischen Nutzung häufig Finanzaspekte zu dominieren. Schließlich lässt sich – zumindest aus den Erfahrungen im Projektverlauf – feststellen, dass Unternehmen recht gut in der Lage sind, die für sie wichtigen Perspektivfelder zu erkennen und zu benennen. Das trifft insbesondere dann zu, wenn es gelingt, einen unternehmensübergreifen-

den Austausch entlang von Branchen bzw. Wachstumsfeldern zu organisieren, wie dies im Rahmen der Benchmarking-Clubs der Fall war.

Drittens wird in der Competence Card ein *Drei-Ebenen-Modell* bei der Formulierung der operativen Ziele eingeführt. Auf diese Weise wird gewährleistet, dass die Definition von Zielen, die zu hoher Service-Performanz und zu einem nachhaltigen Erfolg des Unternehmens beitragen sollen, nicht nur vor dem Hintergrund eines eindimensionalen Blicks auf die Ebene „Unternehmen", sondern auch mit Blick auf die Ebene „Markt" und eine übergeordnete Ebene „Politik/Staat/Gesellschaft" formuliert werden. Die Competence Card sieht also vor, Entwicklungslinien aktueller und künftiger Dienstleistungsmärkte aufzugreifen sowie den Bereich gesellschaftlicher und politischer Rahmenbedingungen, wie beispielsweise die demografische Entwicklung, den Wertewandel oder Fragen staatlicher Regulierung zu berücksichtigen. Diese Vorgehensweise trägt der Tatsache Rechnung, dass gerade die Dienstleistungsökonomie nicht im Vakuum operiert und viele Dienstleistungsanbieter schon heute gezwungen sind, politisch-institutionelle Entwicklungen in ihrem strategischen Zielerreichungsprozess zu berücksichtigen. Ein Beispiel dafür wäre die aktuelle Debatte über die Liberalisierung des Dienstleistungshandels (vgl. oben), was für einzelne Branchen, wie z. B. das Handwerk erhebliche Konsequenzen nach sich zieht. Mit der Berücksichtigung externer Einfluss- und Rahmenbedingungen richtet die Competence Card die Antennen *konsequent auf die Grenzstellen der Organisation zu ihren Umwelten*.

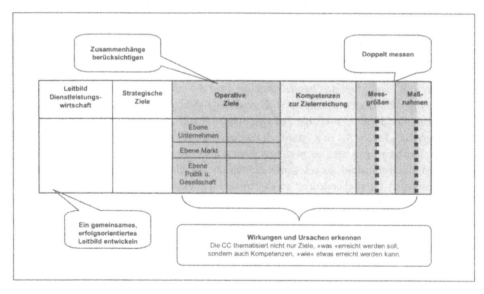

Abbildung 6: Schematische Darstellung der Competence Card

Ein weiteres Element der Competence Card ist die doppelte Messung. Neben herkömmlichen Messgrößen fokussiert die Competence Card zusätzlich die Messung des Kompetenzniveaus wie auch die Unterstützung des Kompetenzentwicklungsprozesses durch Messung der Erreichung der gesetzten Kompetenzentwicklungsziele. In der Praxis wird dies mit Hilfe von *Reifegradmodellen* realisiert. Darunter ist zu verstehen, dass jede zu erreichende Kompetenz mit einem bewertbaren Reifegradraster hinterlegt wird, welches aus Gründen der Übersichtlichkeit auf sechs Reifegradstufen begrenzt bleibt. Bei einzelnen Reifegraden handelt es sich um auszuhandelnde Leistungsbeschreibungen, die für den Grad der Erreichung eines bestimmten Kompetenzniveaus stehen. Der entscheidende Vorteil der Definition von Kompetenzreifegraden ist, dass damit tendenziell schwer quantifizierbare Faktoren als messbare Größen auf den Bildschirmen der Unternehmenssteuerung erscheinen. Abbildung 6 illustriert eine Reifegradgestützte Messung organisationaler Kompetenzen am Beispiel des Beschwerdemanagements.

Um die unterstellten Kausalzusammenhänge zwischen operativen Zielen und dem Kompetenzaufbau abzusichern, wird für jede definierte Kompetenz ein *schriftlich fixierter Begründungszusammenhang* eingefordert. Die Akteure innerhalb der Benchmarking-Clubs waren aufgefordert, sich darüber zu verständigen, welche Kompetenzen zur Zielerreichung notwendig sind, und weshalb der Aufbau einer spezifischen Kompetenz einen Beitrag zur Zielerreichung leistet. Der Einsatz der Competence Card setzt demnach einen Diskussionsprozess im bzw. zwischen Unternehmen voraus, der sowohl die strategische als auch die ausführende Ebene einbezieht. Letzteres ist zu betonen, da es im Kontext von Dienstleistungen häufig erst die Beschäftigten an der organisationalen Grenzstelle zum Kunden sind, die über das notwendige Wissen verfügen, um zu beschreiben, welche organisationalen und individuellen Kompetenzen zur Zielerreichung erforderlich sind.

Erwähnenswert ist ferner, dass bei den beteiligten Forschungs- und Anwendungspartnern schon durch den wechselseitigen Austausch über organisationale und individuelle Kompetenzen nachhaltige Lernerfolge und „Aha-Effekte" erzielt werden konnten. Offenkundig waren viele Dienstleister erstmals aufgefordert, sich auf systematische Art und Weise mit einer Steigerung von Kompetenzen auseinanderzusetzen.

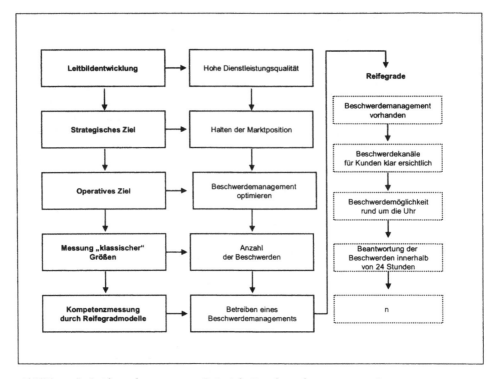

Abbildung 7: Reifegradmessung am Beispiel „Beschwerdemanagement"

4. Ausblick

Zusammenfassend kann festgehalten werden, dass sich die Competence Card in den Stand der Performance Measurement-Debatte einfügt. Das Konzept greift zentrale Kritikpunkte der Balanced Scorecard auf und bietet auf Basis bewährter Elemente aus bestehenden Systemen Lösungen, die insbesondere für einen Einsatz in der Dienstleistungswirtschaft vielversprechend erscheinen. Dies nicht zuletzt deshalb, weil durch die gleichzeitige Fokussierung von Zielen und Kompetenzen verhindert wird, dass definierte Ziele den faktischen Anforderungen im Arbeitsprozess zuwiderlaufen. Darüber hinaus finden sich Alleinstellungsmerkmale in der Messung des Kompetenzaufbaus, der Messung über Reifegradmodelle sowie in der Einführung eines Drei-Ebenen-Modells bei der Festlegung operativer Ziele.

Der erfolgreiche Einsatz von Mess- und Steuerungsinstrumenten aber ist letztlich nicht nur von konzeptionellen, sondern zu einem Gutteil von psychologischen Faktoren abhängig. Nur wenn die Beschäftigten die Nutzung solcher Instrumente nicht als Kontrolle „von oben", sondern als Mehrwert für die Transparenz der eigenen Arbeitsprozesse erleben, besteht überhaupt eine Chance, erfolgreiches Performance Measurement betreiben zu können. Sobald sich Widerstand aufbaut oder gar systematische Abwehrstrategien zum Tragen kommen, ist jedes Instrument zum Scheitern verurteilt. Auf der anderen Seite kann in vielen Fällen schon deshalb eine Leistungssteigerung erzielt werden, weil Leistung und Erfolg als zentrale Themen in der Organisation verankert werden. Vor diesem Hintergrund ist man beim Performance Measurement gut beraten, die irrationalen Momente von Leistung im Auge zu behalten.[3]

Die Zukunft des Service Performance Measurement dürfte bei Konzepten liegen, welche die *interaktive Seite* der Dienstleistungsarbeit stärker fokussieren. Hier besteht zugleich erheblicher Forschungsbedarf. Zum Beispiel ist immer noch wenig darüber bekannt, welche Einflussgrößen im Verlauf der Kundeninteraktion als wertschöpfend zu betrachten sind. Auch existieren Wissensdefizite in Bezug auf die Entwicklung von Kundenbeziehungen im Verlaufe des Lebenszyklus einer Dienstleistung (Service Life Cycle). Klar scheint hingegen, dass es den „One Best Way" zur Messung und Bewertung der Service-Performanz nicht gibt und wohl nicht geben wird. Zielführender ist es daher, zunächst durch tiefgreifende Einzeluntersuchungen und Clusterbildungen ähnlich gelagerter Branchen und Unternehmen ein besseres Verständnis über Dienstleistungen zu gewinnen, um dann unternehmens- oder branchenspezifische Lösungen zu entwickeln.

Denn selbst wenn man weiß, was man messen will und auch eine geeignete Methode besitzt, das zu messen, was man messen will, bleibt ja immer noch die Frage, was das Management mit den Kennzahlen tatsächlich anfängt. Das Service Performance-Management der Zukunft wird deshalb nicht nur Zahlen, sondern auch Kontextwissen liefern (müssen), um *gutes Performance Management* zu ermöglichen. Die Competence Card als prototypisches Steuerungsinstrument versteht sich als ein Schritt in diese Richtung.

---

[3] Hier sei an die legendären „Hawthorne-Experimente" erinnert, als die Arbeitswissenschaft in den 20er Jahren des letzten Jahrhunderts feststellte, dass man die Leistung von Arbeitern schon dadurch steigern kann, wenn sich das Management für die Arbeit und Arbeitsbedingungen seiner Beschäftigten interessiert.

Kalkulation und Management von komplexen Dienstleistungen

Rainer Bürkert

1. Einleitung	186
2. Auswirkungen der Dienstleistungs- und Prozesskostenrechnung	187
2.1 Genaue Ergebniszuweisung/Bezahlungsmöglichkeiten	188
2.2 Keine Mischkalkulation bei Service- und Produktpreis	189
2.3 Genaue Ressourcenzuweisung für zukünftige Investitionen	189
2.4 Vertriebssteuerung	190
2.5 Dienstleistung als Umsatz-/Ertragsträger identifizieren und erkennen lassen	190
3. Wer ist Würth?	191
3.1 Die Würth-Gruppe	191
3.2 Die Würth Industrie Service GmbH & Co. KG	191
3.3 Was sind C-Teile?	194
4. Identifizierung, Bewertung und Optimierung der Kostentreiber (Prozesskostenanalyse)	195
5. Ermittlung von verursachungsgerechten Kosten der einzelnen Dienstleistungen	200
6. Darstellung einer Kalkulation	201

1. Einleitung

Das Wort „Dienstleistung„ führt zurzeit fast jeder im Munde. Leider machen sich nur die wenigsten bewusst, dass es sich aus den Worten „dienen" und „leisten" zusammensetzt. Dienen bedeutet in gewissem Maße in eine Art Vorleistung zu gehen, die Bedürfnisse des Gegenübers zu antizipieren und dann mit Leistung auszufüllen. Dies kann aber auf Dauer nur funktionieren, wenn der Gegenüber diese Leistung kennt und anerkennt. Dafür ist es eine zwingende Notwendigkeit, darzustellen, was diese Dienstleistung wert ist, um sie auf Dauer erbringen zu können. Dabei entwickeln sich gerade Dienstleistungen zu wichtigen Bausteinen der unternehmerischen Leistungserbringung.

Dieser Artikel soll dem Leser einige Methoden zur Kalkulation von Dienstleistungen nahe bringen. Nur wenn wir in der Lage sind, Dienstleistung richtig zu bewerten, können wir im Wettbewerb der Nationen bestehen! Notwendigkeit dabei ist, sowohl die Prozesse im eigenen Haus als auch beim potenziellen Kunden zu kennen.

Dienstleistung wird oft als etwas Festes und in sich Abgeschlossenes dargestellt. Quasi als monolithischer Block. Gerade dies birgt aber die Gefahr in sich, dass Dienstleistung zum Gegenteil dessen wird was sie beabsichtigt. Grundsätzlich muss Dienstleistung sich den Bedürfnissen derjenigen anpassen, die mit dieser Dienstleistung versorgt werden. Das Erbringen von falscher Dienstleistung oder Blind-Dienstleistung ist kontraproduktiv. Unter Blind-Dienstleistung ist zu verstehen, dass Serviceteile erbracht werden, die vom Kunden nicht benötigt werden und sobald dieser bemerkt, dass ihm etwas geliefert wird, das er nicht bestellt hat, führt dies zu deutlichen Irritationen bezüglich des Wertes und der Verrechnung der Dienstleistung. Als Beispiel kann hier das Autoradio herangeführt werden. Viele Menschen wollen nur Radio hören, bekommen aber eine Vielzahl von Funktionen mitgeliefert, die verwirrend sind. Wenn dann am falschen Knopf gedreht wird, kann die Grund-Dienstleistung des Radiohörens nicht mehr erbracht werden, weil so viele Dinge verstellt sind, dass die Grundfunktion gestört bleibt. Aus diesem Grund muss Dienstleistung und vor allem komplexe und mehrschichtige Dienstleistung modular angeboten werden. Die einzelnen Module müssen mit definierten Schnittstellen versehen sein, die ähnlich Lego-Bausteinen in jeglicher Zusammensetzung zusammenpassen und kombiniert werden können. Anhand der Abbildung 1 wird dargestellt, welche komplexe Anzahl von Einzeldienstleistungen es zum Thema C-Teile Management gibt und dass diese jeweils in einer beliebigen Kombination miteinander verbunden werden können. Die definierte Hinzufügung von zukünftig entstehenden Dienstleistungen, wie Sie in den folgenden Punkten beschrieben sind, führen in diesem Augenblick dann zu keiner Komplexitätserhöhung, wenn auch sie mit einer zu den anderen Dienstleistungen definierten Schnittstelle versehen sind.

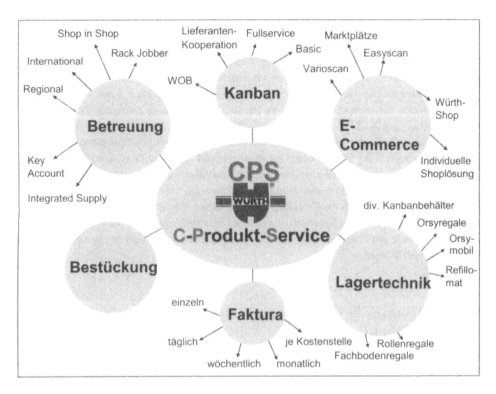

Abbildung 1: Dienstleistungsbausteine im C-Teile Management

2. Auswirkungen der Dienstleistungs- und Prozesskostenrechnung

Wie bereits in der Einleitung angesprochen, entwickeln sich funktionierende Dienstleistungen immer mehr zum Unique Selling Point und zum entscheidenden Wettbewerbsfaktor für viele Unternehmen in Deutschland. Während die Qualität der Produkte vom Markt bestimmt wird und eine negative Abweichung von diesen vorgegebenen Qualitätsstandards zum Marktausschluss führt, führt eine unmotivierte Abweichung nach oben im Normalfall zu einer drastischen Ergebnisreduzierung. Somit gibt es als mögliche Differenzierungsmerkmale im Markt nur die Felder „Preis" und „Service". Es ist allgemein bekannt, dass die Strategie, dauerhaft negativer Preisführer zu sein, extreme Gefahren in sich birgt. Zum einen ist man gezwungen, bei Personal und Organisation dauernd auf der Rationalisierungs- und Kosteneinsparungswelle zu reiten, was im Normalfall demotivierend wirkt. Zum anderen wird die Möglichkeit immer geringer, Reserven aufzubauen, um auf unvorhergesehene durch den Wettbewerber verursachte Strategiefriktionen zu reagieren. Weiterhin führen unterlassene Investitionen zu einer Verlangsamung der Reaktionsfähigkeit der Gesamtorganisation. Die Chancen, das Unternehmen über diese Strategie in Schwierigkeiten zu bringen, steigen mit zunehmender Dauer der Strategieeinhaltung exponentiell an! Als zweites bleibt die Möglichkeit, bei einem vorgegebenen Preisniveau (Marktpreisniveau) mit einem – verglichen zum Wettbewerb – besseren Service aufzuwarten. Auch hierzu ist es notwendig, über Kosteneinsparungen und Rationalisierungsmaßnahmen Reserven zu schaffen, um diesen Service den Kunden anbieten zu können, aber das Ganze geschieht unter einem anderen Vorzeichen. Man kann im Normalfall den Mitarbeitern das Unternehmen als prosperierend und wachsend darstellen, die Ausgestaltung weiterer Services ist zukunftsgerichtet und führt somit zu positiven Motivationseffekten. Die Kunden erleben das Unternehmen als innovativ und werden Hemmungen verlieren, sich langfristig an diesen Lieferanten zu binden. Diese Auswirkungen als auch die Notwendigkeit, sich über die Facetten der eigenen Dienstleistungen und der eigenen Prozesse im Klaren zu sein, um Dienstleistung kalkulieren zu können, sollen nun in einer kurzen Zielanalyse dargestellt werden.

2.1 Genaue Ergebniszuweisung/Bezahlungsmöglichkeiten

Es kann immer wieder mit Erstaunen festgestellt werden, dass Erfolge von vielen Abteilungen reklamiert werden und die Mitarbeiter überzeugt sind, dass aufgrund ihrer Tätigkeit das Unternehmen einen Schritt nach vorne gekommen ist. Gleichzeitig sind sie überzeugt, hierfür auch eine Prämie oder eine erhöhte Bezahlung zu verdienen. Ich möchte dies an einem Beispiel festmachen: Ein Unternehmen gibt die Marschrichtung aus, Lagerbestand zu reduzieren, um dadurch Kapitaleinsparungseffekte darzustellen. Daraufhin verändert der Einkaufsleiter die Dispositionsparameter. Sowohl A-Teile aber auch C- und schlechter bewertete Teile werden nun in immer kürzeren Rhythmen disponiert. Selbstverständlich wird mittelfristig dadurch die Kapitalbindung sinken.

Nicht berücksichtigt in der Prozesskette wird jedoch, dass auch Kleinteile in immer geringeren Volumina bestellt werden. Der Auftragswert bei den Lieferanten wird sinken und somit stehen Preiserhöhungen ins Haus. Die Anzahl der entgegenzunehmenden Pakete wird steigen, was deutlich erhöhte Kosten im Wareneingang und im Durchfluss der Ware durch das Unternehmen verursacht. Die Effekte, die durch die Maßnahmen des Einkaufsleiters zur Suboptimierung seiner Abteilung getroffen wurden, verpuffen durch negative Auswirkungen in anderen Unternehmensteilen bzw. werden durch diese sogar überkompensiert. Die Tatsache, dass das Unternehmen nicht in der Lage war, die Auswirkung verschiedener Maßnahmen auf die restlichen Prozesse darzustellen, führt zu einer negativen Beeinflussung des Unternehmen-Gesamtergebnisses. Die Bezahlung des Einkaufsleiters nach seinen Erfolgen bei der Kapitalreduzierung ist geradezu kontraproduktiv und führt dazu, dass er diese Strategie unter Umständen noch sehr viel intensiver fortsetzen wird. Die Ergebniszuweisung an den Einkauf am Unternehmensgesamterfolg ist falsch.

Faktum ist: Wäre das Unternehmen in der Lage gewesen, Prozessauswirkungen abzusehen, hätte man unter Umständen die Parameter anders eingestellt. Oder man hätte sich erlauben können, einen Dienstleister mit einer Gesamtprozesssicht zu beauftragen und dadurch die positiven Effekte zu erhalten und die negativen Effekte zu verhindern. Des Weiteren führt eine Trennung von einzelnen Prozessen auch dazu, in jedem einzelnen Bereich die Bezahlungssysteme an die Leistung der Mitarbeiter binden zu können. Dies wirkt sich im Allgemeinen sehr positiv aus, da die Mitarbeiter umso zufriedener sind, desto mehr direkten Einfluss sie auf die letztendliche Gehaltshöhe haben.

2.2 Keine Mischkalkulation bei Service- und Produktpreis

Grundsätzlich muss vermieden werden, den Preis für das Produkt und den Preis für einen angebotenen Service zu vermischen. Wie unter 1.1 bereits dargestellt, führt eine Vermischung dazu, dass am Schluss niemand weiß, aus welchem Grund das Unternehmen nun erfolgreich oder nicht erfolgreich ist. Man wird immer wieder den Effekt erleben, dass wenn man einem Kunden einen Mischpreis anbietet und dieser für ein bis zwei Jahre zufrieden ist. Spätestens aber wenn ein Einkäufer wechselt, wird dieser beim Wettbewerb den reinen Produktpreis anfragen, da er die Dienstleistung, die inzwischen eingespielt und eingeschliffen ist, nicht mehr wahrnimmt. Der Einkäufer wird natürlich auch Angebote auf den reinen Produktpreis bekommen. Im Effekt ist der Anbieter der Mischkalkulation in der misslichen Lage, nun ein zweites Mal seine Dienstleistung verkaufen zu müssen, da er nun deutlich aufzeigen muss, welcher Teil seines Preises Dienstleistung und welcher Teil tatsächlich der Produktpreis ist. Dies führt zu äußerst gefährlichen Situationen und zu einer Gefährdung der gesamten Geschäftsbeziehung.

Somit ist klar: Es darf unter keinen Umständen eine Vermischung von Service- und Produktpreis geben.

2.3 Genaue Ressourcenzuweisung für zukünftige Investitionen

Die unter 1.1 und 1.2 beschriebenen Effekte führen auch zu der Erkenntnis, dass eine saubere Ressourcenzuweisung für Investitionen nur möglich ist, wenn man seine Prozesse im einzelnen kennt, die Kalkulation als auch die Kosten von Service und Produkt sauber auseinander hält, um dann die genaue Ergebnisherkunft beurteilen zu können. Nur dann ist es möglich, den wirklich Erfolg bringenden Unternehmensteilen auch die notwendigen Ressourcen für weiteres Wachstum zuzuweisen. Zu oft erlebt man in der Praxis, dass Unternehmensteile Geld zugewiesen bekommen, die gar nicht die Erfolgstreiber sind, sicher aber dementsprechend positiv darstellen können. Gerade die Weiterentwicklung von Dienstleistungen leidet unter diesem Effekt. Eine genauere Beschreibung, wie diese Prozesse näher betrachtet werden können, erhalten Sie im Unterpunkt 3. Verstärkt wird diese das Unternehmen schädigende Situation oft noch dadurch, dass unternehmungsinterne Verrechnungspreise mit Wirkungen auf konzerninterne Verrechnungen zur Steueroptimierung missbraucht werden und so die Intransparenz weiter verstärken.

2.4 Vertriebssteuerung

Eine genaue Steuerung des Vertriebes wird für alle Unternehmen immer wichtiger. Der Vertrieb entwickelt sich immer mehr zum Hauptkostentreiber, da er sehr personalintensiv ist und muss deshalb exakt auf die richtigen Kunden und die richtigen Marksegmente getrimmt werden. Hierzu ist es notwendig zu wissen, welche Effekte und Ergebnisse kommen aus dem Verkauf der Dienstleistungen des Unternehmens und welche Effekte entstehen durch den Produktverkauf? Dies ist selbsterklärend. Deshalb ist eine – wie unter 1.2 beschriebene – getrennte Kalkulation als auch ein getrenntes Angebot unbedingt notwendig.

2.5 Dienstleistung als Umsatz-/Ertragsträger identifizieren und erkennen lassen

Vielen Unternehmen ist es überhaupt noch nicht bewusst, welche Dienstleistungen sie ihren Kunden bringen. Erst durch eine saubere Prozessbetrachtung und eine exakte Dienstleistungsrechnung wird klar, welche Effekte man den Kunden verschafft. Letztendlich gilt hier der schwäbische Ausspruch „Was nix kostet ist nix". Das bedeutet, wenn man für seine Dienstleistung nichts verlangt, wird der Kunde diese nicht als Mehrwert empfinden und „keine Dankbarkeit" für den Lieferanten empfinden. Genau so wenig wird der Vertrieb die Dienstleistung aus ganzem Herzen verkaufen, da er für die integrierte Dienstleistung auch keine Provision erhält. Es ist existenziell wichtig, dem Kunden klarzumachen, was er für sein Geld bekommt. Erst wenn eine Organisation den Wert der eigenen geschaffenen Dienstleistungen erkannt hat, wird sie auch in der Lage sein, diese Leistungen zu verkaufen und weiter zu entwickeln. Erst wenn dieser Prozess gestartet ist, können positive Effekte auf die weitere Unternehmensentwicklung erwartet werden.

3. Wer ist Würth?

3.1 Die Würth-Gruppe

Im Jahre 1945 gründete Adolf Würth eine Großhandelsfirma für Schrauben und Muttern im hohenlohischen Künzelsau. Sein Sohn, Herr Professor Dr. h. c. Reinhold Würth, übernahm 1954 die Geschäftsleitung des Zweimannbetriebes und entwickelte ihn zu einem heute weltweit tätigen Konzern. Die Würth-Gruppe besteht aus 311 Gesellschaften und ist in 80 Ländern vertreten. Die Adolf Würth GmbH & Co. KG (AWKG) in Künzelsau ist die Muttergesellschaft der Würth-Gruppe.

Das Unternehmen erwirtschaftete im Geschäftsjahr 2004 einen Umsatz von 6,2 Mrd. Euro. Die Umsatzentwicklung der ist von stetigem Wachstum geprägt und auch das vorläufige Betriebsergebnis ist mit 390 Mio. Euro im Jahre 2004 sehr positiv. Dabei fallen 305 Mio. Euro auf die Gruppe International und 85 Mio. Euro auf die deutsche Gruppe. Geplante 450 Mio. Euro für das Jahr 2005 unterstreichen diesen Trend (s. Abbildung 2).

3.2 Die Würth Industrie Service GmbH & Co. KG

Die Division Industrie Welt wurde 1988 gegründet. Im Januar 1999 wird die Würth Industrie Service GmbH & Co. KG (WIS) aus der Adolf Würth KG ausgegründet und in Bad Mergentheim im „Industriepark Würth" auf einem alten Kasernengelände angesiedelt. Dem enormen Anstieg der Nachfrage der Kunden nach additionellen Dienstleistungen wird durch Neuinvestitionen Rechnung getragen (s. Abbildung 3).

Die Ausmaße und Lagerkapazitäten des Industrieparks Würth sind wie folgt:

Gesamtfläche:	ca. 120 ha
Umbauter Raum:	ca. 330.000 m³
Zentrallager:	2.743 Palettenplätze und 4.669 Fachbodenplätze
Kanbanlager:	28.093 Palettenplätze und 93.794 Fachbodenplätze
Lagerfläche gesamt:	35.000 m²

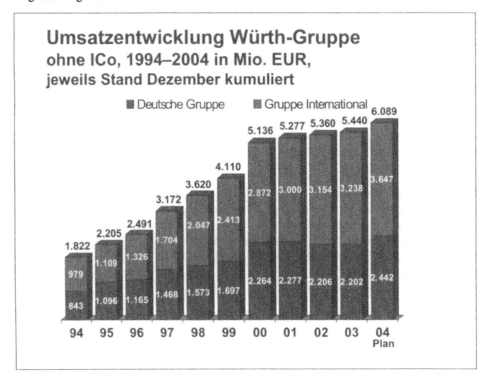

Abbildung 2: *Umsatzentwicklung Würth-Gruppe*

Im Geschäftsjahr 2004 erzielte die Würth Industrie Service GmbH & Co. KG (WIS) mit einem Mitarbeiterstamm von 389 Beschäftigten einen Umsatz von 109,5 Mio. Euro. Der Jahresumsatz der gesamten Division Industrie Welt in 2004 umfasste 388 Mio. Euro.

Die Kunden der WIS sind mittlere und große Produktionsunternehmen aller Branchen (z. B. Liebherr, die Weinig-Gruppe, Kärcher, Schaeff, Grohe und andere). Die Kernkompetenz der WIS ist das professionelle C-Teile-Management.

Kalkulation und Management von komplexen Dienstleistungen

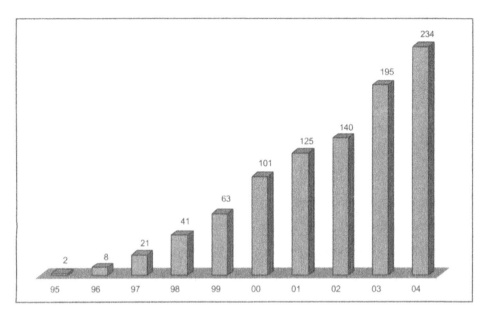

Abbildung 3: Aktive Kanban-Kunden

Der Leitsatz lautet: „Ihre C-Teile haben bei uns A-Priorität". Monatlich werden hunderte Tonnen Montage- und Befestigungsmaterialien angeliefert, umgeschlagen, eingelagert, verpackt und versandt. Das mit Scanner und Barcode kombinierte Kanbansystem sorgt dafür, dass jedes Teil innerhalb von 24 Stunden an seinem Bestimmungsort landet. Ein professionelles C-Teile-Management steigert die Qualität der Beschaffungsprozesse und reduziert die Bestände und die Kosten für innerbetriebliche Buchungen der Kunden.

Durch den Einsatz der Vendor-Managed-Inventory-Konzepte (VMI) wird eine enge partnerschaftliche Zusammenarbeit mit den Kunden gewährleistet. Durch die technischen Kenntnisse der WIS können die Produkte beim Kunden standardisiert werden und tragen damit maßgeblich zur Prozessoptimierung bei.

Ohne Bestandsteuerung, die den einzelnen Produkten und Märkten angepasst ist, kommt man heute in den hochvolatilen Märkten nicht mehr aus. Aus diesem Grund bietet Würth neben den Kanbansystemen und Shop-in-Shop auch Scanning und E-Commerce-Lösungen für Gelegenheitsbestellungen an (Orsy- und SAP-System). Zusätzlich werden dem Kunden auch logistische Dienstleistungen und damit verbunden auch Sonderartikel (hierbei handelt es sich um Artikel, die speziell für einen Kunden beschafft und evtl. auch gelagert werden) angeboten. Diese Sonderleistungen werden unter dem Begriff C-Produkt-Service (CPS) zusammengefasst, der auch Kanbansysteme beinhaltet.

3.3 Was sind C-Teile?

Nachfolgend erhalten Sie eine kurze Definition von C-Teilen. Auf eine definitorische Darstellung von A- und B-Teilen wurde verzichtet.

C-Produkte

- sind Teile mit untergeordneter Bedeutung für das Endprodukt;
- sind niedrigpreisige Materialien mit der Wertgrenze < 2,50 Euro/Stück;
- werden über die Materialgemeinkosten verrechnet;
- werden in der Regel in geringen Stückzahlen benötigt.
- Im Vergleich zum Beschaffungs*wert* ist der Beschaffungs*aufwand* relativ hoch!
- Es gibt sie in fast nicht überschaubarer Sortimentsvielfalt!

Diese Teile machen bei der Mehrzahl der Anwender ca.

- 5 Prozent des EK-Volumens
- 60 Prozent der Bestellungen
- 75 Prozent der Lieferanten
- 85 Prozent der bestellten Artikel

aus. Man erkennt das Missverhältnis von beschafftem Wert und den dafür notwendigen Prozessen.

Es ist sehr oft zu beobachten, dass C-Teile mit denselben organisatorischen und logistischen Prozessen im Unternehmen betreut werden wie A- und B-Teile. Dies führt zu einer natürlichen Perversion von grundsätzlich richtigen Anordnungen wie Vieraugenprinzip, Kostenstellenrechnungen, Materialdurchlaufsteuerungen, PPM-Konzepten usw. Es muss erkannt werden, dass eine logistische Steuerung dem Wert der Teile angepasst sein muss.

4. Identifizierung, Bewertung und Optimierung der Kostentreiber (Prozesskostenanalyse)

Ermittlung der Selbstkosten für Dienstleistungen mit Hilfe der Prozesskostenrechnung
Theorie der Prozesskostenrechnung

Nachfolgend wird ein Überblick über die wesentlichen Schritte zur Durchführung einer Prozesskostenanalyse gegeben. Sie ist Grundlage für jede Dienstleistungskalkulation. Da sie ein eher praxisorientiertes Instrument ist, bei dem im Einzelfall vieles variiert werden muss, soll sich in diesem Gliederungspunkt auf eine allgemeine Schilderung beschränkt werden.

Voraussetzungen für eine Prozesskostenrechnung:

- Der Prozesskostenrechnung liegen sich wiederholende Tätigkeiten zugrunde
- Zwischen den gemeinkostentreibenden Faktoren und den verursachten Kosten muss ein proportionaler Zusammenhang bestehen
- Die Daten über Prozess und Kosten müssen detailliert vorliegen
- Für die Durchführung sind Tätigkeitsanalysen unabdingbar

Schritt 1: Tätigkeitsanalyse

Bevor mit der eigentlichen Durchführung der Prozesskostenanalyse begonnen werden kann, sind die Zielsetzungen der Analyse sowie die Bereiche des Unternehmens, die Gegenstand der Untersuchung sein sollen in Abhängigkeit von der primären Zielsetzung festzulegen. Anschließend erfolgt als erster operativer Schritt der Prozesskostenanalyse in jeder Kostenstelle des festgelegten Untersuchungsbereiches die Ermittlung der dort verrichteten Tätigkeiten.

„Tätigkeiten sind produktionsfaktorverzehrende Arbeitsvorgänge eines Mitarbeiters in einer Kostenstelle". Statt dieses Begriffes wird in der Literatur auch von Aktivitäten und fälschlicherweise von Teilprozessen gesprochen. Die Aktivitäten innerhalb einer Kostenstelle können mengenorientiert oder mengenneutral sein. Erstere sind durch einen hohen Grad an Wiederholung und Schematisierung gekennzeichnet. Die Anzahl der Wiederholung ist von bestimmten Einflussfaktoren, die als Maßgrößen bezeichnet werden, abhängig. Sie stellen die Ursache für die Durchführung dieser Tätigkeit dar.

Beispiele für mengenorientierte Tätigkeiten sowie dazugehörige Maßgrößen können u. a. „Teile aus dem Lager entnehmen" (Auslagerungspositionen), „Wareneingänge erfassen" (Wareneingangspositionen) oder „Abmessungen prüfen" (Prüfposition) sein. Mengenneutrale Tätigkeiten, wie z. B. „Besprechungen durchführen" oder „Schulungen besuchen" sind dagegen nicht mit Maßgrößen quantifizierbar. Sie stellen dispositive, kreative und unstrukturierte Aktivitäten dar, die unabhängig von der Arbeitsmenge anfallen.

Als Informationsquellen für die Tätigkeitsanalyse dienen neben bereits vorhandenem Datenmaterial, wie z. B. Stellenbeschreibungen oder Qualitätshandbuch, vor allem Primärerhebungen in Form von mündlichen bzw. schriftlichen Befragungen (Interview, Selbstaufschreibung durch Mitarbeiter) und Beobachtungen. Dabei sollten folgende Daten ermittelt werden:

- Beschreibung der einzelnen Tätigkeiten jedes Mitarbeiters
- Maßgrößen der einzelnen mengenorientierten Tätigkeiten
- Mengen der einzelnen Maßgrößen pro Periode
- Benötigte Zeit für jede Tätigkeit pro Jahr (Manntage)

Zu beachten ist, dass möglichst Fachspezialisten an der Erhebung teilnehmen, um die Akzeptanz in den Abteilungen zu gewährleisten.

Die Ergebnisse der Analyse werden in einem Tätigkeitskatalog je Kostenstelle zusammengefasst (vgl. Abbildung 4). Die mengenorientierten Tätigkeiten werden zuerst, die mengenneutralen am Ende des Kataloges ausgewiesen.

Kostenstelle:	Einkauf				
Kapazität:	5 Mitarbeiter incl. Verantwortlicher = 1.100 Manntage (MT)				
lfd. Nr.	Tätigkeit	Maßgröße	Mengen pro Jahr	benötigte Zeit pro Jahr	
				in %	in MT
1	Bestellung schreiben	Anzahl Bestellungen	12.000	17	187
2	Bestellung drucken	Anzahl Bestellungen	12.000	4	44
3	Bestellung faxen	Anzahl Bestellungen	12.000	5	55
4	Bestellung ablegen	Anzahl Bestellungen	12.000	4	44
5	Lieferantendaten ändern	Anzahl Lieferanten	100	2	22
6	Lieferanten Besuchen	Anzahl Lieferanten	100	2	22
...	...	...	...	...	...
19	Schulungen besuchen	—	—	1	11
20	Abteilung leiten	—	—	13	143
			Summen	100	100

Tabelle 1: *Tätigkeitskatalog der Kostenstelle*

Schritt 2: Teilprozessanalyse

In der Teilprozessanalyse erfolgt eine kostenstellenbezogene Zusammenfassung verschiedener, sachlich zusammenhängender Tätigkeiten zu Teilprozessen.

Bei der Festlegung der Teilprozesse kann, je nachdem ob es sich hierbei um eine Zusammenfassung mengenorientierter oder mengenneutraler Tätigkeiten handelt, in *leistungsmengeninduzierte* (lmi) und *leistungsmengenneutrale* (lmn) Teilprozesse unterschieden werden. Für sie gelten die Eigenschaften der beiden Tätigkeitsgruppen analog. Demzufolge können auch für die lmi Teilprozesse Einflussgrößen identifiziert werden. Im Zusammenhang

Kalkulation und Management von komplexen Dienstleistungen

mit Prozessen wird allerdings der Begriff „Maßgröße" durch den Begriff „Kostentreiber" ersetzt. Die gemachten bzw. noch folgenden Ausführungen gelten dessen ungeachtet für beide gleichermaßen. Zur Bestimmung der Kostentreiber werden sinnvollerweise die bereits in der Tätigkeitsanalyse erhobenen Maßgrößen herangezogen. Sofern zu einem Teilprozess zusammenzufassenden Tätigkeiten über verschiedene Maßgrößen verfügen, müssen diese auf den gleichen Kostentreiber vereinheitlicht werden. Dies begründet sich in der Forderung, dass nach der Verdichtung der Tätigkeiten zu einem Teilprozess, dieser nur noch von einem Kostentreiber abhängig sein darf.

Ein Großteil der für die Teilprozessanalyse relevanten Daten kann bereits aus den Informationen der Tätigkeitsanalyse abgeleitet werden. Für ihre Überprüfung sowie für die Ermittlung der noch fehlenden Informationen bietet sich aufgrund der Kenntnisse der internen Abläufe ein Interview mit dem Kostenstellenleiter an. Neben der Identifizierung der lmn und lmi Teilprozesse sowie ihrer Kostentreiber sind im Rahmen dieses Gespräches u. a. folgende Daten zu überprüfen bzw. zu bestimmen.

- lmi Teilprozessmengen
- Ressourcenbeanspruchung durch die Teilprozesse
- Teilprozesskosten

Als Prozessmenge wird die Anzahl der Einheiten eines Kostentreibers bezeichnet. Sie stimmt definitionsgemäß mit der Anzahl der Wiederholungen des dazugehörigen Prozesses überein oder verhält sich zumindest proportional zu ihr. Die Prozessmenge ergibt sich aus der Menge der Maßgröße, die dem Kostentreiber zugrunde liegt. Die lmn Teilprozesse bleiben bei der Ermittlung der Prozessmenge unberücksichtigt, da sie aufgrund ihrer Eigenschaften über kein Mengengerüst verfügen.

Die Beanspruchung der Ressourcen, insbesondere des Personals, durch die Teilprozesse wird analog zur Tätigkeitsanalyse in Prozent von der Gesamtheit oder in Manntagen angegeben. Diese Werte ergeben sich aus der Addition der Zeitanteile bzw. Manntage der zusammengefassten Tätigkeiten.

Bei dominierenden Personalkosten, was i. d. R. der Fall sein wird, kann diese Ressourcenzuteilung als Verteilschlüssel für das gesamte Kostenstellenbudget genutzt werden. Neben dieser Methode der Schlüsselung des Kostenstellenbudgets, die aus Wirtschaftlichkeitsgründen die sinnvollste Vorgehensweise darstellt, bestehen weitere Möglichkeiten für die Ermittlung der Teilprozesskosten. Diesbezüglich sei jedoch auf die weiterführende Literatur verwiesen.

Mittels der durchgeführten Kosten- und Mengenzuordnung auf die einzelnen Teilprozesse lassen sich die Teilprozesskostensätze ermitteln. Sie stellen die durchschnittlichen Kosten für die einmalige Ausführung jedes Teilprozesses dar. Dementsprechend ergeben sie sich aus der Division der Teilprozesskosten durch die Teilprozessmenge (vgl. Formel 1). Aufgrund der fehlenden Prozessmenge bleiben lmn Teilprozesse hiervon ausgeklammert, so dass nur für lmi Teilprozesse Kostensätze gebildet werden können.

Ermittlung des Teilprozesskostensatzes

Teilprozesskostensatz (lmi) = $\dfrac{\text{Teilprozesskosten (lmi)}}{\text{Teilprozessmenge (lmi)}}$

Für die Zuordnung der Kosten für die lmn Teilprozesse bestehen unter anderem folgende Möglichkeiten:

→ Die lmn Prozesskosten werden mittels eines Umlagesatzes
auf die lmi Teilprozesse verteilt.

→ Es erfolgt keine Verrechnung dieser Kosten.
Sie werden Kostenstellen übergreifend zu einem
Sammelposten zusammengefasst.

Ermittlung des Umlagesatzes der lmn Prozesse

Umlagesatz lmn = $\dfrac{\text{Teilprozesskosten (lmn)} \times \text{Teilprozesskostensatz (lmi)}}{\text{Teilprozesskosten (lmi)}}$

Ermittlung des gesamten Teilprozesskostensatzes

Teilprozesskostensatz (ges.) = Umlagesatz (lmn) + Teilprozesskostensatz (lmi)

Um die kostenrelevanten Daten übersichtlich darzustellen, wird für jede Kostenstelle des Untersuchungsbereiches ein Teilprozesskostenblatt erstellt, wie es beispielhaft aus der nachfolgenden Abbildung hervorgeht (s. Abbildung 4).

Schritt 3: Hauptprozessanalyse

In der Hauptprozessanalyse werden mehrere Teilprozesse zu Kostenstellen übergreifenden Hauptprozessen zusammengefasst. Dabei bildet nicht das Vorhandensein identischer Kostentreiber, sondern die Verfolgung des gleichen Arbeitsergebnisses das Kriterium für die Aggregation. Trotzdem stellt die Abhängigkeit der Teilprozesse von gleichen oder miteinander korrelierenden Kostentreibern die Vorraussetzung für ihre Zusammenfassung zu einem Hauptprozess dar. Dieses leitet sich aus der Forderung ab, dass aus der Vielzahl von Teilprozess-Kostentreibern ein Hauptprozesskostentreiber herauszubilden ist. Ein Beispiel für einen Hauptprozess kann die Polybeutelabwicklung sein.

Die Kosten der Hauptprozesse ergeben sich aus der Addition der Kosten der ihnen zugeordneten Teilprozesse. Die Ermittlung der Hauptprozesskostensätze erfolgt analog zur Bestimmung der Kostensätze in der Teilprozessanalyse durch Division der Kosten durch die Prozessmengen. Nun werden die drei Schritte der Prozesskostenanalyse zusammengefasst.Es kann ein hierarchischer Aufbau festgestellt werden: Das kleinste Element und damit auch die

Kalkulation und Management von komplexen Dienstleistungen

Basis der Prozesskostenanalyse bilden die Tätigkeiten, aus deren nach sachlichen Gesichtspunkten durchzuführenden Aggregation sich die Teilprozesse bilden. Aus der anschließenden Zusammenfassung der Teilprozesse ergeben sich die Hauptprozesse.

Teilprozesskostenblatt je Kostenstelle										
Kostenstelle: Einkauf											
Kapazität: 5 Mitarbeiter incl. Verantwortlicher = 1.100 MT											
Totalkosten: 650.000 Euro											
Lfd. Nr.	Teilprozessbezeichnung	Tätigkeiten (lfd. Nr.)	Kostentreiber	Prozessmenge	benötigte Zeit pro Jahr in %	benötigte Zeit pro Jahr in MT	Teilprozesskosten pro Jahr (in Euro)	Teilprozesskostensatz in Euro lmi	Umlagesatz (lmn)	gesamt
001	Bestellung durchführen	1,2,3,4	Anz. Bestellungen	12.000	30	330	195.000	16,25	2,65	18,90
002	Lieferanten betreuen	5,6	Anz. Lieferanten	100	4	44	26.000	260	42,33	302,33
---	---	---	---	---	---	---	---	---	---	---
			Summe aller lmi Teilprozesse		86	946	559.000			
006	Schulungen besuchen	19			1	11	6.500			
007	Abteilungen leiten	20			13	143	84.500			
			Summe aller lmn Teilprozesse		14	154	91.000			
			Summe aller Teilprozesse		100	1100	650.000			

Abbildung 4: Teilprozesskostenblatt je Kostenstelle

Erst über eine Prozessanalyse ist es möglich, dem Kunden transparent zu machen, welche Vielzahl von Einzelschritten im Unternehmen notwendig sind bis ein Kleinteil seinen Bestimmungsort erreicht. Oft werden 30–40 Einzelprozessschritte durchlaufen, die alle relevanten Unternehmensbereiche involvieren und zu Aktionen veranlassen (Buchhaltung, Logistik, Produktion, Einkauf) (s. Abbildung 5).

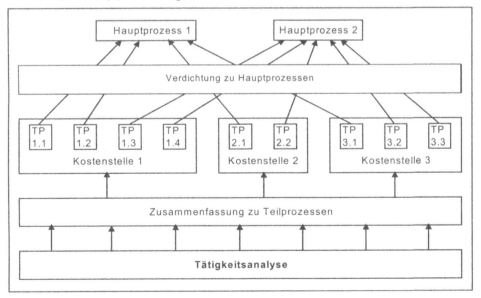

Abbildung 5: Tätigkeitsanalyse

5. Ermittlung von verursachungsgerechten Kosten der einzelnen Dienstleistungen

Die Ergebnisse der Prozesskostenanalyse ergeben einen ersten Einblick, was dem Unternehmen an Prozesskosten entsteht. Wichtig ist aber, bei der Gesamtbewertung der Prozesse auf die Erfahrung der einzelnen Mitarbeiter zurückzugreifen. Wenn jeder Prozessverantwortliche seine Meinung zu den Prozesskosten abgibt, wird sich auch ohne aufwändiges Zeiterhebungsverfahren ein relativ genaues Bild der tatsächlich anfallenden Kosten ergeben. Dieses Bild ist aber im Gegensatz zu wissenschaftlich korrekt ermittelten Zahlen um ein weites wertvoller, da alle daraus abgebildeten Maßnahmen von den Mitarbeitern mitgetragen und unterstützt werden, da sie ja auf „ihren" Zahlen beruhen.

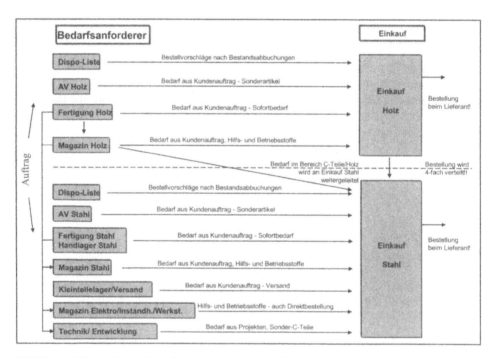

Abbildung 6: Darstellung der administrativen Prozesskette

Als Beispiel wird nachfolgend eine Prozesszusammenfassung gezeigt. Diese beiden Charts können natürlich nur einen kleinen Einblick geben in eine tatsächliche Gesamtprozessanalyse, zu der weitere administrative und logistische Prozessketten gehören.

Absolut wichtig ist aber, dass die Bewertung der Fachverantwortlichen stattfindet. Dort ist genügend Wissen über die Kosten der Teilprozesse vorhanden. Die Gefahr, dass Kosten ver-

Kalkulation und Management von komplexen Dienstleistungen

schleiert werden, ist natürlich vorhanden, tritt aber zu der deutlich erhöhten Akzeptanz in den Hintergrund (s. Abbildung 6).

Ist-Zustand:

Bedarfsanforderer (Dispositionsliste und Bedarfsanforderungsschein)

25 C-Teile Bedarfsmeldungen/Tag á 3,00 €: 75,00 € = 15.750,00 €/Jahr
25 C-Teile Bedarfsermittlungen/Tag á 10,00 €: 250,00 € = 52.500,00 €/Jahr

Bsp.: Meister verwendet ca. 30 Prozent seiner Tätigkeit für Bedarfsermittlung, Fehlbestände usw. Bei 2.500 Teilen im Holz-Bereich sind ca. 1.000 C-Teile, was 40 Prozent entspricht. Das heißt, schon der Meister hat bereits einen Aufwand von 6.000 € im Jahr mit C-Teilen.

Oder: Der Bereich Elektro/Instandhaltung beschäftigt sich im Durchschnitt 1,5 Stunden pro Tag mit C-Teile-Bestellungen.

Abbildung 7: Kostenanalyse der administrativen Prozesskette 1

6. Darstellung einer Kalkulation

Voraussetzung für eine genaue Kalkulation der Dienstleistung ist, zuerst die Kenntnis der eigenen Prozesse und deren genaue Bewertung als auch der Prozesse des Kunden (s. Punkt 3 und 4) zu erlangen. Mit einem angemessenen Aufschlagsverfahren auf die eigenen IST-Kosten und einem Vergleich mit den ermittelten Kosten des Kunden (s. Abbildung 6) lassen sich Angebotspreise ermitteln, die eine saubere Verhandlungsplattform darstellen. Mit den Abbildungen 6, 7 und 8 sollen beispielhaft solche Einzelprozesse dargestellt werden, die für den eigenen Prozess ermittelt wurden.

Es ist also eminent wichtig, für die richtige Kalkulation der Dienstleistung die exakten Ist-Kosten des Kunden als auch die Prozesskosten im eigenen Haus zu kennen. Wenn man die eigenen Prozesse kennt und die Schnittstellen sauber definiert hat, kann man für den Kunden eine eigene komplexitätsarme, maßgeschneiderte Dienstleistung kreieren, deren Angebotspreis für ihn akzeptabel ist (vgl. Punkt 2).

Bedarfsmeldungen	=	15.750 €/Jahr
Bedarfsermittlungen	=	52.500 €/Jahr
Anfragen und Auswertung	=	7.560 €/Jahr
Bestellung	=	57.750 €/Jahr
Lieferantenpflege	=	31.500 €/Jahr
Wareneingangkontrolle	=	26.250 €/Jahr
Bestandsbuchungen und interner Transport	=	70.875 €/Jahr
Inventur	=	2.470 €/Jahr
Lagerkosten/Handling	=	26.775 €/Jahr
Lagerplatzkosten	=	2.160 €/Jahr
Rechnungsprüfung	=	8.400 €/Jahr
Vorkontierungen, Buchungen und Zahlungsanweisungen	=	33.600 €/Jahr
Gesamtkosten der C-Teile-Beschaffung:	=	**335.590 €/Jahr**

Abbildung 8: Gesamtkostenanalyse der C-Teile Beschaffung

Die Kalkulation

Nachdem man nun die Selbstkosten des Kunden und auch die eigenen Kosten kennt, lässt sich leicht ein Angebotspreis darstellen, der deutlich unter den IST-Kosten des Kunden liegt, aber nicht zu Dumpingpreisen führt. Dadurch bleibt die Möglichkeit, auch in den Folgejahren dem Kunden Ratioeffekte zu bieten und Geld zu verdienen (s. Abbildung 10).

Selbstverständlich kann diese Vorgehensweise auch für weniger komplexe Dienstleistungen angewandt werden. Erfahrungen zeigen eindeutig, dass Unternehmen, die gezielt ihre Dienstleistungen nach diesen Schemata kalkulieren und verkaufen, ein deutlich höheres Wachstums- und Ertragsverhalten zeigen als vergleichbare Unternehmen.

Es gibt in der Literatur eine Vielzahl von möglichen Kalkulationsarten, die im Grunde immer auf die gleiche, hier oben beschriebene Grundsystematik hinauslaufen. Aus diesem Grund wird auf eine Einzeldarstellung verzichtet und hier auf die gängige Management-Literatur verwiesen.

Die Zukunft wird zeigen, dass es Unternehmen in Deutschland nur gelingen wird, sich im Markt zu behaupten, wenn die ursprünglich produzierten Produkte mit einer zugeschnittenen und für den Kunden annehmbar kalkulierten Dienstleistung abgerundet werden. Allein das Verlassen auf eine bessere Ingenieurskunst oder die Fähigkeit, billiger und schneller als die Wettbewerber zu sein, wird nicht ausreichen.

≋ Standard		175,00 € pro Teil
≋ PPAP		850,00 € pro Teil
≋ Wareneingangskontrolle Würth		
≋ Standard		50,00 € pro Teil pro Sendung
≋ QS 9000 Anforderung		175,00 € pro Teil pro Sendung
≋ Warenausgangskontrolle Würth		15,00 € pro Teil pro Sendung
≋ Dokumente pro Lieferung		nach Aufwand
≋ Überwachung der Produktion		75,00 € pro Teil pro Monat
➢ Produktionsaudits		nach Aufwand
➢ Troubleshooting bei Q-Problemen		875,00 €/Tag (7Std.)
➢ Spesen		nach Aufwand
➢ Fahrtkosten		0,40 €/km

Abbildung 9: *Qualitätskosten Vorserie/Serie*

Annahme: Würth ersetzt ca. 80 Prozent der C-Teile-Lieferanten.

Prozesskosten pro Jahr:	IST	Reduzierung	SOLL
Bedarfsmeldungen	= 15.750 €	- 80 % ->	3.150 €
Bedarfsermittlungen	= 52.500 €	- 20 % ->	42.000 €
Anfragen und Auswertung	= 7.560 €	- 40 % ->	4.536 €
Bestellung	= 57.750 €	- 80 % ->	11.550 €
Lieferantenpflege	= 31.500 €	- 80 % ->	6.300 €
Wareneingangkontrolle	= 26.250 €	- 50 % ->	13.125 €
Bestandsbuch./intern. Transport	= 70.875 €	- 50 % ->	35.438 €
Invent	= 2.470 €	- 0 % ->	2.470 €
Lagerkosten/Handling	= 26.775 €	- 80 % ->	5.350 €
Lagerplatzkosten	= 2.160 €	- 10 % ->	1.944 €
Rechnungsprüfung	= 8.400 €	- 60 % ->	3.360 €
Vorkont., Buch., Zahlungsanw.	= 33.600 €	- 60 % ->	13.340 €
		+ Kosten 3 x ORSY	300 €
		+ KANBAN	80.280 €
Gesamtkosten:	**= 335.590 €**	**- 33 %**	**223.143 €**

Einsparpotenzial von ca. 112.500 €

Abbildung 10: *Grobe Quantifizierung der Einsparpotenziale*

Human-Ressourcen-Risikomanagement: Umfeld, Ablauf, Risikofelder, Instrumente

Guido Leidig

1. Einleitung	206
2. Grundlegende Zusammenhänge	206
2.1 Ausgangslage	206
2.2 Bedeutungshorizonte	207
2.3 Umfeldentwicklungen	208
3. Human-Ressourcen-Risikomanagement-Prozess	211
4. Human-Ressourcen-Risikofelder	212
4.1 Beeinflussbare Risikofelder	213
4.2 Nicht/marginal beeinflussbare Risikofelder	216
5. Personal-Risikomanagement und Balanced Scorecard	219
5.1 Grundidee	219
5.2 Elemente	220
5.3 Nutzenpotenziale	220
5.4 Wirkungspotenziale	221
6. Zusammenfassung	223

1. Einleitung

In diesem Beitrag werden die Grundlagen aus Theorie und Praxis für ein effizientes Human-Ressourcen-Risikomanagement dargestellt, damit man diesen wichtigen Aspekt des Personal-Managements in die betriebliche Tagesarbeit einführen kann. Darüber hinaus geht es darum, die Nutzeffekte zu erkennen. Denn aufgrund der demografischen Entwicklung wird es in einigen Jahren den Unternehmen nicht unerhebliche Probleme bereiten, qualifizierte Fach- und Führungskräfte für den eigenen Betrieb zu finden. Deshalb ist es von besonderer Bedeutung, schon heute qualifizierte Mitarbeiter durch gezielte Maßnahmen – z. B. Personalentwicklung – an die Firma zu binden bzw. zu erkennen, wo bestimmte personelle Engpässe auftreten können – eine vor dem Hintergrund von Basel II und Rating nicht zu vernachlässigende Facette.

2. Grundlegende Zusammenhänge

2.1 Ausgangslage

Seit einiger Zeit wird der „Mitarbeiter" primär als „Kostenfaktor" betrachtet, den es zu optimieren gilt. Die Leistungsseite findet in der Diskussion kaum Beachtung. Dies ist einer der Gründe dafür, weshalb Problemfelder des Personal-Management im Rahmen der Thematisierung um Unternehmensrisiken – wenn überhaupt – lediglich eine marginale Rolle spielen. In Vergessenheit um die Erörterung der Maßnahmen zur Steigerung der Wettbewerbsfähigkeit – insbesondere im globalen Konkurrenzkampf – in Vergessenheit, dass Wachstum, Profitabilität und Innovationsfähigkeit nicht nur in der Vergangenheit, sondern auch in Zukunft von qualifizierten und motivierten Mitarbeitern getragen wird. Denn: Lernfähigkeit, Qualifikation, Motivation sowie Innovationskraft von Mitarbeitern sagen vielfach mehr über die derzeitige/künftige „Performance" eines Unternehmens aus als vergangenheitsorientierte Bilanzkennzahlen oder der Börsenkurs.

2.2 Bedeutungshorizonte

Unternehmen versuchen seit Jahrzehnten alle möglichen Risikopotenziale (Kredit-, Markt-, Umweltschutz-, Forderungsausfallrisiken usw.) mittels mehr oder weniger ausgefeilten Modellen in den Griff zu bekommen. Risikofelder im Human-Ressourcen-Bereich bleiben weitgehend ausgeklammert.

Personal-Risikomanagement, ein Teilgebiet des Personal-Managements (= Human-Ressourcen-Management), verstanden als Verhaltenssteuerung (Mitarbeitermotivation/-führung) einerseits sowie Systemgestaltung (Personalplanung, Personalentwicklung u.v.m.) andererseits, versucht hier Abhilfe zu schaffen. Einzelne Personalrisiken gilt es zu identifizieren und durch den Einsatz von Personal-Management-Instrumenten zu reduzieren. Nur wenn in Zeiten des Wandels Unternehmen in der Lage sind, diese Risikopotenziale zu beherrschen, also über Steuerungsmöglichkeiten verfügen, werden auch die Chancen, die in Human-Ressourcen enthalten sind, besser nutzbar sein: Beherrschte Risiken sind Chancen!

Strukturelle dynamische Umbrüche in der technischen und ökonomischen Umwelt sind nur dann erfolgreich zu meistern, wenn sich die Mitarbeiter eines Unternehmens mit neuen Strategien und Techniken identifizieren und dafür engagieren. Es sind nicht primär strategische Konzepte, neue Unternehmensstrukturen, Führungsvisionen, Prozessoptimierungen etc., die über die nachhaltige Erfolgssicherung eines Unternehmens – und damit auch über seine Zukunft – entscheiden: Es sind die Menschen, Human-Ressourcen, die diese Konzepte umsetzen, mit Effizienz und Effektivität ausstatten – ein Aspekt, dem gerade der Balanced Scorecard-Ansatz Rechnung trägt. Aufgrund dieser Erwägungen ist zu fordern, dass jeder Betrieb gute Mitarbeiter – und damit einhergehend Wissenspotenziale – langfristig an das Unternehmen bindet. Dies gilt insbesondere für erfahrenes Personal.

Mitarbeiter sind „Transformatoren", über deren Leistungen das Unternehmen im Hinblick auf Kunden-, Qualitäts- und andere strategische Orientierungen seine Wirkung entfaltet. Darüber hinaus hängt die künftige Leistungsbereitschaft von qualifizierten Mitarbeitern in vermehrtem Umfang davon ab, ob das betriebliche Umfeld, stimmt – oder mit anderen Worten: Inwieweit stimmen individuelles und betriebliches Wertesystem überein.

Gerade diese Trends erfordern es, dass das Personal-Management seinen Fokus verändert: Mitarbeiter sind nicht in erster Linie „Kosten" sondern „Potenziale" – und diese muss man nicht nur nutzen, sondern durch spezielle Maßnahmen erhalten. Deshalb ist ein Personal-Risikomanagement notwendig, um durch den Weggang von Mitarbeitern Verluste an

- taktisch/operativer Kompetenz
- innovativem Potenzial

nicht hinnehmen zu müssen.

2.3 Umfeldentwicklungen

2.3.1 Darwiportunismus-Phänomen

Unbestreitbar ist, dass gerade jüngere Mitarbeiter eine neue Prioritätenskala bei Werten haben. Dies gilt auch und gerade für Führungskräfte. Allerdings bedeuten veränderte Wertvorstellungen nicht automatisch, dass es derzeit und künftig kein Erfolgsstreben bei den Mitarbeitern mehr gibt. Vielmehr suchen Mitarbeiter ein anderes soziales Umfeld, in dem sie ihre beruflichen und privaten Aktivitäten realisieren möchten. Scholz beschreibt dieses Entwicklungsmuster treffend mit dem Schlagwort „Darwiportunismus".

Bei einem niedrig ausgeprägten Opportunismus kann man davon ausgehen, dass sich der Mitarbeiter eher loyal dem Unternehmen gegenüber verhält. Bei hoch ausgeprägtem individuellen Opportunismus hat er eher eine illoyale Einstellung. Analog dazu bieten Unternehmen, je nachdem, ob sie sich unter einem mehr oder weniger hohen darwinistischen Wettbewerbsdruck befindet, Sicherheit oder keine Sicherheit. Daraus ergeben sich in der Kombination vier in Abbildung 1 beschriebene Fälle.

		Individueller Opportunismus	
		niedrig	hoch
Darwinistischer Wettbewerbsdruck für Unternehmen	niedrig	**Kontrakt 1** Loyale Mitarbeiter treffen auf Sicherheit bietendes Unternehmen „gute alte Zeit"	**Kontrakt 2** Illoyale Mitarbeiter treffen auf Sicherheit bietendes Unternehmen „Kindergarten"
	hoch	**Kontrakt 3** Loyale Mitarbeiter treffen auf keine Sicherheit bietendes Unternehmen „Feudalismus"	**Kontrakt 4** Illoyale Mitarbeiter treffen auf keine Sicherheit bietendes Unternehmen „Darwiportunismus"

Abbildung 1: *Darwiportunismus-Matrix*   *Quelle: Scholz 2002*

Aus den beschriebenen Kombinationen resultieren zwei Konstellationen, in denen eine Machtbalance herrscht (loyal/Sicherheit bietend und illoyal/keine Sicherheit bietend), und zwei nicht ausbalancierte Situationen, denen einer der Akteure nicht dieselben Machtpotenziale einsetzt wie der andere. Ausgehend von diesen Erwartungshaltungen ergeben sich verschiedene soziale Kontrakte, die mehr oder weniger bewusst von Arbeitnehmern und Arbeitgebern bei der Einstellung eingegangen werden. Sie können zur Verdeutlichung zusammen mit assoziativen Metaphern versehen werden.

Kontrakt 1 stellt die traditionelle Arbeitswelt dar, in der die Akteure davon ausgehen, es herrsche ein gegenseitiger Austausch von Loyalität und Sicherheit. Ein Abweichen kann i. d. R. nicht einseitig und erst nach gegenseitiger „Aufkündigung" des sozialen Kontrakts erfolgen. Auf diesen sozialen Kontrakt kann als „gute alte Zeit" referiert werden, als Wechselspiel von Loyalität und Sicherheit auf Gegenseitigkeit.

In *Kontrakt 2* nimmt das Unternehmen Rücksicht auf die individuellen Nutzenbedürfnisse, gleichzeitig stellt der Mitarbeiter seinen Nutzen massiv in den Vordergrund, und es ist ihm relativ egal, ob der Betrieb seinen Überlebenskampf besteht oder nicht. Diese Situation, bei der Mitarbeiter dem Unternehmen „auf dem Kopf herumtanzen", kann man als „Kindergarten" bezeichnen.

In *Kontrakt 3* akzeptiert das Individuum, dass sich das Unternehmen in einem Überlebenskampf befindet und fühlt sich diesem verpflichtet. Das Unternehmen jedoch nimmt wenig Rücksicht auf die Sicherheits- und Nutzenbedürfnisse der Mitarbeiter. Der Begriff des „Feudalismus" seitens des Unternehmens trifft diese Situation, denn in jener geschichtlichen Situation wurde den Herrschenden Unterwürfigkeit entgegengebracht.

Kontrakt 4 ist schließlich als „Darwiportunismus" zu bezeichnen: Beiden Akteuren ist gleichermaßen transparent bewusst, dass sie primär ihren eigenen Nutzen verfolgen. Die Akzeptanz dieser Prioritätensetzung bringt mit sich, dass keiner der Akteure in Konfliktfällen mit moralisch-ethischen Kategorien („Das ist gemeint!") argumentieren muss, da von vornherein klar ist, welche Entscheidungskriterien gelten.

In Abbildung 2 werden die vorangegangenen Aussagen visuell dargestellt.

Die Darwiportunismus-Matrix nach Scholz veranschaulicht, auf welche Art von Zusammenarbeit man sich in einer Arbeitsbeziehung einlassen will. Betrachtet man nun in einem weiteren Schritt die tägliche Umsetzung dieses sozialen Kontrakts, so haben die Akteure – abhängig vom gesetzten generellen Verhaltensrahmen – bestimmte Möglichkeiten, ihre Interessen zu verfolgen. Diese sind das Resultat einer Erweiterung, da es beim Ausüben von Darwiportunismus und Opportunismus nicht nur auf das Wollen ankommt, sondern auch auf das Können im Sinne von Möglichkeit.

Gerade vor dem Hintergrund dieses als realistisch einzustufenden Szenarios ist es wichtig, den Basisbaustein „Mitarbeiter" nicht zu vernachlässigen, sondern durch Kennzahlen zu operationalisieren, z. B. im Rahmen eines Human-Ressourcen-Risikomanagement.

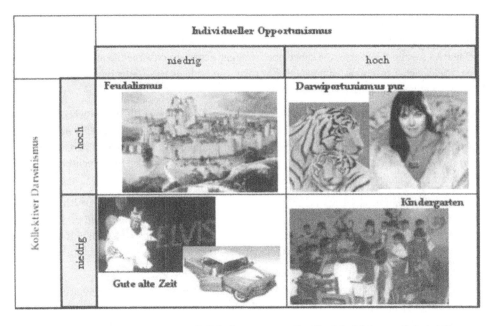

Abbildung 2: *Darwiportunismus nach Scholz*   *Quelle: Modifiziert n. Scholz i.V.m. Leidig 2002; Leidig et al. 2002*

2.3.2   Methusalem-Phänomen

Der zweite Problemkomplex lässt sich mit dem Stichwort „Methusalem-Phänomen" charakterisieren – und zwar in einem doppelten Sinn. Schirrmacher hat zutreffend darauf hingewiesen, dass derzeit ganze Völker in einem historisch nie gekannten Ausmaß altern. Damit wird das individuelle Schicksal sowohl zu einem politischen als auch ökonomischen Bifurkationspunkt einer Vielzahl von westlichen Gesellschaftssystemen. Dieser Prozess löst Angstvorstellungen aus und zwar in doppelter Hinsicht: Einerseits altert niemand gerne – andererseits ist man in den o. g. Gesellschaften schon ab dem 50. Lebensjahr zu „alt", um noch für den Arbeitsmarkt von Interesse zu sein – in vielen Fällen unabhängig von der Qualifikation. Diese „Mitarbeitergruppe" wird in den Unternehmen unter Kostenaspekten „eliminiert". Die Tatsache, dass in einigen Jahren erfahrene und qualifizierte Mitarbeiter fehlen, ist zwar bekannt – jedoch für „Personalpolitik" derzeit wohl noch ohne Relevanz. Man verzichtet auf die Arbeitskenntnisse und das Erfahrungspotenzial „älterer", mit dem Betrieb verbundenen Mitarbeitern. Da diese „Politik" evident ist, erzeugt sie in mannigfaltiger Weise Ängste, die dann negative Auswirkungen z. B. auf die Motivation haben können. Mithin handelt es sich auch hier um ein nachhaltiges und zukunftsträchtiges Arbeitsfeld des Human-Ressourcen-Risikomanagement. Es hat dafür Sorge zu tragen, dass keine Angstpotenziale entstehen. Erfreulicherweise ist der schwache Trend feststellbar, dass einige Unternehmen bereits dazu übergehen, „ältere" Mitarbeiter einzustellen, um von Qualifikation und Erfahrung zu profitieren. Aber dies ist nicht allein ein Problem des Unternehmens, sondern auch der Wertekultur einer Gesellschaft.

Zusammenfassend kann man konstatieren, dass das Human-Ressourcen-Risikomanagement sich in der Zukunft im Spannungsfeld von zwei extremen Phänomentypen – unter Beachtung einer internen und externen Zunahme von Dynaxität – bewegen wird. Es geht aber hier um die Lösung polymorpher, vernetzter Problemfelder. Aus diesem Grund gilt es nachfolgend, den Prozess der Risikobewältigung in Grundzügen darzustellen. Ferner ist es notwendig, eine problemfelderbezogene Typologie zu entwickeln sowie darauf aufbauend ein Instrument vorzustellen, welches nach dem derzeitigen wissenschaftlichen Erkenntnisstand vielschichtige, vernetzte Problemkomplexe zu lösen in der Lage ist.

3. Human-Ressourcen-Risikomanagement-Prozess

Das Risikomanagement in Bezug auf die Human-Ressourcen eines Unternehmens ist ein kybernetischer Prozess, der sich in folgende Phasen (Abbildung 3) unterteilen lässt.

(1) *Risikoidentifikation:* Hier geht es darum, z. B. auf Basis der Unternehmensstrategie, Forschungsergebnissen der Personalwirtschaftslehre, Anforderungen externer Institutionen (Ratingagenturen, Banken) etc. die verschiedenen Risiken zu erfassen. Darüber hinaus ist es notwendig, die Risiken zu typologisieren.

(2) *Risikoanalyse/-bewertung:* In dieser Phase gilt es festzustellen, in welchen Risikofeldern Probleme bereits vorhanden sind bzw. in der Zukunft virulent werden können und welche Auswirkungen dies auf das Erreichen der Unternehmensstrategie haben kann. Denn Strategie setzt man primär mit Menschen und nicht mit Maschinen erfolgreich in der Praxis um.

(3) *Risikosteuerung:* Nun muss dafür Sorge getragen werden, wie man mit den identifizierten und bewerteten Risiken seitens des Personal-Managements umgeht, wie man Einfluss nimmt und mit welchen Instrumentenbündeln.

(4) *Risikoverteilung:* Zur Risikodistribution stehen grundsätzlich fünf Varianten zur Verfügung, zwischen denen das Unternehmen teleologisch selektieren kann: Risikovorsorge, Risikovermeidung, Risikominderung, Risikoüberwälzung, Risikoübernahme. Der Unterschied zwischen Risikovorsorge und -vermeidung besteht darin, dass die zweit genannte Variante in dem Unterlassen einer risikobehafteten Aktivität besteht – die Vorsorge trägt dazu bei, dass eine risikoträchtige Situation überhaupt entsteht.

(5) *Risikoüberwachung:* Diese Phase dient dazu, dass das Unternehmen permanent an diesem komplexen Thema arbeitet, seinen Blick für diese Risiken „schärft", um nicht an einer betriebsspezifischen „*Myopsie*" zu erkranken i.V.m. einer „*Anosognosie*". Denn vielfach

wird verkannt, dass die interne und externe *Dynaxität* daraus resultiert, dass man es mit struktural irreduziblen Systemen zu tun hat. Diese strukturale Irreduzibilität führt dazu, dass sich die Systemverhaltensmuster nicht prognostizieren lassen.

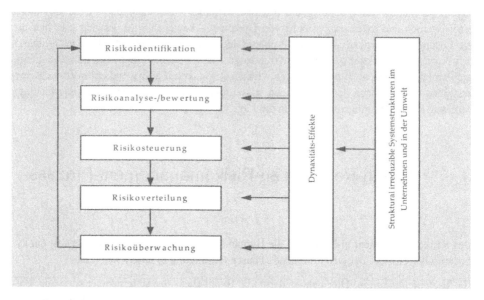

Abbildung 3: *Human-Ressourcen-Risikomanagement als kybernetischer Prozess*

4. Human-Ressourcen-Risikofelder

Um den vorgenannten kybernetischen Prozess optimal zu strukturieren, ist eine Typologie der zentralen Risikofelder notwendig. Ohne eine solche Systematik ist es schwierig, in der Praxis erfolgreich zu arbeiten. Die nachfolgend dargestellte Typologie kann in jedem Unternehmen zur Anwendung kommen.

Generell gibt es zwei Klassen von Risikofeldern: beeinflussbare und nicht/marginal beeinflussbare. Die letzte Gruppe wird von gesellschaftlichen – insbesondere auf der Ebene von Wertesystemen – und individuellen Prozessen – die aber auch mit durch das Gesellschaftssystem geprägt werden – determiniert.

Human-Ressourcen-Risikomanagement 213

4.1 Beeinflussbare Risikofelder

Abbildung 4 gibt einen Überblick zu den verschiedenen personalpolitischen Risikofeldern, die es im Folgenden im Hinblick auf zentrale Inhalte zu charakterisieren gilt.

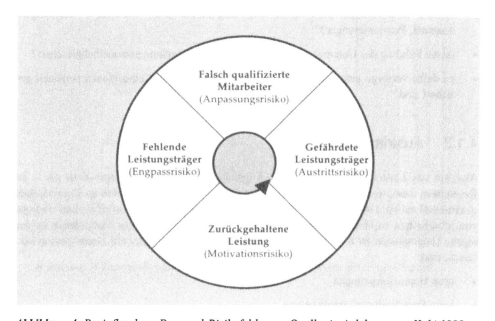

Abbildung 4: Beeinflussbare Personal-Risikofelder   Quelle: in Anlehnung an Kobi 1999

4.1.1 Engpassrisikofeld

Hier geht es darum, rechtzeitig zu identifizieren, in welchen Bereichen – z. B. durch Ausscheiden oder aufgrund der Einführung neuer Technologien – Leistungsträger fehlen resp. künftig notwendig sind. Zu differenzieren ist in diesem Zusammenhang zwischen Bedarfslücken (funktionsbezogen) und Potenziallücken (personenbezogen).

Fehlt das Human-Ressourcen-Potenzial, kann es durch Personalentwicklungsmaßnahmen intern aufgebaut oder extern vom Arbeitsmarkt eingekauft werden – was aber auf zunehmende Schwierigkeiten stößt.

Im Wesentlichen geht es hier um die Beantwortung folgender Fragen:
- Welches sind die künftigen Schlüsselqualifikationen?

- In welche Richtung verändert sich in den nächsten ein bis zwei Jahren der quantitative Personalbedarf?
- Wie verändern sich die qualitativen Anforderungen an die Mitarbeiter?
- Welche Mitarbeiter genügen diesen Anforderungen, welche verfügen über ein ausbaufähiges Leistungspotenzial?
- Welche Veränderungen sind mittel-/langfristig bereits jetzt erkennbar (Versetzungen, Austritte, Pensionierungen)?
- Ist die Führung des Unternehmens bzw. die Nachfolgeregelung personell abgesichert?
- Ist dafür Vorsorge getroffen worden, dass strategische Schlüsselpositionen personell gesichert sind?

4.1.2 Austrittsrisikofeld

Austritte von Leistungsträgern stellen im Allgemeinen ein hohes Risikopotenzial dar – im Besonderen dann, wenn die Unternehmensumgebung durch ein großes Maß an Ungewissheit gekennzeichnet ist. Deshalb hat das Personal-Risikomanagement die Aufgabe, diese Gruppe von Mitarbeitern zu identifizieren und mit gezielten personalpolitischen Maßnahmen an das eigene Unternehmen zu binden. Zentrale Gründe, warum Mitarbeiter ein Unternehmen verlassen, sind:

- neue Herausforderungen
- mehr Entscheidungsverantwortung
- bessere berufliche Aussichten im Hinblick auf die Karriereentwicklung
- gute Zukunftsperspektiven des neuen Unternehmens
- Angst, zu „alt" zu sein.

Interessant ist in diesem Zusammenhang auch zu erfahren, welche Faktoren es sind, die ein Austrittsrisiko reduzieren:

- gutes Unternehmensklima, günstige Rahmenbedingungen für die Mitarbeiterentwicklung (Offenheit, Vertrauen)
- umfangreiche nichtmaterielle Anreize seitens des Unternehmens (Image des Arbeitgebers, Arbeitsplatzsicherheit, Entwicklungsmöglichkeiten, Betriebsklima)
- leistungsadäquate Entlohnungsstrukturen
- passende Organisationsstrukturen
- ausgeprägte Aufteilung von Machtpotenzialen (mehr Einbindung der Betroffenen, Delegation von Aufgaben und Verantwortung).

4.1.3 Anpassungsrisikofeld

Falsch qualifizierte Mitarbeiter stellen Anpassungsrisiken dar. Sollen Freistellungen umgangen werden, sind vorsorglich Um- bzw. Neuqualifizierungen notwendig. Dies ist insbesondere dann von Bedeutung, wenn sich z. B. ein Druckunternehmen in dem Marktsegment „Neue Medien" positionieren möchte, um hier Kernkompetenzen aufzubauen. Für Unternehmen besteht hier die Möglichkeit, diese Risiken durch rechtzeitige und gezielte Personalentwicklung zu reduzieren. Je früher solche Maßnahmen zur Anwendung kommen, desto größer dürften die Erfolge sein. Denn durch solche Instrumente wird nicht nur das Wissen systematisch aktualisiert, sondern auch die Motivation erhöht und die Flexibilitätsbereitschaft der Mitarbeiter positiv beeinflusst. Darüber hinaus trägt eine gezielte und vorsorgende Personalentwicklung dazu bei, Angstpotenziale nicht nur abzubauen, sondern überhaupt nicht entstehen zu lassen. Der Mitarbeiter lebt und arbeitet in dem Bewusstsein, dass er über ein ausreichendes Maß an Arbeitsmarktfähigkeit verfügt.

4.1.4 Motivationsrisikofeld

Ausgebrannte Mitarbeiter – s. Abbildung 5 – die die „innere Kündigung" bereits vollzogen haben, aber auch älteres verdientes Personal, das u. U. Schwierigkeiten mit neuen Technologien hat, sind aktuelle Beispiele für motivationale Risiken. Auf eine innere Kündigung deuten folgende Verhaltensrisiken hin:

- fehlende Eigeninitiative
- überangepasstes Verhalten (Ja-Sagerei)
- vermeiden von Konflikten/Auseinandersetzungen
- fehlende konstruktive Kritikfähigkeit
- übernehmen von wenig anspruchsvollen Aufgaben
- bestehende Kompetenzen nicht mehr ausschöpfen
- versiegender Humor im Arbeitsleben
- gleichgültig gegenüber betrieblichen Veränderungen.

Die Folgen für den Einzelnen sind Unzufriedenheit sowie Lustlosigkeit bis hin zu psychischen Krankheitsbeschwerden.

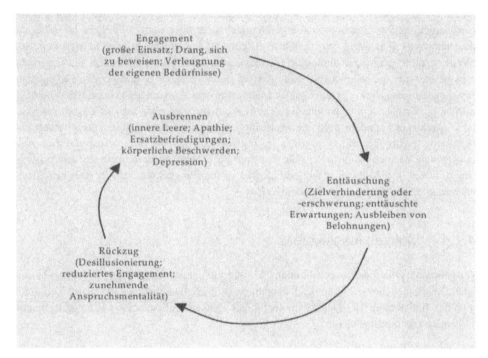

Abbildung 5: *Burnout-Phasen-Schema*   *Quelle: Kobi 1999*

4.2 Nicht/marginal beeinflussbare Risikofelder

Hier handelt es sich um ein „weites Feld" – jedoch ist dies kein Grund, nicht den Versuch einer Strukturierung vorzunehmen (s. Abbildung 6).

4.2.1 Gesundheit/Fitness

Human-Ressourcen-Risikomanagement 217

Dieses Risikofeld ist seitens des Betriebs nur bedingt beeinflussbar – besonders dann, wenn die negativen Effekte aus privaten Verhaltensgewohnheiten stammen. Viele Mitarbeiter – insbesondere Führungskräfte – achten nicht konsequent auf ihre Gesundheit und gefährden damit nicht nur ihre Leistungsfähigkeit, Karriere, womöglich sogar ihr Leben. Der plötzliche Ausfall von qualifizierten Mitarbeitern in Schlüsselpositionen kann zu enormen Störungen im Betriebsablauf führen. Aus diesem Grund bieten derzeit Fortbildungsinstitute Seminare zu dem Themenbereich „Health and Performance" an, um Mitarbeiter durch eine dauerhafte

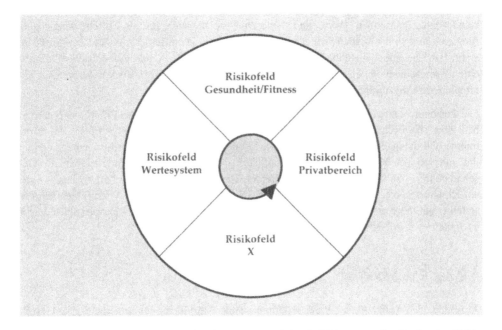

Abbildung 6: *Nicht/marginal beeinflussbare Personal-Risikofelder*   Quelle: Leidig 2000

Umstellung bestimmter Gewohnheiten langsam an gesündere Lebens- und Verhaltensweisen heranzuführen. Sowohl das berufliche als auch private Umfeld ist mit einer zunehmend höheren Instabilität, einem ständig steigenden Risiko und dem Druck, jederzeit und überall verfügbar zu sein, charakterisiert. Dies erzeugt Angstpotenziale, die sich negativ auf die Gesundheit auswirken, wie eine Studie des Genfer Universitätskrankenhauses über männliche Herzinfarkt-Patienten im Alter von 32 bis 45 Jahren zeigt. Die Probanden litten unter übermäßigen privaten und beruflichen Ängsten und Spannungen. Für Multistress ist der menschliche Körper nicht ausgelegt.

Neuere Studien zeigen, dass starke Angstzustände die Blutgerinnung verstärken und dadurch Thrombosen auslösen können. Nicht auszuschließen ist – was jedoch weitere Studien zeigen müssen – ob diese Vorstufe der Blutgerinnung (Gehalt an Spaltprodukten des Proteins Fibrin erhöht) zu einer Herzinfarktrisikoerhöhung führt.

Stressfaktoren wirken nur dann positiv, wenn eine Balance zwischen Spannung und Entspannung existiert. Personal-Risikomanagement sollte die für diese Balance notwendigen Umweltbedingungen schaffen.

4.2.2 Wertesystem

Im Rahmen der aktuellen Herausforderungen für das Personal-Management steht der Wertewandel meist ganz oben. Werte sind Steuerungsmechanismen, die als Entscheidungsregeln fungieren und so die Verhaltensmuster von Mitarbeitern beeinflussen. Aus diesem Grund ist es für Betriebe eine zwingende Notwendigkeit, rechtzeitig alle Signale zu beobachten, die auf einen Wertewandel deuten könnten. Auch hier handelt es sich um ein Risikofeld, welches unternehmensseitig zumindest marginal beeinflussbar ist.

Die Personalverantwortlichen in einem Unternehmen haben mithin die Pflicht, sich permanent über entsprechende Veränderungen – wie sie eingangs beschrieben wurden – zu informieren und dahingehend abzuprüfen, ob sie auf den eigenen Betrieb Einfluss haben könnten und mit welchen Konsequenzen. Personalleiter – oder in kleineren Unternehmen die Geschäftsführer – sollten deshalb regelmäßig den Dialog mit der Wissenschaft suchen – z. B. auf Kongressen o.ä. Vielfach ist jedoch leider die unflexible Einstellung vorzufinden, dass es sich hier um theoretische „Konstrukte" handele, die für die Praxis ohne Relevanz seien. Diese asymmetrische Informationsaufnahme gilt es zu ändern.

4.2.3 Privatbereich

Aufgrund sich wandelnder Wertestrukturen sowie Modifikationen innerhalb des Gesellschaftssystems können familiäre Beziehungsmuster und deren Veränderungen (Eheschließung, Scheidung etc.) Einfluss auf Verhaltensmuster von Mitarbeitern nehmen – insbesondere dann, wenn beide Partner berufstätig sind und nach Selbstentwicklung/-verwirklichung streben (z. B. Auslandsentsendungen eines Ehepartners als Karrierechance).

Fernerhin gilt es zu beachten, dass jeder Fortschritt in der Informationstechnologie auch einen zunehmenden Verlust an persönlicher Freiheit – im privaten/beruflichen Sektor – bedeutet. Der private Schutzraum, die private „Ozonschicht" ist in Gefahr – eine Ursache für das Ansteigen von Ängsten und daraus resultierenden Schädigungen der Gesundheit/Leistungsfähigkeit.

4.2.4 Problemfeld X

Hierunter können alle Risiken zusammengefasst werden, die sich in vorgenannte Kategorieklassen nicht systematisch einordnen lassen. Zu denken ist z. B. an besonders risikoreiche Sportarten im Privatbereich u. ä.

Es handelt sich hierbei um eine „Auffangkategorie" – auch und gerade, um neue Phänomene, die sich u. U. erst in schwachen Konturen abzeichnen und systematisch schwer zu erfassen und zu beobachten sind. Denn vielfach vollziehen sich Veränderungen im privaten oder gesellschaftlichen Umfeld subliminal. Dies darf jedoch nicht dahingehend interpretiert werden, sie wären ohne nachhaltige Bedeutung. Je nach Entwicklungsverlauf, insbesondere dann, wenn man es mit irreduziblen Systemstrukturen zu tun hat, stehen sie plötzlich – und für das Unternehmen unerwartet/unvorbereitet – im Relevanzkegel der Risikofaktoren.

Nicht zu verkennen ist in diesem Kontext, dass beide Risikofelder eng miteinander verbunden sind. Dies gilt es im Rahmen des Personal-Risikomanagements zu berücksichtigen – auch im Hinblick auf den Einsatz von Instrumenten.

5. Personal-Risikomanagement und Balanced Scorecard

Die Balanced Scorecard (BSC) stellt ein effizientes Instrument zur Planung, zur Umsetzung und zum Controlling von Unternehmensstrategien dar – insbesondere auch im Hinblick darauf, welchen Beitrag Mitarbeiter zur Erreichung der strategischen Ziele leisten oder wo in diesem Segment Risiken auftreten bzw. entstehen können. Die BSC erzeugt eine Vernetzung verschiedener, für den nachhaltigen Erfolg wichtigen Facetten.

5.1 Grundidee

Die Grundidee der BSC besteht darin, neben finanziellen Kennzahlen auch nicht-finanzielle, so genannte „wertschöpfende strategische Erfolgsfaktoren" zu berücksichtigen. Hier handelt es sich um die Perspektiven:

- Kunden
- Prozesse
- Mitarbeiter

Voraussetzung für den Einsatz einer BSC ist natürlich das Vorhandensein einer Strategie, abgeleitet aus Vision und Mission. Die BSC erzeugt keine neue Strategie. Sie zwingt vielmehr die Unternehmensführung dazu, alle strategisch bedeutsamen Vorgänge zu identifizieren, monetäre Ziele/Kennzahlen auf einer finanziellen Ebene mit den für die strategische Ausrichtung des Betriebs bedeutsamen Aspekten – Kunden, Prozesse, Mitarbeiter – zu verknüpfen.

5.2 Elemente

Die zentralen Elemente eines BSC-Bausteins sind somit:

- strategische Ziele
- Kennzahlen
- Leistungstreiber
- Maßnahmen

Die Finanzperspektive beinhaltet Kennzahlen, die die Unternehmensführung über den finanziellen Erfolg der Strategie informieren. Die Festlegung dieser Kennzahlen ist in Abhängigkeit von der Entwicklungsstufe des Betriebs zu sehen.

Die Kennzahlen der Kundenperspektive beschreiben die Sicht des Kunden vom Unternehmen – z. B. bezogen auf Kundenzufriedenheit, Kundenloyalität, Kundentreue. Da nahezu alle Strategien dazu dienen, die Kunden in den Vordergrund zu stellen, bilden die Kennzahlen dieser Scorecard eine direkte Verbindung im Hinblick auf die Messung kritischer Erfolgsfaktoren im Rahmen der Strategieumsetzung ab.

Die Prozessperspektive steht in einem unmittelbaren Bezug zur Kundenperspektive, da Qualität und Kosten der Prozesse von entscheidender Bedeutung für die Zufriedenheit von Kunden sind. Zur Stimulation der Leistungsorientierung sind Benchmarks für bestimmte Kennzahlen wünschenswert, um so Entscheidungen besser zu fundieren.

Die Mitarbeiter- bzw. Entwicklungsperspektive bildet das Fähigkeitspotenzial eines Betriebs ab, Innovationen mit Erfolg einzuführen, sich ständig im Wettbewerb zu verbessern sowie die Potenziale im Change-Management-Prozess zu nutzen. Diese „Human-Ressourcen"-Perspektive ist aufgrund ihrer Langzeitwirkung von besonderer Relevanz für die Unternehmensentwicklung.

5.3 Nutzenpotenziale

Die Vorteile dieses Konzepts lassen sich überblickartig wie folgt darstellen:

- Erleichterung von Managemententscheidungen durch eine an die strategische Ausrichtung des Unternehmens angepasste Informationsbasis
- veränderte und verbesserte Diskussion über die Leistungspotenziale im Unternehmen
- transparente, übersichtliche und widerspruchsfreie Darstellung bedeutsamer Entscheidungsinformationen

- bedarfsgerechte Zuordnung und Verteilung von Informationen
- Verbesserung der Kommunikationsstruktur durch direkte und indirekte Einbeziehung aller Mitarbeiter
- „Strategie verlässt den Elfenbeinturm": Steigerung des unternehmensweiten Ziel- und Strategieverständnisses
- „Abkehr vom Anekdotischen": rationale und kontinuierliche Betrachtung der Erfolgsfaktoren
- Vernetzung von Strategie und operativer Tätigkeiten auf allen Unternehmensebenen
- Verbindung verschiedener interner und externer Perspektiven
- Verbesserung der Gesprächsbasis mit Banken – insbesondere im Hinblick auf ein internes/externes Rating

5.4 Wirkungspotenziale

Folgendes sollte mit der BSC erreicht werden:

- **Vordenken**
  Durch die Erarbeitung einer Strategie die Zukunft des Unternehmens vorausdenken, in Alternativen denken. Strategieplanung, Strategieumsetzung sind zentrale Bausteine im Rahmen von internen (Banken) und externen (Agenturen) Ratings.

- **Querdenken**
  Hier geht es darum, bisherige Gewohnheiten, Methoden etc. daraufhin zu überprüfen, ob sie auch noch in der Zukunft Erfolge „produzieren". Ferner eröffnet die BSC Möglichkeiten, neue Horizonte anzupeilen.

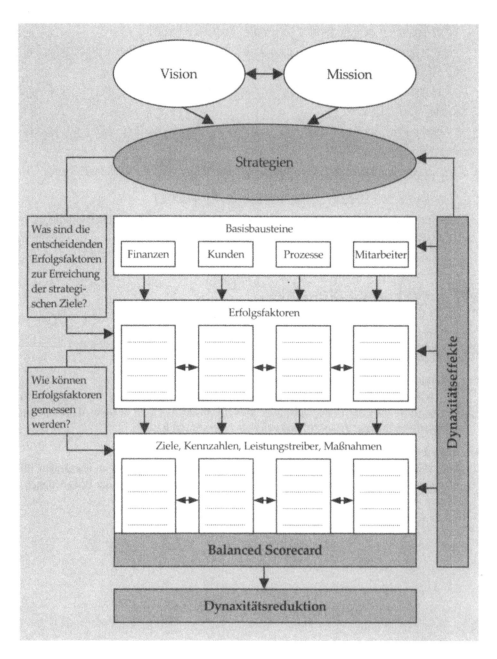

Abbildung 7: *Gesamtzusammenhang des BSC-Konzeptes*   Quelle: Leidig 2002
i.V.m. Meyer/Köhle 2000

- **Hineindenken**
  Gemeint ist mit diesem Schlagwort die Fähigkeit des Unternehmens – der Führung, der Mitarbeiter – sich in die Geschäftspartner – Kunden, Lieferanten, Kreditgeber, Mitbewerber, Öffentlichkeit – hineinzuversetzen.

Um die Zukunft des Unternehmens zu gestalten, geht es darum:

- die handelnden Akteure (Führungskräfte, Mitarbeiter) zielgerichtet zu führen, sie möglichst ausgewogen auf die Strategieumsetzung zu fokussieren
- den Aktionismus zu reduzieren und durch strategisch motiviertes Handeln zu ersetzen
- sich zu den konkret formulierten und strategisch ausgerichteten Zielen der einzelnen Aktionen zu bekennen
- den Verlauf und Erfolg strategischer Planung sowie der in ihr gebündelten Aktionen/Maßnahmen mittels Kennzahlen zu messen

Den Gesamtzusammenhang zwischen Vision, Strategie, Erfolgsfaktoren und der Strategieumsetzung mittels der BSC verdeutlicht Abbildung 7.

Der Einsatz der Balanced Scorecard im Kontext des Human-Ressourcen-Risikomanagements stellt ein zentrales Instrument dar, um die notwendigen Prozesse auf allen Ebenen zu vernetzen. Mit ihr können Risikofelder frühzeitig erkannt und beeinflusst werden.

6. Zusammenfassung

Die aus diesen Risikofeldern resultierenden Kostenblöcke werden i. d. R. unterschätzt. Viele Beispiele verdeutlichen, dass jede Personaleinstellung auf mittlerer Ebene gleichzusetzen ist mit einer Sachinvestition – von der Kostenseite – für die aufwändige Analysen und Investitionsberechnungen durchgeführt werden, um eine gewisse Sicherheit für Entscheidungen zu haben.

Das Human-Kapital sind Kompetenzen, Wissen, Fähigkeiten etc., die Mitarbeiter in den Betrieb mitbringen, weiterentwickeln, aber die auch verloren gehen, wenn diese das Unternehmen verlassen.

Personal-Management im vorgenannten Sinne sollte deshalb künftig den Fokus auf diese Risikofelder legen. Personal-Risikoinstrumente, um Risiken im Human-Ressourcen-Bereich zu verringern sind z. B.

- Personalentwicklung gezielt fördern – auch hinsichtlich älterer Mitarbeiter
- Coaching von Führungskräften und Mitarbeitern

- Identifikation mit dem Unternehmen durch eine entsprechende Unternehmens-/ Vertrauenskultur festigen bzw. forcieren
- Motivation durch Freiräume und Selbstentwicklung erzeugen
- Balanced Scorecard gezielt als Instrument einzusetzen

Denn: Menschen und ihre Verhaltensmuster sind der eigentliche „Motor" des Unternehmens, um Strategien umzusetzen und Erfolge zu erzielen.

Management von Chance und Risiko

Germann Jossé

1. Ziel	226
2. Grundsätzliches zu Chance und Risiken	226
3. Lösungsansätze	228
3.1 Die Balanced Scorecard	228
3.2 Scanning- & Monitoring-Ansatz zur Identifikation strategischer Chancen und Risiken	243
4. Fazit	248

1. Ziel

Eine der größten Herausforderungen für das Management ergibt sich aus der zunehmenden Dynamik des Umfeldes von Unternehmungen: Kürzere Produktlebenszyklen, sich rasch verändernde Märkte und Globalisierung sind Phänomene, aus denen zahlreiche Risiken, aber auch Chancen erwachsen. Parallel dazu sind veränderte Informationsprozesse einerseits Beschleuniger derartiger Umweltveränderungen, andererseits ermöglichen sie auch eine schnellere Information über solche Entwicklungen.

Das Management benötigt mehr denn je ein strategisches Bewusstsein, das zukünftige Veränderungen antizipiert, um rechtzeitig geeignete Maßnahmen in die Planungsprozesse aufzunehmen – im Extremfall kann ein verkanntes Risiko, genauso aber auch eine verpasste Chance zur Insolvenz führen, die es in jedem Fall zu vermeiden gilt. Um im Sinne eines proaktiven Krisenmanagements frühzeitig Initiativen zu ergreifen, werden fundierte Kenntnisse über adäquate Instrumente der Chancen- und Risiko-Erkennung und -Bewertung benötigt,[1] wie dies letztlich auch im KonTraG sowie im § 91 Abs. 2 AktG gefordert wird.

Dieser Beitrag beleuchtet Hintergründe eines Managements von Chance und Risiko, nennt Stoßrichtungen und zeigt konkrete, praxistaugliche Ansätze. Dabei geht es in erster Linie um eine Handhabung strategisch relevanter Bedrohungen und Gelegenheiten, die aus der Umwelt der Unternehmung entstehen.

Stichwörter: Risikomanagement, Krisenmanagement, Frühaufklärung, Balanced Scorecard, Umwelt, „strategic issues", Nachhaltigkeit, Identifikation und Evaluation von Chancen und Risiken

2. Grundsätzliches zu Chance und Risiken

Unter „Risiko" wird allgemein eine Situation mit unsicherem Ausgang verstanden, oder anders: ein Zustand nicht vollständiger Information. Sofern diese Situation nur die Möglichkeit eines potenziellen Schadens birgt, liegt ein reines Risiko vor, es gibt aber genauso auch die Situation, die die Möglichkeit eines positiven Ausgangs bietet, womit eine Chance vorläge. Beide stehen i. d. R. nicht per se fest, sondern hängen von der speziellen Entwicklung des

---

[1] Vgl. Macharzina (1999), S. 520 ff.

Management von Chance und Risiko

zugrundeliegenden Phänomens und der jeweiligen Unternehmung ab – sie sind somit unternehmensspezifisch zu beurteilen.

Allgemein kann Risiko als das Produkt aus Schadensausmaß mal Eintrittswahrscheinlichkeit ausgedrückt werden, und analog dazu Chance als Produkt aus Nutzenpotenzial mal Eintrittswahrscheinlichkeit. Allerdings werden so nur sehr grobe Beurteilungen möglich, da weitere Faktoren fehlen, wie z. B. die zeitliche Dimension oder der Wirkungsweg.

Im Entscheidungsprozeß liegt eine dreifache Risikosituation vor: Zunächst in einer unvollkommenen Information, dann in einer fehlerhaften Entscheidung und schließlich in der Gefahr von Ziel- oder Planabweichungen.

Risikomanagement zielt auf (1) die rechtzeitige Identifikation von Risiken, (2) deren Analyse und Bewertung, (3) ihre Handhabung und Bewältigung sowie (4) die flankierende Risikokontrolle. Die späteren Ausführungen beziehen sich vornehmlich auf die ersten beiden Punkte. Die klassischen Instrumente bzw. Strategien der Risikohandhabung sind: Risiko vermeiden, vermindern bzw. begrenzen, überwälzen bzw. streuen, versichern oder selbst tragen.

Das operative Risikomanagement befasst sich in diesem Sinne vor allem mit finanziellen, kostenmäßigen und versicherbaren Risiken. Dieser Bereich ist in der betrieblichen Praxis z. B. durch Versicherungen und Wechselkursabsicherungen fest etabliert und wird hier nicht weiter verfolgt. Strategisches Risikomanagement hingegen ist noch nicht gängig implementiert und soll daher in diesem Beitrag näher vorgestellt werden. Generell unterliegt jedes (strategische) Führungshandeln einer Vielzahl interner und externer Risiken (und Chancen), weshalb Risikomanagement schlicht als risikobewusste Unternehmensführung bezeichnet und gefordert werden kann.

Strategische Chancen und Risiken sind solche, die die Unternehmung insgesamt oder wesentliche Teile davon in ihren Erfolgspotenzialen langfristig tangieren. Zur Handhabung von strategischen Chancen und Risiken muss die Unternehmensführung nicht nur über ein entsprechendes Instrumentarium verfügen, sondern es muss auch ein breit geteiltes, ganzheitliches Bewusstsein für die Interaktion der Unternehmung mit der Umwelt schaffen, sie braucht ein hohes Diskussionsniveau (wozu u. a. flachere Hierarchien nützlich sind) und muss auch Minderheitenmeinungen zulassen, sie muss die eigene Flexibilität erhöhen, um besser vor Überraschungen gefeit zu sein und schneller agieren zu können, und schließlich müssen Innovationen gefördert werden, und zwar nicht nur auf Produkte bezogen, sondern auch auf Arbeitsformen, die interne Kommunikation oder die mit relevanten Stakeholdern.

Selbst wenn so ein chancen- und risikobewusstes Klima geschaffen wird, wird immer noch ein solides Methodenwissen über den Umgang mit unternehmensinternen als auch -externen Chancen und Risiken benötigt. Dazu werden nachfolgend einige Ansätze mit dem Fokus auf umweltinduzierte Veränderungen vorgestellt.

3. Lösungsansätze

Zur expliziten Berücksichtigung von Chancen und Risiken und deren Integration in Managementsysteme existieren zahlreiche Ansätze. Gängige Instrumente in der Unternehmenspraxis sind z. B. Portfolio-, Produktlebenszyklus-, SWOT- und Gap-Analysen. Nachfolgend werden die Chancen- und Risiko-Integration mittels der Balanced Scorecard (BSC) vorgestellt sowie die Evaluation strategischer Risiken, wie sie z. B. im Rahmen einer Strategischen Frühaufklärung durchgeführt wird.

3.1 Die Balanced Scorecard

Das Konzept der Balanced Scorecard (BSC) geht auf Kaplan/Norton zurück. Es ist ein Ansatz zur ganzheitlichen Steuerung der Unternehmung. Dazu werden Vision und Strategie hinterfragt, ggf. neu formuliert und in konkrete Ziele übersetzt. Zu jedem Ziel werden Kennzahlen definiert und anschließend Maßnahmen bestimmt, um die gewünschten Kennzahlenwerte zu erreichen und damit zur gesamten Zielerreichung und Strategieerfüllung beizutragen.

Das Streben nach Ganzheitlichkeit drückt sich vielfältig aus: Zum einen wird der Unternehmenserfolg nicht nur einseitig aus Ergebnissicht (z. B. Rentabilität) gemessen, sondern aus verschiedenen Blickwinkeln: In der klassischen Variante sind dies die Finanz- und Ergebnisperspektive, die Kunden- oder Marktperspektive, die Prozessperspektive und die Potenzial- und Mitarbeiterperspektive. Bei Bedarf können Perspektiven anders definiert, weggelassen oder weitere hinzugefügt werden – so werden in der Praxis z. B. Sortiments-, Technologie- und Human-Ressources-Perspektiven gebildet. Zum anderen beinhaltet eine Scorecard nicht nur output-orientierte Ergebnisgrößen, sondern gerade auch inputorientierte Leistungstreiber – über letztere erfolgt die Steuerung, da sie im Gesamtkontext zeitlich vorgelagert sind. Es werden monetäre als auch nicht-monetäre Kennzahlen verwendet, objektiv-quantitative und subjektiv-qualitative. Außerdem wird eine interne Sicht (z. B. in der Prozessperspektive) genauso verfolgt wie eine externe Sicht (z. B. in der Kundenperspektive). Und schließlich fördert eine BSC insgesamt ein strategisches Bewusstsein – bei der Entwicklung z. B. dadurch, dass die einzelnen Ziele und Kennzahlen durch logische Ursache-Wirkungsketten verknüpft und in so genannte Strategy Maps abgebildet werden. Beim Herunterbrechen der Unternehmensscorecard auf Bereichs- und Abteilungsebene werden diese abgeleiteten Scorecards darauf geprüft, inwieweit die jeweilige Ebene bestmöglich zur gemeinsamen Ziel- und Strategieerreichung beitragen kann.

Diesem ganzheitlichen Anspruch der BSC und dem diskurs-intensiven Prozess ihrer Entwicklung ist bereits ein hohes Maß an Zukunftsorientierung immanent: Das Denken in Zusammenhängen wird geschult, Ursachen und Wirkungen werden im Kontext erkannt und überprüft, ein Bewusstsein für Veränderungen, deren Auswirkungen und darauf abzustimmende Maßnahmen wird gefördert. Insofern ist die BSC an sich schon ein Instrument, das ein umweltorientiertes Denken schult und unternehmensintern als auch -extern induzierte Chancen und Risiken zumindest implizit berücksichtigt. Darüber hinaus kann im Sinne eines Chancen- und Risikomanagements die BSC jene Bereiche, die in einem besonderen Maße ein Chancen- oder Risikopotenzial aufweisen, besonders akzentuieren. Dies kann z. B. durch die Formulierung einer Technologieperspektive geschehen oder durch eine spezielle Innovationsperspektive (als Untervariante der Potenzial- und Mitarbeiterperspektive).

3.1.1 Integration von Chancen und Risiken in eine BSC

Zur expliziten Berücksichtigung von Chancen und Risiken wurden in der Praxis bereits einige Modelle implementiert. Grundsätzlich kommen hierzu mehrere Entwicklungsmöglichkeiten in Frage,[2] von denen hier die *Chancen- und Risikoerfassung bei den einzelnen Zielen und Maßnahmen* als integrative Variante dargestellt werden soll: Dieser Ansatz definiert (im Gegensatz zu additiven Ansätzen) keine zusätzliche Perspektive, sondern berücksichtigt in den gewählten Perspektiven Chancen und Risiken insofern, als für jedes Ziel und jede Maßnahme explizit geprüft wird, inwieweit diese welches Potenzial einer Bedrohung oder einer Gelegenheit haben. Diese Lösung hat den Vorteil, dass die BSC insgesamt nicht überfrachtet wird, gleichwohl aber Risiken und Chancen in allen Perspektiven, Zielen und Maßnahmen explizit beachtet werden. In einer *Strategy Map* können anschließend die Wirkungsbeziehungen nicht nur zwischen Zielen und Kennzahlen, sondern auch von Risiken (und Chancen) auf Ziele sowie zwischen Risiken und Chancen untereinander abgebildet werden (s. Abbildung 1).

Zur weiteren Verdeutlichung bietet es sich an, die Aspekte Chance und Risiko auch in der *Story of the Strategy* (BSC-Story; einer Beschreibung aller wesentlichen Elemente und Einflussbeziehungen einer BSC) aufzugreifen und textlich zu skizzieren. Dies hilft nicht nur beim Entwickeln von Scorecards, sondern auch im laufenden Betrieb, um den Chancen- und Risikocharakter des eigenen Handelns nicht aus den Augen zu verlieren.

Nachdem alle Ziele auf Plausibilität und gegenseitige Beeinflussung geprüft sind, werden sie endgültig definiert. Anschließend werden ihnen monetäre und nicht-monetäre Kennzahlen zugeordnet, dazu Ist- und Sollwerte generiert und Maßnahmen zur Zielerreichung bestimmt. Diese Tätigkeiten erfolgen stets unter Berücksichtigung von möglichen Chancen und Risiken, die kurz beschrieben werden, wie Abbildung 2 exemplarisch zeigt.

---

[2] Vgl. ergänzend Jossé (2005), S. 232 ff.

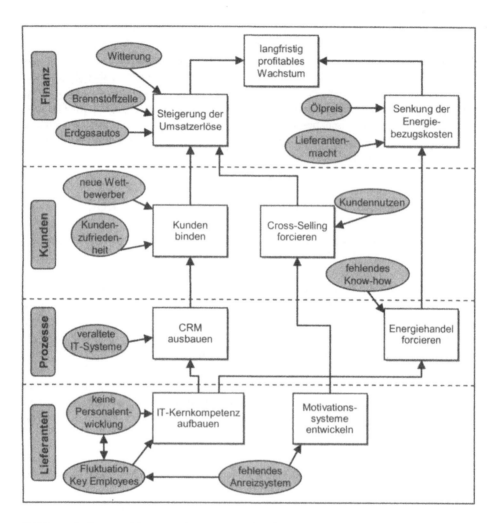

Abbildung 1: *Strategy Map unter Betonung von Risikoaspekten* Quelle: Pedell/Schwihel 2004, S. 154

Management von Chance und Risiko

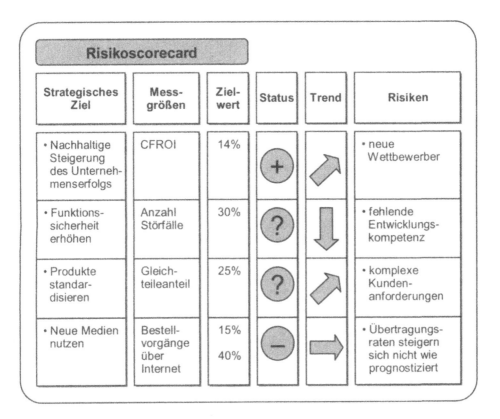

Abbildung 2: *Risikoscorecard*   *Quelle: Gräf 2003, Folie 23*

Die Abbildung verdeutlicht, dass auf allen Ebenen Risiken (und Chancen) entstehen und die Erreichung strategisch bedeutsamer Ziele in Frage stellen (bzw. begünstigen) können. Von daher sind Risiken in allen Perspektiven zu beachten. Für jede einzelne Perspektive sollte die Risikosituation mittels dieser generellen Fragestellungen hinterfragt werden:[3]

- *Finanzperspektive:* Wie hoch ist das finanzielle Gesamtrisiko der Unternehmung, speziell das Insolvenzrisiko und das Risiko, eine bestimmte Rendite nicht zu erreichen? Außerdem spielen hier noch besonders jene Risiken eine Rolle, die geplante Kosten übersteigen lassen und Umsatzerlöse verhindern.
- *Kundenperspektive:* Welche Markt- und Umweltrisiken können die Marktentwicklung und Wettbewerbsposition negativ beeinflussen? Wo liegen besondere Chancen, um die eigene Position zu stärken?

---

3   Vgl. Oepping/Siemes (2003), S. 231.

- *Prozessperspektive:* Welche Risiken können die Performance der Kernprozesse maßgeblich stören? Welche Chancen könnten sich förderlich auswirken?
- *Potenzialperspektive:* Welche Risiken können die in der Unternehmung vorhandenen Kernkompetenzen gefährden? Durch welche Chancen könnten Sie weiter ausgebaut werden?

Alle strategisch relevanten Risiken (aber auch Chancen) sollten regelmäßig bewertet werden, und zwar nach den Kriterien:[4]

- Auswirkung auf die Unternehmung (bzw. spezifische Ziele oder Perspektiven),
- Eintrittswahrscheinlichkeit und
- Zeitbezug, d. h., dass ein bestimmter Zeitrahmen zugrundegelegt wird (z. B. Monate oder Jahre), da ein Risiko nicht zu jedem Zeithorizont dieselbe Stärke hat.

Die Ergebnisse können in einer solchen *Risikomatrix* dargestellt werden:

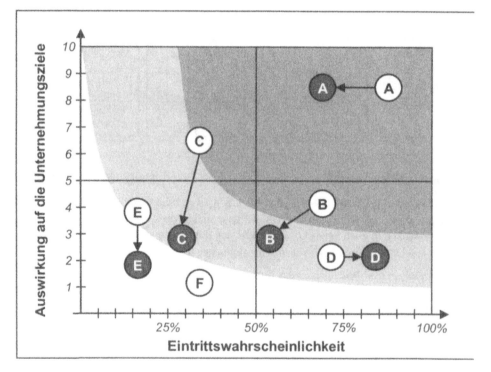

Abbildung 3: *Risikomatrix*   *Quelle: Broetzmann/Oehler, 2002, S. 591*

---

4 Vgl. Broetzmann/Oehler (2002), S. 591.

Die weißen Kreise stellen derzeitige Risiken dar, die dunklen zukünftige (z. B. für einen Zeithorizont von drei Jahren).

Grundsätzlich sollten Risiken im Quadranten rechts oben (bzw. dunkelgraue Fläche) vermieden werden (falls möglich), in den restlichen grauen Flächen liegende Risiken sollten reduziert und gestreut oder abgewälzt werden. Risiken im linken unteren Quadranten können akzeptiert und selbst getragen werden.

Beispiele: Risiko A stellt ein besonders großes Risiko dar. Im Zeithorizont wird seine Eintrittswahrscheinlichkeit jedoch als abnehmend eingestuft. Gründe dafür können im Risiko selbst (z. B. Umweltentwicklungen) liegen, aber auch in ergriffenen Abwehrmaßnahmen. Genau umgekehrt verhält es sich mit D, dem für die Zukunft eine höhere Eintrittswahrscheinlichkeit zugemessen wird. Den Risiken B, C und E wird bei gleicher oder gesunkener Eintrittswahrscheinlichkeit eine zukünftig weniger starke Auswirkung auf die Unternehmung zugesprochen, z. B. aufgrund eingeleiteter Maßnahmen.

Selbstredend muss eine solche Risikobeurteilung von Zeit zu Zeit wiederholt werden, z. B. in regelmäßigen Risiko-Audits, spätestens aber, wenn Informationen vorliegen, die auf ein verändertes Bedrohungspotenzial und/oder eine geänderte Eintrittswahrscheinlichkeit schließen lassen. Dies wird schon aus dem Grunde notwendig, als die bereits ergriffenen bzw. zu ergreifenden Maßnahmen auf die neue Situation abgestimmt werden müssen.

Letztlich dient die – wie auch immer gestaltete – Aufnahme einer Risikodimension in die BSC einer Steigerung des Bewusstseins um die Chancen- und Risikohaftigkeit unternehmerischen Handelns sowie allgemein des Beachtens der Interaktion zwischen Unternehmung und Umwelt.

Allerdings sollte der Faktor „Risiko" nicht nur aufgrund einer pessimistischen Einschätzung bzw. eine Chance aufgrund einer optimistischen oder gar euphorischen Stimmung einbezogen werden. Statt dessen müssen sie systematisch aufgespürt, beurteilt und deren Wirkungen evaluiert werden. Dazu eignen sich Strategische Frühaufklärung, Szenariotechnik, Expertenbefragung, SWOT-Analysen, Gap-Analysen, Portfolio-Analysen u. ä., die z. B. im Rahmen der BSC in Workshops durchgeführt werden und bewertete Ergebnisse liefern (vgl. hierzu Kap. 3.2). Dabei zeigt sich, dass eine externe Bedrohung oder Gelegenheit nicht für jede Unternehmung den gleichen Charakter hat – was für eine Unternehmung (aufgrund der Struktur, Stärken und Schwächen) ein Risiko darstellt, mag für eine andere durchaus eine Chance sein – man hüte sich also vor voreiligem Schubladendenken!

3.1.2 Integration der Umwelt in eine BSC

Neben vielen internen Risiken, die bei ihrem Eintreten oftmals mit dem Schlagwort „Managementfehler" bezeichnet werden können, sind es in turbulenten Zeiten gerade auch extern induzierte Risiken (und verpasste Chancen), die eine Unternehmung bedrohen und in letzter Konsequenz deren Existenz vernichten können.

Von daher erhebt sich die Frage, inwieweit die Umwelt in eine BSC mit einbezogen werden kann. Auch hierzu existieren verschiedene Varianten:[5]

- *Umwelt als Basisperspektive:* Zusätzlich zu den klassischen (oder anders definierten) Perspektiven wird eine gesonderte Umweltperspektive aufgenommen (additive Variante).
- *Environmental Scorecard:* Diese integrative Variante berücksichtigt Umweltaspekte in den einzelnen Perspektiven, ggf. mit einem Fokus auf eine spezifische Umweltsphäre. Als additives Element können zusätzlich die Stakeholder betont werden.
- *Nachhaltigkeits-Scorecard (Sustainable BSC):* Ebenfalls eine integrative Variante, die ökonomische, gesellschaftliche und ökologische Aspekte mit dem Ziel der Nachhaltigkeit in den einzelnen Perspektiven aufnimmt.

Grundsätzlich kann die gesamte Umwelt (oder das Umfeld), also das Umsystem einer Unternehmung, einbezogen werden, oder aber auch nur einzelne Teilsphären, die von besonderer Bedeutung sind. In Frage kommen:[6]

- ökonomische Umwelt: z. B. BIP, Lohnniveau, Wechselkursentwicklung, Rohstoffmärkte, Volkseinkommen, Kaufkraft
- natürliche oder physisch-ökologische Umwelt: z. B. Umweltverschmutzung, Erosion, Rohstoffvorkommen, nachwachsende Rohstoffe
- rechtlich-politische Umwelt: z. B. Gesetze, Verordnungen, Zollbestimmungen, Umweltschutzvorschriften, Produzentenhaftpflicht
- technologische Umwelt: z. B. Innovationen, neue Fertigungsverfahren, Patentanmeldungen, neue Produkt- und Materialeigenschaften, Recyclingtechnologie, Informations- und Kommunikationstechnologie
- soziokulturelle Umwelt: z. B. demografische Veränderungen, Religion, Bildung, Wertemuster, Lebensformen, Arbeitsmentalität

Welche Bereiche bzw. Elemente in einer BSC explizit berücksichtigt werden, hängt von deren Bedeutung für die verfolgte Strategie und die Einflusswirkungen auf die Erfolgspotenziale und die Beeinflussung der Umwelt durch die Unternehmung ab.

Anzumerken ist, dass bereits das Grundmuster einer BSC Umweltaspekte berücksichtigen kann, vor allem in der Kunden- und Marktperspektive, aber auch in der Potenzialperspektive, außerdem in einer speziellen Technologieperspektive, einer gesonderten Stakeholderperspektive oder einer Gesellschaftsperspektive.

Nachfolgend seien zwei Ansätze vorgestellt: Zum einen ein additiver Ansatz mit der Umwelt als Basisperspektive, zum anderen eine Sustainable BSC als integrative Variante mit einer

---

5   Vgl. Dyllick/Schaltegger (2001), S. 70 f.; Biebeler (2002), S. 92 f.
6   Vgl. Jossé (2004), S. 226 ff.

Betonung der ökonomischen (wie in jeder BSC), der gesellschaftlichen und der ökologischen Sphäre.

Umwelt als Basisperspektive

Eine BSC soll einer effizienten Steuerung einer Unternehmung dienen; deshalb werden (neben Ergebnisgrößen) speziell auch Leistungstreiber als Kennzahlen definiert, die mit einem zeitlichen Vorlauf auf andere Größen wirken (z. B. auf der Ebene der Potenzialperspektive). Gleichzeitig werden viele Einflussgrößen zukünftiger Chancen und Risiken vernachlässigt (z. B. gesellschaftliche Phänomene) bzw. erst dann berücksichtigt, wenn sie greifbar sind und sich als konkreter Kundenwunsch oder in Arbeitseinstellungen auswirken.

Tatsächlich aber beeinflussen Veränderungen in der Umwelt nicht nur die Unternehmung als Ganzes, sondern auch speziell relevante Erfolgspotenziale – und damit Ziele, Kennzahlen und Maßnahmen. So wirken z. B. Lebensstile auf das Kaufverhalten, technische Innovationen auf Prozesse, Arbeitsmarktveränderungen auf Verfügbarkeit, Fertigkeiten, Bindungswilligkeit und Lohnansprüche der Mitarbeiter. Solche Umwelteinwirkungen beeinflussen also Ziele auf allen anderen Ebenen und bilden so die Rahmenvorgabe für sämtliche Perspektiven.

Um hier mehr Zeit zu gewinnen, bietet es sich an, eine vorgelagerte Basisperspektive „Umwelt" zu definieren. Diese kann unterschiedliche Umweltphänomene enthalten, für die oftmals bereits Indikatoren vorliegen (die allerdings auf unternehmensspezifische Tauglichkeit überprüft werden müssen).

Mögliche Umweltsphären, deren Indikatoren und Einflusswirkungen auf die anderen Perspektiven einer BSC zeigt exemplarisch die nachstehende Tabelle:

Strategisch relevante Umweltsphären	Messgrößen	Mögliche Auswirkung auf ...[7]
Absatzmarkt/ Kunden	• Volkseinkommen • Kaufkraft • Sparquote • Ø Ausgaben für XY-Güter • Bauanträge	Kunden Produkte
Kapitalmarkt	• Zinsniveau	Finanzen
Rohstoffe/Energie	• Rohstoffvorräte weltweit • Rohölpreis	Finanzen Prozesse
Technologie	• Patentanmeldungen im Bereich XY • Halbwertszeit neuer Technologien • Wissenschaftliche Artikel zum Forschungsthema XY	Prozesse Produkte Potenziale

---

[7] Produkte sind in der klassischen BSC nicht explizit enthalten, sind aber bei zunehmender Bedeutung von Käufermärkten Empfänger umweltinduzierter Veränderungen und werden deshalb hier besonders akzentuiert – im Klartext: Ändert sich z. B. die Neigung für Konsumausgaben, so möglicherweise auch die Nachfrage nach (anderen) Produkten.

Strategisch relevante Umweltsphären	Messgrößen	Mögliche Auswirkung auf ...[8]
Recht/Politik	• Anzahl Gesetze im Bereich XY • Anzahl Verfahren in sensiblen Bereichen • Ø Schadensersatzhöhe bei Produkthaftungsklagen • Genehmigungsverfahren Gen-Produkte	Prozesse Produkte
Ökologie	• Umweltverschmutzungsindex • Immissionsgrenzwerte	Prozesse
Soziokulturell	• Ø Lebenserwartung • Seniorenquote in Prozent der Bevölkerung • Kinderquote in Prozent der Bevölkerung • Anzahl Singlehaushalte • Lebensarbeitszeit	Kunden Potenziale
Gesellschaftliche Verantwortung	• Betriebliche Gesundheitsvorsorge • Bildungsbeitrag (z. B. Anzahl abgeschlossener Weiterbildungsmaßnahmen) • Ausgaben für Sozialsponsoring	Potenziale Finanzen

---

8 Produkte sind in der klassischen BSC nicht explizit enthalten, sind aber bei zunehmender Bedeutung von Käufermärkten Empfänger umweltinduzierter Veränderungen und werden deshalb hier besonders akzentuiert – im Klartext: Ändert sich z. B. die Neigung für Konsumausgaben, so möglicherweise auch die Nachfrage nach (anderen) Produkten.

Allerdings unterscheidet sich die Basisperspektive „Umwelt" in einigen Punkten von den klassischen Perspektiven. Deshalb ist bei ihrer Entwicklung eine leicht abgewandelte Vorgehensweise zu empfehlen:[9]

- *1. Schritt:* Die Umweltsphären sind nicht oder kaum beeinflussbar, deshalb können für sie keine Ziele im Sinne der BSC formuliert werden. Stattdessen sind für die Basisperspektive „Umwelt" zu beobachtende, im Sinne der Unternehmensstrategie relevante Kernbereiche herauszufiltern (z. B. technologische Innovationen oder Lebensformen).

- *2. Schritt:* Für jeden relevanten Kernbereich sind Kennzahlen zu definieren bzw. zu beschreiben (z. B. Patentanmeldungen, Quote der Singlehaushalte). Statt Zielwerte (weil nicht beeinflussbar) müssen hierzu kritische Schwellenwerte definiert werden – kritisch hinsichtlich der von der Unternehmung verfolgten Strategie bzw. der in den anderen Perspektiven definierten Ziele, Kennzahlen und Maßnahmen. So mag z. B. für einen Fertighaushersteller die Quote der Singlehaushalte maßgeblich sein und bei einem Überschreiten eines bestimmten Wertes dazu führen, dass er verstärkt Single-geeignete Produkte anbietet.

- *3. Schritt:* Anschließend sind Maßnahmen zu formulieren, einerseits, um evtl. trotz veränderter Bedingungen die gesteckten Ziele erreichen zu können (z. B. durch Lobbying, Imagewerbung, Produktanpassung), wobei dies vor allem beim Herunterbrechen auf den anderen Perspektiven konkretisiert wird. Andererseits dadurch, dass geklärt wird, wie die Umweltdaten (z. B. Indikatoren) generiert, aufbereitet, interpretiert, evaluiert und zur Verfügung gestellt werden.

- *4. Schritt:* Die permanente Überwachung der relevanten Umweltaspekte ist zu gewährleisten (z. B. durch Strategische Frühaufklärung) und die Integration in das Management- und Planungssystem ist durchzuführen.

Die so ermittelten Einflussbeziehungen sind in einer Strategy Map darstellbar.[10] Zusätzlich sind besondere Risiken und Chancen, die sich aus den betrachteten Umweltphänomenen ergeben, zu beschreiben und bei der Maßnahmendefinition auf allen anderen Ebenen zu berücksichtigen. Damit liegt ein wesentliches Hilfsmittel vor, relevante Umweltveränderungen (Issues) schon frühzeitig zu erkennen und in die Planungsprozesse einzubeziehen.

Soweit für die ausgewählten Bereiche Kennzahlen existieren, können diese mittels Früherkennung überwacht werden. Soweit es sich um mehr qualitative Phänomene handelt, kann eine Strategische Frühaufklärung Informationen für sich abzeichnende Veränderungen liefern, die weiter beobachtet, analysiert und evaluiert werden (vgl. Kap. 3.2) und bei Bedeutung eine rechtzeitige Korrektur von Zielvorgaben, Maßnahmen und ggf. Strategien ermöglichen. Hiermit liegt ein weiterer Integrationsraum zwischen Strategischem Management, Balanced Scorecard und Strategischer Frühaufklärung bzw. Früherkennung vor.

---

[9] Vgl. Jossé (2005), S. 217 f.
[10] Vgl. Jossé (2003), S. 149.

Nachhaltigkeit: Die Sustainable Balanced Scorecard (SBS)

Jede Unternehmung ist eingebettet in eine Umwelt, mit der sie sich in ständiger Interaktion befindet: Einerseits wirkt die Unternehmung auf die Umwelt (z. B. durch Immissionen), andererseits wirkt die Umwelt auf die Unternehmung (z. B. durch Verordnungen und Gesetze, Ansprüche der Anwohner und andere Gruppierungen). Soweit dies ökonomische Effekte sind, sind sie z. T. in einer „klassischen" BSC enthalten. Neben der ökonomischen Nachhaltigkeit (z. B. Erhalt von Vermögen und Wissenskapital) werden außerdem eine soziale (z. B. Erhalt des innerbetrieblichen Human- und Sozialkapitals) und eine ökologische Nachhaltigkeit (z. B. Schonung der eingesetzten Ressourcen, ökologisch vertretbare Produktgestaltung, Minderung von Rücknahme- und Entsorgungskosten sowie Beiträge der Unternehmung zum Erhalt der natürlichen Umwelt) gefordert, wie sie allerdings in der klassischen BSC nicht explizit berücksichtigt werden.

Da aber eine Unternehmung im ständigen Spannungsfeld „Umwelt" im Sinne einer Koexistenz lebt und nur dann überlebt, wenn die relevanten Umweltaspekte berücksichtigt werden,[11] sollten in einer BSC Nachhaltigkeitsaspekte entsprechend integriert werden, wie es auch der CSR-Ansatz (Corporate Social Responsibility) fordert. Nachhaltigkeitsziele in diesem Sinne wirken einerseits extern, andererseits auch intern, und dort auf die verschiedenen Perspektiven (z. B. Minimieren von Rohstoffverbrauch, aber auch Entsorgungskosten auf die Finanzperspektive).[12]

In einem Forschungsprojekt hat das RKW Hessen mit fünf Pilotunternehmen und sieben Transferunternehmen untersucht, wie eine BSC unter Nachhaltigkeitsaspekten entwickelt werden kann. Vor der eigentlichen Scorecard-Entwicklung muss eine Sensibilisierung für die Nachhaltigkeitsproblematik geschaffen werden. Dazu werden in einer Matrix z. B. die klassischen vier Perspektiven mit den drei Nachhaltigkeitsdimensionen gekreuzt, um erste strategische Ziele (oder zumindest Problembereiche) zu generieren:

---

[11] Vgl. Macharzina (1999), S. 786 ff.
[12] Vgl. zu diesem Kapitel Jossé (2005), S. 225 ff.

	Ökonomische Nachhaltigkeit	Soziale Nachhaltigkeit	Ökologische Nachhaltigkeit
Finanzperspektive	Cash-flow EVA …	Beteiligungsmodelle Investitionen in Know-how Freiwillige Sozialleistungen	Entsorgungskosten Minimierter Energieverbrauch …
Kundenperspektive	Kundenbindung Customer Lifetime value …	Produktsicherheit Sinnhaltige Produkte …	Recyclebare Produkte Altproduktrücknahme
Prozessperspektive	Durchlaufzeiten Kapazitätsauslastung	Arbeitssicherheit Humane Arbeitsbedingungen	Umweltverträgliche Produktion Stoffströme
Potenzialperspektive	Innovationsfähigkeit Wertsteigerung durch höheres Commitment	Soziale Einrichtungen für MA Cross-Selling Inhouse Sabbaticals Verweildauer der MA steigern	Öko-Verbesserungsvorschläge Ergonomische Arbeitsplätze Unbelastete Arbeitsplätze

Die Inhalte einer solchen Nachhaltigkeitsmatrix können bereits bei der Formulierung von Unternehmensleitbild, Vision und Strategie herangezogen werden. Vor der Entwicklung einer BSC muss geprüft werden, ob überhaupt Nachhaltigkeitsaspekte als strategisch bedeutsam erachtet werden. Nur wenn dies der Fall ist, kommt statt einer herkömmlichen BSC eine SBS in Frage.

Falls nicht, kann aber spätestens auf der operativen Ebene ein NachhaltigkeitsBezug hergestellt werden, und zwar sowohl für operative Ziele als auch Maßnahmen (z. B. Abwärme nutzen, Materialien besser einsetzen, weniger Ausschuss produzieren, Lagerhaltung so optimieren, dass Verderb von Waren minimiert wird).

Zur Beurteilung, ob eine SBS oder eine herkömmliche BSC zu entwickeln ist, kann ein Scoring eingesetzt werden, indem z. B. insgesamt 100 Punkte auf die zwölf Felder (3 Nachhaltigkeitsdimensionen x 4 Perspektiven) nach Bedeutung zu verteilen sind. Nur bei einem Ergebnis von mind. 10-15 Punkten für die soziale und die ökologische Dimension zusammen sollte die Ausgestaltung der BSC als nachhaltige Variante vorgenommen werden.[13] Diese Vorgehensweise setzt ein ausgeprägtes Bewusstsein um Nachhaltigkeit voraus (das ggf. erst noch entwickelt werden muss). Außerdem wird hier bereits eine Bedeutung für die einzelnen Perspektiven geschätzt, die eigentlich erst mit der Zielbestimmung und der Kontextsetzung durch Ursachen-Wirkungsbeziehungen erfolgen kann. Als Alternative hierzu kann jede Zielformulierung hinsichtlich der einzelnen Nachhaltigkeiten abgeprüft werden, z. B. mittels einer Cross-Impact-Analyse. Ergeben sich darin hohe Bedeutungen für einzelne Ziele bzw. Nachhaltigkeitsaspekte, sind sie in den Katalog aufzunehmen.

Als integrative Variante kann anschließend jede Scorecard um die betreffenden Nachhaltigkeitsdimensionen ergänzt werden, wobei deren Bedeutung z. B. durch Symbole angezeigt wird.

In der Strategy Map können die Wirkungsbeziehungen und Bedeutungsgrade für die Nachhaltigkeit plastisch dargestellt werden, wie die nachstehende Abbildung zeigt:

---

13 Vgl. Arnold/Freimann/Kurz (2003), S. 396; Jossé (2005), S. 228 f.

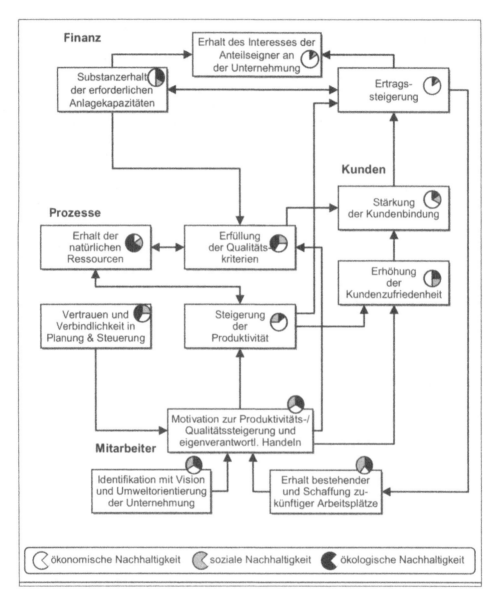

Abbildung 4: *Strategy Map einer SBS* Grafik in Anlehnung an Bergner/ Gminder, 2003, S. 552

Natürlich müssen die ausgewählten Ziele auf Konsistenz und hinsichtlich der gemeinsamen Zielerreichung überprüft werden. Mittels einer Strategy Map werden alle als wichtig erkannten Wirkungsbeziehungen dargestellt, wobei z. B. ein kleines Kuchendiagramm als Symbol jedem Ziel zugeordnet die Bedeutung anzeigt, die die ökonomische, die soziale und die ökologische Nachhaltigkeit (Kreissumme = 100 Prozent) für das entsprechende Ziel habt. Das vorstehende Ursache-Wirkungsdiagramm zeigt dies am Beispiel einer BSC (mit allerdings hauptsächlich ökologischer Orientierung), in die die anderen Nachhaltigkeitsdimensionen eingearbeitet wurden.

Die angezeigten Nachhaltigkeiten symbolisieren die vorher erarbeiteten Bedeutungen für die einzelnen Ziele. Beim weiteren Herunterbrechen sowie bei der Bestimmung von Kennzahlen und Formulierung von Maßnahmen sind diese adäquat zu berücksichtigen.

3.2 Scanning- & Monitoring-Ansatz zur Identifikation strategischer Chancen und Risiken

Bevor potenzielle Chancen und Risiken allgemein wahrgenommen werden, kündigen sie sich i. d. R. bereits durch ‚schwache Signale' an. Dies sind vage, unscharfe Hinweise auf mögliche Umweltveränderungen, die sich im Zeitablauf weiter verdichten und schließlich zu einem konkreten, unternehmensrelevanten Sachverhalt (Issue) herauskristallisieren können.

Im Sinne eines proaktiven Krisenmanagements und um ausreichend Zeit für Maßnahmen zu gewinnen, müssen solche Entwicklungen und Ereignisse vor ihrer allgemeinen Wahrnehmbarkeit durch sensible Methoden aufgespürt und hinsichtlich ihrer Bedeutung für die Unternehmung geprüft werden.

Diese Aufgabe übernimmt die Strategische Frühaufklärung:[14] Einem Radar gleich wird die Umwelt nach Informationen abgescannt, die später zu einer konkreten Chance oder einem Risiko anwachsen können. Dazu müssen jene Beobachtungsbereiche definiert werden, die von vitalem Interesse für die Unternehmung sind, und anschließend taugliche Informationsquellen bestimmt werden (s. Abbildung 5).

Mittels Scanning werden so Hinweise über mögliche strategische Issues gewonnen und auf ihre grundsätzliche Bedeutung für die Unternehmung überprüft. Wurde eine Bedeutung erkannt, müssen die Issues anschließend weiter beobachtet werden (Monitoring) – ggf. verlieren sie an Bedeutung, sie verdichten sich zu einer konkreten Entwicklung oder sie gewinnen an Brisanz durch eine parallele Umweltveränderung (so ist z. B. eine Bevölkerungszu- oder -abnahme schon allein von Interesse, mag aber erst gepaart mit einem Wertewandel und veränderter Konsumneigung zu einem Issue werden).

---

[14] Vgl. hierzu grundsätzlich: Krystek/Müller-Stewens (1993), Sepp (1996), Jossé (2004).

	externe Quellen	interne Quellen
persönliche Quellen	• persönliche Gespräche mit Mitgliedern externer Anspruchsgruppen • im Freundes-/Bekanntenkreis • auf Seminaren/Kongressen • Trendscouts	• persönliche Berichte von Mitarbeitern/Vorgesetzten (schriftlich/mündlich) • Ergebnisse von Mitarbeiterbefragungen
unpersönliche Quellen	• Zeitungen/(Fach-)Zeitschriften • Informationen aus dem Internet, aus Datenbanken und sonstigen Medien • Verlautbarungen • (Trend-)Forschungsberichte • Vorträge auf Seminaren & Kongressen	• allgemeine Informationen aus Besprechungen • Rundschreiben aus diversen Abteilungen • regelmäßige Berichte

Abbildung 5: Klassifikation von Informationsquellen   Quelle: Jossé, 2004, S. 307

Die Scanning-Ergebnisse werden nur einer groben Beurteilung unterzogen, und zwar nach den Kriterien grundsätzliche Relevanz, unternehmensspezifische Bedeutung, Wahrscheinlichkeit und Dringlichkeit. Nur bei hohen Ausprägungen liegen „strategic issues" vor, die anschließend weiter beobachtet werden.

Erst die im Monitoring bestätigten Issues werden einer genaueren Überprüfung und Bewertung unterzogen. Dabei können Wechselwirkungen von Issues aufeinander (z. B. im Sinne einer Verstärkung) sowie von Issues auf die Erfolgspotenziale und Strategien einer Unternehmung mit Hilfe einer Cross-Impact-Analyse untersucht werden (s. Abbildung 6).

Die Wirkungsstärke für jedes Issue kann darin z. B. mit einer Skalierung von 0 (= keine Wirkung) bis 3 (= starke Wirkung) eingetragen werden. Außerdem werden anschließend Aktiv- und Passivsummen gebildet sowie Produkte und Quotienten. Dabei bedeutet eine hohe Aktivsumme, dass das Issue insgesamt stark auf die anderen Phänomene wirkt, umgekehrt bedeutet eine hohe Passivsumme, dass diese Untersuchungsobjekte stark von Issues beeinflusst werden. Ein hohes Produkt (aus Aktiv- mal Passivsumme) weist auf einen insgesamt hohen Stellenwert im untersuchten Gefüge hin, ein hoher Quotient (Aktiv- durch Passivsumme) unterstützt noch einmal die vorherigen Aussagen: Ein Quotient > 1 kennzeichnet ein Issue mit überproportional aktivem Charakter, ein Quotient < 1 eines, das insgesamt eher passiv ist.

Diese Ergebnisse können anschließend in einem Issues-Portfolio visualisiert werden (s. Abbildung 7).

Management von Chance und Risiko

⇩ wirkt auf ⇨	Issues A	B	C	D	E	F	G	Ziele H	I	Strategien J	K	L	Aktiv-summe	Produkt
Issues A														
B														
C														
D														
E														
F														
G														
Passivsumme														
Quotient														

Abbildung 6: Cross-Impact-Analyse zur Darstellung der Wirkungsbeziehungen von Issues

Im Beispiel wirkt Issue #A auf viele anderen, wird selbst aber kaum beeinflusst. Es kann daher als eher singuläres Phänomen gut beobachtet und seine Auswirkungen auf die Unternehmung leichter beurteilt werden. Issue #B nimmt eine Mittelstellung ein. Issue #C muss insgesamt eine hohe Handlungspriorität eingeräumt werden, da es einerseits stark beeinflusst, gleichzeitig aber auch von anderen in hohem Maße beeinflusst wird. Die Issues #D und #E wirken nur schwach auf andere, wobei allerdings Issue #E seinerseits stark von anderen beeinflusst wird. Issue #D fordert derzeit keine intensiven Maßnahmen.

Eine solche Darstellung ist gut geeignet, um prognostizierte Auswirkungen von Issues zu veranschaulichen. Allerdings muss die zukünftige strategische Bedeutung eines Issues noch genauer analysiert werden.

Der hierfür durchzuführende Prozess der Evaluation von „strategic issues" dient der klaren Beurteilung dieser Umweltveränderungen aus unternehmensspezifischer Sicht. Deshalb kann auch erst hier eine Bestimmung als „Chance" oder als „Risiko" erfolgen, da ohne den unternehmensspezifischen Kontext Umweltveränderungen grundsätzlich ambivalent sind.

Die Evaluation vollzieht sich schrittweise anhand dieser fünf Kriterien:

- *Relevanz,* also die Bedeutung für die gesamte Unternehmung oder zumindest einzelne Teile, Strategien oder dgl.
- *Richtung* meint, ob es sich unternehmensspezifisch um eine Chance oder ein Risiko handelt; ggf. ist dies geschäftsfeldspezifisch unterschiedlich zu beurteilen (vgl. SWOT-Analyse).

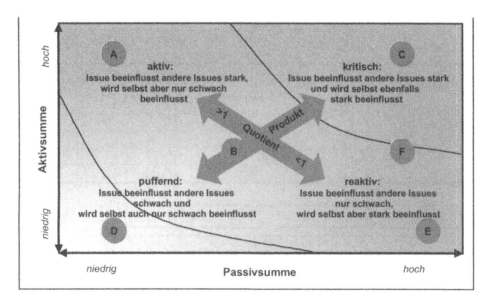

Abbildung 7: *Issues-Portfolio*   Quelle: Jossé (2004), S. 341

- *Ausmaß* bewertet die Einflussstärke im Sinne eines Schadensausmaßes bzw. Nutzenpotenzials; auch hier können Einschätzungen mittels Impact-Analysen durchgeführt werden, am besten durch heterogen besetzte Führungspersonen mit Sachkenntnis bzgl. des Untersuchungsobjektes und einem generellen Überblick über Ziele und Strategien der Unternehmung:

prognostizierte Veränderung	Auswirkungen auf...				Ausmaß der Auswirkungen insgesamt	
	Ziel 1	Ziel 2	Strategie 1	Strategie 2	Chance	Risiko
• Issue #1	-2	-3	-1	+1	+1	-6
• Issue #2	+3	-1	-1	0	+3	-2
• Issue #3	-1	0	+2	+1	+3	-1
• Issue #4	-1	-2	+2	+1	+3	-3
• Issue #5	-2	-3	-1	-2	0	-8
• ...						
Ausmaß der Auswirkungen auf einzelne Ziele/Strategien	+3	0	+4	+3		
	-6	-9	-3	-2		

Abbildung 8: *Impact-Analyse zur Evaluation von Richtung und Ausmaß von „strategic issues"*   Quelle: Jossé (2004), S. 374

Management von Chance und Risiko

- *Eintrittswahrscheinlichkeit* wird anhand einer Skalierung von 0 bis 1 (bzw. 0 Prozent bis 100 Prozent) durchgeführt, wiederum durch entsprechende Gremien und mit einem Diskurs bzgl. Außenseitermeinungen. Auch hier dient eine grafische Aufbereitung der Ergebnisse nicht nur der Visualisierung, sondern ist außerdem diskussionsfördernd (s. Abbildung 9).

- *Dringlichkeit* als letztes Kriterium ist von mehreren Zeitfaktoren abhängig. Der späteste Startzeitpunkt für das Einleiten von Maßnahmen ergibt sich grundsätzlich, indem die Zeitbedarfe zur Planung, Umsetzung und Wirksamwerdung der Maßnahmen vom zukünftigen Bedarfszeitpunkt subtrahiert werden.

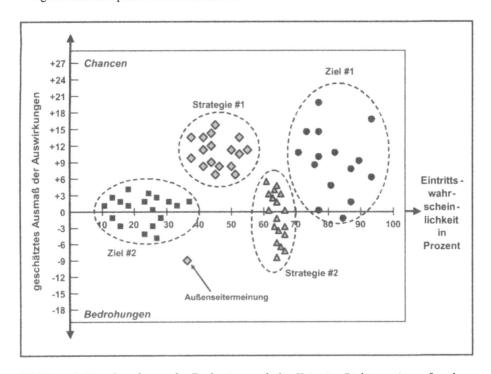

Abbildung 9: *Einzelergebnisse der Evaluation nach den Kriterien Richtung, Ausmaß und Eintrittswahrscheinlichkeit von ‚strategic issues'*

Quelle: Jossé (2004), S. 380

Auch diese Ergebnisse können nunmehr visualisiert werden, z. B. abhängig von der Dringlichkeit durch unterschiedliche Rasterung (s. Abbildung 10).

Nachdem nun die bewerteten Chancen und Risiken bekannt sind und die Gesamtergebnisse der Evaluation vorliegen, müssen diese in strategische Maßnahmen überführt werden. Aufgrund der unterschiedlich hohen Einschätzungen und grundsätzlicher Ressourcenknappheit bietet sich eine Prioritätenbildung an, und zwar nach den Kriterien Dringlichkeit, Auswirkungsgrad und Eintrittswahrscheinlichkeit. Im Beispiel ist die Prioritätenfolge wie folgt: Issue #4 > #8 > #3 > #6 > #1 > #5 > #2 und schließlich #7.

Damit ist der eigentliche Endpunkt Strategischer Frühaufklärung erreicht: Es liegen nunmehr solide bewertete Erkenntnisse über strategische Chancen und Risiken vor und über die Reihenfolge, dazu entsprechende Planungsschritte einzuleiten.

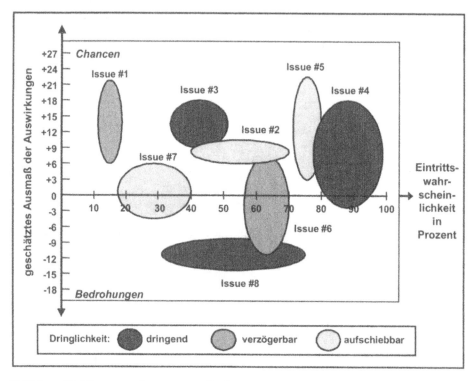

Abbildung 15: *Diagramm der gesamten Evaluationsergebnisse   Quelle: Jossé (2004), S. 389*

4.   Fazit

Unternehmen bewegen sich heute in einer zunehmend turbulenteren Umwelt, aus der strategisch relevante Chancen und Risiken entstehen können. Gleichzeitig steigt die Zahl insolventer Unternehmen drastisch an – beides Argumente dafür, dass Unternehmen sich umorientieren müssen: Ein verkanntes Risiko ist ebenso schädlich wie eine verpasste Chance!

Management von Chance und Risiko

Zur langfristigen Existenzsicherung der Unternehmung muss deshalb eine Integration von Chancen und Risiken in das Managementsystem erfolgen. Soweit diese vornehmlich finanzieller bzw. operativer Natur sind, findet eine Berücksichtigung i. d. R. bereits statt. Probleme bereiten bislang eher strategische Chancen und Risiken, die häufig nicht (ausreichend) oder zu spät beachtet werden.

Dieser Beitrag stellte zwei grundsätzliche Stoßrichtungen einer antizipativen Chancen- und Risiko-Integration vor, die der Unternehmung den Zeitraum verschaffen, den sie braucht, um geeignete Maßnahmen einzuleiten. Zum einen sind es Variationen, wie eine Balanced Scorecard explizit chancen- und risikoorientiert zu gestalten ist. Zum anderen der grundsätzliche Evaluationsprozess von erkannten „strategic issues", wie er für das Scanning- und Monitoring-Modell typisch ist, und dessen Resultat valide Beurteilungen umweltinduzierter Chancen und Risiken sind.

Mit diesen Instrumenten verfügt das Management über solide Tools, Umweltveränderungen frühzeitig zu erkennen und deren Auswirkungen im Hinblick auf die verfolgten Ziele und Strategien zu bewerten, um anschließend geeignete Maßnahmen zu planen.

Allerdings muss betont werden, dass eine rein technokratische Anwendung dieser Instrumente allein nicht genügt. Vielmehr ist insgesamt ein Bewusstseinswandel vonnöten und eine strategische Orientierung muss breit verankert werden, um die eigene Unternehmung nicht als isolierten Akteur, sondern als aktiven Partner in der Interaktion mit der Umwelt, deren Anspruchsgruppen und Veränderungsprozessen zu begreifen. Flankiert durch ein Change Management muss insgesamt die Flexibilität der Strukturen, der Prozesse, aber auch in den eigenen Köpfen erhöht werden.

Eine eingehende Beschäftigung mit „strategic issues" bzw. strategischen Chancen und Risiken bietet hierzu nicht nur ein taugliches Instrumentarium, sondern auch den Anstoß, sich für Umweltveränderungen und deren möglichen Auswirkungen auf die eigene Unternehmung zu sensibilisieren und so langfristig die eigene Existenz zu sichern.

Die Balanced Scorecard: Chancen und Gefahren – oder: Wie falsch darf eine Balanced Scorecard sein?

Werner Gleißner/Sven Piechota

1.	Einleitung	254
2.	Strategiebezug	254
3.	Zielorientierung	255
4.	Ratingbezug	256
5.	Vollständigkeit	257
6.	Systematik	257
7.	Kausalbeziehung	258
8.	Frühaufklärungsfähigkeit	260
9.	Fundierung	260
10.	Abweichungsanalysen	261
11.	Risikobezug	262
12.	Konsistenz	263
13.	Effizienz	264
14.	Zusammenfassung und Checkliste	266

1. Einleitung

Die Balanced Scorecard hat als Management- und Kennzahlensystem bei Konzernen wie auch bei mittelständischen Unternehmen in den letzten Jahren erheblich an Bedeutung gewonnen. Dies ist nicht verwunderlich, weil die Balanced Scorecard verspricht, ein gravierendes Problem bei der Führung und Steuerung von Unternehmen zu lösen: Die Balanced Scorecard hilft, die strategischen Überlegungen der Unternehmensführung zur Zukunftssicherung in operative Ziele (Kennzahlen) und zuordbare Maßnahmen abzubilden und so die Umsetzung der Unternehmensstrategie im operativen Tagesgeschäft zu gewährleisten. Tatsächlich erscheinen die Vorzüge einer Balanced Scorecard bestechend. Oft sehr allgemein formulierte Aussagen der Unternehmensstrategien werden in kaskadierte Ziele übersetzt und in Form von Kennzahlen messbar gemacht, letztlich über Zielvereinbarungen verbindlich kommuniziert. Dabei werden neben traditionellen Finanzkennzahlen (z. B. Rendite) auch Kennzahlen zur Kundenzufriedenheit und Marktposition („Markt- und Kundenperspektive"), zu Effizienz und Qualität der Arbeitsprozesse („Prozessperspektive") sowie zur Qualifikation, Motivation und Lernbereitschaft der Mitarbeiter („Kompetenzperspektive") einbezogen. Gerade der Mangel an qualitativen Führungsinformationen, der empirisch wiederholt artikuliert wurde, wird so in der BSC geheilt.[1]

Die Balanced Scorecard ist also, anders als ein traditionelles Finanzkennzahlensystem, ein ganzheitlicher Ansatz, der alle Aspekte einer langfristigen Erfolgssicherung des Unternehmens einbezieht und insbesondere auch die Faktoren erfasst, die für die zukünftige Ertragsentwicklung des Unternehmens maßgeblich sind.

Durch die konsequente Zuordnung operativer Maßnahmen zu den einzelnen Kennzahlen, die Vorgabe klarer Zielwerte und nicht zuletzt die eindeutige Klärung von Verantwortlichkeit wird das strategische mit dem operativen Management verbunden. Durch die Klarheit der Vorgaben wird die Kommunizierbarkeit der Unternehmensstrategie unterstützt. Alles in allem ist die Balanced Scorecard somit sicherlich konzeptionell ein wichtiger und sinnvoller Schritt in der Weiterentwicklung der Führungssysteme, deren Fortentwicklung heute einer der Brennpunkte der modernen Managementlehre ist (s. Abbildung 1).

---

[1] Marc Schomann, Wissensorientiertes Performance Management, Wiesbaden 2001.

Die Balanced Scorecard

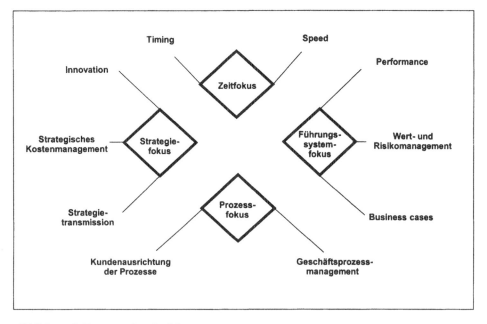

Abbildung 1: *Brennpunkte des Managements*

Auch wenn die Konzeption der Balanced Scorecard so überzeugend ist, sollte man dennoch fragen, wie sie im Managementalltag umgesetzt wird. Ein Blick in die betriebliche Praxis zeigt ein ambivalentes Bild.[2] Grundsätzlich ist festzuhalten, dass befragte Unternehmen zu einem hohen Prozentsatz die Einführung einer Balanced Scorecard als sinnvoll einschätzen. Diese relativ hohe Quote positiver Erfahrungen überdeckt aber die Tatsache, dass in vielen Unternehmen die tatsächlich vorhandenen Potenziale einer Balanced Scorecard bestenfalls ansatzweise genutzt werden und wichtige Gestaltungselemente der BSC, die sie zu einem echten Führungssystem machen, bestenfalls in den Kinderschuhen stecken. Auch lassen sich bei vielen scheinbar erfolgreich eingeführten Balanced Scorecards oft sehr schnell Anzeichen dafür finden, dass dieses Managementsystem auf Grund konzeptioneller Schwachpunkte Schwierigkeiten bei Effektivität und Akzeptanz bekommen kann.

Durch die folgende Übersicht sinnvoller Anforderungen an eine leistungsfähige Balanced Scorecard sollen Praktikern in der Unternehmensführung wichtige Anregungen für die Neukonzeptionierung und vor allen Dingen die Weiterentwicklung bestehender Balanced Scorecards geboten werden.

---

[2] Vgl. Umfrage 100xBSC von Horvath & Partners aus dem Jahr 2002.

2. Strategiebezug

Basiert die Balanced Scorecard auf einer fixierten Strategie?

Es darf keinesfalls vergessen werden: Die Balanced Scorecard hilft nicht dabei, Unternehmensstrategien zu entwickeln, sondern bildet diese in einem Steuerungs- und Managementsystem ab.

Die Entwicklung einer Balanced Scorecard macht damit überhaupt erst Sinn, wenn zumindest die wesentlichen Aussagen der Unternehmensstrategie in einem „strategischen Vorbau" fixiert wurden, also zumindest ein rudimentärer Strategiefindungsprozess stattgefunden hat. Abbildung 3 zeigt, aus welchen Elementen ein solcher Prozess besteht. Neben einer Klärung der Ziele des Unternehmens sollten dabei insbesondere Aussagen über die angestrebten Kernkompetenzen, die zu bearbeitenden Geschäftsfelder und die dort angestrebten Wettbewerbsvorteile sowie über die grundlegende Gestaltung der Wertschöpfungskette getroffen sein (s. Abbildung 2).[3]

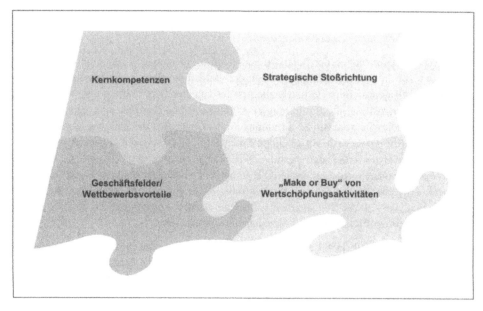

Abbildung 2: Komponenten der Unternehmensstrategie[4]

---

[3] Vgl. Gleißner, Faustregeln für Unternehmer, Seite S.46-52, 2000.
[4] Vgl. Gleißner/Weissman, FutureValue, 2004.

Die aggregierte Zielposition wird dann in einem weiteren Prozess durch das Management mit Maßnahmen und Ressourcenzuweisungen zu plakativ kommunizierbaren Handlungssträngen gebündelt und auf die Unternehmensorganisation aufgeteilt („kaskadiert"). Kaplan/Norton verwenden hierzu neuerdings die Begriffe „strategy maps" und „strategische Themen". Aus Abbildung 3 wird deutlich, dass diese Techniken der Strategiedarstellung und -kommunikation kein Ersatz für eine geordnete und rationale Strategiefindung in einem strategischen Vorbau sind. Kennzahlen der BSC, die keine Bedeutung im Kontext zur Strategie haben, sind entweder unnötig oder weisen auf die Unvollständigkeit des strategischen Vorbaus und Defizite in der Strategiefindung hin.

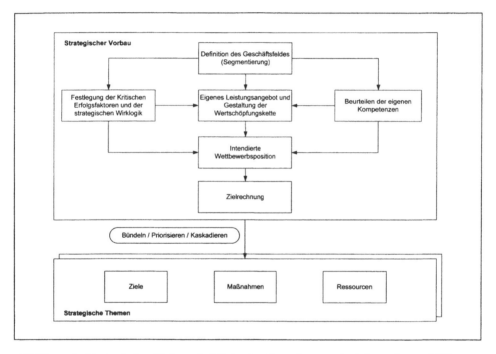

Abbildung 3: *Strategischer Vorbau als Minimalumfang einer strategieintegrierten BSC*

3. Zielorientierung

Enthält die Balanced Scorecard ein klar definiertes oberstes Ziel als Erfolgsmaßstab des Unternehmens?

Viele Balanced Scorecards weisen ein Nebeneinander verschiedener Ziele auf. Derartige „Multizielsysteme" ermöglichen es letztlich (durch geeignete Gewichtung), fast beliebige unternehmerische Entscheidungen und Maßnahmen zu rechtfertigen. Eine eindeutige Zielgröße, die anzeigt, ob das Unternehmen im Vergleich zur Vorperiode mehr oder weniger erfolgreich ist, fehlt in diesen Fällen. Ein sinnvoller Erfolgsmaßstab ist beispielsweise ein (intern berechneter) Unternehmenswert, weil dieser Maßstab konsequent zukunftsbezogen und mehrperiodisch ist und zudem neben den zukünftig erwarteten Erträgen auch die ebenso relevanten Risiken mit berücksichtigt werden können.[5] Teil eines strategischen Vorbaus ist deshalb eine Zielrechnung, die als mehrwertige, risikoaggregierende Rechnung die Bandbreite wahrscheinlicher Zukunftsentwicklungen aufzeigt. Die Integration der BSC mit den Kalkülen einer Zielrechnung oder gar einer Budgetierung ist in Praxis aber eher selten anzutreffen.[6] Ein Redesign der rituellen, jährlichen Budgetierungsarbeiten sollte sinnvollerweise bei der Integration der BSC mit der Unternehmensplanung ansetzen, ideal ist eine parallele Integration des Risikomanagements.

4. Ratingbezug

Zeigt die Balanced Scorecard die Veränderung des Ratings eines Unternehmens an?

Gerade vor dem Hintergrund von „Basel II und Rating" wird es immer mehr notwendig, dass die Unternehmensführung die Konsequenzen ihrer eingeschlagenen Strategie und einzelner Maßnahmen auch im Hinblick auf die wahrgenommenen Risiken der Fremdkapitalgeber beurteilt. Eine Verschlechterung des Ratings durch ein Kreditinstitut führt zu schlechteren Zinskonditionen und kann darüber hinaus zu einer Reduzierung des erforderlichen Kreditrahmens führen.[7] Neben der Abbildung des primären Erfolgmaßstabs des Unternehmens (vgl. Grundsatz 2) sollte daher – quasi als Nebenbedingung – auch jeweils überprüft werden, wie sich die Einschätzung des Unternehmens aus Sicht der Fremdkapitalgeber verändert. Neben der Erfassung der Rating-Stufe an sich kann es dabei sinnvoll sein, geeignete Kennzahlen für die wichtigsten Rating-relevanten Faktoren (z. B. Zinsdeckungsquote oder Eigenkapitalquote) zu erfassen.[8]

---

[5] Vgl. Gleißner/Piechota, Advanced Controlling – eine Ideenskizze, Controller Magazin 5/2002, S. 496-500.
[6] Umfrage 100 x BSC von Horvath & Partners aus dem Jahr 2002.
[7] Gleißner/Füser, Leitfaden Rating, 2002.
[8] Piechota, Neue Basis für das Bankmanagement, in: vwd:Basel II Extra vom 23.12.2002.

5. Vollständigkeit

Sind die in der Balanced Scorecard enthaltenen Kennzahlen insgesamt geeignet, die oberste Zielgröße (Erfolgsmaßstab, vgl. Grundsatz 3) zu erklären?

Für eine ganzheitliche Unternehmenssteuerung ist es zwangsläufig erforderlich, Kennzahlen zu allen maßgeblichen Erfolgsfaktoren des Unternehmens aufzunehmen. Auch wenn der Beweis einer Vollständigkeit der Kennzahlen in der Praxis kaum möglich sein wird, so lässt sich doch durch eine systematische Ableitung von Kennzahlen (vgl. Grundsatz 6) ein relativ hohes Maß an Vollständigkeit erreichen. Eine sinnvolle Mindestanforderung an die Vollständigkeit eines Balanced Scorecard-Kennzahlensystems besteht in der Forderung, dass die Kennzahlen enthalten sein müssen, die unmittelbar die oberste Zielgröße (den Erfolgsmaßstab) als generische Erklärgrößen bestimmen. Setzt man also den Unternehmenswert als Ziel, so ist es zwingend erforderlich, dass Kennzahlen zur Umsatzrentabilität, zu den Wachstumsperspektiven, zur Kapitaleffizienz und auch zum Risiko (Kapitalkostensatz) in der Balanced Scorecard enthalten sein müssen.

6. Systematik

Gibt es eine nachvollziehbare Systematik, mit Hilfe derer die für das Unternehmen maßgeblichen Kennzahlen abgeleitet werden?

Leider werden die Kennzahlen für eine Balanced Scorecard noch häufig mittels Brainstormingverfahren abgeleitet. Derartigen Verfahren mangelt es an Nachvollziehbarkeit und sie weisen genau deshalb eine hohe Gefahr auf, unvollständig oder schlicht falsch zu sein. Abbildung 4 zeigt, dass Kennzahlensysteme des Wertmanagements, des strategischen und operativen Managements zwangsläufig auseinanderdriften, wenn sie nicht durch eine integrale Entwicklungsmethodik bewusst zusammengeführt werden.

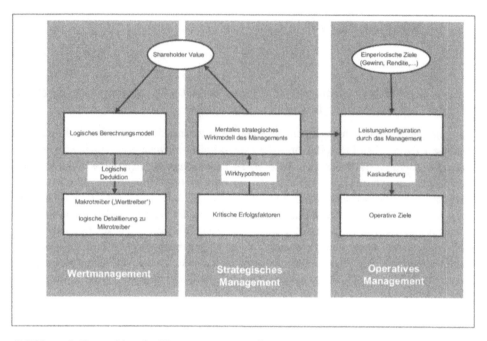

Abbildung 4: *Kennzahlen des Wertmanagements, des strategischen und operativen Managements driften auseinander*

Auf Basis der Vorgaben der Unternehmensstrategie und einer klaren obersten Zielgröße (Erfolgsmaßstab) sollten möglichst weitgehend relevante Kennzahlen systematisch (deduktiv) abgeleitet werden. Derartige Verfahren sind seit langem bekannt.[9] Eine derartige Systematik der Ableitung von Kennzahlen hat zudem den Vorteil, dass auf diesem Weg die maßgeblichen Ursache-Wirkungs-Beziehungen quasi nebenher mit erarbeitet werden.

7. Kausalbeziehung

Weist die Balanced Scorecard nachvollziehbare Ursache-Wirkungs-Beziehungen zwischen den Kennzahlen auf?

Heute gibt es noch viele Balanced Scorecards, die keinerlei Ursache-Wirkungs-Beziehung zwischen den Kennzahlen aufweisen und damit prinzipiell für die Steuerung eines Unterneh-

---

[9] Gleißner, Aufbau einer Balanced Scorecard, in: Bilanzbuchhalter und Controller, 5/ 2000, S.129-134.

mens ungeeignet sind. Man kann nicht aufzeigen, welche Wirkungen bestimmte geplante Maßnahmen auf die Zielgrößen haben. Auch wenn Ursache-Wirkungs-Beziehungen enthalten sind, sind diese heute noch oft wenig hilfreich. In vielen Fällen wird zunächst nach der Auswahl der relevanten Kennzahlen – quasi in einem separaten Schritt – überlegt, welche Abhängigkeiten bestehen (es entsteht ein Wirrwarr von „Wirkungspfeilen"). Die so abgeleiteten Wirkungs-Beziehungen sind nur schwer zu fundieren und hinsichtlich ihrer Vollständigkeit nicht überprüft. Wesentlich sinnvoller ist es, durch die systematische Entwicklung Kennzahlen und Wirkungs-Beziehungen (vgl. Grundsatz 5) gemeinsam abzuleiten und die so ermittelten Wirkungs-Beziehungen in einem separaten Schritt zu untermauern (z. B. gestützt auf statistische Analysen oder Fachveröffentlichungen) oder die Datenaufbereitung so zu handhaben, dass eine zukünftige Verifikation oder Falsifikation möglich ist: Balanced Scorecards lernen so das Lernen (vgl. Grundsatz 9).

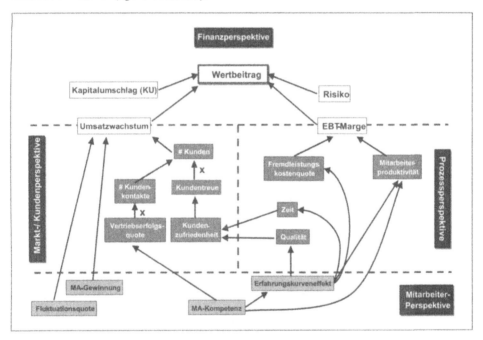

Abbildung 5: Kausalstruktur der Scorecard einer wertorientierten Strategie

8. Frühaufklärungsfähigkeit

Ist die Balanced Scorecard in der Lage, im Sinne eines Frühaufklärungssystems vorab kritische Entwicklungen des Unternehmens anzuzeigen?

Die Ursache-Wirkungs-Beziehungen in einer Balanced Scorecard weisen häufig Wirkungsverzögerungen („Lags") auf. Die Veränderungen bestimmter Kennzahlen zum heutigen Zeitpunkt hat somit Auswirkungen auf andere Kennzahlen in der Zukunft: So entsteht automatisch eine Frühaufklärungsfähigkeit (Prognosefunktion). Durch die an dieser Stelle nicht sinnvolle enge Anlehnung der meisten Balanced Scorecards an die ursprüngliche Konzeption von Kaplan und Norton[10] enthalten Balanced Scorecards jedoch meist nur Kennzahlen, die das Unternehmen selber beeinflussen kann. Durch die ergänzende Einbeziehung exogener Störungen (z. B. Zinsen, Konjunktur etc.) können jedoch auch Frühaufklärungsinformationen einbezogen werden, die kritische Entwicklungen frühzeitig aufzeigen. Durch die Integration derartiger Frühaufklärungsfunktionen in einer Balanced Scorecard gewinnt die Unternehmensführung Zeit, durch geeignete Maßnahmen auf kritische Entwicklungen zu reagieren.[11]

9. Fundierung

Lässt sich im Nachhinein belegen, dass die ursprünglich angenommene Ursache-Wirkungsbeziehung der Balanced Scorecard tatsächlich für das eigene Unternehmen zutreffen?

Eine wirksame Balanced Scorecard lernt aus jeder neuen Information. Emergente Balanced Scorecards, die bereits einige Zeit im Einsatz waren, können mit Hilfe statistischer Verfahren dahingehend überprüft werden, ob die ursprünglich unterstellten Ursache-Wirkungs-Beziehungen tatsächlich mit der Realität übereinstimmen. Auf diese Weise wird es möglich, die wirklich maßgeblichen erfolgsbestimmenden Zusammenhänge im Unternehmen besser zu verstehen. Fehleinschätzungen werden offenkundig, und es besteht die Möglichkeit, die Balanced Scorecard so weiter zu entwickeln, dass sie ein tatsächliches Bild der relevanten Zusammenhänge des Unternehmens zeigt. Die dafür erforderlichen mathematischen Verfahren – insbesondere die so genannte Kovarianz-Strukturanalyse (Kausalanalyse) – sind seit Jahren

---

[10] Kaplan et al, Balanced Scorecard: Strategien erfolgreich umsetzen, 1997.
[11] Gleißner/Füser, Moderne Frühwarn- und Prognosesysteme für Unternehmensplanung und Risikomanagement, in: DER BETRIEB, 19/2000, S. 933-941.

bekannt,[12] werden jedoch kaum angewandt. Die Anwendung derartiger Verfahren bietet jedoch enorme Potenziale, sein Unternehmen, die Zusammenhänge der maßgeblichen Erfolgsfaktoren und damit insgesamt die „Geschäftslogik" zu verstehen und zu einer gezielteren, erfolgsorientierten Steuerung des Unternehmens zu gelangen.

10. Abweichungsanalysen

Besteht die Möglichkeit, Ursachen von Plan-Ist-Abweichungen bei den Kennzahlen aufzuzeigen?

Grundsätzlich sollten die Kennzahlen in der Balanced Scorecard mit spezifischen Verfahren der Abweichungsanalyse untersucht werden können.[13] Allerdings ergibt sich hier das Problem, dass eine BSC Kennzahlen sehr unterschiedlichen Skalenniveaus integriert. Deshalb sind arithmetische Abweichungsanalysen wie beispielsweise Kostenabweichungen in Kostenmanagement und operativem Controlling bei einer BSC nicht immer möglich. Als BSC-spezifische Methoden der Abweichungsanalyse bieten sich ergänzend an:

1. Heuristisches Vorgehen: Abfragen von Expertenmeinungen über die Auswirkungen von Partialabweichungen auf das gesamte Wirknetz
2. Scorecard Mining zur Entdeckung neuer, managementrelevanter Ursachen in den darunterliegenden themenspezifischen Daten
3. Relation Mining als Überprüfung des unterstellten Wirknetzes
4. Partialanalytik für deduktiv ermittelte Sequenzen in BSC

In diesem Umfeld ist noch viel gedankliche Arbeit zu leisten. Dieses Methodenvakuum erklärt auch, warum in der überwiegenden Zahl der Praxisfälle die BSC derzeit nicht den gewünschten Effekt auf die Bereinigung der Reportingsysteme hat: wenn Manager in der Abweichungsanalyse methodisch unsicher sind, lassen sie sich lieber den erprobten analytischen Teil des Berichtswesens geben, in dessen Kontext solche Steuerungsmechanismen leichter möglich sind.

Grundlegend sollte für jede Kennzahl eines Unternehmens (unter Berücksichtigung exogener Einflussfaktoren, vgl. Grundsatz 8) mit separaten Datenarten wie „Ist-Wert", „Soll-Wert" und

---

[12] Gleißner, Notwendigkeit, Charakteristika und Wirksamkeit einer Heuristischen Geldpolitik, S. 330-349, 2. Auflage, 1999.
[13] Piechota, So verknüpfen Sie operatives Controlling und Berichtswesen, in: Controlling für das Krankenhaus, S. 87-124.

„Plan-Wert" gearbeitet werden, um die verschiedenen Informationsräume überhaupt trennen zu können.

Durch die Ausgangsanalyse können zudem wichtige Aufgaben des Risikomanagements in der BSC mit abgedeckt werden. Planabweichungen sind auf Risiken zurückzuführen. Die Suche nach Ursachen von Abweichungen bei BSC-Kennzahlen ist sonst als Risikoidentifikation zu interpretieren.[14]

11. Risikobezug

Ist bekannt, durch welche Risiken Abweichungen von den geplanten Realisationen der Balanced Scorecard-Kennzahlen („Planwerte") ausgelöst werden können?

Eine der größten Gefahren für die langfristige Akzeptanz einer Balanced Scorecard besteht darin, dass im Nachhinein für jede Planabweichung zwangsläufig der Verantwortliche für diese Kennzahl herangezogen werden muss, will man tatsächlich die Unternehmensstrategie mit diesem Instrument durchsetzen. Der Verantwortliche für eine Kennzahl wird versuchen, eine vernünftige Begründung dafür zu finden, dass er für eine eingetretene Planabweichung nicht verantwortlich ist. Tatsächlich gibt es viele Planabweichungen, die der Kennzahlen-Verantwortliche nicht zu vertreten hat. Gerade bei exogenen Störungen (z. B. Konjunktur, Rohstoffpreisen etc.) wird man keinem Mitarbeiter des Unternehmens eine Schuld zuweisen können. Für die Akzeptanz einer Scorecard ist es daher von grundlegender Bedeutung, dass zwischen „zu verantwortenden" und „nicht zu verantwortenden" Planabweichungen klar unterschieden wird. Die beste Möglichkeit, dies zu erreichen, besteht darin, schon bei der Entwicklung einer Balanced Scorecard die einer Kennzahl zuzuordnenden Risiken anzugeben, die zu einer nicht zu verantwortenden Planabweichung führen können. Man darf hier nicht vergessen, dass Risiken genau die möglichen Abweichungen von einem Plan- oder Erwartungswert beschreiben. Auf diese Weise ist eine Integration von strategischem Management (Balanced Scorecard) und Risikomanagement möglich, was die Effizienz und die logische Konsistenz beider Systeme fördert. Schon bei der Fixierung von Kennzahlen werden die zugehörigen Risiken identifiziert und der Verantwortliche für eine Kennzahl ist zugleich Risiko-Verantwortlicher (Risk-Owner) für die entsprechenden Risiken im Risikomanagementsystem (vgl. Gleißner, 2001). Heute muss man leider noch feststellen, dass insgesamt Risiken – obwohl wichtige Aspekte der Zukunftssicherung des Unternehmens und zentrale Determinante des Unternehmenswerts – in den Balanced Scorecards kaum eine Rolle spielen, was sicher-

---

14 Gleißner/Romeicke, Risikomanagement – Umsetzung – Werkzeuge – Risikobewertung, S. 121.

lich auch daran liegt, dass Kaplan und Norton in ihrer Beschreibung der Balanced Scorecard diesem Thema nahezu keinen Raum eingeräumt haben.

Eine Weiterentwicklung der traditionellen BSC unter Zuordnung von Risiken zu den Kennzahlen stellt die „Future Value™ Scorecard" dar, die die Umsetzung wertorientierter Unternehmensstrategien unterstützt.[15]

12. Konsistenz

Sind sämtliche Informationen der Balanced Scorecard konsistent mit denjenigen anderer Planungssysteme?

Logische Inkonsistenzen untergraben die Akzeptanz eines Planungssystems und führen zu dessen fast sicherem Ende. Offensichtlich müssen die Kennzahlenwerte in der Balanced Scorecard mit den entsprechenden Ausprägungen dieser Kennzahlen anderen Planungssystemen (z. B. operative Planung oder Risikomanagement) übereinstimmen. Zudem ist es auch erforderlich, dass die mit den in der Balanced Scorecard abgebildeten Maßnahmen verbundenen Kosten in den Budgets der operativen Planung in genau gleichem Umfang enthalten sind. Sonst wird die Umsetzung dieser Maßnahmen kaum gewährleistet sein.

Abbildung 6 zeigt, dass die Planungsfelder Strategie und Performanz (Schaufeln 1-3), Unternehmensplanung (Schaufeln 4 und 5) sowie Risiko (Schaufel 6) zu integrieren sind, um Geschäftssysteme konsistent auf eine wertorientierte Steuerung auszurichten.

---

[15] Gleißner, Future Value – 12 Module für eine strategisch wertorientierte Unternehmensführung, S. 255–286.

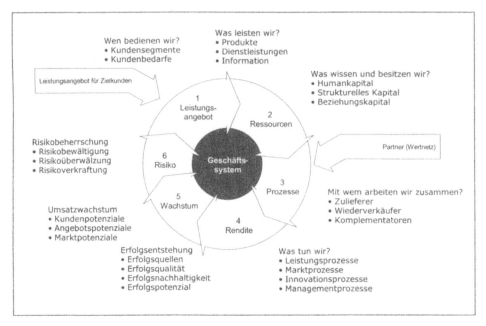

Abbildung 6: Planungsfelder einer strategiefokussierten Organisation

13. Effizienz

Gibt es eine effiziente (IT-gestützte) Realisierung der Balanced Scorecard?

Wie jedes andere Managementsystem wird auch die Balanced Scorecard langfristig in einem Unternehmen nur dann eine Zukunft haben, wenn sie in ihrer praktischen Anwendung zuverlässig und effizient ist. Dies setzt in der Regel – zumindest nach Ende einer gewissen Probephase – eine adäquate IT-Unterstützung voraus. Interessanterweise zeigt sich, dass gerade die BSC Zentrum der Art von Informationssystemen ist, die den Informationsbedarfen des Managements entsprechen (vgl. Abbildung 7). Sicherlich kann jede BSC in den Anfängen mit einer schlichten Tabellenkalkulation eingerichtet werden. Als analytische Applikation ist aber anzustreben, dass sie von vorneherein den Grundsätzen des CAP-Ansatzes entsprechend aufgebaut wird.[16] Am anderen Ende der Bandbreite von Möglichkeiten steht die Wahl, eine fer-

---

[16] Vgl Piechota, Auf dem Weg zu Business Knowledge Systems, in: Jahrbuch 2001 Finanz- und Rechnungswesen, S. 179-238.

tig ausprogrammierte Applikation „BSC" zu kaufen und einzusetzen.[17] Die Autoren empfehlen den Einsatz generischer BI-Werkzeuge, die fachspezifisch vorkonfiguriert sind und bei denen die Integration der unterschiedlichen Module (Planung, Performance Management und Risk Management) technisch gewährleistet ist.

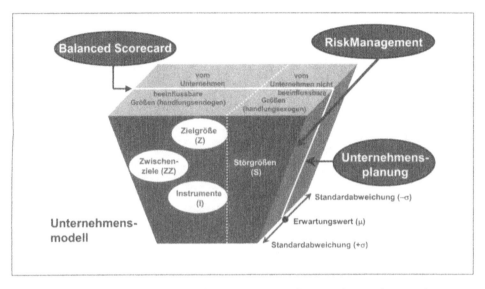

Abbildung 7: Balanced Scorecard, Risikomanagement und Unternehmensplanung als Perspektiven eines Unternehmensmodells[18]

Der schlechteste Weg wäre, die BSC konzeptionell und technisch zu isolieren und dementsprechend auch keine IT-Integration der betroffenen betriebswirtschaftlichen Sachfelder vorzusehen.[19] Erforderlich ist es beispielsweise, dass in anderen Planungssystemen vorhandene Daten automatisch der Balanced Scorecard zur Verfügung gestellt werden, umgekehrt sind die Maßnahmen der BSC in die Budgetzuweisungen der operativen Planung einzubeziehen. Als Ideallösung der IT-technischen Realisierung einer Balanced Scorecard bietet sich die Integration mit operativer Planung und Risikomanagement unter dem Dach eines wertorientierten Steuerungssystems an (vgl. Abbildung 7).[20]

---

17 Piechota, Geld reinstecken und Hoffen, in: Computerwoche Extra 4/2000 vom 16.6.2000.
18 Vgl. Gleißner, Future Value, 2004, S. 41.
19 Vgl. Piechota, IT- Effizienzverstärker oder Komplexitätstreiber in der analytischen Unternehmennsführung?, in: Controlling&Finance 8/2002, S. 6-7.
20 Konzeption des „Value-Navigators" mit der integrierten *FutureValue™Scorecard,* das von der FutureValue Group AG und der RMCE RiskCon GmbH & Co. konzipiert und gemeinsam mit der MIS AG, Darmstadt, realisiert wurde: www.valuenavigator.de. Diese Erweiterung der traditionellen BSC erlaubt beispielsweise auch die Zuordnung von Risiken zu BSC-Kennzahlen und viele andere der angesprochenen Anforderungen zu realisieren. Ähnlich gilt dies für den „Strageie Navigator" der Future Value Group AG.

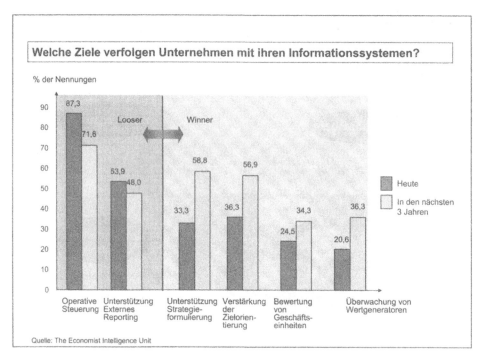

Abbildung 8: *Prioritäten der Informationssysteme*

14. Zusammenfassung und Checkliste

Insgesamt bleibt festzuhalten: Die Balanced Scorecard ist grundsätzlich ein äußerst leistungsstarkes Instrument, das die Präzisierung und vor allen Dingen die Umsetzung der Unternehmensstrategie fördert und so wesentlich dazu beitragen kann, die Zukunftsfähigkeit eines Unternehmens zu verbessern. Zu einer Balanced Scorecard – oder allgemeiner: einem strategischen Kennzahlensystem – gibt es wenige sinnvolle Alternativen. Die oben aufgeführten Punkte verdeutlichen jedoch auch, dass die heute tatsächlich implementierten Balanced Scorecards an vielen Punkten noch nennenswerte Schwächen aufweisen. Sicherlich bietet schon der Einstieg, die erstmalige Auseinandersetzung mit der Themenstellung Balanced Scorecard für Unternehmen erheblichen Nutzen. Die Diskussionen über die richtige Gestaltung einer Balanced Scorecard fördert die Kommunikation der Führungskräfte bezüglich der Unternehmensstrategie, macht unterschiedliche Vorstellungen und Annahmen offenkundig und erzwingt eine Fixierung auf die für das Unternehmen wichtigen Informationen (Kennzahlen) und Ziele. Die BSC wird so zum wichtigsten Bestandteil eines Performance Management-Systems (s. Abbildung 9).

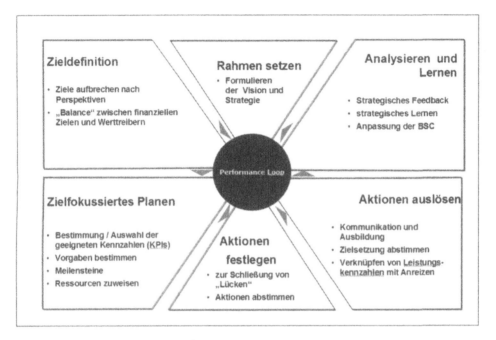

Abbildung 9: Bestandteile des Performance Managements

Dennoch dürfen auch die Gefahren eines zu oberflächlichen Umgangs mit der Balanced Scorecard nicht übersehen werden. Eine Balanced Scorecard erreicht die *konsequente Umsetzung einer Unternehmensstrategie*. Dieser entscheidende Nutzen wird jedoch zu einem ebenso gravierenden Nachteil, wenn ein Unternehmen keine wirklich aussichtsreiche Strategie entwickelt hat und ihre Einführung durch die BSC gewissermaßen auf „kaltem Wege" erfolgt. In diesem Fall trägt eine Balanced Scorecard genau dazu bei, dass eine Strategie konsequenter umgesetzt wird, die im Niedergang des Unternehmens enden könnte. Die Balanced Scorecard muss auf einer Erfolg versprechenden strategischen Ausrichtung basieren. Andererseits kann der strategische Vorbau aus den Ergebnissen und Einsichten, die der Nutzung einer BSC entspringen, profitieren: man kann von einem „reverse engineering" in der Strategiefindung sprechen, wenn Einsichten der BSC zu einer Änderung der Unternehmensstrategie führen.

Wie „falsch" darf nun eine Balanced Scorecard sein, um bei einer gegebenen strategischen Grundlage noch sinnvoll zu sein? Hier ist sicherlich keine eindeutige Grenzziehung möglich. Als allgemeine Faustregel kann man hier jedoch sicher festhalten, dass die Wahrscheinlichkeit des ökonomischen Scheiterns der Balanced Scorecard um so größer wird, je mehr der oben aufgeführten Orientierungsfragen verneint werden müssen (vgl. Checkliste).

Die Balanced Scorecard ist zusammenfassend als das beste Instrument anzusehen, das es für die konsequente Umsetzung strategischer Überlegungen der Unternehmensführung in das

Tagesgeschäft gibt. Erst die Balanced Scorecard erlaubt eine zielorientierte Steuerung des Unternehmens und die Ausrichtung aller Aktivitäten und Ressourcen auf den Erfolg. Doch wie jedes andere Hilfsmittel gilt auch für die Balanced Scorecard: Auch das leistungsfähigste Instrument nützt nur dann etwas, wenn es richtig eingesetzt wird.

Checkliste

	Balanced Scorecard Leistungskriterium	Erfüllt	Teilweise erfüllt	Nicht erfüllt
1.	*Strategiebezug* Basiert die Balanced Scorecard auf einer fixierten Strategie?			
2.	*Zielorientierung* Enthält die Balanced Scorecard ein klar definiertes oberstes Ziel als Erfolgsmaßstab des Unternehmens?			
3.	*RatingBezug* Zeigt die Balanced Scorecard die Veränderung des Ratings eines Unternehmens an?			
4.	*Vollständigkeit* Sind die in der Balanced Scorecard enthaltenen Kennzahlen insgesamt geeignet, die oberste Zielgröße (Erfolgsmaßstab, vgl. 1.) zu erklären?			
5.	*Systematik* Gibt es eine nachvollziehbare Systematik, mit Hilfe derer die für das Unternehmen maßgeblichen Kennzahlen abgeleitet werden?			

6.	*Kausalbeziehung*				
	Weist die Balanced Scorecard nachvollziehbare Ursache-Wirkungs-Beziehungen zwischen den Kennzahlen auf?				
7.	*Frühaufklärungsfähigkeit*				
	Ist die Balanced Scorecard in der Lage, im Sinne eines Frühaufklärungssystems vorab kritische Entwicklungen des Unternehmens anzuzeigen?				
8.	*Fundierung*				
	Lässt sich im Nachhinein belegen, dass die ursprünglich angenommenen Ursache-Wirkungs-Beziehungen der Balanced Scorecard tatsächlich für das eigene Unternehmen zutreffen?				
9.	*Abweichungsanalysen*				
	Besteht die Möglichkeit, die Ursachen von Plan-Ist-Abweichungen bei den Kennzahlen aufzuzeigen?				
10.	*Risikobezug*				
	Ist bekannt, durch welche Risiken Abweichungen von den geplanten Realisationen der Balanced Scorecard-Kennzahlen („Planwerte") ausgelöst werden können?				
11.	*Konsistenz*				
	Sind sämtliche Informationen der Balanced Scorecard konsistent mit denjenigen anderer Planungssysteme?				
12.	*Effizienz*				
	Gibt es eine effiziente (IT-gestützte) Realisierung der Balanced Scorecard?				

Die Messbarkeit von Strategien

Walter Schmidt

1. Einleitung 272
2. Führen durch drei einfache Regeln 284
3. Rahmen-Bedingungen durch klare Organisation 288
4. Verbreitung durch einfache Erklärung und Förderung von Aktivität 289
5. Transparenz durch „One Page Only"-Controlling 290
6. Vertrauen durch Publizität 292

1. Einleitung

Strategie ist in aller Munde. Wir suchen nach einer Unternehmensstrategie, doch wir sprechen schon in geringeren Zusammenhängen von strategischen Fragen: Einkaufsstrategie, Marketingstrategie, IT-Strategie, Entwicklungsstrategie, Produktstrategie, strategische Planung, strategisches Controlling – die Möglichkeiten scheinen unerschöpflich. Das hat etwas damit zu tun, dass Führungskräfte immer wieder Entscheidungen treffen müssen, deren Konsequenzen sie nicht überschauen können[1]: Die Aufnahme eines aufwändigen Forschungsprojekts mit ungewissem Ausgang, die Investition für eine größere Anlage ohne ausreichende Sicherheit für den zeitlichen Bestand des damit festgeschriebenen technologischen Niveaus, der Start einer umfassenden Marketingkampagne in Zeiten stark schwankender Märkte, die Bewilligung weitreichender Fortbildungsmaßnahmen bei gleichzeitiger Unsicherheit über die Entwicklung der Mitarbeiterzahlen etc. Da ist der Wunsch nach verlässlicher Vorausschau, möglichst auf der Basis von Berechnungen zukünftiger Entwicklungen schon verständlich, um die Risiken im Griff behalten zu können.

Aber wie ist das mit der Mess- und Berechenbarkeit von Strategien? Sie haben ja etwas mit der Zukunft zu tun. Und Zukunft können wir nicht messen – denn damit uns überhaupt etwas zum Messen zur Verfügung steht, muss es bereits passiert, also Vergangenheit sein. Wir können die Zukunft planen. Doch das ist etwas Anderes, denn planen heißt nicht messen sondern Annahmen treffen; intuitive Annahmen; begründete Annahmen; begründete Annahmen, die auf verifizierbaren empirischen Daten beruhen; durchgerechnete Annahmen – wie es auch sei: Es bleiben immer Annahmen, Erwartungen, nichts Messbares eben.

Dennoch, solange die Umfeldbedingungen stabil bleiben, können Planungen, die auf verifizierbaren Annahmen beruhen, die Zukunft ausreichend beschreiben. Und solange wir davon ausgehen dürfen, dass Arbeitsabläufe, die in der Vergangenheit Erfolge gezeigt haben, dies auch in der Zukunft tun werden, kann Planung sehr nützlich sein.

In dem Maße aber, wie die Stabilität der Umfeldbedingungen schwindet, ist dieser Zusammenhang nicht mehr gegeben. Und dass die Instabilität in vielen Bereichen zugenommen hat, sei es durch die Globalisierung, die Geschwindigkeit der technologischen Entwicklungen oder die vermehrten Einflussmöglichkeiten verschiedener Interessengruppen auf wirtschaftliche Entscheidungen, gehört zu den markanten Charakteristika der vergangenen Jahrzehnte. Insofern hat die Treffgenauigkeit unserer Planungen deutlich nachgelassen. Die gerade erst begonnene Diskussion zum Thema „Beyond Budgeting" verdeutlicht das daraus resultierende

---

[1] Hans Jonas hat sich aus ethischer Sicht mit diesem Problem auseinandergesetzt und eine treffende Analyse formuliert: „Die Kluft zwischen Kraft des Vorherwissens und Macht des Tuns erzeugt ein neues ethisches Problem. Anerkennung der Unwissenheit wird ... die Kehrseite der Pflicht des Wissens und damit ein Teil der Ethik, welche die immer nötiger werdende Selbstbeaufsichtigung unserer übermäßigen Macht unterrichten muss." Jonas, H. (2003), S. 28.

Unbehagen und den aufkommenden Zweifel an der Sinnhaftigkeit von Planung in der herkömmlichen Art und Weise.

Aber der Wunsch nach etwas mehr Präzision im Umgang mit der Zukunft ist angesichts der immer wieder erlebten Unsicherheiten nicht zu unterdrücken. Und so gibt es beständig neue Versuche, mit geeigneten Kennzahlen doch noch das Unmögliche zu ermöglichen und die Zukunft stabil zu rechnen. Einer dieser Versuche ist die Balanced Scorecard – ein Instrument, mit dessen Hilfe das Handeln einer Gruppe von Menschen auf ein gemeinsames Ziel ausgerichtet werden kann. Sie soll dazu eingesetzt werden, die Strategie eines Unternehmens in gemeinsame Aktionen zu übersetzen – „Translate Strategy into Action" lautet die Devise der Balanced-Scorecard-Väter Kaplan und Norton.[2] In diesem Zusammenhang werden auch Kennzahlen eingesetzt, um das Handeln konkret und damit messbar zu gestalten.

Kennzahlen haben in Bezug auf die Gestaltung der Zukunft einen großen Vorteil: Wenn wir sie ernst nehmen, zwingen sie uns, konkret zu sagen, was wir wollen. Nehmen wir z. B. so eine häufig genutzte Zielbeschreibung wie: „Wir wollen die besten Partner unserer Kunden sein". Das ist ein schöner Slogan, aber er bringt nicht mehr zu Ausdruck, als einen frommen Wunsch. Was heißt das schon – der beste Partner unserer Kunden sein? Aber sobald wir versuchen, an einer Kennzahl festzumachen, woran wir das messen können, müssen wir konkret werden. Woran lässt sich erkennen, dass wir besser sind als alle Anderen – denn nur dann sind wir der beste Partner? Und wer sind die Anderen? Wer sind unsere Kunden? Und wie zeigt sich, dass wir deren Partner sind? Auf diese Weise beginnt auch die Balanced Scorecard, zwingend zu werden. Denn wenn wir hier konsequent weiter gehen, kommen wir unweigerlich zu jenen Fragen, die unsere Strategie bestimmen und Veränderungen einleiten können, die wir für die Behauptung am Markt benötigen. Da ist zum einen die Frage nach dem Grad der Unabhängigkeit, die wir auf den verschiedenen Feldern unseres Handels anstreben. Oder die Frage, welche Kultur wir im Umgang miteinander leben wollen. Oder die Frage nach den Kernkompetenzen. Und schließlich das Entscheidende: Was ist *jetzt* zu tun?

Dann aber, wenn wir konkret sagen, was wir strategisch tun wollen, können wir auch das Tun mit Hilfe entsprechender Kennzahlen messen. An dieser Stelle kann zwar berechtigterweise eingewendet werden, dass wir damit nicht die Zukunft messen, sondern nur unser heutiges Tun für die Zukunft. Wenn wir damit allerdings unsere strategischen Fähigkeiten verbessern, wäre schon viel gewonnen. Wir würden damit einen wesentlichen Schritt hinausgehen über die nach wie vor bestimmende Praxis.

Denn die traditionelle, der Buchführung verhaftete Betriebswirtschaft und daraus abgeleitete Planungen haben nach wie vor ihre Probleme mit der Zukunft. Buchhaltung verbucht Geschäftsvorfälle erst dann, wenn sie passiert, also vergangen sind. Wir können davon ausgehend analysieren, wann wir wie viel Geld wofür ausgegeben, welche Produkte und Leistungen wir dabei erzeugt und wie wir diese vermarktet haben. Wir können unsere Analysen zu Kennzahlen verdichten, die wir in mathematische Modelle einfügen. Wir können leistungsfä-

---

2   Kaplan, R. S.; Norton, D. P. (1996): The Balanced Scorecard: Translating Strategy into Action, Boston.

hige Softwaresysteme einsetzen, mit deren Hilfe wir diese Kennzahlen auf komplexe Weise miteinander verknüpfen. Es bleiben immer die Daten der Vergangenheit, die wir analysieren, verdichten und verknüpfen.

Und selbst wenn wir planen, lösen wir uns nicht wirklich von der Vergangenheit, solange wir lediglich unsere produkt- und leistungszentrierten Vorstellungen aus den Analysen der Vergangenheit in die Zukunft projizieren und daraus in oft sehr differenzierter Weise Umsatz und Kosten und daraus abgeleitete Kennzahlen sowohl für die nächsten Monate und Quartale als auch die kommenden drei bis fünf Jahre oder länger berechnen. Das wird auch so bleiben, weil wir aus der Vergangenheit kommen und jede Zukunft in der Vergangenheit ankert, ob wir das akzeptieren oder nicht. Nur, was hat die Berechnung von Umsatz- und Kosten-Zahlen für die vor uns liegende Zeit mit der Zukunft gemein außer dem Anschein? Solange wir uns nicht den Quellen zuwenden, aus denen sich zukünftige Umsatz- und Kostenentwicklungen speisen und jene Aufgaben identifizieren, die wir *heute* bewältigen müssen, damit uns diese Quellen zukünftig zur Verfügung stehen und solange wir die dafür erforderlichen Arbeiten nicht organisieren, hat Planung mit aktiver Zukunftsorientierung wenig zu tun. Hier bringt uns eine im obigen Sinne gestaltete Balanced Scorecard tatsächlichen Fortschritt. Weil sie eben jene Aufgaben, die wir heute bewältigen müssen, in den Mittelpunkt stellt und auf die strategischen Grundfragen ausrichtet.

Leider werden bei vielen Anwendungen, die sich mit dem Namen „Balanced Scorecard" schmücken, die grundlegenden strategischen Fragen gar nicht gestellt. Allerdings darf, wer darauf verzichtet, diese Fragen zu stellen, nicht erwarten, dass Kennzahlen – wie kunstvoll sie auch konstruiert und zu einer „Vier-Perspektiven-Scorecard" formiert sein mögen – Strategien umsetzen. Denn Kennzahlen stellen keine Fragen; und sie können weder steuern noch die Zukunft messen. Die Nutzung eines erweiterten Systems von Kennzahlen kann uns vielleicht dabei behilflich sein, die Annahmen unserer Planung aus verschiedenen Perspektiven abzubilden. Allerdings sind wir damit nicht weiter gekommen, als wir eingangs schon waren. Und so darf es nicht verwundern, dass diejenigen, deren Balanced Scorecard über ein derart armseliges Kennzahlensystem nicht hinauskommt, von deren Effekten enttäuscht sind, wie eine Reihe von Studien gezeigt haben.[3] Denn wie heißt es so schön: Nicht überall, wo Balanced Scorecard draufsteht, ist auch Balanced Scorecard drin.

Offensichtlich haben wir keinen anderen Weg: Wenn wir etwas mehr Präzision für die Zukunft erreichen wollen, dürfen wir der Erarbeitung und Nutzung einer Strategie nicht ausweichen. Es gibt natürlich Unternehmerpersönlichkeiten, die haben ihre Strategie „im Blut". Aber nicht jede Führungskraft ist ein Vollblut-Unternehmer. Und selbst wenn dem so wäre; je mehr Führungsarbeit das Zusammenführen von Teams erfordert, umso mehr muss Intuition mit Kommunikation und Motivation anderer Menschen verbunden werden, wenn es funktionieren soll. Das schließt die gemeinsame Erarbeitung und Umsetzung von Strategien ein.

---

[3] Vgl. z. B. Paul, J (2002):10 Jahre Balanced Scorecard: was haben wir gelernt? in: Controller Magazin, Heft 1/2002, S. 51 – 59.

Die Messbarkeit von Strategien 275

Deshalb erscheint das große Interesse, das strategischen Fragen heute in der Wirtschaft entgegen gebracht wird, durchaus begründet.

Aus dem Interesse allein wächst jedoch nicht zwangsläufig Klarheit im Denken und Tun. Es gibt wahrscheinlich nur wenige Begriffe, die so häufig genutzt werden und zugleich in ihrer Bedeutung so verschwommen und vieldeutig bestimmt sind wie „Strategie".

- Strategie im Sprachgebrauch

    In der allgemeinen Vorstellung wird Strategie meistens in Gegenüberstellung zum Operativen definiert. Wir betrachten Strategie z. B. als ein mehr oder weniger abstraktes Ziel, das wir durch „Operationalisieren" in eine konkrete Vorgabe transformieren müssen. Dabei wird unterstellt, das Konkrete sei immer operativ. Zum Teil liegt dieses Verständnis auch an nicht exakten Übersetzungen aus dem Englischen. Das Wort „operate" wird zumeist mit dem deutschen „operativ tätig sein" gleichgesetzt; aber es bedeutet nichts Anderes als operieren im Sinne von handeln, aktiv sein. Und handeln können wir sowohl strategisch als auch operativ. Dem deutschen Wort „operativ" als Gegensatz zu „strategisch" entspricht im Englischen der Begriff „operational".[4]

    Zugleich verbinden wir mit Strategie generell etwas Langfristiges, während unter „operativ" das kurzfristige Tagesgeschäft verstanden wird. Nach dem Motto: Das Operative kommt sofort – das Strategische haben wir später, irgendwann.

    In wieder anderem Verständnis sehen wir im Strategischen das Übergeordnete und im Operativen das daraus Abgeleitete – vielleicht gibt es deshalb so viele Führungskräfte, die Strategie ausschließlich als ihre Domäne betrachten, während das Operative dem „gemeinen Fußvolk" überlassen bleibt. Allein die Wortwahl „operative Struktureinheiten" verdeutlicht diese Denk- und Verhaltensweise.

Aber so weit verbreitet diese landläufigen Vorstellungen vom abstrakten, langfristigen und übergeordneten Charakter der Strategie auch sind, sie treffen nicht den Kern.

- Strategie in der ökonomischen Literatur

    In der Literatur können wir ebenfalls ein breites Spektrum an Vorstellungen finden:

    Andrews bezeichnet Strategie als Muster der Entscheidungsfindung, das die Ziele und Grundsätze eines Unternehmens definiert, seine Geschäftsfelder, die Art und Weise der wirtschaftlichen und menschlichen Organisation sowie die Natur des ökonomischen und nicht-ökonomischen Nutzens für Anteilseigner, Mitarbeiter, Kunden und die Gesellschaft.[5]

    Porter sieht den wesentlichen Gehalt des Begriffes „Strategie" in der Unterscheidung zwischen Zielen und Mitteln, d. h. auf welche Weise das Unternehmen den Wettbewerb

---
4 Langenscheidts Handwörterbuch (1994): Englisch, Berlin, S.1180.
5 Andrews (1971): The concept of corporate strategy, Homewood, Ill. S. 52 ff.

führen will und welches seine spezifischen ökonomischen und nichtökonomischen Ziele sind.[6]

Vertreter der *Spieltheorie* betrachten Strategie als einen Plan für angepasste Handlungen auf Basis interaktiver Entscheidungen, der zugleich die Konflikte und Kooperationsmöglichkeiten der Beteiligten berücksichtigt und auf die Maximierung ihres Nutzens ausgerichtet ist.[7]

Deyhle nennt Strategie das „Denken in Wettbewerbsvorteilen".[8]

Im großen *Controlling Lexikon* wird das strategische Oberziel des Unternehmens in der nachhaltigen Existenzsicherung gesehen, während die operativen Ziele auf Gewinn- und Liquiditäts-Sicherung ausgerichtet sind.[9]

Prahalad und *Ramaswamy* kennzeichnen Strategie als „Navigieren durch den Nebel". Die über 30 Jahre geltende Auffassung, Strategie sei die Beherrschung der Regeln eines bekannten Wettbewerbsspiels mit dem Ziel, der vorteilhaften Positionierung innerhalb seiner Rahmenstrukturen, gilt nicht mehr.[10]

Mintzberg sieht die Zeit für eine allgemein gültige Definition von Strategie noch nicht reif. Er gibt einen Überblick über die verschiedenen Standpunkte und ihre Entwicklung, konstatiert deren jeweilige Stärken und Schwächen und das noch zu geringe empirische Fundament und fordert das Publikum auf, mehr praktische Erfahrungen zu sammeln.[11]

Wenn wir Begriffe in unterschiedlicher Definition verwenden, besteht die große Gefahr, dass wir mit denselben Worten aneinander vorbei reden. Deshalb brauchen wir ganz pragmatisch eine Definition auf die wir uns in der konkreten Arbeit einigen können. In einer Vielzahl von Projekten zur Entwicklung und Umsetzung von Strategien, die ich bisher begleiten durfte, hat sich dabei folgendes Herangehen praktisch bewährt:

Nach Clausewitz bezieht sich Strategie auf den Umgang mit dem Ungewissen der Zukunft.[12] Diese Ungewissheit entsteht nicht vordergründig aus den zufälligen Wechselspielen des Lebens. Die strategische Ungewissheit resultiert vor allem aus dem Umstand, dass auf dem Spielfeld der Wirtschaft, dem Markt, Wettbewerber zusammentreffen, die mit einem eigenständigen Willen ausgestattet sind und zugleich voneinander abhängen.

---

6   Porter (1980): Competitive strategy: techniques for analyzing industries and competitors, New York S. 25.
7   Vgl. Nalebuff, B./Dixit A. (1997): Spieltheorie für Einsteiger. Strategisches Know How für Gewinner, Stuttgart, S. 4 f.; Holler, M.J./Illing, G. (2003): Einführung in die Spieltheorie, Heidelberg, S. 4, S. 9 ff.
8   Deyhle, A. (2003): Controller Handbuch, 5. Auflage, Offenburg, S. 926.
9   Vgl. Horváth, P./Reichmann, T. (Hrsg.) (2003): Vahlens großes Controlling Lexikon, S. 718 ff.
10 Prahalad/Ramaswamy (2004), S. 233 ff.
11 Mintzberg, H./Ahlstrand, B./Lampel, J. (1999): Strategy Safari. Eine Reise durch die Wildnis des strategischen Managements, S. 411 ff.
12 Clausewitz, C. v. (2003): Vom Kriege, Erftstadt.

Die Messbarkeit von Strategien

Aber es kommt eben noch der Umstand hinzu, dass die strategisch relevanten Wettbewerber nicht nur aus Einzelpersonen bestehen sondern aus *Organisationen,* in denen netzwerkartig auch außerhalb des Marktes eine Vielzahl von Partnern zusammenwirken – Führungskräfte, Mitarbeiter, Investoren, Lieferanten, Gemeindeverwaltungen der einbezogenen Standorte, Meinungsbildner etc. All diese Partner haben Ansprüche an die Organisation, die sie mit mehr oder weniger starken Interessenvertretungen – die oftmals selbst Organisationen darstellen – eigenständig artikulieren und gegebenenfalls im Konflikt durchsetzen.

Zunehmend sind auch die Kunden einer Organisation netzwerkartig – also wieder in Form von Organisationen, wenn auch oft in relativ lockerer, wechselhafter Verkettung – miteinander verbunden und entwickeln sich zu einem weiteren, wesentlichen Partner, der eigenständige Interessen wirksam artikulieren und durchsetzen kann. Das können wir z. B. an vielen Internet-Portalen beobachten. Nehmen wir Amazon oder eBay. Dort werden nicht einfach nur Produkte angeboten. Die über das Portal organisierten Kunden erhalten die Möglichkeit, sich ein auf ihre Bedürfnisse zugeschnittenes Angebot zusammenzustellen. Sie können ihre Erfahrungen im Umgang mit den Produkten oder mit den Verkäufern anderen mitteilen, z. B. indem sie Einschätzungen der Qualität oder des Nutzens vornehmen oder die Zuverlässigkeit der Abwicklung bewerten. Inzwischen gibt es auf vielfältigen Gebieten ähnliche Kunden-Netzwerke, die vielleicht nicht so bekannt sind wie Amazon oder eBay aber ebenso beträchtlichen Einfluss nehmen auf die Wertschöpfung von Unternehmen, weil sie das Kaufverhalten mitbestimmen.

Strategie in der Wirtschaft bezieht sich also auf den Umgang von *Organisationen* mit dem Ungewissen der Zukunft. Dabei geht es zum einen um die Auseinandersetzung *zwischen* verschiedenen Organisationen als Wettbewerber und zum anderen um die Auseinandersetzung zwischen den verschiedenen Anspruchsgruppen *innerhalb* einer Organisation. Beide Formen der Auseinandersetzung sind Quellen der Ungewissheit, weil sie von Menschen geführt werden, die mit einem eigenständigen Willen ausgestattet sind, den sie durch ihre Organisation vervielfältigen können. Einem Willen, den sie oft unvorhersehbar einsetzen – rational ebenso wie irrational, kooperativ wie konfrontativ, professionell wie stümperhaft. Und teilweise diffus, weil Organisationen selten dem Willen einer einzigen Person folgen, sondern viele Personen auf das Handeln einer Organisation Einfluss haben und es Zeiten gibt, in denen es nicht nur unklar sondern auch unentschieden ist, welche Richtung die Organisation einschlagen wird.

Viele Menschen fürchten das Ungewisse und sind bestrebt, durch Risikovorsorge und langfristige Planung die Zukunft fassbar zu machen. Das ist zwar wichtig und wird oftmals als strategisch angesehen, hat aber nur zum Teil etwas mit Strategie zu tun. Selbstverständlich können Risikomanagement und langfristige Planung ein geeignetes Training sein, damit wir uns gedanklich auf mögliche Risiken einstellen und unsere Reaktionen üben können. Aber wir dürfen darin auch nicht mehr als ein Training sehen.

Außerdem – um Risiken managen zu können, müssen wir ihre Möglichkeit wenigstens kennen. Und über die Trefferquote unserer langfristigen Planungen breiten wir gern den Mantel des Stillschweigens. Denn – wie schon erläutert – wir unterstellen meist implizit, dass die

Entwicklungsgrundlagen der Vergangenheit auch weiterhin bestehen. Wir beschreiben unsere Wünsche, die wir für die Zukunft haben in Form von Zahlen-Kolonnen. Aber ein Wunsch bleibt stets ein frommer Wunsch, wenn uns die Quellen seiner Erfüllung versiegen. Die notwendige Verankerung in der Vergangenheit liefert uns zwar die Chancen, Reserven und Probleme, die jene Randbedingungen charakterisieren, unter denen wir die Quellen zukünftiger Erfolge entwickeln und gestalten können. Aber Zukunftsplanungen, die an die Stelle der zu gestaltenden Quellen für zukünftige Erfolge lediglich ein durchgerechnetes Bild des erwarteten Zustands setzen, produzieren nun einmal nichts anderes als fromme Wünsche – und sie werden in der Praxis auch meist so empfunden. Schlimmer, durch unsere computergestützten „Berechnungen" verstärken wir die Illusion von Stabilität und die daraus entspringende Sorglosigkeit in der Vorbereitung auf die Zukunft. Weil sie ein virtuelles Bild an die Stelle der harten Arbeit an den Quellen des Erfolges setzen. Und noch gefährlicher wirkt die „wissenschaftliche" Verschleierung der eigentlich banalen und durch alltägliche Erfahrung uns intuitiv eigenen Erkenntnis, dass die Zukunft instabil, also ungewiss ist.

Wir können auf diese Weise das Ungewisse „gewisser" aussehen lassen. Aber eigentlich verdrängen wir es lediglich aus unserem Bewusstsein. Aus der Realität verdrängen können wir es nicht. Denn wenn es ernst wird, sind alle Pläne und Risiko-Szenarien Makulatur. Sie waren hilfreich bis zu dem Augenblick, da wir das Wettbewerbsfeld betreten und die Auseinandersetzung mit all jenen Organisationen suchen, die auch gewinnen wollen. Selbst wenn wir uns nach unseren Plänen richten, unsere Gegenspieler werden es nicht tun. Sie werden, ohne uns zu fragen, ihre eigenen Möglichkeiten suchen. Wenn sie sich einen Vorteil versprechen, werden sie mit uns kooperieren. Aber wir müssen ebenso damit rechnen, dass sie unsere Pläne durchkreuzen wollen. Und wir werden uns nicht einmal darauf verlassen können, dass sie dabei ausschließlich faire Mittel einsetzen und immer rational entscheiden. Deshalb gilt der alte Spruch: Die Zukunft passiert. Im Zweifel auch ohne uns. Aber das gilt eben auch für alle Anderen. Und gerade das ist unsere Chance.

Durch eine geeignete Strategie kann die Ungewissheit für jene Organisation zu einer Chance werden, die sich *besser* auf sie vorbereitet als ihre Wettbewerber.

Dabei müssen wir nicht um jeden Preis gut sein. Wir müssen nur besser sein als diejenigen Organisationen, mit denen wir konfrontiert sind – in der Auseinandersetzung auf dem Markt ebenso wie in der Auseinandersetzung mit den Anspruchsgruppen.

Es ist wie beim Fußballspiel, um ein Beispiel anzuführen: Wann die Chance zum Torschuss kommt, wo das sein wird und unter welchen Bedingungen, das kann vor dem Spiel niemand sagen. Selbst ob die Chance überhaupt kommen wird, bleibt vorher im Ungewissen. Aber wenn sie kommt, wird der Verein im Vorteil sein, der sie mit seiner Mannschaft – und all je-

Die Messbarkeit von Strategien

nen, die seine Mannschaft unterstützen[13] – besser zu nutzen versteht, als seine Gegenspieler. Und wer gelernt hat, nicht nur auf Chancen zu warten sondern sich auch eigene Möglichkeiten zu erarbeiten, wird weitere Vorteile haben. Und wer mit seinen Ressourcen besser haushalten kann, hat im entscheidenden Moment vielleicht das erforderliche Quäntchen mehr an Kraft.

Zum Schluss zählen jene wenigen Sekunden, in denen wir die Tore geschossen haben – sie sind die Fakten, an denen wir unseren Erfolg ablesen. Aber erst einmal müssen wir in den Strafraum kommen. Und davor noch liegt die harte Zeit des Trainings, in der wir die erforderlichen Fähigkeiten und unser Selbstvertrauen entwickeln, Chancen zu erarbeiten sowie aus jeder entstehenden Situation einen Vorteil zu generieren und bis zum Schluss in den entscheidenden Momenten immer etwas mehr Reserven mobilisieren können als die Anderen.

Wenn es also in der Strategie darum geht, sich auf das Ungewisse der Zukunft besser vorzubereiten, als seine Wettbewerber, dann bedeutet es praktisch nichts anderes, als systematisch jene *Potenziale* zu entwickeln und zu trainieren, die uns die dazu erforderliche Kraft verleihen. Potenziale entstehen aus dem Zusammenspiel von Möglichkeiten und Fähigkeiten. Die Bereitschaft eines Kunden beispielsweise, den Bau einer Werkzeugmaschine zu ordern, verschafft uns die Möglichkeit Geld zu verdienen. Aber erst durch die Fähigkeiten unserer Mitarbeiter und der von ihnen genutzten Prozesse, eine solche Maschine auch zu fertigen, durch die Fähigkeiten unserer Zulieferer, geeignete Materialien und Komponenten zu liefern, durch die Fähigkeiten unserer Kopperationspartner, die erforderlichen Dienstleistungen zu erbringen, wird aus der Bereitschaft unseres Kunden zur Auftragserteilung für uns ein Potenzial zum Geld verdienen.

Potenzial deswegen, weil Möglichkeiten und Fähigkeiten noch kein verdientes Geld sind. Im Gegenteil, die Entwicklung von Potenzialen kostet Geld – Marketing und Befähigung zum Erfolg für die Kunden; Kompetenzentwicklung und Einbindung für die Mitarbeiter; Integration und Beziehungspflege für die Lieferanten und Kooperationspartner. Erst wenn wir die uns verfügbaren Potenziale nutzen, kommen wir zu unserem Geld – wenn wir den Auftrag vereinbarungsgemäß abwickeln, die Mitarbeiter und Prozesse effektiv einsetzen, die Lieferanten und Kooperationspartner zuverlässig disponieren – und wenn der Kunde bezahlt.

Es ist ein Wechselspiel: Ohne strategisch entwickelte Potenziale haben wir nicht einmal die Chance, Geld zu verdienen. Und ohne die wirksame operative Nutzung der verfügbaren Potenziale wird uns auf die Dauer das Geld ausgehen, das wir für die strategische Entwicklung von Potenzialen brauchen. Es geht um das ausgewogene Management beider Seiten (s. Abbildung 1).

---

13 Auch ein Fußballverein vereint heute ein breites Spektrum teilweise gut organisierter Personengruppen zu einem dichten Netzwerk einer großen Organisation verschiedener Anspruchsgruppen: Fans, Trainerstab (inklusive medizinischer, physiotherapeutischer und psychologischer Betreuung), Führungskräfte und Mitarbeiter, Vereinsmitglieder, Sponsoren und Förderer etc.

Strategie ist also das Entwickeln solcher Potenziale, die eine Organisation in die Lage versetzen, auf die Ungewissheit der Zukunft besser reagieren zu können als ihre Wettbewerber. Doch wir können nicht überall gut sein. Wir laufen Gefahr, unsere Ressourcen zu verzetteln, wenn wir nicht Schwerpunkte setzen und sie entsprechend kommunizieren.

Es gehört daher zu den Grundaufgaben jeder Strategie, jenes Spielfeld zu wählen, auf dem wir unsere verfügbaren Stärken ausspielen können. Das bezieht sich zum einen auf die inhaltliche Spezifik – um bei unserem Beispiel aus dem Sport zu bleiben: Wollen wir Fußball spielen oder vielleicht Segeln?

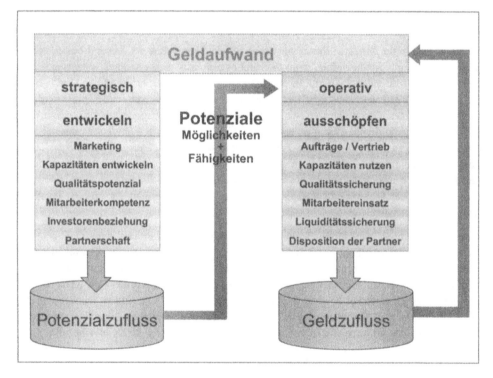

Abbildung 1: Strategisch Potenziale entwickeln und operativ Potenziale ausschöpfen

Und es bezieht sich auf das zum jeweiligen Zeitpunkt angestrebte Niveau – Wollen wir in der Kreisklasse spielen oder in der Champions League? Oder falls wir uns für Segeln entscheiden: Wollen wir an der Müggelsee-Regatta teilnehmen oder am Admirals Cup?

Diese strategische Zielorientierung ist nicht nur eine sachliche Frage des Abwägens von Vor- und Nachteilen, von Einsatz und Ertrag. Sie ist mindestens ebenso eine Frage der Motivation, eine Frage des: Wollen wir uns das antun?

Denn viele Ziele artikulieren leider nicht mehr als den schon mehrfach angeführten frommen Wunsch. Vom Tore Schießen reden schließlich alle. Allein, wir müssen erst einmal vor das Tor kommen. Das geht nicht ohne Anstrengung und Engagement aller Spieler auf dem Platz sowie derjenigen, die sie unterstützen. Und die Anstrengung beginnt in Form harten Trainings bereits lange bevor wir das Spielfeld überhaupt betreten. Und sie hört nicht auf, solange wir Spieler bleiben und den Platz immer wieder betreten wollen. Weil dem so ist, bedarf es entsprechender äußerer oder innerer Motivation, damit wir nicht nachlassen, es uns anzutun.

Neben Zielorientierung und Motivation gilt es noch einen weiteren Aspekt zu beachten, wenn wir Schwerpunkte nicht nur deklarieren sondern tatsächlich leben wollen: die Zeit. Zeitliche Ressourcen für strategisches Handeln sind selten Gegenstand unserer Überlegungen. Die Zeit spielt für das Management von Projekten eine Rolle oder für Kapazitäten des Maschinen- und Personaleinsatzes; aber nicht für das Erarbeiten und Umsetzen der Strategie. Eine Ausnahme bilden meistens nur einige spezialisierte Mitarbeiter in spezialisierten Abteilungen oder Bereichen. Und das auch in oftmals nicht ausreichendem Maße. In der Konsequenz führt daher die Beschäftigung mit Strategie für die meisten Menschen zu (mehr) Überstunden. Der Preis dafür ist hoch. Zunächst bezahlen wir ihn „nur" durch Vernachlässigung unserer Familie, unserer Freunde, unserer Hobbies und unserer Gesundheit – schließlich oft durch irreparable Schäden. Spätestens dann fällt der Preis auf unsere Organisation zurück in Form von negativen Wirkungen auf die Motivation und damit auf die mobilisierbare wirtschaftliche Kraft. Wir zahlen ihn dann mit der geringeren Wirksamkeit unseres investierten Geldes – es ist faktisch so, als würden wir Geld verbrennen.

Strategie hat also etwas damit zu tun, wie wir unsere Ressourcen so mit Zielorientierung, Motivation und Zeit verbinden, dass unsere Organisation eine wirtschaftliche Kraft generiert, die es ihr ermöglicht, auf dem gewählten Spielfeld besser auf die Ungewissheit der Zukunft reagieren zu können als die Wettbewerber .

Abbildung 2: Strategie erzeugt wirtschaftliche Kraft

Das Zwingende an der wirtschaftlichen Kraft besteht darin, dass Zielorientierung, Motivation und Zeit nicht additiv zu den finanziellen Ressourcen hinzukommen, sondern multiplikativ mit ihnen verknüpft, integriert sind.

In gewisser Weise besteht eine Art Analogie zum physikalischen Kraft-Begriff:

- Dort entsteht Kraft aus der multiplikativen Verknüpfung von Energie und Impuls (gerichtete Bewegung); das Produkt von Kraft und Weg wiederum generiert Arbeit; und Arbeit in Relation zur dazu aufgewandten Zeit ergibt die Leistung.
- Hier entsteht wirtschaftliche Kraft aus der Verbindung von Geld im Sinne gesellschaftlicher Energie mit dem Impuls aus ziel-gerichteter Motivation und der erforderlichen Zeit, das Gewollte zu tun. Und auch hier hängt die wirtschaftliche Leistung letztlich damit zusammen, inwieweit wir diese Kraft in Arbeit umsetzen und welcher Zeitaufwand dazu erforderlich ist.

Die Betriebswirtschaft hat die zentrale Bedeutung des Kraft-Begriffes noch nicht erkannt. Sie konzentriert sich auf die Verwertung des eingesetzten Geldes – also in Anspielung zur oben gewählten Analogie – auf den energetischen Wirkungsgrad. Doch ohne Impuls bleibt Energie wirkungslos; es fehlt ihr eben die erforderliche Kraft. Und gerade das – der Aufbau ausreichender wirtschaftlicher Kraft – ist die zentrale Aufgabe der Strategie; die verfügbare Kraft entscheidet letztlich, ob wir auf die Ungewissheit der Zukunft besser reagieren können als unsere Wettbewerber.

Und so kommen wir zum letzten, aber wahrscheinlich entscheidenden Aspekt:

Weil die strategische Leistung aus der wirtschaftlichen Kraft von Organisationen entspringt, ist ihre Wirksamkeit davon abhängig, inwieweit und auf welche Weise die relevanten Anspruchsgruppen der Organisation in die Erarbeitung der Strategie und ihre Umsetzung eingebunden werden. Denn der Erfolg einer Organisation besteht in der Nachhaltigkeit ihrer Existenz, wobei die Nachhaltigkeit daran gebunden ist, dass alle die Organisation tragenden Anspruchsgruppen auf Dauer einen eigenen Vorteil aus ihr ziehen. Ansonsten werden sie sich aus dem Netzwerk verabschieden, sobald sich ihnen eine günstige Gelegenheit bietet.

Nun mag der Rückzug eines tragenden Partners nicht gleich die Existenz einer Organisation in Frage stellen. Aber eine Schwächung ihrer Kraft bedeutet es allemal und damit eine Einschränkung der Fähigkeiten, auf die Ungewissheit der Zukunft besser reagieren zu können als die Wettbewerber. Deshalb ist die frühzeitige Einbeziehung aller relevanten Gruppen, das Streben nach Akzeptanz für strategische Entscheidungen so wichtig. Sie ist die Basis für auf gemeinsame Ziele ausgerichtetes Engagement und das nötige Selbstvertrauen, das zum Schluss eben jenes Quäntchen zusätzlicher Kraft mobilisieren kann, durch das wir besser sind als die Anderen.

Die Messbarkeit von Strategien 283

Clausewitz hat die *Herbeiführung des Friedens* als den Zweck jeder Strategie bezeichnet: „Die Strategie hat ursprünglich den Sieg, d. h. den taktischen Erfolg, nur als Mittel, und in letzter Instanz die Gegenstände, welche unmittelbar zum Frieden führen sollen, als Zweck".[14]

In Analogie zur „Herbeiführung des Friedens" können wir – wie oben schon angedeutet – als den Zweck wirtschaftlicher Strategie die Nachhaltigkeit der Existenz der betroffenen Organisation betrachten. Wobei die Nachhaltigkeit daran gebunden ist, dass alle die Organisation tragenden Anspruchsgruppen auf Dauer einen eigenen Vorteil aus ihr ziehen und dass es aus der Konfliktdynamik heraus immer wieder neu gelingt, ein von allen akzeptiertes Gleichgewicht des Nutzens herzustellen. Und dass es uns – aufgrund konsequenten, harten Trainings – mit einem besseren Wirkungsgrad der dabei eingesetzten Ressourcen gelingt, als den Wettbewerbern. Das schließt widersprüchliche Erwartungen und entsprechende Konflikte ein, aus denen letztlich die Entwicklung einer Organisation getrieben wird.

Damit haben wir grob umrissen, was Strategie ist. Allein, das Wissen darum führt noch nicht zum Erfolg. Wir müssen es auch in die Praxis umsetzen. Und dafür brauchen wir fünf Bausteine:

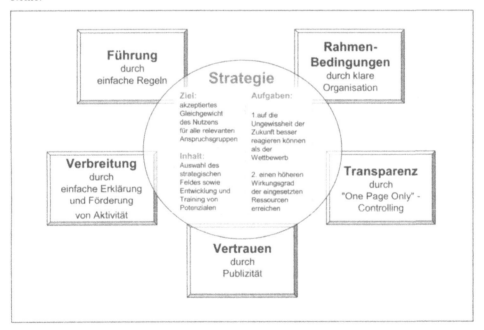

Abbildung 3: Fünf Bausteine zum strategischen Erfolg

---

14 Clausewitz (2003): a. a. O., S. 70.

2. Führen durch drei einfache Regeln

Menschen brauchen Regeln, nach denen sie ermessen können, was „OK" ist oder nicht. David Drennan, jahrelang C.E.O. eines Weltunternehmens, nennt es die „OK-Box"; im deutschsprachigen Raum sprechen wir eher von der „Werte-Box". Mit ihr leben wir von der Wiege bis zur Bahre. Und wir lernen immer wieder neu, ob wir in der Box sind oder draußen. Wir lernen es ganz einfach durch die Reaktion unserer Mitmenschen. Jeder, der ein Kind erzogen hat, weiß wie es geht und jeder hat aus seiner eigenen Kindheit noch die Belobigungen im Gedächtnis, wenn wir brav waren (in der Box) und die Mahnungen, wenn wir fehlten (außerhalb der Box). Der erste Baustein zum strategischen Erfolg besteht darin, an diese Urerfahrung jedes Menschen anzuknüpfen. Drennan rät uns deshalb, drei einfache Regeln zu beherzigen:

- **1. Regel: Orientiere durch klare Ziele**

= Definiere das Haus (die Werte-Box), in dem wir wohnen wollen.

Dafür brauchen wir Werte, Grundsätze und messbare Ziele. *Werte* sind die Basis unserer Gemeinsamkeit, unserer Identifikation. Und je stärker die Identifikation umso weniger werden die Kräfte der Organisation in internen Grabenkämpfen verschlissen. Aber Werte allein reichen nicht aus. Zur Übersetzung in das praktische Verhalten benötigen wir *Führungsgrundsätze*. Nehmen wir z. B. Zuverlässigkeit. Als Führungsgrundsatz können wir diesen Wert etwa so übersetzen: „Wir realisieren Zuverlässigkeit durch Partnerschaft, d. h.

- klare Verantwortung und Autorität für vereinbarte Ziele;
- Kontinuität im Führungsstil als Basis für Vertrauen;
- Objektivität der Bewertung durch messbare und akzeptierte Kriterien;
- Konsequenz in der Einforderung vereinbarter Ziele."

Um klare Verantwortung für vereinbarte Ziele übernehmen zu können, müssen wir klare *Ziele* formulieren. Das beginnt mit der strategischen Fragestellung: Was ist zu tun für die nachhaltige Existenz unserer Organisation? Dabei rät Peter Drucker: „Die Frage, was zu tun ist, fördert als Antwort fast immer mehr als eine dringende Aufgabe zu Tage. Eine gute Führungskraft wird sich dennoch nie verzetteln. Sie geht nach Möglichkeit nur eine Sache zur Zeit an.[15]" D. h. Prioritäten setzen durch *ein* Leitziel (was wollen wir in einem bestimmten Zeitraum erreichen) in Kombination mit *einem* Leitbild (wie wollen wir gesehen werden, wenn

---

[15] Drucker, P. F. (2004): Das Geheimnis effizienter Führung, in: Harvard Business manager, August 2004, S. 26-35.

Die Messbarkeit von Strategien

wir unser Ziel erreicht haben) und *einer* Leitkennzahl (woran wollen wir messen, dass wir unser Ziel erreicht haben). Das ist schwer, aber möglich, wie hunderte Beispiele zeigen.

Das Leitziel allein reicht nicht aus, um unser Haus zu definieren. Es bildet das gemeinsame Dach. Wir müssen es unterfüttern durch strategische Themen und Entwicklungsgebiete für Potenziale – jeweils konkretisiert durch ein Ziel und eine Kennzahl (damit auch hier Klarheit herrscht). So entsteht ein Rahmen für unser strategisches Handeln – unsere strategische OK-Box; wie bezeichnen sie auch als Führungs-Scorecard.

Aber selbst das ist nicht genug. Wir müssen noch das operative Geschäft, das Nutzen der verfügbaren Potenziale mit den strategischen Zielen verbinden. Das erreichen wir durch Gegenüberstellung der wichtigsten strategischen und operativen Ziele (jeweils mit ihren entsprechenden Kennzahlen), so dass beide einander ergänzen. Dann haben wir die ganze Werte-Box (s. Abbildung 5).

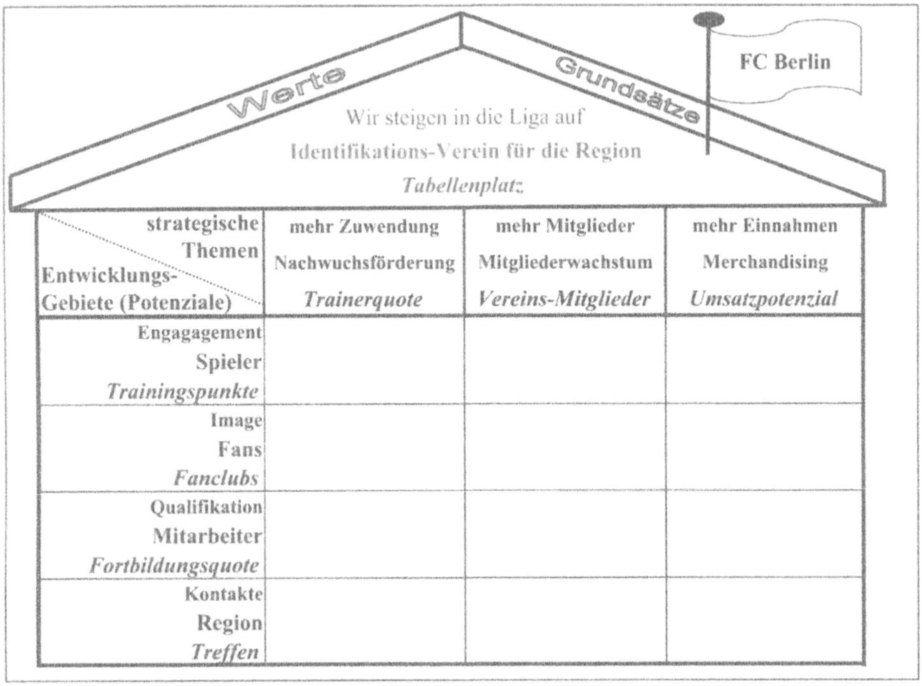

	strategische Themen Entwicklungs- Gebiete (Potenziale)	mehr Zuwendung Nachwuchsförderung *Trainerquote*	mehr Mitglieder Mitgliederwachstum *Vereins-Mitglieder*	mehr Einnahmen Merchandising *Umsatzpotenzial*
Engagagement Spieler *Trainingspunkte*				
Image Fans *Fanclubs*				
Qualifikation Mitarbeiter *Fortbildungsquote*				
Kontakte Region *Treffen*				

Dach: Werte / Grundsätze – FC Berlin – Wir steigen in die Liga auf / Identifikations-Verein für die Region / *Tabellenplatz*

Abbildung 4: *Strategisches Haus am Beispiel eines Fußballvereins*

Berichtsscorecard "FC Berlin"

Kennzahlenübersicht								
Juli 05	\multicolumn{4}{c|}{Potenziale entwickeln}	\multicolumn{4}{c|}{Potenziale ausschöpfen}							
	SOLL		IST		SOLL		IST	
	Monat kumuliert	Jahr	Monat kumuliert	Jahr / Prognose	Monat kumuliert	Jahr	Monat kumuliert	Jahr / Prognose
\multicolumn{9}{c}{**Finanzen & Controlling**}								
	\multicolumn{4}{c|}{Tabellenplatz [Rang]}	\multicolumn{4}{c|}{Innenfinanzkraft [%]}							
Saison 2004	6	6	5	4	80,0	80,0	93,0	93,0
Saison 2005	1	1	2	1	75,0	90,0	68,0	78,0
\multicolumn{9}{c}{**Fans**}								
	\multicolumn{4}{c|}{Fanclubs [Anzahl]}	\multicolumn{4}{c|}{Hallenauslastung [%]}							
Saison 2004	12	12	7	10	30,0	25,0	56,7	51,3
Saison 2005	13	20	15	25	50,0	45,0	63,8	60,0
\multicolumn{9}{c}{**Mitarbeiter**}								
	\multicolumn{4}{c|}{Fortbildungsquote [%]}	\multicolumn{4}{c|}{Anwesenheitsquote [%]}							
Saison 2004	50,0	50,0	28,0	39,0	87,0	90,0	78,0	83,0
Saison 2005	25,0	60,0	32,0	50,0	90,0	92,0	86,0	87,0
\multicolumn{9}{c}{**Region**}								
	\multicolumn{4}{c|}{Kontakte [Anzahl]}	\multicolumn{4}{c|}{Sponsoring [€]}							
Saison 2004	3	24	2	21	12,5	50,0	8,0	46,3
Saison 2005	15	40	13	38	25,0	75,0	32,7	70,0

Abbildung 5: *Gegenüberstellung von strategischen und operativen Zielen*

Mit der Werte-Box orientieren wir unser Handeln; und wir stecken zugleich die Grenzen ab, innerhalb derer wir die Gestaltung der Zukunft messen wollen. Und weil es sich auf das konkrete Tun bezieht, ist hier Messung auch möglich.

Allerdings hilft das beste Messen wenig, wenn wir nicht die erforderlichen Schlussfolgerungen daraus ziehen. Deshalb gilt die zweite Regel:

- **2. Regel: Zeige Konsequenz**

= Fördere das Verhalten, das wir in unserem Haus haben wollen.

D. h. wir müssen organisieren, was zu tun ist; durch viele kleine, tägliche Aktionen sowohl für das strategische wie das operative Geschäft. Und wo es sinnvoll ist, bündeln wir eine Vielzahl der Aktionen zu überschaubaren Projekten (wieder mit Ziel und Kennzahl). Aber wir müssen genauso auf die konkreten Verhaltensweisen achten, mit denen wir unsere Ziele umsetzen. Und dabei sollten wir berücksichtigen: *Wir sehen immer, was wir fördern – also fördern wir, was wir sehen wollen.*

Beispiel: Zum vereinbarten Wert der Zuverlässigkeit gehört Pünktlichkeit. Unsere Team-Besprechung ist für 09:00 Uhr angesetzt; doch einer kommt 5 Minuten später. Der Teamchef verzieht leicht den Mund, aber sagt nichts; man will ja nicht kleinlich sein. Die Wirkung – 5 Minuten zu spät liegt noch in der Werte-Box. Denn es gelten nicht die Vereinbarungen, die wir deklarieren; es gelten nur jene, die wir leben. Und so werden alle Werte, Grundsätze und

Ziele durch „Kleinigkeiten" oft aufgeweicht, wenn wir nicht konsequent sind. In meinem Team wurde vereinbart: Wer zu spät kommt – egal aus welchem Grund, zahlt pro Minute einen Euro. Der Effekt war verblüffend. Es kommt keiner mehr zu spät; nicht des Geldes wegen; sondern weil allen klar wurde – diesen Wert nehmen wir ernst; hier endet die Toleranz der Werte-Box tatsächlich.

Und wir haben noch ein Prinzip: Lobe 7-mal positives Verhalten (in der Box) bevor Du 1-mal tadelst. Tadel soll erziehen, weil er klar macht – Du bist außerhalb der Box. Aber Tadel sagt nur, was nicht in Ordnung ist; daher verunsichert er eher bei überwiegendem Gebrauch. Lob hingegen – und wenn es nur das anerkennende Schulterklopfen ist – signalisiert: Du bist in der Box. Es orientiert und stärkt das Selbstvertrauen. Auf dieser Basis sind wir in der Lage, Tadel konstruktiv zu verarbeiten und in positives Verhalten umzusetzen.

- **3. Regel: Befähige die Führungskräfte, es selbst zu tun**
= Gehe zu den Dir unterstellten Führungskräften und stelle ihnen vier Fragen:

1. Was sind unsere Werte, Grundsätze und Ziele?
Vereinbarungen nutzen nur, wenn sie verinnerlicht werden. Deshalb müssen Führungskräfte sie mit ihren eigenen Worten erläutern können. Erst dann erfahren wir, ob und wie unsere Signale angekommen sind.

2. Welche Probleme hast Du bei deren Umsetzung?
Natürlich sind wir vorbereitet, wenn wir zu unseren Führungskräften gehen und kennen die wichtigsten Probleme. Aber deren Sicht der Dinge ist wichtiger als unsere. Welche Probleme nennen sie? Welche kannten wir bisher nicht? Durch geschicktes Nachfragen können wir immer noch weitere Dinge auf den Tisch zu bringen, wenn es sinnvoll ist.

3. Was willst Du tun, um sie zu lösen?
Und wieder gilt: Die Führungskräfte müssen die Lösung im Kopf und im Herz haben, nicht wir. Und das erfahren wir nur, wenn sie es mit ihren eigenen Worten erläutern.

4. Was soll passieren, wenn Du es nicht tust und was erwartest Du, wenn Dein Tun Erfolg hat?
Auf diesen Abschluss dürfen wir nicht verzichten. Er signalisiert der Führungskraft, die Vereinbarungen ernst zu nehmen. Erst so werden sie zur realen Werte-Box.

Die Gespräche führen wir in angemessenen Zeitabständen oder wenn es nötig ist. Und – wenn möglich – in den Räumen des Gesprächspartners, das wertet die Menschen auf. Anderenfalls wirkt es wie ein Rapport; und der weckt eher negative Gefühle.

3. Rahmen-Bedingungen durch klare Organisation

„Structure follows strategy", schrieb Alfred D. Chandler 1962.[16] An der Struktur zeigt sich wie an der Werte-Box, ob und wieweit wir unsere deklarierte Strategie tatsächlich umsetzen wollen.

- **Verändere die Struktur, wenn Du die Strategie änderst.**

Wenn eine neue Strategie verkündet wird aber die Strukturen und Abläufe bleiben, signalisieren wir: Es ist nicht so ernst gemeint; im praktischen Alltag verändert sich nichts. Natürlich soll das im Umkehrschluss nicht heißen, wir ändern Strukturen, bloß um strategische Aktivität zu demonstrieren. Strategie und Strukturen müssen zueinander passen.

Beispiele: Wenn wir unseren Wettbewerbsvorteil in der Innovationsführerschaft suchen, brauchen wir entsprechende Innovations-Strukturen. Erfolgreiche Unternehmen bauen dazu eigenständige Geschäftseinheiten auf z. B. unter einer gemeinsamen Holding. Einerseits, um Raum für Experimente zu schaffen, und andererseits, um altes und neues Geschäft parallel entwickeln zu können. Oder wenn wir eine gemeinsame Kultur bereichsübergreifend forcieren und dazu künftig systematisch mit unternehmensweiten strategischen Projekten arbeiten wollen, brauchen wir eine Projektstruktur (Lenkungsausschuss, Regeln, Pool zur Projektleitung befähigter Mitarbeiter, projektorientiertes Controlling).

- **Verändere die Verantwortung, wenn Du die Struktur änderst.**

Die Wirksamkeit von Strukturen hängt immer auch von den Menschen ab, die sie ausfüllen. Dazu muss klar sein, wer zukünftig welche Verantwortung übernimmt. Nicht wenige Strategien scheitern an dieser Frage. Prinzipiell gibt es zwei Wege, die Verantwortung zu klären: In Form von Anweisungen und veränderten bzw. neuen Stellenbeschreibungen. Oder in Form von Vereinbarungen resultatsorientierter „einzigartiger Beiträge" (Drennan nennt sie „Unique Contributions"). Der erste Weg ist der traditionelle und passt eher zu streng funktional organisierten Hierarchien. Der zweite Weg will erlernt sein, aber er schafft mehr Klarheit in der Ausrichtung auf die angestrebten Ziele.

- **Verändere die Autorität (Kompetenz), wenn Du die Verantwortung änderst.**

Wir dürfen nicht vergessen: Verantwortung und Autorität sind zwei Seiten einer Medaille. Wer in seiner Mentalität einer Führungskraft entspricht, wird sich die Kompetenzen nehmen, die er für seinen Job benötigt, und hinnehmen, dass ihm ab und an die Grenzen gezeigt wer-

---

16 Chandler, A.: Strategy and structure, Cambridge 1962.

den. Ein Mitarbeiter hingegen wartet, bis ihm seine Vorgesetzten sagen, was er darf und was nicht. Das müssen wir beachten, wenn wir Verantwortung vergeben.

4. Verbreitung durch einfache Erklärung und Förderung von Aktivität

Der strategische Erfolg einer Organisation hängt maßgeblich davon ab, wie wir die involvierten Menschen so einbeziehen, dass sie verstehen und akzeptieren, was erforderlich ist, und wissen, was sie durch eigenes Tun zur Erfolg beitragen können.

- **Gebe den Menschen nur jene strategischen Informationen, die sie brauchen.**

Es ist nicht notwendig, dass alle alles wissen, sondern eher schädlich. Das hat weniger etwas mit Bevorzugung oder Bevormundung zu tun, als mit der spezifischen Verantwortung verschiedener Menschen. Es hat sich praktisch bewährt, in dieser Hinsicht zwischen *Spezialisten*, *Kennern* und *Nutzern* zu unterscheiden.

Nehmen wir zur Erläuterung ein Auto. Wenn wir es fahren, also einfach nur *Nutzer* sein wollen, brauchen wir nicht mehr Informationen, als dass wir dem Wagen und unseren Fähigkeiten als Fahrer vertrauen. Sonst steigen wir nicht ein.

Wenn wir das Auto reparieren wollen, reichen diese Informationen nicht aus. Dann müssen wir ein *Kenner* sein, d. h. den Aufbau und die Funktionsweise der entsprechenden Elemente kennen sowie die Methoden und Instrumente ihrer Reparatur. Das erfordert wesentlich mehr und detailliertere Informationen als jene, über die ein Nutzer verfügen muss, um ein Auto fahren zu können.

Aber auch die Informationen eines Kenners reichen nicht aus, wenn wir ein neues Auto entwickeln wollen. Dann müssen wir *Spezialisten* sein.

Die meisten Menschen in einer Organisation sind Spezialisten auf ihrem Gebiet, Kenner der spezifischen Fragen ihres Teams und Nutzer allen übrigen Wissens, das die Organisation zur Verfügung stellt. Fragen der Gesamtstrategie gehören für fast Alle zur letzten Kategorie. Also müssen sie entsprechend kommuniziert werden – einfach, verständlich und akzeptabel, um so viel Vertrauen aufzubauen, dass möglichst alle einsteigen.

- **Gebe den Menschen Raum für eigenständig zu lösende strategische Fragen.**

In ihrem Team zählen sich die Menschen normalerweise zu den Kennern und wollen auch so behandelt werden. Sofern das Team selber eine Organisation führt, die eigenständig am Markt agiert (z. B. ein Unternehmen im Rahmen eines Konzerns) oder eine andere strategische Rolle spielt (z. B. eine konzernweite Service-Einheit für IT) sollte es die Möglichkeit haben, eigenständige strategische Fragen zu stellen bis hin zu Leitziel, Leitbild und Leitkennzahl – natürlich im Rahmen der übergreifend vereinbarten Ziele. Alle anderen Teams werden die Werte-Box-Ziele jener Organisationseinheiten als Ausgangspunkt ihrer eigenen Aufgabenstellungen nehmen, in die sie eingebunden sind. Aber auch in diesem Rahmen muss Platz sein für eigenständige, spezifische Fragen, damit die Spezialisten sich einbringen können.

- **Gebe den Menschen die Chance, den eigenen Beitrag zur Strategie-Umsetzung messbar zu definieren und schnelle Erfolge zu feiern.**

Wenn die Teamziele klar sind, muss jedes Team-Mitglied seinen unverwechselbaren Beitrag formulieren können – zum strategischen Aufbau von Potenzialen ebenso wie zu ihrer operativen Nutzung. Dabei sollten die zwei oder drei wichtigsten Beiträge so gestaltet sein, dass wir sie mit Hilfe einer einfachen Kennzahl messen können. Und dass schnelle Erfolge nachweisbar sind. Denn nichts motiviert mehr als anerkannter Erfolg.

5. Transparenz durch „One Page Only"-Controlling

Die Anerkennung von Erfolg setzt voraus, dass er bekannt wird. Hier für Transparenz zu sorgen ist eine Aufgabe des Controllings. Dafür aber ist Übersicht erforderlich, die wir in der Vielzahl verfügbarer Daten eines Unternehmens schnell verlieren. Deshalb gilt es, jene Daten klug auszuwählen und zu verdichten, mit denen die spezifischen Beiträge zum Erfolg der Organisation für jedes Team auf einen Blick sichtbar werden. Dann können wir uns auf das Wesentliche konzentrieren und Erfolge sofort würdigen, weil sie sofort erkennbar sind.

- **Orientiere in jedem Bereich auf wenige, miteinander verbundene strategische und operative Kennzahlen.**

Dabei kann uns die Berichts-Scorecard gute Dienste leisten. In unserem Beispiel vom Fußball-Verein (s. Abbildung 5) reichen für die erste Ebene je vier Kennzahlen aus. Generell sollten wir möglichst nicht mehr als sieben strategisch-operative Paare nutzen. Mehr behalten wir normalerweise nicht im Kopf – und was nicht im Kopf bleibt, ist in der täglichen Arbeit nicht relevant.

Die Messbarkeit von Strategien 291

- **Nutze nur jene Kennzahlen durchgängig in allen Bereichen, die in allen Bereichen beeinflusst werden können.**

Bereich	Berichts-Kennzahlen							
	Tabellen-Platz	Innen-finanzkraft	Fanclubs	Stadion-Auslastung	Fortbil-dungs-Quote	Anwesen-heits-Quote	Kontakte	Sponsoring
Vereinsführung	X	X	X	X		X	X	X
Training	X		X			X	X	X
Verwaltung	X	X	X	X	X	X		
Männl. Jugend			X	X	X	X	X	
Weibl. Jugend			X		X	X		
Senioren		X		X			X	X

Abbildung 6: Verteilungsmatrix für die Kennzahlen der ersten Ebene

In unserem Fußball-Beispiel werden nur für zwei Kennzahlen die Erfolgsbeiträge der Bereiche durchgängig gemessen. Ansonsten werden vier bis sechs Kennzahlen zentral erfasst. Das lässt Raum für spezifische Erfolgsmessungen.

- **Nutze einfache, verständliche und kostengünstige Kennzahlen.**

Manche Kennzahlen – wie zum Beispiel ROCE, der Return on capital employed – sind so komplex, dass sie den Status von Expertensystemen erreichen. Das ist toll für Controlling-Spezialisten und ambitionierte Betriebswirte, für alle Anderen ist es eine Qual. Denn die meisten Führungskräfte und Mitarbeiter sind zwar Spezialisten auf ihrem Gebiet, aber betriebswirtschaftliche Kennzahlen müssen sie normalerweise nur kennen oder nutzen. Die breite Verwendung komplexer Kennzahlen gleicht dem Ansinnen, von jedem Autofahrer – auch wenn er nur mitfährt – zu verlangen, dass er beispielsweise das Zusammenspiel von Drehmoment des Motors, Luftwiderstand des Autos, Gewicht und Verteilung der Ladung sowie Griffigkeit der Reifen in seiner Wirkung auf den Kraftstoffverbrauch einschätzen und durch sein eigenes Verhalten beeinflussen kann. Jeder wird einsehen, dass solch ein Ansinnen unsinnig ist. Und das gilt ebenso für betriebswirtschaftliche Kennzahlen. Denn sobald sie von den meisten Führungskräften und Mitarbeitern nicht akzeptiert weil nicht verstanden werden können, *sind sie praktisch nicht relevant.*

Außerdem kosten Kennzahlen Geld, denn es ist mitunter viel Arbeit erforderlich, sie zu ermitteln und auszuwerten. Ausgaben ohne praktischen Effekt würden wir in jedem anderen Bereich als Verschwendung geißeln. Das muss endlich auch im Controlling gelten.

Deshalb brauchen wir einfache, verständliche und kostengünstige Kennzahlen. Und wenn sie dazu auch ihren Nutzern hilfreich sind, Erfolge zu messen, dann können wir davon ausgehen, dass sie ohne jeden äußeren Druck breite Anwendung finden. Das sollte ein Maßstab sein.

6.   Vertrauen durch Publizität

Neben dem Vertrauen der internen brauchen wir auch jenes der externen Anspruchsgruppen unserer Organisation, wenn wir strategisch erfolgreich sein wollen.

- **Publiziere Deine Wirksamkeit so, dass die Partner Deinen Fähigkeiten zum nachhaltigen Erfolg vertrauen:**

In dieser Beziehung hat sich Jürgen H. Daum, führender Manager der SAP AG, Verdienste erworben. Seit mehreren Jahren bemüht er sich um die Erweiterung der bisher üblichen Rechnungslegung zu einem umfassenden Business Reporting. In Weiterentwicklung seiner Grundidee[17] sollten wir zukünftig unsere Erfolge in fünf Statements publizieren (s. Abbildung 7):

---

[17] Vgl. Daum: Transparenzproblem Intangible Assets, in: Horváth/Möller, Intangibles in der Unternehmenssteuerung, München 2004.

Die Messbarkeit von Strategien

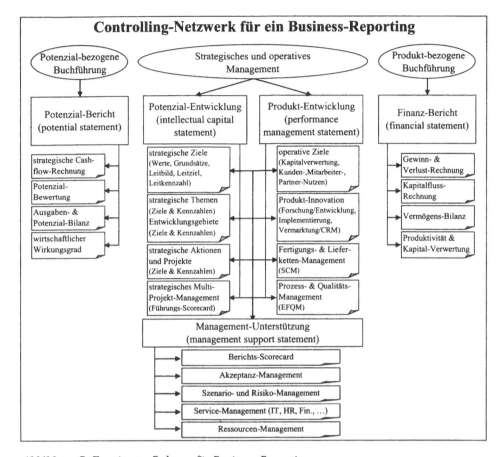

Abbildung 7: **Erweiterter Rahmen für Business Reporting**

a) einen Finanz-Bericht (financial statement);
b) einen Bericht zur Produkt-Entwicklung (performance management statement);
c) einen Bericht zur Potenzial-Entwicklung (intellectual capital statement);
d) einen Bericht über die Management-Unterstützung (management support statement) und
e) einen Potenzial-Bericht (potenzial statement)

Zum *Finanz-Bericht* ist nicht viel zu sagen. Er entspricht dem traditionellen Jahresabschluss. Allerdings könnte er durch die parallele Bereitstellung eines Potenzial-Berichtes von all jenen Elementen bereinigt werden, die keine realisierten Leistungen repräsentieren sondern eben Potenziale (Zukunftswerte – future value). Dadurch würde seine Aussagekraft wieder eindeutiger.

Das betrifft z. B. die nach International Financial Reporting Standards (IFRS) erforderliche ertragswirksame Buchung von Projektleistungen nach dem Prozentsatz der Fertigstellung (percentage of completion), oder die Aktivierung immaterieller Vermögensgegenstände in Abgrenzung zum Goodwill bei Firmenübernahmen in Verbindung mit periodischen Werthaltigkeits-Prüfungen (Impairment Test) oder die Aktivierung von Optionen. Die Liste ließe sich fortsetzen. All diesen Beispielen gemeinsam ist der Umstand, dass hier Erwartungswerte – also die Erwartung zukünftiger Erträge – bereits als realisierte Werte – also gegenwärtige Erträge – gebucht werden.

Das verzerrt die Aussage des Finanz-Berichtes und erschwert es Außenstehenden, sich ein Bild von der realen Lage eines Unternehmens zu machen. Darunter hat das Vertrauen in die Rechnungslegung erheblich gelitten. Die Bilanz-Skandale von Enron bis Parmalat haben ihr Übriges dazu beigetragen.

Natürlich ist es wichtig, das Ertragspotenzial eines Unternehmens zu kennen. Aus der Vergangenheit allein können wir den Wert eines Unternehmens nicht ausreichend ermessen. Aber wir sollten die Erinnerungswerte vergangener Transaktionen nicht vermischen mit den Erwartungswerten zukünftiger Erträge. Letztere gehören in einen gesonderten Potenzial-Bericht. Dann erhalten wir wieder ein klareres Bild, dem wir vertrauen können.

Der *Bericht zur Produkt-Entwicklung* ist eine erweiterte Fassung des heutigen Lageberichtes. Er stellt die operativen Bemühungen des Managements dar, die verfügbaren Potenziale durch effiziente Leistungen in Produkte umzuwandeln und zu vermarkten. Durch die Offenlegung der mittelfristigen Ziele zeigt sich im Vergleich der Berichtsperioden, inwieweit das Management seine operativen Fähigkeiten einschätzen kann und entsprechend vertrauenswürdig erscheint.

Es lässt sich natürlich trefflich darüber streiten, ob die Entwicklung und Implementierung neuer Produkte und Leistungen nicht eher der strategischen Entwicklung von Potenzialen zuzuordnen ist und nur die Vermarktung der Produkte eine operative Nutzung von Potenzialen darstellt. Unter dem Gesichtspunkt der „reinen Lehre" mag das eine gewichtige Frage sein. Im realen Leben sind jedoch alle strukturellen Übergänge fließend. Und dabei ist es auch wichtig, an die traditionelle Abgrenzung der Aktivitäten nach konkreten Produkten und Leistungen anzuknüpfen. Im Unterschied zur Abgrenzung nach Potenzialen, die sich oft nur schwer konkreten Produkten und Leistungen zuordnen lassen, weil sie andere Träger haben:

Der *Bericht zur Potenzial-Entwicklung* wird in den kommenden Jahren einen obligatorischen Teil der Rechnungslegung bilden. Entsprechende Regelungen werden gegenwärtig im International Accounting Standard Board vorbereitet. Er wäre eine Erweiterung des Lageberichtes um einen Abschnitt über die strategischen Bemühungen des Managements, die geeigneten Potenziale für den Umgang mit dem Ungewissen der Zukunft aufzubauen.

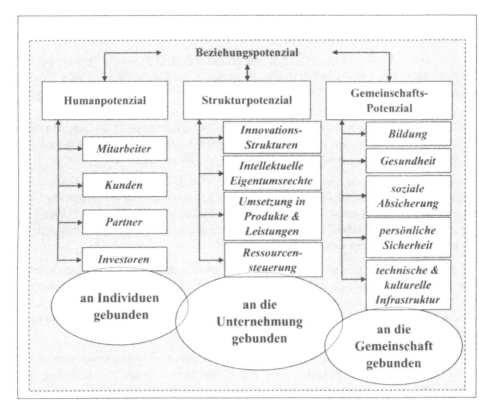

Abbildung 8: Potenziale und ihre Träger

In seiner hier dargestellten Gliederung entspricht der Bericht zur Potenzial-Entwicklung mit geringen Modifikationen dem in Dänemark inzwischen für große Unternehmen verbindlichen „intellectual capital statement"[18] mit seinen vier Elementen:

1. *Knowledge narrative* – das erste Element soll Zweck und Ziel der Entwicklung des intellektuellen Kapitals aufzeigen und damit die Bemühungen der Unternehmen zur Entwicklung ihrer Potenziale – ihrer Möglichkeiten und Fähigkeiten, in der Zukunft erfolgreich zu sein. Er soll die Ambitionen zum Ausdruck bringen, die dem Wertangebot an die Kunden zugrunde liegen.

2. *Management challenges* – das zweite Element beschreibt die wesentlichen Aufgaben, die ein Unternehmen bewältigen muss, wenn es seinen Ambitionen gerecht werden will.

---

[18] Vgl. Danish Ministry of Scince, Technology and Innovation, Intellectual Capital Statements – The New Guide-line, in: www.videnskabsministeriet.dk/fsk/publ/2003/guideline_uk/html/toc.htm, 2003, Part 1, chapter 2.

Welche existierenden Potenziale müssen verstärkt werden? Wo werden neue Möglichkeiten und Fähigkeiten benötigt?

3. *Initiatives* – das dritte Element zielt auf die erforderlichen Aktionen und Projekte zur Lösung der mit den Management challenges gestellten Aufgaben. Hier soll ganz konkret gezeigt werden, was vom Unternehmen gemeinsam mit seinen Partnern unternommen wird, um den strategischen Herausforderungen gerecht zu werden.

4. *Indicators* – das vierte Element schließlich soll eine ausreichende Transparenz ermöglichen, ob die eingeleiteten Initiativen konsequent durchgeführt und inwieweit die mit den Management challenges formulierten Ziele auch erreicht werden.

Die dänischen Richtlinien entsprechen weitgehend dem Balanced-Scorecard-Modell, das Friedag/Schmidt auf der Grundlage des Ansatzes von Kaplan/Norton seit 1998 entwickelt haben, um strategische Konzepte konsequent in den konkreten Alltag umzusetzen.[19] Damit ist eine gute Grundlage gegeben, ein Intellectual Capital Statement auch im deutschsprachigen Raum einzuführen (s. Abbildung 9).

Der *Bericht zur Management-Unterstützung* wäre als separater Bereich des Lageberichts auch etwas Neues; allerdings sind viele Teile schon heute in Berichterstattungen enthalten. Ihre Zusammenfassung und transparente Darstellung in einem gesonderten Bericht hat in der gegenwärtigen „allgemeinen Verunsicherung" durchaus die Wirkung einer vertrauensbildenden Maßnahme.

- An dieser Stelle kann die *Berichts-Scorecard* als Instrument zur transparenten Darstellung der entscheidenden strategischen Steuerungs-Kennzahlen in ihrem Zusammenhang mit den adäquaten operativen Kennzahlen eingebunden werden. Sie fungiert dadurch als eine Art Bindeglied zwischen den Berichten zur Potenzial- und Produkt-Entwicklung.

- Im *Akzeptanz-Management* wird berichtet, mit welchen Methoden, Instrumenten und Ergebnissen die Akzeptanz der strategischen und operativen Ziele bei den relevanten Anspruchsgruppen angestrebt wird. Unsere Regeln – Orientierung durch klare Ziele; Förderung des gewünschten Verhaltens und Befähigung der Führungskräfte zum eigenen Tun – können hier in ihrer konkreten Umsetzung erläutert werden.

---

[19] Vgl. Statement „Balanced Scorecard" des Internationalen Controller Vereins vom Dezember 2003; www.controllerverein.de.

Die Messbarkeit von Strategien

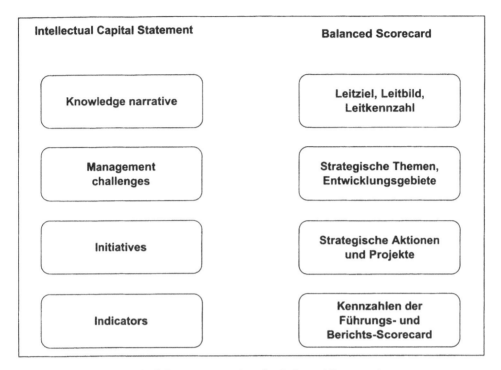

Abbildung 9: *Dänische Richtlinien entsprechen der Balanced Scorecard*

- Der Teil zum *Szenario- und Risiko-Management* entspricht in erweiterter Fassung den heutigen KonTraG-Berichtspflichten. Die Erweiterung in Richtung Szenario-Management stützt die Auswahl der strategisch relevanten Fragen. In Ergänzung zum Risiko-Management werden dabei die Chancen und Erfolgs-Möglichkeiten in den Vordergrund gestellt. Deshalb sollte diese erweiterte Form für alle großen Unternehmen obligatorisch werden.
- Das *Service-Management* ist heute schon Bestandteil der meisten Berichte; es stellt insofern nichts Neues dar.
- Das *Ressourcen-Management* soll die Aufteilung der eingesetzten Ressourcen auf die drei Management-Bereiche (Produkt-Entwicklung, Potenzial-Entwicklung, Management-Unterstützung) darstellen; dabei wäre es sinnvoll, diese Aufteilung nicht nur finanziell sondern auch zeitlich zu erfassen.

Der *Potenzial-Bericht* als fünftes Statement ist eine Erweiterung der Buchhaltung um einen potenzial-bezogenen Teil und stellt damit eine grundlegende Neuerung dar.

Ausgehend von einer aus der alltäglichen Buchführung abgeleiteten direkten Cash-flow-Rechnung werden alle für die Entwicklung von Potenzialen erfolgten Ausgaben aktiviert und ihr Potenzial bewertet. Diese Bewertung (qualitativ, zeitlich und monetär) erfolgt auf der Grundlage jener Daten, die für die Entscheidung über die Ausgabe der Mittel herangezogen wurden. Sie wird in einen Potenzialspiegel eingestellt. Auf dieser Basis werden eine Ausgaben- und eine Potenzial-Bilanz erstellt, wobei die zeitliche Dynamik durch entsprechende Entwertungen zu berücksichtigen ist.

Der fortgeschriebene Potenzialwert erlaubt es schließlich, ihn dem im operativen Geschäft aus der Potenzial-Nutzung realisierten Überschuss gegenüberzustellen und somit einen wirtschaftlichen Wirkungsgrad zu bestimmen.[20]

- **Mache die Berichtsempfänger neugierig, damit sie Dir ihre Zeit widmen.**

Zum Vertrauen gehört auch Interesse. Und die wichtigste Basis für Interesse ist Neugier. Wobei es darauf ankommt, solche Erwartungen zu wecken, denen wir auch gerecht werden können. Dazu müssen wir die Medien bewusst nutzen. Nicht nur für Werbung, sondern durch vielfältige Berichte in Zusammenhängen, die unserem Image förderlich sind. Dazu gehört die öffentlichkeitswirksame Publizierung der fünf Statements. Und dazu gehört auch zielgerichtetes und strategisch eingesetztes gesellschaftliches Engagement für Bildung und Ausbildung, für Kinderbetreuung und Gesundheit, für Kultur und Sport.

Wenn wir Strategie in dieser Weise gestalten, haben wir die Chance, ihre wesentlichen Resultate auch zu messen. Wir messen oder berechnen damit immer noch nicht die Zukunft; weil es eben nicht möglich ist. Aber wir können ein transparentes Bild vermitteln, ob und wie wir uns auf die Zukunft vorbereiten. Und ob wir es besser tun als unsere Wettbewerber.

Ist es nicht das, wonach wir suchen? Zumindest verfügen wir dann über die Möglichkeiten, jene Quellen zu beleuchten, die wir für unsere angestrebten Erfolge benötigen sowie zu verfolgen, was wir für ihre Entwicklung tun. Und darauf kommt es schließlich an!

---

[20] Vgl. Friedag/Schmidt, Balanced Scorecard at work, Haufe 2003, S. 258 ff.; dort ist der Grundgedanke der Potenzial-Bilanzierung näher erläutert.

Unternehmenserfolg durch strategische Wirtschaftsmoderation

Petra Clemen

1. Wirtschaftsmoderation	300
1.1 Der kompetente Moderator	300
1.2 Methoden und Techniken der Wirtschaftsmoderation	301
1.3 Vorteile der Wirtschaftsmoderation	302
1.4 Wann empfiehlt sich die Wirtschaftsmoderation	303
2. Wirtschaftsmoderation in der strategischen Unternehmensführung	303
2.1 Wirtschaftsmoderation in der strategischen Planung	304
2.1.1 Visionen entwickeln	304
2.1.2 Unternehmensleitlinien	307
2.1.3 Strategische Ziele	307
2.2 Wirtschaftsmoderation in der strategischen Analyse	308
2.2.1 Umweltanalyse	309
2.2.2 Unternehmensanalyse	311
2.2.3 Strategische Prognose	313
2.3 Wirtschaftsmoderation in der Strategieentwicklung (Strategiewahl)	315
2.3.1 Lebenszykluskonzept	316
2.3.2 SWOT-Matrix	316
2.3.3 BCG-Matrix	316
2.3.4 Strategiewahl	318
2.4 Wirtschaftsmoderation in der strategischen Kontrolle	320
2.4.1 Kennzahlensysteme	320
2.4.2 Balanced Scorecard	321
3. Der strategische Erfahrungsaustausch	323
3.1 Ziele des strategischen Erfahrungsaustauschs	324
3.2 Aufbau und Inhalte des strategischen Erfahrungsaustauschs	324
3.3 Vorteile des strategischen Erfahrungsaustauschs	326
4. Fazit	327

1. Wirtschaftsmoderation

Das Wort *Moderation* kommt aus dem lateinischen (moderatio) und bedeutet die Mäßigung, das Zügeln, das In-Schranken halten, das Maßhalten in jedem Tun. Die Geschichte der Moderation geht auf die 60er und 70er Jahre in Deutschland zurück. Ausgangspunkt war das Quickborner Team, welches die Strömungen der damaligen Zeit auch im betrieblichen Umfeld etablieren wollte. Ihre Erfahrungen waren, dass Gruppen, die geschoben, gezogen oder sogar durch einen Leiter manipuliert werden, Widerstände gegenüber dem Bearbeiten von Aufgaben oder auch dem Umsetzen von Maßnahmen in Betrieben zeigen. Ziel der Einführung der Moderationsmethode war es somit, Gruppenmitglieder zu befähigen und zu ermutigen, ihr Wissen und ihre Interessen in den Entscheidungsprozess einzubringen. Die Idee entstand, dass der Leiter der Gruppe seine Macht- und Allwissenheitsrolle aufgibt und stattdessen ein Moderator methoden- und verfahrenskompetent den Arbeitsprozess begleitet.

Wirtschaftsmoderation bedeutet, dass durch den Einsatz eines kompetenten Moderators und der damit verbundenen Methodenkompetenz in Arbeits- und Darstellungstechniken, Arbeitsgruppen bei Konferenzen, Workshops oder Veranstaltungen bei der Erreichung ihrer Ziele professionell unterstützt werden.

1.1 Der kompetente Moderator

Das Idealbild eines kompetenten Moderators stellt sich wie folgt dar:

- der Moderator kennt die Zusammenhänge der Organisation, Abläufe und Prozesse und das Vokabular des Kunden
- hat eine fundierte Ausbildung als Moderator und kennt somit Techniken der Moderation, der Präsentation, der Visualisierung, der Gesprächsführung und des Zeitmanagements
- verfügt über eine sehr gute Rhetorik und ist ein Kommunikationsfachmann
- kann professionell mit Medien umgehen
- hat Know-how in der Konzeption und Durchführung von Gruppenprozessen
- kann Erfahrungen in der Moderation von Projekten in der Unternehmensentwicklung nachweisen
- meistert Teamprozesse kompetent und souverän
- erkennt Stimmungen im Team, kann Menschen integrieren und aktiv Konflikte managen
- außerdem sollte er

- ein sicheres Auftreten haben, auf Menschen zugehen können
- über strukturiertes Denken und Improvisationstalent verfügen
- extrovertiert sein und eine natürliche Autorität ausstrahlen
- begeistern und motivieren können.

1.2 Methoden und Techniken der Wirtschaftsmoderation

Methodenkompetenz in Arbeits- und Darstellungstechniken bedeutet:

1. *Techniken der Moderation:*
   der Moderator selbst und sein Verhalten, Kommunikationstechniken und Moderationsregeln

2. *Werkzeuge der Moderation:*
   Arbeitsverfahren (z. B. Karten-, Punktabfrage) und Gruppenarbeitstechniken (z. B. Brainstorming), die bei der Sammlung, Strukturierung, Gewichtung und Bearbeitung der einzelnen Inhalte helfen
   Visualisierungstechniken, durch welche wichtige Arbeitsschritte, Ergebnisse und Ideen permanent während des Arbeitsprozesses festgehalten werden Medien: Flipcharts, Pinwände, Whiteboards, Folien, Overhead, PC und Beamer

3. *Prozess der Moderation:*
   Aufgaben und Vorgehensweisen des Moderators in den einzelnen Phasen der Moderation (s. Abbildung 1).

Phasen der Moderation

Vorbereitung
1. Vorgespräch, Zielvereinbarung, Inhaltsdefinition
2. Beratungsgespräch hinsichtlich Inhalt, Form, Dauer
3. Konzeption der Moderation und des „Drehbuchs"
4. Erstellung von Folien gemäß Corporate Identity
5. Briefing der Redner, Präsentatoren, Referenten
6. Beratung bei Hotelauswahl, Ideen für Freizeitgestaltung

Durchführung
1. Moderation am Tag der Veranstaltung
2. Praxisbewährter Methodeneinsatz
3. „Traditionelle" Zusammenfassung der Ergebnisse mittels Flipchart, Pinwänden, Plakaten und / oder
4. Elektronisches Zusammenfassen der Resultate mittels MS Word, PowerPoint, Excel vor Ort
5. Einsatz moderner Medien wie Laptop, Beamer

Nachbereitung
Dokumentation der Veranstaltung mittels Simultanprotokoll oder in elektronischer Form

Auf Kundenwunsch:
  Supervision nach ein paar Monaten
  Moderation des Folgeworkshops
  Moderation von Teamarbeit, Besprechungen nach der Veranstaltung

Abbildung 1: Phasen der Moderation

1.3 Vorteile der Wirtschaftsmoderation

Die Vorteile des Einsatzes eines Moderators bzw. der Wirtschaftsmoderation sind die folgenden:

- nicht der Vorgesetzte, sondern ein neutraler Moderator leitet die Arbeitssitzung und stellt als Methodenspezialist sein Wissen zur Verfügung

- die Mitarbeiter und die Vorgesetzten können sich auf die inhaltliche und fachliche Mitarbeit konzentrieren

- methodische Basis sind praxisbewährte Besprechungs- und Gruppenarbeitstechniken

- alle Ergebnisse werden visualisiert und festgehalten, es geht nichts an guten Ideen verloren

- die Qualität der Arbeit steigt

- die erarbeiteten Ergebnisse der moderierten Sitzung werden von den Teilnehmern akzeptiert, wodurch Schwierigkeiten bei der Umsetzung und Realisierung von Maßnahmen reduziert werden.

1.4 Wann empfiehlt sich die Wirtschaftsmoderation

Wirtschaftsmoderation ist eine wertvolle Hilfe, wenn

- Unklarheiten über das strategische Vorgehen und die nächsten Schritte bestehen
- Vorgesetzte ihre Mitarbeiter in den Lösungsprozess integrieren möchten und somit das Wissen des gesamten Teams eingebracht werden soll
- strategische Umbrüche, wie z. B. Kooperationen, Firmenübernahmen oder Umorganisationen stattfinden
- in kurzer Zeit Projekte vorangetrieben und zum Ergebnis zu führen sind
- kritische Themen, z. B. Konflikte im Team, anstehen
- die Lösungskompetenz, Eigenständigkeit und Initiative einer Abteilung oder eines Teams gefördert werden sollen.

Denn durch Wirtschaftsmoderation können in kurzer Zeit zielgerichtet und strukturiert an Unternehmensthemen gearbeitet, praktikable Lösungen gefunden und eingeführt werden.

2. Wirtschaftsmoderation in der strategischen Unternehmensführung

Eine große Bedeutung kommt der Wirtschaftsmoderation in der strategischen Unternehmensführung zu. Soll ein Unternehmen strategisch ausgerichtet bzw. sollen strategische Inhalte erarbeitet werden, ermöglicht die Wirtschaftsmoderation in kurzer Zeit effektive Ergebnisse. Sie hilft, langfristige Ziele und Verhaltensweisen zu definieren, sowie bei der Planung und Umsetzung von Strategien im Unternehmen. Sie leistet somit in jeder Phase der strategischen Unternehmensführung eine wertvolle Unterstützung:

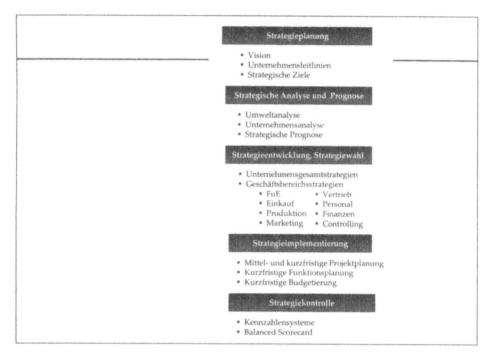

Abbildung 2: *Phasen der strategischen Unternehmensführung*

2.1 Wirtschaftsmoderation in der strategischen Planung

Im Rahmen der strategischen Planung wird das „Fundament" der Strategie gelegt. Es gilt eine Unternehmensvision zu entwickeln, ein stimmiges Unternehmensleitbild zu formulieren und die strategischen Ziele des Unternehmens festzulegen.

2.1.1 Visionen entwickeln

Visionen sind ein gemeinsam geschaffenes Vorstellungsbild von der Zukunft, ein übergreifendes Ziel, welches es zu erreichen gilt. Mitarbeiter und andere Anspruchsgruppen, wie Kunden, Banken und Aktionäre fordern ein visionäres Unternehmen bzw. visionäre Führungskräfte. Dies ist bei sich ständig wandelnden Umwelten, Umbrüchen in den Unternehmen und immer kürzeren Lebenszyklen jedoch schwieriger denn je. Die Wirtschaftsmoderation hilft dabei, eine realistische, glaubwürdige und attraktive Zukunftslösung für ein Unternehmen zu finden. Hierbei gibt es verschiedene Vorgehensweisen:

Der *Eigentümer* bzw. Inhaber erarbeitet im Rahmen eines Einzelcoachings bzw. einer Klausursitzung gemeinsam mit dem Moderator seine Vision. Hierbei empfiehlt sich eine Auszeit, z. B. einige Tage in einem Hotel, in welcher der Unternehmer die Unternehmenszukunft überdenkt. Der Moderator unterstützt den Unternehmer dabei mit verschiedenen Techniken wie Entspannungsübungen, Traumreisen, systemischem Coaching und Einzelübungen.

Gerade die Kombination dieser Techniken hat sich in der Praxis bewährt. Durch die geleitete Traumreise wird der Unternehmer in die Zukunft seines Unternehmens versetzt. Er beschreibt, was er sieht, hört, fühlt, seine persönlichen Wünsche und Visionen. Der Moderator visualisiert und protokolliert simultan die Ergebnisse. Durch anschließende Arbeitssitzungen wird die Vision vertieft, genauer spezifiziert und schriftlich fixiert. Der Moderator hilft außerdem, die Vision als Geschichte zu formulieren, Metaphern zu nutzen, um ein lebendiges Bild von der Unternehmensvision zu gestalten.

Bei dem *Führungskräfteworkshop* (Visionsworkshop) stellt der Eigentümer seine Vision den Führungskräften seines Unternehmens vor. Teilnehmer des Workshops sind die Mitglieder der Geschäftsleitung bzw. des Vorstandes sowie eventuell weitere Mitarbeiter aus Linie oder Stab. Auch die Führungskräfte erarbeiten hier ihre Visionen und verbinden diese mit der Vision des Eigentümers im offenen Dialog. Ziel ist es, Visionen, Ziele und Maßnahmen zu entwickeln, eine generelle strategische Richtung und Schwerpunktziele für die nächsten Jahre festzulegen. Der Moderator visualisiert während der Sitzung alle Ergebnisse und hinterfragt die Beiträge. Die Fragen des Moderators können hierbei von einfachen Verständnisfragen bis hin zu inhaltlichen Denkanstößen reichen. Schon oft kam es so zu neuen Erkenntnissen.

Weitere Möglichkeiten an der Strategie zu arbeiten, sind *Großgruppenkonferenzen*. Dies bedeutet, dass ein repräsentativer Querschnitt des Unternehmens, d. h. Mitarbeiter aus allen Hierarchieebenen, Bereichen, Geschäftseinheiten, Funktionen und Abteilungen, im besten Falle die gesamte Belegschaft, in einem Raum zusammenkommen, um an der Strategie zu arbeiten. Aber auch unterschiedliche Interessengruppen, wie z. B. Betriebsrat, Kunden und Lieferanten können beteiligt werden (s. Abbildung 3).

Open Space (offener Raum) ist eine Konferenzmethode, bei welcher die Teilnehmer die Veranstaltungsinhalte und den Ablauf weitgehend selbst bestimmen. Bei Open Space wird ein Leitthema vorgegeben, wobei jeder Teilnehmer die Möglichkeit erhält, Themen, Orte und Zeiten für Gruppenarbeiten bzw. Diskussionen vorzuschlagen. Ideen, Ziele und Maßnahmen werden zur gleichen Zeit in verschiedenen Gruppen erarbeitet. Diese dienen den Umsetzungsgruppen nach der Konferenz zur Einführung der Lösungen im Unternehmen.

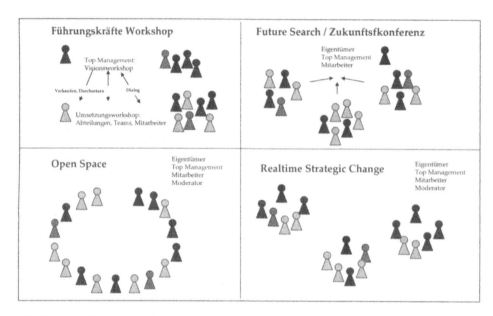

Abbildung 3: *Formen der Großgruppenkonferenz bei der Visionsarbeit*

Bei *Future Search,* der Zukunftskonferenz, wird wie bei Open Space „das ganze System in einen Raum geholt, um gemeinsam das System zu untersuchen und zu verbessern." In der Praxis hat sich hierbei die Betrachtung der Vergangenheit, der Gegenwart und der Zukunft bewährt, denn so werden bedeutende Meilensteine, Erfahrungen und Trends erkannt und in der Strategie berücksichtigt.

Realtime Strategic Change, auch RTSC-Konferenz genannt, bedeutet den strategischen Wandel bzw. die umfassende Veränderung in kurzer Zeit (realtime – Echtzeit in der Computersprache). Bei der RTSC-Konferenz werden die Teilnehmer von dem Moderator bzw. dem Moderatorenteam durch festgelegte Arbeitsschritte geführt. Jede Konferenz ist auf die individuellen Bedürfnisse der Organisation zugeschnitten.

Moderierte Großgruppenkonferenzen haben den Vorteil, dass alle Mitarbeiter in den Strategieprozess integriert werden. Das Wissen des gesamten Unternehmens fließt mit ein. Darüber hinaus erfahren Mitarbeiter, welche zuvor das Gefühl hatten „persönlich auf der Stelle zu stehen, beruflich nicht mehr weiterzukommen" dadurch, dass sie sich auch auf Unternehmensebene einbringen können, einen Zuwachs an fachlicher und sozialer Kompetenz, sowie eine Steigerung des Selbstwertgefühls. Ihre Meinung und Erfahrung zählt im Unternehmen, wird gehört und fließt in die Strategie mit ein.

2.1.2 Unternehmensleitlinien

Unternehmensleitbilder oder Unternehmensleitlinien sind eine Darstellung wichtiger grundsätzlicher unternehmenspolitischer Ziele, Strategien und Grundsätze. Sie verankern die Werte und Normvorstellungen der Unternehmensleitung und werden als Unternehmensgrundsätze schriftlich festgeschrieben. Sie klären die folgenden Fragen des Unternehmens:

- Was ist der Sinn des Unternehmens?
- Was wollen wir in den nächsten Jahren erreichen?
- Wie stellen wir uns die Zukunft unseres Unternehmens vor?
- Wie ist unser Vorgehen?
- Wie sollen die Interessenpartner, wie z. B. Kunden zufrieden gestellt werden?

Die Unternehmensleitlinien verdeutlichen somit das Selbstverständnis und die Identität des Unternehmens nach innen und außen. Die Wirtschaftsmoderation unterstützt die Erarbeitung, indem sie bei der Analyse der Ausgangslage, der Formulierung, der Kommunikation, der Umsetzung und der Kontrolle der Unternehmensleitlinien hilft. So werden beispielsweise bei einem Leitbild-Workshop die Hauptanspruchsgruppen des Unternehmens (z. B. Kunden, Mitarbeiter, Eigentümer, Aktionäre) definiert und für diese prägnante Leitsätze formuliert. Auch die Ergebnisse von Umwelt- und Unternehmensanalyse fließen mit ein. Durch den offenen Dialog mit den Mitarbeitern gilt es, Bemerkungen, Wünsche und Verbesserungsvorschläge zu integrieren und einen Konsens des Leitbildentwurfes zu finden.

In den anschließenden moderierten Umsetzungs-Workshops beginnen die Unternehmensleitlinien zu „leben", denn hier wird das Leitbild der derzeitigen Ist-Situation gegenübergestellt und der Handlungsbedarf verdeutlicht. Abweichungen sind zu erarbeiten und Ideen für Umsetzungsmöglichkeiten zu entwickeln. Sofortmaßnahmen und mittelfristige Aktionen können abgeleitet und beschlossen werden. Gerade die Umsetzungsworkshops erhöhen die Glaubwürdigkeit der Geschäftsleitung, dass es ihnen mit der Umsetzung der Unternehmensleitlinien ernst ist. Und die Einbeziehung der Mitarbeiter sorgt für die notwendige mitarbeiternahe Sprache, Identifikation, Motivation und schafft eine einheitliche Grundauffassung.

2.1.3 Strategische Ziele

Strategische Ziele sind auf die Zukunft gerichtete Vorstellungen vom erwünschten Zustand des Unternehmens. Sie sind Herausforderungen und die treibende Kraft für Handlungen. An ihnen kann sich das Management ausrichten und messen. Sie vermögen den Willen der Mitarbeiter zu fesseln, denn sie geben der Arbeit einen Sinn. Durch sie werden Aktionismus und die reine Reaktion auf kurzfristige Gegebenheiten bzw. das Tagesgeschäft vermieden. Vielmehr tritt die langfristige, strategische Perspektive in den Vordergrund.

Die Praxis zeigt jedoch, dass die strategischen Ziele oder die strategische Richtung oftmals nur einer geringen Anzahl von Mitarbeitern, zumeist der obersten Führungsriege, bekannt sind. Deutlich wird dies, wenn man in Workshops und Mitarbeiterveranstaltungen nach ihnen fragt. Außerdem sind die Vorgaben unspezifisch, zwar ein Bestandteil von strategischen Zielen, jedoch findet sich der einzelne Mitarbeiter nicht wieder bzw. kann keine Handlungsempfehlungen ableiten. Denn auf den Zwischenschritt, aus den global gehaltenen Zielen, z. B. Expansion in Asien, konkrete Handlungsziele abzuleiten, wird meist verzichtet, d. h. was bedeutet diese Expansion für meine Abteilung, was habe ich zu tun, um dieses strategische Ziel zu erreichen.

Die Wirtschaftsmoderation hilft, alle Beteiligte in den Prozess einzubinden. Interessante Ergebnisse haben sich auf Workshops bei der Frage nach persönlichen Zielen (beruflich und privat) bei den Teilnehmern ergeben. Diese einfache, doch oftmals nicht einfach zu beantwortende Frage, schafft viele neue Erkenntnisse in der Gruppe. Neben neuen Anknüpfungspunkten für persönliche Kontakte, fördern diese Informationen das „Wir-Gefühl" und die interne Kommunikation. Außerdem haben diese Kenntnisse den Vorteil, dass derjenige, der seine Motive kennt und seine eigenen Ziele in der Strategie wieder findet, diese akzeptieren und tragen wird.

Durch die Wirtschaftsmoderation werden darüber hinaus mögliche konkurrierende Ziele, welche später bei der Umsetzung zu Spannungen und Schwierigkeiten führen können, offen gelegt. Lohnend ist außerdem die Frage, ob das, was das Unternehmen gerade unternimmt, wirklich den strategischen Zielen näher bringt.

2.2 Wirtschaftsmoderation in der strategischen Analyse

Die strategische Analyse hat zum Ziel, zukünftige Trendbrüche und/oder neue Trends und Ereignisse zu antizipieren. Eine Analyse der Unternehmensumwelt sowie der eigenen Ressourcen, Stärken und Schwächen ermöglicht wichtige Informationen über die Zukunft des Unternehmens. Und diese gedankliche Vorwegnahme kann vor Schnellentwicklungen und Überraschungen schützen. Folgende strategische Analysen bieten sich in der Strategiearbeit an:

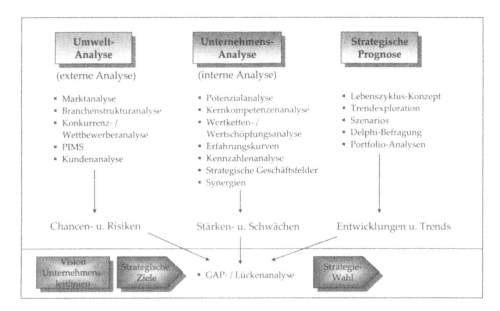

Abbildung 5: Strategische Analysen und Prognosen im Rahmen der Umwelt- und Unternehmensanalyse

2.2.1 Umweltanalyse

Bei der Umweltanalyse gilt es, die *Chancen und Risiken* als Frühwarnsystem für das Unternehmen zu erheben. Ziel ist es, frühzeitige Veränderungen im Unternehmensumfeld zu erkennen, um darauf rechtzeitig strategisch reagieren und zielgerichtete Maßnahmen ableiten zu können. Die sich ergebenden Chancen können anschließend durch das Unternehmen genutzt, Risiken und Bedrohungen abgewendet werden. Ausgangsbasis der Umweltanalyse sind Ergebnisse von (Markt-)Forschungsinstituten sowie interne und externe Analysen. Durch moderierte Workshops bzw. Arbeitssitzungen werden diese Daten verdichtet und interpretiert.

So können beispielsweise folgende Entwicklungen der globalen Umwelt für das Unternehmen wichtig sein:

- *Makro-ökonomische Umwelt*, z. B. Bruttosozialprodukt, Verschuldung, Inflation, Arbeitslosenzahlen, Regierungswechsel, Reformen
- *Technologische Umwelt*, z. B. Stand der Forschung und Entwicklung, neue Materialien, neue Techniken, neue Energien, Patente und Produktzulassungen
- *Politisch-rechtliche Umwelt*, z. B. Gesetzgebung, Finanz-, Steuer- und Arbeitsmarktpolitik, Wettbewerbsrecht

- *Soziokulturelle Umwelt*, z. B. demografische Entwicklung, Einkommen der Bevölkerung, gesellschaftliche Werte
- *Wettbewerbs-/Unternehmensumwelt*, z. B. Nachfrage- und Absatzmarkt, Marktverhalten der Wettbewerber, Wachstumsrate der Branche, Ressourcen, Rohstoffe, Energie, ökologische Entwicklung.

Bei moderierten Arbeitssitzungen zur Umweltanalyse hat sich eine Checkliste der wichtigsten 15 bis 20 Schlüsselgrößen des Unternehmens bewährt. Diese werden in unterschiedlichen Arbeitsgruppen individuell eingeschätzt. Auch ist hier das erhobene Analysematerial einzubringen. Anschließend erarbeitet man die drei Szenarien:

1. die schlechteste aller denkbaren Zukunftssituationen,
2. die beste aller denkbaren Zukunftssituationen,
3. die wahrscheinlichste Zukunftssituation,

wobei die Vergangenheit, die Gegenwart sowie die Zukunft des Unternehmens mit einfließen sollten. Das Ergebnis ist die Beschreibung von Trends und zukünftigen Entwicklungen sowie von Querverbindungen zwischen den Einflussfaktoren.

Kundenanalyse

Ebenfalls sinnvoll sind Schwerpunktworkshops z. B. im Rahmen eines Kundenworkshops. Basis hierfür ist die Kundenanalyse. Diese kann über Befragungen, Beobachtungen und Marktforschung ermittelt werden. In dieser Analyse sind die Produkt-, Behandlungs- und Serviceerwartungen, das Kundenverhalten sowie die relative Qualität des Unternehmens (gemessen gegenüber dem stärksten Wettbewerber) abzuklären. Ein gemeinsames Treffen mit den wichtigsten Kunden kann zusätzliche Erkenntnisse bringen. Hier werden durch den direkten Dialog Erwartungen abgefragt, diskutiert und analysiert. Der Vorteil gegenüber einer schriftlichen Befragung ergibt sich durch die Möglichkeit des Hinterfragens und der gemeinsamen Lösungsentwicklung mit den Kunden.

Konkurrenz-/Wettbewerberanalyse

Auch die Konkurrenz-/Wettbewerberanalyse gibt wichtige Aufschlüsse für das eigene Unternehmen. So können durch „Mystery Shopping" (verdeckter Einkauf bei der Konkurrenz) insbesondere weiche Faktoren wie Prozesse, Abläufe, Verhalten des Personals, Beratungskompetenz sowie was das eigene Unternehmen davon lernen kann, erarbeitet werden. Positive und negative Eindrücke sind zu sammeln und Verbesserungen für das eigene Unternehmen zu finden. Im Rahmen des Benchmarking (Lernen von den Besten) wird das zukünftige Vorgehen institutionalisiert und das strategische Handeln abgeleitet.

Benchmarking

Beim Benchmarking handelt es sich um einen kontinuierlichen Prozess, die eigenen Produkte, Dienstleistungen, Praktiken und Methoden gegenüber dem stärksten Mitbewerber zu messen. Benchmark bedeutet einen Referenz- bzw. Orientierungswert für hervorragende Leistungen (s. Abbildung 5).

Die Wirtschaftsmoderation erarbeitet in Benchmarkingsitzungen qualitative und quantitative Messgrößen, mit deren Hilfe eine vergleichende Bewertung von Strategien, Funktionen und Verhaltensweisen gegenüber dem stärksten Mitbewerber möglich ist. Außerdem sind die Inputs, welche zu Spitzenleistungen geführt haben, zu definieren. Aus dem Vergleich werden Leistungslücken (Gaps) erkannt und Maßnahmen abgeleitet. Ziel ist es, diese Lücken zu schließen bzw. sich bewusst von der Wettbewerberstrategie abzusetzen. Und gerade durch den Vergleich mit anderen Wettbewerbern und anderen Unternehmen erhält man Ideen und Informationen, auf welche man aufgrund von „Betriebsblindheit" selbst nie oder nur mit großem Aufwand gekommen wäre. Ergebnis ist die Erhöhung der Produkt- und Dienstleistungsqualität, die Optimierung der Geschäftsprozesse, die Implementierung der besten Praktiken sowie ein ständiger Verbesserungsprozess im Unternehmen.

2.2.2 Unternehmensanalyse

Die Unternehmensanalyse bewertet den Wertschöpfungsprozess, die Fähigkeiten bzw. Kompetenzen sowie die Ressourcen des Unternehmens. Aufzuzeigen sind die *Stärken und Schwächen* des eigenen Unternehmens sowie der Wettbewerber. Denn sie sind Ansatzpunkte für die Schaffung von strategischen Wettbewerbsvorteilen.

In moderierten Arbeitssitzungen lassen sich die finanziellen (z. B. Cash-flow), physischen (z. B. Gebäude, Anlagen), Human- (z. B. Qualifikation, Führungskräfte), organisatorischen (z. B. Informationssysteme, Abläufe und Prozesse) und technologischen *Ressourcen* (z. B. Qualitätsstandards, FuE) erarbeiten. Des Weiteren empfiehlt es sich, die Wettbewerbsfaktoren, d. h. Merkmale, welche der Kunde wahrnimmt und bewertet, zu analysieren. So lassen sich beispielsweise die Erfolgsfaktoren wie Verkaufssortiment, angebotene Dienstleistung, Marketing, Verkaufsorganisation, Logistik und Personal untersuchen.

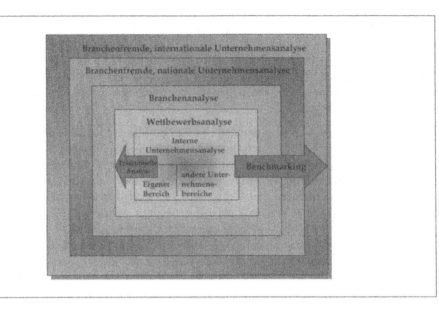

Abbildung 6: Analysebereiche des Benchmarking

Kernkompetenzanalyse

Kernkompetenzen, d. h. vom Kunden wahrgenommener Nutzen bzw. spezifische Fähigkeiten des Unternehmens, können durch Befragungen von Kunden bzw. Kundenworkshops, interne Befragungen und Benchmarking ermittelt werden. Anhand eines Ablaufdiagramms kann die Suche nach Kernkompetenzen erfolgen (s. Abbildung 6).

In Gruppenarbeiten wird der Ist-Zustand bestimmt und das Soll abgeleitet. Auch sollten die Wettbewerbsfaktoren von Konkurrenten bzw. des stärksten Mitbewerbers in den Profilvergleich mit einfließen. Ebenfalls lohnend ist die Betrachtung von Erfolgen und Misserfolgen des eigenen und von fremden Unternehmen in der Vergangenheit, wobei man anhand einer Ursachenanalyse Potenziale aufdeckt.

Wertketten-/Wertschöpfungsanalyse

Weitere Erkenntnisse liefert die Wertketten-/Wertschöpfungsanalyse, wobei man das Unternehmen in strategisch relevante Funktionsbereiche bzw. Aktivitäten unterteilt. Anschließend wird der Leistungsprozess und die unternehmerischen Abläufe des Unternehmens nach Kosten- oder Differenzierungsvorteilen gegenüber den Wettbewerbern untersucht (s. Abbildung 7).

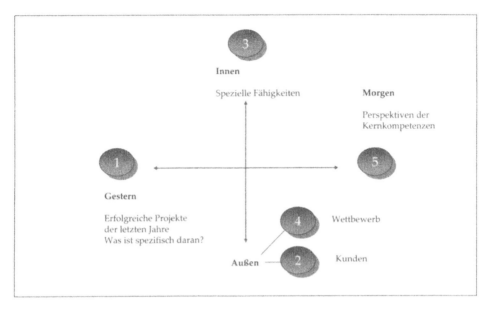

Abbildung 7: Vorgehen bei der Suche nach Kernkompetenzen

2.2.3 Strategische Prognose

Bei der strategischen Prognose schätzt man die zukünftige Entwicklung der globalen Umwelt, des Marktes, der Branche, der Wettbewerber und der Stellung des eigenen Unternehmens in dieser Umwelt ein. Sie klärt die Fragen:

- In welchen Geschäftsfeldern ist unser Unternehmen heute tätig?
- Wie entwickelt sich das Umfeld dieser Geschäftsfelder?
- Sind unsere Produkte oder Dienstleistungen und unsere heutigen Fähigkeiten dazu geeignet, auch in Zukunft erfolgreich zu sein?
- Müssen wir unsere Strategie und/oder unsere Fähigkeiten ändern?
- Sollen wir uns neue Betätigungsfelder suchen, um unsere Unternehmensziele zu erreichen?

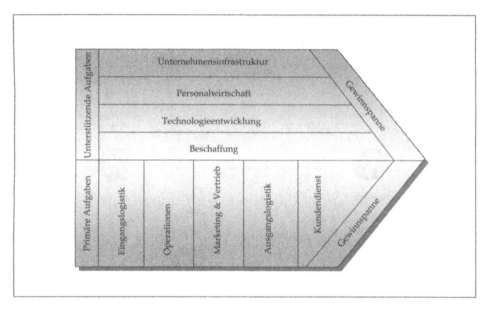

Abbildung 8: *Wertkette nach Porter*

Szenariomethode

Bei der Szenariomethode wird ein Bild von der Zukunft entworfen, wobei die zukünftig denkbare Entwicklung des Unternehmens bzw. der einzelnen strategischen Geschäftsfelder projiziert wird. Ziel ist es, Entwicklungsmöglichkeiten, zukünftige Markterfordernisse, Chancen, Unsicherheits- und Risikofaktoren aufzuzeigen. Die drei Szenarien, normales vs. optimistisches vs. pessimistisches Szenario, beschreiben mögliche Zukunftsentwicklungen. Gemeinsam mit den Mitarbeitern werden die Zukunftstrends erarbeitet und anschließend nach ihrer Eintrittswahrscheinlichkeit bewertet. Interessante Diskussionen ergeben sich stets durch die unterschiedlichen Blickwinkel, Interessen und Informationsstände der Teilnehmer aus verschiedenen Bereichen, Funktions- und Hierarchiestufen. Außerdem wird hiermit das Kreativitätspotenzial des Unternehmens angezapft und das Denken in Alternativen gefördert.

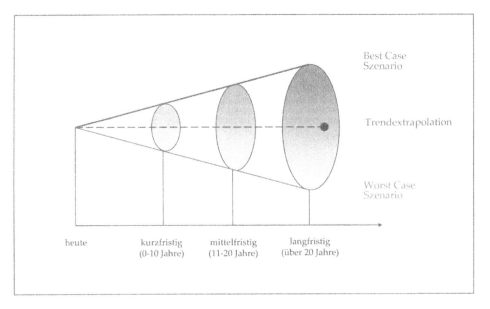

Abbildung 9: *Szenario-Methode/Technik*

Delphi-Befragung

Die Delphi-Befragung ist eine systematische Einzel- oder Gruppenbefragung von Experten, welche Trends und Entwicklungen ermittelt und verdichtet. Durch die Wirtschaftsmoderation werden, teilweise in Zusammenarbeit mit den Experten, aber auch aufbauend auf den Ergebnissen der Befragung, neue Lösungsansätze und Ideen erarbeitet.

2.3 Wirtschaftsmoderation in der Strategieentwicklung (Strategiewahl)

Zweck der strategischen Unternehmensführung ist es, die strategischen Ziele des Unternehmens, trotz Komplexität und Ungewissheit zu erreichen. Die oben genannten Analysen haben die Grundlage geschaffen, das Unternehmen bzw. die Umwelt, in der das Unternehmen agiert, einzuordnen. Als nächsten Schritt gilt es, Strategien zu entwickeln, welche die Vision, die Unternehmensleitlinien und die strategischen Ziele verfolgen und welche auf die zukünftigen Unternehmens- und Umweltentwicklungen vorbereitet sind. Deshalb ist eine erfolgreiche Strategie, d. h. das konkrete Vorgehen, zu definieren und zu wählen (Strategiewahl).

2.3.1 Lebenszykluskonzept

Anhand des Lebenszykluskonzeptes können Strategien für die jeweiligen Phasen Einführung, Wachstum, Reife, Stagnation erarbeitet werden. So gilt es, in Workshops beispielsweise Ideen für die Marktdurchdringung zu entwickeln, mittels Brainstorming Nachfolgeprodukte zu generieren bzw. Produkte zu modifizieren und Werbekampagnen zu entwerfen. Je nach Lebenszyklusphase sind Entscheidungen über Investitionen zu treffen, Marknischen zu suchen oder der Marktaustritt vorzubereiten.

2.3.2 SWOT-Matrix

Bei der SWOT-Analyse werden die Ergebnisse der Umwelt- und der Unternehmensanalyse in einer gemeinsamen Matrix dargestellt. Innerhalb des Workshops können die eigenen Stärken/Schwächen des Unternehmens (z. B. Abläufe, Prozesse, Produkte), Chancen (z. B. Eintritt in neue Märkte, Branchen, Verhalten der Mitbewerber, Standortpolitik, strategische Allianzen), Risiken (z. B. Einkaufsmacht des Kunden, Lieferantenkonzentration, Wertewandel) vertieft werden. Anschließend ist die entsprechende Strategie bzw. das weitere strategische Vorgehen zu beschließen (s. Abbildung 10).

2.3.3 BCG-Matrix

Weitere Erkenntnisse liefert die BCG-Matrix der Boston Consulting Group, wenn man einzelne strategische Geschäftsfelder (SGF) bewertet und die abgeleiteten Normstrategien diskutiert. Folgende Normstrategien werden von der Boston Consulting Group vorgeschlagen:

Unternehmenserfolg durch strategische Wirtschaftsmoderation

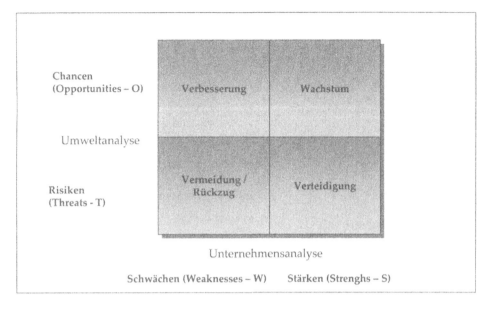

Abbildung 10: *SWOT-Analyse und daraus abgeleitete Strategie*

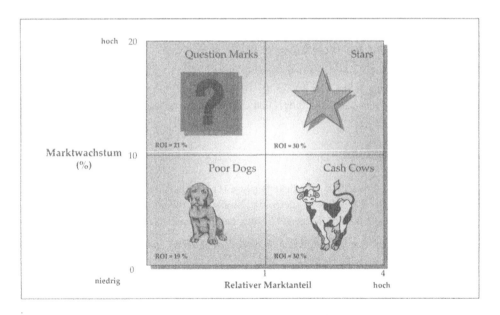

Abbildung 11: *Positionierung der strategischen Geschäftsfelder in der BCG Matrix*

Normstrategien innerhalb der vier Felder	
Question Marks	**Stars**
Offensivstrategie, Wachstums-Strategie: • aus dem „Question Mark" einen „Star" machen • Produkte auf schnell wachsenden Märkten positionieren • in Produkte investieren *Defensivstrategie, Deinvestitions-Strategie:* • bei schlechten Zukunftsaussichten • Rückzug in Marktnischen	*Investitionsstrategie:* • Stars halten • Marktstellung sichern Bei *Verringerung des Marktwachstums* • aus dem Star wird hoffentlich eine Cash Cow Bei *geringem Marktwachstum* • aus dem Star wird ein Poor Dog
Poor Dogs	**Cash Cows**
Rückzugs-, Liquidationsstrategie: • Rückzug in günstigere Marktnischen • Mittelfristige Deinvestitions-Strategie	*Abschöpfungsstrategie:* • Melken: Gewinne abschöpfen

Tabelle 1: *Normstrategien innerhalb der vier Felder*

Oftmals ergeben sich interessante Blickwinkel und ein ergiebiger Austausch, wenn die Mitarbeiter eine Einordnung in die vier Felder der BCG-Matrix vornehmen. Anschließend ist die Wachstums-, Investitions-, Abschöpfungs- und/oder Rückzugsstrategie festzulegen.

2.3.4 Strategiewahl

Grundlage der Strategiewahl ist die Lückenanalyse (GAP-Analyse), wobei dem Soll (Vision, Leitlinien, strategische Ziele) das Ist (derzeitige Strategie, Umwelt-, Unternehmensvoraussetzungen) gegenübergestellt wird. Folgende Strategien bieten sich an (s. Abbildung 11).

Die Wirtschaftsmoderation hilft mit ihrer Methodik, neue Ideen und Lösungen zu generieren, verschiedene Standpunkte zu diskutieren und die Unternehmensstrategien verbindlich festzuschreiben. Aber auch Bereichsstrategien können durch sie erarbeitet und vertieft werden. Beispielsweise können folgende Themen Gegenstand von Workshops, Mitarbeiterveranstaltungen, Klausuren und Konferenzen sein (s. Abbildung 12).

Dadurch, dass man die Gesamtstrategie auf die Bereiche adaptiert, wird der Bereichserfolg messbar und somit darstellbar. Kompetenzen und Zuständigkeiten können ebenfalls in diesem Rahmen geklärt und Doppelarbeiten vermieden werden. Ressourcen und finanzielle Mittel werden nicht mehr politisch, d. h. aufgrund von persönlichem Einfluss oder persönlicher Beziehung, sondern anhand der strategischen Ausrichtung verteilt. Entscheidungen sind nun transparent und nachvollziehbar. Der latente Unmut weicht sachlicher Argumentation.

Außerdem erhalten die einzelnen Bereiche durch die moderierte Strategiearbeit die Möglichkeit, ihr Know-how darzustellen und auch die eigene Wichtigkeit zu betonen. Und schon oft wurde in einem Workshop die Äußerung laut: „Ich wusste gar nicht, was ihr alles könnt und an wie vielen Themen eure Abteilung arbeitet." Die Arbeit und die Leistung werden plötzlich wieder geschätzt. Und so mancher Mitarbeiter hat in diesem Rahmen das Lob und die Anerkennung erfahren, welche ihm oft im Tagesgeschäft gefehlt hat.

Abbildung 12: Unternehmensstrategien im Rahmen der Strategiewahl

```
FuE-Strategie                              Marketingstrategie
• neue Produkte und Verfahren              • Festlegung der Märkte
• anwendungsorientierte Grundlagen-        • Abnehmerselektion
  forschung                                • Produktpolitik
• Prioritäre FuE-Bereiche                  • Preispolitik
• Joint Ventures                           • Distributionspolitik
• FuE Budget                               • Kommunikationspolitik

Beschaffungs-Strategie                     Personal-Strategie
• Eigenfertigung vs. Fremdbezug            • Auswahl der Mitarbeiter
• Wahl der Lieferanten                     • Entwicklung und Weiterbildung
• Qualitätskontrolle                       • Auswahl, Beförderung und
• Logistik                                   Entwicklung von Führungskräften
                                           • Entgeltstruktur
Produktions-Strategie                      • Personalabbau
• vertikale Integration                    • Beziehung zu Gewerkschaften
• Wahl der Technologien
• Größe und Dezentralisierung der          Finanzen-Strategie
  Fertigungsbetriebe                       • Ressourcenzuteilung
• Automatisierungsgrad                     • Beurteilung von Investitionsvorhaben
• Kapazitätserweiterungspolitik            • Leasing vs. Kauf
• Instandhaltung und Ersatz                • Controlling
```

Abbildung 13: *Mögliche Themen bei der Bereichsstrategiearbeit*

2.4 Wirtschaftsmoderation in der strategischen Kontrolle

Ein Sprichwort besagt: „Aus Irrtümern kann man lernen, aus dem Zufall nicht." Die strategische Planung und Analyse „ersetzen den Zufall durch Irrtum". Diese Irrtümer zu erkennen, ist die Aufgabe der strategischen Kontrolle. Sie besteht aus Soll-Ist-Vergleichen, welche es ermöglichen, die Ergebnisse der Unternehmensstrategie zu messen, Erfolge darzustellen, Entwicklungen zu beobachten und bei Misserfolgen gegenzusteuern.

2.4.1 Kennzahlensysteme

Die Erarbeitung eines Kennzahlensystems ist oft Gegenstand eines Workshops bzw. von moderierten Arbeitssitzungen. Mittels der Formel „ZAK" – Ziel, Aktion, Kennzahl wird in kurzer Zeit gemeinsam mit den Teilnehmern das Kennzahlensystem aufgestellt. ZAK bedeutet, dass nachdem von der Strategie die Ziele, die Maßnahmen und die Aktionen abgeleitet wurden, Kennzahlen zu bestimmen sind, an denen man die Erfolge bzw. die Zielerreichung messen kann.

Ein Kennzahlensystem, welches in dem strategischen Erfahrungsaustausch genutzt wird, ist das Composite. Hierbei handelt es sich um eine Tabelle von Kennzahlen, auf deren Erhebung sich z. B. die Geschäftsführer von Tochterfirmen im Vorfeld geeinigt haben. Es findet dann bei jedem Erfahrungsaustausch ein Gruppenvergleich über diese Kennzahlen und insbesondere über Ideen und Maßnahmen, welche zu Erfolgen geführt haben, statt (s. hierzu auch „3. Der strategische Erfahrungsaustausch").

2.4.2 Balanced Scorecard

Bei der strategischen Kontrolle kommt der Balanced Scorecard eine besondere Rolle zu. Denn durch sie lassen sich komplexe Sachverhalte kurz und prägnant darstellen. Sie hat das Ziel, die Unternehmensführung mit kompakten und relevanten strategischen Informationen zu versorgen.

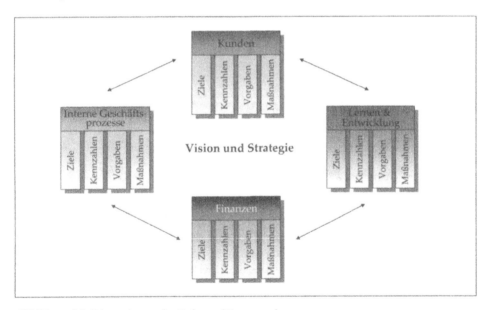

Abbildung 14: Dimensionen der Balanced Scorecard

Abgeleitet von der Unternehmensvision, dem Leitbild sowie der Unternehmensstrategie, werden strategische Ziele für die Dimensionen Kunden, interne Geschäftsprozesse, Finanzen, Lernen und Entwickeln erarbeitet. Balanced (ausgewogen) ist die Balanced Scorecard, da man nicht wie sonst üblich nur die finanziellen Leistungen des Unternehmens (z. B. Umsatz, Gewinn, Kapitalverwendung), sondern auch die anderen wichtigen Dimensionen für das Unternehmen auswertet.

Kennzahlen, Vorgaben, Maßnahmen und Aktionen gilt es, in Workshops zu erarbeiten und in einem Tool zu hinterlegen. In diesem computergestützten Programm können die Ergebnisse, wie auf einer Anzeigetafel, mit einem Blick erfasst werden. Alle wesentlichen Daten sind hier verzeichnet, um die Ergebnisse der Strategie zu messen und zu verfolgen. Durch die Abweichungsanalyse wird bei ungewollten Entwicklungen systematisch gegengesteuert.

Je nach Unternehmenskultur wird die Balanced Scorecard nach den strikten Vorgaben strategischer Leitsätze durch den Chef, durch einen engen Kreis ausgewählter Führungskräfte, bis hin zum offenen Dialog und eine von allen Beteiligten getragene Strategie, erarbeitet.

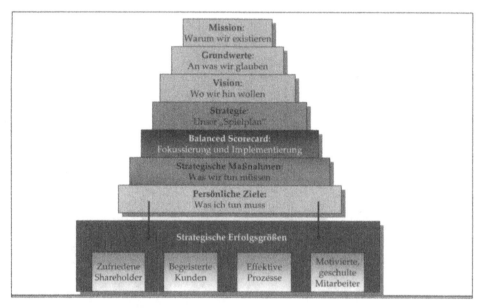

Abbildung 15: *Vorgehen bei der Balanced Scorecard*

Eine Statistik besagt, dass man 30 Prozent der berichteten Daten eliminieren könnte, ohne das operative Geschäft negativ zu beeinflussen. Dies zeigt, dass unnötig viele und eventuell auch unwichtige Zahlen erhoben werden. Doch gerade das Erfassen und Auswerten dieser Daten benötigt Arbeitseinsatz und kostet Zeit. Arbeitszeit, welche manchem Mitarbeiter als reine „Fleißarbeit" erscheint. Im Rahmen der Balanced Scorecard werden die Kennzahlen in Übereinstimmung mit der Strategie erhoben. Es gibt keine unübersichtlichen Tabellen mehr, in welchen die Zahlen in sich nicht stimmen. Vielmehr sind die Informationen durch wenige Kennzahlen verdichtet und man sieht auf einen Blick, wo das Unternehmen steht. So bleibt mehr Zeit dafür, die Strategie zu controllen, im Sinne der eigentlichen Aufgabe des Controllings, dem Steuern.

3. Der strategische Erfahrungsaustausch

"Als Chef hast Du Karriere gemacht – aber je höher man kommt, desto einsamer wird man.

Woher erhalte ich Informationen, ob die strategische Richtung, die ich vorgebe auch die richtige ist?

Wie erfahre ich von Problemen und Umsetzungsschwierigkeiten bei der Strategie?

Wem kann ich auch mal was Persönliches, von meinen Zukunftsängsten, Sorgen und Nöten erzählen?"

Als Manager muss man heute Fachmann für viele Bereiche sein. Die Strategiearbeit gehört als eine der Hauptaufgaben dazu. Je höher jedoch die Funktion bzw. die Position im Unternehmen ist, desto schwieriger wird es, sich mit Gleichgesinnten über die Geschäftspolitik auszutauschen. Spielen doch Politik, Machtmotive und Sachverstand eine Rolle und gehen die betrieblichen Erfahrungen weit auseinander. Eine Möglichkeit, dieser Einsamkeit an der Führungsspitze zu entgehen und sich fachlich unter Gleichgesinnten auszutauschen, bietet die Wirtschaftsmoderation im Rahmen des strategischen Erfahrungsaustausches.

Bei dem strategischen Erfahrungsaustausch handelt es sich um regelmäßig moderierte Treffen, bei welchen Unternehmer und Geschäftsführer zusammenkommen, um sich über

- wirtschaftliche Fragen im Rahmen der strategischen Unternehmensführung
- geschäftliche Erfahrungen aus der Wirtschaftspraxis
- und Lösungen für betriebliche Sachverhalte

auszutauschen. Es handelt sich somit um eine Gruppe von Gleichgesinnten bzw. Experten, welche sich mehrmals im Jahr treffen, um sich selbst als Führungspersönlichkeit und das eigene Unternehmen weiterzuentwickeln.

3.1 Ziele des strategischen Erfahrungsaustauschs

Ziel ist es,

- von den Erfahrungen aus anderen Geschäftsbereichen und Firmen zu lernen
- das eigene Unternehmen weiterzuentwickeln und noch ungenutzte Potenziale zu erkennen
- sich selbst und andere Gruppenmitglieder zu hinterfragen
- neue Erkenntnisse und Innovationen zu erarbeiten
- praktikable und bereits praxisbewährte Lösungen auszutauschen
- neue Entwicklungen im Bereich der Unternehmensführung zu erkennen und zu erleben
- neue Wettbewerbsvorteile aufzubauen und bestehende zu erhalten.

3.2 Aufbau und Inhalte des strategischen Erfahrungsaustauschs

Der Erfahrungsaustausch beinhaltet folgende Module (s. Abbildung 15):

Strategische Unternehmensführung (Hintergrund)

Die Teilnehmer erhalten fundierte, aktuelle Hintergrundinformationen über die strategische Unternehmensführung.

Strategischer Erfahrungsaustausch

Die Themen stammen aus den Bereichen: Strategische Planung, Strategische Analyse und Prognose, Strategieentwicklung, Strategieimplementierung und Strategiekontrolle. Die Teilnehmer bringen Material aus ihren Unternehmen mit und können dieses in einem kompetenten Umfeld diskutieren. Die Schwerpunktthemen werden individuell mit den Gruppenmitgliedern abgestimmt.

Fachlicher Austausch

Es besteht die Möglichkeit, Wunschthemen der Teilnehmer aus den Bereichen Marketing, Personal, Finanzierung und Investitionen, Organisation, Controlling, Führung etc. zu vertiefen und sich hierüber auszutauschen (s. Abbildung 15).

Unternehmenspräsentation und Betriebsbesichtigung

Der gastgebende Teilnehmer gibt eine kurze Präsentation seines Unternehmens, erklärt Hintergründe und steht für Fragen zur Verfügung. Anschließend findet eine Betriebsbesichtigung vor Ort statt. Die Beobachtungen werden diskutiert und systematisch durch das Feedbackprotokoll festgehalten.

Projektarbeit

Die Teilnehmer können aktuelle Projekte aus ihren Unternehmen in den Erfahrungsaustausch einbringen. Durch die Gruppe werden diese analysiert, Verbesserungen und Lösungen erarbeitet. Es findet eine „kollegiale Beratung" statt.

Ideenpräsentation

Jeder Teilnehmer stellt in dem Erfahrungsaustausch Ideen vor, welche bereits in seinem Unternehmen erfolgreich umgesetzt wurden. Die beste Idee wird prämiert.

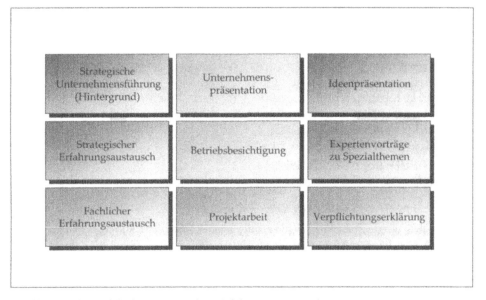

Abbildung 16: Module des strategischen Erfahrungsaustausches

Expertenvorträge zu Spezialthemen

Auf Wunsch der Gruppe können Experten eingeladen werden, welche Spezialthemen und wirtschaftliche Fragen vertiefen bzw. hierüber referieren.

Verpflichtungserklärung

Die bis zum nächsten Treffen zu erreichenden Ziele werden in der Verpflichtungserklärung festgehalten.

3.3 Vorteile des strategischen Erfahrungsaustauschs

Für das Unternehmen	Für den Unternehmer
• Unternehmensziele und -strategien werden überprüft • betriebliche Schwachstellen, Kostensenkungspotenziale und Leistungslücken sind erkennbar • detaillierte Unternehmensanalyse und professionelles Feedback für das Gastunternehmen • praxiserprobte Konzepte werden ausgetauscht, bei denen der Funktionsbeweis bereits vorliegt • das eigene Unternehmen kann besser im Marktvergleich eingeordnet werden • Informations- und Wissensvorsprung gegenüber dem Wettbewerb	• Fachlicher Austausch unter Gleichgesinnten • Gegenseitige Hilfe und Unterstützung bei der Lösung unternehmerischer Probleme • Gesteigertes Verständnis für die eigenen Geschäftsabläufe • Selbstwertgefühl und Motivation steigen • Persönliche Weiterentwicklung, Kompetenz- und Know-how-Ausbau

Tabelle 2: Vorteile des strategischen Erfahrungsaustausches

Folglich erhält der Geschäftsführer interessante, konkret umsetzbare Lösungen und kann sich in der aktuellen Wirtschaftslage mit seinem Unternehmen besser einordnen. Zumeist bleibt der Erfahrungsaustausch jedoch nicht nur auf betriebliche Sachverhalte beschränkt. Vielmehr werden auch persönliche Belange besprochen. Denn durch die Wirtschaftsmoderation entsteht eine vertrauensvolle Atmosphäre und gegenseitige Hilfe, durch welche oftmals Netzwerke gefördert werden und tiefe, langjährige Freundschaften entstanden sind.

4. Fazit

Die Wirtschaftsmoderation ist heute aus der betrieblichen Praxis und in der Strategiearbeit nicht mehr wegzudenken. Zu groß ist ihr Nutzen und sind die Vorteile für das Unternehmen:

- das Management und die Mitarbeiter arbeiten konzentriert, zielgerichtet, effizient und eigenverantwortlich an der Strategie
- die Kompetenz, das Wissen und die Kreativität aller Teilnehmer werden in den Strategieprozess eingebracht
- das hierarchie- und bereichsübergreifende Arbeiten fördert den Meinungs- und Erfahrungsaustausch sowie betriebliche Netzwerke
- das Verständnis füreinander und für sachliche Zusammenhänge wird gefördert
- kreative Dynamik, Motivation und Aufbruchsstimmung entstehen
- wirksame und durchführbare Lösungsansätze werden erarbeitet
- strategische Umsetzungspläne sind aufgestellt und Maßnahmen können konsequent eingeführt werden.

Unternehmen, welche den „Schatz im Unternehmen" heben, d. h. das Potenzial und das Wissen ihrer Mitarbeiter aufdecken und einbinden wollen, erreichen dieses Ziel mit Hilfe der Wirtschaftsmoderation bzw. eines kompetenten Moderators. Dadurch, dass die Wirtschaftsmoderation alle Mitarbeiter einbezieht und die Strategiearbeit nicht mehr nur auf die oberste Führungsebene beschränkt ist, entstehen Lösungen, welche auf die tatsächliche Situation des Unternehmens passen. Interna und Themen der Basis fließen mit ein, welche Unternehmensexternen, wie z. B. Unternehmensberatern, aber auch der Führungsspitze nicht immer zugänglich sind.

Des Weiteren gilt es bei der Strategieentwicklung, nicht nur kreative und erfolgreiche Lösungen zu finden, sondern auch den Willen und den Mut der Mitarbeiter für die Strategieumsetzung zu fördern. Die Wirtschaftsmoderation schafft durch die gemeinsame Strategiearbeit Zusammengehörigkeitsgefühl, Begeisterung und Veränderungsbereitschaft bei den Teilnehmern. Sie ermöglicht eine Unternehmensstrategie, welche von allen Mitarbeitern getragen wird. Alle ziehen an einem Strang, denn die Mitarbeiter erkennen, dass wirklich alle „in einem Boot sitzen". Der Wissensegoismus wird zugunsten des allgemein zugänglichen Knowhows aufgegeben. Und das Unternehmenswissen, aber auch das Wissen des Einzelnen, vergrößert sich.

Darüber hinaus ermöglichen moderierte Arbeitssitzungen durch ihr strukturiertes Vorgehen eine große Zeitersparnis in der Strategiearbeit. Es gibt keine endlosen Strategiesitzungen mehr, bei denen man stundenlang diskutiert und sich die Teilnehmer anschließend fragen, was denn eigentlich beschlossen wurde. Durch konkrete Arbeitsschritte, straffes Zeitmanagement, die Visualisierung der Ergebnisse und das Festhalten der Entscheidungen im Protokoll weiß jeder Mitarbeiter „wohin die Reise geht". Außerdem werden die Führungskräfte entlastet. Sie und ihre Mitarbeiter brauchen sich weder um organisatorische noch um verfahrenstechnische Dinge zu kümmern sondern können sich völlig auf die inhaltliche Strategiearbeit konzentrieren. Die gewonnenen freien Kapazitäten können dann produktiv für die Umsetzung der Strategie und die Erreichung der gesetzten Ziele genutzt werden.

Viele Unternehmen haben dies erkannt und ermöglichen Führungskräften und Mitarbeitern regelmäßige Auszeiten, z. B. in Form von Workshops, um intensiv an strategischen Themen zu arbeiten. Besteht doch sonst die Gefahr, dass die Unternehmensstrategie durch das operative Tagesgeschäft überrollt wird. Abschließend lässt sich sagen, dass sich Unsicherheiten in der Unternehmensführung auch durch Wirtschaftsmoderation nicht völlig beseitigen lassen, jedoch ist man durch eine wirkungsvoll erarbeitete Strategie auf diese Zukunft bestens vorbereitet.

Szenarien als Instrumente zur Strategieentwicklung und strategischen Früherkennung

Alexander Fink

1. Einleitung	330
2. Zukunft vorausdenken, ohne sie vorherzusagen	330
3. Zukunftsszenarien in mehreren Schritten systematisch entwickeln	332
4. Szenarien im Prozess der strategischen Planung	336
5. Szenarien als Instrument der Strategiefindung	337
6. Szenarien als Basis eines strategischen Früherkennungsprozesses	341
7. Nutzenpotenziale von Szenarien in der strategischen Planung	343

1. Einleitung

Viele Unternehmen haben in den vergangenen Jahren den Prozess der Strategieumsetzung durch verschiedene Performance Measurement-Systeme wie beispielsweise die Balanced Scorecard signifikant verbessert. Trotzdem wurden sie von dynamischen Veränderungen in ihren Marktumfeldern immer wieder überrascht. Erst im Nachhinein wurde erkannt, dass selbst den „urplötzlich" auftretenden Ereignissen so genannte „schwache Signale" vorausgegangen waren, die man bei entsprechender Sensibilität hätte im Vorfeld erkennen können. Die Aufnahme und Bewertung solcher Informationen ist Gegenstand der Frühwarnung oder Früherkennung.

In der Praxis initiieren Unternehmen entsprechende Prozesse vor allem aus zwei Gründen: Zum einen wollen sie im Rahmen der *strategischen Unternehmensplanung* die Basis ihrer Visionen und Strategien konsequent überprüfen: Wie entwickeln sich die strategiekritischen Umfeld-Indikatoren? Gelten die Annahmen unserer Strategie noch? Gewinnen strategische Handlungsalternativen an Bedeutung? Zum anderen wollen sie ihre Marktumfelder im Rahmen eines *Trendmanagements* kontinuierlich beobachten: Welche neuen Trends beeinflussen unser Geschäft? Wie werden sich die Bedürfnisse unserer Kunden verändern? Welche neuen Technologien sind für uns relevant?

Um beide Perspektiven miteinander zu verbinden, benötigen Planer und Controller auf der einen Seite sowie Trendscouts und Innovatoren auf der anderen Seite einen gemeinsamen Orientierungsrahmen. Diesen liefern im Rahmen der Früherkennung vor allem systematisch entwickelte Zukunftsszenarien.

2. Zukunft vorausdenken, ohne sie vorherzusagen

Den Wunsch, die Zukunft vorauszusagen, gibt es seit Jahrtausenden. Er hat sich mit der Entstehung moderner Unternehmen und Volkswirtschaften noch verstärkt. Trotzdem ist festzustellen, dass selbst deutlich verbesserte Prognoseinstrumente nicht mehr in der Lage sind, die von zunehmender Ungewissheit, Komplexität und Wettbewerb geprägten Entwicklungen in Unternehmen und ihren Umfeldern zu handhaben. Drei Ansätze gewinnen hier an Bedeutung:

Zukunftsoffenes Denken und Handeln: Beim Umgang mit Unsicherheiten neigen Planer dazu, in Extremen zu denken: Zunächst versuchen Sie, die Zukunft durch eindeutige Prognosen vorherzusagen – zumeist auf Basis rückwärtsgewandter Trendfortschreibung.

Ist die Zukunft nicht mehr deutlich genug erkennbar – was beispielsweise durch sich häufende Fehlprognosen deutlich wird –, so verzichten sie auf eine systematische Auseinandersetzung mit der Zukunft und wenden sich vollständig dem gegenwärtigen Wettbewerb zu. Dabei verharren sie nicht selten in den traditionellen Denkschemata – beispielsweise einer alteingesessenen Branche – und werden von innovativen Wettbewerbern überholt. Viele strategische Entscheidungssituationen sind allerdings dadurch gekennzeichnet, dass sie sich nicht exakt vorhersagen, wohl aber in ihrem Möglichkeitsraum vorab durchdenken lassen. Daher ist es notwendig, mehrere alternative Zukunftsentwicklungen zu identifizieren und im Entscheidungsprozess zu berücksichtigen.

Vernetztes Denken und Handeln: Die Vielfalt der unternehmerischen Tätigkeit sowie die Dynamik der Änderungsprozesse in der Unternehmensumwelt haben kontinuierlich zugenommen. Dieses Zusammentreffen von Vielfalt und Dynamik wird als Komplexität bezeichnet. Mit der Zunahme von Komplexität versagen viele herkömmliche Managementansätze, die auf einer getrennten Betrachtung einzelner Bereiche beruhen. Daher sind Unternehmen darauf angewiesen, in ihrer strategischen Planung die Entwicklung das Verhalten vernetzter und komplexer Systeme zu berücksichtigen.

Strategisches Denken und Handeln: Parallel zur Dynamisierung der Veränderungsprozesse haben diese Entwicklung auch zu einer beschleunigten Veralterung von Geschäftsmodellen geführt. Strategien und Konzepte, auf deren Basis Unternehmen heute erfolgreich agieren, bilden nicht mehr automatisch die Basis für zukünftigen Erfolg. Dieses erklärt die derzeitige Renaissance des Strategiebegriffs im Sinne der Fokussierung der Planungs- und Entscheidungsprozesse auf zukünftige Erfolgspotenziale.

Die Kombination von zukunftsoffenem und vernetztem Denken führt zum Begriff *Szenario*. Darunter wird eines von mehreren Zukunftsbildern verstanden, dass auf einer schlüssigen Kombinationen denkbarer Entwicklungsannahmen beruht. Im *Szenario-Management* werden solche Szenarien so entwickelt, dass sie sich zielgerichtet in verschiedenen Unternehmensbereichen wie beispielsweise der strategischen Planung, dem Innovations- oder Produktmanagement sowie dem qualitativen Risikomanagement einsetzen lassen. Szenario-Management kann insofern auch als Verbindung von zukunftsoffenem, vernetztem und strategischem Denken verstanden werden (s. Abbildung 1).

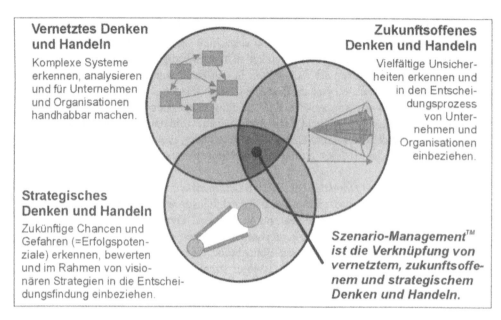

Abbildung 1: Drei Grundlagen des Szenario-Management

3. Zukunftsszenarien in mehreren Schritten systematisch entwickeln

Ausgehend von der konkreten Entscheidungssituation – beispielsweise einer strategischen Neuausrichtung oder einer geplanten Investition – wird darüber entschieden, welche Art von Szenarien entwickelt werden soll. Zu den das Unternehmensumfeld beschreibenden Zukunftsbildern zählen Marktszenarien, Branchenszenarien sowie übergreifende Globalszenarien. Die eigenen Handlungsoptionen werden demgegenüber von Strategieszenarien, Produktszenarien oder Implementierungsszenarien dargestellt. Dieser zu definierende Vorausschaubereich wird auch als „Szenariofeld" bezeichnet. Darüber hinaus sind der *Zukunftshorizont* und der *geografische Fokus* der Szenarien festzulegen, bevor die vier Schritte der Szenarioentwicklung durchlaufen werden (s. Abbildung 2).

Beispiel: Ein großes, mittelständisches Familienunternehmen stellt Investitionsgüter her. Bereits seit einigen Jahren zeichnen sich verschiedene Veränderungen in seinem Marktumfeld ab: die Rohstoffpreise sind wesentlich volatiler und hängen stark von der Nachfrage in Schwellenländern ab. Einfache und zunehmend auch anspruchsvolle Schritte der Leistungserstellung lassen sich an Niedriglohn-Standorten durchführen. Neue Konkurrenz aus Osteuropa und China bricht in Teilsegmente des Marktes ein. Die Kunden sehen sich Veränderungen der Nutzung ihrer Endprodukte gegenüber. ... Für dieses hochkomplexe und unsichere Umfeld möchte sich das Unternehmen strategisch ausrichten.

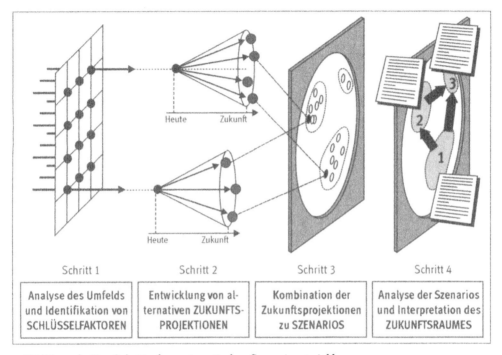

Abbildung 2: Vier Schritte der systematischen Szenarioentwicklung

Im ersten Schritt wird das zuvor definierte Szenariofeld in *Systemebenen* und *Einflussbereiche* gegliedert und anschließend durch konkrete *Einflussfaktoren* beschrieben. Eine wesentliche Wertschöpfung besteht hier in der gemeinsamen Entwicklung eines „Begriffsgebäudes" für die Auseinandersetzung mit der Zukunft. Im Rahmen einer Vernetzungsanalyse wird anschließend das systemische Verhalten der einzelnen Faktoren überprüft: Was sind die relevanten Hebelkräfte? Welche Faktoren beschreiben als Indikatoren lediglich das Systemverhalten? Mit welchen Faktoren lässt sich die Systemdynamik möglichst weitgehend ausdrücken? Basierend auf dieser Analyse werden anschließend die treibenden Kräfte in Form von Schlüsselfaktoren ausgewählt.

Beispiel: Am Anfang des Prozesses steht ein Kick-Off des Szenarioteams. Dieses besteht aus zwölf Mitgliedern, die sich aus verschiedenen Unternehmensbereichen und Funktionen zusammensetzen. Zwei Mitglieder der Geschäftsführung sind direkt in das Szenarioteam eingebunden. Anhand verschiedener Fallbeispiele wird zunächst die Notwendigkeit zukunftsoffenen und vernetzten Denkens verdeutlicht. Anschließend wird das Szenariofeld in einem „Systembild" visualisiert. Für die einzelnen Bereiche werden in den kommenden zwei Wochen Einflussfaktoren identifiziert. Aus der vom Kernteam durchgeführten Vernetzungsanalyse leitet das Szenarioteam auf einem Workshop 18 Schlüsselfaktoren ab, mit denen sich die Zukunft des Marktumfeldes hinreichend beschreiben lässt.

Im zweiten Schritt erfolgt der „Blick in die Zukunft". Für jeden Schlüsselfaktor werden jetzt systematisch mögliche Zukunftsentwicklungen ermittelt und in Form von alternativen *Zukunftsprojektionen* beschrieben. Dabei werden keine Schwarz-Weiß-Bilder, sondern möglichst qualitative Entwicklungsverläufe beschrieben.

Beispiel: Am Anfang des Prozesses bestehen im Szenarioteam noch Zweifel: „Können wir wirklich diese Entwicklungen alleine abschätzen? Müssen wir nicht externe Experten hinzuziehen?" Die externen Moderatoren verdeutlichen einerseits, worauf bei deren Integration zu achten ist, plädieren aber zunächst für einen internen Ansatz. In einem 1,5-tägigen Workshop erarbeitet das Szenarioteam für alle Schlüsselfaktoren bis zu vier alternative Projektionen. So wird beispielsweise der Schlüsselfaktor „Information und Wissen" durch die folgenden vier Zukunftsprojektionen beschrieben: (A) Wissen wird zum erfolgsentscheidenden Rohstoff, (B) Spaltung des Marktes – Spezialwissen gegen hohe Bezahlung, (C) Weltwissen wird verfügbares Allgemeingut, (D) Unstrukturierte Informationsüberflutung limitiert Wissensmanagement.

Der dritte Schritt beginnt mit einer Bewertung der Verträglichkeit der einzelnen Zukunftsprojektionen: Ist es vorstellbar, dass zwei Zukunftsprojektionen zusammen in einem schlüssigen Szenario vorkommen? Solche Konsistenzbewertungen bilden die Grundlage, um mit Hilfe einer Software alle denkbaren Kombinationen durchzuspielen. Unter Verwendung einer Clusteranalyse werden anschließend drei bis sechs sinnvolle *Szenarien* ermittelt, die den Raum der Möglichkeiten weitgehend abbilden.

Beispiel: Im Anschluss an den Projektions-Workshop bewerten die Mitglieder des Szenarioteams die Verträglichkeit der einzelnen Projektionen. Anschließend erfolgt die Szenarioberechnung. Die ersten „Rohszenarien" werden in einem weiteren Workshop vorgestellt und gemeinsam diskutiert. Zusätzlich werden auch die Zusammenhänge zwischen den verschiedenen Szenarien untersucht und in einem Zukunftsraum-Mapping (umgangssprachlich auch einer „Landkarte der Zukunft") visualisiert (s. Abbildung 3). So ist es möglich, „nicht nur die zentralen Bäume, sondern auch den zukünftigen Wald" zu verstehen.

Im vierten Schritt werden zunächst die zuvor festgelegten Szenarien näher analysiert. Dazu werden die Wechselwirkungen zwischen den Szenario-Elementen untersucht und die Zukunftsbilder zielgruppengerecht und prägnant beschrieben. Zusätzlich lassen sich Szenario-Indikatoren sowie Entwicklungspfade zwischen den unterschiedlichen Zukünften identifizieren. Anschließend werden die Auswirkungen der Szenarien auf das eigene Unternehmen näher betrachtet.

Szenarien als Instrumente zur Strategieentwicklung und strategischen Früherkennung

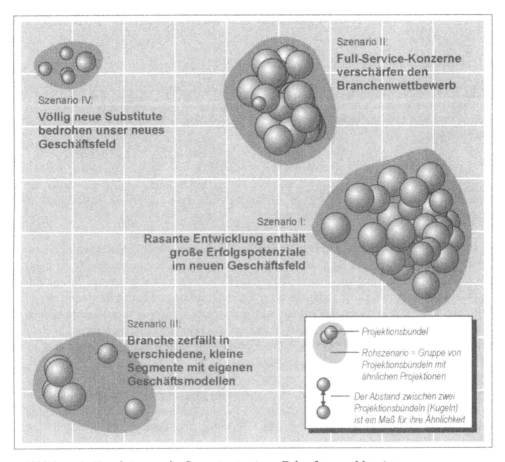

Abbildung 3: Visualisierung der Szenarien in einem Zukunftsraum-Mapping

Beispiel: Die Reaktion der Teammitglieder auf die Szenarien ist zunächst unterschiedlich. Während einige die einzelnen Zukunftsbilder detaillieren wollen, geht es anderen darum, möglichst schnell die Konsequenzen für das eigene Unternehmen zu diskutieren. Daher werden zunächst sowohl eine Kurzbeschreibung der Szenarien als auch eine „Geschichte aus der Zukunft" verfasst. Anschließend erarbeiten die Teammitglieder erste Chancen und Gefahren, die sich aus den Szenarien ergeben. Diese Ergebnisse bilden den Input für ein eintägiges Strategiemeeting der Geschäftsführung, auf der die Szenarien vorgestellt und die Konsequenzen für das Unternehmen intensiv diskutiert werden.

4. Szenarien im Prozess der strategischen Planung

Das traditionelle und noch immer gewichtigste Anwendungsfeld für Szenarien ist die strategische Planung von Unternehmen und Geschäftsbereichen. Der entsprechende Prozess beinhaltet acht grundsätzliche Phasen, die in Abbildung 4 dargestellt sind (vgl. Fink et al. 2001).

Ausgangspunkt ist eine *strategische Analyse* (Phase 1), bei der die gegenwärtige Situation mit Hilfe geeigneter Methoden und Werkzeuge beschrieben wird. Hier werden die bekannten Instrumente der strategischen Planung wie Portfolios, Erfolgsfaktorenanalyse oder Geschäftssegmentierungen eingesetzt.

Mit der *Szenarioentwicklung* (Phase 2) werden anschließend mögliche, zukünftige Umfeldentwicklungen beschrieben. Durch eine systematische Vorgehensweise ist es möglich, auch komplexe und unsichere Entscheidungssituationen zu erfassen und für die folgende Strategieentwicklung handhabbar zu machen. Im Rahmen der *Optionsentwicklung* (Schritt 3) werden zunächst die aus der Analyse ablesbaren sowie in den verschiedenen Umfeldszenarien enthaltenen Chancen, Gefahren und Handlungsoptionen ermittelt. Häufig ist es sinnvoll, diese Optionen unter Verwendung des Szenario-Managements zu komplexen Strategieszenarien zusammenzufassen.

Anschließend wird im Rahmen der *Strategiefindung* (Phase 4) eine grundlegende Stoßrichtung von der Gegenwart in die Zukunft – die so genannte strategische Ausrichtung des Unternehmens oder Geschäftsbereichs – festgelegt. Ist diese gefunden, beginnt der Prozess der *Strategieformulierung* (Phase 5). Zentrale Elemente von Unternehmens- und Geschäftsstrategien sind Leitbilder, strategische Kompetenzen und strategische Positionen, Geschäftsmodelle sowie konkrete Konsequenzen, Maßnahmen und Projekte, die bereits den Übergang zur *Strategieumsetzung* (Phase 6) bilden.

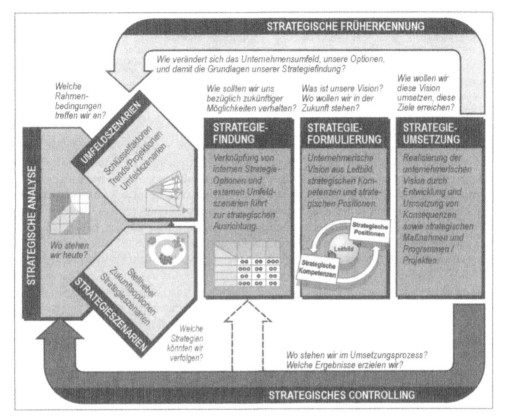

Abbildung 4: Szenarien in der strategischen Planung

Die Strategieumsetzung mündet in einen doppelten kontinuierlichen Prozess. Zum einen erfolgt im Rahmen des *strategischen Controllings* (Phase 7) regelmäßig eine Überprüfung des Erfolgs der zuvor entwickelten Strategie – beispielsweise im Rahmen einer Balanced Scorecard. Zum anderen werden in einer *strategischen Früherkennung* (Phase 8) konsequent die der Strategie zugrunde liegenden Prämissen – also die Annahmen über die erwartete Zukunft – hinterfragt.

5. Szenarien als Instrument der Strategiefindung

Die Strategiefindung kann als der zentrale Schritt bei der Ausrichtung eines Unternehmens oder einer strategischen Geschäftseinheit angesehen werden. Hier laufen die Ergebnisse der Gegenwartsinterpretation (Strategische Analyse), der Interpretation der zukünftigen Umfelder (Entwicklung von Umfeldszenarien) sowie der eigenen Handlungsmöglichkeiten (Entwicklung von Strategieszenarien) zusammen. Zur strategischen Ausrichtung reicht es aber weder aus, nur die gegenwärtigen Probleme zu lösen, noch ausschließlich die zukünftigen Chancen nutzen zu wollen – und auch nicht allein auf „das Machbare" zu blicken. Alle drei Blickwinkel müssen miteinander verknüpft werden.

Bei der Interpretation der zukünftigen Umfelder greifen Unternehmen entweder auf Trends oder auf Szenarien zurück. Solche Umfeldszenarien stellen alternative Randbedingungen der unternehmerischen Tätigkeit dar. Daher müssen Unternehmenslenker entscheiden, ob ihre Strategie auf einem Szenario aufsetzen oder mehrere Szenarien berücksichtigen soll. Basiert die Strategie lediglich auf einem Umfeldszenario, so wird von einer *umfeldfokussierten Strategie* gesprochen. Demgegenüber können *umfeldrobuste Strategien* auf mehreren ausgewählten Umfeldszenarien (teilrobuste Planung) oder auf der Gesamtheit aller entwickelten Umfeldszenarien (zukunftsrobuste Planung) beruhen.

Viele eigene Handlungsmöglichkeiten sind Reaktionen auf Umfeldentwicklungen. Daher geht es häufig zunächst darum, die Auswirkungen der Szenarien auf das eigene Unternehmen oder den Geschäftsbereich zu analysieren. Bei dieser Auswirkungsanalyse sollten *alle* Szenarien so lange wie möglich „im Spiel gehalten" werden, um auf diese Weise auch die in den vermeintlich negativeren Szenarien versteckten Chancen sowie die gerne verdrängten Gefahren einer oberflächlich „guten" Entwicklung zu identifizieren. Erst anschließend kann mit Entwicklungstrends (eher als mit Eintrittswahrscheinlichkeiten) gearbeitet werden, ohne den Denkhorizont zu verengen.

In vielen Fällen reicht diese einfache Ermittlung von Handlungsoptionen nicht mehr aus. Es gibt zu viele und zu stark voneinander abhängige Optionen. Hier wird deutlich, dass zukunftsoffenes Denken nicht auf das Umfeld begrenzt werden darf, sondern dass es auch für das Gestaltungsfeld mehrere denkbare Zukunftsbilder gibt. Diese können in Form von *alternativen Strategieszenarien* systematisch identifiziert werden. Konzentriert sich ein Unternehmen eindeutig auf ein solches Strategieszenario, wird von einer *einspurigen Strategie* gesprochen. Im Rahmen einer *mehrspurigen Strategie* werden mehrere Strategiealternativen miteinander kombiniert. Der Grund dafür ist in der Praxis allerdings seltener eine „intelligente Kombination", sondern vielmehr ein „pragmatischer Kompromiss".

Die Eignung fokussierter und robuster sowie ein- und mehrspuriger Planungsansätze lässt sich nicht von vornherein festlegen. Stattdessen können vier Archetypen szenariogestützter Strategiefindung beschrieben werden (s. Abbildung 5):

- *Umfeldrobuste, einspurige Strategie* (Archetyp 1): Dies ist quasi die die idealtypische Form der szenariogestützten Unternehmensplanung. Hier gelingt es, mit einer klar konturierten Strategie mehreren oder sogar allen vorausdenkbaren Umfeldentwicklungen gerecht zu werden.

- *Fokussierte, einspurige Strategie* (Archetyp 2): Bei diesem Ansatz entsteht eine klar konturierte Strategie, die allerdings lediglich auf ein Umfeldszenario zugeschnitten ist. Sie widerspricht insofern dem Grundsatz der Bewahrung von Flexibilität. Daher sind mit einer solchen Strategie in der Regel erhebliche Umfeldgefahren verbunden. Der Unterschied dieses Ansatzes zur traditionellen, nicht szenariobasierten Planung besteht allerdings darin, dass die Strategie in Kenntnis der Umfeld- und Handlungsalternativen entstanden ist.

- *Umfeldrobuste, mehrspurige Strategie* (Archetyp 3): Hier ist die Unsicherheit der Umfeldentwicklungen so stark, dass man sich nicht auf eine einzelne Entwicklung festlegen kann, sondern stattdessen eine Aufweichung der eigenen Strategie in Kauf nimmt. Diese mehrspurige Strategie unterläuft zwar den strategischen Grundsatz der Konzentration der Kräfte, kann aber bei sorgfältiger Planung sehr wohl zu einer im Wettbewerb beständigen und schlagkräftigen Strategie führen.

- *Fokussierte, mehrspurige Strategie* (Archetyp 4): Diese leider gar nicht so selten anzutreffende Variante widerspricht sowohl dem Grundsatz zur Konzentration der Kräfte, als auch dem Grundsatz zur Erhaltung der strategischen Flexibilität. Dennoch gibt es Situationen, in denen die Randparameter auch einen solchen Strategieansatz als sinnvoll erscheinen lassen – zum Beispiel im Vorfeld von Umstrukturierungen.

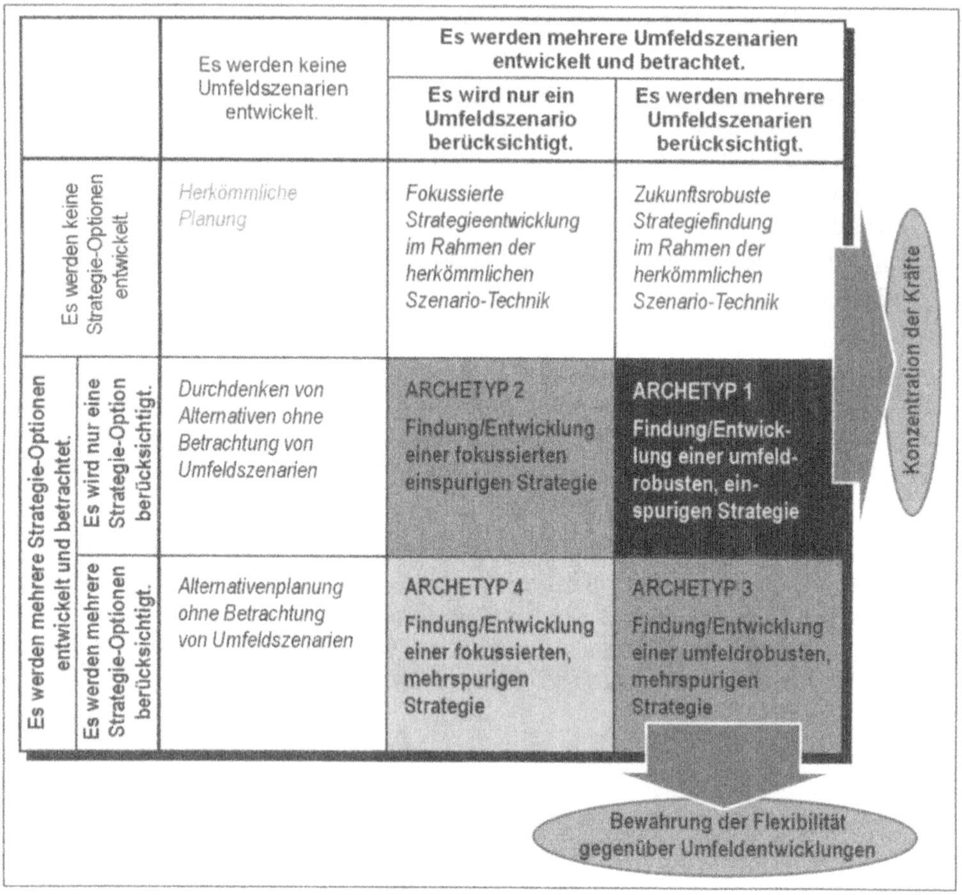

		Es werden keine Umfeldszenarien entwickelt.	Es werden mehrere Umfeldszenarien entwickelt und betrachtet.	
			Es wird nur ein Umfeldszenario berücksichtigt.	Es werden mehrere Umfeldszenarien berücksichtigt.
Es werden keine Strategie-Optionen entwickelt.		*Herkömmliche Planung*	*Fokussierte Strategieentwicklung im Rahmen der herkömmlichen Szenario-Technik*	*Zukunftsrobuste Strategiefindung im Rahmen der herkömmlichen Szenario-Technik*
Es werden mehrere Strategie-Optionen entwickelt und betrachtet.	Es wird nur eine Strategie-Option berücksichtigt.	Durchdenken von Alternativen ohne Betrachtung von Umfeldszenarien	**ARCHETYP 2** Findung/Entwicklung einer fokussierten einspurigen Strategie	**ARCHETYP 1** Findung/Entwicklung einer umfeldrobusten, einspurigen Strategie
	Es werden mehrere Strategie-Optionen berücksichtigt.	Alternativenplanung ohne Betrachtung von Umfeldszenarien	**ARCHETYP 4** Findung/Entwicklung einer fokussierten, mehrspurigen Strategie	**ARCHETYP 3** Findung/Entwicklung einer umfeldrobusten, mehrspurigen Strategie

Konzentration der Kräfte

Bewahrung der Flexibilität gegenüber Umfeldentwicklungen

Abbildung 5: *Archetypen der szenariogestützten Strategieentwicklung*

Um die Ungewissheit in Umfeld und Entscheidungsraum zu handhaben, müssen die Strategieszenarien mit den Markt- und Umfeldszenarien verknüpft werden. Dies erfolgt in einer *Zukunftsmatrix* (s. Abbildung 6). Darin wird die Eignung der einzelnen Strategiealternativen für bestimmte Umfeldsituationen vorausgedacht. Im Rahmen eines strukturierten Strategie-Dialogs lässt sich so ein *strategischer Handlungsrahmen* oder eine *strategische Stoßrichtung* ermitteln und darstellen.

Szenarien als Instrumente zur Strategieentwicklung und strategischen Früherkennung 341

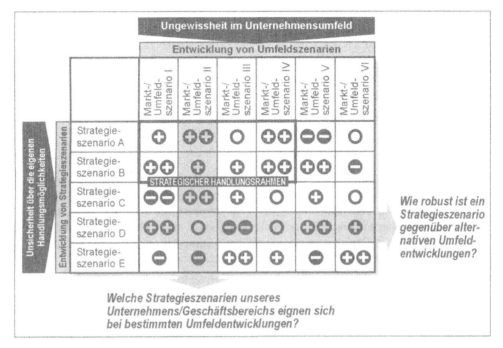

Abbildung 6: Verknüpfung von Umfeld- und Strategieszenarien in einer Zukunftsmatrix

6. Szenarien als Basis eines strategischen Früherkennungsprozesses

Im Rahmen des Controllings überprüft ein Unternehmen seinen Erfolg. Dabei geht es im Rahmen des *strategischen Controllings* über die reine Finanzperspektive hinaus – beispielsweise bei der Nutzung einer Balanced Scorecard. Gemessen wird dabei allerdings immer der Erfolg bei der Umsetzung der zuvor festgelegten Strategie. Mit der *strategischen Früherkennung* werden darüber hinaus die Prämissen dieser Strategie regelmäßig überprüft. Dazu ist es notwendig, das Marktumfeld kontinuierlich und unabhängig von der derzeit verfolgten Strategie zu beobachten. Daher umfasst ein strategisches Früherkennungssystem als wesentliche Teilschritte die Aufnahme, Aufbereitung und Nutzung von zukunftsrelevanten Früherkennungsinformationen.

Solche Früherkennungsinformationen ergeben sich aus den verschiedensten Quellen – vom Branchenreport über einzelne Fachartikel bis zu Eindrücken bei Messen oder persönlichen Gesprächen. Wichtig beim Systemaufbau ist hier vor allem die Zielgerichtetheit des Vorgehens, so dass zwei einander ergänzende Varianten unterschieden werden: Beim *Monitoring* werden bekannte und als besonders kritische angesehene Suchfelder (wie Prämissen für bestehende Strategien, Indikatoren für das Eintreten von Krisen oder spezifische Szenario-Kennwerte) kontinuierlich und gezielt beobachtet. Beim *Scanning* wird demgegenüber das gesamte Unternehmensumfeld durchsucht. Insbesondere dabei kommt es auf eine geeignete Form der Vorab-Selektion von Informationen zu *Nachrichten* an. In der Praxis wird diese vor allem durch die Auswahl der Beobachter und Scanner beeinflusst.

Im Rahmen der Informationsaufbereitung werden die aufgenommenen Nachrichten strukturiert und miteinander vernetzt. Dabei werden eine langfristig gültige *Früherkennungsarchitektur* aus Themenbereichen und Themen sowie ein flexibles *Faktoren-Netzwerk* eingesetzt. Beide ermöglichen verschiedene Formen der Recherche sowie die Identifikation von *Trends*. Darunter werden signifikante Entwicklungsrichtungen verstanden, die sich häufig aus einer Häufung von einzelnen Nachrichten ergeben.

Die Nutzung der Früherkennungsinformationen erfolgt beispielsweise durch die Bewertung der Trends hinsichtlich Relevanz, Wahrscheinlichkeit und Unsicherheit sowie Chancen- und Gefahrenpotenzial. Daraus ergeben sich Trend-Portfolios, die in ein periodisches oder situationsbedingtes Trend-Reporting der Entscheidungsebene einfließen. Hinzu kommt die Visualisierung der Zusammenhänge in Form von *Trend-Landschaften*.

Alle Teilprozesse haben letztlich zum Ziel, verschiedene unternehmerische Entscheidungen bestmöglich zu unterstützen. Wichtig für den Erfolg eines Früherkennungssystems ist dabei die Erkenntnis, dass Information nicht lediglich in einer Richtung aufgenommen, weiterverarbeitet und genutzt werden kann. Notwendig ist vielmehr ein *mehrfaches Feedback*: Vorstand oder Geschäftsführung sollten die Früherkennungsinformationen nicht isoliert nutzen, sondern eine intensive Kommunikation mit dem die Informationsaufarbeitung koordinierenden Vorausschauteam pflegen. Und das Vorausschauteam darf die Beobachtungsergebnisse nicht einfach nur aufnehmen, sondern sollte die einzelnen Beobachter und Scanner über die erfolgreiche Verwendung dieser Information auf dem Laufenden halten.

Die Integration von Szenarien in einen strategischen Früherkennungsprozess liegt auf der Hand, auch wenn ihr Nutzen in der Praxis noch vielfach unterschätzt wird. Zum einen werden mit Hilfe der Szenarien die vielfältigen Entwicklungstendenzen in den komplexen und veränderlichen Unternehmensumfeldern strukturiert. Dabei wird deutlich, dass viele zunächst als plausibel eingeordnete Einzeltrends jeweils anderen Zukunftsbildern folgen und in vielen Fällen sogar einander entgegenlaufen. Dies schärft die Wahrnehmung der „schwachen Signale" und erleichtert ihre strategische Einordnung.

Szenarien als Instrumente zur Strategieentwicklung und strategischen Früherkennung 343

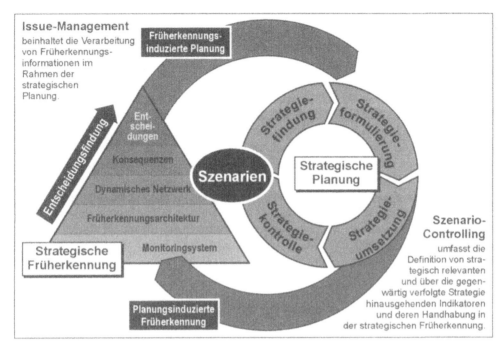

Abbildung 7: Kernprozesse der strategischen Vorausschau

Gleichzeitig ermöglicht der Einsatz von Szenarien im Rahmen der Visions- und Strategieentwicklung die Steuerung eines Früherkennungssystems. Dabei werden die Suchfelder im Monitoringsystem kontinuierlich und systematisch über das Bezugs- und Denksystem der eigenen Strategie hinaus ausgedehnt und gezielt die strategiekritischen Szenarien beobachtet. So wird die Früherkennung zum „institutionalisierten Stachel im Fleisch der Strategieumsetzung". Im Gegensatz zum traditionellen Controlling, das den Erfolg der Strategieumsetzung misst, stellt sie die Frage, ob überhaupt die richtige Strategie verfolgt wird.

7. Nutzenpotenziale von Szenarien in der strategischen Planung

Viele Unternehmen neigen noch immer dazu, auf Basis von quantitativen Prognosen – also scheinbar sicher messbaren Zukunftsannahmen – zu planen. Dabei verdrängen sie die Komplexität und Ungewissheit in verschiedenen Märkten, Technologiefeldern und Branchen. Sie werden anfällig für Fehlprognosen und „plötzliche" Veränderungen. Im

Rahmen einer auf Szenarien basierenden strategischen Vorausschau werden bewusst verschiedene „Zukünfte" entwickelt um auf dieser Basis zum einen zukunftsrobuste Strategien zu finden und auf der anderen Seite eine strategische Früherkennung zu etablieren. Neben den beschriebenen Vorteilen für Planung und Früherkennung sind mit einer strategischen Vorausschau weitere Nutzenpotenziale verbunden:

Entwicklung von Orientierungswissen: Bisher haben sich Planungsperioden und Denkhorizonte weitgehend parallel entwickelt. Heute stellen Unternehmen fest, dass sie einerseits nur noch für eine relativ kurze Zeit mit festen Plänen agieren können, andererseits aber einen längere Zeitraum als früher in die Zukunft zu denken haben, um ihren Wettbewerbern den entscheidenden Schritt voraus zu sein. Angesichts dieses Auseinanderfallens von Planungsperioden und Denkhorizonten kommt es darauf an, mit „unscharfen Entscheidungssituationen" flexibel umzugehen. Szenarien ermöglichen die zielgerichtete Erzeugung von Orientierungswissen, auf dass zu einem späteren Zeitpunkt zurückgegriffen werden kann. Beinhocker und Kaplan nennen dies „preparing minds" (Beinhocker/Kaplan 2002).

Identifikation und Bewertung von Marktchancen: Strategische Vorausschau – und zwar sowohl szenariogestützte Planung als auch strategische Früherkennung – ist heute nicht mehr auf den Bereich der Unternehmensplanung begrenzt. So wird sie auch im Rahmen des Business Development oder Technologiemanagement eingesetzt, um zukünftige Kundenbedürfnisse zu untersuchen, die Potenziale neuer Technologien zu beleuchten und daraus neue Geschäftsideen zu entwickeln.

Schaffung eines Forums für strategischen Dialog: Ein zentrales Merkmal erfolgversprechender Führungsprozesse sind kreative und offene Dialoge über die Perspektiven und Strategien des Unternehmens. Sie überwinden traditionelle Denkgrenzen, führen die Entscheider zu neuen Fragestellungen und fördern die Toleranz gegenüber unterschiedlichen Standpunkten. Strategische Vorausschau mit ihren scheinbaren „Widersprüchen" von Strategieumsetzung (Planung) und Strategie-Infragestellung (Früherkennung) initiiert solche strategischen Dialoge. Gleichzeitig ermöglichen Sie den „im operativen Tagesgeschäft gefangenen" Entscheidern, sich davon zu lösen und ihre Perspektiven systematisch zu erweitern.

Handhabung komplexer Fragestellungen: Bekannte Instrumente der Unternehmensführung wie Prognosemodelle, Simulationen oder einfache Projektionen scheitern häufig, wenn es um komplexe Fragestellungen wie beispielsweise „Die Zukunft des Zahlungsverkehrs" oder „Die Zukunft des Internets" geht. Da in der strategischen Vorausschau qualitative Entwicklungen einzelner Schlüsselfaktoren betrachtet und miteinander verknüpft werden, eignet sich dieses Instrument besonders für komplexe Fragestellungen.

Integration der Umsetzungsebene: Strategische Vorausschau sollte nicht mehr das Monopol von Vorständen und Geschäftsführungen sein. Stattdessen wird der Kreis der

Teilnehmer in vielen Fällen besonders deswegen ausgeweitet, weil sich so die späteren Umsetzer in den Prozess der Entscheidungsfindung integrieren lassen.

Verknüpfung von Zukunftswissen: Jeder Mensch – vor allem wenn er an entscheidender Stelle eines Unternehmens wirkt – befasst sich aus seiner persönlichen Perspektive mit der Zukunft. Dabei entsteht „Zukunftswissen", dass für ein Unternehmen aber nur dann verfügbar wird, wenn es in eine geeignete Form transformiert, gespeichert und schließlich für andere Personen verfügbar gemacht wird. Strategische Vorausschau ist ein geeignetes Instrument, um dieses individuelle Zukunftswissen für ein Unternehmen zu erschließen.

Erfolgsfaktoren im Management unternehmensweiter Veränderungsprogramme

Christoph Klingenberg

1. Einführung	348
2. Das Konzept für ein unternehmensweites Veränderungsprogramm	348
2.1 Die Zielsetzung	348
2.2 Das Vorgehen	350
2.3 Die Organisation	353
3. Die Praxis	354
3.1 Externe Bedrohung durch neue kostengünstig operierende Wettbewerber	354
3.2 Das Vorgehen	356
3.3 Die Organisation	363
4. Der systemische Blick auf Veränderungsprogramme	363
5. Zusammenfassung	367

1. Einführung

Unternehmensweite Veränderungsprogramme sind ohne ein stringentes Projektcontrolling zum Scheitern verurteilt. Daher widmet sich dieser Beitrag den Besonderheiten des Projektcontrollings sowohl operationeller, als auch finanzieller Kennzahlen. Neben der Darstellung des optimalen Vorgehens soll auch die organisatorische Einbindung eines Veränderungsprogramms reflektiert werden, insbesondere aus systemischer Sicht. Der Artikel basiert auf den Erfahrungen, die der Autor als Leiter zweier unternehmensweiter Veränderungsprogramme bei der Deutsche Lufthansa AG gesammelt hat. Die Erkenntnisse sind auch auf andere Großunternehmen im Dienstleistungs- und Industriesektor übertragbar. Wichtig sind unternehmensweite Veränderungsprogramme in all den Branchen, die aufgrund von starkem Wettbewerb sowie Strukturbrüchen einem Anpassungsdruck ausgesetzt sind.

2. Das Konzept für ein unternehmensweites Veränderungsprogramm

2.1 Die Zielsetzung

Die Zielsetzung: Ein Veränderungsprogramm wird meist vor dem Hintergrund einer Umfeldveränderung gestartet. Entweder treten neue Wettbewerber auf den Plan, neue Geschäftsmodelle werden eingeführt oder eine neue Technologie revolutioniert etablierte Prozesse. Das Ziel für das Programm sollte nun aus den Folgen der Umfeldveränderung abgeleitet werden. Nur so lässt sich die Notwendigkeit der Zielerreichung glaubhaft kommunizieren. Konkret sollte sich z. B. ein Kostensenkungsziel an den Kosten des besten Wettbewerbers orientieren, ein Time to market-Ziel an den durch neue Prozesse optimierten Markteinführungszeiten oder ein Qualitätsziel an den Bedürfnissen der Kunden. Im dritten Kapitel werden dazu einige Beispiele gegeben. Ein übergreifendes Ziel sollte folgende Kriterien erfüllen:

- Absolut
- messbar
- anspruchsvoll, aber in einem Zeitrahmen von zwei bis drei Jahren erreichbar.

Dabei bedeutet „absolut", dass das Ziel nicht als relative Veränderung zum Status Quo definiert werden sollte, sondern in absoluten monetären oder operationellen Termen ausgedrückt

Erfolgsfaktoren bei Veränderungsprogrammen

werden sollte. Also nicht: „Wir wollen unseren Cash-flow um 20 Prozent steigern", sondern „Wir senken unsere Gesamtkosten von heute 500 Mio. Euro um 20 Prozent auf 400 Mio. Euro bis zum Jahr 2007." Eine relative Zieldefinition ist problematisch. Gerade als Controller sollte man darauf bedacht sein, den Fortschritt eines Programms in die Standardberichte des Unternehmens aufzunehmen. Bei einer relativen Zielsetzung ist dies unmöglich, da die entwickelten Maßnahmen zum Teil durch gegenläufige Trends neutralisiert werden.

Der Nachteil eines absoluten Ziels ist es aus Sicht des Projektteams, dass diese gegenläufigen Effekte dann zusätzlich durch Maßnahmen kompensiert werden müssen, wodurch der Druck auf das Team steigt. Dieser Nachteil sollte jedoch um einer lückenlosen Transparenz willen in Kauf genommen werden. Es bietet sich an, ein solches absolutes Ziel zwar anspruchsvoll, aber nicht irreal zu formulieren. Es ist besser, ein moderates Ziel inklusive aller Gegeneffekte zu erreichen, als ein extrem anspruchsvolles Ziel auf dem Papier, indem alle gegenläufigen Effekte ignoriert werden. Durch diese absolute Sicht trägt das Projektteam auch einen größeren Anteil an der unternehmerischen Gesamtverantwortung.

Die Messbarkeit eines Ziels scheint eine Selbstverständlichkeit, doch sollte man als Controller direkt bei Start des Programms mit der Unternehmensleitung klären, welche Definition der Messung zugrunde liegt, wie oft gemessen wird und nach welchem Schema die Maßnahmen in die Messung eingehen sollen. Gerade wenn das Programm sich auf einen Bereich des Unternehmens bezieht, der rechtlich nicht selbständig ist, sind meist Abgrenzungen zu den Unternehmensteilen zu treffen, die mit dem betreffenden Bereich in Liefer- und Leistungsbeziehungen stehen.

Die größte Diskussion entbrennt zu Beginn eines Programms meist um die exakte Höhe des Ziels. Dabei ist dies für den Erfolg oftmals irrelevant, solange das Ziel so anspruchsvoll definiert wird, dass die Prozesse grundsätzlich in Frage gestellt werden müssen und eine inkrementale Verbesserung nicht ausreicht. Monetäre Ziele müssen sich natürlich in der Budget- und Mittelfristplanung des Unternehmens wiederfinden, operationelle oder Kundenzufriedenheitszielwerte in der Planung der Qualitätskennzahlen. Ein heikler Punkt bei der Verankerung monetärer Ziele ist die Frage, bis auf welchen Detailgrad ein Ziel heruntergebrochen werden sollte, um konkrete Anreize zu bieten und im Budget planbar zu werden. Die Erfahrungen des Autors gehen dahin, dass ein grobes Herunterbrechen auf Vorstandsbereiche sehr sinnvoll ist, so dass jedes Vorstandsmitglied einen definierten Beitrag zum Gesamterfolg des Programms leisten muss. Eine weitere Verfeinerung wirkt jedoch kontraproduktiv und hemmt spätere funktionsübergreifende Optimierungen. Außerdem kostet ein feineres Aufteilen des Ziels unnötig Zeit, die besser zur Generierung von Verbesserungsmaßnahmen mit den Fachbereichen genutzt werden sollte.

Der Zeitrahmen für ein Programm richtet sich zum einen nach der Höhe des Veränderungsdrucks, zum anderen nach dem realistischen Umsetzungszeitraum innerhalb einer Organisation. Für die Deutsche Lufthansa AG hat sich ein Zeitraum von zwei bis drei Jahren bewährt.

Dies lässt genügend Zeit für eine fundamentale Analyse und breite Einbeziehung aller Managementfunktionen, schafft aber auch genügend Druck, um schnelle Erfolge zu erzielen.[1] Erfolgsentscheidend für das Programm ist ein Konsens im Top Management über Ziele und Zeitrahmen sowie eine gleichgerichtete Kommunikation über das Programm im gesamten Unternehmen.

2.2 Das Vorgehen

Das Vorgehen kann man generisch in die Phasen

- Designphase
- Analysephase
- Umsetzungsphase unterteilen.

In der *Designphase* werden neben der Definition des Ziels vor allem organisatorische Weichen gestellt – wie groß ist das Projektteam, über welches Budget wird verfügt, wie ist die organisatorische Anbindung an die Organisation – bis hin zu der Frage der Räumlichkeit. Auch wenn sachbezogene Manager die Frage für unwesentlich halten werden, so kann über die räumliche Zuordnung ein klares Signal über die Wichtigkeit des Programms in die Organisation gesendet werden. Ist das Programm beispielsweise direkt beim Vorstandsvorsitzenden angebunden, so hebt die räumliche Nähe des Projektteams zum Büro des Vorsitzenden die Bedeutung des Programms hervor.

Gleiches gilt für die Dimensionierung des Budgets und des Teams. So wird ein Kostensenkungsprogramm, das von einem üppig ausgestatteten Team geleitet wird, kaum mit einer Kooperation der Fachbereiche rechnen können. Bei den Programmen der Deutsche Lufthansa AG haben sich Teamgrößen zwischen acht und 15 Mitarbeitern bewährt – im dritten Kapitel wird ein Beispiel für die Organisation des Projektteams aufgeführt. Unbedingt notwendig für den Erfolg ist allerdings, dass diese Teammitglieder vollzeitig abgestellt und von allen anderen Aufgaben für die Dauer des Programms befreit sind. Eine teilzeitige Abstellung für ein Programm führt meist dazu, dass die Mitarbeiter weiterhin ihre Linienfunktion mit oberster Priorität wahrnehmen, meist auch mit Blick auf die Zeit nach Abschluss des Programms, oder in Loyalitätskonflikte geraten. Im Sinne eines schnellen Programmerfolgs ist es wichtig, dass die Projektmitarbeiter zügig, maximal innerhalb von drei Wochen, von den Fachbereichen freigestellt werden, auch wenn dies in den meisten Unternehmen nicht üblich ist.

---

[1] Vgl. Goldratt/Cox (1990) für eine Fallstudie aus der Perspektive der Fertigung, die aber exakt die Grundzüge des Vorgehens bei unternehmensweiten Veränderungsprogrammen wiedergibt.

Bereits in der Designphase sollte festgelegt werden, wie der Start, die Zielsetzung und der Fortschritt des Programms der unternehmensinternen Öffentlichkeit kommuniziert werden. Eine zeitnahe und offene Kommunikation reduziert die Ängste innerhalb des Unternehmens und fördert die Kooperation zwischen Fachbereich und Projektteam. Weiterhin sollte bereits in der Designphase entschieden werden, ob das Programm als Ganzes durch eine externe Unternehmensberatung begleitet werden soll oder ob später eventuell einzelne Module von einer externen Beratung unterstützt werden sollen. Die großen Beratungsunternehmen können natürlich umfassendes Know-how hinsichtlich der Durchführung unternehmensweiter Programme einbringen, so dass Unternehmen, die auf diesem Feld noch keine Erfahrung haben, mit Beratern ein schneller Start gelingt. Die Gefahr bei der umfassenden Einschaltung eines Beratungsunternehmens liegt allerdings darin, dass das Programm als Fremdkörper empfunden wird und die Identifikation der Fachbereiche mit den Projektzielen leidet. Ganz anders sieht es bei der Einschaltung von Prozessberatern aus, die die Unternehmensprozesse aus Sicht der Organisationsentwicklung beleuchten. Da hier kein Rollenkonflikt mit dem Management droht, kann das Einbringen dieses Know-hows von großem Nutzen sein.[2] Die Designphase sollte maximal vier Wochen dauern.

In der *Analysephase* geht es darum, ein möglichst umfassendes und tiefes Bild von der Herausforderung zu bekommen. Dabei stellt sich zunächst die Frage, wie die Untersuchung organisatorisch geschnitten werden soll. Häufig orientiert man sich dabei an den bestehenden Organisationseinheiten. Dadurch findet man schnell die Ansprechpartner und Verantwortlichen, verbaut sich aber möglicherweise die Option für funktionsübergreifende Optimierung und läuft so Gefahr, entlang bereits eingefahrener Gleise Verbesserungsmaßnahmen zu generieren. Daher empfiehlt es sich, stattdessen anhand von Kernprozessen den Untersuchungsgegenstand zu unterteilen. Dies macht zwar häufige Abstimmungs- und Abgrenzungsgespräche nötig und auch die Suche nach Verantwortlichen mühsam, eröffnet aber Möglichkeiten für Prozessvereinfachungen und damit für nachhaltige Optimierungen.

Als Schema für die Strukturierung der Analysephase bieten sich die folgenden vier Fragenkomplexe (4P-Schema) an:

---

[2] Vgl. Doppler/Lauterburg (1994), besonders S. 91 ff.

Das 4P-Schema

- **Produkt** - Welches Produkt oder welche Dienstleistung möchten wir anbieten? (Einteilung in Kundengruppen und Marktsegmente) In welcher Menge?
- **Produktionsstruktur** - In welchem Verbund soll das Produkt produziert werden? Welche Elemente können an Partner vergeben werden (Make or buy)?
- **Produktionsmittel** - Welche Flotte(nkonstellation), Personalstruktur, Infrastruktur?
- **Prozesse** - Mit welchen Prozessen produzieren wir?

Abbildung 1: Das 4P-Schema

Wichtig ist die Reihenfolge, in der die Fragen gestellt werden. Häufig werden in Unternehmen Fragen auf der Prozessebene diskutiert, die eigentlich zunächst auf der Produktebene beantwortet werden sollten. Oder es wird eine Prozessoptimierung versucht, obwohl die Struktur der Produktionsmittel gravierende Probleme aufweist, die auf der Prozessebene gar nicht gelöst werden können. Die Beantwortung der vier Fragen setzt einen Dialog mit der Unternehmensleitung voraus, aus dem heraus dann Eckpunkte für die Programmarbeit gesetzt werden sollten, denn diese Fragen lassen sich nicht in Arbeitsgruppen an verschiedenen Stellen im Unternehmen entscheiden. Im dritten Kapitel werden exemplarisch Antworten im Kontext einer Problemstellung bei der Deutsche Lufthansa AG gegeben. Für die Ideengenerierung gibt es eine Reihe von Werkzeugen und Analyseverfahren, die sich in unterschiedlichen Zusammenhängen bewährt haben. Auch hierfür wird im dritten Kapitel eine Auswahl von Tools vorgestellt, die sich in der Praxis bewährt haben. Die Ergebnisse der Analysephase werden durch das Projektteam entscheidungsreif aufbereitet und der Unternehmensleitung vorgelegt. Abhängig von der Entscheidung wird dann die Umsetzung gestartet. In der Praxis ist es nicht sinnvoll, Analysephase und Umsetzungsphase streng zu trennen. Vielmehr sollten die Themen in einer bestimmten Reihenfolge über einen Zeitraum von einem Jahr kontinuierlich diskutiert werden, so dass die beiden Phasen sich mit wechselnden Gewichten über eine längere Zeit überlagern. Geht es um grundsätzliche Änderungen der Unternehmensausrichtung, so kann die Anwendung der Szenariotechnik[3] sinnvoll sein. Bei Lufthansa ist diese Technik nicht im Rahmen der unternehmensweiten Veränderungsprogramme, sondern begleitend zur Strategieentwicklung eingesetzt worden.

In der *Umsetzungsphase* geht es darum, die beschlossenen Maßnahmen in einer geeigneten Projektorganisation gemeinsam mit den verantwortlichen Fachbereichen umzusetzen. Bei kleineren Maßnahmen reicht die Implementierung in der Linienfunktion flankiert von einem

---

[3] Vgl. Reibnitz (1992) für eine systematische und umfassende Darstellung der Szenariotechnik.

regelmäßigen Monitoring durch das Projektteam aus. Für umfassende, funktionsübergreifende Maßnahmen ist ein Team unter Leitung des Fachbereichs unabdingbar. Manchmal ergibt sich dabei die Gelegenheit, bereits hier Weichenstellungen für die zukünftige Organisation zu stellen, indem der zukünftige Prozesseigner schon für die Umsetzung verantwortlich ist. Die gesamte Umsetzung sollte von einem stringenten Controlling begleitet werden. Nur so lassen sich Rückschläge bei der Realisierung der Potenziale verhindern. Es empfiehlt sich, neben monetären Größen auch operationelle oder strukturelle Kennzahlen für den Umsetzungsfortschritt zu vereinbaren, denn anhand dieser nicht-monetären Größen lässt sich viel schneller gegensteuern, als wenn erst auf das Ausbleiben der finanziellen Effekte gewartet werden muss.

2.3 Die Organisation

Die Organisation des Programms, insbesondere das Aufsetzen eines Projektteams ist erfolgsentscheidend. Neben der Frage der organisatorischen Anbindung, z. B. an den Vorstandsvorsitzenden und der Frage der Ausstattung des Teams ist vor allem die Strukturierung der Arbeit mit den Fachbereichen wichtig. Neben eng getakteten Treffen mit den relevanten Projektteams und deren Vorgesetzten in der Linie ist eine regelmäßige Berichterstattung an die Unternehmensleitung, bei der dann auch die fachlichen Leiter der Fachbereiche anwesend sein sollten, absolut erforderlich. Auf die systemischen Konflikte gerade in diesen Leitungsfunktionen wird im vierten Kapitel eingegangen. Es kann nur eine Gesamtverantwortung des Top Management für den Erfolg des Programms geben.[4] Weder allein das Projektteam, noch allein die Fachbereiche können für die Erreichung der Ziele verantwortlich gemacht werden. Dies spiegelt sich auch in der Berichterstattung an den Vorstand wider. Die Entscheidungsvorlagen müssen vom Fachbereich und Projektteam gemeinsam getragen werden. Dieser implizite Zwang zum Konsens mag auf den ersten Blick die Radikalität neuer Ideen einschränken, doch führt kein Weg daran vorbei, die Bedenken der Fachbereiche auszuräumen. Spätestens in der Umsetzungsphase wäre sonst die jeweilige Maßnahme zum Scheitern verurteilt. Der Veränderungsdruck kann auch nicht vom Projektteam erzeugt werden, sondern nur von der Unternehmensleitung. Insofern bilden die regelmäßigen Diskussionen im Vorstand zu Status und Ziel des Programms das Rückgrat für den Erfolg.

4　Denn ein Erfolg des Programms ist letztlich auch ein Erfolg des gesamten Unternehmens.

3. Die Praxis

In diesem Kapitel werden die Punkte des zweiten Kapitels vor dem Hintergrund der vier unternehmensweiten Veränderungsprogramme beleuchtet, die bei der Deutschen Lufthansa AG in den letzten 9 Jahren durchgeführt wurden. Der Autor hat zwei dieser Programme geleitet, wobei sich das zweite Programm zum Zeitpunkt des Verfassens dieses Beitrags noch in der Umsetzung befindet. Die Programme im Einzelnen:

- „Programm 15": Senkung der Stückkosten der Lufthansa Passage auf 15 Pfg pro angebotenem Sitzkilometer[5] in drei Jahren
- „Programm Operational Excellence": Verbesserung der Pünktlichkeit auf 92 Prozent im Europaverkehr und 85 Prozent im Langstreckenverkehr
- „Programm D-Check": Steigerung des Cash-flow um 1 Mrd. Euro bis 2004
- „Programm Zukunft Kont": Senkung der Kosten im Europaverkehr um 30 Prozent entsprechend 1,2 Mrd. Euro auf 9,76 cts pro angebotenem Sitzkilometer bis 2006

3.1 Externe Bedrohung durch neue kostengünstig operierende Wettbewerber

Für alle Programme war die externe Bedrohung durch neue kostengünstig operierende Wettbewerber oder durch Infrastrukturengpässe[6] unternehmensintern präsent. Diese Bedrohung diente in den meisten Fällen auch zur Quantifizierung des Ziels, lediglich bei der Pünktlichkeit ging es um bereits seit längerem bestehende Zielwerte, die über Kundenumfragen ermittelt waren und wegen diverser Engpässe verfehlt wurden. Alle Programme hatten die Ist-Kosten (oder Ist-Cash-flow oder Ist-Pünktlichkeit) des vergangenen Jahres als Ausgangspunkt und das Ziel in einem Zwei- bis Drei-Jahreshorizont in die Mittelfristplanung aufgenommen. Diese Verankerung im Budget und in der Planung hat sich als unabdingbare Erfolgsvoraussetzung erwiesen. Nichtsdestotrotz waren einige Schwierigkeiten zu bewältigen:

Umgang mit extern verursachten Faktoren wie Treibstoffpreis: Für eine Kostenposition, die alle Wettbewerber einer Industrie in vergleichbarem Maße betreffen, sollte der Wert des Ausgangsjahres fixiert werden. Kostenrisiken durch hohe Volatilität sollten dann eher in einer an-

---

[5] Gesamtkosten dividiert durch die Anzahl angebotener Sitzkilometer.
[6] Insbesondere bei Flughäfen und bei der Flugsicherung.

Erfolgsfaktoren bei Veränderungsprogrammen

spruchsvollen Zielhöhe abgedeckt werden, sonst liefe das Programm im Fall stark sinkender Preise ins Leere, indem die Kostensenkung als Windfall erreicht würde. Umgekehrt würde das Ziel bei stark steigenden Treibstoffkosten vollkommen unrealistisch.

Bei relativen Größen wie Stückkosten und Stückerlösen hängt die Zielerreichung stark von der Produktionsmenge ab. Daher sollte das Ziel vor dem Hintergrund einer vorab in der Mittelfristplanung festgelegten Produktionsmenge quantifiziert werden. Bei starker Produktionsausweitung wird die Stückkostensenkung aggressiv geplant, bei Schrumpfung eher konservativ. Die Abweichungen gegenüber den geplanten Mengen sollten nun über einen Split in variable und fixe Kosten berechnet und normiert werden. Wenn also eine massive Produktionsausweitung mit aggressiver Stückkostensenkung geplant war, aber wegen Rezession die Produktion schrumpft, sollte auch die Stückkostensenkung weniger aggressiv ausfallen.

Während Maßnahmen zur Senkung der Stückkosten einfach zu bewerten sind, muss für Maßnahmen zur Verbesserung der Qualität ein Bewertungsschema vereinbart werden. Je einfacher, desto besser. So wurde im Fall der Pünktlichkeit jede Verspätungsstunde mit einem wirtschaftlichen Schaden von 3.500 Euro bewertet. Nur für tiefergehende Untersuchungen wurde noch eine Differenzierung nach Flugzeuggröße, Dauer oder Ort der Verspätung vorgenommen. Die simple Bewertungsformel hat sich als außerordentlich hilfreich erwiesen, so dass als neue „Währung" intern die Verspätungsminuten eingeführt wurden und damit viele Diskussionen abgekürzt wurden.

Speziell bei der Cash-flow-Verbesserung stellt sich das Problem der mangelnden Differenzierung zwischen Kostensenkung und Ertragssteigerung. Erfahrungsgemäß lassen sich Maßnahmen zur Ertragssteigerung einfacher generieren aber im Effekt viel schwerer nachhalten. Von daher besteht immer ein Anreiz, Maßnahmen zur Ertragssteigerung anzuführen, die möglicherweise mit hohen Investitionen verbunden sind und deren positive Effekte schwer prognostizierbar sind. Hier ist ein stringentes und realitätsbezogenes Controlling absolut erforderlich. Dadurch ließe sich vermeiden, dass alle Cash-flow-positiven Maßnahmen aufgeführt werden, von denen ein erheblicher Anteil auch ohne Zutun des Programms umgesetzt worden wären, während alle Cash-flow-negativen Maßnahmen als externe Effekte verdrängt und erst in der Ist-Rechnung „völlig überraschend" aufgezeigt werden. Dann wäre das Cash-flow-Planziel erreicht, ohne dass sich der Ist-Cash-flow in gleichem Maße positiv entwickelt.

Bei der Zielsetzung für einen Teilbereich wie den Europaverkehr, der keine rechtlich oder zumindest im Rechnungswesen abgegrenzte Einheit darstellt, sind entweder aufwändige neue Kostenschlüssel zu erfinden oder alternativ pragmatische Abgrenzungen vorzunehmen. Auch hier wurde der pragmatische Weg gewählt und ein Ziel für das gesamte Geschäftsfeld gesetzt.

Eine generelle Schwierigkeit bei einer Laufzeit über mehrere Jahre ist der Umgang mit methodischen Änderungen im Controlling, z. B. einer anderen Aufschlüsselung der Overhead-Kosten oder einer Modifikation der Kostenträgerrechnung. Hier ist im Einzelfall zu entscheiden, ob ein Nachhalten des Ziels in der alten Methodik den zusätzlichen Aufwand rechtfertigt, oder ob nicht durch eine pauschale Abschätzung der Effekte der Stringenz Genüge getan ist.

Die heftigste Diskussion entbrennt regelmäßig entlang der Frage, inwieweit die Ziele auf Bereiche heruntergebrochen werden sollen. Durch die Integration in das Budget und die Mittelfristplanung ist schon eine gewisse implizite Aufteilung vorweggenommen. Trotzdem bleibt die Frage zu beantworten, in welchem Detailgrad die Zielerreichung kommuniziert wird und damit auch, für welchen Teil des Ziels jeder Vorstand verantwortlich ist. Damit verbunden ist auch die implizite Frage nach der Rolle des Projektteams: lediglich Administratoren der Ideengenerierung und des Monitoring oder vollverantwortliche Treiber der Kostensenkung? Diese Frage wird im vierten Kapital beleuchtet. Im Ergebnis wurde das Ziel zumindest auf die Vorstandsbereiche aufgeteilt, allerdings ohne die Gesamtverantwortung des Vorstands für die Zielerreichung zu schmälern. Bei der Pünktlichkeit war weniger die Frage der Aufteilung auf Vorstandsbereiche als die Forschung nach den Ursachen Gegenstand der Diskussion. Hier erwiesen sich die gängigen Reporting-Instrumente als völlig unzureichend, in dem pro Verspätung nur maximal zwei Verursacher berichtet werden konnten. Erst durch Aufteilung des Gesamtprozesses in Teilprozesse und Festlegen von Zielen für jeden Teilprozess konnte die Diskussion auf eine produktive Basis gestellt werden. Dadurch wurden die Energien auf die Optimierung der Teilprozesse gelenkt – unmittelbare Verbesserungen konnten eingeleitet werden.

3.2 Das Vorgehen

In der *Designphase* waren die Organisation des Projektteams und die Aufhängung innerhalb des Unternehmens festzulegen. Alle Programme der Lufthansa berichteten unmittelbar an den Vorstandsvorsitzenden und waren meist auch in seiner räumlichen Nähe angesiedelt. Die Ausstattung der Teams schwankte zwischen acht und 15 vollzeitig abgestellten Mitarbeitern, die meist nach Themen-/Fachbereichen organisiert waren. Beispielsweise ist das Programm Zukunft Kont in vier Bereiche „Planung", „Bodenprozesse", „Bordprozesse" und „Betriebswirtschaft" gegliedert, wobei der letzte Bereich die Schnittstelle zum internen Controlling darstellte und als interne Clearingstelle die Maßnahmen der anderen drei Teams bewertet und hinterfragt hat. Bei allen Programmen hat sich die Einführung einer Stelle für die Kommunikation bewährt. So ist nicht nur für die externe Kommunikation über Investor Relations und über die Pressestelle, sondern auch für die interne Kommunikation über Firmenzeitschrift und das Intranet ein Experte unabdingbar, denn Kommunikation kann nicht als Nebenbeschäftigung von fachverantwortlichen Projektmitgliedern übernommen werden.

Für die Bereitstellung der Projektmitglieder wurden klare Regelungen vom Vorstand verabschiedet: unverzügliche Freistellung durch den Fachbereich – in der Praxis maximal drei Wochen – und Versetzung in das Projektteam ohne „Rückfahrkarte", d. h. nach Abschluss des Programms müssen sich die Mitglieder wieder in den Fachbereichen auf offene Stellen bewerben. In der Praxis hat sich dies nicht als Nachteil für die Teammitglieder erwiesen, da meist die Mitarbeit in einem profilierten Programm sehr karrierefördernd war.

Die Einschaltung von Beratern erfolgte bei drei Programmen auf Themenbasis, d. h. nach einer Strukturierungsphase wurden fallweise einzelne komplexe Themen mit Beratungsunterstützung vorangetrieben. Nur in einem Fall war bereits zu Beginn ein Beratungsunternehmen an Bord, das dann auch maßgeblich das Programm strukturiert und die Monitoringsystematik entwickelt hat. Für den Einsatz von Beratern gibt es kein generelles Kriterium: bei hochkomplexen Aufgaben, bei denen unterschiedliche Fachbereiche massiv betroffen sind, kann sich die Einschaltung eines Beraters bezahlt machen – als erfolgskritisch für ein Programm ist die Einschaltung von Externen jedoch nicht zu werten.

Die wichtigste Frage in der Analysephase ist die *Abgrenzung von sinnvollen Themenzusammenhängen*. Auch wenn es wesentlich einfacher ist, entlang der Organisationseinheiten zu analysieren, allein weil in dieser Aufteilung alle Kostenrechnungsdaten auf Knopfdruck zur Verfügung stehen, so fällt eine spätere Optimierung der Kernprozesse leichter, wenn entlang der wichtigsten Prozesse untersucht wird. Der Effekt eines Programms wird in der Tiefe der erreichten Veränderungen gemessen und nicht in erster Linie in der Einfachheit der Zurechnung der Kosten. So sollte aus Controllingsicht lieber eine gewisse Ungenauigkeit beim Zuschlüsseln der Kosten in Kauf genommen werden, um dafür im Gegenzug fundamentale Veränderungen zu ermöglichen, deren Wirkung meist besser in nicht-monetären Größen, z. B. Durchlaufzeit eines Kernprozesses, gemessen wird.

Wie lassen sich in einem Programm sinnvolle Untersuchungseinheiten abgrenzen? In der Praxis haben sich der gesamte Planungs- und Steuerungsprozess als Querschnittsfunktion, der Produktionsprozess (am Beispiel der Airline die Flugzeugabfertigung) oder die Schnittstelle zu einem wichtigen Lieferanten bewährt, denn meist sind viele verschiedene Bereiche mit diesem Lieferanten in Kontakt – zumal die Komplexitäts- und Kostentreiber in der Lieferantenbeziehung sehr häufig von Bereichen verursacht werden, die gar nicht in direktem Leistungsbezug mit dem Lieferanten stehen wie zum Beispiel Planung oder Entwicklung.

Alle Veränderungsprogramme zielen auf eine Verbesserung der Dimensionen Qualität, Zeit und Kosten. Auch wenn häufig das Kostenziel im Vordergrund steht, erzielt man die besten Ergebnisse, wenn man eine Verkürzung der Prozesszeiten anstrebt. Meist ergeben sich über einen radikalen Ansatz ganz neue Ideen, auf die keiner gekommen wäre, der lediglich die Kostenstellenrechnung studiert hätte. Auch Qualitätsziele führen zu neuen Ansätzen, solange man nicht bessere Qualität durch höhere Kosten, z. B. Aufstockung der Qualitätssicherung, erkauft, sondern konsequent nach den Ursachen für Defizite sucht, z. B. durch Analyse der Prozessschwankungen, die meist ein Indiz für Prozessdefizite sind.[7] In den folgenden Abschnitten wird auf hilfreiche Techniken im Rahmen der Analysephase eingegangen.

---

7   Vgl. Rommel et. al. (1995), S. 35 ff., für den Zusammenhang zwischen Qualitätsmanagement und Prozessorganisation.

Bei den meisten Unternehmen determiniert die *Schnittstelle zwischen Planung und Produktion* die Produktqualität und die Kosten der Herstellung.[8]

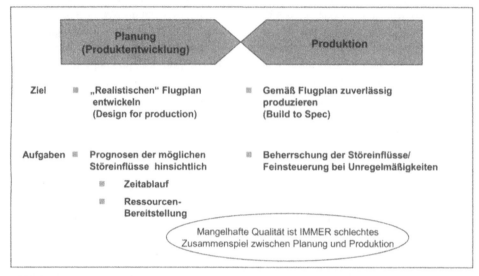

Abbildung 2: *Schnittstelle zwischen Planung und Produktion*

Dieses Prinzip gilt sowohl für das produzierende Gewerbe, in dem die Produktentwicklung auch die Produktionsprozesse festlegt, als auch für Dienstleistungsunternehmen wie Fluggesellschaften, bei denen der Flugplan wichtige Qualitätskriterien wie Pünktlichkeit[9], aber auch die Kosten für Flugzeuge und Crews determiniert. Verbesserungen lassen sich dadurch erzielen, dass die Planer ein möglichst umfassendes und detailliertes Bild von der Produktion bekommen, was sich z. B. durch Jobrotation oder zumindest durch räumliche Zusammenlegung von Planungs- und Produktionsfunktionen erzielen lässt. In der Analysephase wird man untersuchen, welche Vorgaben der Planung oder Produktentwicklung die wichtigsten Qualitäts- und Kostenparameter der Produktion beeinflussen.

Komplexitätsreduzierung ist Ziel praktisch jeden Verbesserungsprogramms und doch ist es schwierig, hier ein einfaches Vorgehensschema zu entwickeln. In der Praxis hat sich die Unterteilung der wichtigsten Unternehmensdeterminanten in vier „P" bewährt (s. Abbildung 1). Dieses 4P-Schema eignet sich auch für strategische Diskussionen ganzer Geschäftsfelder. Häufig kranken diese Diskussionen daran, dass die Teilnehmer auf verschiedenen Ebenen diskutieren – der Produktionschef auf der Prozessebene und der Marketingchef auf der Pro-

---

8   Vgl. auch Rommel et.al (1993), S. 106 ff., für eine Beschreibung des integrierten Produktentwicklungsprozesses.

9   Die Flugplanung legt u. a. die Zeitpuffer in den Flugzeugumläufen fest, die große Auswirkungen auf die Stabilität des Betriebes und damit der Pünktlichkeit haben.

duktentwicklungsebene, während der Stratege eine radikale Änderung der Produktionsstruktur ins Spiel bringt. Nur eine klare Trennung und eine strikte Reihenfolge der Ebenen in der Diskussion führen zu einem fruchtbaren Ergebnis.

Das Ziel kürzerer Prozesszeiten lässt sich häufig durch *Parallelisierung von Prozessen* erreichen, wie Abbildung 3 anhand der Flugzeugabfertigung (Turnaround) zeigt:

Hier konnte durch Vorverlegen des Tankbeginns (und fallweises Verlängern des Tankens parallel zum Einsteigen) die Bodenzeit reduziert werden, dafür mussten allerdings umfangreiche rechtliche Änderungen eingeführt werden. Für den Teilprozess des Cleanings ließ sich auch eine gewisse Vorverlegung erreichen, in dem die Reinigungscrews durch die hintere Tür parallel zum Aussteigevorgang mit der Arbeit beginnen können.

Trade-off-Kurven brechen: bei vielen Produktionsprozessen stößt man auf Optimumsberechnungen, die sich durch Überlagern zweier Kostenkurven ergeben:

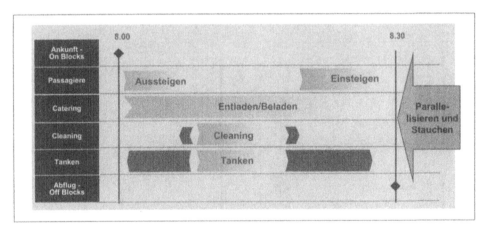

Abbildung 3: Umkehrplan eines Kurzstreckenflugzeugs

So wird die optimale Losgröße eines Presswerks danach berechnet, wie stark die Stückkosten mit wachsender Losgröße sinken und umgekehrt die Lagerkosten steigen. So richtig die Überlegung und Berechnung auch sein mag, so verstellt sie den Blick auf Lösungsansätze: als entscheidende Determinante der Stückkostendegression geht die Umrüstzeit des Presswerks zwischen zwei Losen ein. Diese Umrüstzeit wird meist als gegeben angenommen, anstatt neue Produktionsverfahren zu entwickeln, die mit drastisch reduzierten Rüstzeiten auskommen. Gelingt eine solche Verkürzung, so verkleinert sich die optimale Losgröße deutlich, die Flexibilität steigt und die Lagerkosten sinken. Meist steigt parallel auch die Qualität, weil kleinere Adjustierungen mit wesentlich weniger Aufwand machbar sind.

Ein anderes Beispiel aus dem Luftverkehr: je mehr Flüge an einem ausgelasteten Flughafen geplant werden, desto mehr steigen die Erlöse und leider auch parallel die Warteschleifen im Luftraum. Aus der Überlagerung der Erlöskurve (als Opportunitätskosten ausgedrückt) und der Kostenkurve für die Warteschleifen kann man zwar die optimale Auslastung berechnen, doch auch hier verstellt diese Berechnung den Blick auf die wesentliche Fragestellung: wie lassen sich Warteschleifen trotz hoher Auslastung vermeiden? Die Analyse ergab, dass die Länge der Warteschleifen nicht so sehr von der Anzahl der Flugbewegungen insgesamt, sondern von der Spitzenbelastung abhängt. Durch Abflachen der Spitzenbelastung, also durch Glättung des Verkehrsstroms (Depeaking) ließ sich der Durchsatz erhöhen bei reduzierten Warteschleifen – ein weiteres Beispiel für das „Brechen der Trade-off-Kurve". Eine weitere aktuelle Frage lässt sich ebenfalls mit diesem Prinzip untersuchen: das Anbieten von Billigtickets steigert den Umsatz einer Fluggesellschaft, weil dadurch Nachfrage stimuliert wird, die ansonsten latent geblieben wäre, andererseits besteht die Gefahr der Kannibalisierung: Fluggäste mit höherer Zahlungsbereitschaft buchen Billigtickets, wodurch der Umsatz sinkt. Auch hier ergibt sich eine Trade-off-Kurve in Abhängigkeit des Anteils billiger Tickets. Und wieder verschleiert der Blick auf diese Kurve die eigentliche Fragestellung: wie lässt sich ein Billigticket anbieten, das möglichst ausschließlich nur der latenten Nachfrage zugute kommt und wie lässt sich höherwertige Nachfrage hiervon differenzieren – über welche Produkteigenschaften kann höherwertige Nachfrage für andere Produkte erhalten werden?

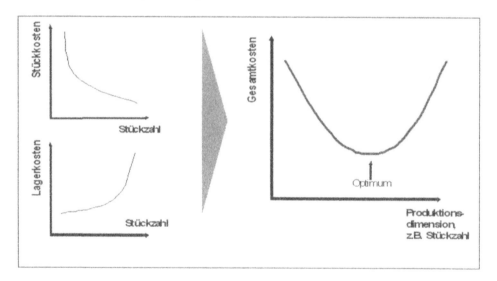

Abbildung 4: Prinzipskizze für Trade-off-Kurven

100-Prozent-Analyse: häufig werden in einer Analyse der Verwendung von Produktionsmitteln gewisse Zeiten oder Zustände ausgeblendet in der Annahme, sie seien für die jeweilige Fragestellung nicht relevant. Bevor dies jedoch geschieht, sollte eine „100-Prozent-Analyse" durchgeführt werden – ein Beispiel in Abbildung 5:

Erfolgsfaktoren bei Veränderungsprogrammen 361

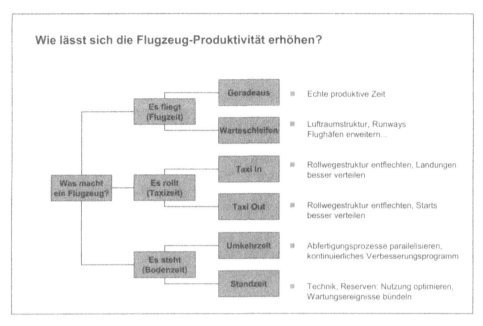

Abbildung 5: Die 100-Prozent-Methode

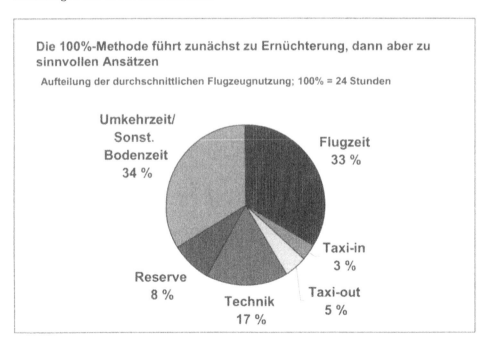

Abbildung 6: Die 100-Prozent-Methode

Wichtig ist dabei, immer den Ansatz „24 Stunden x 365 Tage = 8760 Stunden im Jahr" zu wählen. Gerade in den „sonstigen Zeiten" schlummern Produktivitätspotenziale, die gehoben werden sollten. Bei der Festlegung von Prozesszeiten ist die *Variationsanalyse* wichtig (s. Abbildung 7).

Alle Produktionsprozesse unterliegen Schwankungen – in Abbildung 6 am Beispiel der tatsächlichen Flugzeiten einer Strecke über eine Flugplanperiode dargestellt. Neben der Fragestellung, wie die Schwankungsbreite verkleinert werden kann, ist ein Verfahren zu etablieren, das den Wert für den nächsten Flugplan festlegt. Dieser Planwert entscheidet über die Pünktlichkeit auf dieser Strecke und den Flugzeug- und Crewbedarf. Auch wenn hier keine Trade-off-Kurve zur Lösung führt (diese Kurve ist erst bei Simulation des Gesamtsystems sinnvoll, in die die Verknüpfungen der Flugzeugumläufe und vor allem auch die Bodenzeiten eingehen), so stellt doch die prinzipielle Festlegung eine wichtige unternehmerische Entscheidung dar. In der Praxis hat sich der Mittelwert plus eine Standardabweichung als brauchbarer Wert gezeigt, auch wenn auf einzelnen Strecken davon abgewichen wird. Der Sinn der Variationsanalyse liegt darin, einen häufig implizit ablaufenden Prozess der Festlegung wichtiger Parameter transparent und damit diskutierbar zu machen.

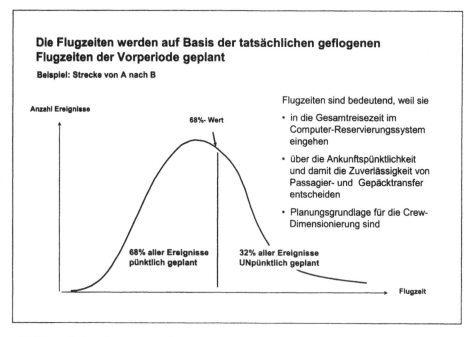

Abbildung 7: Die Variationsanalyse

Um die verschiedenen Ziele in ein ausgeglichenes Verhältnis zu setzen, wird die Verwendung der *Balanced Scorecard* propagiert.[10] Besonders in der Kommunikation der Projektziele hat sich die Perspektive der drei Stakeholdergruppen bewährt. Bei der Lufthansa wurde die Balanced Scorecard zusätzlich zur Strategieentwicklung erfolgreich eingesetzt.[11]

3.3 Die Organisation

Die *Organisation:* alle vier Veränderungsprogramme waren direkt beim Vorstandsvorsitzenden angesiedelt. Für die Analyse- und Umsetzungsphase wurden regelmäßige Review Boards eingerichtet, die meist monatlich zusammenkamen. Die Rolle des Projektteams lag in der Analyse und Generierung von Verbesserungsmaßnahmen, jeweils gemeinsam mit den Fachbereichen, und in der Aufbereitung der Sachverhalte als Vorlage für den Vorstand.

Im folgenden Kapitel wird auf die systemischen Fragestellungen in Zusammenhang mit unternehmensweiten Veränderungsprogrammen eingegangen.

4. Der systemische Blick auf Veränderungsprogramme

Neben den klassischen Controllingdisziplinen wie Kosten- und Qualitätscontrolling wird der Blick auf die Organisationsentwicklung und auf systemische Fragen zunehmend wichtig, vor allem, wenn es um die nachhaltige Wirkung von Veränderungsprogrammen geht. Insofern ist hier eine Rollenerweiterung des klassischen Controllingverständnisses nötig, indem nicht nur finanzielle und operative Größen gesteuert werden, sondern auch Prozesse der Organisationsentwicklung. Deshalb soll in diesem Abschnitt beleuchtet werden, welche systemischen Zusammenhänge bei der Durchführung von solchen Programmen wirken.

Die Herausforderung, aufgrund derer das Programm gestartet ist, betrifft das ganze Unternehmen, möglicherweise in seiner Existenz. Diese existenzbedrohende Wirkung abzuwenden ist Aufgabe der Geschäftsleitung. Wenn ein Programm gestartet wird, so wird diese Aufgabe zum Teil an das Projektteam delegiert. Ein gängiges implizites Missverständnis ist die Auffassung, dass damit die gesamte Aufgabe delegiert ist und das Management aus der Verant-

---

[10] Vgl. Kaplan/Norton (1997) für eine umfassende Einführung.
[11] Vgl. Klingenberg (2000), Klingenberg (2000)a.

wortung entlassen ist. Dem ist natürlich nicht so, und das Projektteam sollte der Versuchung widerstehen, diese Verantwortung in Gänze auf sich zu nehmen.

Aber auch schon durch die Teildelegation wird der Stress, der mit der externen Bedrohung verbunden ist, an das Team delegiert und konzentriert, so dass man die Situation, in dem sich das Team befindet, auch als „Stresscontainer" bezeichnen kann. Durch diese Delegation stellt sich permanent die Frage nach dem Anteil der delegierten Verantwortung. Der „Stresscontainer" enthält auch ungelöste Konflikte des Top Managements, die durch Dialog gelöst werden könnten.[12]

Eine mögliche Abgrenzung für den Teil der vom Team zu übernehmenden Verantwortung stellt die Aufgabe für Analyse, Ideenfindung, Bewertung und Begleitung der Maßnahmenimplementierung dar. Die Entscheidungsverantwortung liegt nach wie vor beim Management. Diese Verantwortung ist nicht delegierbar. Die möglichen Beraterrollen, die das Team einnehmen kann, sind von Schein[13] klassifiziert worden. Empfehlenswert für unternehmensweite Veränderungsprogramme ist die Rolle des „Process Consultants" i. S. von Schein. Bei einem Fachbereichsvorstand kristallisiert sich der Konflikt zwischen dem Erfolgsdruck für das Programm insgesamt (damit nimmt der Fachbereichsvorstand seine Kollektivverantwortung im Vorstand wahr) und den Fachbereichszielen (damit nimmt der Fachvorstand seine Führungsfunktion gegenüber seinem Fachbereich wahr, s. Abbildung 8).[14]

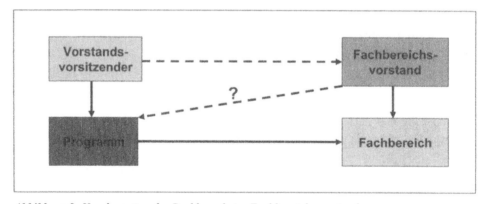

Abbildung 8: Kondensation der Probleme beim Fachbereichsvorstand

Dieser Konflikt ist der Kernpunkt der unternehmerischen Verantwortung, aus dem es keinen Ausweg gibt, sondern nur der bewusste Umgang damit im täglichen Entscheidungsdruck.[15] Für das Projektteam ist es wichtig zu wissen, dass es diesen Entscheidungsdruck durch sach-

---

12 Vgl. Beucke-Galm (2001).
13 Vgl. Schein (1969), Schein (1987).
14 Vgl. Argyris (1993), S. 49 ff. für eine Darstellung der Ausweichprozesse im Management, um sich mit diesen Fragen nicht auseinandersetzen zu müssen.
15 Vgl. Katzenbach/Smith (1993), S. 212 für eine Darstellung dieses Problems aus Teamentwicklungssicht.

gerechte Aufbereitung der Entscheidungsparameter mildern, aber nicht übernehmen kann. Im Umgang mit diesem Konflikt ist die Dialogtechnik sinnvoll, denn ein frontales Thematisieren ist wenig produktiv.[16]

Für die systemische Betrachtungsweise sind drei „Gesetze" bezüglich der Rangfolge grundlegend (s. Abbildung 9)[17]:

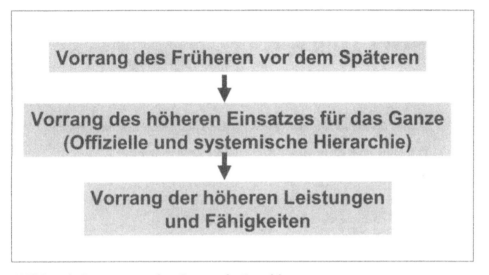

Abbildung 9: Die systematischen Gesetzte der Rangfolge

Da das Programm als neueste Organisationseinheit aufgesetzt wurde, steht es systemisch an letzter Stelle. Dies bedeutet, dass die Projektteammitglieder den Respekt für die bestehenden Organisationseinheiten aufbringen und deren bisherige Arbeit und Einsatz würdigen müssen. Nicht deren Defizite, sondern erst der externe Veränderungsdruck schafft die Notwendigkeit der Veränderung für die Fachbereiche. Damit ist impliziert, dass Maßnahmen nicht gegen den begründeten Rat der Fachbereiche zur Entscheidung vorgelegt werden sollten – ansonsten droht die Blockade durch den zuständigen Fachbereichsvorstand. Akzeptiert man diese systemischen Gesetze, so muss man sich auch der folgenden Frage stellen (s. Abbildung 10):

Das Programm oder das Projektteam muss in dem Grenzbereich des Unternehmens agieren: einerseits als Organisationseinheit dem Unternehmen zugehörig, andererseits als „Veränderungsinstanz" außerhalb des jetzigen Unternehmens stehend. Die Balance zwischen den Kräften der Abstoßung und der Vereinnahmung stellt für das Projektteam eine erhebliche, wenn nicht die zentrale Herausforderung dar. Diese Herausforderung kann nicht an externe Berater delegiert werden, weshalb sich deren Rolle auf den reinen Support des unternehmensinternen

---

16 Vgl. Beucke-Galm (1999), Issacs (1999).
17 Vgl. Weber (2002), Daimler et. al. (2002), Horn, Brick (2001), Horn, Brick (2003).

Teams beschränken sollte. Die verschiedenen Sichten auf das Unternehmen und die Veränderungsnotwendigkeiten sind von Morgan[18] zu neun Metaphern zusammengefasst worden.

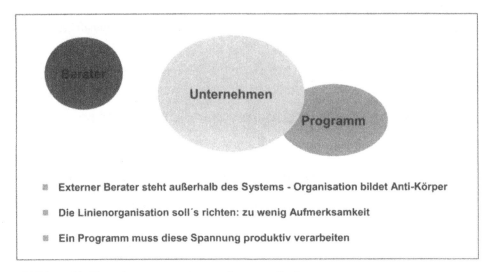

Abbildung 10: *Veränderungen von innen oder von außen?*

Um diesem Druck im Grenzbereich des Unternehmens zu begegnen und ihn produktiv zu nutzen, bieten sich Trainings an, die das Systemverständnis und die Kommunikationsfähigkeit der Teammitglieder und mittelbar auch der Mitarbeiter aus den Fachbereichen verbessern. Für das Führen kritischer Gespräche haben Patterson et. al.[19] ein Mehrphasenmodell entwickelt, das sich für praktische Anwendungen besonders eignet. Neben der Kenntnis der systemischen Gesetzmäßigkeiten sollten die Teammitglieder auch die verschiedenen Typen der individuellen Informationsverarbeitung kennen.[20] Gerade durch den Respekt individueller Unterschiede lassen sich viele Konflikte in der Zusammenarbeit entschärfen. Idealerweise kann die Arbeit in dem Veränderungsprogramm als Nukleus für das Modell der lernenden Organisation dienen.[21] Eine signifikante Erweiterung des Modells der lernenden Organisation hat Scharmer[22] entwickelt. Als Basis-Mechanismen für die lernende Organisation dient System Dynamics.[23] Dabei ist System Dynamics nicht nur aus Sicht der Organisationsentwicklung bedeutend, sondern auch für die Modellierung konkreter Geschäftsvorfälle, die ein bes-

---

[18] Vgl. Morgan (1986); zur Übersicht der Psychologie der organisatorischen Innovation siehe Riesenkönig (2000), S. 50 ff.
[19] Vgl. Patterson et. al. (2002) und Patterson et.al. (2005).
[20] Vgl. Seagal/Horne (1997).
[21] Vgl. Senge (1990), Sattelberger (1994).
[22] Vgl. Scharmer (2003).
[23] Vgl. Forrester (1961).

seres Verständnis der Geschäftsprozesse und damit auch eine höhere Qualität von Entscheidungen bewirken. Wichtig ist dabei die Anwendung der System Dynamics-Techniken im Rahmen eines Gesamtkonzepts, der systemischen Intervention.[24]

Als generelles Modell für die Teamentwicklung hat sich folgendes Phasenmodell[25] bewährt:

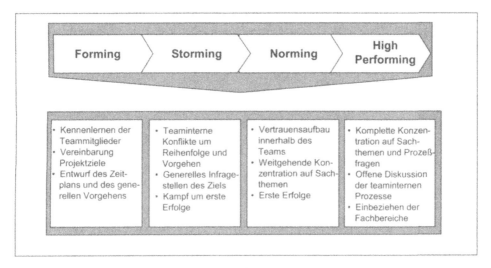

Abbildung 11: Phasen der Teamentwicklung

Anhand dieses Modells wird es möglich, Vorgänge im Team transparent zu machen und vor allem auf die für die weitere Entwicklung unverzichtbare „Storming-Phase" gewappnet zu sein. Auch zum Bewältigen dieser kritischen Phase sind die Dialogtechniken sehr hilfreich[26]

5. Zusammenfassung

Das Aufsetzen eines Programms hat sich in den besprochenen Fällen bewährt, nicht zuletzt weil eine Laufzeit von zwei bis drei Jahren gewählt wurde. Bei schneller Aufeinanderfolge von Programmen bestünde sonst die Gefahr der Gewöhnung der Organisation an diese Programme. Auch wird es sonst schwer vermittelbar, weshalb so häufig externe Herausforderungen ein Programm notwendig machen. Eine weitere Gefahr besteht darin, dass die Linienor-

---

[24] Vgl. Zock (2004).
[25] Vgl. Katzenbach (1993), S. 85 ff.
[26] Vgl. Beucke-Galm (2001) und Issacs (1999).

ganisation verlernt, Veränderungen aus eigener Kraft anzustoßen und umzusetzen. Insgesamt haben die unternehmensweiten Programme einen wichtigen Beitrag dafür erbracht, dass die Deutsche Lufthansa AG nach der Sanierungsphase Anfang der Neunziger Jahre eine der erfolgreichsten Fluggesellschaften der Welt wurde und die Krisen unbeschadet überstanden hat.

Das Management der Strategieimplementierung – Initiativen-Management über Organisationsstufen hinweg

Mario B. Stephan

1. Einleitung	370
2. Hintergrund	370
3. Problemdimension aus Praxisperspektive	371
3.1 Problemdimension „Zwischenstufen" (Intermediate Levels)	372
3.2 Problemdimension „Kennzahlenfokussierung"	373
4. Lösungsansatz – Methodik	376
4.1 Ableiten von Zielen/Erfolgsfaktoren	376
4.2 Ableitung von Kennzahlen/Indikatoren	377
4.3 Ableitung und Evaluierung von Maßnahmen und Programmen	379
4.4 Ausrichtung von Initiativen auf Ziele der höheren Organisationsstufe	379
4.5 Feinspezifikation der strategischen Initiativen	381
4.6 Evaluierung des strategischen Beitrages der Zwischenstufen	383
5. Vom Performance Measurement zum Performance Management	384
5.1 Controlling der Kennzahlen	384
5.2 Controlling der Initiativen	385
6. Zusammenfassung und Ausblick	387

1. Einleitung

Hintergrund für die Erstellung dieses Buchbeitrages ist ein laufendes Strategieimplementierungsprojekt unter Einbezug der Balanced Scorecard bei einem global tätigen europäischen Mischkonzern. Im Verlauf dieses Projektes stellte sich regelmäßig die Frage, welche Vorgehensmodelle und Techniken die erfolgreiche Strategieimplementierung unterstützen und sichern könnten. Gespräche mit führenden Strategieexperten aus Wissenschaft und Praxis zeigten dabei wiederholt, dass es bis anhin an umfassenden Handlungsempfehlungen mangelt und konkrete methodische Ansätze und Techniken nicht oder nur eingeschränkt zur Verfügung stehen.[1] Ziel des nachfolgenden Beitrages ist es daher einerseits Hintergründe für die fehlende theoretische Unterstützung zu beleuchten. Andererseits die identifizierte Kernproblematik im Implementieren von Unternehmensstrategien, das Management der strategischen Initiativen, überblickartig darzustellen. Damit einhergehende Herausforderungen werden verdeutlicht und erste Erkenntnisse aus der begleitenden Forschung eingearbeitet. Insbesondere das so genannte „Initiative Mapping und Tracking„ wird als kritische Implementierungstechnik herausgestellt. In Ergebnis soll verdeutlicht werden, wie die Wirkungsprinzipien der Balanced Scorecard neu interpretiert werden müssen, um eine stringente und kohärente Strategiekaskadierung sicherzustellen zu können. Dabei kann und soll noch kein finaler Prozess vorgestellt, sondern viel mehr die Arbeitsfelder und Forschungsschwerpunkte aus einer Praxisperspektive aufgezeigt werden. Schlussendlich wird es das Ergebnis dieser parallelen Forschung sein, welches ein konkretes und praxistaugliches Vorgehensmodell erstellt.

2. Hintergrund

Das Management der Strategieimplementierung ist noch immer ein junges Forschungsgebiet in der deutschsprachigen Betriebswirtschaftslehre. Beschäftigt sich die amerikanische Forschung schon seit Mitte der 60 Jahre mit der Thematik, fehlt es hierzulande noch weitestgehend an detaillierten Arbeitsbeiträgen und einer eindeutigen Eingliederung in das strategische Management. Die Strategieimplementierung ordnet sich hierzulande entweder im Rahmen

---

[1] Eine Feststellung die schon in 2001 als Anlass zur Erstellung eines von der damaligen KPMG Consulting gesponserten Forschungsprojektes an der Universität Zürich diente. Moser schreibt diesbezüglich richtig: „Implementierungsprobleme die sich ... in der Praxis oft ergeben, sind nach Ansicht des Autors weniger auf die mangelnde Kenntnis der möglichen Implementierungsgebiete zurückzuführen, als auf das Fehlen von brauchbaren Instrumenten in der konkreten Umsetzung" (Moser (2001), S. 77).

des Performance Measurement/Performance Managements ein oder wird auf noch sehr abstraktem Niveau als letzte Phase der Strategieentwicklung systematisiert.

Müller-Stewens/Lechner sehen die Strategieimplementierung beispielsweise als Feld der strategischen Kontrolle, d. h. der Performance Messung. Die strategische Kontrolle richtet sich dabei auf die Kontrolle der Prämissen, der Durchführung und der Wirksamkeit von Strategien. [2] Folgt man deren Philosophie des Performance Measurement/ Performance Managements steht der Messaspekt bei der Beobachtung und Messung von strategischen Aktionen und deren Auswirkung im Mittelpunkt der Betrachtung. Trotz Verweis auf die „Messungen" gerade der Initiativen, werden kennzahlennahe – oder als solche interpretierte – Modelle, wie das der Balanced Scorecard, folglich als implementierungstaugliche Methoden vorgestellt.

Autoren wie Welge/Al-Laham leiten Schwerpunkte und Aufgabe der Strategieimplementierung aus bestehenden „implementierungsrelevanten Ansätzen" ab und unterteilen in sachbezogene Aufgaben (z. B. Überführung in Planungs- und Budgetierungsprozesse, Ressourcenallokation, Abstimmung von und auf Kultur, Struktur und Unternehmenssysteme), sowie in verhaltensbezogene Aufgaben (z. B. Erreichung der Strategieakzeptanz, Initiierung von kontinuierlichen Veränderungsprozessen, Aufbau von Führungskompetenzen).[3]

Vor allem im sachbezogenen Aufgabenteil wird eine Konkretisierung oder Spezifizierung der Strategie durch ein „Herunterbrechen" von Teilstrategien in funktionale Bereiche gefordert. Diese Teilstrategien werden in den zu folgenden Schritten in Mittel- und Kurzfristplanungen operationalisiert, um so eine direkte Verzahnung zwischen Strategie und operativem Handeln zu realisieren.

Insgesamt ist allen bestehenden Interpretationen gemein, dass der Aspekt der Initiativen und des Maßnahmenmanagements zwar als wichtiges Element in der Strategieimplementierung gesehen, inhaltlich dagegen das Management der Kennzahlen in viel stärkerem Maße herausgearbeitet wird. Weiter fehlt es allen Modellen an stringenten Prozessen und Techniken, wie die Ausrichtung aller Aktivitäten in einem Unternehmen realisiert und methodisch unterstütz werden kann.

3. Problemdimension aus Praxisperspektive

Die vorgestellten Ansätze lassen sich trotz ihrer weiten Verbreitung jedoch nicht ohne weiteres in die Praxis umsetzen. Hintergrund dafür ist die implizite Unterstellung, dass sich aus

---

[2] Vgl. Müller-Stewens/Lechner (2001), S. 514.
[3] Vgl. Welge/Al-Laham (2001), S. 532.

Geschäftsbereichsstrategien relativ direkt Funktionalstrategien und daraus entsprechende Kennzahlen und Maßnahmen ableiten lassen. Doch gerade in multinationalen oder globalen Unternehmen existieren zusätzliche nicht-operative Zwischenstufen, auf denen Geschäftsbereichsstrategien weiter interpretiert und konkretisiert werden müssen, ohne schon gleich funktionale Strategien entwickeln zu können.

3.1 Problemdimension „Zwischenstufen" (Intermediate Levels)

Idealtypisch wird davon ausgegangen, dass eine Strategie lediglich auf den Ebenen Gesamtunternehmen (Corporate Strategy), Geschäftsbereichsebene (Business Unit Strategy) und Funktionalebene (Functional Strategies) definiert werden muss. Auf der Gesamtunternehmensstrategie werden die Geschäfts- und Investitionsentscheidungen getroffen, d. h. Entscheidungen in welchem Geschäft das Unternehmen tätig sein möchte und wo Investitionsschwerpunkte liegen sollen. Die Geschäftsbereichsstrategie spezifiziert die dazugehörige Markt- und Wettbewerbsstrategie, d. h. die Positionierung am Markt mit existierenden oder neuen Produkten und bereits bearbeiteten oder neuen Märkten, sowie über den grundsätzlichen Ausprägungsgrad von produkt- und marktbezogener Standardisierung oder Spezialisierung. Auf Ebene der Funktionalstrategien wird dann festgelegt, welchen Beitrag jede einzelne Funktion zur Erreichung des Positionierungsziels leisten kann. Jede dieser Strategien leitet sich direkt aus der jeweils übergelagerten Strategie ab (s. Abbildung 1). Wie angedeutet lässt jedoch nicht jede Aufbauorganisation oder Organisationsstruktur eine unmittelbare und ausschließliche Ableitung auf jeweils genau eine dieser drei Stufen zu. Im Projektgebenden Unternehmen strukturiert sich die Organisation einerseits mittels einer Matrix zwischen „operativem Business" und zentralen „Headquarterfunctions", zum anderen über einer Regionalstruktur, die sich weiter in Ländergesellschaften und teilweise noch spezifische, aufbauorganisatorisch getrennte Kundensegmente unterteilt, bevor das Functional Level erreicht wird. Aufbauorganisatorisch betrachtet handelt es sich um eine multidimensionale Matrixstruktur.

Um das angestrebte Alignment der betrachteten Strategie (auf der jeweiligen Stufe) mit den übergelagerten – aber auch mit den nachgelagerten – Strategien sicherzustellen, muss jedoch auf jeder dieser Stufen individuell analysiert und bestimmt werden, wie die höhere Strategie interpretiert und implementiert werden kann, welche Erfolgsfaktoren sich für die niedrigere Stufe ergeben und welche Maßnahmen ergriffen werden sollen, um einerseits die Strategien effektiv umzusetzen und andererseits die einzelnen Strategien aufeinander auszurichten.

Wie in der Einleitung angesprochen sind erprobte Methoden und Instrumente, die prozessual durch diese Aufgaben führen, derzeit noch nicht veröffentlicht worden. In der praktischen Konsequenz werden Strategiekaskadierungsprozesse von z. B. Gesamtunternehmens- auf Länderstrategien entweder mitten im Prozess abgebrochen und der „klassische", jedoch zu

Beginn nicht präferierte Weg der Ableitung von Funktionalstrategien gewählt. Beispielsweise im Falle eines international tätigen Getränkeherstellers aus Österreich.

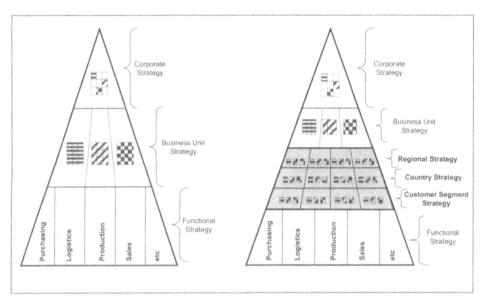

Abbildung 1: Organisatorische Zwischenstufen bei global agierenden Unternehmen

Oder man behilft sich mit der Beachtung von allgemeinen und abstrakten Erfolgsfaktoren der Strategieimplementierung (z. B. strategieorientierte Budgetierung, Anreizsysteme, Kommunikation, Kultur etc.) und überspringt die Zwischenstufen bewusst, indem man von Anfang an die Funktionalstrategien direkt auf operativem Level entwickelt.

Beiden Ansätzen liegt die Gefahr zugrunde, dass wichtige Erfolgsfaktoren in den Zwischenstufen nicht berücksichtigt und Aktivitäten und Initiativen nicht auf diese abgestimmt werden. Weiterhin lässt sich ableiten, dass sich ohne für die Zwischenstufen definierte Ziele, Kennzahlen und Zielwerte (Target Values), keine direkte Anbindung an Anreiz- und Vergütungssysteme herstellen lässt. Gemäß den identifizierten allgemeinen Erfolgsfaktoren der Strategieimplementierung jedoch ein kritisches Element zur Sicherstellung des Erfolgs des Projektes.

3.2 Problemdimension „Kennzahlenfokussierung"

Ursprünglich aus dem Bestreben existierende Controlling- und Reportingsysteme zu optimieren und die einseitige Fokussierung auf die Finanzen zu erweitern, ist das schon erwähnte und zur Zeit populärste Strategieimplementierungskonzept, die Balanced Scorecard, entsprungen.[4] Das damals noch zur KPMG gehörendes Nolan Norton Institut[5] initiierte zusammen mit der Harvard Business School ein Forschungsprojekt mit dem Ziel, bestehende Kennzahlensystem bei großen Konzernen zu benchmarken und best practice abzuleiten. Das Ergebnis der Einteilung von Zielen, Kennzahlen und Maßnahmen in die Perspektiven Finanzen, Kunde/Markt, Prozesse und Mitarbeiter bzw. Lernen/Wachstum, sowie die Verknüpfung der Elemente in einer Strategiekarte, ist mittlerweile betriebswirtschaftliches Basiswissen.

Die ursprüngliche Wirkungsmechanik der Methode wurde darin gesehen, dass eine Modifikation am Messsystem eine Verhaltensänderung in der Organisation provoziert. „What gets measured gets done" oder „You get what you measure" sind die meistzitierten Aussagen um diese Funktionslogik zu untermauern.

Persönliche Erfahrungen aus BSC-Implementierungsprojekten und Projekt-Studien von BearingPoint zeigen jedoch deutlich, dass es gerade nicht die Kennzahlen sind, die als dominierendes Element herausgestellt werden sollten. Vorweg greifend ist festzustellen, dass um „Putting Strategy into Action" wirklich realisieren zu können, das Hauptaugenmerk auf das Management der Initiativen zu legen ist – was auch dem Anspruch entspricht, strategiegeleitetes Handeln alle Mitarbeiter sicherzustellen. Ein Ansatz der nachweislich zu einem höheren Erfolgsgrad der Strategieumsetzung führt und in den folgenden Abschnitten näher spezifiziert wird.

Die Kennzahlenfokussierung birgt jedoch noch weitere Herausforderungen. Die Vorstellung, dass sich für jedes strategische Ziel eine sinnvolle Kennzahlen ableiten lässt, ist oft nur schwer zu verwirklichen. Da strategische Ziele in der Formulierung meist qualitativen Charakter haben, z. B. „Steigerung der Kundenorientierung" oder „Schaffung von Mehrwert für den Kunden", ist die Komplexität des Zieles oft nicht in einer allumfassenden Kennzahl abzubilden. Kundenorientierung oder Mehrwert müssen daher in mehrere Indikatoren spezifiziert werden, was die Anzahl der Kennzahlen gesamthaft ansteigen lässt und dem Ziel der Reduktion der verfolgten Zielgrößen auf ein Minimum, zuwiderläuft (s. Abbildung 2).[6]

Doch auch Ziele mit vordergründig quantitativem Charakter, wie „Steigerung des Verkaufs von neuen Produkten" lassen sich nicht ohne weiteres operationalisieren. Denn die Frage was „neu" ist, kann auf den verschiedenen Organisationsebenen unterschiedlich und dennoch richtig beantwortet werden. Ist ein Produkt neu, wenn es beispielsweise in einer geografischen Region das erste Mal verkauft wird, obwohl andere Regionen das Produkt schon längere Zeit an die eigenen Kunden verkaufen? Ist ein Produkt neu, wenn sich zwar das äußere Erscheinungsbild kaum ändert, sich aber das Innenleben wie die Mechanik oder Technologie in Teilen verändert hat? Und ab welchem Veränderungsgrad gilt ein Produkt dann als neu? Im Ergebnis lässt sich die Frage meist nur individuell für jede Stufe beantworten.

---

[4] Vgl. Kapplan/Norton (1997), S. VII.
[5] Heute Nolan, Norton & Company, Massachusetts.
[6] Vgl. Horvath (2000), S. 182.

Management der Strategieimplementierung

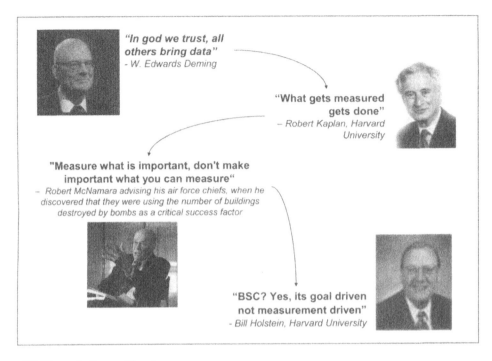

Abbildung 2: Kennzahlenzitate

Eine Aggregation von einzelnen Werten ist damit dann oft nicht mehr sinnvoll möglich. Moser schreibt diesbezüglich richtig, dass viele nichtfinanzielle Kennzahlen auf hochaggregierter Ebene an Aussagekraft verlieren bzw. keine sinnvolle Interpretation mehr zulassen.[7]

Hintergrund für die existierende Problematik ist die irrende Annahme, dass sich beim Messen von strategischen Zielen entsprechend dem klassischen Finanzcontrolling, ein Vergleich gegenüber einem quasi „objektiven" Standard anstellen lässt. Dem ist, wie die obigen Beispiele zeigen, nicht immer so. Viel mehr müssen über die strategischen Maßnahmen die notwendigen Aktivitäten definiert werden, welche die Realisierung der für die jeweilige Organisationsstufe definierten (qualitativen) Ziele ermöglichen. Die Messung initiiert so eine Diskussion über die hinter den Zielen stehenden Maßnahmen. „Wir haben es bei der Performance Messung also nicht nur mit einem Werkzeug für die Ergebnismessung zu tun, sondern auch mit einem Instrument, um über die Zukunft des Geschäfts und die Wirksamkeit von Initiativen nachzudenken."[8] Ergänzend ist hinzuzufügen, dass dies auf allen Organisationsstufen erfolgen muss.

---

[7] Moser (2001), S. 116.
[8] Vgl. Müller-Stewens/Lechner (2001), S. 519.

Trotz dieser richtigen Feststellung bieten die aktuell diskutierten Ansätze wie erwähnt ausschließlich Argumentationen und Empfehlungen über die Bedeutung und Relevanz von Kennzahlen (als unterstelltem Kernelement in der Strategieimplementierung). Für den in diesem Beitrag beschriebenen Anspruch grundsätzlich geeignete Methoden, wie gerade die Balanced Scorecard, wurden und werden leider immer wieder auf die Kennzahlen reduziert. „Zielsetzung des Ansatzes ist es, die Strategie einer Geschäftseinheit in materielle Ziele und dazugehörige Messgrößen zu übersetzen".[9] Es zeigt sich wie beschrieben aber deutlich, dass sich so das Potenzial der Balanced Scorecard nicht hinreichend ausschöpfen lässt und dieser Feststellung mit dem heutigen Erfahrungswissen nicht mehr zuzustimmen ist. Weiterhin kann mit diesem reduzierten Verständnis die Problematik der „Intermediate Levels" auch nicht befriedigend gelöst werden.

4. Lösungsansatz – Methodik

Um die Implementierung/Kaskadierung von Strategien auch über mehrere Organisationsstufen hinweg sicherstellen zu können, müssen alle schon genannten Strategieelemente, wie Ziele/Erfolgsfaktoren, Kennzahlen und Maßnahmen, aneinander ausgerichtet und in Einklang gebracht werden. Die nachfolgenden Abschnitte sollen überblickartig aufzeigen, wie sich die BSC-Prinzipien im geforderten Sinne anwenden lassen.

4.1 Ableiten von Zielen/Erfolgsfaktoren

In einem ersten Schritt muss die Strategie der obersten Stufe dem klassischen Prozess folgend in strategische Ziele oder Erfolgsfaktoren übersetzt und diese in den jeweiligen Perspektiven im Ursache-Wirkungs-Zusammenhang dargestellt werden. Das gleiche gilt für die zielzugehörigen Kennzahlen und Maßnahmen. Wobei zu betonen ist, dass die Maßnahmen in der Ersterstellung eben gerade den Zielen und nicht primär den Kennzahlen zugeordnet werden.

Um die „nicht-operativen" Organisationsstufen wie Regionen oder ggf. Ländergesellschaften mit in den Prozess des Herunterbrechens einzubeziehen, werden für nachfolgende Stufen

---

[9] Vgl. Müller-Stewens/Lechner (2001), S. 527.

ebenfalls eigenständige Scorecards erstellt. Je nach Zielsetzung und Anspruch stehen verschiedenste Kaskadierungsmethoden zur Auswahl (s. Abbildung 3).[10]

Die Bandbreite an Optionen reicht dabei von gänzlich eigenständigen Scorecards mit individuellen Zielen, Kennzahlen und Maßnahmen bis hin zur vollständigen Übernahme der übergelagerten Scorecard (Parent-Scorecard) und lediglichen Individualisierung in den Maßnahmen. Als erfolgreiche Zwischenlösung hat sich die Methode mit der Vorgabe von so genannten „Mandatories" erwiesen. Dabei werden für nachgelagerte Einheiten einzelne Ziele mit den dazugehörigen Kennzahlen fix und „von oben" vorgegeben, welche dann in der jeweiligen Scorecard zu integrieren sind. Damit ist einerseits eine Stringenz in Schwerpunkt, Inhalt und Erscheinung der verschiedenen Scorecards sichergestellt und die organisationsweite Verfolgung derselben Ziele gewährleistet.

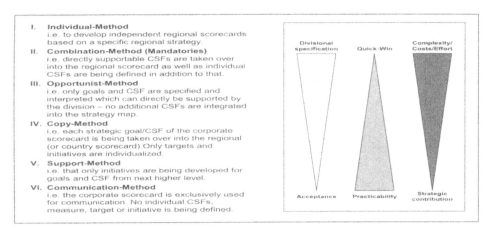

Abbildung 3: Kaskadierungsmethoden – Beispiel für die Integration einer zusätzlichen Regionalstruktur

Zum anderen wird der Freiraum zur Interpretation der Vorgaben bei den „Intermediate Levels" nicht vollends eingeschränkt. Unter motivationalen und zustimmungsbezogenen Gesichtspunkten ein nicht zu vernachlässigender Faktor.

4.2 Ableitung von Kennzahlen/Indikatoren

Der spezielle Prozess der Ableitung von Kennzahlen aus den strategischen Zielen ist in der Literatur umfangreich und schon seit längerem mit verschiedenen Inhaltsschwerpunkten be-

---

10 Vgl. Horvath (2000), S. 231.

schrieben.[11] Die verschiedenen Methoden, sei es die direkte Ableitung aus den Zielen an sich oder über den Zwischenschritt der Bestimmung der „Performance Treiber", eignen sich beide gleichermaßen. Bemerkenswert erscheint lediglich die immer wiederkehrende Diskussion über den Typus der abzuleitenden Kennzahlen.

Hintergrund ist die in Scorecard Projekten nicht immer hinreichend geklärte Frage der „Ownership" der Scorecard. D. h. dass nicht eindeutig festgelegt wird, welchen Informations- und Managementbedürfnissen die Scorecard(-Kennzahlen) gerecht werden sollen. Sind auch die nachgelagerten Scorecards primär zur Informationsversorgung der höheren Ebene gedacht, müssen beispielsweise brachentypische Kennzahlen eingebaut werden, auch wenn es im Zweifel kein entsprechendes strategisches Ziel gibt, für welches die Kennzahl den bestgeeigneten Indikator zur Zielverfolgung darstellt. Liegt die Ownership jedoch bei dem Managementteam der jeweiligen Zwischenstufe, besteht die Gefahr, dass durch den individuellen Zuschnitt branchenübergreifende Vergleiche nicht möglich sind und aufgrund der Spezifität der Elemente diese öfter modifiziert oder ausgetauscht werden müssen.[12]

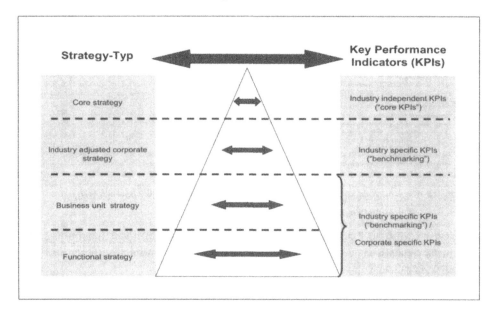

Abbildung 4: *Kennzahlentypen*

---

[11] Im Sinne des Shareholder Value Prinzips vgl. beispielsweise die grundlegenden Arbeiten von Rappaport (1981 und 1986).
[12] Zur Diskussion der verschiedenen Kennzahlentypen siehe Moser (2001), S. 90.

4.3 Ableitung und Evaluierung von Maßnahmen und Programmen

Wichtigstes Element nach den handlungsleitenden strategischen Zielen sind jedoch die strategischen Initiativen. Strategische Initiativen, auch strategische Maßnahmen oder Programme genannt, sind Bündel von Aktivitäten, die die Realisierung eines spezifischen strategischen Ziels ermöglichen. Sie werden auf jedem Organisationslevel entsprechend der strategischen Ziele definiert, bewertet und evaluiert. Auf hohen Unternehmensstufen meist noch in Form von übergreifenden Programmen definiert und dadurch auch oft mehreren Zielen zugeordnet, spezifizieren sich diese Programme in tiefer liegenden Stufen immer mehr, bis auf den unteren Ebenen jedes Team und jeder Mitarbeiter weiß, welche Aktivitäten (durch sie oder ihn) zur Erreichung der Ziele notwendig sind. Strategische Initiativen bringen sozusagen die PS auf die Straße. D. h., dass erst durch die Umsetzung der Maßnahmen, Veränderungen im Verhalten und Agieren der Organisation und ihrer Mitglieder erreicht werden können. Um eine möglichst durchgängige Implementierung der Strategie sicherzustellen, müssen daher die Maßnahmen auf allen Stufen auf die übergreifende Strategie ausgerichtet und über die definierten Ziele oder Erfolgsfaktoren abgeleitet werden.

4.4 Ausrichtung von Initiativen auf Ziele der höheren Organisationsstufe

Ein einfaches Verfahren zur Sicherstellung der strategischen Relevanz und Ausrichtung der Initiativen ist die Anwendung so genannter Mapping Grids.[13]

---

[13] Die Grundidee basiert dabei auf den Prinzipien der Vernetzungsmatrix nach Vester, Vester (1990), S. 37.

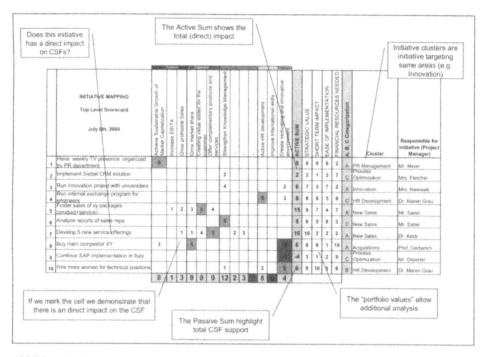

Abbildung 5: *Initiative Mapping Grid – Lesebeispiel*

Dabei werden in den Zeilen einer Matrix die existierenden und geplanten Initiativen der jeweiligen Organisationsebene gelistet. In den Spalten werden danach die definierten strategischen Ziele oder Erfolgsfaktoren eingetragen. Zusätzlich können noch weitere Spalten mit zusätzlichen Analysedimensionen (z. B. Strategischer Wert in NPV, Zeit bis zur Ergebniseinstellung, Dringlichkeit, Verantwortungsbereiche, Maßnahmenkategorien, Risikoeinschätzung etc) ergänzt und im Prozess des Mappings bewertet werden.

Die bewerteten Initiativen werden danach auf Basis des Mappingergebnisses in weiterführenden Analysen evaluiert und so das Maßnahmenportfolio der Organisationsstufe optimiert. Die gängigsten Analysen sind unter den Überschriften „Active Sum Analysis", „Passive Sum Analysis", „Strategic Value vs. Ease of Implementation Matrix" usw. bei BSC Projekten bekannt und verbreitet

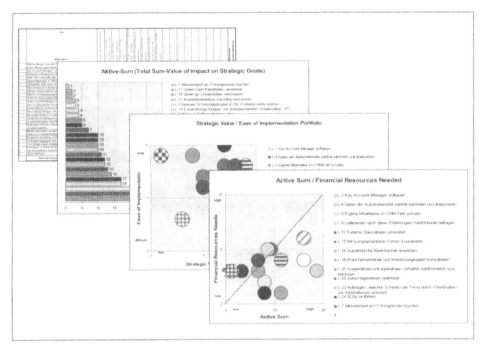

Abbildung 6: *Initiativen-Analysen*

Erfahrungsgemäß ist der Prozess der Diskussion über laufende und geplante Maßnahmen der als am wertvollsten angesehene Schritt in der Operationalisierung der Strategie. Laufende Maßnahmen, die in der Evaluierung durch das jeweilige Management Team der Organisationsstufe als beispielsweise wenig „aktiv" oder bei geringer strategischer Relevanz hohe Kosten verursachend bewertet werden, können so gezielt diskutiert und bestätigt, modifiziert oder eliminiert werden.

Der Diskussions- und Priorisierungsprozess stellt somit sicher, dass alle verabschiedeten strategischen Maßnahmen in Summe geeignet sind, die Strategie durch Realisierung der abgeleiteten strategischen Ziele/Erfolgsfaktoren auf dem jeweiligen Level, umzusetzen. Weiter, dass die Verantwortlichkeiten zur Umsetzung der jeweiligen Initiativen bestimmt werden und dass das resultierende Maßnahmenportfolio eine effektive und effiziente Ressourcenallokation zulässt.

4.5   Feinspezifikation der strategischen Initiativen

Besonders wichtig sind dabei die Maßnahmen, die auf den oberen Scorecards definiert werden. In großen Konzernen oft als „Board Initiatives" bezeichnet, beschreiben sie Programme, die auf und durch die unteren Ebenen umzusetzen sind. Sie haben quasi einen verpflichtenden Charakter für alle nachgelagerten Einheiten und müssen – sofern grundsätzlich relevant – in deren Maßnahmenportfolios integriert werden.[14] Damit wird auch einem in der Unternehmensrealität existierenden, wenngleich überraschendem Phänomen begegnet, dass nämlich Projekte auf hohen Unternehmensstufen verabschiedet, durch mangelnde oder fehlerhafte Kommunikation auf den unteren Organisationsebenen jedoch gar nicht oder nur fehlerhaft umgesetzt werden.

Eine Spezifikation der Board Initiatives in dafür entwickelten Templates sichert dagegen die gleichartige Beschreibung und Interpretation der Maßnahmen und eröffnet die Möglichkeit zur Kommunikation in das Unternehmen hinein. Die Feinspezifikation und Detailbeschreibung der einzelnen Programme, Projekte, Sub-Projekte usw. in den erwähnten Templates ist ein zwar administrativ für die Unternehmen aufwändiger, wenngleich essentieller Schritt im *Strategieimplementierungsprozess.*

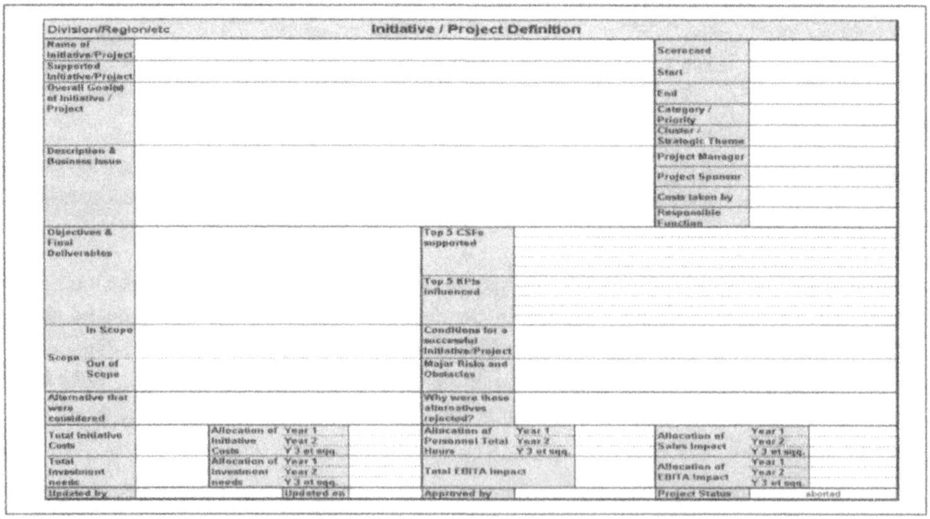
Division/Region/etc
Initiative / Project Definition
Name of Initiative/Project
Supported Initiative/Project
Overall Goal(s) of Initiative / Project
Description & Business Issue
Scorecard
Start
End
Category / Priority
Cluster / Strategic Theme
Project Manager
Project Sponsor
Costs taken by
Responsible Function
Objectives & Final Deliverables
Top 5 CSFs supported
Top 5 KPIs influenced
Scope: In Scope / Out of Scope
Conditions for a successful Initiative/Project
Major Risks and Obstacles
Alternative that were considered
Why were these alternatives rejected?
Total Initiative Costs
Allocation of Initiative Costs: Year 1 / Year 2 / Y 3 et sqq.
Allocation of Personnel Total Hours: Year 1 / Year 2 / Y 3 et sqq.
Allocation of Sales Impact: Year 1 / Year 2 / Y 3 et sqq.
Total Investment needs
Allocation of Investment needs: Year 1 / Year 2 / Y 3 et sqq.
Total EBITA Impact
Allocation of EBITA Impact: Year 1 / Year 2 / Y 3 et sqq.
Updated by
Updated on
Approved by
Project Status
aborted

***Abbildung** 7: Initiative Definition Template*

Zusätzlich wird durch die Bestimmung eines (explizit) Verantwortlichen auf hoher Ebene gewährleistet, dass die Durchsetzung der Programme die notwendige Unterstützung erfährt. Ein regelmäßiges Nachverfolgen der Programmfortschritte in dem BSC-Managementprozess verstetigt damit die Beschäftigung mit den als notwendig erachteten Aktivitäten auf Führungsebene, wie nachfolgend noch gezeigt wird.

---

14 Existiert in einer Region z. B. ein Zielsegment nicht und soll auch nicht aufgebaut werden, sind alle Maßnahmen die auf dieses Segment abzielen für die Region nicht relevant und die Maßnahme muss nicht als Initiative in das Mapping mit aufgenommen werden.

Die Definition der Board Initiatives stellt einen ersten Schritt zur unternehmensweiten Verfolgung relevanter Aktivitäten dar. Besonders bei dem Alignment von Länderaktivitäten auf beispielsweise regionale Erfolgsfaktoren werden jedoch noch weitere Abstimmungsprozesse notwendig, die wiederum durch geeignete Methoden unterstütz werden.

4.6 Evaluierung des strategischen Beitrages der Zwischenstufen

Ein probates Mittel ist dabei die so genannte „Passive Sum Consolidation„. Dabei werden von allen Ländergesellschaften (oder vom jeweiligen Sublevel) die Passive Sum Zeilen aus deren Initiative Mapping in ein Mappinggrid mit den regionalen Erfolgsfaktoren als Spaltenköpfe eingetragen. Länder- oder regionalspezifische Ziele/Erfolgsfaktoren, die nur auf einer der beiden Ebene vorkommen müssen ggf. aufeinander abgestimmt oder die Länderziele den Regionalzielen neu zugeordnet werden. Nachfolgendes Beispiel zeigt eine solche Übersicht aus einem global operierenden Mischkonzern.

	Finance			Customer			
CSF / Country's Passiv Sum	Grow profitable Sales	Increase EBITA	Optimize Capital Employed	Improve a win win customer relation, image and market	Create and market perceived Va... Added for the customer ...	Defend and grow market share	
Agentina	10	11	6	10	9	9	8
Brasil	14	13	6	17	4	15	16
Chile	10	11	1	15	10	12	15
Colombia	13	11	6	19	9	15	9
Czech Republik	11	4	7	12	3	4	14
Ecuador	7	7	3	6	5	5	2
France	20	21	8	25	15	19	17
Germany	18	17	16	16	13	10	12
Hungary	7	11	11	7	7	6	6
Business Unit 1 -Gobal	***14***	***18***	***4***	***17***	***9***	***13***	***17***
Italy	10	11	7	11	3	6	13
Mexico	6	7	2	8	6	3	8
Peru	3	1	3	9	1	9	1
Poland	5	4	5	9	8	6	9
Puerto Rico	5	7	6	6	4	4	4
REN	8	17	6	10	8	10	9
Uruguay	7	7	2	9	6	8	7
USA	4	5	3	5	3	4	3
Venezuela	8	9	6	11	4	9	8
TOTAL BU PASSIV SUM	180	192	108	222	127	167	178

	Process											Employ & Fi...		
CSF / Country's Passiv Sum	Identify growth segments				Increase market and customer knowledge					Increase operational efficiency	Alignment of resources and effor...	Active HR development	Improve international skills	Create motivating and innovative environment ...
Agentina	6	5	7	8	3	4	10	8	4	8	5	1	[illegible]	2
Brasil	6	6	9	6	[illegible]	4	16	9	5	5	2	9	[illegible]	11
Chile	12	10	14	9	3	2	7	8	3	4	6	1	1	1
Colombia	7	5	8	6	3	3	10	6	3	1	[illegible]	2	[illegible]	1
Czech Republik	6	3	5	5	4	3	14	5	1	4	3	8	4	5
Ecuador	3	2	2	3	[illegible]	3	7	5	2	5	2	1	[illegible]	2
France	23	6	16	18	8	11	20	22	12	5	10	9	9	7
Germany	3	3	2	1	1	3	[illegible]	5	2	8	2	[illegible]	[illegible]	[illegible]
Hungary	7	11	7	7	8	7	15	16	7	12	[illegible]	[illegible]	[illegible]	4
Business Unit 1 -Gobal	***21***	***7***	***19***	***14***	***5***	***11***	***11***	***16***	***8***	***6***	***21***	***5***	***17***	[illegible]
Italy	5	7	4	[illegible]	3	6	14	8	2	1	6	6	2	10
Mexico	2	4	5	1	1	1	6	2	1	3	6	3	1	3
Peru	10	3	6	9	2	3	9	4	2	[illegible]	3	1	[illegible]	1
Poland	3	2	3	2	[illegible]	2	8	5	[illegible]	8	3	2	4	4
Puerto Rico	4	1	3	2	4	2	5	4	5	2	6	3	[illegible]	5
REN	12	5	5	8	3	2	1	9	3	6	5	[illegible]	15	6
Uruguay	4	5	5	5	1	3	12	9	[illegible]	5	5	1	1	1
USA	4	1	1	1	3	3	3	5	2	[illegible]	4	4	1	4
Venezuela	8	4	6	6	2	4	5	5	3	3	5	2	5	1
TOTAL BU PASSIV SUM	146	90	127	111	54	77	173	151	65	86	94	58	60	68

Abbildung 8: *Passive Sum Consolidation*

Bei den letztjährigen Strategiegesprächen konnte so beispielsweise identifiziert werden, dass von der Geschäftsbereichsleitung festgelegte Ziele/Erfolgsfaktoren gemäß der Analyse nicht ausreichend durch einzelne Ländergesellschaften unterstützt wurden. Die Länderchefs mussten als Reaktion auf diese Feststellung Projekte identifizieren, die eine Unterstützung der strategischen Ziele auch aus ihrem Verantwortungsbereich sicherstellen. Erst die finale Projektliste wurde dann die akzeptierte Basis für die nachfolgenden Budgetgespräche.

Werden in jeweiligen Bewertungsskalen den einzelnen Punktwerten zusätzlich monetäre Vergleichsgrößen hinterlegt, können höhergelagerte Ebene zusätzlich auch den finanziellen Wertbeitrag von beispielsweise einzelnen Ländergesellschaften evaluieren. Ein „Strategic Value„ Wert von fünf kann so z. B. als positivem EBITA-Beitrag von 50.000 Euro gelesen werden. In Summe addiert sich so der gesamte Wertbeitrag der einzelnen Strategien auf Gesamtunternehmensebene.

5. Vom Performance Measurement zum Performance Management

Der vorgestellte Prozess zielt somit ganz deutlich auf die Abstimmung von Zielen, Kennzahlen und vor allem Maßnahmen auf allen Hierarchie- und Unternehmensstufen ab. Jeder einzelne Schritt schafft ein Alignment von Zielbeschreibungen und Maßnahmebündel und leitete die Elemente jeweils aus den Zielen/Erfolgsfaktoren und im Falle der Board Initiatives auch die Maßnahmen aus den Strategieelementen der nächst höheren Ebene ab. Die Kennzahlen beziehen sich dagegen idealerweise immer auf die Ziele der jeweiligen Organisationsstufe und sind deren strategischen Zielen zugeordnet.

5.1 Controlling der Kennzahlen

Das strategische Controlling mittels Kennzahlen findet neuerdings meist anwenderfreundlich auf Basis grafisch ansprechenden Cockpitoberflächen statt. Zielwertabweichungen werden durch Ampellogiken visualisiert und erlauben einen schnellen Überblick über die Entwicklung bei den relevanten strategischen Kennzahlen (s. Abbildung 9).

Stehen alle Kennzahlen auf grün, wird dieser Teil der Analyse schnell abgeschlossen. Signalisieren Kennzahlenwerte jedoch gelbe oder rote Zielwertabweichungen werden die die Kennzahl bildenden Datenelemente oder Subkennzahlen durch Drill-Down Funktionalität näher betrachtet. Ziel ist es zu detektieren, woher die Abweichung stammt. Aufgrund der diskutierten Kennzahlenproblematik und wegen des Anspruchs der Maßnahmenfokussierung reicht die Performance Messung über die Kennzahlen jedoch nicht aus, alle relevanten Aspekte in der Diskussion der Strategieimplementierung zu erfassen.

Management der Strategieimplementierung 385

Abbildung 9: Key Performance Indicator Visualization (War Room)

Die Kennzahlendiskussion wird in der Strategieimplementierung deshalb nur als erster Schritt verstanden. Ist die bei Zielwertabweichung ursächliche Kennzahl identifiziert, muss weiter analysiert werden, welche Maßnahmen hinter dem strategischen Ziel stehen, welchem die Kennzahl zugeordnet ist. Damit ist schon der erste Schritt von der reinen Messung der Kennzahlen in die Initiativenverfolgung getan.

5.2 Controlling der Initiativen

Zum Nachverfolgen und Controlling der Strategieimplementierung sind die vorgestellten zusätzlichen Schritte notwendig, die speziell auf die Fortschrittskontrolle der strategischen Initiativen abzielen. Die in den Initiative-Templates inkludierten Abschnitte zum Projektfortschritt (s. nachfolgende Abbildung) stellen die Basis für die Nachverfolgung durch das Management dar.

Denn auch unabhängig von der Initiativendiskussion aufgrund von Zielwertabweichungen, müssen die wichtigsten Maßnahmen regelmäßig in den Managementmeetings der jeweiligen Organisationsstufe diskutiert werden. Dies ist notwendig, damit schon die Möglichkeit zum

Gegensteuern besteht, auch wenn sich in den Kennzahlen noch keine Negativabweichung feststellen lässt.

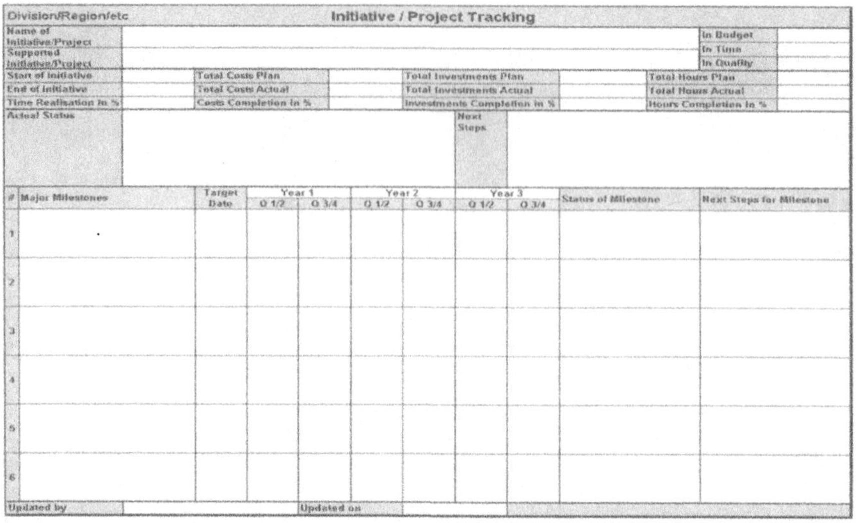

Division/Region/etc	Initiative / Project Tracking						
Name of Initiative/Project						In Budget	
Supported Initiative/Project						In Time	
						In Quality	
Start of Initiative		Total Costs Plan		Total Investments Plan		Total Hours Plan	
End of Initiative		Total Costs Actual		Total Investments Actual		Total Hours Actual	
Time Realisation in %		Costs Completion in %		Investments Completion in %		Hours Completion in %	
Actual Status			Next Steps				

#	Major Milestones	Target Date	Year 1		Year 2		Year 3		Status of Milestone	Next Steps for Milestone
			Q 1/2	Q 3/4	Q 1/2	Q 3/4	Q 1/2	Q 3/4		
1										
2										
3										
4										
5										
6										
Updated by			Updated on							

Abbildung 10: *Initiative Trecking Template*

Verglichen mit der Argumentation aus der Balanced Scorecard, dass durch die Definition so genannter Frühindikatoren (Leading Indicators) ein frühzeitiges Gegensteuern möglich ist, wird durch die regelmäßige Diskussion der wichtigsten Initiativen als regelmäßigem Bestandteil der Managementmeetings ein noch früheres Gegensteuern möglich.

Die beispielsweise im Prozess des Initiativenmapping als „A-Kategorie" definierten Maßnahmen werden von den jeweiligen Projektleitern regelmäßig aktualisiert und mit Managementteam (anhand des obigen Trackingtemplates) die Entwicklung der Maßnahmen und der resultierenden Zielerreichung diskutiert. Werden dann durch das Gremium Korrekturmaßnahmen verabschiedet, Zielsetzungen, Meilensteine oder Ressourcenzuteilungen modifiziert, ist der Schritt vom Performance Measurement zum Performance Management vollständig realisiert. Die Brücke von der puren Messung hin zum Nachverfolgen und strategischen (Neu-)Ausrichten der Initiativen geschlagen.

6. Zusammenfassung und Ausblick

Wie von Beginn an betont wurde, geht es beim Controlling der Strategieimplementierung nicht nur um den reinen Messvorgang oder die Betrachtung der Kennzahlen, sondern gerade um die Diskussion und das Nachverfolgen der definierten Ziele und Maßnahmen und das frühzeitige Gegensteuern durch das Managementteam falls notwendig.

Existierende Strategieimplementierungsmodelle oder –philosophien unterstützen diesen Prozess bisher noch nicht ausreichend. Die in diesem Beitrag vorgestellten Prozessschritte sind ihrerseits noch keine durchgängige Prozessbeschreibung und erfüllen den geforderten Anspruch daher auch noch nicht umfassend.

Entsprechenden Modelle und Methoden werden jedoch aktuell im Rahmen von wiederum in einem von BearingPoint (ehemals KPMG Consulting) gesponserten Forschungsprojekt entwickelt. Die ersten Ergebnisse finden sich in den einzelnen Abschnitten wieder oder werden in laufenden Beratungsprojekten weiter auf ihre Praxistauglichkeit geprüft. Die Forschung zum Management der Strategieimplementierung wird somit weiter vorangetrieben. Erst kommende Veröffentlichungen werden dann auch den Mangel an publizierten Vorgehensmodellen befriedigend beheben und einen umfassenden alternativen Lösungsweg aufzeigen.

Strukturiertes Controlling im Beteiligungsmanagement

Thomas Czekala

1. Erwartungen an das Beteiligungscontrolling	390
2. Ableitung des verwendeten Controllingkonzeptes	391
3. Anwendung des Controllingkonzeptes im Beteiligungsmanagement der Beisheim Holding Schweiz AG	393
3.1 Dimensionen der Prämissenfläche	394
3.1.1 Entscheidungsraum, Kultur & Volumen	394
3.1.2 Aktionsfelder	395
3.1.3 Zielsetzung und Kunden	396
3.2 Dimensionen der Gestaltungsfläche	397
3.2.1 Funktion	397
3.2.2 Prozesse, Anlässe und Termine	398
3.2.3 Inhalte & Definitionen	400
3.2.4 Formulare	402
3.2.5 Systeme	404
3.2.6 Rollen, Kompetenzen und Verantwortlichkeiten	405
3.3 Erfahrung bei der Beisheim Holding Schweiz AG	408
4. Einsatz des Konzeptes bei der Scout24 AG	410
5. Fazit und Ausblick	411

1. Erwartungen an das Beteiligungscontrolling

Immer mehr Unternehmen weisen in ihren Bilanzen Beteiligungen an anderen Unternehmen auf. Diese sind z. B. durch Akquisitionen, Ausgründungen oder auch aus der Umsetzung von Holdingkonzepten entstanden und müssen durch ein geeignetes Management geführt werden. Hierbei ist mindestens eine zusätzliche Perspektive zu berücksichtigen: Das Managementobjekt ist eine juristische Person mit den damit verbundenen formalen Regelungen, Anforderungen aber auch eigenen Strukturen. Darüber hinaus liegt nicht immer eine 100-prozentige Beteiligung vor, so dass sich das Management von Beteiligungen oft mit anderen nicht verbundenen Gesellschaftern abstimmen und einigen muss. Diese beiden Besonderheiten, ergänzt um die alltäglichen Themen unternehmerischen Handelns, führen zu einem speziellen Bedarf an strukturierter Unterstützung. Versteht man Controlling als eine Rationalität unterstützende Funktion im Führungsprozess[1], dann ist das Management von Beteiligungen ein Betätigungsfeld des Controllings. *Beteiligungscontrolling* hat dann die Aufgabe, das *Beteiligungsmanagement* bei der

- Antizipation von Ereignissen
- Gewinnung, Adaption und Verteilung von Informationen
- Entwicklung und Koordination von Maßnahmen

so zu unterstützen, dass die Aktivitäten des Managements folgende Kriterien erfüllen:

- Kopf-gesteuert,
- Daten-basiert,
- Modell-orientiert,
- systematisch,
- übertragbar,
- nachvollziehbar,
- geplant,
- kontrolliert .

Dies ist in Hinblick auf die betreute Beteiligung im Einzelnen als auch für das Gesamtportfolio umzusetzen.

---

[1] Dies unterliegt der These, dass Rationalität im Handeln angestrebt wird. Vgl. Weber, J.: Einführung in das Controlling, 7. Aufl., Stuttgart 1998, S. 32 ff.

Im Folgenden soll ein einfaches, skalierbares, flexibles und allgemeines Controlling-Konzept vorgestellt werden, welches in der Praxis entwickelt wurde, den theoretischen Anforderung bislang ausreichend standhält und u. a. vom Beteiligungsmanagement einer Finanzholding und einer Managementholding eingesetzt wird.

2. Ableitung des verwendeten Controllingkonzeptes

Controlling ist in Theorie und Wirtschaftspraxis ein fester Begriff und inzwischen haben es fast alle Unternehmen bei sich installiert. Es fällt aber auf, dass der Begriff im Sprachgebrauch keine einheitliche Verwendung hat. Dies liegt u. a. daran, dass in der Kommunikation über Controlling sehr häufig unbewusst von unterschiedlichen Ebenen gesprochen wird. Um eine saubere Basis zu legen ist es notwendig, mindestens zwischen dem institutionalen, dem funktionalen und dem strukturalen Controllingbegriff zu differenzieren.

Institutional bezeichnet den Teil einer Aufbauorganisation, der als Controlling identifiziert und evtl. sogar bezeichnet wird. Controlling findet jedoch nicht allein durch diese und in dieser Abteilung statt. Häufig liegen Aspekte des Controllings auch in den Händen des Finanzvorstandes, kaufmännischen Leiters, Buchhalters oder Revisors.

Die *funktionale* Begriffsebene erfasst das eher technisch Abstrakte im Controlling, vergleichbar einer mathematischen Funktion „f(x)=Controlling". Hier sind die Ziele, Mechanismen und Aktionsfelder enthalten, so dass bei Verwendung in diesem Sinn die Wirkung von Controlling in der Organisation gemeint ist. Welche Elemente, Prozesse und Beziehungen in der Organisation zu einem Controllingsystem führen beschreibt die *strukturale* Begriffsebene. Bei Verwendung in diesem Zusammenhang werden u. a. EDV-Systeme, Gremien, Datenbanken, Schnittstellen, Formulare, Informationsinhalte aber auch Mitarbeiter und Manager gemeint, durch deren Zusammenwirken dann Controlling im Sinne der Systemtheorie[2] entsteht. Controlling hat jedoch auch die politisch zweckorientierte Komponente. Es stellt sich bei jeder Funktion in Organisationen die Frage, nach dem Wozu und für wen, so dass Controlling immer auch benutzt wird und *instrumental* zu sehen ist.[3] Hier liegt die Verpflichtung, Controlling als interne Dienstleistung für eine zu identifizierende Kundengruppe in einem individuellen Umfeld zu verstehen (s. Abbildung 1).

---

[2] Vgl. zur Systemtheorie: Vesper, F.: Neuland des Denkens, Vom technokratischen zum kybernetischen Zeitalter, 10. Aufl., München 1997, S. 17 ff.
[3] Controlling nutzt selbst auch Instrumente, so dass aus der Perspektive Controlling neben der hier dargestellten passiven Instrumentalität auch eine aktive Instrumentalität besteht.

Alle vier Teilaspekte des Begriffes Controlling sind verschiedene Seiten eines Würfels. Bei der Verwendung und dem Einsatz von Controlling sind folglich diese Ebenen und die damit verbundenen jeweiligen Themen gleichzeitig zu betrachten, für den individuellen Fall zu diskutieren, konkret mit Leben zu füllen und sinnvoll aufeinander abzustimmen. Hierzu helfen die mit den einzelnen Begriffsebenen verbundenen Dimensionen, die durch ihre überschaubare Anzahl gewährleisten, dass alle semantischen Ebenen des Controllings gleichzeitige und integrierte Berücksichtigung finden. Es besteht zusätzlich die Möglichkeit, je nach individuellem Sachverhalt der Anwendung, weiter zu verfeinern und zu teilen.

Begriffsebene	Institutional	Funktional	Struktural	Instrumental
Symbol		$f(x)$	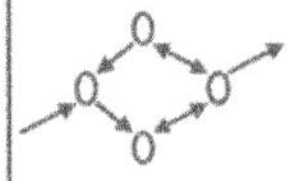	
Kernfrage	Wer ?	Wie & Wozu ?	Wodurch ?	Für wen ?
Dimensionen	Rollen, (Kompetenzen, Verantwortung, Titel, Fähigkeiten)	Ziele, Funktionen, Aktionsfelder	Prozesse, Systeme, Formulare, Inhalte, Definitionen	Kunde, Umfeld (Volumen, Kultur, Branche, ...)

Abbildung 1: *Semantische Begriffsebenen des Controlling*

Einige Dimensionen stellen i. d. R. gesetzte Prämissen dar und sind kurz- bis mittelfristig aus Sicht des Controllings nicht disponibel. Andere sind originäre Aspekte des Controlling und damit von diesem selbst zu gestalten. Damit kann auf einfache Weise durch die Zuordnung der Dimensionen zur *Prämissenfläche* oder zur *Gestaltungsfläche* der Handlungsraum sinnvoll eingeschränkt werden. Dieses hilft zum einen, Controlling nicht als ein Modell auf der grünen Wiese zu verstehen, sondern in einen bestehenden Kontext einzuordnen – was i. d. R. der Fall sein dürfte – und zum anderen, Controlling nur mit den gewünschten und nicht mit allen Managementthemen einer Organisation zu belasten (s. Abbildung 2).

Die Umsetzung dieses Konzeptes kann durch iteratives Begreifen, Überprüfen, Diskutieren und Ausformulieren der einzelnen Strahlen des Sternes erfolgen. Dabei ist es nicht relevant, ob bereits ein bestehendes Controllingkonzept vorliegt und dieses anhand des Modells überprüft und modifiziert oder Controlling grundsätzlich neu aufgesetzt wird.

Es ist klar, dass jede Controllinganwendung für sich individuell ist. In einer Momentaufnahme zu einem gewählten Zeitpunkt hat jeder Strahl ein eigenes Profil bzgl. Ausprägungen, Qualität und Quantität.

Alle Dimensionen sind notwendig, wichtig und bedingen sich gegenseitig. Bei der Umsetzung muss deshalb gleichmäßig in die Tiefe gegangen werden. Kein Manager wird akzeptieren, wenn Systeme und Formulare perfekt aufgesetzt werden aber leider nicht rechtzeitig für den Budgetprozess fertig sind oder alle Dokumente nur in Deutsch vorliegen und von den japanischen Kollegen nicht verstanden werden.

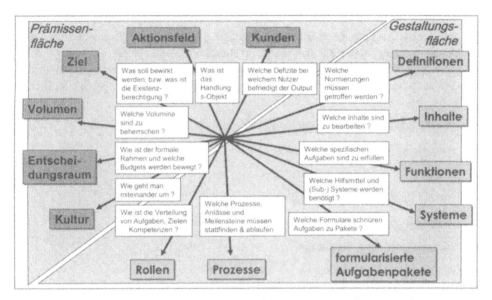

Abbildung 2: Sternkonzept als Basis zur Ausgestaltung einer Controllinganwendung

3. Anwendung des Controllingkonzeptes im Beteiligungsmanagement der Beisheim Holding Schweiz AG

Das beschriebene Grundkonzept mit seinem einfachen Controllingverständnis und den daraus abgeleiteten Basisdimensionen kann individuell auf Managementbereiche oder spezielle Felder zur Rationalitätssteigerung angewendet werden. Im Folgenden werden die einzelnen Dimensionen am Beispiel der Beisheim Holding Schweiz AG (BHS) konkretisiert und exemplarisch eingestellt. Die hier gewählte Reihenfolge der Dimensionen entspricht nicht einer zwingend nötigen Vorgehensweise sondern fügt sich in den linearen Rahmen dieses Beitrags.[4]

3.1 Dimensionen der Prämissenfläche

3.1.1 Entscheidungsraum, Kultur & Volumen

Die individuelle Ausprägung einer Controllingfunktion leitet sich im Wesentlichen aus dem konkreten organisatorischen Rahmen ab. Dieser Rahmen ist nicht statisch weist aber i. d. R. eine gewisse mittelfristige Konstanz auf, so dass hier grundlegende Parameter gesetzt vorliegen aber auch eine regelmäßige Überprüfung dieser Prämissen zwingend nötig bleibt. Hierzu gehören u. a.[5]

- gesellschaftsrechtliche Eingliederung
- prinzipieller Wertschöpfungsprozess
- Strategie
- Art und Umfang der Internationalität
- zeitspezifischer und individueller volkswirtschaftlicher Rahmen
- relevante gesetzliche Reglungen
- Führungskontext und -kultur
- Background an Ressourcen (Finanzkraft, Know-how-Pool)
- absolute Größe, wie z. B. Standorte, Mitarbeiter, Umsatz, Marktrelevanz

Im vorliegenden Fall stellt das Unternehmen *BHS* zum Zeitpunkt 1.1.2003 den Ausgangspunkt für die folgende Umsetzung des Controllingkonzeptes dar. Das Unternehmen mit Sitz in der Schweiz ist Teil einer privaten Vermögensverwaltung. Sie nimmt Direktinvestitionen in operative Unternehmen unterschiedlicher Phasen und Branchen vor. Aufgrund des finanziellen Fokus aller Aktivitäten, welche ergänzt werden durch operative Coaching-Maßnahmen kann die BHS als Finanzholding bezeichnet werden.[6] Die gesamte Gruppe hat zum Ausgangszeitpunkt über 5'000 Mitarbeiter, ist international aufgestellt mit Schwerpunkt im

---

[4] Vgl. auch zum linearen Aufbau der Arbeit: Borchers, S.: Beteiligungscontrolling in der Management-Holding, Wiesbaden 2000, S. 19.
[5] Vgl. Kontextfaktoren: Littkemann, J.: Grundlagen des Beteiligungscontrollings, in: Littkemann/Zündorf (Hrsg), Beteiligungscontrolling, Herne/Berlin 2004, S.78 ff.
[6] Vgl. zu Holdingtypen: Borchers, a. a. O., S. 26 ff.

deutschsprachigen Raum. Der Wertschöpfungsprozess besteht im Kern aus den drei Phasen „Akquisition", „Coaching" und „Exit". Diese Phasen sind nicht unbedingt trennscharf und können sich auch in einzelnen Schritten vollziehen, z. B. in der Schrittweisen Übernahme von Anteilen oder im Schrittweisen Verkauf derselben. Die längste Zeit befinden sich Beteiligungen im „Coaching" und werden vom verantwortlichen Beteiligungsmanagement über Gremien und deren Entscheidungen wertsteigernd betreut.

3.1.2 Aktionsfelder

Management und Controlling wirken als Funktionen auf gezielte Objekte, die konkrete operative Aktionsfelder darstellen und sich je nach Unternehmens- und Holdingtyp unterscheiden. Im Falle des Beteiligungsmanagements und -controllings einer Finanzholding sind die Objekte die gesellschaftsrechtlich definierten Unternehmen, an denen der Auftraggeber direkt oder indirekt Anteile am Eigenkapital besitzt.[7]

Bei der *BHS* sind es zum Ausgangszeitpunkt rund 50 rechtlich eigenständige Gesellschaften, welche an einzelnen Stellen eine vierstufige Konzernstruktur darstellen. Die betreuten Beteiligungen sind hauptsächlich Mehrheitsbeteiligungen, so dass auf Beschlüsse und Entscheidungen wesentlicher Einfluss genommen werden kann (s. Abbildung 3).

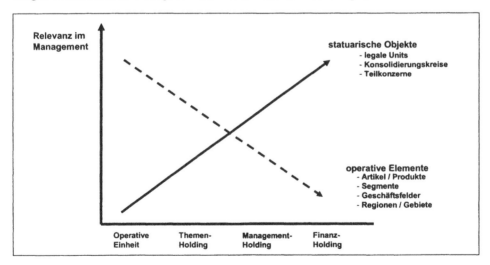

Abbildung 3: Veränderung der Objektrelevanz im Management bei unterschiedlichen Unternehmensformen

---

[7] Vgl. auch zu Beteiligungsquote, Einflusspotenzial und Abgrenzung des betriebswirtschaftlichen und formaljuristischen Blickwinkels: Borchers, a. a. O., S. 21 ff.; sowie die dort angegebene Literatur.

3.1.3 Zielsetzung und Kunden

Das Controlling leitet seine Ziele direkt aus dem jeweilig zugeordneten Managementfeld ab. Im vorliegenden Fall liefert das Beteiligungsmanagement den Zielrahmen für das Beteiligungscontrolling.[8] Hier sei angemerkt, dass auch Management in die vier semantischen Begriffsebenen gegliedert werden muss: Die Funktion des *Beteiligungsmanagements* ist von der Institution und der systemischen Struktur mit gleicher Bezeichnung zu unterscheiden. Auch wird das Beteiligungsmanagement instrumental z. B. vom Investor eingesetzt, um dessen eigene Ziele wiederum besser zu erreichen. Beide werden dann eine gemeinsame *Zielsetzung* verfolgen, die im Falle der unternehmerisch orientierten Finanzholding in der Sicherung und Mehrung eines finanziellen Vermögens unter vereinbarten Risiko- und Renditeerwartungen besteht. Gleiches gilt unter dem gewählten Controllingverständnis für das Beteiligungscontrolling, welches nun die geeignete Rationalität hierzu gewährleisten muss.

Das Controlling hat zur Aufgabe, bestehende Rationalitätsdefizite zu reduzieren. Im Falle des Controllings von Beteiligungen können diese zum einen im Beteiligungsmanagement selbst, zum anderen in den nächst höheren Instanzen über dem Beteiligungsmanagement und letztendlich auch in der Beteiligung selbst bestehen. Durch die Qualität des Defizits sind *Kunden* des Beteiligungscontrollings generell zu personifizieren und in ihrer individuellen Bedarfsituation zu betrachten. Aufgrund der begrenzten Anzahl kann eine konkrete Defizitanalyse erfolgen, die sich abhängig von der Wertschöpfungsphase der Beteiligung unterschiedlich darstellen kann. Das Beteiligungscontrolling der BHS hat für sich zum einen die den Beteiligungen zugeordneten Beteiligungsmanager (Coaches) und die eigene Geschäftsführung als Kunden im engeren Sinne erfasst. Zum anderen gehören der Verwaltungsrat und z. T. auch die Geschäftsführungen der Beteiligungen zu den Kunden im Weiteren Sinne.

Sowohl vom Beteiligungsmanagement als auch vom Beteiligungscontrolling wird ein Erfolgsbeitrag erwartet. Was dieses konkret heißt, ist nur schwer zu erfassen. Die theoretische Effizienz- und Effektivitätsbetrachtung[9] hilft hier nur bedingt weiter. In der Praxis wird *Erfolg* und die daraus resultierende Bonuszahlung dann dokumentiert, wenn Erwartungen (Budgets, Commitments, Benchmarks) erreicht oder sogar übererfüllt werden. Dabei ist zu berücksichtigen, dass Erwartungen individuell und subjektiv sind und sich im Zeitverlauf verändern können. So können sich Pläne, die zur Investition in eine Beteiligung geführt haben, als nicht umsetzbar erweisen. Eine Anpassung der Erwartungen im Beteiligungsverlauf kann dann zu lokalen Erfolgen führen, z. B. für den Manager, der die kurzfristige Veräußerung einer Beteiligung gut umsetzt, während der Manager, welcher die Investitionsentscheidung zu verantworten hat, einen Misserfolg verbuchen muss.

---

[8] Vgl. zu Zielen des Beteiligungscontrolling: Littkemann, J.: Grundlagen des Beteiligungscontrollings, in: Littkemann/Zündorf (Hrsg), Beteiligungscontrolling, Herne/Berlin 2004, S. 50 ff.

[9] Zum theoretischen Erfolg des Beteiligungscontrolling und den damit verbundenen Problemen vgl. Littkemann, a. a. O., S. 95 ff.

3.2 Dimensionen der Gestaltungsfläche

3.2.1 Funktion

Controlling hat in Abhängigkeit der Erwartungen der Kunden aber auch des eigenen Anspruches seine Wirkweise zu bestimmen. Die allgemeine Zielsetzung des Controllings, Rationalität im identifizierten Zielsegment zu steigern, erfordert hierzu führende Mechanismen. Solche Funktionen haben dafür zu sorgen, dass die Entscheidungen der Manager im Kopf und nicht im Bauch stattfinden. Dies kann auf verschiedene Weise unterstützt werden, z. B. dass bestehendes Wissen genutzt, aus Erfahrungen gelernt, vorausschauend gedacht wird und Maßnahmen aufeinander abgestimmt werden. Damit lassen sich *Planung, Kontrolle, Analyse und Kommunikation* als direkte Funktionen ableiten, welche durch Controlling nun koordiniert und letztendlich erfolgssteigernd aufzusetzen sind.[10]

Die beschriebenen Funktionen sind nicht unabhängig voneinander und haben nur im Zusammenspiel ihre volle Wirkungskraft. Ein systematischer Managementzyklus, speziell im zum Controlling passenden Managementkonzept „Führung durch Ziele", erfordert sämtliche genannten Funktionselemente. Aus diesem Grund kann Controlling weder auf Planung noch auf Kontrolle verzichten, obwohl diese nicht für die Beliebtheit des Controllings in den Unternehmen förderlich sind: beide reduzieren Freiheitsgrade bei den Betroffenen, indem Handlungsspielräume bewusst eingeschränkt werden. Deshalb muss Controlling gegen Widerstand zum einen aktiv gestaltend wirken, indem es die Funktionen in Strukturen integriert und optimiert, und zum anderen kontinuierlich im Tagesgeschäft die bereits bestehenden Controlling-Strukturelemente zusammenhalten und verkaufen.[11]

Das Aufstellen und Verabschieden von Plänen ist wie die Durchführung der regelmäßigen Kontrolle Auslöser für Kommunikation und erneute Analyse sowie Abstimmung von zukünftigen Maßnahmen. Sie haben deshalb neben der eigentlichen Kernaufgabe auch eine wesentliche *Taktgeberfunktion* im Kommunikationsverhalten.

Die Funktionen des Beteiligungscontrolling müssen für den individuellen Kontext, der sich aus den Dimensionen der Prämissenfläche ergibt, über die anderen Dimensionen der Gestaltungsfläche aktiv ausgestaltet und abgebildet werden. Ein *Controlling des Controlling* muss regelmäßig prüfen, ob alle Funktionen in adäquatem Umfang erfüllt werden.

Die Umsetzung der hier vorgestellten Funktionsweise von Controlling erfolgt in Form von definierten Erwartungen an die Beteiligungen, welche in Plänen fixiert und verabschiedet und dann konsequent mit den realisierten Ergebnissen verglichen werden. Hierdurch erfolgt eine

---

10 Vgl. Weber, a. a. O., S.29 ff.
11 Vgl. systembildende und systemkoppelnde Funktion des Controlling in: Horvath, P.: Controlling, 6. Aufl., Stuttgart 1996, S.141.

Art von „in Prozess Kontrolle", wie sie bei industriellen Produktionsunternehmen normal ist. Neue Erkenntnisse und Umstände können in neu vereinbarte Pläne einfließen. Dies ist jedoch auch unter Umständen mit einer Änderung der daraus resultierenden Verwertung der Beteiligung verbunden, bzw. führt evtl. auch zu zusätzlichen Investments um positive Effekte zu verstärken. Letztendlich wird so gewährleistet, dass kurz-, mittel- und langfristiger Erfolg oder Misserfolg über alle Entwicklungsphasen der Beteiligung dokumentiert werden.

3.2.2 Prozesse, Anlässe und Termine

Unternehmen sind soziotechnische Systeme, die z. T. aus einer großen Anzahl von Menschen bestehen. Soll eine gemeinsame Zielsetzung verfolgt werden, dann kann nicht jedes einzelne Individuum über den Weg dorthin entscheiden, sondern muss wie in einem Orchester durch einen Dirigenten koordiniert über „Takt" und „Noten" seine „Rolle" spielen. Individuelle Fähigkeiten und Wünsche, ausgewähltes „Stück" und der Dirigent bestimmen dann die Freiheitsgrade des Einzelnen.

In Unternehmen helfen dem Management konkrete Prozesse, Anlässe und Termine, wie z. B. Aufsichtsrats- und Geschäftsführungssitzungen aber auch Pressekonferenzen, Betriebsversammlungen und Budgetrunden, sich selbst zu sortieren und den gemeinsamen „Takt" und die „Melodie" abzustimmen, bzw. Signale an Mitarbeiter und Vorgesetzte über Veränderungen zu senden. Dies kann über die Reflexion der Vergangenheit (z. B. Pressekonferenz zum Jahresabschluss) mit einem Abgleich zur Erwartung (Zielabweichung) oder aber auch Diskussion über die Zukunft mit gemeinsamen Commitment erfolgen.

Anlässe stellen auf allen organisatorischen Ebenen einen wichtigen Beitrag für die Zusammengehörigkeit (Kohäsion), Koordination und die Motivation dar und müssen gezielt inszeniert werden.[12] Ein gelebter und zuverlässiger Unternehmenskalender erlaubt dem Manager, seine Aktionen politisch und wirkungsvoll durch- und umzusetzen. Er weiss, wann Entscheidungen vorzubereiten, aufzubereiten und auch zu präsentieren sind aber auch wann und wie er die Ergebnisse seines Handelns und die aktuell erarbeiteten Zukunftsperspektiven verantworten muss.

Klassische *Termine* im Kalender eines Unternehmens sind Aufsichtsratsitzungen, Generalversammlungen, Gesellschafter- oder Beiratssitzungen und Geschäftsführungsmeetings. Diese behandeln u. a. die *Anlässe* Jahresabschluss, Monats- und Quartalsreporting, Budget, Mittelfristplanung und Strategie auf welche mit geplanten *Prozessen* gezielt hingearbeitet werden muss. Die Orientierung und Installation der Prozessstruktur „*Gegenstromverfahren*"[13] als

---

[12] Vgl. die Feiertage von Kirchen und Glaubensgemeinschaften als wesentlicher Bestandteil des Führungskonzeptes dieser Organisationen seit Jahrhunderten.
[13] Vgl. zu Gegenstromverfahren in der Planung: Horvath, P.: Controlling, 6. Aufl., Stuttgart 1996, S. 185 f. und S. 208.

umfassendstes Grundraster zur Organisation von Anlässen erlaubt individuell für jede Beteiligung und jeden Anlass den Prozessverlauf zu bestimmen und zu variieren. Top-Down- und Bottom-Up-Prozesse sind im Ablauf Teilmengen des Gegenstromverfahrens. Dies stellt sicher, dass eine regelmässige und strukturierte Kommunikation zur Beteiligung vor, während und nach Abschluss eines relevanten Anlasses zumindest als Option besteht.

Die Prozesse werden von den verantwortlichen Managern mit Unterstützung von Controllern, Mitarbeitern im Finanz- & Rechnungswesen, in der Datenverarbeitung und in den Fachabteilungen sowie den DV-Systemen, Formularen, Meetings und Workshops getragen.

Das *Beteiligungscontrolling* muss zum einen für ein passendes Konzept und die rationale Organisation dieser Termine, Anlässe und Prozesse sorgen und kann sich zum anderen dieser Führungsinstrumente für seine eigene Funktionserfüllung bedienen: konkret heißt das, einen Jahreskalender mit Terminen und Anlässen zu pflegen und konkret durchzusetzen sowie in die Termine und Anlässe controllingrelevante Inhalte so einzubauen, dass die Funktionen des Beteiligungscontrollings geeignet unterstützt werden. Prinzipiell lassen sich alle Anlässe für alle Funktionen nutzen. Termine, Anlässe und Prozesse sind sowohl für die Beteiligungsgesellschaft, welche die Anteile an den Töchtern hält, als auch für Beteiligungen selbst durch das Beteiligungscontrolling abgestimmt und sinnvoll verschachtelt aufzusetzen.

Die *BHS* hat einen seit mehreren Jahren stabilen Finanzkalender, der die Durchführung von Planungs-, Kontroll- und Analyseelementen mit abschließenden Entscheidungsgremien im Jahresverlauf sicherstellt. Dieser Kalender wird Top Down zum Jahresende für das Folgejahr als Setzung an das Management der Beteiligungen kommuniziert, so dass die Terminkalender der Tochtergesellschaften ihre eigenen vorgelagerten Arbeiten, Prozesse und Gremien darauf abstimmen können. Letzteres liegt zwar in der Verantwortung der Tochtergesellschaften, wird aber durch das Beteiligungscontrolling überprüft und wenn nötig für Anpassungen gesorgt, so dass ein sinnvoll ineinander greifender Gesamtprozess über alle organisatorischen Strukturen des Konzerns entsteht (s. Abbildung 4).

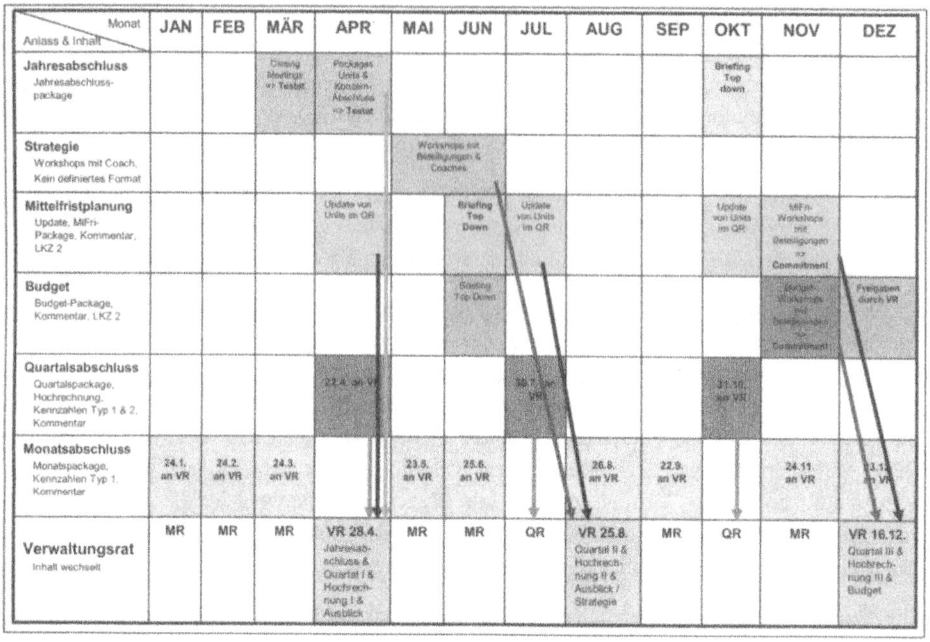

Abbildung 4: *Konkretes Beispiel für ein Kalenderkonzept*

Aus dem übergeordneten Kalender werden für jeden Anlass (Budget, Jahresabschluss, Strategie, Mittelfristplanung, Monatsabschluss,) detailliertere Prozessbeschreibungen aufgebaut und abgestimmt, die dann für jeden Beteiligten personifiziert die definierten Inhalte, Termine, Formulare, Schnittstellen und Meetings enthalten. Verantwortung für die Gremien hat das Beteiligungsmanagement, welches auch die formalen Positionen in den Beiräten und anderen Gesellschaftergremien der Töchter einnimmt. Das Beteiligungscontrolling hat hierfür koordinierende und unterstützende Arbeiten zu leisten, wie z. B. Aufstellen und Ergänzen von Tagesordnungen, Vorbereitungen der Sitzungen oder Teilnahme als Gast und Protokollführer.

3.2.3 Inhalte & Definitionen

Wenn der Terminkalender der „Taktstock" ist, dann sind die Inhalte des Beteiligungscontrollings als „Melodie" zu bezeichnen, die gesammelt, überprüft und diskutiert werden müssen.

Die Inhalte des Beteiligungscontrollings haben den kurz- mittel- und langfristigen Informationsbedarf der „Kunden" des Beteiligungscontrollings zu befriedigen. Einfache Indikatoren zur Bestimmung des aktuellen operativen Erfolges und zukünftigen Potenzials einer Beteiligung sind „Gewinn", „Liquidität", „Attraktivität für gute Mitarbeiter", „Marktstellung",

„Produktivität" und „Innovationsleistung".[14] Aus diesem Anspruch abgeleitet, ist vom Beteiligungscontrolling eine Liste an qualitativen und quantitativen Daten in Form eines *Kontenplanes* zu erstellen, welcher bei den Beteiligungen zu den Berichtsanlässen erhoben wird. Häufig wird dieser Definitionsbedarf für Kontenpläne und deren Verwendung in Konzernen in Form von „Bilanzierungsrichtlinien" oder „Konzernhandbüchern" umgesetzt. Zur Sicherstellung der Vergleichbarkeit müssen auch für die Planungs- und Forecast-Anlässe die gleichen Definitionen zugrunde gelegt werden.

Inhalte des Beteiligungscontrollings sind primär *Daten,* die in ihrer Struktur zu beherrschen sind. Das bedeutet u. a., dass Skalierung, Erhebungsmerkmal, Bezugszeitpunkt, statistische Einheit, Datenträger, Konkretisierungsniveau, Charakter (Strömungs- oder Bestandsgröße), Validität und Reliabilität für jedes einzelne Datum geklärt sein müssen, um für alle Anlässe und Beteiligungen rational nutzbare Werte zu erhalten.[15]

Der minimale inhaltliche *Datensatz* für eine Beteiligung besteht aus den Eckwerten der externen Gewinn- & Verlustrechnung sowie Bilanz[16] und kann fast beliebig um diesbezügliche Details, zusätzliche spezifische monetäre Inhalte (z. B. aus der internen Kosten- & Leistungsrechnung), zusätzliche quantitative monetäre und nicht monetäre Leistungskennzahlen des individuellen Geschäftsprozesses (z. B. aus Produktion, Vertrieb, Marketing, Entwicklung), der internen Struktur (z. B. Mitarbeiterkennzahlen) aber auch um qualitative Daten (z. B. Kommentare, Analysen, Stärken-Schwächen-Chancen-Risiken) erweitert werden. Zusätzlich müssen neben den operativen Daten der Beteiligung auch die quantitativen und qualitativen Daten zur Investition aus Sicht der Beteiligungsgesellschaft gesammelt und ausgewertet werden (z. B. Anschaffungswerte und Zeitpunkte der Beteiligungsanteile, Darlehen von der und an die Beteiligung, Wertberichtigungen, Rückflüsse wie Dividenden oder Darlehenstilgungen, Protokolle von Gremien, Verträge, Entscheidungsvorlagen zur Investition).

Die *Instrumente*[17] wie z. B. „Erfolgsrechnung", „Werttreiberbäume", „Break Even-Analyse", „Economic Value Added" oder „Discounted Cash-flow" können sich direkt aus dem Kontenplan bedienen. Dies fördert die Nachvollziehbarkeit, Automatisierung und Stabilität zur Qualitätssteigerung des Beteiligungscontrollings bei den Standardinstrumenten.

Eine Gratwanderung im Beteiligungscontrolling und -management ist die Grenze, wie detailliert von der Beteiligung an die Muttergesellschaft berichtet werden muss, d. h. wie der Umfang des Kontenplanes ist. Tiefe und Genauigkeit sind in jedem Fall abhängig von der speziellen Situation und Phase der Beteiligung und deren Beziehung zur Obergesellschaft. Eine generelle Aussage kann es deshalb hierzu nicht geben. Es muss aber abgewogen werden,

---

14 Vgl. Malik, F., Manager Magazin.de vom 13.01.2005.
15 Vgl. zur Operationalisierung von Daten: Böhler, H.: Marktforschung, Stuttgart/Berlin/Köln 1992, 2. Aufl., S. 97 ff.
16 Vgl. als sinnvolles Beispiel das Konzept zum integrierten, wertorientierten Berichtswesen von Borchers, a. a. O., S. 171.
17 Vgl. allgemeine Instrumente des Controlling: Weber, a. a. O., S.45 ff. und zu den operativen finanziellen Kennzahlen im Beteiligungscontrolling: Littkemann, a. a. O., S. 147 ff.

wann und ob Inhalte einen Mehrwert generieren. Das bedeutet für das Beteiligungscontrolling ein regelmäßiges „Ausmisten" und Hinterfragen der eigenen Arbeit.

Die *BHS* hat für jeden im Terminkalender definierten Anlass die Inhalte definiert, welche für jede Beteiligung erhoben werden. Vor jedem Anlass zu Beginn des jeweiligen Prozesses werden die Tochtergesellschaften in Form eines „Kick Off"-Schreibens vom Beteiligungscontrolling neben den Terminen, Vorgaben und Erwartungen auch über Änderungen von Inhalten, Definitionen und Interpretationen des Kontenplanes informiert (s. Abbildung 5).

3.2.4 Formulare

Die Prozesse des Beteiligungscontrollings laufen auf der Plattform von Berichtsanlässen mit deren Formularen ab, die folgende Unterstützungsfunktion erfüllen:

- Koordination durch regelmäßige zeitliche Taktung von Planung, Kontrolle und Information

- Rationales Gewissen durch inhaltliche Kontinuität und Neutralität

- Auslöser von Veränderungen durch getaktete Maßnahmenüberprüfungen

- Messung von Etappenergebnissen mit Hochrechnung auf die zu erwartende Gesamtzielereichung

- Prozess-Beschleuniger durch inhaltliche Kontinuität und zunehmender Erfahrungen in der Verwendung

Formulare sind die „Notenblätter" und schaffen eine strukturierte verständliche Basis, um das Grundkonzept von „Takt" und „Melodie" in der Organisation zu verteilen. Der „Dirigent" kann sich damit auf die Nuancierung und das Einfangen von Abweichlern konzentrieren. Formulare stellen damit ein wesentliches technokratisches Hilfsmittel dar, um das Management zu entlasten. Um dieses vollständig zu unterstützen, sollte ein Controlling-Formular die relevanten Inhalte für die definierten Objekte im korrespondierenden „Vier-Fenster-Prinzip" abbilden:[18]

(A) Statusaufnahme	z. B. Ist-Daten des Monats
(B) Status-Erwartungs-Abgleich	z. B. Ist-Plan-Abweichung
(C) Maßnahmen Beschreibung	als Lernergebnis oder neue Reaktion
(D) Formulierung einer neuen Erwartung	z. B. neue Hochrechnung auf Jahresende

---

18 Vgl. Deyhle, A.: Controller Handbuch, Band 1, Gauting 1996, 4. Aufl., S.117 f.

Inhalt \ Anlass	Budget	Mittelfrist-planung	Hoch-rechnung	Jahres-abschluss	Quartals-abschluss	Monats-abschluss
Kurzfristige Erfolgsrechnung						X
Gewinn- & Verlustrechnung						
IAS-Abschluss	X	X	X	X	X	
Lokal-Abschluss				X		
Bilanz						
IAS/IFRS-Abschluss	X	X	X	X	X	
Lokal-Abschluss				X		
Cash-flow-Rechnung	X	X	X	X	X	
Impairment über Discounted Cash-flow	X	X		X		
Kennzahlen Gruppe I (Standard)	X	X	X	X	X	X
Kennzahlen Gruppe II (Geschäftsmodell individuell)	X	X	X	X		
Präsentation (Ziele, Organisation, Geschäftsmodell, Markt)	X	X				
Management Kommentar (zu Soll-Ist-Vergleich, Ursachen, Massnahmen, Ausblick)	X	X	X	X	X	X

Abbildung 5: Struktur von Inhalten der Berichtsanlässe

Dies gilt sowohl für die Standardberichte in den definierten Anlässen als auch für Sonderanalysen in Form von Ad-hoc-Reports zu Spezialthemen oder in Projekten.[19] Formulare, die sich auf die Statusaufnahme (A) und/oder auf den Status-Erwartungs-Abgleich (B) beschränken, informieren lediglich aus der Kontrollperspektive, was gewünscht und nötig sein kann. Erst durch die Integration von Maßnahmen (C) und der Formulierung einer neuen Erwartung (D) in Form von Kommentaren zu den Zahlen wird die Information über Kontrolle und neuer Planung verbunden. Das heißt nicht unbedingt, dass alle Formulare der „One Page" Philosophie folgen oder dass (A) bis (D) zum gleichen Zeitpunkt erfolgen müssen. Es bedeutet, dass ein ausgewogenes Formularset vom Controlling mit seinen Kunden redaktionell konzipiert und gestaltet werden muss, welches die vier beschriebenen Bestandteile für den individuellen Fall (Dimensionen der Prämissenfläche) und die gewählten Controllingfunktionsschwerpunkte (Planung, Kontrolle, Analyse, Information) ausreichend berücksichtigt.

Die *BHS* hat für sich ein Formularset entwickelt, welches in der Lage ist, Top-Down die nötigen Informationen zu verteilen, die gewählten Inhalte mechanisch für alle Anlässe vergleichbar in Bottom-Up-Prozessen aus den dezentralen Beteiligungen zu erfassen (z. B. Mo-

---

[19] Vgl. zu Berichtsarten: Borchers, a. a. O., S.144 f.

natsreporting, Jahresabschluss, Budget), diese Inhalte für die eigenen Kunden im Beteiligungsmanagement und der Geschäftsführung aufzubereiten und zu verdichten und schließlich in den inhaltlichen Dialog mit den Beteiligungen im Gegenstromverfahren zu gehen.

Basis des Formularsets im Beteiligungscontrolling ist die *Datenerfassungsmaske* für die quantitativen Reportinginhalte je Controllinganlass und Beteiligungsgesellschaft. Diese „Maske" ist tabellarisch aufgebaut und enthält in den Zeilen den Konzernkontenplan und in den Spalten die relevanten Monats- oder Jahres-Perioden. Ergänzt wird dieser quantitative Teil durch qualitative Berichte *(Kommentare und Präsentationen)*, die je nach Berichtsanlass aufgrund der unterschiedlichen Inhaltsschwerpunkte und -tiefe jedoch verschieden sind, aber zu den abstrakten Zahlentabellen die dahinter liegenden Ereignisse, Entscheidungen und Konsequenzen legen. Damit müssen nicht die Zahlen für sich sprechen und es ergibt sich ein konkreter Dialog, der auch den Blick nach vorne beinhaltet.

Aufbauend auf diese Basisdaten kann das Beteiligungscontrolling standardisierte verdichtete Reports an die eigenen Kunden liefern, bei konkreten Nachfragen häufig Informationen nachlegen, ergänzende grafische Darstellungen liefern und viele Ad-Hoc-Anfragen und Sonderanalysen, wie z. B. Zeitreihenanalysen, Unternehmens-Bewertungen, Benchmarking oder Erlös-/Kostenartenanalysen, selbständig erstellen.

3.2.5 Systeme

Das Beteiligungscontrolling hat aufgrund der gestellten Anforderungen und des vielfältigen, dezentral und häufig international verteilten Objektes einen speziellen und hohen Bedarf an Datenerfassung, -verarbeitung, -speicherung und -verteilung. Basis des Beteiligungscontrollings ist unabhängig vom verwendeten Software-Programm eine konsistente Datenbankphilosophie. In ihr müssen sich die anderen Dimensionen des Controllingkonzeptes trennscharf wieder finden. Um einen Daten-Wert im Beteiligungscontrolling zu konkretisieren und zu verwenden, müssen immer mindestens folgende Ebenen fixiert vorliegen:

- **Mandant** „Um welche Beteiligung oder Aggregation geht es?"
- **Konto** „Welche Zeile im Kontenplan ist gemeint?"
- **Aktualität** „Welchen Konkretisierungsgrad hat das Datum?"
- **Periode** „Welcher Zeitpunkt oder Zeitraum wird gesucht?"
- **Einheit** „Welche Einheit, z. B. Währung ist gewünscht?"
- **Konsolidierung** „Gibt es evtl. unterschiedliche Konsolidierungskreise?"
- **Abschluss Version** „HGB, US-GAAP oder IAS/IFRS ?"
- **Berechtigung** „Von wem darf dieses Datum eingesehen werden?"
- **Formular** „In welchem Bericht soll der Wert erstellt werden?"

Wesentlicher Teil eines Beteiligungscontrollingkonzeptes ist deshalb das Management von Daten und die Einbindung dieses Konzeptes in die Prozesse des Beteiligungsmanagements. Es muss geklärt werden, welcher Inhalt, bei welchem Anlass, für welche Periode, in welchem Prozessschritt, von wem, in welchem Bericht und IT-System erfasst, verarbeitet, übertragen und gespeichert wird – und dies natürlich mindestens für jeden Mandanten, deren sinnvolle und nötigen Aggregationen sowie die relevanten Segmente. Hierbei sind unterschiedlichste Systemkonfigurationen theoretisch und praktisch möglich.[20] Das Datenbank- und Schnittstellenkonzept bestimmt maßgeblich, wie exakt, zuverlässig und zeitnah die notwendigen Informationen im Beteiligungscontrolling verfügbar sind und schließlich dem Beteiligungsmanagement vorliegen.

Die vermeintlich einfache Frage nach z. B. „dem Ergebnis" ist im Beteiligungscontrolling deshalb häufig mit einem kleinen Findungsprozess und einer Diskussion zwischen Controller und Anfrager verbunden. Wird hier nur eine Ebene nicht abgestimmt, dann kann der Wert nicht korrekt abgefragt werden (s. Abbildung 6).

Die *BHS* hat als Finanzinvestor ein sich ständig veränderndes Beteiligungsportfolio, mit Tochtergesellschaften unterschiedlichster Reife und Größe. Für die quantitativen Standardinhalte wird eine Datenbank gepflegt, in die die Beteiligungen entweder über ein einfaches dezentrales Erfassungstool oder direkt in eine zentrale Datenbank und im finalen Konsolidierungstool ihren Input liefern. Welcher der beiden möglichen Wege gegangen wird obliegt der Beteiligung, genauso wie die Definition der eventuell nötigen Schnittstellen. Letztendlich zählt der rechtzeitig gelieferte richtige und vollständige Datensatz für die Berichtsanlässe gemäß Terminkalender. Die ergänzenden individuellen quantitativen Inhalte sowie die qualitativen Kommentierungen und Präsentationen erfolgen in normalen Office-Anwendungen. Zur finalen Fixierung werden Präsentationen und wichtige Berichte so aufbereitet, dass sie schreibgeschützt und nur noch zum Lesen sind (s. Abbildung 6).

Einen gemeinsamen Server für das Beteiligungscontrolling stellt die Controlling-Datenbank dar. Auf dieser liegen die mehrdimensionale Datenbank, die individuellen Inhalte und die Sonderberichte. Die Verzeichnisstruktur dieses File-Servers orientiert sich an den Dimensionen des Controllingkonzeptes.

3.2.6 Rollen, Kompetenzen und Verantwortlichkeiten

Die Umsetzung und dauerhafte Durchführung von Beteiligungscontrolling entlang der gewählten Ausprägungen auf den einzelnen Dimensionen der Gestaltungsfläche erfordert die Zuordnung von Aufgaben, Verantwortungen und Kompetenzen zu Stellen in der Aufbauorganisation.

---

[20] Vgl.: Köthner, D.: IT-Unterstützung im Beteiligungscontrolling, in: Beteiligungscontrolling, Littkemann/Zündorf (Hrsg.), Herne/Berlin 2004, S. 283 ff.

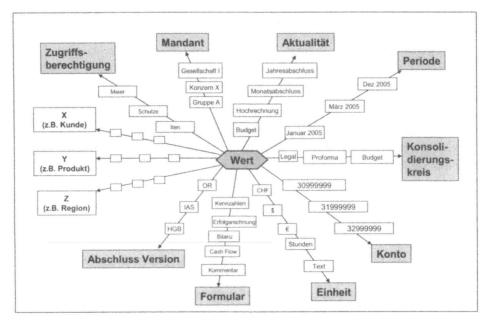

Abbildung 6: Grundstruktur von Daten im Beteiligungsmanagement

Dies kann dazu führen, dass institutional ein Beteiligungscontrolling entsteht, welches ein Job-Profil mit Kompetenzen, Aufgaben und Zielen in einer gewählten hierarchischen Unterordnung in der Organisation erhält. Diese *Abteilung* leitet ihre Aktivitäten aus der jeweiligen Gesamtstrategie ab. Sie hat zum einen Teile des mit Controlling verbundenen Aufgabenspektrums zu übernehmen und zum anderen für die Umsetzung und Weiterentwicklung des jeweiligen Controlling-Konzeptes zu sorgen.

Ein Beteiligungscontroller muss generell *Kommunikations- und Verhaltensregeln* mehrstufiger Organisationen beherrschen, da er auf stabile Informationskanäle in seiner Arbeit angewiesen ist. Diese sind kulturell individuell, können aber vereinfacht und idealisiert in Abbildung 7 dargestellt werden. Eine Umgehung oder formale Vernetzung über mehrere Ebenen hinweg kann zwar kurzfristig zum Erfolg führen (z. B. Beschleunigung von Informationsströmen) führt aber zwangsläufig zu politischen Interventionen und Gegenreaktionen der übergangenen Personen. Je nach Machtkonstellation und Durchsetzungswillen kann dies sogar dazu führen, dass eine Beteiligung durch Ausgrenzung für die Ablösung ihres „von oben" zugeordneten Beteiligungscontrollers sorgt (s. Abbildung 7).

Strukturiertes Controlling im Beteiligungsmanagement

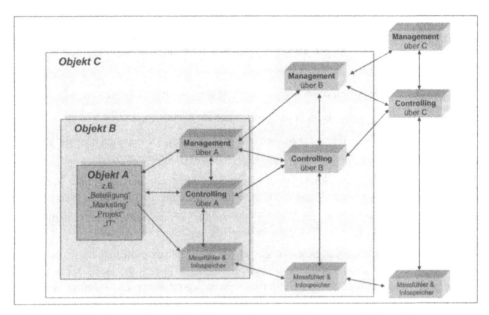

Abbildung 7: Struktur professioneller Kommunikationsbeziehungen zwischen Management und Controller in mehrstufigen Organisationen

Neben den allgemeinen Kommunikationsstrukturen hat die Rolle des Controllers immer auch eine *Übersetzungsfunktion*: Viele Inhalte im Controlling werden über monetär quantitative Daten transportiert. Diese sind aber lediglich eine andere Sicht auf Ereignisse in der Realität und letztendlich Ziele, Motive und Einstellungen von Personen und Gruppen. Damit muss der Controller in der Lage sein, zwischen diesen Perspektiven die Verbindung zu finden und diese in geeigneter Form auch zu kommunizieren. So muss er in Planungsprozessen aus Motiven über Ziele und Ereignisse den Weg in Zahlen und letztendlich monetäre Größen der Buchhaltung und Kosten-& Leistungsrechnung finden, während in Kontrollprozessen der Weg andersherum verläuft. Bei Soll-Ist-Vergleichen wiederum muss er beides noch miteinander verbinden, um den Ort der Entstehung von Abweichungen zu identifizieren. Der Beteiligungscontroller ist hier besonders gefordert, da er zusätzlich einen deutlichen Abstand zur operativen Basis hat.

In der Praxis besteht immer noch das Bild des Controllers als „Zahlenfreak". Richtig ist, dass die Zahlenwelt die „Homebase" und der Pflichtteil des Controllers ist und er hier fast unangefochten agieren kann. Begibt er sich auf die qualitativen Ebenen und in einen Kür-Bereich des Controllings, dann greift er häufig in Felder und Inhalte von Fachabteilungen und des Managements ein. Zusätzlich ist Controlling mit den Freiheitsgrade einschränkenden Funktionen Planung und Kontrolle eng verbunden. Damit provoziert er durch seine Existenz und seine Arbeit Revier- und Verteidigungsverhalten, so dass ein Controller über ausreichend *Konfliktbereitschaft* verfügen muss, bzw. eine Rolle im Spagat zu akzeptieren hat. Dies gilt besonders im Beteiligungscontrolling, welches es i. d. R. mit machtbewussten höheren Führungskräften zu tun hat.

Die *BHS* hat zur Unterstützung des Beteiligungsmanagements eine eigene Abteilung Beteiligungscontrolling aufgesetzt. Diese ist in drei Bereiche gegliedert, welche die unterschiedlichen Fähigkeiten und Neigungen der jeweils eingesetzten Controller nutzt und eine sinnvolle Gewaltenteilung im Controlling vollzieht:

- Das *Corporate Controlling* hat die Verantwortung für die Planungsprozesse
- Das *Corporate Accounting* stellt die Ist-Prozesse im Konzern sicher
- Das *Corporate Reporting* sorgt für den nötigen wertfreien Informationsfluss für alle Anlässe und koordiniert die nötigen Systeme, Datenbanken und Termine

Neben dieser Zuordnung von Prozessverantwortlichkeiten ist jede Beteiligung des Portfolios einem Controller zugeordnet. Dieser hat eine vertiefte Kenntnis und besondere Nähe zu seinen Gesellschaften aufzubauen, die Controllingrelevanten Beziehungen zum Management zu pflegen und gegebenenfalls für Prozesse und Sonderthemen auch zu belasten.

Aus den gelebten Anforderungen durch das Beteiligungsmanagement und die vollzogenen Erfahrungen in der Zusammenarbeit während verschiedener Phasen des Wertschöpfungsprozesses kann ein spezielles Rollenprofil im Beteiligungscontrolling ermittelt werden (s. Abbildung 9).

3.3 Erfahrung bei der Beisheim Holding Schweiz AG

Die BHS hat für sich die verschiedenen Dimensionen untersucht, individuell formuliert und einen eigenen Controllingstern entwickelt.[21] Dieses Konzept ist nicht starr und wird kontinuierlich an neue Anforderungen und Erkenntnisse angepasst und ergänzt. Das Controllingkonzept ist in einem Handbuch dokumentiert. Diese beschreibt die gewählten Dimensionen mit den nötigen Inhalten, Setzungen, Erkenntnissen und Definitionen. Bei Änderungen von Rahmenparametern oder neuen Erkenntnissen werden nötige Anpassungen auf den einzelnen Dimensionen vorgenommen und Wechselwirkungen geprüft, bis hin zur Modifikation von Formularen, Berichten und Datenverarbeitungssystemen.

---

21 Vgl.: Czekala, T.: Controlling bei der Beisheim Holding Schweiz AG: Ein strukturiertes Konzept, Wormser Unternehmergespräche 2004.

Strukturiertes Controlling im Beteiligungsmanagement

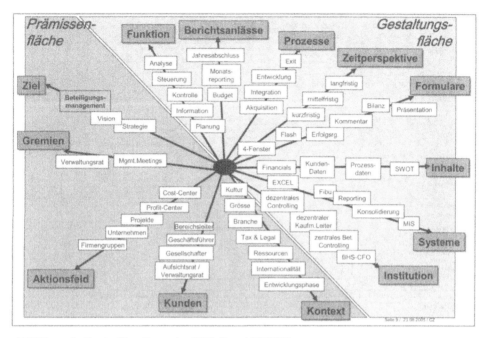

Abbildung 8: Controlling Stern der BHS, Stand 12/2000

Hierdurch ergibt sich für das Beteiligungscontrolling eine Dienstleistungsphilosophie mit einem Produktleistungsprogramm, welches im Controllingkonzept seine „Stückliste" und sein „Marketingkonzept" findet.

Phase / Co-Element	Erwerb	Coaching I „Reingehen"	Coaching II „Entwickeln"	Coaching III „Begleiten"	Verkauf
Controlling Ziele	Richtige Objekt-identifikation und rationale Potential-bewertung	**Systembildung 1**: Aufbau von **Prozessen, Inhalten & Systemen**, damit die internen und externen Anforderungen befriedigt werden können.	**Systembildung 2**: Installation lokaler **Rollen** und **Stellen**, die alle Prozesse, Systeme, Inhalte und Formalitäten eigenverantwortlich sicherstellen	**Systemkoppelung**: Rolle einer „Quasi-Börsen-Öffentlichkeit" und Training der operativen Funktionen auf korrekte Kommunikation, Information & Planung	Identifikation potentieller Interessenten Projektbegleitung Verkaufspreissteigerung
Controlling Berichts-anlässe	• Projekt-organisation • Steering Commitee • Nachbereitung von Meetings	• Monatliche Jour-Fix-Taktung • Personen- & Problemorientierung • Beginnend mit Planwerten; zunehmend Ist-Werte und Forecasting	• Monats-, Quartals-, Jahresabschluss • Hochrechnungen, Budget, Mittelfristplanung, Strategie • Jour-Fixes nach Abstimmung Coach mit Mgmt.	• Quartalsreporting und Jahresabschlüsse • VR- / AR- / Beiratsitzungen • Budget, Mittelfristplanung, Hochrechnungen	• Projektorganisation • Steering Commitee • Präsentationen bei Interessenten
Controlling-Inhalte	Markt, Unter-nehmenskenn-zahlen, Unter-nehmenswert, Potentialbestim-mung, Recht	• Eckdaten der GuV sowie der Bilanz & Cash-Flow-Rechnung • Qualitative Prozesse des Geschäftsmodells, spez. G&A-Prozesse	• vollständiger kaufm. Kontenplan • Kennzahlen des Geschäftsmodells • KST, KOA, KTR • Projekte	• Benchmarking • Scorecards • Full-Reporting gemäss IAS / IFRS, USGAAP	• Tax • Legal • Commercial • Finance • Technical
Controlling-Systeme	Internet, Bloomberg etc. EXCEL	• EXCEL basierend • einfache IST-Buchhaltung	• Aufbau von Planungs- & Reportingtools in spezial Software • Überführung Ist-Buchhaltung auf Grossanwendung	• Reporting- & Konsolidierungstools • Nutzung bewährter Standardsoftware (z.b. SAP, FRANGO)	• Ist-Reports über die relevante Lebensdauer • Plan-Reports, MFri
Controlling Formulare	DCF-Modelle Checklisten	Aufbau „Formularset" für Planungstool, Reporting, etc.	Definition von Prozessen, Rollen, Inhalten (Kontenpläne), Kommunikationswegen / -regeln	Protokolle formaler Sitzungen Terminkalender	DCF-Modelle Checklisten
Controlling-Prozesse	Research Due Diligence – auf Käuferseite	Hands-On-Budgeting vor Ort Aufbau von Führungs- und Admin-Prozessen (Einkauf, ...)	• Integration in Gruppen-Prozess-Landschaft • Gewährleistung Prozesse internes & externes Reporting	Definierte Prozesse für die definierten formalen Reportinganlässe	Projektcontrolling Due Diligence – auf Verkäuferseite
Controller Rolle	Controller als Teil des Projektteam	Coach & Controller gehen als „Beratungs-" & „Installationsteam" vor Ort operativ rein	Coach übernimmt formale Rolle und Controller zieht sich schrittweise zurück; informale Verankerung für informalen Support im Notfall	Coach führt über formale Anlässe und Gremien, Controller stellt Datenfluss sicher und formuliert Second Opinion	Controller als Teil des EXIT-Projektteams
Kunden-perspektive	Projektleitung ist Controllers Kunde	Operatives Management ist Primärkunde des Controllers; Beteiligungsmanagement Sekundärkunde	operatives Management und Beteiligungsmanagement gleichgewichtig	Beteiligungsmanagement Kunde des Controllers	EXIT-Projektleitung ist Controllers Kunde

Abbildung 9: *Rollenprofil des institutionalisierten Beteiligungscontrollings in den verschiedenen Phasen einer Beteiligung*

4. Einsatz des Konzeptes bei der Scout24 AG

Die Scout24 AG wurde als Betreiber von elektronischen Marktplätzen in 1998 gegründet. Die in den Jahren 1998 bis 2002 gestarteten oder akquirierten Beteiligungen haben sich inzwischen etabliert und sind heute auf verschiedenen Feldern in Deutschland Marktführer (z. B. ImmobilienScout24, AutoScout24). Das Portfolio der Scout24 hat sich gerade in den ersten vier Jahren des Bestehens explosionsartig entwickelt und musste, wie bei vielen anderen Firmen der „New Economy", inzwischen restrukturiert werden. Die Scout24 hat die turbulenten Zeiten als eines von wenigen Unternehmen im Konkurrenzumfeld überlebt und sich eine führende Marktposition erarbeitet. Dieses ist unter anderem auch dem zugrundliegenden Controllingkonzept zuzuschreiben, welches das Management der Beteiligungen und auch die Kommunikation zu den Gesellschaftern unterstützt hat. Das Controlling der Scout24 wurde

Strukturiertes Controlling im Beteiligungsmanagement

auf Basis des hier vorgestellten Konzeptrahmens entwickelt und hat eine für sich praktikable und individuelle Struktur gefunden.[22]

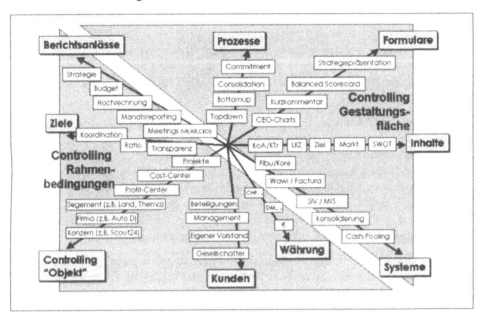

Abbildung 10: Controllingstern der Scout24, Stand 12/2002

5. Fazit und Ausblick

Das hier vorgestellte Konzept ist ein in der Praxis gewachsenes Grundgerüst für Controllinganwendungen, welches nicht den Anspruch einer einzig richtigen Lösung erhebt. Es ist eine mögliche Art, um das schwer greifbare Thema „Controlling" mit Leben zu füllen und kann auf verschiedenste Managementfelder angewendet werden. In der Praxis wurden konkret zwei Lösungen für das Beteiligungsmanagement realisiert und dokumentiert: im ersten Fall (Scout24) auf der grünen Wiese, im zweiten Fall (BHS) in der Weiterentwicklung eines bestehenden Be-

---

[22] Vgl. Czekala, T.: New Controlling in der New Economy?, in: Controlling, Zeitschrift für erfolgsorientierte Unternehmenssteuerung; Horvath/Reichmann (Hrsg); 14 Jg., Juni 2002; S. 347 ff. und Schaubel, J.: Better Planning in der New Economy – das Beispiel Scout24; Vortrag auf dem 17. Stuttgarter Controllerforum 2003.

teiligungscontrolling-Systems. Damit besteht zumindest ein begrenzter „Proof of Concept" dieses mehrdimensionalen strukturierten Controllingansatzes.

Die beiden gelebten Beispiele haben ergeben, dass es wichtiger ist, auf allen Dimensionen der Gestaltungsfläche ein grob richtiges Mindestniveau zu erlangen und dann gleichmäßig die Qualität zu steigern, als Schwerpunkte zu setzen und andere Dimensionen schleifen zu lassen. Der kontinuierliche Verbesserungsprozess im Beteiligungscontrolling muss zudem wie bei Softwareprojekten gesteuert werden: Anpassungen sind zu entwickeln, zu testen und dann im Roll-Out einzuführen.

Es hat sich bei der Anwendung aber auch gezeigt, dass die Inhalte im Beteiligungsmanagement zunehmend durch externe Vorschriften oder Richtlinien beeinflusst werden. Die Diskussionen um die Bilanzvorfälle von Worldcom oder Enron und die Erfahrungen in den Börsen-Hypejahren 1999 und 2000 haben zu einer Pendelgegenbewegung geführt, die durch starke Absicherung, Transparenz, Kontrolle und fixen Definitionen solche Vorfälle zukünftig verhindern soll. Es wird durch diese zusätzlichen Know-how-Anforderungen zunehmend schwerer Beteiligungscontroller zu finden, die ausreichend tief in allen relevanten Dimensionen des vorliegenden Konzeptes arbeiten, bzw. den Blick für das Ganze behalten können.

Gerade aus diesen beiden Gründen – Anspruch des ganzheitlichen vollständigen Vorgehens und weiter zunehmende Anforderungen – ist es für den Praktiker notwendig, auf ein stabiles Grundkonzept im Beteiligungscontrolling aufsetzen zu können. Weniger die „wissenschaftliche" Ausgefeiltheit als viel mehr die allgemeine Verständlichkeit und konsequente Umsetzung eines Konzeptes erscheint in der Praxis erfolgversprechend zu sein. Der Grossteil aller Mitarbeiter hat keine wissenschaftlich-theoretische Vorbildung und stammt zusätzlich aus den unterschiedlichsten Themen- und Fachbereichen. Hier sind Konzepte verlangt, die mit einem oder wenigen Charts grundsätzlich erklärt aber gleichzeitig beliebig tief unterfüttert werden können, ohne ihre generelle Struktur zu verändern.

Die unternehmerische Praxis muss auch das Controlling einem Controlling unterziehen und regelmäßig deren Effizienz und Effektivität überprüfen, bzw. eine Produktivitätssteigerung verlangen, wie von allen anderen Bereichen auch. Dies gilt für alle Controllingfelder und selbstverständlich auch für das Beteiligungscontrolling. Für diese Prüfung muss die Controlling-Wissenschaft ein sinnvolles Raster liefern, anhand dessen Vollständigkeit, Qualität und konkurrenzfähige Wirtschaftlichkeit für installierte Controllinganwendungen gemessen werden können.

Anforderungen an das Controlling bei der Kreditvergabe

Arno Kastner

1. Einleitung	414
2. Rahmenbedingungen bei der Kreditvergabe	415
2.1 Bankinterne Vorgaben bei der Kreditgewährung	416
2.2 Vorgaben nach § 18 KWG	417
2.3 Mindestanforderungen an das Betreiben von Handelsgeschäften (MaH)	417
2.4 Mindestanforderungen an die interne Revision (MaIR)	418
2.5 Mindestanforderungen an das Kreditgeschäft der Kreditinstitute (MaK)	419
2.5.1 Funktionstrennung bei der Kreditentscheidung	420
2.5.2 Intensiv- und Problemkreditbearbeitung	421
2.6 Die neue Basler Eigenkapitalverordnung (Basel II)	423
3. Einsatz von Ratingverfahren im Rahmen der Kreditvergabe	424
3.1 Externe Ratinganalysen	424
3.2 Branchenrating	426
3.3 Bankinterne Ratinganalysen	427
3.3.1 Grundlagen der bankinternen Informationsanforderung	427
3.3.2 Der Einsatz bankinterner Ratingsysteme	428
4. Ausblick	438

1. Einleitung

Vor dem Hintergrund einer sich abzeichnenden zunehmenden Globalisierung sind Unternehmen gehalten, anstehende Investitionen zu günstigen Konditionen zu finanzieren, damit sie dem internationalen Wettbewerb standhalten können. Um dies zu gewährleisten, ist bei der Inanspruchnahme von Bankkrediten eine optimale Gesprächsvorbereitung und Aufbereitung der Unterlagen erforderlich, in dessen Rahmen sich die Unternehmen auch mit den strategischen Überlegungen, den Informationsanforderungen und den Grundlagen der Entscheidungsfindung von Banken auseinandersetzen müssen.

Seitens der Banken sind bei der Kreditvergabe diverse Regeln beachten, welche durch den Gesetzgeber bzw. die Bankenaufsicht permanent auf ihre Aktualität überprüft und bei Bedarf angepasst werden. Jüngstes Beispiel hierfür sind die Vorschriften bezüglich der Mindestanforderungen an das Kreditgeschäft der Kreditinstitute (MaK)[1], welche z. B. ausführliche Anforderungen an

- Ablauforganisation
- Regelbearbeitung
- Intensivbetreuung
- Problemkreditbearbeitung
- Kreditüberwachung

beinhalten sowie die neuen Eigenkapitalvereinbarungen (Basel II) die sich mit

- Anforderungen an das Risikomanagement,
- Anforderungen an die Prozesse,
- Einführung von Ratingverfahren und
- Überwachung durch die Bankenaufsicht

auseinandersetzen.

Die Mindestanforderungen an das Kreditgeschäft der Kreditinstitute sind seitens der Banken zu einem großen Teil bereits seit Mitte 2004 zu beachten. Sie nehmen in Bezug auf die Kreditvergabe an Firmenkunden wichtige Vorschriften von Basel II vorweg und wurden eingeführt, weil diverse Kreditinstitute bei der Kreditvergabe allgemeingültige Standards außer

---

[1] Vgl. Bundesanstalt für Finanzdienstleistungsaufsicht: Mindestanforderungen an das Kreditgeschäft der Kreditinstitute, Rundschreiben 34/2002, Bonn 20.12.2002.

Acht gelassen haben, was in nicht wenigen Fällen zu entsprechenden Schieflagen bis hin zur Insolvenz dieser Institute geführt hat.

Von großer Bedeutung sind auch die Vorgaben bezüglich der künftigen Eigenkapitalunterlegung der Banken bei der Ausreichung von Krediten des Basler Ausschuss für Bankenaufsicht, welche in der Praxis allgemein als „Basel II" bekannt und ab 2007 zu beachten sind. Die Vorgaben sehen u. a. vor, dass Kredite mit hoher Bonität künftig mit weniger Eigenkapital unterlegt werden müssen, als Kredite mit niedriger Bonität. Bezüglich der Beurteilung der Bonität sieht Basel II auch den Einsatz von Ratingverfahren vor, was besonders in Deutschland zu entsprechenden Diskussionen geführt hat. Die Tatsache, dass künftig Kredite mit hohen Risiken seitens der Banken mit mehr Eigenkapital unterlegt werden müssen, führt dazu, dass die Banken die mit der Eigenkapitalunterlegung verbundenen Kosten mittels eines Risikoaufschlages auf den Zinssatz an den Kunden weitergeben werden.

Die Tatsache, dass die Kreditvergabe der Banken in zunehmendem Umfang von Ratingergebnissen bestimmt wird, führte zwischenzeitlich dazu, dass sich immer mehr Unternehmen auf die veränderten Kreditvergabebedingungen eingestellt haben. Unterlagen, welche Banken für die Kreditentscheidung und die daran anschließende Kreditbeurteilung benötigen, werden von den Unternehmen im Rahmen eines langfristig angelegten Kreditmarketings mit dem Ziel aufbereitet, über eine entsprechend gute Bankratingbeurteilung günstige Kreditkonditionen zu erhalten. Parallel streben viele Unternehmen auch eine externe Ratingbeurteilung an, die ihr Standing bei der finanzierenden Bank erhöhen und gleichzeitig die Möglichkeit der Kreditaufnahme auf internationalen Kapitalmärkten eröffnen soll.

Bei der Aufbereitung der erforderlichen Unterlagen sind die Unternehmen in erheblichem Umfang auf die Unterstützung ihrer Controllingabteilungen angewiesen. Diese stellen im Rahmen eines Kreditcontrollings die aus den verschiedenen Unternehmensbereichen benötigen Daten zusammen und bereiten sie entsprechend aussagekräftig auf. Bei einer positiven Kreditentscheidung kommt dem Controlling die Aufgabe zu, die der Kreditentscheidung zu Grunde liegenden Prognosen auf ihre Einhaltung zu überprüfen, um bei eventuellen Abweichungen einerseits regulierend eingreifen und andererseits den Banken die Gründe für die Abweichung aufzeigen zu können. Im Folgenden wird, ausgehend von den seitens der Banken zu beachtenden Rahmenbedingungen aufgezeigt, welche möglichen Aufgaben auf das Controlling im Hinblick auf eine positive Ratingbeeinflussung zukommen können.

2. Rahmenbedingungen bei der Kreditvergabe

Bei der Kreditentscheidung, Kreditausreichung und der daran anschließenden Kreditüberwachung haben die Banken, neben den institutsinternen Vorgaben, auch noch verschiedene gesetzliche und aufsichtsrechtliche Regelungen zu beachten, von denen aus Sicht der Unternehmen nachfolgend aufgeführte Vorgaben von besonderer Bedeutung sind:

- § 18 KWG
- Basel II
- Diverse Mindestanforderungen[2]
  - MaIR
  - MaH
  - MaK

In den Regelungen werden u. a. Aussagen darüber getroffen, wie und auf welcher Basis Kreditentscheidungen zu treffen und Konditionen festzulegen sind. Unternehmen, die sich mit den Regelungen und deren Auswirkungen auf die Banken auseinandersetzen, können die erworbenen Kenntnisse dazu nutzen, ihre Kreditmarketingstrategie zu optimieren, um somit langfristig Kredite zu günstigen Konditionen zu erhalten. Bei der Implementierung und Umsetzung der strategischen Überlegungen sind die Unternehmen auf die Mitwirkung des Controllings angewiesen.

2.1 Bankinterne Vorgaben bei der Kreditgewährung

Bei den bankinternen Vorgaben handelt es sich sowohl um strategische als auch um organisatorische Vorgaben, die von der Unternehmensleitung der Bank getroffen werden und von den Mitarbeitern der Bank in der täglichen Bearbeitungspraxis zu beachten sind. Im Rahmen der strategischen Ausrichtung wird z. B. festgelegt, in welchen Geschäftsfeldern die Bank in welchem Umfang tätig sein möchte. In den organisatorischen Vorgaben wird bankintern festgelegt, welche Unterlagen bei der Kreditentscheidung und -bearbeitung zu Grunde zu legen sind, in welchen Organisationseinheiten die Unterlagen bearbeitet werden und wer die kreditrelevanten Entscheidungen trifft. Gehört eine Bank einem bestimmten Verband an, sind ggf. auch entsprechende Verbandsvorgaben[3] zu beachten.

Für Unternehmen und deren Controlling ist es wichtig zu wissen, auf Basis welcher Unternehmensunterlagen Kreditentscheidungen und -beurteilungen getroffen werden. Diese Unterlagen sind den Banken entsprechend aufbereitet zu präsentieren.

---

[2] Die MaH, MaIR und MaK wurden seitens der Bundesanstalt für Finanzdienstleistungen zu den MaRisk zusammengefasst und im März 2005 als Entwurf veröffentlicht. Sie sind nach einer Konsolidierungsphase voraussichtlich ab 2007 umzusetzen. Bezüglich ihrer Ausgestaltung ist anzumerken, dass die MaIR und MaK nahezu unverändert in die MaRisk eingebunden wurden.

[3] Z. B. die „Grundsätze ordnungsgemäßer Kreditsachbearbeitung" (GoKs) im Genossenschaftsbereich.

2.2 Vorgaben nach § 18 KWG

Nach § 18 Abs. 1 haben sich Kreditinstitute von Kreditnehmern, denen Kredite von insgesamt mehr als 250.000 Euro gewährt werden, die wirtschaftlichen Verhältnisse, insbesondere durch Vorlage der Jahresabschlüsse, offen legen zu lassen. Das Kreditinstitut kann hiervon absehen, wenn das Verlangen nach Offenlegung im Hinblick auf die gestellten Sicherheiten oder auf die Mitverpflichteten offensichtlich unbegründet wäre. Derzeit (Stand Februar 2005) wird seitens der Bundesanstalt für Finanzdienstleistungsaufsicht (BaFin) eine Erhöhung der Vorlagegrenze auf 750.000 Euro oder 10 Prozent des haftenden Eigenkapitals des Kreditnehmers angestrebt.[4] Unabhängig von den Offenlegungsverpflichtungen sind Kredite nur nach umfassender und sorgfältiger Bonitätsprüfung zu gewähren wobei nach der Gewährung die Bonität des Kreditnehmers laufend zu überwachen ist.[5]

Für die Unternehmen resultiert aus dieser Vorgabe, dass sie bei Krediten ab einer bestimmten Größenordnung den Kreditinstituten ihrer Bilanzen vorlegen müssen. Sofern die Unternehmensbilanzen zu den jeweiligen Stichtagen noch nicht vorliegen, sind aussagekräftige Ersatzunterlagen (z. B. betriebswirtschaftliche Auswertungen (BWAs), Auftragslisten) zur Verfügung zu stellen. Bei der Zusammenstellung von Ersatzunterlagen kommt dem Controlling i. d. R. die Aufgabe zu, in Abstimmung mit der Unternehmensleitung aus den Unternehmensdaten aussagekräftige Unterlagen zusammenzustellen und zu interpretieren.

2.3 Mindestanforderungen an das Betreiben von Handelsgeschäften (MaH)

Die MaH wurden seitens der Bankenaufsicht 1995 aufgrund von bei Banken festgestellten Risiken bei der Geschäftsabwicklung sowie des Konkurses eines namhaften internationalen Kreditinstitutes eingeführt. Sie regeln die Abwicklung von Handelsgeschäften im Bankbereich und sehen im Wesentlichen eine Trennung zwischen Handel und Abwicklung sowie die Durchführung von Pflichtprüfungen durch die Interne Revision vor.

---

4   Vgl. Überblick über die grundsätzlichen Anforderungen an die Offenlegung der wirtschaftlichen Verhältnisse nach § 18 KWG in: (Entwurf) Rundschreiben/200., BaFin, 16.02.2005, Vorbemerkung, Absatz 1, Punkt 1.
5   Vgl. Überblick über die grundsätzlichen Anforderungen an die Offenlegung der wirtschaftlichen Verhältnisse nach § 18 KWG in: (Entwurf) Rundschreiben/200., BaFin, 16.02.2005, Vorbemerkung, Absatz 1, Punkt 2.

Vor dem Hintergrund, dass auch die Unternehmen in immer größerem Umfang Handelsgeschäfte (z. B. Swaps, Caps) abschließen, sollten diese sich ebenfalls mit der Vorschrift auseinander setzen und überlegen, ob sie derartige Geschäfte nicht auf Basis vergleichbarer interner Vorschriften abwickeln. Sofern vergleichbare Vorschriften im Unternehmensbereich nicht angewandt werden, ist durch das Controlling in regelmäßigen Abständen zu überprüfen, ob die Handelsgeschäfte ordnungsgemäß abgewickelt wurden und vorteilhaft für das Unternehmen waren.

2.4 Mindestanforderungen an die interne Revision (MaIR)

Die MaIR wurden in 2000 eingeführt und beinhalten Vorgaben bezüglich der

- Prüfungshäufigkeit
- Prüfungsdurchführung
- Informationspflichten
- Berichterstellung
- usw.,

welche seitens der Internen Revision zu beachten sind. Da im Rahmen der Revisionsarbeit auch die der Kreditvergabe und Kreditbeurteilung zu Grunde liegenden Unternehmensunterlagen analysiert werden, müssen die Unternehmen darauf achten, ihre Unterlagen derart aufzubereiten, dass sie von einem fachkundigen Dritten problemlos nachvollzogen werden können.

2.5 Mindestanforderungen an das Kreditgeschäft der Kreditinstitute (MaK)

Die Einführung der MaK Ende 2002 ist darauf zurückzuführen, dass zahlreiche Banken bei der Kreditentscheidung und Kreditabwicklung die banküblichen Standards außer Acht gelassen haben. So wurde z. B. festgestellt, dass[6]

- erforderliche Funktionstrennungen nicht optimal eingerichtet und in vielen Fällen sogar durchbrochen wurden
- keine risikoorientierten Kalkulationen durchgeführt wurden.
- Kreditentscheidungen trotz eingesetzter Ratingverfahren nicht optimiert waren
- die vertragliche Ausgestaltung der Kredit- und Sicherheitenverträge Mängel aufwies
- oftmals nur eine unzureichende oder in Extremfällen überhaupt keine Kreditüberwachung durchgeführt wurde
- Möglichkeiten der Früherkennung von Krisen nicht genutzt wurden.

Durch die Einführung der MaK, die von den Kreditinstituten seit Juli 2004 zu beachten sind, erfolgte erstmals eine schriftliche Fixierung qualitativer Standards für die Kreditvergabe und -überwachung, die, wie aus der nachfolgenden Abbildung zu entnehmen ist, auch etliche Regelungen nach Basel II vorwegnimmt.

Um die Mindestanforderungen zu erfüllen, benötigen die Banken zwischenzeitlich wesentlich umfangreichere Unternehmensinformationen als in der Vergangenheit, weshalb sie sich intensiv mit den MaK auseinandersetzen müssen. Aus Unternehmenssicht von Bedeutung sind insbesondere die Vorgaben über die Funktionstrennung bei der Kreditentscheidung sowie die Intensiv- und Problemkreditbearbeitung, auf die im Folgenden kurz eingegangen wird.

---

[6] Vgl. Bundesanstalt für Finanzdienstleistungsaufsicht, Übermittlungsschreiben zum 2. Entwurf der MaK vom 02.10.2002.

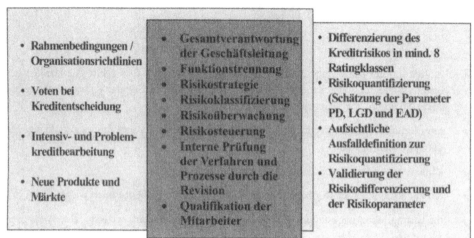

Abbildung 1: *Regelungsinhalte/Abgrenzung MaK/Basel II*

2.5.1 Funktionstrennung bei der Kreditentscheidung

Die MaK sehen eine klare funktionale Trennung in die Bereiche vor, welche die Geschäfte initiieren (Markt) und die bei den Kreditentscheidungen über ein weiteres vom „Markt" unabhängiges Votum verfügen („Marktfolge"). Bezüglich der organisatorischen Ausgestaltung ist zu beachten, dass die Aufgaben des Kreditrisikocontrollings

- unabhängige Überwachung der Risiken
- unabhängiges Berichtswesen

sowie die Überprüfung bestimmter – von der Geschäftsleitung unter Risikogesichtspunkten festzulegender – Sicherheiten außerhalb des Markt-Bereiches durchzuführen ist. Die Zuordnung der Prozesse

- Kreditbearbeitung
- Kreditbearbeitungskontrolle
- Intensivbetreuung
- Problemkreditbearbeitung
- Risikovorsorge

liegt im Ermessen der Kreditinstitute, sofern keine anderen Regelungen vorliegen. Allerdings ist die Verantwortung für deren Entwicklung und Qualität außerhalb des Marktbereiches anzusiedeln. Hieraus ergibt sich folgende Aufteilung (s. Abbildung 2).

Der Bereich „Markt" ist vom Bereich „Marktfolge" aufbauorganisatorisch bis einschließlich der Ebene der Geschäftsleitung zu trennen, wobei die Trennung auch im Vertretungsfall zu beachten ist. Eine Kreditentscheidung erfordert zustimmende Voten der Bereiche „Markt" und „Marktfolge" in Abhängigkeit von Art, Umfang, Komplexität und Risikogehalt der Kreditengagements.

Für die Unternehmen und deren Controlling bedeutet diese Aufteilung, dass sie Unterlagen, die sie der Bank einreichen, derart aufbereiten müssen, dass sie auch von Mitarbeitern, die nicht im Markt-Bereich tätig sind, verstanden und entsprechend den Vorstellungen der Unternehmen analysiert werden. Dies gestaltet sich i. d. R. schwierig, da die Unternehmen im Normalfall keine Kenntnis darüber haben, welche Personen bei den Kreditinstituten in die Bereichen Marktfolge und Kreditrisikocontrolling in die Engagementbearbeitung eingebunden sind.

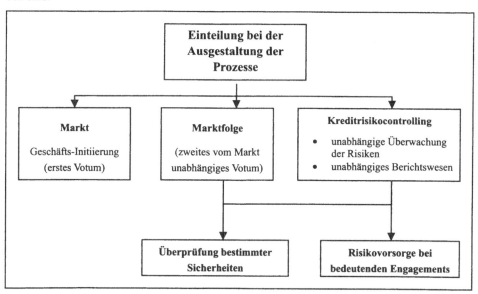

Abbildung 2: *Ausgestaltung der MaK-Prozesse*

2.5.2 Intensiv- und Problemkreditbearbeitung

In den Organisationsrichtlinien der Kreditinstitute sind gem. MaK klare Regelungen aufzustellen, wann ein Engagement der Normal-, Intensiv- und Problemkreditbearbeitung (Sanierung oder Abwicklung) zuzuordnen ist, wie in den einzelnen Bereichen die Bearbeitung zu erfolgen hat und wer bankseitig für die Bearbeitung der Engagements federführend verantwortlich ist. Für Unternehmen von besonderer Bedeutung sind die bankseitigen Vorgaben hinsichtlich der Identifizierung und Betreuung von Intensivbetreuungsengagements, die von Kreditinstitut zu Kreditinstitut auch abweichen können. Die Zuordnung in den Intensivbetreuungsbereich erfolgt einerseits auf Basis der Auswertung der regelmäßig einzureichenden Unternehmensunterlagen (z. B. Bilanz, Auftragsbestände) und andererseits auf Grund von Analysen des Unternehmensumfeldes (z. B. Branchenanalysen). Durch die Identifizierung der Intensivbetreuungsengagements sollen die Banken frühzeitig in die Lage versetzt werden, zusammen mit den betroffenen Unternehmen entsprechende Schritte zur Beseitigung einer sich abzeichnenden Unternehmenskrise einzuleiten, um mögliche Kreditausfälle bereits im Vorfeld zu verhindern bzw. zu minimieren.

Für die Unternehmen und deren Controlling bedeutet dies, dass Unterlagen, die den Banken im Rahmen von Kreditanträgen oder im Rahmen der Kreditüberwachung vorzulegen sind, vor Einreichung kritisch zu analysieren sind. Dabei ist ein besonderes Augenmerk auf das Vorhandensein möglicher Krisenindikatoren (z. B. sinkende Umsätze, außerordentliche Erträge aus der Realisation stiller Reserven) zu richten. Gibt es Hinweise auf eine mögliche Unternehmenskrise, ist gegenüber den finanzierenden Banken anhand aussagekräftiger Unterlagen darzustellen, ob es sich tatsächlich um eine sich abzeichnende Krise handelt oder nicht. Liegt tatsächlich eine Krisensituation vor, müssen die Unternehmen darstellen, welche Maßnahmen bereits getroffen wurden bzw. zu treffen sind, um die Krise zu beseitigen. Hierbei kommt dem Controlling die Aufgabe zu, entsprechendes Datenmaterial aus den verschiedenen Unternehmensbereichen zusammenzutragen und auf Basis nachvollziehbarer Soll-/Istanalysen bzw. Abweichungsanalysen darzustellen, worauf die Krise zurückzuführen ist und in welchem Umfang die eingeleiteten Maßnahmen des Unternehmens zur Beseitigung der Krise bereits gegriffen haben.

Bei Zuordnung eines Engagements in den Sanierungsbereich ist bankseitig ein Sanierungskonzept zu erstellen, in der einerseits die Ursachen der Krise und andererseits die geplanten Schritte zu deren Beseitigung darzustellen sind. Um hierbei konkrete Aussagen treffen zu können, ist die Bank auf aussagekräftige Unternehmensdaten angewiesen. Das Controlling hat auch hier wieder die Aufgabe, die benötigten Unternehmensdaten zusammenzutragen, zu analysieren und entscheidungsrelevant aufzubereiten. Des Weiteren ist im Verlauf der Sanierung darzustellen, wie und in welchem Umfang die eingeleiteten Sanierungsmaßnahmen zur Beseitigung der Krise geeignet sind. Sofern die getroffenen Maßnahmen nicht den gewünschten Erfolg zeigen, ist zu analysieren, worauf dies zurückzuführen ist und zu entscheiden ob ggf. weitere Maßnahmen getroffen werden müssen.

Bei Zuordnung eines Engagements in den Abwicklungsbereich ist bankseitig ein Abwicklungskonzept zu erstellen, in der das geplante Vorgehen in der Bank im Abwicklungsverfahren aufgezeigt wird. Den Unternehmen und deren Controlling kommt hierbei die Aufgabe zu, die Banken mit aussagekräftigen Daten zu versorgen. Dabei ist es wichtig, die Unternehmensbereiche und Produkte mit positiven Deckungsbeiträgen herauszufiltern und zu analysieren, da sich diese in der Folge besser verwerten lassen.

2.6 Die neue Basler Eigenkapitalverordnung (Basel II)

Banken können Kredite nicht in unbegrenztem Ausmaß ausreichen. Da Banken ihre ausgereichten Kredite u. a. über Einlagen (z. B. Sparbuch, Festgeld) und Kreditaufnahmen am nationalen und internationalen Kapitalmark finanzieren, müssen sie diese, sofern keine ausreichenden Sicherheiten zur Verfügung gestellt werden, mit einem bestimmten Prozentsatz des Eigenkapitals unterlegen. Die neue Basler Eigenkapitalvereinbarung (Basel II) sieht u. a. vor, dass Kredite mit hoher Bonität künftig mit weniger Eigenkapital unterlegt werden müssen, während die Eigenkapitalunterlegung für Schuldner mit geringer Bonität steigt. Somit wird das individuelle Kreditrisiko, welches von der Ausfallwahrscheinlichkeit des Kreditnehmers und des bankseitig gewählten Analyseverfahrens (Ratingverfahren) abhängt, zum maßgeblichen Faktor für die Preiskalkulation der Banken. Da die Eigenkapitalunterlegung der Banken auch mit entsprechenden Kosten verbunden ist, wird dies in der Praxis zu einer risikogewichteten Konditionengestaltung der jeweiligen Kreditinstitute führen. Hieraus ergibt sich als konkrete Folge, dass bonitätsschwache Unternehmen künftig höhere Kreditkonditionen bezahlen müssen als besser eingestufte Unternehmen.

Zur Beurteilung des Kreditrisikos ihrer Kunden stehen den Banken auf Basis der Basel II-Vorgaben der Standardansatz oder der interne Ratingansatz zur Verfügung.

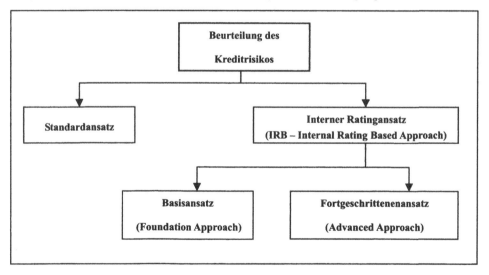

Abbildung 3: Ratingsätze[7]

---

7 Vgl. Arno Kastner: Wie bekomme ich einen Kredit für mein Unternehmen, Eschborn 2004, Seite 15.

Für welchen Ansatz sich ein Kreditinstitut entscheidet, hängt von deren Eigenkapitalausstattung und strategischer Ausrichtung ab. Für Unternehmen und deren Controlling ist es wichtig zu wissen, für welchen Ansatz sich das finanzierende Kreditinstitut entschieden hat, da sie durch diese Information in die Lage versetzt werden, in Bezug auf anstehende Kredit- und Bilanzgespräche und die in diesem Zusammenhang durchzuführenden Ratingbeurteilungen, die richtigen Entscheidungen zu treffen (z. B. Einschaltung einer externen Rating-Agentur, gezielte Aufbereitung der Unterlagen). Hinzu kommt, dass sie sich durch das Wissen optimal auf anstehende Kreditverhandlungen und Bankgespräche vorbereiten können.

3. Einsatz von Ratingverfahren im Rahmen der Kreditvergabe

Zur Beurteilung der Risiken im Firmenkundengeschäft werden seitens der Banken seit ca. 20 Jahren unterschiedliche Ratingverfahren eingesetzt, die sich wie folgt klassifizieren lassen:

a) nach der beurteilenden Stelle
 – bankinterne Ratinganalysen
 – Analysen von Ratingagenturen

b) nach dem Ratinggegenstand
 – Firmenkundenrating
 – Branchenrating
 – Länderrating

Im Folgenden wird das Unternehmensrating durch die Banken und externe Ratingagenturen und die damit verbundenen Anforderungen an das Controlling eines Unternehmens dargestellt.

3.1 Externe Ratinganalysen

Den Ergebnissen externer Ratinganalysen kommt vor dem Hintergrund von Basel II eine zunehmende Bedeutung zu. Dies hat dazu geführt, dass eine Vielzahl von Ratingagenturen gegründet wurde, die mittels gezielter Werbeaktionen besonders an klein- und mittelständische Unternehmen herantreten und diesen offerieren, dass sie durch eine Ratingbeurteilung ihre Kreditkonditionen nachhaltig senken können. Die Unternehmen müssen sich dabei einerseits mit der Frage auseinandersetzen, welche Vorteile (z. B. günstigere Konditionen, Kapitalaufnahmen auf internationalen Märkten, Steigerung des Unternehmensstandings) eine externe

Ratingbeurteilung mit sich bringt und ob diese andererseits seitens der finanzierenden Banken anerkannt wird.

Bei der Entscheidung für ein externes Rating wird seitens der Unternehmen oftmals nicht beachtet, dass es sich bei der Ratinganalyse nicht um eine einmalige sondern um eine permanente Analyse handelt. Konkret bedeutet dies, dass nach der Erstbeurteilung mindestens in jährlichem Abstand neue Unternehmensbeurteilungen folgen, die ebenfalls mit entsprechenden Kosten verbunden sind, was zur Folge hat, dass sich ein positiver Zinsvorteil zum Zeitpunkt der Kreditgewährung in den Folgejahren aufgrund der Kosten der neuerlichen Ratingbeurteilungen in einen entsprechenden Nachteil umkehren kann. Seitens des Controllings ist daher zunächst zu analysieren, welche Kosten mit der externen Ratingbeurteilung verbunden sind und ob sich die Kosten künftig durch günstigere Kreditkonditionen kompensieren lassen.

Beispiel

Die Kosten für ein externes Rating belaufen sich auf 10.000 Euro. Das Unternehmen erhofft sich, durch ein entsprechendes Rating den Kreditzins um 0,5 Prozent günstiger gestalten zu können. Um die Kosten der Ratinganalyse im Jahr der Kreditaufnahme decken zu können, muss das Unternehmen einen Kredit in Höhe von 2 Mio. Euro aufnehmen. Lassen sich die Kreditkosten jedoch nur um 0,3 Prozent günstiger gestalten, lohnt sich ein externes Rating erst bei einer Kreditaufnahme von 3,3 Mio. Euro. Kommt hingegen die Bank im Rahmen ihrer internen Ratinganalyse zu dem gleichen Ergebnis wie die externe Ratingagentur, ist davon auszugehen, dass der Kredit nicht zu günstigeren Konditionen ausgereicht wird. In diesem Fall entstehen dem Unternehmen zusätzliche Kosten in Höhe der Ratinggebühr, welche sie anderweitig decken muss. Allerdings ist hierbei zu berücksichtigen, dass sich „positive Imageeffekte" durchaus kostenreduzierend auswirken können.

Falls sich das Unternehmen zu einer externen Ratinganalyse entschließt, sind zusammen mit dem Controlling und den anderen Unternehmensabteilungen die Informationen aufzubereiten, die ihm Rahmen des Ratingprozesses benötigt werden. In der Regel werden von den externen Ratingagenturen folgende Informationen berücksichtigt[8]:

- Allgemein verfügbare Unterlagen (Jahresabschlussunterlagen, Registerauszüge usw.)
- Wirtschaftsdaten aus renommierten Quellen (Branchenverbände, Informationen der Weltbank usw.)
- Diverse Publikationen (Nachrichten, wissenschaftliche Artikel oder Abhandlungen, Fachzeitschriften u. a.)
- Ergebnisse aus Gesprächen mit Wissenschaftlern, Branchenexperten u.a.
- Informationen aus Börsen- und sonstigen Wertpapierprospekten

---

[8] Vgl. o. V.: Erstmalige Ratingbeurteilung, Moody´s in Deutschland, www.moodys.de, Februar 2003.

- Unternehmensinternas, die im Rahmen des Ratingprozesses in Erfahrung gebracht werden.

Der eigentliche Ablauf des Ratingprozesses selbst hängt von der mit der Durchführung der Ratinganalyse betrauten Ratingagentur ab. Im Wesentlichen stellt sich der Ablauf bei renommierten Rating-Agenturen, deren Ergebnisse im Anschluss an den Ratingprozess veröffentlicht werden, wie folgt dar:

- Informelle Vorgespräche
- Benennung des Analyseteams
- Analytische Vorbereitung
- Ratinggespräch mit dem Unternehmen
- Analyse und Ratingentscheidung
- Mitteilung des Ratingergebnisses
- Veröffentlichung des Ratingergebnisses
- Überwachung und Überprüfung

Damit die externe Ratinganalyse zum gewünschten Erfolg führt, sollte sich das Controlling zusammen mit der Unternehmensleitung bereits im Vorfeld intensiv mit den benötigten Unternehmensdaten auseinandersetzen. Sofern man bei der Analyse dieser Daten zur Erkenntnis gelangt, dass die Ergebnisse negative Auswirkungen auf eine Ratingbeurteilung haben könnten, sind im Rahmen strategischer Planungen Maßnahmen zur Beseitigung der möglichen negativen Auswirkungen zu treffen und entsprechend umzusetzen (z. B. Durchführung von Sale-and-lease-back-Transaktionen zur Stärkung der Eigenkapitalbasis).

3.2 Branchenrating

Im Rahmen des Branchenratings erfolgt unter Berücksichtigung von kurz- und langfristigen Einflussfaktoren eine Beurteilung des Risikogehaltes der jeweiligen Branchen. Gegenstände der Bewertungen können sein:

- Auftragslage
- Höhe der Umsätze
- Kapazitätsauslastung
- Eigenkapitalausstattung
- Erwartete Ertragsentwicklung der Branche

- Kurz-, mittel- und langfristige Nachfragetrends auf den jeweiligen Märkten
- Künftige Konkurrenzfähigkeit der Anbieter auf den Märkten
- Saisonabhängigkeit
- Konjunkturabhängigkeit
- Wachstumsentwicklung
- Inländische Wettbewerbsfähigkeit
- Ausländische Wettbewerbsfähigkeit

Die einzelnen Faktoren gehen entsprechend ihrer Bedeutung gewichtet in die Bewertung ein, wobei sich die Zusammensetzung der Faktoren und deren Gewichtung entsprechend ihrer Bedeutung verändern können.

Branchenratings werden sowohl von Ratingagenturen als auch von Banken durchgeführt. Mit den Branchenratings wird das Ziel verfolgt, Risiken darzustellen und entsprechend zu bewerten, die aus dem Umfeld des Unternehmens resultieren. Seitens der Banken werden die Branchenbeurteilungen von den volkswirtschaftlichen Abteilungen erstellt. Sofern Banken aufgrund ihrer Größe keine eigenen Branchenbeurteilungen i. d. R. erstellen, haben sie die Möglichkeit, auf kommerzielle Branchenratings, welche am Markt angeboten werden, zurückzugreifen.

Im Rahmen des Branchenratings wird grundsätzlich keine Beurteilung von Einzelunternehmen durchgeführt. Dennoch hat das Ergebnis des Branchenratings erhebliche Auswirkungen auf die Kreditvergabe der Banken. So stellten beispielsweise Unternehmen, die einer so genannten Problembranche angehörten, fest, dass sich allein die Zugehörigkeit zu dieser Branche bereits negativ auf die „Bank-Kunden-Beziehung" auswirkte. Unternehmen sollten sich daher auch kritisch mit dem Standing ihrer Branche bei den Banken auseinandersetzen. Wird dabei festgestellt, dass das Unternehmen einer Problembranche angehört, kommt dem Controlling die Aufgabe zu, die Unternehmensdaten dergestalt aufzubereiten, dass gegenüber den Banken nachgewiesen werden kann, dass das Unternehmen von den Branchenproblemen entweder nicht betroffen ist oder bereits die erforderlichen Maßnahmen zur Behebung der bestehenden Probleme in die Wege geleitet hat bzw. gerade dabei ist, dies zu tun.

3.3 Bankinterne Ratinganalysen

3.3.1 Grundlagen der bankinternen Informationsanforderung

Wie bereits dargestellt, sind Banken gemäß § 18 KWG gehalten, sich einen Überblick über die wirtschaftliche Lage der von ihnen finanzierten Unternehmen zu verschaffen. In der Vergangenheit geschah dies im Wesentlichen durch die Analyse der eingereichten Unternehmensunterlagen mit den klassischen Analyseinstrumenten:

- Bilanz- und Kennzahlenanalyse
- Analyse der Investitions- und Finanzierungspläne
- Branchenanalyse
- Sicherheitenanalyse.

Angesichts steigender Unternehmensinsolvenzen gegen Mitte der 80er Jahre erkannten die Banken sehr schnell, dass diese Verfahren nicht ausreichen, um drohende Unternehmensrisiken und -schieflagen frühzeitig zu erkennen und zusammen mit dem Unternehmen zu beseitigen. Sie entwickelten daraufhin unter Zuhilfenahme der mittlerweile zur Verfügung stehenden DV-Möglichkeiten moderne Analyseverfahren wie:

- Insolvenzprognose
- Managementbeurteilung
- Kontokorrentkreditanalyse
- Expertensysteme/Neuronale Netze
- Analyse von Umweltrisiken
- Ratingsysteme.

Die modernen Analysesysteme wurden im Rahmen der Unternehmensbeurteilung zunächst parallel zu den klassischen Analysesystemen eingesetzt. Nach und nach kam aber dem Rating eine besondere Bedeutung zu, da hier die Analyseergebnisse diverser Einzelanalysen zu einem „Gesamtergebnis" zusammengefügt und dem Vorstand zur Entscheidung bzw. Information vorgelegt werden konnten.

3.3.2 Der Einsatz bankinterner Ratingsysteme

Seitens der Banken werden seit ca. 15 Jahren in zunehmenden Umfang bankinterne Ratingsysteme bei der Kreditentscheidung und -beurteilung eingesetzt. Mittels der Ratingsysteme wurden die jeweiligen Ergebnisse der verschiedenen klassischen und modernen Analyseverfahren zusammengefasst und entsprechend ihrer Bedeutung gewichtet. Gegenüber der Einzelanalyse hatte die Ratinganalyse den Vorteil, dass eine Vielzahl unterschiedlicher Aspekte im Rahmen der Kreditentscheidung und -überwachung entsprechend ihrer Bedeutung berücksichtigt werden konnten. Als Ergebnis erhielt man i. d. R. eine ziffernmäßige Beurteilung der einzelnen Unternehmen in Form der so genannten „Ratingkennziffer", welche mit dem Ergebnis externer Ratings vergleichbar war. Wie beim externen Rating wurde auch hier das Ziel verfolgt, Firmenkunden oder auch strukturierte Finanzierungen und Länder in entsprechende

Bonitätsstufen einzugruppieren, um somit Aussagen über den Risikogehalt eines einzelnen Engagements und die Zusammensetzung des gesamten Kreditportfolios der Bank zu erhalten.

Die verschiedenen Komponenten (Hard facts und Soft facts) eines Ratingsystems wurden bei der Einführung der Ratinganalyse unter Berücksichtigung des Informationsbedarfs und der Vorgaben des Managementinformationssystems der analysierenden Bank festgelegt. Dabei konnten je nach Bank und Anwendungsbereich auch unterschiedliche Ratingsysteme (z. B. Konsortialkreditrating, Bauträgerrating) zum Einsatz kommen, die den Besonderheiten der jeweiligen Kreditvergaben Rechnung trugen. Als Ergebnis erhielt die analysierende Bank eine Kennziffer oder „Schulnote" welche als Risikoindikator für die Zahlungsfähigkeit des Unternehmens galt und somit die Grundlage für das Pricing (Höhe des Zinssatzes für den Kredit) darstellte (s. Abbildung 4).

Während sich die eingesetzten Ratingsysteme in der Vergangenheit von Kreditinstitut zu Kreditinstitut unterschieden, ist aufgrund der Basel II-Anforderungen künftig mit einer tendenziellen Angleichung der Ratingsysteme zu rechnen. Dies auch vor dem Hintergrund, dass die Eigenkapitalunterlegung für ausgereichte Bankkredite vom individuellen Kreditrisiko des Kreditnehmers abhängig ist. Da die Aktualität der Ratingsysteme künftig anhand von tatsächlichen Ausfallwahrscheinlichkeiten nachzuweisen ist, wird die Entwicklung dahin gehen, dass künftig nur noch eine begrenzte Anzahl von Banken ein institutseigenes Rating einsetzen wird, während bei einer Vielzahl von Banken ein entsprechendes Verbandsrating oder das Standardverfahren zum Einsatz kommen wird. Im folgenden wird daher auf die wesentlichen Komponenten eines Ratingssystems eingegangen und aufgezeigt, welchen Beitrag das Controlling des Unternehmens leisten kann, um das Ratingergebnis positiv zu beeinflussen.

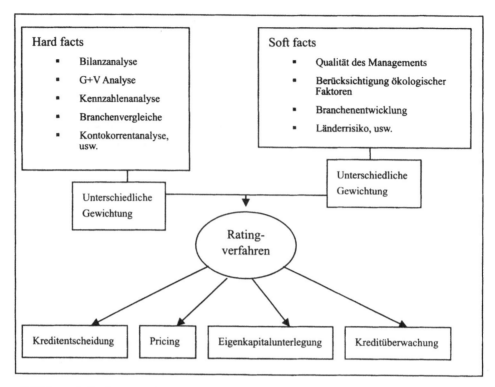

Abbildung 4: *Funktion von Ratingverfahren*[9]

Hard facts

Die „Hard facts" eines Ratingsystems sind jene Komponenten, die den wirtschaftlichen Erfolg eines Unternehmens widerspiegeln. Dieser Erfolg ist anhand von Unternehmensunterlagen (z. B. Bilanzen, Kontokorrentkreditunterlagen) eindeutig quantifizierbar und kann auch mit den Ergebnissen anderer Unternehmen verglichen werden.

Bilanz -, G+V- und Kennzahlenanalyse

Die Bilanz- und G+V-Analyse nimmt eine zentrale Stellung im Rahmen der Kreditprüfung und -beurteilung ein, weil mit ihr tiefgreifende Einblicke in das Unternehmen und die Unternehmensentwicklung gewonnen werden können. Dabei bereitet die Bank zunächst das vorgelegte Zahlenmaterial nach ihren Bedürfnissen auf (Ziel: Eliminierung bilanzpolitischer An-

---

[9] Schachten, Wyludda, Schwope, Becker, Kastner: Aspekte der Kreditrisikosteuerung, in: Fachbeiträge zur Revision des Kreditgeschäftes, IIR Schriftenreihe Bd. 34, Berlin 2002, S. 85.

Anforderungen an das Controlling bei der Kreditvergabe

sätze) und setzt sich anschließend mit der Zusammensetzung und Entwicklung der einzelnen Bilanz- und G+V-Postitionen gegenüber den Vorjahren auseinander. Dabei werden die wesentlichen Veränderungen (z. B. Verkauf von Immobilien, steigende Leasinggebühren) und deren Hintergründe analysiert. In der anschießenden Kennzahlenanalyse werden unterschiedliche Bilanz- bzw. G+V-Positionen zueinander ins Verhältnis gesetzt und mit den Kennzahlen der Vorjahre (Darstellung der Unternehmensentwicklung) sowie Branchenkennzahlen (Vergleich des Unternehmens mit der Konkurrenz) verglichen. Dabei kommt den nachfolgend aufgeführten Kennzahlen – unter Beachtung der jeweiligen Kennzahlendefinitionen – eine besondere Bedeutung zu:[10]

- Kennzahlen zur Ertragslage
    - Return on Investment
    - Umsatzrentabilität (Ertragskraftbeurteilung)
    - Cash-flow-Rate (Selbstfinanzierungskraft, Schuldentilgung)
    - Betriebsrentabilität (Unternehmensentwicklung)
    - Personalaufwandsquote (Arbeitsintensität)
    - Material- und Rohertragsquote (Eigen-/Fremdfertigung)
    - Abschreibungsaufwandsquote (Ertragskraftbeurteilung)
    - Zinsaufwandsquote (Schuldentilgung)

- Kennzahlen zur Vermögenslage
    - Gesamtkapitalumschlag (Risiken im Anlage- und Umlaufvermögen)
    - Anlageintensität (Vermögensaufbau)
    - Intensität des Umlaufvermögens (Sortimentsaufbau, Fertigungszeiten)
    - Lagerdauer (Beurteilung der Vorratshaltung und Liquidität)
    - Debitorenlaufzeit (Beurteilung der Angemessenheit der Außenstände)

- Kennzahlen zur Finanzlage
    - Dynamischer Verschuldungsgrad (Unternehmensverschuldung)
    - Eigenkapitalquote (Finanzielle Stabilität und Vermögensaufbau)
    - Anlagendeckung (Einhaltung der „Goldenen Bilanzregel" und Beurteilung der finanziellen Stabilität)
    - Kreditorenlaufzeit (Finanzierung/Liquidität)
    - Selbstfinanzierungsquote (Selbstfinanzierungsspielraum)

Im Hinblick auf die Bilanzanalyse kommt dem Controlling die Aufgabe zu, die Unternehmensunterlagen (Bilanzen, Betriebswirtschaftliche Auswertungen) bereits vor Vorlage bei der Bank kritisch zu analysieren. Dabei ist der Unternehmensleitung aufzuzeigen, bei welchen

---

10 Vgl. Gerberich, Claus W./Kastner, Arno: Verbesserte Bonitätsanalyse durch integriertes Kennzahlen-Controlling, Die Bank, 6/98.

Bilanz- und G+V-Positionen es bei der Analyse seitens der Bank zu Problemen kommt bzw. kommen könnte. Um Nachfragen seitens der Bank zuvorzukommen, sollte weiterhin in Erfahrung gebracht werden, worauf die Probleme zurückzuführen sind und welche Maßnahmen seitens des Unternehmens zur Problembeseitigung eingeleitet wurden bzw. werden. Vor dem Hintergrund, dass die Unternehmensdaten auch mit den Ergebnissen anderer Unternehmen verglichen werden, sollte sich das Controlling – unter Beachtung von Branchendaten – auch kritisch mit der vorliegenden Bilanzstruktur des Unternehmens auseinandersetzen. Gelangt man dabei zur Erkenntnis, dass andere Unternehmen mit besseren Ergebnisse aufwarten können, ist zusammen mit der Unternehmensleitung zu überlegen, wie das Unternehmen im Rahmen eines langfristig angelegten Bilanzstrukturmanagements die Bilanzstruktur durch die geschickte Ausnutzung legaler Bilanzgestaltungsmaßnahmen (Bilanzpolitik usw.) sowie durch entsprechende wirtschaftliche Transaktionen wie z. B.

- Leasing
- Factoring
- Asset Backed Securities
- aktive Lenkung von Zahlungsströmen
- Verkauf nicht unternehmensrelevanter Aktiva

zu ihren Gunsten beeinflussen und somit zu besseren Vergleichswerten und Ratingergebnissen gelangen kann.

Analyse der Investitions- und Finanzierungsplanung

Bei der Analyse der Investitionsplanung werden bankseitig die Höhe der Kosten der geplanten Investition und die daraus resultierenden künftigen Erträge einer umfassenden Prüfung unterzogen. Dabei kommt der Frage, ob bei der Planung alle wesentlichen Fakten berücksichtigt wurden und den eingesetzten statischen und/oder dynamischen Planungsverfahren realistische Werte zu Grunde lagen, eine besondere Bedeutung zu. Auch wird geprüft, ob das Unternehmen neben der favorisierten Planung auch so genannte Best-/Worst-Case-Szenarien durchgeführt und deren Eintrittswahrscheinlichkeit bestimmt hat. Nach Durchführung der Investition vergleichen die Banken anhand der effektiv erzielten Unternehmensergebnisse ob die ursprünglich prognostizierten Werte auch erreicht wurden.

Dem Controlling kommt hier die Aufgabe zu, die Unternehmensdaten, die der Investitionsentscheidung zu Grunde liegen bzw. lagen für die Bank nachvollziehbar aufzubereiten und darzulegen, dass das Unternehmen alle entscheidungsrelevanten Parameter in ausreichendem Umfang berücksichtigt hat. Nach Durchführung der Investition ist im Rahmen der Wahrnehmung der normalen Controllingaufgaben zu überwachen, ob die prognostizierten Ergebnisse auch eintreten. Sollte dies nicht der Fall sein, ist seitens des Controllings in Erfahrung zu bringen, worauf dies zurückzuführen ist und wie derartige Fehlprognosen in der Zukunft vermieden werden können. Die Ergebnisse sind über die Unternehmensleitung der finanzierenden Bank zur Kenntnis zu bringen. Weiterhin ist der Bank darzulegen, welche Maßnahmen getroffen wurden bzw. getroffen werden, damit die ursprünglich prognostizierten Werte noch erreicht werden können.

Bei der Analyse der Finanzplanung setzt sich die Bank mit der Frage auseinander, ob die Finanzierung der einzelnen Investitionen sowie des gesamten Unternehmens kurz- und langfristig gesichert ist. Es wird der Frage nachgegangen, ob die Gesamtheit künftiger Einnahmen und Ausgaben korrekt erfasst wurde und ob die prognostizierten Überschüsse ausreichen, um den aktuellen und künftigen Kapitaldienst ordnungsgemäß zu bedienen.

Die Finanzplanunterlagen gewähren den Banken umfassende Einblicke in die unternehmerische Gesamtkonzeption. Dem Controlling kommt daher die Aufgabe zu, anhand aktueller Unternehmensdaten aufzuzeigen, dass die Finanzierung des Unternehmens langfristig gesichert ist. Sofern es bei der Umsetzung der Planung zu Abweichungen kommt, sind deren Auswirkungen durch das Controlling umgehend zu analysieren damit seitens der Unternehmensleitung die entsprechenden Maßnahmen zur Behebung einer möglichen Finanzierungsproblematik getroffen werden können. Weiterhin sind die Gründe für die Abweichungen sowie deren Auswirkungen auf die verschiedenen anderen Unternehmenspläne für Dritte (z. B. stille Gesellschafter, Banken) nachvollziehbar zu dokumentieren. Sofern dies nicht durch das Controlling geschieht, sollten die Vorgänge zumindest durch das Controlling überwacht werden.

Branchenvergleiche

Banken führen im Rahmen der Kreditgewährung und -beurteilung Vergleiche mit anderen Unternehmen der gleichen Branche durch. Sofern sie hierbei über keine bankinternen Daten verfügen, greifen sie auf externe Daten zurück wie z. B.

- EBIL-/STATBIL-Auswertungen der Sparkassen
- Betriebsvergleiche des Einzelhandels
- Branchendienst (Deutscher Sparkassen- und Giroverband e.V.)
- Systematik der Wirtschaftszweige (statistisches Bundesamt)

Derartige Vergleiche sollten unabhängig von einer Kreditvergabe auch seitens der Unternehmen angestellt werden. Dem Controlling kommt hierbei die Aufgabe zu, darzustellen, worauf Abweichungen im Branchenvergleich zurückzuführen sind, damit sich evtl. vorhandene strategische Vorteile weiterhin gezielt nutzen lassen bzw. mögliche vorhandene Nachteile umgehend beseitigt werden können. Die auf Basis der Branchenanalyse getroffenen Entscheidungen und deren Umsetzung sollten aussagekräftig dokumentiert werden. Im Rahmen eines aktiven Kreditmarketings ist gegenüber den Banken aufzuzeigen, wie man in der Branche positioniert ist und wo die strategischen Vorteile des Unternehmens liegen.

Kontenkorrentanalyse

Um mögliche Unternehmenskrisen frühzeitig zu erkennen, analysieren viele Banken mittels spezieller Analyseprogramme die Kontokorrentkreditinanspruchnahme ihrer Kunden. Dabei sind die Programme oftmals so ausgestaltet, dass sie im Rahmen der Analyse die Kontoinanspruchnahme auch benoten (raten). Die Beurteilungen gehen anschließend auf direktem Wege in das Gesamtrating des Unternehmens ein.

Vor dem Hintergrund, dass Finanzierungen über das Kontokorrentkreditkonto i. d. R. einerseits mit höheren Kosten verbunden sind und es sich andererseits oftmals um keine fristenkongruente Finanzierungen handelt, ist das Controlling gehalten, ebenfalls intensiv mit der Inanspruchnahme des Kontokorrentkreditkontos durch das Unternehmen auseinanderzusetzen. Wenn sich bei der Analyse herausstellt, dass eine permanente Kontokorrentkreditinanspruchnahme vorliegt, müssen zusammen mit der Unternehmensleitung und der finanzierenden Bank umgehend Maßnahmen zur Beseitigung dieser Situation eingeleitet werden. Dies auch vor dem Hintergrund, dass sich eine derartige Maßnahme umgehend auf die Preisgestaltung des Unternehmens auswirken kann.

Soft facts

Die „Soft facts" eines Ratingsystems sind im Wesentlichen Komponenten, die sowohl auf der Unternehmensseite als auch auf der Bankseite von subjektiven Faktoren beeinflusst werden. Aufgrund der Tatsache, dass z. B. Unternehmensfehlentscheidungen, die auf der Grundlage mangelnder Erfahrung oder falscher Prognosen getroffen werden, ein erfolgreiches Unternehmen sehr schnell an den Rand des Ruins treiben können, kommt der Analyse der softfacts in der Praxis eine immer größer werdende Bedeutung zu. Ein Grund, weswegen die jeweiligen Analysesysteme der Bank in dieser Hinsicht permanent verbessert werden. Dies auch angesichts der Tatsache, dass die Ergebnisse aus den Teilanalysen insgesamt zu einer deutlichen Verbesserung der Entscheidungsgrundlage und somit auch zu einer verbesserten Steuerung des Risikoportfolios der Bank beitragen.

Beurteilung des Managements

Auftretende Zahlungsschwierigkeiten sind bei ca. 50 Prozent der mittelständischen Unternehmen auf mangelnde Branchenerfahrung, nicht mehr zeitgemäße Betriebsführung, übermäßige Betriebsausweitung und überhöhte Privatentnahmen zurückzuführen. Daher kommt der Analyse der Managementqualifikation im Rahmen der Kreditvergabe eine besondere Bedeutung zu. Dies wird auch daraus ersichtlich, dass bei der sich bisher im Einsatz befindlichen Ratingsystemen die Managementbeurteilung ein fester Bestandteil der Ratinganalyse war. Bei den künftig eingesetzten Ratingsystemen wird die Beurteilung des Managements ebenfalls einen breiten Raum einnehmen, wobei noch in verstärktem Umfang nachvollziehbare Vorgaben zur Managementbeurteilung festgelegt werden, um eine umfassende und den tatsächlichen Gegebenheiten (keine Gefälligkeitsbeurteilungen!) entsprechende Beurteilung zu gewährleisten.

Im Rahmen der Managementbeurteilung werden bei der Analyse seitens der Banken u. a. folgende Punkte beurteilt:

- Qualität und Dokumentation der Unternehmensorganisation
    - Aufbauorganisation

- Abgrenzung von Managementaufgaben
- Nachfolge- und Vertretungsregelungen
- Krisenmanagement
- Zukunftsorientierung des Unternehmens
  - Unternehmensstrategie
  - Wettbewerbssituation
  - Umwelteinflüsse
  - Beschaffungs- und Absatzsteuerung
  - Personalkonzeption/Personalfluktuation
  - Produkte/Produktlebenszyklen
- Leistungsfähige Controllinginstrumente
  - Berichtswesen
  - Planung sowie Soll-Ist-Analysen
  - Finanz- und Liquiditätsplanung
  - Finanz- und Krisenstrategien
- Dokumentation der wirtschaftlichen Verhältnisse
  - Jahresabschluss
  - Berichterstattung an Kreditinstitute
  - Unternehmensergebnisse

Vorgenannte Punkte werden auch seitens des Controllings im Rahmen der täglichen Arbeit mehr oder weniger intensiv analysiert. Im Hinblick auf die Verwendung der Erkenntnisse bei der Kreditbeantragung und bei den in der Folgezeit stattfindenden Kreditbeurteilungsgesprächen sollte bei der Analyse auch die Interessenslage der Kreditinstitute bezüglich des Unternehmens berücksichtigt werden, damit mögliche Anfragen der Banken umgehend beantwortet werden können. Da die Managementbeurteilung im Rahmen von Ratingsystemen auf Grund der subjektiven Einschätzung der Analysten den Ausschlag für eine positivere Ratingbeurteilung geben kann, sollten die Unternehmensdaten unter Mitwirkung des Controllings derart aufbereitet werden, dass den Banken der Eindruck einer ordnungsgemäßen und weitsichtigen Unternehmensführung vermittelt wird.

Berücksichtigung ökologischer Faktoren

Angesichts eines ständig wachsenden Umweltbewusstseins in der Öffentlichkeit und der sich permanent verschärfenden nationalen und internationalen Gesetzgebung, werden mögliche Umweltrisiken in zunehmendem Umfang auch im Rahmen der Kreditgewährung, Kreditbeurteilung und bei den Ratingsystemen beachtet. Unternehmen, die gegen bestehende Umweltvorschriften verstoßen, müssen einerseits mit erheblichen Strafen seitens des Gesetzgebers und andererseits mit nicht vorhersehbaren Reaktionen des Unternehmensumfeldes rechnen. Hinzu kommt, dass sich künftig anfallende Kosten für die Einhaltung von Umweltvorschriften sowie evtl. anfallende Strafen negativ auf die Kredittilgungsfähigkeit auswirken können und im Verwertungsfall, z. B. bei bestehenden Verunreinigungen, mit erheblichen Verwertungsabschlägen gerechnet werden muss. Die möglichen Umweltrisiken können derzeit wie folgt eingeteilt werden:

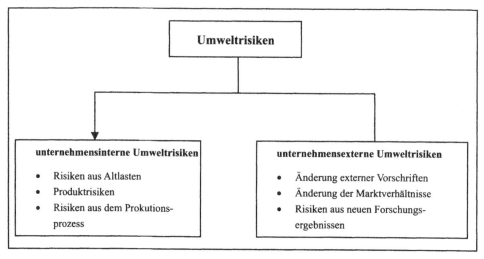

Abbildung 5: Darstellung der Umweltrisiken[11]

Unternehmen setzen sich mit den ökologischen Faktoren im Rahmen des Umweltcontrollings, das zur Existenzsicherung und erfolgreichen Steuerung von Unternehmen mittlerweile unverzichtbar geworden ist, auseinander.[12] So haben z. B.: erfolgreiche Unternehmen ein strategisches Umweltcontrolling installiert, um sich langfristig ihre Erfolgspotenziale zu sichern. Da sich Erkenntnisse, die im Rahmen des Umweltcontrollings gewonnen werden, auch gegenüber den finanzierenden Banken verwerten lassen, sollte diese Informationsmöglichkeit intensiv genutzt werden, um das Standing des Unternehmens zu verbessern. So kann das Unternehmen z. B. anhand aussagekräftiger Unterlagen den Banken aufzeigen, dass die Pro-

---

[11] Vgl. Arno Kastner: Wie bekomme ich einen Kredit für mein Unternehmen, Eschborn 2004, S. 55.
[12] Vgl. Bundesumweltministerium, Umweltbundesamt: Handbuch Umweltcontrolling, 2. Auflage, München 2001.

duktpalette des Unternehmens den gesetzlichen Anforderungen genügt oder dass aufgrund getroffener Umweltinvestitionen der Schadstoffausstoß des Unternehmens minimiert wird, was sich wiederum positiv auf die Sicherheiten-Beurteilung der Banken auswirken kann.

Branchenentwicklung

Kreditinstitute analysieren im Rahmen von Branchen-Ratings die kurz-, mittel- und langfristige Entwicklung einer Branche mit dem Ziel, mögliche Trends zu erkennen und Hinweise auf etwaige Unternehmensrisiken aufgrund der jeweiligen Branchenzugehörigkeit zu erhalten. Um diesbezüglich zu verlässlichen Aussagen zu gelangen, werden bankseitig eine Vielzahl von Informationskanälen (Kammern, Branchendienste, Presse usw.) genutzt, um fundierte Aussagen über Problemkreise wie

- Standortvorteile und -nachteile
- Arbeitskräfteangebot
- Rohstoffverfügbarkeit bzw. -abhängigkeit
- aktueller und erwarteter Entwicklungsstand
- Auftrags- und Nachfragebestand
- Konkurrenzfähigkeit
- vorhandene und potenzielle Risiken
- usw.

zu erhalten.

Sofern ein Unternehmen einer so genannten Problembranche angehört, kommt dem Controlling die Aufgabe zu, der Unternehmensleitung aussagekräftige Unterlagen zur Verfügung zu stellen aus denen hervorgeht, dass sich die Situation im Unternehmen entweder anders darstellt oder dass das Unternehmen die Probleme bereits erkannt hat und entsprechende Maßnahmen zu deren Beseitigung eingeleitet hat.

Länderrisiko

Sofern Unternehmen internationale Geschäftsbeziehungen unterhalten, gewinnt die unternehmensbezogene Analyse der jeweiligen Länderrisiken zunehmend an Bedeutung. Dabei wird einerseits das Ziel verfolgt, sich einen Überblick über die Länder, zu denen Geschäftsbeziehungen unterhalten werden, und andererseits über die Risiken, bezogen auf die jeweiligen Geschäftspartner aus diesen Ländern, zu verschaffen. Im Rahmen ihrer Analysen greifen Banken hierbei entweder auf bankinterne Informationen zurück oder ziehen externe Beurteilungen zu Rate.

Neben den Banken sollten sich aber auch die Unternehmen intensiv mit den bestehenden Länderrisiken auseinandersetzen. Dies auch vor dem Hintergrund, dass politische Entscheidungen eines Drittlandes gravierende Auswirkungen auf den weiteren Bestand des Unternehmens haben können.

Dem Controlling kommt hierbei die Aufgabe zu, bezüglich der betroffenen Länder u. a. Informationen über

- Wirtschaftswachstum
- Inflationsrate
- Verschuldungsgrad
- Entwicklung der Handelsbilanz
- Entwicklung der Leistungsbilanz
- Wechselkursschwankungen
- Devisenreserven
- Innovationsfähigkeit
- Sozialklima
- politische/religiöse Extremisten
- innere/äußere Sicherheit
- Effizienz des inländischen Zahlungssystems

zu besorgen und diese kritisch zu analysieren. Sofern sich im Rahmen der Analyse Risiken ergeben, sollte gegenüber den Banken aufgezeigt werden, welche Schritte seitens des Unternehmens zur Risikominimierung in die Wege geleitet wurden.

4. Ausblick

Die Diskussion um Basel II führte zwischenzeitlich bei vielen Unternehmen zu einem radikalen Umdenkungsprozess. Die Unternehmen und deren Controllingabteilungen erkannten, dass mit einer gezielten Unternehmensanalyse seitens der Unternehmen und der Banken auch Chancen zur frühzeitigen Erkennung und Vermeidung von Unternehmensschieflagen verbunden sind, die es gezielt zu nutzen gilt. Viele Unternehmen nutzen diese Möglichkeiten u. a. auch dergestalt, dass sie versuchen die Ratingergebnisse im Rahmen einer langfristig angelegten Kreditmarketingstrategie zu ihren Gunsten zu beeinflussen.

Die zwischenzeitlich erlassenen Mindestanforderungen an das Kreditgeschäft der Kreditinstitute (MaK) sowie die derzeit im Entwurf vorliegenden Mindestanforderungen an das Risikomanagement der Kreditinstitute (MaRisk) werden künftig dazu führen, dass sich die Unternehmen und das Controlling noch intensiver mit den möglichen Risiken ihres Unternehmens sowie des Unternehmensumfeldes auseinandersetzen müssen. Dies auch vor dem Hintergrund, dass bei sich abzeichnenden Risiken nicht nur schlechtere Kreditkonditionen sondern auch eine andere Bearbeitungsweise (z. B. Intensivbetreuung oder Sanierung) durch die finanzierenden Banken drohen. Dies könnte sich schließlich nachhaltig auf das Bank-Kunden-Verhältnis auswirken.

Controlling – Herausforderung für einen Nischenanbieter

Tobias Lotz

1. Warum Controlling?   442
2. Was ist Controlling? Bestimmungsgründe   442
   2.1 Acht Bausteine eines Controllings   442
   2.2 Was haben wir?   444
3. Wann braucht ein Unternehmen Controlling?   445
   3.1 Kriterien für einen Bedarf an Controlling   446
      3.1.1 Unternehmensentwicklung   446
      3.1.2 Größe und Struktur   446
      3.1.3 Märkte, Strategien und Produktionsprozesse   447
   3.2 Welche Bedingungen haben wir?   450
      3.2.1 Unternehmensentwicklung   450
      3.2.2 Größe und Struktur   450
      3.2.3 Märkte, Strategien und Produktionsprozesse   451
4. Wie viel Controlling haben wir?   452
   4.1 Organisatorische Strukturen   452
   4.2 Planung und Berichtswesen   452
   4.3 Betriebliches Rechnungswesen   453
   4.4 EDV   454
   4.5 Steuern, Stellen für interne Revision und Controlling   455
5. Welches Controlling brauchen wir?   456
   5.1 Anforderungsgerechte Kostenrechnung   456
   5.2 Planung und Berichtswesen   456
   5.3 EDV   457

1. Warum Controlling?

Wenn sich der Praktiker vergewissern will, ob sein Unternehmen ausreichend steuerbar ist, kann er dazu die folgenden Fragen stellen:

- Was ist Controlling in einem Unternehmen?
- Wann hat ein Unternehmen Controlling?
- Wann braucht ein Unternehmen Controlling?
- Welche Bedingungen haben wir?
- Wie viel Controlling haben wir?
- Welches Controlling brauchen wir?

Im folgenden Beitrag wollen wir einen Mittelständler im Jahre 1999 begleiten, der Antworten auf diese Fragen in der Controlling-Literatur sucht und sie mit den Gegebenheiten in seinem mittelständischen Unternehmen vergleicht.

Zunächst findet er acht Bausteine, die ein Controlling ausmachen und stellt fest, dass sein Unternehmen nicht diesen Kriterien genügt (zweiter Abschnitt). Daraufhin erkundet er die Frage, ab wann ein Unternehmen Controlling braucht, mit Blick auf seine Entwicklungsphase, seine Struktur und Größe, sowie die Eigenschaften seiner Märkte, Strategien und Produktionsprozesse. Auch diese Aspekte vergleicht er mit den Gegebenheiten in seinem Unternehmen (Abschnitt 3). Schließlich nimmt er aufgrund der erlangten Einsicht eine Beurteilung des Unternehmens im Hinblick auf seine Controlling-Eigenschaften vor (Abschnitt 4) und formuliert Perspektiven für eine wünschenswerte Entwicklung in der Zukunft (Abschnitt 5).

2. Was ist Controlling? Bestimmungsgründe

2.1 Acht Bausteine eines Controllings

Der Mittelständler sucht in der nahen Fachbibliothek ein passendes Buch und findet zunächst eine Untersuchung über Controlling in deutschen Unternehmen aus dem Jahre 1980. Deren

Autor verwendet für seine Auswertung acht Bausteine,[1] die in einem weiteren Werk ähnlich angegeben werden.[2] Zunächst bestimmen die organisatorischen Voraussetzungen (1) (Organisationsplan, Stellenbeschreibung und Organisationshandbuch), ob ein Unternehmen ausreichend strukturiert ist, um Denkweisen und Instrumente des Controllings einzusetzen. Hinzu kommt die Ausbildung eines internen Rechnungswesens (2), welches ein Verfahren der Kostenrechnung anwendet. Darauf bauen eine Planung und eine kurzfristigen Erfolgsrechnung als Steuerungsinstrument auf. Die Planung (3) gestaltet die Zukunft des Unternehmens mit Zielbildung und will sie mit formalisierter Planung (Budgets) in handhabbaren Zahlengrößen abbilden. Außerdem zählen Wirtschaftlichkeitsrechnungen vor Investitionsentscheidungen zur Planung. Ein aufgebautes Berichtswesen (4) liefert aktuelle Ist-Zahlenwerte. Werden echte Abweichungsberichte erstellt, ermöglicht dies einen Vergleich mit den Vorgabewerten der Planung. Diese Bereiche werden von einer EDV (5) unterstützt, die den Zugang zum Rechenzentrum und die Zugriffe auf Daten regelt. Eine interne Revision (6) ist vorhanden, Steuerangelegenheiten (7) werden bei allen Projekten berücksichtigt. Eine Planstelle für Controlling (8) koordiniert alle Aktivitäten. Diese Bausteine stellt der Praktiker in einer Grafik dar, mit der Punktegewichtung, die er bei Gaydoul herausliest (s. Abbildung 1).

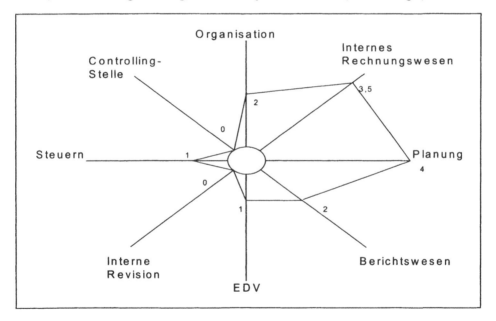

Abbildung 1: Acht Bausteine für Controlling

---

1 Vgl. Gaydoul, 1980, S. 223 ff.
2 Vgl. Preißler, 1992, S. 23.

2.2 Was haben wir?

Jeder dieser Begriffe ruft beim Praktiker Gedanken wach, wie die Wirklichkeit in seinem Unternehmen aussieht.

1. Das Projekt ISO-Qualitätssystem steht vor der Zertifizierung und hat bereits einen Kundenaudit nach VDA 6.1. erfolgreich bestanden. Organisationsplan, Stellenbeschreibung und ein nach Prozessen gegliedertes ISO-Qualitätshandbuch zeigen die vorhandenen Strukturen im Unternehmen auf.

2. Die Buchhaltung wird bei einem externen Steuerberater vorgenommen, entsprechend sind die Belegordner zur Verbuchung außer Hause. Aufgrund der DATEV- Buchungen wird eine monatliche Erfolgsrechung mit den vorhandenen Kostenarten erstellt. Ein spezieller Statusbericht der internen Finanzabteilung liefert den aktuellen Stand von Vermögen und Schulden. Die tatsächlichen Lagerveränderungen werden mit einer Jahresinventur ermittelt. Ein internes Rechungswesen ist in einzelnen Teilsystemen vorhanden:
   - In den Fachabteilungen werden die bei einzelnen Maschinenaufträgen aufgewendeten Personalstunden erfasst.
   - Es sind feste Stundenvorgaben für die Konstruktion von einigen Maschinentypen vorhanden.
   - Die Verkaufspreise für Maschinen werden durch Kombination mehrerer Verfahren ermittelt.
     – Preisliste für verwendete Bauteile
     – Nachkalkulationen abgewickelter Aufträge
     – Vergleich mit durchsetzbaren Marktpreisen
   - Wirtschaftlichkeitsrechnungen von Investitionen werden nach Bedarf erstellt.

3. Es ist kein zusammenhängendes System der Kostenrechnung vorhanden, daher sind auch keine Budgetvorgaben mit Planzahlen möglich. Eine Planung im Sinne der in der Literatur angegebenen Kriterien besteht nicht. Auch die Ziele werden anders aufgefasst. In der Literatur sind es Zahlen und Vorgabewerte die ein „management by objectives", ein Steuern nach Vorgabewerten ermöglichen. Im Unternehmen dagegen werden Ziele als ungenauer, langfristiger Zukunftswunsch aufgefasst oder sind auf einen Einzelfall bezogen mit Anweisungscharakter.

4. Die angefertigten Berichte über Verkaufs- oder Servicetätigkeit, sowie von Baustellenmontagen sind auf technische und kaufmännische Sachinformation ausgerichtet und werden nicht als Instrument einer finanziellen Führung mit Kennzahlen verstanden.

5. Es bestehen mindestens fünf sich z. T. überlappende EDV-Insellösungen u. a. für Verkauf von Maschinen, Einkauf, Verkauf von Ersatzteilen, Buchhaltung und Lagerbewirtschaftung. Ein controllingunterstützendes EDV-System ist nicht vorhanden.

6. Interne Revision als Stelle ist nicht vorhanden.
7. Steuerfragen werden im Einzelfall mit dem externen Steuerberater besprochen.
8. Es besteht keine separate Controllingstelle.

- Diese Aussagen bewertet der Praktiker mit Punkten und trägt sie in die Grafik ein:

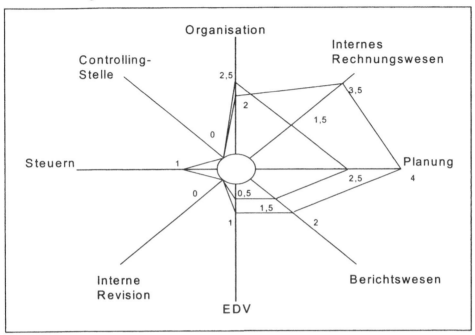

Abbildung 2: Profil eines Unternehmens im Mittelstand

3. Wann braucht ein Unternehmen Controlling?

Nun sucht der Mittelständler nach Gründen, warum sein Unternehmen nicht den Controlling-Anforderungen entspricht und findet tatsächlich einige Hinweise.

3.1 Kriterien für einen Bedarf an Controlling

3.1.1 Unternehmensentwicklung

In der Literatur wird ein Bild gezeichnet, wonach ein Unternehmen in seiner Entwicklung ein Stadium erreicht, das nur mit dem Aufbau neuer Strukturen bewältigt werden kann.[3] Die zu diesem Zeitpunkt auftretenden Krisen können bis zur Insolvenz führen.[4] Als Antwort wird die Stärkung einer betriebswirtschaftlichen Denkweise vorgeschlagen, insbesondere die Einführung eines betrieblichen Rechnungswesens.[5]. Einige Autoren widmen daher dem Aufbau von operativen Controlling-Strukturen im Unternehmen ein eigenes Kapitel.[6]

Unser Praktiker fragt sich an dieser Stelle:

1. Ist Unkenntnis oder Unvermögen die Hauptursache für eine Krise? Inwieweit ist es möglich, vor dem Eintreten einer Krise Gegenmaßnahmen einzuleiten?
2. Ist eine Negativentwicklung des Unternehmens durch eine zu geringe Kostenorientierung verursacht?
3. Sind Aufbau oder Ausbau von Controlling-Strukturen und Prozessen die geeignete Maßnahme, wenn eine Negativentwicklung auftritt?

Er denkt dabei an die vielen Fälle, wo produktbezogene und marktbezogene Gründe eine Krise verursacht haben.

3.1.2 Größe und Struktur

Allgemein wird die Anzahl der Mitarbeiter als Gradmesser für den Entwicklungsstand eines wachsenden Unternehmens akzeptiert. Nachteile wie zunehmende Komplexität, größere Leitungsspanne erfordern geeignete Maßnahmen. Gaydoul[7] zitiert den Arbeitskreis Krähe 1977. Dieser erachtet Organisationsplan und Angabe von Stellen in Unternehmen ab 1000 Mitarbeitern für notwendig. Wenn ein Unternehmen dezentral organisiert ist, z. B. wenn es mehrere Betriebsstätten besitzt, dagegen schon ab 100 Mitarbeitern.

---

[3]   Vgl. z. B. Schröder, 1987, S. 44.
[4]   Vgl. Gaydoul, 1980, S. 162; Bramsemann, 1987, S. 32.
[5]   Vgl. u. a. Gaydoul, 1980, S. 158.
[6]   Vgl. Preißler, 1992, S. 59.
[7]   Vgl. Gaydoul, 1980, S. 151.

Eine Controlling-Planstelle wird erst ab einer gewissen Größe beobachtet oder gefordert.[8] Übereinstimmung herrscht in der Controlling-Literatur darüber, dass der Erfolg auch für kleine Unternehmen vom Einsatz von Controlling-Instrumenten abhängt, selbst wenn ihre Größe nicht für die Planstelle eines Controllers ausreicht.

Bei Preißler[9] verweisen die Autoren auf zwei Möglichkeiten, angemessen auf sich ändernde Umwelteinflüsse zu reagieren. Zum einen kann das Unternehmen mit effektivem Krisenmanagement einer eintretenden Überraschung begegnen. Der andere Weg besteht in einer Frühaufklärung, die anhand von Frühindikatoren die Zukunftsentwicklung im Voraus abschätzen will, um der Vorherrschaft der Umwelteinflüsse zu begegnen.

3.1.3 Märkte, Strategien und Produktionsprozesse

Dem Praktiker genügen diese Aussagen jedoch noch nicht. Er sucht einen Bezug zu seinen Märkten und seinen Produkten. Schließlich wagt er sich an die angelsächsische Literatur. Dort findet er ausführliche Konzepte für ein erfolgreiches Vorgehen am Markt.

Kotler[10] entwickelt ein ganzes Marketing-Management und unterscheidet bei Konsumgütern u. a. Massenmärkte, Produktvariantenmärkte und Nischenmärkte. Diese erfordern jeweils passende Strategien des einzelnen Anbieters, um im Wettbewerb bestehen zu können. Porter[11] nennt drei Grundtypen einer solchen Wettbewerbstrategie: Die umfassende Kostenführerschaft, die Differenzierung und die Konzentration auf Schwerpunkte. Mit der reinen Kostenführerschaft versucht ein Anbieter in einem umkämpften Gesamtmarkt (durch tiefe Preise) einen hohen Marktanteil zu erreichen, um durch Ausnutzen der Größenvorteile der Produktion langfristig Gewinne mit einem Standardprodukt erzielen zu können.[12] Im Gegensatz dazu wird ein Nischenanbieter sich auf einen kleinen, aber attraktiven Marktbereich konzentrieren, wo er vorhandene Gewinnprämien abzuschöpfen versucht. Dies kann er wiederum über Kostenführerschaft versuchen oder über eine der Differenzierung, wo er seine Produkte durch Alleinstellungsmerkmalen vom Wettbewerb abzuheben versucht.[13]

8　Vgl. u. a. Gaydoul, 1980, S. 236 f.
9　Vgl. Preißler (Hrsg.), 1993, S. 40.
10　Vgl. Kottler, 2001, S. 418 f.
11　Vgl. Porter, 1992, S. 62.
12　Vgl. Porter, 1992, S. 63.
13　Vgl. Porter, 1992, S. 65.

Markterfolge von deutschen mittelständischen Weltmarktführern hat Simon (1997) untersucht. Deren Erfolgsfaktoren sind u. a.:[14]

1. Hervorragende Leistung und Service, pünktliche Lieferung
2. Kundenspezifische Lösungen
3. Ständige Innovation zum Kundennutzen

Hier findet unser Mittelständler mehr Bezüge zur Situation im eigenen Unternehmen. Daher zieht er schließlich noch das deutsche Standardwerk der Industriebetriebslehre zu Rate.[15]

Im Teil Produktionswirtschaft[16] werden drei Haupttypen der Produktion beschrieben: Marktorientierte Massenfertigung, gemischte Serienfertigung und auftragsorientierte Einzelfertigung, mit ihren zugehörigen Organisationstypen (Fließfertigung, Gruppenfertigung und Werkstattfertigung).

Die Autoren kennzeichnen auftragsorientierte Einzelfertigung als komplex, verglichen mit Serien- bzw. Massenfertigung, weil hier vergleichsweise mehr bzw. viel mehr Teilaufgaben zu verbinden sind oder voneinander abhängen. Genauso charakterisieren sie die auftragsorientierte Einzelfertigung als höchst variabel, verglichen mit den beiden anderen Produkttypen, weil hier die Anzahl von Veränderungen der Produktionsanforderungen am größten, ihre Vorhersehbarkeit gleichzeitig am geringsten ist. Damit nennen die Autoren[17] übereinstimmend vier Merkmale, die für marktorientierte Massenfertigung besonders schwach, für auftragsorientierte Einzelfertigung besonders hoch ausgeprägt sind:

- Informationsbedarf
- Flexibilitätsbedarf
- Bedarf an Abstimmung/Kooperation mit dem Markt/Kunden
- Planungsunsicherheit

Die Produktionsplanung hat daher (wiederum zunehmend von der Massenfertigung bis zur auftragsorientierten Einzelfertigung) folgende Aufgaben zu lösen:

1. Losgrößenproblem
2. Terminierung der Durchläufe und Kapazitäten
3. Reihenfolge der Fertigungsschritte und Maschinenbelegung

---

[14] Vgl. Simon, 1997, S. 128.
[15] Vgl. Heinen, 1991.
[16] Vgl. Reichwald, Dietel, 1991, S. 405 ff.
[17] Vgl. Reichwald, Dietel 1991, S. 407.

Controlling – Herausforderung für einen Nischenanbieter

Ein Praxisbeitrag[18] ergänzt den Gedankengang des Lehrbuches sehr gut, indem er in großer Übereinstimmung mit diesen Planungsaufgaben wichtige Risikofaktoren für einen Produktionsbetrieb aufzählt:

- Variantenvielfalt
- Fehlendes Baugruppenkonzept
- Produktqualität

Die Autoren nennen als Frühindikatoren, mit denen diese Risiken frühzeitig erkannt werden können, u. a.:

- Komplexitätskosten
- Modulcharakter der Konstruktionen, Teilevielfalt
- Anzahl, Gleichartigkeit der Reklamationen

Hier sieht der Praktiker die Herausforderungen für sein Unternehmen. Eine Kostenrechnung könnte Fehlentwicklungen nur teilweise und zeitlich verzögert widerspiegeln. Also formuliert er ein neues Achteck mit Bausteinen für Aktivitäten und Controlling, die er mit Punkten gewichtet.

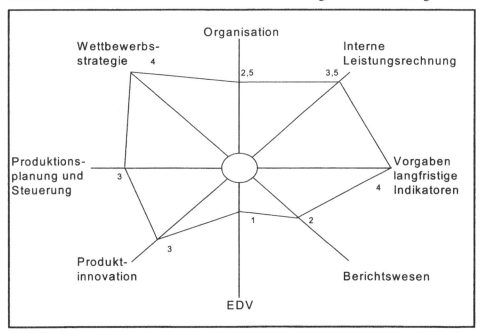

Abbildung 3: Acht Bausteine für Aktivitäten und Controlling

---

[18] Vgl. Faulhaber, Landwehr, 1996

3.2 Welche Bedingungen haben wir?

Jetzt wird es Zeit für unseren Praktiker, diese Aussagen mit dem eigenen Unternehmen zu vergleichen.

3.2.1 Unternehmensentwicklung

Das Unternehmen liefert Spezialmaschinen, sowie damit verbundene Serviceleistungen und Zubehör für die Stranggießanlagen in der Stahlerzeugung weltweit.

Die Firma wurde 1965 als Konstruktionsbüro mit einem Servicefachmann gegründet und erlebte vermehrt nach 1970 einen rasanten Aufschwung. Hauptgrund waren u. a. zahlreiche Produktinnovationen, vorangetrieben durch den maßgeblichen Mitbegründer. Daneben wurde eine Strategie der individuellen Kundenlösungen mit erstklassigem Service erfolgreich umgesetzt.

Da es sich um einen globalen Nischenmarkt handelt, wurden schon früh Auslandsgesellschaften gegründet: Großbritannien, Südafrika und Spanien in den siebziger Jahren, USA, Canada und Schweiz in den achtziger Jahren, Mexiko 1998. Zudem wurde ein weltweites Vertreternetz eingerichtet. Diese Wachstumsphase wurde von der Errichtung mehrerer Fertigungsstätten im In-und Ausland begleitet. Seit den neunziger Jahren verlagert sich das Wachstum zunehmend auf die Auslandsmärkte.

3.2.2 Größe und Struktur

Das Unternehmen hat im Jahre 1999 um die 130 Mitarbeiter, je zur Hälfte in den historisch gewachsenen Betriebsstätten im Rhein-Main-Gebiet (Verkauf, Konstruktion und Verwaltung) und im Westerwald (Fertigung, Montage, Service). Einige Fachabteilungen werden noch von Mitarbeitern der ersten Generation geleitet, auch die Fachkräfte gehören dem Unternehmen vielfach über 15 Jahre an.

In vielen Fällen haben Mitarbeiter zwei Teilstellen inne oder einen internen Stellenwechsel hinter sich. So ist das vorhandene Betriebswissen breit gestreut und Kenntnislücken können überbrückt werden.

Die gesamte Unternehmensgruppe beschäftigt ca. 270 Mitarbeiter, davon ungefähr 90 in Großbritannien, 25 in USA, 10 in Südafrika und 5 in Spanien. Die restlichen verteilen sich auf die übrigen Länder. In Großbritannien sind seit Anfang der Neunziger Jahre vermehrt Fertigungskapazitäten aufgebaut worden, sodass hier viele Maschinen für die Unternehmensgruppe vorgefertigt werden. USA, Südafrika und Spanien sind vornehmlich Vertriebsorganisationen mit Serviceaufgaben und vorhandenen Werkshallen.

3.2.3 Märkte, Strategien und Produktionsprozesse

Das Unternehmen verkauft seine Produkte an Stahlhersteller oder Ausrüster für Stahlhersteller. Diese Investitionsgüterindustrie ist stark geprägt von langjährigen Kundenbeziehungen aufgrund der langen Lebensdauer der Produktionsanlagen und wenigen großen Kunden in den Ländern, wo Stahlerzeugung angesiedelt ist. Zudem macht sich ein weltweiter Konzentrationsprozess in der Stahlerzeugung, mit Konzernzusammenschlüssen vornehmlich in Europa und Japan bemerkbar, in Deutschland z. B. Krupp und Hoesch.

Die Stahlerzeugung ist davon geprägt, dass ein Stillstand der Produktion, auch wenn er durch kleine und preisgünstig zu behebende Schäden verursacht wird, schnell hohe Ausfallkosten verursacht. Daher spielen Liefertreue, Betriebszuverlässigkeit sowie Wartung und Service eine große Rolle.

Voraussetzung wie bei allen technischen Produkten ist das technische Fachwissen. Hier besitzt das Unternehmen als Kernkompetenz umfassende Kenntnisse bei einem Teilschritt der Stahlherstellung. Die dazugehörige Technik ist Kernstück der angebotenen Maschinen und bildet gleichzeitig die Grundlage für das umfassende Ersatzteilgeschäft. Diese Stärken haben zu einer Stellung des Unternehmens mit um die 70 Prozent Marktanteil geführt.

Ein Maschinenauftrag läuft im Normalfall so ab: Nach einer Angebotsphase über einen längeren Zeitraum wird der Maschinenauftrag in einer Endverhandlung oder in einem Tender vergeben. Die Bestellung des Kunden enthält neben Preis, Liefertermin den Lieferumfang mit einer detaillierten technischen Spezifikation. Nach diesen Vorgaben werden Konstruktionszeichnungen und Stücklisten erstellt, welche die Fertigung von Maschinenteilen und den Zukauf von Montageteilen festlegen. Die Produktqualität wird durch Teilprüfungen auf allen Produktstufen sichergestellt. Nach der Endmontage erfolgt die Endprüfung im Idealfall unter Einbezug des Spezialisten, der später auf der Baustelle die Inbetriebnahme verantwortet. Die Abwicklung des Auftrags beansprucht bis zur Lieferung je nach Maschinentyp bis zu einem dreiviertel Jahr. Daher überwacht die Abteilung Abwicklung Technik die Einhaltung der Termine bis zur Lieferung. Nach der Inbetriebnahme läuft schließlich das Ersatzteilgeschäft an. Die langjährigen Produkterneuerungen und -anpassungen an individuelle Kundenwünsche haben zu einer gewissen Variantenvielfalt geführt, die aufgrund der langen Lebensdauer einer Maschine jedoch in Grenzen bleibt. Ein Baugruppenkonzept ist vorhanden und wird durch das vorhandene CAD-System unterstützt. Das Unternehmen betreibt eine strategische Konzentration auf Schwerpunkte in einer globalen engen Marktnische eines Investitionsgütermarktes und hat die komplexen Produktionsaufgaben der auftragsorientierten Einzelfertigung mit ihren häufigen und unvorhersehbaren Änderungen in der Produktionsplanung zu lösen.

4. Wie viel Controlling haben wir?

Nachdem der Mittelständler die Autoren mehrerer Fachgebiete der Fachliteratur konsultiert hat, formuliert er eine Beurteilung für sein Unternehmen nach den gefundenen Kriterien.

4.1 Organisatorische Strukturen

Das Unternehmen hat sich bisher entwickelt, ohne eine große existenzbedrohende Krise eingetreten wäre. Im Gegenteil hat man jeden Engpass als Herausforderung für neue Anstrengungen gesehen.

Mit den fortschreitenden Jahren wurde erkennbar, dass die erreichte Größe in Verbindung mit den gewachsenen Strukturen die Entwicklung zunehmend beeinträchtigte. Deshalb bestand eine Aufgabe bei der Einführung des ISO-Qualitätssystems darin, Schnittstellen zu klären und für hinzukommende Mitarbeiter sichtbar zu machen. Dabei war es nötig, das Projekt langfristig anzulegen, um auf die vorhandenen Denkweisen einzuwirken, anstatt dem Unternehmen ein neues System aufzusetzen.

Die Organisationsstrukturen und -abläufe, sowie die eingesetzten Instrumente sind ausreichend beschrieben. Dennoch wird die geforderte Flexibilität des Produktionsprozesses nicht durch zu detaillierte Regelungen beeinträchtigt. Die Prozess- und Arbeitsanweisungen fordern in einzelnen Abschnitten zum notwendigen Informationsaustausch auf. Damit wird den Planungsunsicherheiten der auftragsorientierten Einzelfertigung Rechnung getragen. In den späten neunziger Jahren machten sich Überschreitungen bei den Lieferterminen bemerkbar und es traten Kapazitätsengpässe auf. Daraufhin wurde 1998 eine Abteilung für Auftragsabwicklung und Terminüberwachung aufgebaut, die den branchenüblichen Zielgrößen Liefertermin und technische Spezifikation des Maschinenauftrages Rechnung trägt.

4.2 Planung und Berichtswesen

Diese Abteilung steuert den Produktionsprozess mit einem Auftragsterminplan, der alle Auftragsphasen und Abteilungen abdeckt. Er führt die Projektverantwortlichen auf, enthält Details zu den Fertigern und Standorten und wird mit jeder Änderung neu erstellt. Selbst die als Zulieferer tätige Auslandsgesellschaft in Großbritannien erhält ein Exemplar. Hinzu kommen je nach Auftrag Projektmeetings der jeweils betroffenen Abteilungen. Bei sinnvoller Anwendung besteht hier eine gute Kombination von zwei Planungsinstrumenten und ihrer flexiblen Ausgestaltung. Zusammen mit weiteren Instrumenten in den einzelnen Abteilungen wird dies den hohen Anforderungen der betriebenen auftragsorientierten Einzelfertigung gerecht.

Die dynamische Marktentwicklung der Vergangenheit und die Anforderungen der Auftragseinzelfertigung haben das Planungsdenken bisher begrenzt. Vielmehr wurde der Führungsstil durch dauerndes Bewältigen von Krisensituationen geprägt, welches typisch für diese Bedingungen ist. Daher ist für die finanzielle Führung kein zusammenhängendes Planungssystem zur Erfassung und Gestaltung der Zukunft vorhanden. Diese Aufgabe wird in den Köpfen der Führung, unterstützt durch Teilsysteme, wahrgenommen.

4.3 Betriebliches Rechnungswesen

Wie unter 2.2 ausgeführt, ist eine zusammenhängende Kostenrechnung nach den fachlichen Kriterien nicht vorhanden. Bramsemann[19] bemängelt für einen solchen Fall u. a., dass dann die Erfolgsbeiträge der einzelnen Produkte im Sortiment nicht ausreichend ermittelt werden können. Er kritisiert in diesem Zusammenhang außerdem:

1. Viele Betriebe sind durch ein oder zwei Kernprodukte groß geworden, die die übrigen Artikelgruppen alimentieren.
2. Das Produktions- und Absatzprogramm ist eher ein Ergebnis von Zufallsentwicklungen als von systematischen Bemühungen.

Die Controllingbezogene Fachliteratur schlägt an dieser Stelle vor, eine betriebliche Kostenrechnung einzuführen, am besten als Teilkostenrechnung und darauf aufbauend eine flexible Jahresbudgetplanung.[20]

Einen anderen Weg zu einer angemessenen Entwicklung des Denkens in Leistungsmaßstäben sieht Eccles.[21] In seinem Beitrag stellt er fest, dass die üblichen finanziellen Führungsgrößen nicht als Messgrößen für Qualität, Innovationskraft oder Kundenzufriedenheit ausreichen. Er sieht die Gefahr, dass bei Führung allein durch die kurzfristigen Finanzgrößen langfristige den kurzfristigen untergeordnet werden. Dies um so mehr, wenn in neue Technologien und Märkte investiert werden muss, um auf den Weltmärkten bestehen zu können. Er propagiert daher ein im Unternehmen selbst entwickeltes Leistungsbewertungssystem mit eigenen Schlüsselgrößen, die kurzfristige und langfristige Ziele angemessen berücksichtigt.[22] Solche

---

[19] Vgl. Bramsemann, 1987, S. 29 f.
[20] Vgl. Gaydoul, 1987, S. 159 f.
[21] Vgl. Eccles, 1991, S. 14.
[22] Vgl. Eccles, 1991, S.15.

Schlüsselgrößen müssten im Fall einer Auftragseinzelfertigung wie bei beim betrachteten Unternehmen sein:

- Termintreue
- Kapazitäten Personaleinsatz
- Kriterien der Produktqualität

Tatsächlich erfolgt im Unternehmen die Steuerung des Produktionsprozesses vermehrt über Termine und Kapazitäten (Personalstunden und Maschinenstunden). Andererseits reicht das vorhandene System zur Erfassung der Kosten und Erlöse von Maschinenaufträgen aus, um den Erfolg eines Maschinenauftrages abzubilden. Für die Kalkulation wird eine Vorstufe des Target Costing angewandt.

Im wichtigen Bereich Konstruktion hat sich durch die zunehmende Variantenvielfalt die Anzahl der verwendeten Teile erhöht. Dank des vorhandenen Baugruppenkonzeptes bleibt dennoch eine Übersicht erhalten. Die langjährigen Erfahrungen wurden in Teilbereichen für eine kostensenkende Standardisierung genutzt. Maßstab blieb dabei die Erfüllung der Kundenwünsche, wie sie in der technischen Spezifikation eines jeden Auftrages gegeben sind. Ein weiterer Beitrag kritisiert das Denken in den bekannten Preis-Leistungs-Relationen als ein Haupthemmnis bei der Entwicklung neuer Märkte. Hamel und Prahalad[23] sehen es als Erfolgsfaktor, wenn Unternehmen aufbauend auf ihre Kernkompetenzen in der Lage sind, ihre Kunden erfolgreich in neue Märkte zu führen, im äußersten Fall sogar in eine Richtung, die diese sich zunächst noch gar nicht vorstellen können. Solche Unternehmen bezeichnen sie als echte Marktführer. Genau dies hat das Unternehmen mit seiner Kernkompetenz bei einem Produktionsschritt in der Stahlerzeugung in der Vergangenheit erreicht. Ein Weltmarktanteil von ca. 70 Prozent bei einigen Produktgruppen weist darauf hin, dass hier eine Strategie der Konzentration auf Schwerpunkte erfolgreich betrieben worden ist. Die Frage für die Zukunft heißt also: Kann das Denken in Leistungskriterien und Schlüsselgrößen erweitert werden, ohne dass das vorhandene Denken in Markentwicklung beeinträchtigt wird?

4.4 EDV

Zum Betrachtungszeitpunkt fehlt eine angemessene EDV-Lösung. Die wesensmäßigen Unterschiede zwischen der Konstruktion und dem kaufmännischen Bereich haben eine natürliche Zweiteilung der EDV-Lösungen zur Folge. Hinzu kommt die räumliche Trennung des Fertigungswerkes mit der Lagerhaltung. Die aus dieser Konstellation erwachsenden Risiken bleiben aber begrenzt, solange die Teilsysteme ihre Aufgabe gut erfüllen.

---

23 Vgl. Hamel und Prahalad, 1992, S. 44 ff.

4.5 Steuern, Stellen für interne Revision und Controlling

Für ein Unternehmen in dieser Größe reicht es aus, die steuerlichen Betrachtungen mit einer guten Steuerberatung zu klären. Aufgrund der Auslandsgesellschaften sind Kenntnisse im Steuerrecht der betroffenen Länder nötig.

Mit der Aufteilung von Tätigkeiten in mehrere Teilstellen und Urlaubsvertretungen ergibt sich automatisch ein Kontrollmechanismus, der wirksamer ist, als eine Stelle für interne Revision.

Schließlich ist auch keine separate Controllingstelle nötig, solange die betroffenen Aufgaben von anderen Stellen wahrgenommen werden können.[24] Diese Beurteilung trägt der Mittelständler, wiederum mit Punkten bewertet, in das neue Achteck ein:

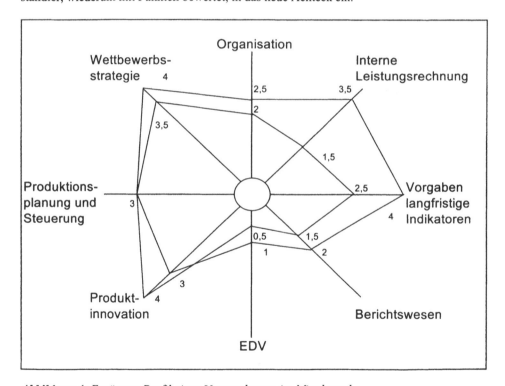

Abbildung 4: Ergänztes Profil eines Unternehmens im Mittelstand

---

[24] Vgl. Gaydoul, S. 236 f.

5. Welches Controlling brauchen wir?

Schließlich kann der Mittelständler aufgrund der Lagebeurteilung einen Ausblick auf die zukünftige Entwicklung wagen. Wie weit muss das vorhandene Kostenbewusstsein weiterentwickelt werden? Welcher Weg soll dabei beschritten werden?

5.1 Anforderungsgerechte Kostenrechnung

Eine aufwändige Lösung könnte als Prozesskostenrechnung aufgebaut werden. Der Vorteil wäre eine umfassende Abbildung des Kostengefüges, wo auch die Erlöse und Kosten für Ersatzteile und Service und die Qualitätskosten zugeordnet werden können. So wäre eine Ausrichtung auf die kurzfristigen Ziele der Marktbeziehungen gewährleistet, wie dies in vergleichbaren Unternehmen der Fall ist.[25] In Bezug auf die langfristigen Ziele, wie Kundenzufriedenheit oder Produktinnovation wäre mancher Kompromiss einzugehen.

Wie bei anderen Unternehmen im Maschinen- und Anlagenbau,[26] wird mehr als ein Viertel der Umsätze mit Servicedienstleistungen und Ersatzteilen erzielt. Daher könnte man auch die vorhandene Auftragskostenrechnung um die Kosten und Erlöse aus dem Service- und Ersatzteilgeschäft erweitern. Damit würde eine Kundenbeitragsrechnung entstehen, die Beiträge der einzelnen Kunden zum Erfolg genauer ausweist. Im Einzelfall müssten Negativbeiträge akzeptiert dann werden, wenn sie als Investition zur Anbahnung eines lukrativen Maschinenauftrages aufgefasst werden können.

5.2 Planung und Berichtswesen

Ein weiterer Weg wäre, von den eigenen Schlüsselgrößen ausgehend, ein System von Frühindikatoren mit Vorgabewerten aufzubauen und durch das vorhandene Qualitätsmanagementsystem zu unterstützen. Wegweisend sind hier die modernen Ansätze der Balanced Scorecard,[27] wie sie seit den neunziger Jahren Verbreitung finden. Auf diesem Weg könnten nicht

---

[25] Vgl. Währisch, 1998, S. 83.
[26] Vgl. Kaerner, 2003
[27] Vgl. Kaplan, Norton, 1992.

monetäre Erfolgsfaktoren wie Variantenvielfalt der Produkte oder einzeln Kenngrößen der Produktqualität besser erfasst und als langfristige Vorgabewerte eingesetzt werden.

Voraussetzung wäre in allen Fällen die vollständige Ermittlung von Fehler- und Qualitätskosten. Dazu wäre eine vermehrte Ausrichtung des Qualitätswesens auf den technischen Bereich notwendig, wie dies bei der Auslandsgesellschaft in Großbritannien tatsächlich der Fall ist.

Für die Auftragsphase Konstruktion, die schon einen Grossteil der Kosten festlegt, könnten die Komplexitätskosten systematisch ermittelt werden, z. B. mittels einer Fehlermöglichkeits- und Einflussanalyse.[28] Unter Einbezug des Verkaufs wäre die systematische Untersuchung des Kundennutzens mittels einer Wertanalyse wertvoller (Onasch, 2004).

5.3 EDV

Für die Gestaltung der zukünftigen EDV-Umgebung wird eine auf dem Markt erhältliche Standard-Software für Kostenrechnungen aufgrund der auftragsorientierten Einzelfertigung schwerlich ausreichen. Vielleicht sind wenige sehr gute Teillösungen einer kompromissbehafteten Gesamtlösung vorzuziehen. Wenn vermehrt eigene Schlüsselgrößen einbezogen werden sollen, ist eine offene Software-Architektur vorzuziehen, welche nach diesen ausgestaltet werden kann. Bei dem raschen technologischen Wandel besteht sogar die Chance, dass auf mittlere Sicht eine maßgeschneiderte Lösung auf dem Markt angeboten wird.

Nun ist der Mittelständler am Ende seiner Betrachtungen angelangt. Seine grundlegende Erkenntnis: die verschiedenen Teilsysteme finanzielle Führung und Produktionsprozess, die im Jahre 1999 nur lose miteinander verknüpft sind, müssen in der Zukunft zusammengeführt werden, um den zeitgemäßen Anforderungen noch gerecht werden.[29]

---

[28] Vgl. Schloske, Mannuß, 2004.
[29] Vgl. auch Schröder, 1987, S. 44.

Steuerung der Performance mit KPIs im Maschinen- und Anlagenbau

Eugen Hefti

1. Kurzvorstellung Sulzer Pumpen (DE)   460
2. Gründe für die Einführung von KPIs   463
   2.1 Allgemein   463
   2.2 Entwicklung des Performance Measurement bei SPDE   465
3. Wie sieht unser Lösungsansatz einer KPI-Steuerung aus?   466
   3.1 Definition von KPIs abgeleitet aus Leitbild und Strategiezielen   467
   3.2 Kommunikation der Ziele zu den Mitarbeitern   470
   3.3 Reporting mit Cockpit-Ampelcharts und Triggerpoints   473
   3.4 Überprüfung der KPIs durch Benchmark und Rolling Forecast   475
4. Weiterentwicklung des Cockpit-Chartsystems   476
5. Zusammenfassung   478

1. Kurzvorstellung Sulzer Pumpen (DE)

Die Sulzer AG aus der Schweiz ist ein führender Technologiekonzern mit über 2,1 Milliarden sfr Umsatz und 9.586 Mitarbeitern Ende 2004. Der Konzern ist klar fokussiert auf vier Kerndivisionen und eine Venture Division. (s. Abbildung 1)

Abbildung 1: Der Sulzer Konzern

Die Pump Division umfasst mit 1 Milliarde sfr. Umsatz (2004) und 5.000 Mitarbeitern rund die Hälfte des Sulzer Konzerns und zählt zu den fünf größten global operierenden Pumpenherstellern der Welt. (s. Abbildung 2)

Sulzer Pumps: Pumpen und Services für Pumpen

SULZER

- Entwicklung, Produktion und Verkauf von Pumpen (engineered und pre-engineered) für neue und bestehende Anlagen

- Service, Unterhalt, Retrofits, Upgrades und Ersatzteile

Abbildung 2: Pumpen und Service

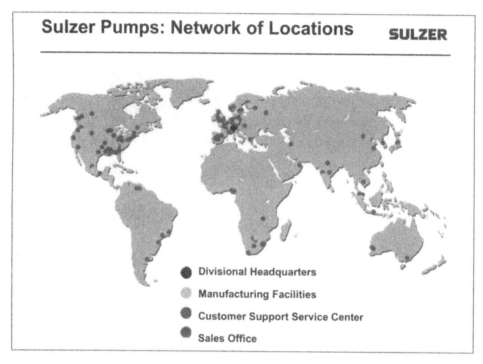

Abbildung 3: *Sulzer Pumps – Network of locations*

Sulzer Pumpen Deutschland (SPDE) nimmt innerhalb der nach Regionen operierenden Sulzer Pumps eine führende Stellung ein für die Business Area Europa (s. Abbildung 4).

Steuerung der Performance mit KPIs im Maschinen- und Anlagenbau

Abbildung 4: *Sulzer Pumpen (DE) GmbH*

2. Gründe für die Einführung von KPIs

2.1 Allgemein

Seit Mitte der 80er Jahre ergab sich eine spürbare Veränderung im Unternehmens-Umfeld, indem die bisher kontinuierliche Veränderung der Märkte durch einen diskontinuierlichen Wandel abgelöst wurde. Aktionäre waren z. B. bisher mit stetig steigenden Gewinnzuwächsen zufrieden, künftig kommt noch die Forderung dazu, zusätzlich unter den drei Besten im Marktsegment zu sein. (s. Abbildung 5)

Die stark ansteigende Unsicherheit im unternehmerischen Umfeld führte dazu, dass die Steuerung der Performance eines Unternehmens allein mit den klassischen finanziellen Kennzahlen wie ROS, ROCE, Cashflow, Deckungsbeiträgen usw. nicht mehr genügen konnte.

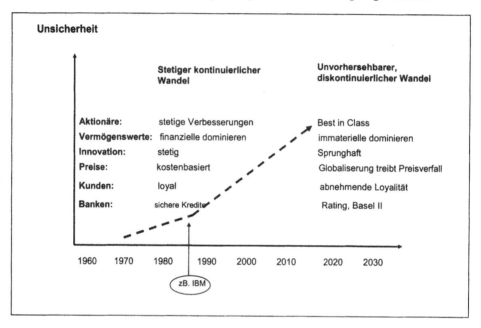

Abbildung 5: Veränderungen im Unternehmensumfeld

Erfolgsfaktoren wie Kundenzufriedenheit, Beherrschung der betrieblichen Prozesse (Entwicklung, Verkauf und Auftragsabwicklung) sowie Teamentwicklung führten zu so genannten prozessorientierten Kennzahlen wie Termintreue, Durchlaufzeiten, Qualitätskosten etc. Wir definieren deshalb Key Performance Indicators (KPIs) wie folgt:

- Eine Methode zur zielorientierten Steuerung und Führung eines Unternehmens mit Kennzahlen.

- Sie misst, kommuniziert *erfolgsorientierte* Größen und initiiert Maßnahmen und Aktionen.

KPIs sind immer erfolgsorientiert und demzufolge müssen diese Kennzahlen die Gesamtstrategie resp. die strategischen Ziele abbilden. KPIs stellen als Mess- und Steuergrößen sozusagen die Verbindung her zwischen strategischen und operativen Zielen. (s. Abbildung 6)

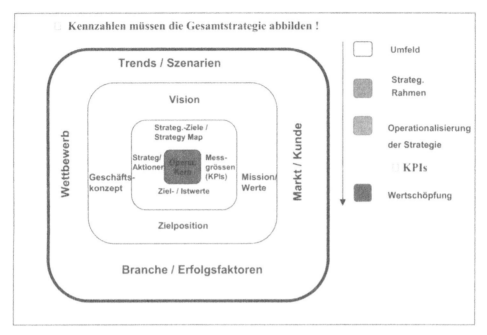

Abbildung 6: KPI-Verknüpfungen

2.2 Entwicklung des Performance Measurement bei SPDE

Der Anstoß für Messen und Steuern der Performance mit KPIs wurde ausgelöst durch eine schlechte Ergebnissituation Mitte der 90er Jahre. Mit der Fokussierung auf die Verbesserung der internen Prozesse (speziell Verkauf, Auftragsabwicklung) und Kundenzufriedenheit ergaben sich innerhalb von zwei Jahren nachhaltig gute finanzielle Ergebnisse.

Die Einführung des EFQM-Modells (Total Quality Management) im Sulzer Konzern mit Benchmark zwischen den einzelnen Konzerngesellschaften brachte einen weiteren Anstoß für SPDE, die Leistung zu messen und sich laufend zu verbessern im Sinne des Continous Improvement. Das Verlassen des EFQM-Modells im Sulzer Konzern und die Neuausrichtung von Sulzer Pumps auf eine globale Strategie mit dem Ziel einer massiven Verbesserung der Effektivität, Effizienz und konsequentes Ausschöpfen der Erfolgspotenziale in den einzelnen Gesellschaften führte u. a. zum Einführen von KPIs.

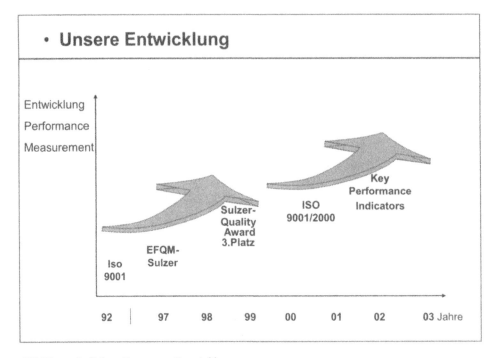

Abbildung 7: Sulzer Pumpen – Entwicklung

3. Wie sieht unser Lösungsansatz einer KPI-Steuerung aus?

Die Einführung von KPIs spielte sich bei SPDE in drei Phasen ab:

- Definition von KPIs, abgeleitet aus den Erfolgsfaktoren des Unternehmens, welche als Strategieziele in der Unternehmensstrategie abgebildet sind.
- Kommunikation der strategischen und operativen Ziele mit entsprechenden KPIs zu allen Mitarbeitern.
- Einrichten eines Cockpit-Chartsystems für die Überwachung der Performance

Welches waren die konkreten Inhalte dieser drei Phasen?

3.1 Definition von KPIs abgeleitet aus Leitbild und Strategiezielen

Unser Leitbild, unser Streben und die Führungsgrundsätze von Sulzer Pumps aus dem Jahr 2000 bildeten den Ausgangspunkt für die Definition eigener Strategieziele von SPDE (s. Abbildung 8a, b, c).

• **Unser Leitbild**   **SULZER**

Wir sind ein weltweit führender Anbieter von Pumplösungen in ausgewählten Märkten (Segmenten).

Unsere innovativen Produkte und Dienstleistungen schaffen ein äußerst günstiges Kosten-/Nutzen Verhältnis über die gesamte Lebensdauer der Pumpen für unsere Kunden.

Wir bieten unseren Mitarbeitern anspruchsvolle Aufgaben und eine attraktive Entlohnung. Dabei zählen wir auf Engagement und Qualität.

Unser Streben (Aspirations) umfasst ... **SULZER**

1. Kundenorientierung
- „Wir machen unsere Kunden konkurrenzfähiger" durch
  - Zuverlässige Partner
  - Innovative Lösungen
  - Attraktive Angebote
  - Dienstleistungsbereitschaft
  - Stolz auf das Erreichte

2. Leistung
- „Wir erfüllen höchste Ansprüche" durch
  - Anspruchsvolle Ziele
  - Effektivität (Produkte mit richtiger Qualität, Preis u. Termin)
  - Nachhaltigkeit (Integrität, Umweltbewusstsein)
  - Personal commitment (Vertrauen, Personalentwicklung)

3. Finanzieller Erfolg
- „Wir erarbeiten finanziellen Mehrwert" durch
  - Ergebnisorientierung
  - Bewusstes Risikomanagement
  - Persönliche Belohnungen

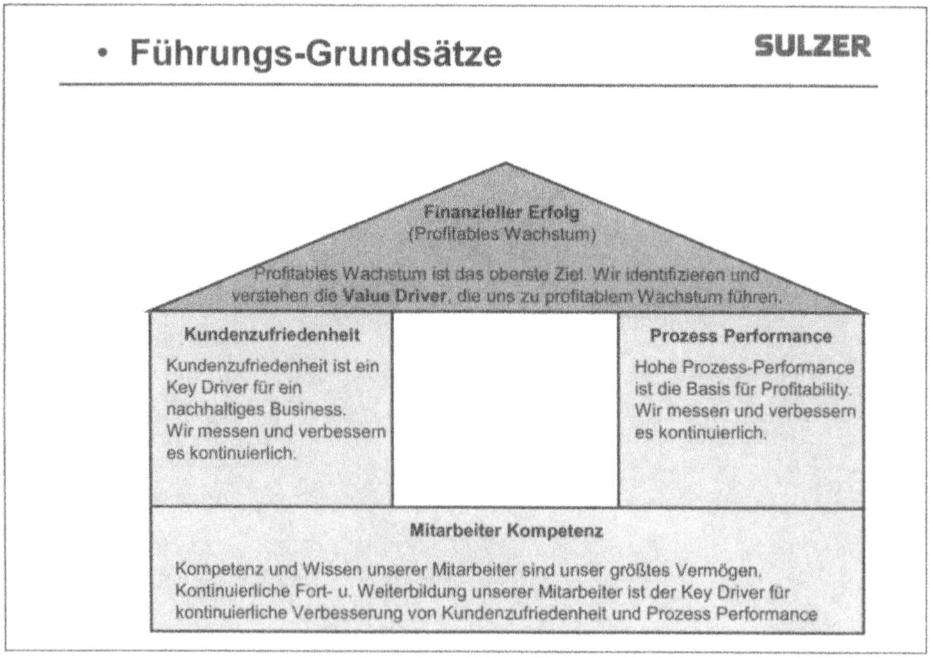

Führungs-Grundsätze **SULZER**

Finanzieller Erfolg (Profitables Wachstum)
Profitables Wachstum ist das oberste Ziel. Wir identifizieren und verstehen die **Value Driver**, die uns zu profitablem Wachstum führen.

Kundenzufriedenheit
Kundenzufriedenheit ist ein Key Driver für ein nachhaltiges Business. Wir messen und verbessern es kontinuierlich.

Prozess Performance
Hohe Prozess-Performance ist die Basis für Profitability. Wir messen und verbessern es kontinuierlich.

Mitarbeiter Kompetenz
Kompetenz und Wissen unserer Mitarbeiter sind unser größtes Vermögen. Kontinuierliche Fort- u. Weiterbildung unserer Mitarbeiter ist der Key Driver für kontinuierliche Verbesserung von Kundenzufriedenheit und Prozess Performance

Abbildung 8a, 8b und 8c: Leitbild, Streben und Führungsgrundsätze

Steuerung der Performance mit KPIs im Maschinen- und Anlagenbau

Basierend auf den genannten Leitbild-Vorgaben von Sulzer Pumps erfolgte die Erstellung von Ursache-Wirkungsketten (Strategy Maps), um die relevanten Erfolgs-Messgrößen (KPIs) für SPDE abzuleiten. Abbildung 9 zeigt die verschiedenen Ursache-Wirkungsbeziehungen zwischen den Zielen und Messgrößen.

Der finanzielle Erfolg wird maßgeblich durch Kundenzufriedenheit, Prozess Performance und Teamentwicklung beeinflusst. Kundenzufriedenheit und Prozess Performance wiederum werden durch den Erfolgsfaktor Kundenliefertreue beeinflusst.

- Die Liefertreue wird gemessen als Anzahl pünktlich gelieferter Aufträge je Mt zu verspätet gelieferten Aufträgen zum Kunden hin (in Prozent).

Die folgenden drei strategischen Ziele beeinflussen stark die Prozess Performance sowie die Personalentwicklung.

- Die Qualitätskosten werden gemessen nach Anzahl und Kosten je Auftrag und Verursacher je Mt.
- Auftrags-Profitability wird gemessen als Vergleich des Gross Profit je Auftrag zwischen Vor- und Nachkalkulation aller Aufträge eines Mts. (Job Cost Performance).
- Die Verbesserung der Prozesse, Produkte und Teamentwicklung erfolgt anhand von Projektvorgaben wie Einhaltung von Kostenbudgets, Termin- und Qualitätsvorgaben.

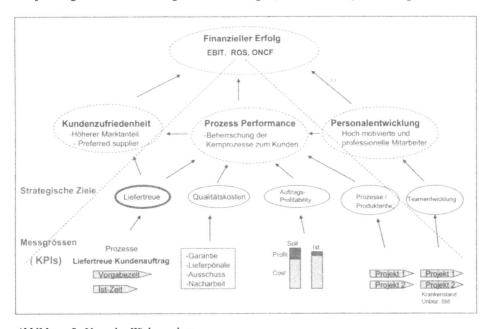

Abbildung 9: Ursache-Wirkungsketten

3.2 Kommunikation der Ziele zu den Mitarbeitern

Bei der Erarbeitung von strategischen und operativen Zielen und KPIs waren für den Umsetzungserfolg folgende zwei Punkte ausschlaggebend:

1. Kommunikation der strategischen und operativen Ziele zum *gesamten* Management im Rahmen eines zweieinhalbtägigen Workshops auf einer Berghütte. Folgende drei Unterlagen wurden dabei gemeinsam erarbeitet, diskutiert und vereinbart:

   - Zielhaus (one page report), mit Leitbild, den strategischen und den operativen Zielen (s. Abbildung 10)
   - Zielsätze für Gesamtunternehmen, Bereich und Gruppe (s. Abbildung 11 a, b, c)
   - Spielregeln für ein erfolgreiches Team (z. B. Ferrari-Team)- (s. Abbildung 12 a, b)

2. Kommunikation der oben genannten drei Unterlagen vom Management an die Mitarbeiter im Rahmen der monatlichen Mitarbeiterbesprechungen.

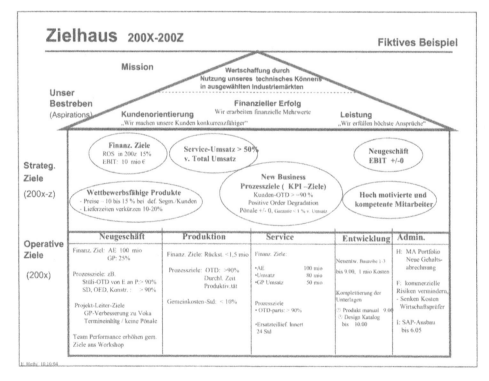

Abbildung 10: *Das Zielhaus*

Zielsatz Unternehmen

Wir beweisen, dass die Firma XY wettbewerbsfähig auf dem Weltmarkt Produkte, Teile und Service liefern kann.

Merkmale von Zielsätzen:

- Gemeinsame Erarbeitung von Zielsätzen vom Management Team resp. den verantwortlichen Bereichen im Rahmen eines Workshops (z. B. Berghütte).

- Zielsätze sind nicht abstrakt wie ein Zielhaus, sondern bestehen aus einem einzigen Satz, welcher sich jeder Mitarbeiter für seinen Bereich und leicht einprägen kann.

Zielsatz Neugeschäft

Das Neugeschäft verkauft erfolgreich Produkte und wickelt Aufträge als Team mit allen Beteiligten profitabel zur Zufriedenheit der Kunden ab.

Messkriterien:

- Auftragseingang
- Groß-Profit
- OTD (Termintreue Stückliste)
- Kundenzufriedenheit
- Ausschuss + Nacharbeit verursacht durch Neugeschäft

Zielsatz Betriebanleitung

Wir erstellen termingerecht und vollständig Betriebsanleitungen und Auftragsdokumentationen nach Kundenspezifikation.

Messkriterien:

- Rückstand der Betriebsanleitungen
- Anzahl unvollst. Betriebsanleitungen

Abbildung 11a, 11b und 11c: Die Zielsätze

Ein erfolgreiches Team vereinbart Spielregeln

1. Ein erfolgreiches Team vereinbart Spielregeln, welche Kommunikation und Verhaltenskultur zwischen den Bereichen und den Mitarbeitern festlegen.
2. Die Führungskräfte vereinbaren in einem Workshop z. B. 18 Spielregeln und kommunizieren sie zu ihren Mitarbeiter.
3. Die Spielregeln werden vom Management vorgelebt und sind von jedem Mitarbeiter bei jedem „Vorfall" einklagbar.

Steuerung der Performance mit KPIs im Maschinen- und Anlagenbau 473

> 2.2 Kommunikation der Ziele zu Mitarbeitern
>
> **Ein erfolgreiches Team vereinbart Spielregeln**
>
> **Wir definieren und kommunizieren unsere anspruchsvollen und messbaren Ziele. (1)**
>
> ✓ Nur wenn wir die Ziele gemeinsam definieren, verstehen und hinterfragen, ist gewährleistet, dass wir uns mit den Zielen identifizieren.
>
> ✓ Nur wenn die Ziele mit allen Mitarbeitern durchgesprochen und allfällige Unklarheiten und Bedenken beseitigt werden, sind die Voraussetzungen geschaffen, gemeinsam die Ziele zu erreichen.
>
> ✓ Die Ziele sind herausfordernd und anspruchsvoll, bleiben aber realistisch und sind mit einer guten Teamleistung erreichbar.
>
> ✓ Nur wenn die Ziele messbar sind, kann die Zielerreichung beurteilt werden. Zudem bieten Abweichungen zwischen Soll und Ist die Chance, **rechtzeitig** entspr. Korrekturen einzuleiten.

Abbildung 12a und 12b: Die Spielregeln

3.3 Reporting mit Cockpit-Ampelcharts und Triggerpoints

Die Überwachung der Ziel- und Ist-Messgrößen (KPIs) erfolgt grundsätzlich monatlich auf Basis eines Cockpit-Chartsystems nach dem Ampelprinzip (red flag). Abbildung 13a zeigt die Cockpit Übersicht der finanziellen wie auch prozessorientierten KPIs, welche im Prinzip sechs vergangene Monate und drei Forecast-Monate zeigen. Rote Ampeln sollen kritische Abweichungen vom Ziel signalisieren und vom Verantwortlichen Maßnahmen und Aktionen auslösen, um wieder zur grünen Ampel zurückzukehren. Siehe als Beispiel die Termintreue „Auftragsabwicklung", wo mit den Verantwortlichen zusammen so genannte Triggerpoints (Schwellenwerte) definiert wurden, für gelbe und rote Ampeln (s. Abbildung 13b).

Cockpit Kennzahlen

Area	Sub-Area	Trigger	Verantw.	1	2	3	4	5	6	7	8	9
Result (cum)	EBIT	TOTAL EBIT										
ONCF (cum)	Total	ONCF										
	Netto Umlaufsvermögen											
	NCA	NCA work in progress										
Termintreue (OTD) Auftrags- abwicklung	Interner Auftrag (OED)	OTD-%	Meier	85	100	100		88		100	100	100
	Auftragskonstruktion	OTD-%	Müller	100	100	83	100	88		100	100	97
	Betriebsanleitung	Rückstand	Keller									
	OTD Segm. Power	OTD-%	Diederich			80	88	87			94	94
	Einkauf	Bestell-Rückstand	Schurter							84		
	Haupt-Lieferanten	OTD-%	Brinkmann	25	25		28	74			93	72
	Montagey/Packaging	OTD-%	Klein			70	70	96			93	
	Quality Documentation	Q/Doku-Rückstand	Keller									
	OTD Produktion	OTD-%	Pastor		84	79		81		79	84	94
	Total OTD Kundenauftrag	OTD-%			77		83	70		93	93	93
Umsatz (cum)	Umsatz	Umsatz										
Gross Profit	GP-Quality	GP-%										
Kostenstellen	Cost center cost	Subtotal 1										
	Absorption Produktion											
	Absorption Konstruktion act.											
Warranty (cumulated)	Anzahl Fälle	no of new cases by month				7		13		12	12	
	Kosten	amount of warranty cost										
Penalties	Kosten	amount of LD cost										
Scrap	Kosten	amount of cost										
Rework	Kosten	amount of cost										

aktuelle Werte | Forecast

Firma x — Triggerpoints — Controlling

Area	Sub-Area	Trigger	Trigger point (limit) yellow		Responsible	action	expected result
OTD Auftragsabw.	Interner Auftrag	OTD-%	< 80%	< 70%	Meier	working additional hours, clear orders to workers	OTD back to accepted levels
	Stückliste	OTD-%	< 80%	< 70%	Müller	working additional hours, clear orders to workers	OTD back to accepted levels
	Einkauf	Rückst. Bestellungen	> 100	> 150	schurter	working additional hours, clear orders to workers	no. open BANF back to accepted levels
	Auftragskonstr.	OTD-%	< 80%	< 70%	Keller	working additional hours, clear orders to workers	OTD back to accepted levels
	Segm. Power	OTD-%	< 80%	< 70%	Diederich	working additional hours, clear orders to workers	OTD back to accepted levels
	Betriebs- anleitung	Anzahl im Rückstand	>10	> 20	Keller	working additional hours, clear orders to workers	no. open Doku back to accepted levels
	Quality Documentation	no. open Q/Doku	> 20	> 40	Keller	working additional hours, clear orders to workers	no. open Doku back to accepted levels
	machining	OTD-%	< 80%	< 70%	Hutter	working additional hours, clear orders to workers, outsourcing, hired labour	OTD back to accepted levels
	assembly	OTD-%	< 80%	< 70%	Klein	working additional hours, clear orders to workers, outsourcing, hired labour	OTD back to accepted levels
	main suppliers	OTD-%	< 80%	< 70%	Brinkmann	expediting	OTD back to accepted levels
	OTD Prod.	OTD-%	< 80%	< 70%	Pastor	improve sub-processes	OTD back to accepted levels

Abbildung 13a und 13b: *Cockpit Kennzahlen und Triggerpoint*

3.4 Überprüfung der KPIs durch Benchmark und Rolling Forecast

Benchmarks

Die KPIs werden laufend überprüft über Benchmarks mit den übrigen Gesellschaften der Division (s. Abbildung 14). Jede Gesellschaft hat so die Möglichkeit, neben dem Erreichen der eigenen Ziele auch ihre Performance mit den besten Gesellschaften (best in class) zu messen und entsprechend zu verbessern. Die KPI-Ziele werden jährlich zwischen den Gesellschaften und Zentrale überprüft und neu vereinbart.

KPI-Benchmark	Jan-März 200x	fiktives Beispiel	
	KPI 1	KPI 2	KPI x
Gesellschaft	Termintreue in %	Qualitätskosten in % v. Umsatz	
A	80%	0,5%	
B	90%	0,4%	
C	100%	0,3%	
X			
TOTAL	90%	0,4%	
Ziel	95%	0,5%	

Abbildung 14: Beispiel KPI-Benchmark

Rolling Forecast

Die seit einigen Jahren angewandte Methode des Rolling Forecast hat die Planungssicherheit durch rollierende Zielüberprüfung stark verbessert im Vergleich zum früher verwendeten starren/fixen Forecast. Abbildung 15 zeigt deutlich die Vorteile beim Rolling Forecast:

Beim fixen Forecast erfolgt nur zweimal im laufenden Jahr eine Jahresvorschau (Forecast am 31.3. und Estimate am 30.9.2004). Beim Rolling Forecast hingegen erfolgt zu Beginn des laufenden Jahres monatlich eine Beurteilung des voraussichtlichen Jahresergebnisses. Aus dem anfänglichen Mehraufwand der monatlichen rollierenden Ergebnisvorschau ergeben sich schon recht schnell weit größere Nutzen durch die laufende Zielüberprüfung und Planungsvorschau. Der Einsatz des Rolling Forecast umfasst sowohl die monatlichen Ergebnis- und Umsatzrechnung wie auch die rollierende Vorschau der KPIs (z. B. Liefertermintreue).

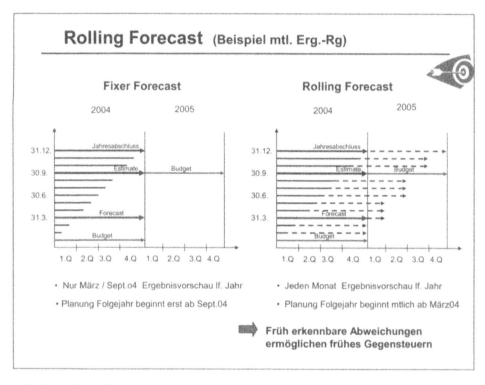

Abbildung 15: Rolling Forecast

4. Weiterentwicklung des Cockpit-Chartsystems

Das bisher bei SPDE eingesetzte Cockpit-Ampelsystem läuft gegenwärtig auf Excelbasis, erstellt als monatlicher Download der Daten aus dem SAP-System. Gegenwärtig ist geplant, die bisherigen KPI-Excelauswertungen (aus SAP) beispielsweise durch eine Software „Cockpit-Chartsystem" der Fa. IMIG AG abzulösen. Folgende Vorteile ergeben sich dadurch:

- Wegfall des immer umfangreicheren Personalaufwandes für das Erstellen der Excelauswertungen.

- Verbesserung der Datenkonsistenz, -transparenz und -sicherheit durch Einsatz der neuen Software im Vergleich zu den zahlreich eingesetzten doppeltgeführten Daten zwischen SAP und Exceldateien.
- Mehr Zeit des Controllers für Kennzahlenanalyse und Maßnahmen statt Datenaufbereitung.

Was sind die Besonderheiten des neuen Cockpit-Chartsystems?

1. **Systemarchitektur**

Gemäß Abbildung 16 kann die Datenübernahme aus den vorgelagerten Gebieten aus allen ODBC-Datenbanken durch den Datenintegrator in das Datawarehouse erfolgen. Neben dem Admin-Clienttool verfügt das System auch über einen Webclient (Zugriffmöglichkeit über Internet).

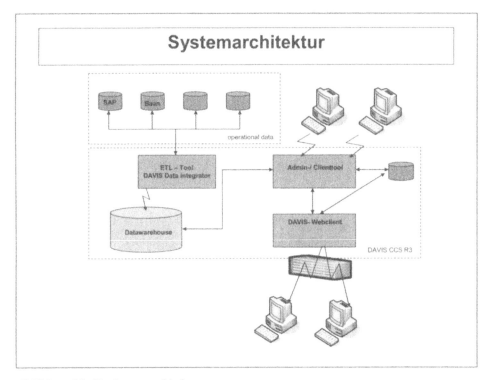

Abbildung 16: *Die Systemarchitektur*

2. **Integration des PDCA-Regelkreises**

Die Software basiert auf dem Total Quality Management-Ansatz des PDCA-Regelkreises „Plan-Do-Check-Action" Handlungsprinzip nach Deming (s. Abbildung 17):

1. Plan: Definition der Ziele aus der strategischen/operativen Planung
2. Do: Definition von Projekten, um die Ziele zu erreichen
3. Check: Controlling der Zielerreichung durch Ampelfunktionen
4. Action: Automatische Generierung von Aktionen bei Soll-Ist-Abweichung (rote Ampel) über E-Mails an die Verantwortlichen.

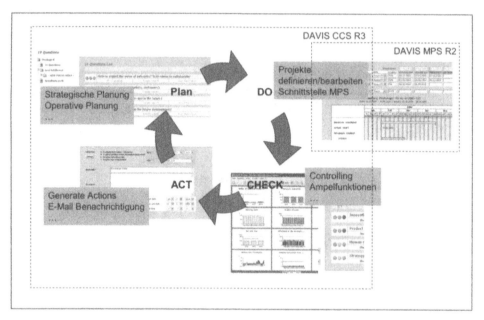

Abbildung 17: Der PDCA-Regelkreis

5. Zusammenfassung

Die Einführung von KPIs zur Steuerung der Performance hat sich rückblickend in zweierlei Hinsicht sehr positiv auf die Firmenentwicklung ausgewirkt:

- Mit der Einführung von KPIs musste sich das Management aktiv mit strategischen Zielen auseinandersetzen. Das schaffte wiederum Transparenz und Verständnis untereinander und beschleunigte das Umsetzen der Zielvereinbarungen.

- Mit Hilfe des Cockpit-Ampel-Reportings, Benchmark und Rolling Forecast lassen sich laufend Risiken und Ergebnispotenziale aufzeigen, was bei der früher angewandten klassischen Budgetierung (Budget und Halbjahresabschluss) nicht möglich war.

Welche Voraussetzungen sind für die Einführung von KPIs generell notwendig?

- Ein Leitbild mit klar abgeleiteten strategischen Zielen und KPIs, welche auch Strategieänderungen berücksichtigen.
- Vereinbaren von transparenten Zielen und Messgrößen (KPIs) mit dem Management mit anschließender Kommunikation zu den Mitarbeitern
- Steuern der KPIs durch ein Cockpit-Chartsystem mit Überwachung von Maßnahmen und Aktionen.
- Laufende Überprüfung der KPIs durch Benchmarks und Rolling Forecast, um frühzeitig auf Veränderungen des Marktes und Umfeld reagieren zu können.

Kommunikations-Controlling: Zu Diskussionsstand und Perspektiven

Christoph Lautenbach/Jan Sass

1. Einleitung	482
2. Die Diskussion zu „Wertschöpfung durch Kommunikation"	482
2.1 Neue Anforderungen an die Unternehmenskommunikation	482
2.2 Die finanzielle und die strategische Betrachtung	483
3. Von der Kontrolle zum Controlling	485
3.1 Die Ebenen des Kommunikations-Controlling	485
3.2 Wirkungszusammenhänge von Kommunikation und Unternehmenserfolg	490
4. Die Steuerung und Bewertung von Kommunikation in der Praxis	494
4.1 Managementsysteme als Ausgangspunkt	494
4.2 Das „Communications Value System" als Handlungsrahmen	496
5. Ausblick	501

1. Einleitung

Kommunikation leistet einen wesentlichen Beitrag zum Unternehmenserfolg. Zwar ist die grundlegende Bedeutung von Kommunikation für die Unternehmensführung inzwischen allgemein anerkannt. Aber der unmittelbare Zusammenhang von Kommunikation und Unternehmenserfolg sowie ihr konkreter Wertschöpfungsbeitrag sind bislang wenig transparent. In der Kommunikationsbranche selbst ist der Beitrag der Kommunikation zur Wertschöpfung in Unternehmen und Organisationen zu einem beherrschenden Thema geworden. Die aktuelle Diskussion und ein neuer Ansatz für einen Handlungsrahmen zur Steuerung und Bewertung von Kommunikation werden in diesem Beitrag vorgestellt.

2. Die Diskussion zu „Wertschöpfung durch Kommunikation"

2.1 Neue Anforderungen an die Unternehmenskommunikation

Als einer der letzten Bereiche im Unternehmen wird inzwischen auch Kommunikation vom Controlling erfasst. Denn sie ist zum wesentlichen Erfolgsfaktor für die Unternehmensführung geworden, und mit ihrer steigenden Bedeutung ist auch das Bedürfnis nach Steuerung und Bewertung gewachsen. Die Unternehmenskommunikation sieht sich daher mit neuen Anforderungen des Managements konfrontiert, das zunehmend nach dem konkreten Beitrag zum Unternehmenserfolg fragt und relevante Steuerungsgrößen für die Kommunikation verlangt. Auch die Zuweisung von Ressourcen bemisst sich am Potenzial der Kommunikation zur Unterstützung von Unternehmenszielen oder sogar an der zu erwartenden Wertsteigerung. Kommunikation muss also in die strategischen und finanziellen Unternehmensziele einzahlen und mit eindeutigen, nachvollziehbaren Steuerungsgrößen begründbar sein. Die Ökonomisierung von Kommunikation erfordert die Einführung von durchgängigen Steuerungssystemen und ihre Anbindung an das übergreifende Unternehmenscontrolling. So ist nachvollziehbar, dass die Kommunikation zunehmend den Dialog mit dem Controlling sucht.[1]

Kommunikation wirkt sich nicht allein auf harte Faktoren wie Umsatz oder Marktanteil aus. Die neue Wahrnehmung von Kommunikation ist wesentlich auf das veränderte Bewusstsein für den Einfluss immaterieller Werte („Intangible Assets") auf den Unternehmenserfolg zurückzuführen, da diese weichen Faktoren überwiegend von Kommunikation geschaffen oder beeinflusst werden. Bekanntheit und Reputation des Unternehmens, Vertrauen und Zufriedenheit von Kunden oder Loyalität und Engagement von Mitarbeitern sind solche weichen Faktoren, die vom Wettbewerb nicht ohne weiteres imitiert werden können und daher für den zukünftigen Unternehmenserfolg maßgeblich sind.[2] Bei börsennotierten Unternehmen wird der Einfluss immaterieller Werte mit Blick auf die Differenz zwischen dem Buchwert und dem Marktwert eines Unternehmens deutlich. Dieser Abstand zwischen dem in der Bilanz ablesbaren Buchwert und dem über die Börsenkapitalisierung ausgedrückten Marktwert – im Wesentlichen die Summe der immateriellen Werte – kann einen beträchtlichen Teil des Gesamtwertes ausmachen. Umso verständlicher ist vor diesem Hintergrund die Forderung nach Steuerung und Bewertung der die weichen Faktoren wesentlich bestimmenden Kommunikation.[3]

2.2 Die finanzielle und die strategische Betrachtung

In der aktuellen Diskussion um den Wertschöpfungsbeitrag von Kommunikation werden zwei unterschiedliche Sichtweisen verfolgt: erstens die monetäre Bewertung von Kommunikation mit Blick auf ihre Bilanzierbarkeit sowie zweitens die unmittelbare Anbindung von Kommunikation an die Unternehmensstrategie einschließlich der daraus ableitbaren Kommunikationsziele und deren Steuerung.

Die *finanzielle Betrachtung* zielt auf die Bewertung des Beitrags von Kommunikation zum Unternehmenserfolg. Sie fragt, wie die durch Kommunikation maßgeblich erzeugten Faktoren wie Motivation, Kooperationsbereitschaft, Vertrauen, Image, Präferenz, Loyalität oder Commitment monetär zu bewerten sind. Ihr geht es um die Wirkung auf den Unternehmenswert bzw. um das *finanzielle Ergebnis* der Kommunikationsleistung.

---

[1] Die wachsende Wahrnehmung der Bedeutung von Kommunikation und die daraus sich ergebenden neuen Anforderungen an das Kommunikationsmanagement haben in den vergangenen Monaten einige Studien hervorgehoben; vgl. u. a. Mercer 2003, Booz Allen Hamilton 2004.

[2] In der Weiterentwicklung ihrer Balanced Scorecard stellen Robert Kaplan und David Norton die „Strategy Map" zur Steuerung der immateriellen Werte heraus, allerdings gehen sie in ihrem Buch nicht explizit auf Kommunikation ein; vgl. Kaplan/Norton 2004.

[3] Überraschenderweise wird der Beitrag von Kommunikation in der – internationalen – Diskussion um „Intangible Assets" nur wenig thematisiert; vgl. Lautenbach/Sass 2005.

Angesichts der Bedeutung immaterieller Werte für den Unternehmenserfolg wird diskutiert, inwieweit weiche Faktoren in die Bewertung von Unternehmen am Kapitalmarkt, bei Mergers & Acquisitions oder bei der Bilanzierung eingehen können. So erfolgt bei der Due Diligence im Rahmen von Mergers & Acquisitions auch eine Bewertung von weichen Faktoren wie Wissen, Unternehmenskultur, Kundenbindung oder Markenwert sowie der Risiken, die aus der Einschränkung von Handlungsspielräumen resultieren können. [4] In der Bilanz dürfen selbst geschaffene kommunikationsgetriebene Werte wie Marken zwar nach wie vor nicht *aktiviert* werden, aber nach den ab 2005 geltenden internationalen Bilanzierungsrichtlinien) müssen auch immaterielle Werte vollständig *ausgewiesen* werden.

Bislang „existiert kein Ansatz zur Erfassung und Berechnung des Wertbeitrags der Unternehmenskommunikation im weiteren Sinne".[5] Einen solchen Ansatz, den Wertbeitrag von Kommunikation darzustellen, scheint jedoch die wertorientierte Unternehmensführung bzw. das Value Based Management (VBM) zu bieten, das auf die langfristige Steigerung des Unternehmenswertes ausgerichtet ist. So gibt es inzwischen neue Überlegungen, auch den Wertbeitrag von Kommunikation mit einer Spitzenkennzahl wie dem Economic Value Added (EVA) zu verbinden und über Key Performance Indicators (KPIs) zu steuern.[6]

Die *strategische Betrachtung* konzentriert sich auf die systematische Unterstützung von finanziellen und strategischen Unternehmenszielen wie beispielsweise die Steigerung von Umsatz und Marktanteilen („tangible") oder Zielen im Zusammenhang mit der Verbesserung von Kundenbeziehungen, Prozessen und Handlungsspielräumen („intangible"). „Im Rahmen des Kommunikations-Controllings steht für die Unternehmen nicht die Frage im Vordergrund, wie hoch der absolute monetäre Wert von Kommunikation an sich ist. Eine objektive Ermittlung ist bislang ohnehin in Theorie und Praxis nur in Ansätzen bekannt bzw. möglich, deren Nutzen unter dem Gesichtspunkt der Unternehmenssteuerung zunächst fraglich. Viel wichtiger ist die zielgerichtete Gestaltung der Kommunikation zur Steigerung des Unternehmenserfolges und des Unternehmenswertes. Nur wenn die Unternehmensführung weiß, wie Kommunikation wirkt und welche Rolle ihr für die Steigerung des Unternehmenswerts zukommt, wird sie in der Lage sein, diese zu gestalten und damit das Unternehmen zielgerichtet kommunikativ zu steuern."[7]. Neben anderen Unternehmensfunktionen muss Kommunikation zei-

---

[4] Vgl. Pfannenberg 2004.
[5] Auch Manfred Piwinger und Victor Porák legen in ihrem Sammelband „Kommunikations-Controlling", der die Verbindung zur Wirtschaftsprüfung herstellt, einen Fokus auf die finanzielle Bewertung von Kommunikation. Sie halten ein „geeignetes Instrumentarium zur Berechnung der Kommunikationsaufwendungen, des Kommunikationserfolgs, der Kommunikationswerte sowie deren Eingliederung in das betriebliche Rechnungswesen" für ein Desiderat und fordern die Bildung eines zentralen Werts, der den Beitrag der Unternehmenskommunikation erfasse. Dieser Wert könne der immaterielle Vermögenswert „Sozialkapital" sein, der die bekannten immateriellen Werte „Humankapital", „Intellektuelles Kapital", „Organisation" und „Innovation" umfasse. Allerdings führen die Autoren diesen Ansatz nicht weiter aus. Ihre Ausgangsüberlegung, Information und Kommunikation zu unterscheiden und deren Kosten und Nutzen getrennt zu erfassen, erscheint in der Praxis kaum darstellbar; vgl. Piwinger/Porák 2005, insbesondere S. 14-16, 45-47.
[6] Zum Kommunikations-Controlling im Value Based Management vgl. Pfannenberg 2005.
[7] Vgl. Arnaout 2005, S. 132.

gen, ob und wie sie die (strategischen) Ziele des Unternehmens unterstützt. Nur dann kann sie auch Gegenstand eines systematischen Controllings ein.[8]

3. Von der Kontrolle zum Controlling

3.1 Die Ebenen des Kommunikations-Controlling

Kommunikations-Controlling steht noch ganz am Anfang und bringt zwei bisher weitgehend voneinander unabhängig agierende Unternehmensfunktionen zusammen: Controlling und Kommunikation. Beide sind ihrem Selbstverständnis nach Managementfunktionen. Controlling bietet dem Management eine Steuerungshilfe durch koordinierte Informationsversorgung, wozu auch die Überbrückung von Schnittstellen zu anderen Unternehmensfunktionen gehört. Kommunikation, hier verstanden als Unternehmenskommunikation bzw. Public Relations, versteht sich als das Management von Kommunikationsprozessen zwischen Unternehmen bzw. Organisationen und ihren internen und externen Anspruchsgruppen. Zukünftig, dies bestätigen aktuelle Studien, kommt gerade der Unternehmenskommunikation eine zentrale Funktion für die Steuerung der gesamten Kommunikationsdisziplinen zu. Sie ist „aufgrund ihrer engen organisatorischen Anbindung an die Unternehmensstrategie sowie ihrer übergreifenden strategischen Ausrichtung geradezu prädestiniert, ein gesamthaftes Management der Kommunikationsaktivitäten zu etablieren" (Mercer 2003, o.S.).

Die zentralen *Aufgaben des Kommunikations-Controllings* sind das Steuern und Bewerten von Kommunikationshandlungen. Dazu gehören die Bereitstellung von geeigneten Steuerungssystemen für die Kommunikation, die Wirkungsmessung sowie eine Aufbereitung und Verdichtung von Ergebnissen. Kommunikations-Controlling steht dabei in einer Wechselbeziehung zu anderen Unternehmensfunktionen wie beispielsweise Personal oder Vertrieb, die wichtige Kennzahlen bereit stellen können, und übernimmt insofern auch eine informationskoordinierende Rolle.[9]

---

[8] Diese Perspektive verfolgt die Gesellschaft Public Relations Agenturen (GPRA) mit dem in diesem Beitrag vorgestellten Ansatz: ein Handlungsrahmen, der die betriebswirtschaftlichen Effekte von Kommunikation in ein systematisches Controlling einbezieht.

[9] Auf die bislang fehlende wissenschaftliche Auseinandersetzung mit dem Begriff Kommunikations-Controlling hat zuerst Zerfaß hingewiesen. Zur Definition des Begriffs Marketing-Controlling mit einer stärkeren Betonung der informationskoordinierenden Aufgabe; vgl. Köhler 2001.

Zwei Ebenen des Kommunikations-Controllings sind zu unterscheiden: Das strategische und das operative Kommunikations-Controlling. Ziel des *strategischen Kommunikations-Controllings* ist die Messung und Steuerung des Beitrags von Kommunikation zu den strategischen und finanziellen Unternehmenszielen („Outflow"). Es macht Kommunikation damit einerseits anschlussfähig an das Unternehmens-Controlling und stellt andererseits einen Bezugsrahmen für die operative Tätigkeit her. „Kommunikations-Controlling steuert und unterstützt den arbeitsteiligen Prozess des Kommunikationsmanagements, indem Strategie-, Prozess-, Ergebnis- und Finanz-Transparenz geschaffen sowie geeignete Methoden und Strukturen für die Planung, Umsetzung und Kontrolle der Unternehmenskommunikation bereitgestellt werden."[10] Ob Controlling über die Balanced Scorecard oder das Value Based Management: Das strategische Kommunikations-Controlling muss aussagefähige Kennzahlen bereitstellen – Kennzahlen, die zeigen, inwieweit die strategischen und finanziellen Unternehmensziele durch Kommunikation unterstützt oder erreicht wurden.

Das *operative Kommunikations-Controlling* bezieht sich auf die direkte bzw. indirekte Wirkung von Kommunikation. Hier findet eine *Kontrolle* bzw. Evaluation von Kommunikation statt, wobei die Orientierung an Kommunikationszielen erfolgt. Im Zentrum steht die rückblickende Erfassung und Bewertung von Prozessen und Maßnahmen. Dazu gehören die Steuerung und Kontrolle der PR-Prozesse und -Programme (Programmqualität, organisatorische Ausstattung, Performance, Maßnahmenqualität) sowie die Evaluation der Kommunikationswirkung zur operativen Steuerung und Optimierung der Kommunikationsmaßnahmen („Output", „Outgrowth" und „Outcome"). Was bisher in der Praxis stattfindet, bildet überwiegend diese rein operative Kommunikationskontrolle ab.

---

10 Vgl. Zerfaß 2004, S. 22 f.

Kommunikations-Controlling: Zu Diskussionsstand und Perspektiven

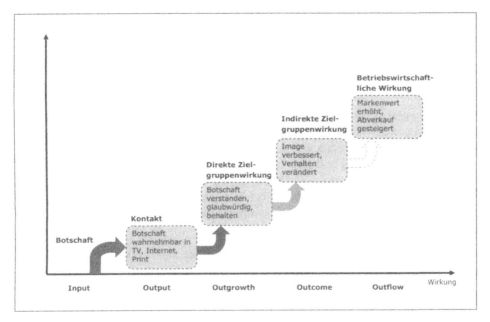

Abbildung 1: Wirkungsstufenmodell

Die Dimensionen des Kommunikations-Controllings sind in aufsteigender Reihenfolge Output, Outgrowth, Outcome und Outflow; diese Begriffe haben sich international für die Unterscheidung der Wirkungsstufen von Kommunikation durchgesetzt. Jede Stufe ist die Voraussetzung für das Erreichen der nächsten Stufe. *Output* fragt nach der Leistung der Kommunikationsaktivitäten und bezeichnet das *unmittelbare Kommunikationsergebnis*, also die Verfügbarkeit von Informationen. Die Frage lautet hier: „Wann waren wo und in welcher Form welche Botschaften der Kommunikation den Dialoggruppen zugänglich mit Blick auf Reichweite, Aktualität und Umfang der Information?" *Outgrowth und Outcome* bezeichnen die *direkte bzw. indirekte Wirkung von Kommunikation* auf die Dialoggruppen. Die Fragen auf dieser Wirkungsstufe lauten: „Wie haben die Dialoggruppen die Medien genutzt und die Botschaften wahrgenommen?" und „Wie hat diese Wahrnehmung das Wissen, die Meinungen, Einstellungen und Verhaltensweisen der Dialoggruppen verändert?" *Outflow* schließlich bezieht sich auf die *betriebswirtschaftliche Wirkung von Kommunikation*. Hier stellen sich die Fragen: „Welchen Beitrag leistet Kommunikation für die Unterstützung bzw. Erreichung der Unternehmensziele wie Marktwachstum, Kundenorientierung oder Mitarbeiterqualität? Was ist ihr Beitrag zur Unterstützung finanzieller Ziele wie Umsatzentwicklung oder Kostenoptimierung?"

Es besteht innerhalb der Kommunikationsbranche weitgehend Einigkeit über die hohe Ausgereiftheit der vorhandenen *Instrumente zur Messung von Kommunikationsergebnis und -wirkung.* Auf der Output-Ebene sind zum Beispiel Medienresonanzanalysen, Projekt- und

Veranstaltungsauswertungen, Webtracking oder Usability-Studien von Internet-Medien zu nennen. Auf der Outcome-Ebene gibt es verschiedene Indizes zur Bewertung interner Kommunikation sowie eine Vielzahl an Instrumenten aus der Markt- und Meinungsforschung. Die Methoden und Instrumente stehen seit Jahren zur Verfügung – der limitierende Faktor für die Praxisanwendung ist nicht das Wissen darüber, sondern zumeist das Budget. So sind Medienresonanzanalysen seit Ende der 80-er Jahre verfügbar und haben sich schrittweise in großen Unternehmen und Agenturen etabliert. Fortschreitende Entwicklungen hin zu ausdefinierten Instrumenten gab es auch bei Mitarbeiterbefragungen, Audits oder qualitativen Interviews. Das Wesentliche ist: Es handelt sich meist um die Messung des Erfolgs bzw. der Wirkung von Kommunikation. Dabei sind diese Instrumente der Erfolgsmessung „stark einzeldisziplinär geprägt" und „weisen bestenfalls Teilaspekte der gesamten Kommunikationsleistungen des Unternehmens aus".[11] Die Ergebnisse der Erfolgsmessung können für die Verbesserung der Kommunikationsmaßnahmen genutzt werden, bleiben aber letztlich rein kommunikationsimmanent.

„Während im nicht-ökonomischen Bereich viele aussagekräftige Instrumente zur Verfügung stehen, gibt es bislang kaum Ansätze für die Bewertung der ökonomischen Auswirkungen des materiellen Werts der Unternehmenskommunikation".[12] Neu ist genau dieser Fokus auf die betriebswirtschaftliche Wirkung von Kommunikation. So wurde in jüngster Zeit eine Reihe von Outflow-bezogenen Ansätzen aus Wissenschaft und Praxis vorgelegt – von Balanced Scorecard-Modellen über Due Diligence und Value Based Management bis zur Markenbewertung.[13]

Das „Communications Control Cockpit" des Kommunikations- und Wirtschaftswissenschaftlers Lothar Rolke versucht, den Wertbeitrag von Kommunikation auf wenige Spitzenkennzahlen zu verdichten. Dafür wird zunächst die Summe der durch Kommunikation aufgebauten Reputationswerte bei den Stakeholdern in einem Image- bzw. Reputationswert („Imex") abgebildet und die Summe aller Kommunikationsbudgets in einem Kommunikationsetat zusammengefasst. Über die Gegenüberstellung mit dem Economic Value Added (EVA) lassen sich nach Rolke drei Kennzahlen berechnen: die „Imagerendite" bzw. die „Kommunikationseffizienz" („KommEf"), die „Value-Value-Relation" („2VR") und der „Return on Communications" („RoCom"). Nach Rolke können diese Spitzenkennzahlen auch in das betriebswirtschaftliche Controlling einfließen. Anzumerken ist allerdings, dass sich das Kennzahlensystem auf die reine Kommunikationswirkung bezieht und die komplexen Wirkungszusammenhänge zwischen Kommunikation und Unternehmenserfolg ausblendet,

---

[11] Vgl. Porák 2005, S. 190.
[12] Vgl. Porák 2005, S. 172.
[13] Zu einer kritischen Bestandsaufnahme der Vorschläge aus Theorie und Praxis vgl. Zerfaß 2004, S. 10-17. Eine Bewertung der Methoden zur Erfolgsmessung findet sich zuletzt bei Porák; vgl. Porák 2005. Porák verweist in diesem Zusammenhang auf seinen Vorschlag der Erfassung des immateriellen Vermögenswertes „Sozialkapital" durch ein integriertes Kommunikations-Controlling; vgl. Piwinger/Porák 2005.

dabei aber gleichzeitig einen unmittelbaren Einfluss von Kommunikation auf den EVA unterstellt.[14]

Die von der Unternehmensberatung Hering Schuppener entwickelte „Communications Scorecard" will die Unternehmensstrategie in einem mehrstufigen Prozess mit einer disziplinenübergreifenden Kommunikationsstrategie und den taktischen Instrumenten des Marketing-Mix verbinden. Für die Operationalisierung werden den strategischen Unternehmenszielen quantitative Ergebniskennzahlen und Werttreiber zugeordnet und von diesen kommunikative Ergebniskennzahlen und Werttreiber abgeleitet. Dabei versucht die „Communications Scorecard" den Kommunikationsbeitrag über unternehmensintern vereinbarte Gewichtungen finanziell zu bewerten und will so auch eine Einbindung in das übergeordnete strategische Controlling ermöglichen.[15]

Die „Corporate Communications Scorecard" des Kommunikations- und Wirtschaftswissenschaftlers Ansgar Zerfaß soll vor allem den strategischen Wertbeitrag der Unternehmenskommunikation zur Wertschöpfung nachweisen und sicherstellen. Aufbauend auf einem umfassenderen Verständnis von Unternehmensführung, das eine soziale Dimension einschließt und gesellschaftspolitische Interessen berücksichtigt, werden die klassischen Perspektiven der BSC um eine fünfte „Gesellschaftspolitische Perspektive" erweitert. Ein Unternehmensziel, das dieser Perspektive zugeordnet werden könnte und überwiegend kommunikationsbestimmt ist, wäre der „Aufbau eines Corporate Citizenship". Die „Corporate Communications Scorecard" wird als „Auszug" aus der übergreifenden Unternehmens-Scorecard verstanden und weist Kommunikation in allen Perspektiven im Zusammenhang mit anderen strategischen Erfolgsfaktoren und Werttreibern aus. Dabei soll sie sowohl auf der Makroebene als auch auf der Mikroebene einsetzbar sein und die strategische Steuerung des Kommunikationsmanagements sowie die operative Steuerung der Kommunikationsprogramme ermöglichen. Zerfaß versteht seine „Corporate Communications Scorecard" vor allem als „Redeinstrument", um „das vorhandene Wissen der Kommunikationsverantwortlichen zu bündeln und es der gemeinsamen Diskussion und Entscheidungsfindung zugänglich zu machen".[16]

Die *Fokussierung auf die betriebswirtschaftliche Wirkung* bedeutet nicht, dass die etablierten Instrumente und Verfahren zur Messung der Kommunikationswirkung überflüssig werden. Ihre Daten sind vielmehr eine notwendige Grundlage, um überhaupt Korrelationen zwischen Kommunikationswirkung und betriebswirtschaftlicher Wirkung herstellen zu können, und um so den Wertnachweis für die Erreichung der strategischen und finanziellen Unternehmensziele auf der Basis von Plausibilitätsbeziehungen zu stützen. Einen Versuch zur Einordnung und Bewertung vorliegender und neu zu entwickelnder Methoden stellt das „Mehrdimensionale Kommunikations-Controlling (MKC)" dar.[17]

---

[14] Vgl. Rolke 2004.
[15] Vgl. Hering et al. 2004.
[16] Vgl. Hering et al. 2004, S. 35.
[17] Vgl. Zerfaß 2004, S. 17-29.

MKC	Aufgabe	Perspektive	Methoden	Kennziffern
Strategisches Kommunikations-Controlling	Steuerung und Kontrolle des Kommunikations-managements	Prozessqualität der UK aus Sicht der Unternehmensführung (Potenzial)	Prozessanalysen, z.B. Communication Audit, Integrations-Audit	– Rating – Akzeptanzquote
	Steuerung und Kontrolle der Kommunikations-strategie	Wertbeitrag der UK aus Sicht der Unternehmensführung (Outflow)	Wertbestimmung/ Bilanzierung, z.B. Communication Due Diligence, Marken-bewertung Werttreiberbestimmung, z.B. Corporate Communications Scorecard	– Goodwill – Bilanzwert – Erfüllungsgrad
Operatives Kommunikations-Controlling	Steuerung und Kontrolle der Kommunikations-programme	Programmqualität der UK aus Sicht des Kommunikationsmanagements (Performance)	Programmanalysen, z.B. Konzeptionsevaluation, Mittelallokation	– Rating – KommEf
	Steuerung und Kontrolle der Kommunikations-maßnahmen	Usability der UK aus Sicht der Rezipienten	Erfolgsprognosen, z.B. Anzeigen-Pretest, Web-Usability-Test Fortschrittskontrolle, z.B. Kampagnen-Milestones Ergebnismessungen, z.B. Aufmerksamkeit, Medienresonanzanalyse, Imageerhebung, Präferenzerhebung	– Sympathiewert – Lösungsquote – Erfüllungsgrad – Recall-Wert – Akzeptanz-quotient – Reputation Quotient – Ranking
UK = Unternehmens-kommunikation		Effekte der UK aus Sicht des Kommunikationsmanagements (Output, Outcome)		

Abbildung 2: MKC

3.2 Wirkungszusammenhänge von Kommunikation und Unternehmenserfolg

Zwar generiert Kommunikation selbst keine Erträge, jedoch gehört sie zu den entscheidenden Werttreibern für den Unternehmenserfolg. Gemeinsam mit anderen Funktionen wie Personal, Forschung und Entwicklung oder Finanzen schafft Kommunikation die notwendigen Voraussetzungen für die Leistungen des Unternehmens. Als „Enabling Function" ist Kommunikation Werttreiber für eine große Anzahl von Unternehmenszielen. Aus den Unternehmenszielen lassen sich konkrete Vorgaben für die Kommunikation top-down ableiten. Die Umsetzung kann über Kennzahlen messbar und steuerbar gemacht werden. Dabei unterstützt Kommunikation häufig Unternehmensziele, die *ihrerseits* mittelbar oder unmittelbar entlang der Wertschöpfungskette auf finanzielle Ziele einzahlen. Als einige typische Ziele für die betriebswirtschaftliche Wirkung von Kommunikation gelten „höherer Marktanteil", „bessere Krisenresistenz" oder „Markenwert" – sie sind als Bewertungsgrößen zugleich aber auch sehr hoch aggregiert und eher als *langfristige* Effekte verschiedener Werttreiber im Unternehmen anzusehen. Die Herausforderung des strategischen Kommunikations-Controllings besteht in der Suche und Validierung von Leitkennzahlen für alle Stakeholder-Gruppen. Diese Leitkennzahlen müssen maßgeblich durch Kommunikation bestimmt sein und in der Controlling-Praxis Akzeptanz finden können – wie beispielsweise ein Index für Mitarbeiter-Commitment.

Wenn Wertschöpfung durch Kommunikation – in der oben beschriebenen strategischen Perspektive – als das Einzahlen von Kommunikation auf finanzielle bzw. strategische Unternehmensziele definiert wird, dann ergibt sich aus den konkreten Zielzusammenhängen eines Unternehmens mit seinen Stakeholdern jedoch eine Vielzahl *weiterer* und *spezifischer* Ansatzpunkte für die Identifizierung bzw. Bewertung der betriebswirtschaftlichen Wirkung von Kommunikation. Dazu ein Beispiel: Ein mögliches Unternehmensziel, das durch Kommunikation zu unterstützen ist, kann lauten: „Die interne Kundenorientierung verbessern". Messbare Kommunikationseffekte können auf der Ebene der betriebswirtschaftlichen Wirkung sein: Geringere Fehler- und Fluktuationskosten, höhere Produktivität, weniger Projektabbrüche und Projektschleifen, weniger Reklamationen auch externer Kunden oder die Erhöhung von Kundenaufträgen.

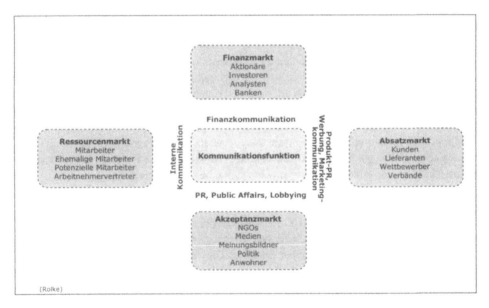

Abbildung 3: Stakeholder-Kompass

Dieser Zusammenhang zwischen Kommunikation und (betriebswirtschaftlichem) Unternehmenserfolg wird mit Blick auf die Stakeholder des Unternehmens deutlich.[18] Denn der Wertbeitrag von Kommunikation besteht darin, die Beziehungen des Unternehmens zu seinen Stakeholdern im Sinne der Unternehmensziele zu beeinflussen. Für die vier klassischen Stakeholder-Gruppen Mitarbeiter, Kunden, Shareholder/Investoren und Community/Öffentlichkeit

---

[18] Darstellung nach Rolke 2002, S. 18. Zum Stakeholder-Konzept vgl. Freeman 1984, Müller-Stevens et al. 2001.

lassen sich die komplexen Ursache-Wirkungsbeziehungen exemplarisch darstellen. Der Stakeholder-Gruppe Community/Öffentlichkeit beispielsweise wäre ein betriebswirtschaftliches Ziel „Licence to Operate" zuzuordnen. Handlungsspielräume des Unternehmens gegenüber der Community, die Kommunikation als ein wesentlicher Werttreiber neben anderen herbeiführt, sind etwa verminderte Reibungsverluste und Einhaltung des Zeitplans bei einer Unternehmensansiedlung. Kommunikation unterstützt ein solches Unternehmensziel, indem sie den Nutzen der Ansiedlung für die Community verdeutlicht, Verständnis für das Unternehmen vermittelt und Vertrauen für das Unternehmen und seine Führung schafft. Auf diese Weise können jeder Stakeholder-Gruppe modellhaft die jeweiligen Werttreiber in der Kommunikation zugeordnet werden. Wertgewinne entstehen grundsätzlich über drei Stufen: Von Wahrnehmung und Wissen über Einstellungen und Verhaltungen bis zu betriebswirtschaftlich relevanten Folgen. Zwei weitere Beispiele für idealtypische Ursache-Wirkungsbeziehungen:

Mitarbeiterkommunikation:

In dieser Beispielkette sind die Wahrnehmung und das Wissen der Mitarbeiter über eigene Entwicklungschancen und langfristige Ziele des Unternehmens Voraussetzungen, damit sie eine hohe Produktivität bewahren und mit ihrem Wissen nicht zu einem Wettbewerber gehen. Erst wenn die Mitarbeiter die Werte und die Vision des Unternehmens kennen und verstehen und ihnen die Entwicklungsmöglichkeiten im Unternehmen bekannt sind, werden sie ihre Einstellungen und ihr Verhalten auch im Sinne des Unternehmens verändern. In ihrer Loyalität, Motivation, Leistungsbereitschaft oder Kundenorientierung zeigt sich das werttreibende Verhalten der Mitarbeiter. Bei den Führungskräften ist das Vertrauen in das Unternehmen und sein Top-Management eine entscheidende Voraussetzung für ihr Führungsverhalten. Bei diesen Ursache-Wirkungsbeziehungen sind höhere Produktivität und Bindung von Know-how für das Unternehmen angestrebte betriebswirtschaftliche Unternehmensziele.

Marktkommunikation:

Bei Kunden und Lieferanten schafft Kommunikation eine höhere Bekanntheit für das Unternehmen und seine Produkte und Leistungen. Diese ist die Voraussetzung zum Aufbau von Image für das Unternehmen und seiner Produkte. Das Image und die Kundenzufriedenheit, die durch die Produkteigenschaften und die Vermittlung durch Kommunikation beeinflusst wird, wirken sich messbar aus, z. B. in Nachfrage, Kundenbindung, Wiedergewinnung von Kunden, Gewinnung neuer Kunden oder Präferenz am Point of Sale. Die betriebswirtschaftliche Wirkung von Kommunikation führt schließlich zu einer Erhöhung des Marktanteils und ermöglicht die Anhebung des Preisniveaus für die Produkte oder Leistungen des Unternehmens.

Kommunikations-Controlling: Zu Diskussionsstand und Perspektiven

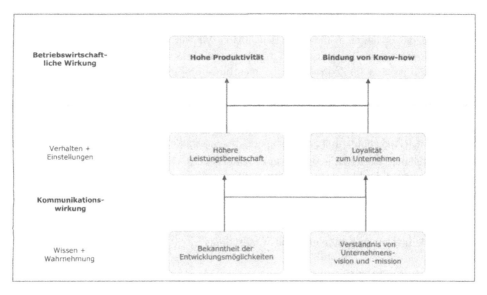

Abbildung 4: Wirkungszusammenhänge Mitarbeiterkommunikation und Marktkommunikation

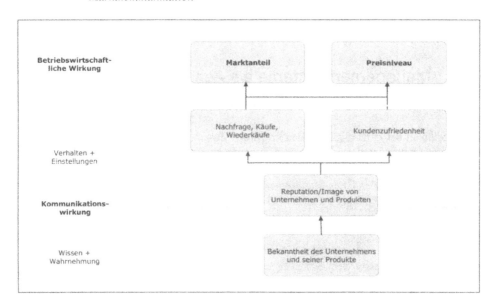

Abbildung 5: Wirkungszusammenhänge Mitarbeiterkommunikation und Marktkommunikation

Der schwedische Public Relations-Verband ist den Wirkungszusammenhängen von Kommunikation bereits 1995 mit einem groß angelegten, praxisorientierten Projekt nachgegangen. Das Richtung weisende, aber lange wenig beachtete „Return on Communications"-Projekt, das die GPRA für die aktuelle Diskussion in der Kommunikationsbranche wieder entdeckt hat, hat bereits vor Jahren methodische Benchmarks zur Wertschöpfung von Kommunikation geschaffen, die wir uns in Deutschland gerade erst erarbeiten. Bemerkenswert am schwedischen Projekt ist, dass im Zentrum des flexiblen Bewertungsrahmens ein Stakeholder-Ansatz steht, der mit unterschiedlichen Managementinstrumenten in Unternehmen vereinbar ist – zum Beispiel mit der Balanced Scorecard.[19]

Zusammengefasst: Nur durch das Einwirken auf die Stufen Wissen, Einstellungen und Verhalten bei den Stakeholdern über die Kommunikationsfunktion entsteht ein Wertbeitrag für das Unternehmen. Dieser ist je nach dem Zusammenhang von Unternehmensziel und Stakeholder-Gruppe auf der Ebene betriebswirtschaftlicher Wirkung unter individuellen Bedingungen plausibel zu machen und zu messen. Allerdings werden hier zurzeit nur hypothetische Korrelationen und Kausalverbindungen zwischen Kommunikationswirkung und betriebswirtschaftlicher Wirkung hergestellt – diese stärker zu validieren ist eine der wesentlichen zukünftigen Aufgaben des Kommunikations-Controllings.

4. Die Steuerung und Bewertung von Kommunikation in der Praxis

4.1 Managementsysteme als Ausgangspunkt

Im Mittelpunkt der derzeitigen Diskussion zu den Zusammenhängen von Kommunikationswirkung und betriebswirtschaftlicher Wirkung steht die Balanced Scorecard (BSC). Die BSC erscheint für die Adaption durch Kommunikation besonders geeignet, weil sie ein mittlerweile etabliertes praxisorientiertes Managementsystem ist, das die Leitstrategien des Unternehmens in operative Handlungen überführt. Sie erlaubt es, mit der Kommunikation *direkt* und im Rahmen eines definierten Prozesses an diese Leitstrategien und an die wesentlichen Unternehmensziele anzuschließen. In den klassischen vier Perspektiven – Finanzen, Kunden/Markt, Prozesse und Potenziale – hinterlegt die BSC die aufgeführten obersten Unternehmensziele mit Messgrößen, Kennzahlen und Aktionen. Messgrößen und Kennzahlen aus der Kommunikation sind hier ohne weiteres anschlussfähig. Darüber hinaus berücksichtigt die BSC die Bedeutung der kommunikationsgetriebenen immateriellen Werte für den Unter-

---

[19] Zum Projekt „Return on Communications" liegt eine umfangreiche Dokumentation vor; vgl. The Swedish Public Relations Association 1996. Eine zusammenfassende Darstellung findet sich bei Lautenbach/Sass 2004.

nehmenserfolg. Alle Unternehmensziele stehen in der Strategiekarte der BSC in Ursache-Wirkungsbeziehungen und zahlen dabei am Ende auf die obersten Finanzziele ein.

Die Sinnfälligkeit der BSC für die Kommunikation hängt allerdings stark davon ab, *wie* sie für die Kommunikation adaptiert wird. Die Praxis hat gezeigt, dass es zwei grundsätzliche Möglichkeiten der Adaption der BSC durch Kommunikation gibt, nämlich eine operative und eine strategische:

In einer *operativen Adaption* der BSC durch Kommunikation wird versucht, die Ziele aus der Top-BSC des Unternehmens möglichst 1:1 auf die Kommunikationsfunktion zu übersetzen und *in* der Abteilung bzw. *für* den Kommunikationsbereich zu realisieren. Das führt zu einem Schwerpunkt bereichsbezogener *Prozessoptimierung*, hat aber nur begrenzte unterstützende Wirkung für die übergeordneten Ziele der Top-BSC des Unternehmens.[20] Beispiele für eine operative Auffassung der BSC sind die Füllung der Perspektive „Finanzen" mit Effizienzzielen der Kommunikationsfunktion wie Budgettreue oder eben direkte Übertragungen der strategischen Unternehmensziele. So würde das Unternehmensziel „Time to Market verkürzen" beispielsweise übersetzt werden in das Ziel: „Informationen schneller an Journalisten liefern."[21]

In einer *strategischen Adaption* der Top-BSC durch die Kommunikation geht es darum, kommunikationsrelevante finanzielle oder strategische Unternehmensziele *durch* die Kommunikationsfunktion zu unterstützen. Dabei müssen diese übergeordneten Ziele sehr individuell auf die Erwartungen und Unterstützungspotenziale relevanter Dialoggruppen bezogen werden: Denn erstens haben die übergeordneten Ziele aus der BSC für verschiedene Stakeholder bzw. Dialoggruppen in der Regel sehr unterschiedliche Bedeutungen. Und zweitens eröffnet sich für die Kommunikation durch die Gegenüberstellung spezifischer Unternehmensziele und Dialoggruppen unter dem Dach der BSC ein Prozess, der es erlaubt, top-down die kommunikationsbezogenen Ziele mit Messgrößen und Kennzahlen zu steuern und bottom-up zu bewerten. Für diese Differenzierungen nach Dialoggruppen, die die Kommunikationsfunktion benötigt, ist das Perspektiven-Modell der BSC per se nicht ausgelegt – auch das ist eine Herausforderung für die Adaption durch Kommunikation.

Dabei bestehen *besondere Anforderungen an die Messgrößen und Kennzahlen* des strategischen Kommunikations-Controllings: Sie müssen, wie bereits erwähnt, sowohl relevant für das Unternehmenscontrolling als auch in großem Maß kommunikationsbestimmt sein. Welche Messgrößen und Kennzahlen der Kommunikation für das Unternehmenscontrolling bzw. die Überführung in ein übergeordnetes Steuerungssystem geeignet sein könnten, wird in der Kommunikationsbranche derzeit diskutiert. Zwar erscheint grundsätzlich für das Kommunikations-Controlling mit Blick auf die Steuerbarkeit von Kommunikation eine Begrenzung auf

---

[20] Daimler Chrysler hat die Kommunikation in die wertorientierte Unternehmensführung einbezogen, wobei der Fokus auf die Prozessoptimierung in der Kommunikationsfunktion gelegt wurde; vgl. Splittgerber 2004.
[21] So auch Arnaout 2005 und Vos/Schoemaker 2004.

wenige aussagekräftige Kennzahlen sinnvoll, aber in der Diskussion wird davor gewarnt, dass die Managementsysteme „in allzu abstrakte und damit letztlich nicht mehr valide Spitzenkennzahlen" münden.[22]

Die in der Branche bisher diskutierten Messgrößen und Kennzahlen reichen von hoch aggregierten Spitzenkennzahlen wie Markenwert bis zu rein auf die Kommunikation bezogenen Kennzahlen wie Medienresonanzwerten. Gleichzeitig besteht Einigkeit darüber, dass es kein Set von allgemeingültigen Kennziffern geben kann, weil je nach Unternehmenssituation unterschiedliche Herausforderungen an das Kommunikations-Controlling herangetragen werden. Ein erster Vorschlag besteht darin, jeder der Stakeholder-Gruppen übergeordnete Kennzahlen zuzuweisen. Besonders viel versprechend erscheint es dabei, auf solche Kennzahlen zurückzugreifen, die Einstellungen und Verhalten der Stakeholder komprimiert erfassen.[23]

Neben den Kennzahlen des strategischen und operativen Kommunikations-Controllings kann sich Kommunikation oft auch auf Messgrößen und Kennzahlen beziehen, die vom Management für die obersten Unternehmensziele eingesetzt werden. Liegen sie vor, dann verbreitern sich die Argumentationsmöglichkeiten der Kommunikationsfunktion mit Blick auf die betriebswirtschaftliche Wirkung von Kommunikation. Auf dieser Wirkungsebene findet sich eine Vielzahl differenzierter Effekte, die mit Kommunikationswirkung korrelieren und von ihr zumindest teilweise beansprucht werden können. Die *betriebswirtschaftliche Wirkung* von Kommunikation ist je nach Unternehmensziel deutlich vielgestaltiger als es die Spitzenkennzahlen allein vermuten lassen. Darin liegt eine große Chance, den Wertbeitrag von Kommunikation zu verdeutlichen.

4.2 Das „Communications Value System" als Handlungsrahmen

Moderne Managementsysteme folgen im Wesentlichen den gleichen Grundsätzen: Ausgehend von der Analyse von Ursache-Wirkungsbeziehungen werden Werttreiber identifiziert und Indikatoren für deren Performance festgelegt. Ihre Überprüfung zeigt, ob sie die für die Zielerreichung notwendige Leistung erbringen. An diese Systeme schließt das „Communications Value System,, (CVS) an, das als Instrument des Kommunikationsmanagements von den in der „Gesellschaft Public Relations Agenturen" (GPRA) zusammen geschlossenen Kommunikationsberatungen entwickelt wurde und als Handlungsrahmen weiter fortzuschrei-

---

[22] Vgl. Zerfaß 2004, S. 3.
[23] Für die Mitarbeiterkommunikation ist dies z. B. der „Commitment Index" von TNS Infratest, für die Marktkommunikation z. B. der „Reputation Quotient" von Harris/Fombrun oder der „Brand Potenzial Index" der GfK; vgl. Pfannenberg 2005.

ben ist. Das CVS unterstützt die Ausrichtung von Kommunikation auf einen messbaren, betriebswirtschaftlich relevanten Beitrag zum Unternehmenserfolg. Unmittelbar von den Unternehmenszielen abgeleitet, wird Kommunikation über Messgrößen und Kennzahlen steuerbar und in ihrer Effizienz gesteigert.[24]

Wesentlich und neu am CVS ist: Kommunikation wird in der strategischen Betrachtung als integraler Bestandteil des gesamten Wertschöpfungsprozesses im Unternehmen verstanden, gesteuert und ausgewiesen. Die Implementierung eines solchen Handlungsrahmens bedeutet, dass alle Kommunikationsmaßnahmen über Wirkungszusammenhänge in die unternehmerischen Prozesse eingebunden sind. Ein Beispiel: Ein börsennotiertes Unternehmen hat das Unternehmensziel „Internationales Wachstum vorantreiben". Um dieses Ziel erreichen zu können, ist das Unternehmen auf die Unterstützung des Finanzmarktes angewiesen. Ein kommunikatives Wirkungsziel ist, dass Analysten und Investoren von der Wachstumsstrategie überzeugt sind und positive Stellungnahmen bzw. Investitionsempfehlungen abgeben. Um das spezifische Unterstützungspotenzial dieser Stakeholder zu aktivieren, muss der Finanzmarkt das Unternehmen und seine Wachstumsstrategie kennen sowie über die Chancen im Ausland informiert sein. Hierfür werden Wissens- und Verhaltensziele definiert, mit Maßnahmen hinterlegt und über Medienresonanzanalysen und Umfragen gemessen. Wenn die Kommunikationsziele erreicht werden, unterstützen sie neben dem Ziel „Internationales Wachstum vorantreiben" auch noch weitere wichtige Ziele wie beispielsweise eine höhere Qualität von Analystenempfehlungen, den Zufluss von Fremdkapital, die Erleichterung von Kooperationen oder einen höheren Börsenkurs.

Das CVS definiert Ziele für notwendige Prozesse und Ressourcenentwicklungen innerhalb der Kommunikationsfunktion und macht unterstützend Vorgaben für die Art und Intensität des notwendigen Kontaktes zu den Dialoggruppen. Jede einzelne Vorgabe wird mit Messgrößen und Kennzahlen als Zielwerten hinterlegt. Darüber hinaus stellt das CVS diese *Wirkungszusammenhänge in einem Gesamtrahmen* dar. Die Wirkungsziele der Kommunikation (Wissen, Einstellungen, Verhalten) sowie kommunikationsbezogene Ziele (Kontakt, Prozesse, Potenziale) werden im direkten Wertschöpfungszusammenhang des Unternehmens gezeigt. Kommunikation wird damit in die Unternehmenssteuerungsprozesse einbezogen. Indem alle Kommunikationsziele aus der betriebswirtschaftlichen Ebene abgeleitet, mit Messgrößen und Zielwerten versehen und die Ergebniskennzahlen in das Controlling integrierbar werden, wird Transparenz in der Kommunikation hergestellt und der Unternehmensführung die Möglichkeit gegeben, Kommunikation im Zusammenspiel mit weiteren Werttreibern zielorientiert zu steuern.

Zusammengefasst heißt das: Ohne ein unmittelbar an die Unternehmensstrategie angebundenes Steuerungssystem ist der Wertbeitrag von Kommunikation zu den strategischen und fi-

---

24 Die Darstellung des CVS folgt Lange 2005. – Das CVS wurde vollständig am Fallbeispiel der prints GmbH aus dem Lehrbuch „Balanced Scorecard umsetzen" der Unternehmensberatung Horváth & Partners durchgespielt; vgl. Horváth & Partners 2004.

nanziellen Zielen nicht darstellbar. Auf der anderen Seite ist Kommunikation in so vielen Prozessen ein wesentlicher Wertschöpfungsfaktor geworden, dass diese Managementsysteme nicht ohne die Integration der Unternehmensfunktion „Kommunikation" auskommen.

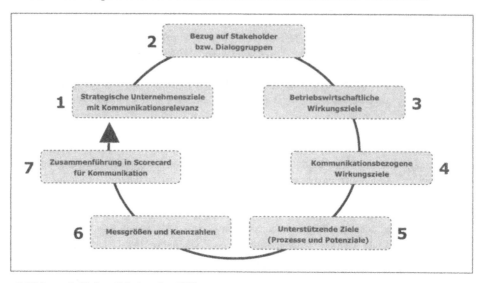

Abbildung 6: Sieben Schritte des CVS

Die Umsetzung des CVS erfolgt in sieben Schritten. Das Grundprinzip ist dabei, die strategischen und/oder finanziellen Unternehmensziele für jede Stakeholder-Gruppe so weit zu operationalisieren, dass die Vorgaben einerseits einen klaren Rahmen für die kommunikativen Aktionen bilden und sie andererseits überprüfbar werden. Kommunikation unterstützt als Unternehmensfunktion konkrete Unternehmensziele und -werte immer (nur) in Bezug auf definierte Stakeholder-Gruppen bzw. einzelne Dialoggruppen. Die Kommunikationsfunktion ist auf eine Differenzierung von Dialoggruppen angewiesen, um einen Wertbeitrag für das Unternehmen leisten zu können – das Stakeholder-Modell ist deshalb die „Arena der Kommunikation".

Schritt 1: Selektion der Unternehmensziele nach Kommunikationsrelevanz

Für jedes Zielsystem wird in Schritt 1 gefragt: „Welche Unternehmensziele können oder müssen durch strategische Kommunikation erreicht bzw. unterstützt werden?" Geeignet sind dafür alle definierten (strategischen) Ziele auf jeder Hierarchieebene. Die Beurteilung, ob ein Unternehmensziel durch Kommunikation strategisch unterstützt werden kann oder muss, erfolgt über eine Reihe von Filterfragen. Grundsätzlich gilt: Sobald Unternehmensziele die Interessen von Stakeholdern bzw. Dialoggruppen berühren oder aber das Erreichen dieser Unternehmensziele vom Verständnis und der Unterstützung einer oder mehrerer Dialoggruppen abhängt, ist strategische Kommunikation ein relevanter Wertschöpfungsfaktor.

Schritt 2: Bezug der Unternehmensziele auf Stakeholder

Für jedes einzelne strategische Unternehmensziel wird in Schritt 2 die Frage gestellt: „Welche Stakeholder bzw. Dialoggruppen müssen angesprochen, integriert, aktiviert oder gegebenenfalls neutralisiert werden, damit wir das Ziel erreichen?" Aus der Beantwortung ergeben sich klassische Strategieaufgaben für Kommunikationsspezialisten. Dialoggruppen müssen problemlösungsrelevant, zielsetzungsbezogen, identifizierbar und erreichbar sein. „Problemlösungsrelevant" heißt, dass sich das Problem ohne sie nicht lösen lässt – sei es auch nur indirekt, weil die Dialoggruppe über Ressourcen verfügt, die wesentlich zur Lösung des Problems sind. „Zielsetzungsbezogen" heißt, dass die Dialoggruppen einbezogen werden, auf die sich die Ziele beziehen.

Schritt 3: Entwicklung betriebswirtschaftlicher Wirkungsziele

Schritt 3 und Schritt 4 werden parallel entwickelt. Die Kernfrage in Schritt 3 lautet: „Welche betriebswirtschaftlichen Wirkungen sollen durch das Unterstützungspotenzial der Dialoggruppe für das Ziel eintreten?" Hier werden betriebswirtschaftliche Effekte – keine nur kommunikationsimmanenten Effekte – definiert, die nach plausibler Korrelation als Folge einer durch Kommunikation bewirkten Stakeholder-Unterstützung für das spezifische Unternehmensziel entstehen.

Schritt 4: Entwicklung kommunikationsbezogener Wirkungsziele

In Schritt 4 werden die kommunikationsbezogenen Ziele für jedes in Beziehung zu einer Dialoggruppe gebrachte Unternehmensziel definiert. Die Kernfrage ist: „Wie sollen sich Einstellungen und Verhalten der Stakeholder bzw. Dialoggruppen verändern?" Hier werden als Ziele die „Kommunikationswirkung" definiert, die das Ergebnis der gesamten Kommunikation mit der jeweiligen Dialoggruppe sein soll. Um diese zu erreichen, muss vorher eine direkte Wirkung der Kommunikation mit der Dialoggruppe eintreten, die die Frage beantwortet: „Was müssen die Dialoggruppen kennen, behalten, wissen, verstehen, annehmen, erwarten, meinen oder fühlen, damit sie die angestrebte Einstellungs- oder Verhaltensänderung vollziehen?"

Schritt 5: Entwicklung unterstützender Ziele

Als unterstützende Ziele werden in Schritt 5 „Kommunikationsergebnis" sowie „Prozesse" und „Potenziale" definiert. Die Kernfrage lautet: „Welche unterstützenden Ziele müssen zur

Erreichung der Kommunikationsziele gesetzt werden?" Das „Kommunikationsergebnis" (Kontakte, Output) legt fest, in welcher Quantität und Qualität der Dialoggruppe Informationen bereit stehen müssen. Die Schritte „Prozesse" und „Potenziale" sind hier strategisch bezogen auf die Unterstützung eines Unternehmensziels durch die Kommunikationsfunktion, nicht auf die Adaption eines Unternehmensziels in der Kommunikationsfunktion, wie oben diskutiert. Hier ist zu klären, ob die Kommunikationsfunktion einen internen Prozess installieren oder ändern muss, um ein Unternehmensziel zu unterstützen. Das Besondere an diesem Schritt ist damit, dass auch von den unterstützenden Zielen ein Bezug zu den übergeordneten Unternehmenszielen hergestellt wird.

Schritt 6: Festlegung von Messgrößen und Kennzahlen

In Schritt 6 wird für jedes Ziel gefragt: „Woran erkennen wir, ob bzw. in welchem Umfang wir das Ziel erreicht haben?" Darauf bezogene Messgrößen sollten so beschaffen sein, dass sie quantitative Ist- und Sollwerte ermöglichen. Dabei ist bei der Definition der Zielwerte auf eine realistische Datengrundlage zu achten. Häufig muss die Erhebung dieser Daten nicht mit Kosten verbunden sein, denn in sehr vielen Fällen sind relevante Daten zur Kommunikation in verschiedenen Unternehmensbereichen bereits vorhanden und müssen nur abgerufen werden.

Bei den jeweiligen Operationalisierungen werden die Ziele top-down geplant und bottom-up verfolgt. Die ermittelten Messgrößen und Kennzahlen haben auf den Wirkungsstufen einen unterschiedlichen Charakter: Während sie bei der Kommunikationswirkung (Wissen und Wahrnehmung, Einstellungen und Verhalten) noch kommunikationsimmanent sind, fließen in ihnen auf der Stufe betriebswirtschaftlicher Wirkung Werttreiber aus allen für das Ziel relevanten Unternehmensbereichen zusammen. Das ist notwendig, weil sich „betriebswirtschaftliche Wirkung" nur sehr selten aus einer Quelle allein speist. Hier auftretende Messgrößen und Kennzahlen werden also auch von anderen Unternehmensfunktionen beansprucht.

Schritt 7: Zusammenführung in einer Gesamt-Scorecard

Nachdem die einzelnen Operationalisierungen von Unternehmensziel und Dialoggruppe entwickelt sind, werden in einem letzten Schritt die wesentlichen Steuerungsgrößen in einer übergeordneten Scorecard zusammengeführt. Diese Steuerungsgrößen für das strategische Kommunikations-Controlling sind um die für das operative Kommunikations-Controlling wichtigen Details bereinigt und höher aggregiert. Die Grundfrage ist hier: „Mit welchen strategischen Zielen unterstützt Kommunikation die Unternehmensstrategie effizient und effektiv?" Das Ergebnis des gesamten Prozesses ist ein „Pflichtenheft" für die Kommunikationsstrategie. Mit der Gesamt-Scorecard ist ein Anschluss an das Unternehmenscontrolling möglich. Über diese Zusammenführung können verschiedenen Entscheidungsträgern im Unternehmen auch außerhalb der Kommunikationsfunktion die für sie relevanten Informationen modular auf unterschiedlichem Aggregationsniveau präsentiert werden.

5. Ausblick

Das Communications Value System der GPRA soll in den nächsten Monaten in Unternehmen eingesetzt werden, um die in der Praxis gemachten Erfahrungen für eine Verbesserung von Messgrößen und Kennziffern zu nutzen. In Zusammenarbeit mit Unternehmen will die GPRA auch die Wirkungszusammenhänge zwischen Kommunikation und Unternehmenserfolg weiter herausarbeiten, und aufbauend auf den Ursache-Wirkungsbeziehungen soll das CVS im nächsten Entwicklungsschritt die Analyse des angemessenen Mitteleinsatzes zur Erreichung der strategischen und finanziellen Ziele ermöglichen.

Die Diskussion zum Kommunikations-Controlling hat gerade erst begonnen. Die beiden Kommunikationsverbände DPRG und GPRA setzen daher auf den weiteren Austausch und auf gemeinsame Initiativen mit Experten anderer Berufsgruppen wie Controllern oder Wirtschaftsprüfern. „Deutlich wird, dass die Kommunikation sich auf das Denken und auch die Rahmenbedingungen von Rechnungswesen, Controlling und Wirtschaftsprüfung einlassen muss, wenn man künftig im Konzert der wichtigen Unternehmensfunktionen mitspielen will."[25] Die weitere Diskussion wird weniger die Frage bestimmen, welche Bedeutung Kommunikation für den Unternehmenserfolg hat, sondern vielmehr wo die Steuerungsverantwortung für Kommunikation im Unternehmen liegt.

---

[25] So das Fazit des Kommunikationswissenschaftlers Ansgar Zerfaß in seiner Buchrezension des Sammelbands „Kommunikations-Controlling", in: neues-prportal.de, 24. Januar 2005.

Notwendigkeit, Ziele und Gestaltungsmöglichkeiten der IT-Leistungsverrechnung

Martin Fiedler

1. Einleitung	504
2. Notwendigkeit einer IT-Leistungsverrechnung	505
2.1 Status der IT-Kostenrechnung im Unternehmen	505
2.2 Die IT-Leistungsverrechnung als Instrument für das IT-Controlling	507
3. Ziele und Anforderungen einer IT-Leistungsverrechnung	508
3.1 Primäre Ziele der IT-Leistungsverrechnung	509
3.2 Sekundäre Ziele der IT-Leistungsverrechnung	510
3.3 Idealtypische Anforderungen an das Instrument IT-Leistungsverrechnung	511
4. Gestaltungsmöglichkeiten einer IT-Leistungsverrechnung	513
4.1 Grundsatzfragen der Gestaltung einer IT-Leistungsverrechnung	513
4.1.1 Gestaltung in Abhängigkeit der IT-Organisationsform	514
4.1.2 Verrechnungspreisorientierung	516
4.1.3 Die Wahl der Verrechnungsmethode	520
4.2 Prozessorientierte IT-Leistungsverrechnung	526
5. Von der Theorie zur Praxis	527
6. Zusammenfassung und Ausblick	531

1. Einleitung

Dieser Beitrag soll dem Leser einen Überblick über die Notwendigkeit, die Ziele und die Gestaltungsmöglichkeiten einer IT-Leistungsverrechnung vermitteln. So komplex wie sich die IT-Landschaft in den Unternehmen gestalten kann, so komplex und facettenreich lässt sich auch die Abrechnung der IT-Leistungen an deren Empfänger gestalten. Dieser Beitrag erhebt daher keinen Anspruch auf Vollständigkeit, sondern soll die wesentlichsten Überlegungen und Aspekte der IT-Leistungsverrechnung darstellen sowie dem interessierten Leser erste Eindrücke vermitteln. Darüber hinaus ist es Ziel dieses Beitrages, den Zusammenhang zwischen dem aus der Kostenstellenrechnung stammenden Instrument der innerbetrieblichen Leistungsverrechnung und dem betrieblichen Controlling, speziell dessen Teildisziplin IT-Controlling, zu verdeutlichen.

In Zeiten der Internationalisierung verfolgen viele Unternehmen das strategische Ziel, sich auf ihr eigentliches Kerngeschäft zu konzentrieren mit der Folge, dass sich die Unternehmen starke Veränderungen in Bezug auf ihre Struktur und ihren Aufgaben aufbürden.[1] Hieraus resultieren Veränderungen in fast allen Fachbereichen eines Unternehmens; also auch für die Abteilung Informationstechnologie, die unter anderem auch oftmals als EDV- oder DV-Abteilung bezeichnet wird. Gerade die IT-Abteilung ist ein klassisches Beispiel für eine Querschnittsfunktion im Unternehmen. Eine Abteilung, die notwendig für den Unternehmensbetrieb ist, aber in der Regel keinen direkten Beitrag für das Kerngeschäft eines Unternehmens liefert. Eine Ausnahme stellt hierbei mit Sicherheit die IT in den Unternehmen der Softwarebranche dar. Hier trägt die IT zum Kerngeschäft bei. In zahlreichen anderen Branchen ist die IT im Unternehmen vor allem in den letzten Jahren zu einem immer stärkeren Outsourcing-Kandidat geworden. Im Rahmen der Outsourcing-Überlegungen stellt sich die Frage einer eventuellen Umorganisation der IT-Abteilung im Unternehmen. Die Abkehr von einer reinen Cost Center Organisation zu einem Profit Center, einem Systemhaus oder eben die 100-prozentige Auslagerung an einen externen Dienstleister. Neben der Tatsache, dass die IT im Normalfall nicht zum Kerngeschäft eines Unternehmens gehört, gibt es noch einen weiteren Grund dafür, dass die IT im Unternehmen einem starken Wandel unterliegt. Dieser zweite Grund ist in den Kosten der IT zu sehen. In diesem Zusammenhang unterscheidet sich die Softwarebranche allerdings kaum von anderen Branchen. Der Anteil der IT-Kosten ist in den letzten Jahren in den meisten Unternehmen stark gestiegen und beträgt teilweise über 20 Prozent der Gesamtkosten.[2] Mit den ansteigenden Kosten verstärken sich zugleich Druck und Notwendigkeit für die IT-Manager und IT-Controller, Transparenz in Bezug auf IT-Kosten

---

[1] Vgl. Küffmann, Karin, Leistungsbasierte Kostenrechnung als Basis für eine Profit Center orientierte IT, in: Controller Magazin 06/2001, S. 581-585.
[2] Vgl. Suter, Armin, Informatik-Kostenverrechnung als wesentliches Element der IT Governance, in: Der Schweizer Treuhänder 03/2003, S. 169-176.

und IT-Leistungen zu schaffen.[3] Ein Instrument der betrieblichen Kostenrechnung zur Schaffung von Kosten- und Leistungstransparenz innerhalb der IT ist die interne Leistungsverrechnung. Es existieren verschiedene Möglichkeiten zur Gestaltung einer internen Leistungsverrechnung, wobei es „die eine wahre Lösung" nicht gibt. Es ist jeweils nach einer für ein bestimmtes Unternehmen optimalen Lösung zu suchen. Als optimale Lösung ist in diesem Sinn die Gestaltung einer internen Leistungsverrechnung zu verstehen, bei der aus Sicht des jeweiligen Unternehmens, deren Aufwand und deren Nutzen in einem ausgewogenen Verhältnis stehen. Das Zusammenspiel zwischen IT-Controlling und IT-Management auf der einen Seite sowie der effektive Einsatz des Instrumentes der IT-Leistungsverrechnung auf der anderen Seite ist zentraler Erfolgsfaktor zur Schaffung von Kosten- und Leistungstransparenz der IT im Unternehmen. Gelingt es den IT-Verantwortlichen im Anschluss, basierend auf den Ergebnissen der internen Leistungsverrechnung, Service Level Agreements (SLAs) mit den IT-Leistungsempfängern zu vereinbaren, sind die ersten Schritte zur Etablierung eines IT-Controllings vollbracht.

2. Notwendigkeit einer IT-Leistungsverrechnung

2.1 Status der IT-Kostenrechnung im Unternehmen

Um die Notwendigkeit einer internen Leistungsverrechnung von IT-Kosten beurteilen zu können, muss der aktuelle Status (Ist-Situation) in einer Vielzahl von Unternehmen betrachtet werden. Küffmann beschreibt in ihrem Artikel „Leistungsbasierte Kostenverrechnung" die typische Ist-Situation der IT-Kostenrechnung auf Basis einer als Profit Center geführten IT, wie folgt[4]: Die Integration der Hardware- und Softwarekomponenten im Unternehmen wird zunehmend komplexer. Neben traditionellen Mainframe- und Client-Server-Systemen stehen zunehmend neue mobile und/oder kontextabhängige Applikationssysteme zur Verfügung. Mit der zunehmenden Komplexität der IT-Systemarchitektur ergibt sich ein breiteres und tieferes Leistungsspektrum der IT. Diese komplexen Leistungen müssen kostenrechnerisch nachvollzogen werden und vor allem entsprechend an die Leistungsempfänger verrechnet werden, woraus sich die Notwendigkeit eines Instrumentes wie der internen Leistungsverrechnung er-

---

[3] Vgl. Bertleff, Claudia, Einführung einer IT-Leistungsverrechnung zur Unterstützung des strategischen IT-Controllings, in: HMD 217, Praxis der Wirtschaftsinformatik, Februar 2001, S. 57-66.
[4] Es wird in diesem Beitrag unterstellt, dass die Organisationsmängel der Profit Center-Organisation auch auf Cost Center-Organisationen zutreffen, da diese i. d. R. im Organisationsgrad den Profit Center-Organisationen unterlegen sind.

gibt. In der Regel sind nur die wesentlichen Produktlinien der IT gut abgegrenzt. Abgegrenzt bedeutet in diesem Fall, dass die Leistung kalkuliert und damit auch abgerechnet werden kann. Die restlichen, nicht abgegrenzten Kosten, werden dann meist in Form von Bereitstellungskosten mittels einer Umlage auf die wesentlichen Produkte (IT-Leistungen) verteilt. Die Notwendigkeit einer Verrechnungsmethodik ergibt sich demnach auch durch den hohen Anteil der Kosten, die mittels eines nicht verursachungsgerechten Umlageverfahrens verrechnet werden.

Des Weiteren betont Küffmann, dass eine separate Kostenaufschreibung meist nur für Großprojekte der IT betrieben wird, während Daueraktivitäten (z. B. PC-Betrieb und PC-Administration) in der Regel nicht gesondert erfasst werden und daher die Kosten hierfür in der Regel auf den IT-Kostenstellen verbleiben. Ebenso werden Administrations- und Managementkosten des IT-Bereiches nur selten auf separaten Kostensammlern erfasst, so dass diese Kosten entweder bei dem IT-Bereich verbleiben oder als Bereitstellungskosten mittels einer einfachen Umlage auf die anderen Fachbereiche des Unternehmens verteilt werden. Küffmann kommt in ihrer Untersuchung zu dem Ergebnis, dass die heutige Ist-Situation in einer Vielzahl von Unternehmen eine unzureichende Basis für die Erstellung von Service Level Agreements (SLA) ist. Das Instrument der Leistungsverrechnung ist daher primär notwendig, um Kostentransparenz im IT-Bereich zu schaffen, wobei die Regel gilt, desto höher die Erfassung der Kosten nach Kostenträger, desto höher ist die Kostentransparenz. Im zweiten Schritt dient die Kostentransparenz als Basis für die Erstellung von Service Level Agreements und als Ausgangspunkt für eine stufenweise Deckungsbeitragsrechnung und schließlich als Gesamtheit zur Informationsversorgung des IT-Controllings und des IT-Managements.

Die oben beschriebene Ist-Situation der IT-Kostenrechnung birgt diverse Risiken (IT-Wildwuchs, Fehlentscheidungen aufgrund unzureichender Informationen) in sich. Die Risiken sind entsprechend der Größe und der Organisationsform der IT unterschiedlich stark ausgeprägt. Aus der Beschreibung der Ist-Situation geht hervor, dass die IT als solche und deren Leistungsspektrum zunehmend komplexer wird. Hieraus resultiert das Risiko, dass das Kostenrechnungssystem nicht schnell genug an die neue Komplexität der IT angepasst werden kann. Die Folge ist, dass sich die eventuell bereits bestehende Kostenintransparenz noch verstärkt und diese so zum Nährboden für den sprichwörtlichen IT-"Wildwuchs" wird. Ebenfalls aus der Beschreibung der Ist-Situation geht hervor, dass oftmals lediglich die als wesentliche IT-Produkte angesehenen Leistungen kostenrechnerisch erfasst und kalkuliert werden. Ein großer Teil der übrigen Kosten werden als Bereitstellungskosten en bloc verrechnet. Hieraus resultiert das Risiko, dass wesentliche IT-Leistungen mit ungenauen, nicht der Realität entsprechenden Preisen abgerechnet werden. Die Folge ist, dass die nicht exakten Preise beim Leistungsempfänger zu Fehlentscheidungen über Umfang der Inanspruchnahme, und beim Leistungsersteller zu Fehlentscheidungen über den Umfang der zu erbringenden Leistung führen bzw. führen können.

Stark zusammengefasst besteht das Risiko vor allem in der Kostenintransparenz und in den darin innewohnenden Folgen wie Fehlentscheidungen in Bezug auf IT-Investitionen und in Bezug auf Fehlallokationen von IT-Ressourcen.

2.2 Die IT-Leistungsverrechnung als Instrument für das IT-Controlling

Aufgabe des IT-Controllings ist vor allem das Planen, Steuern und Kontrollieren der IT im Unternehmen bzw. im Unternehmensverbund. Im Rahmen des Steuerns und des Kontrollierens gilt es unter anderem, existierende und drohende Risiken innerhalb der IT zunächst zu identifizieren. Die Identifikation von Risiken gestaltet sich in der Praxis als eine schwere Aufgabe, wobei bei der Identifikation von bereits bestehenden Risiken verschiedene Instrumente des Controllings, wie beispielsweise regelmäßig stattfindende Reviews oder Ergebnisse der Kostenrechnung, die Risikoidentifikation unterstützen können. Schwerer dagegen gestaltet sich die Identifikation von drohenden Risiken. Also von Risiken, die momentan noch nicht existieren, aber aufgrund von geplanten Maßnahmen in Zukunft auf die IT im Unternehmen zukommen können. Die drohenden Risiken stellen einen immensen Graubereich im Alltag des Unternehmens und damit auch in der IT dar. Im Anschluss an die Identifikation von Risiken gilt es im Rahmen des Steuerungsprozesses gezielte Maßnahmen zur Beseitigung oder zur Reduktion der Risiken zu veranlassen und den Erfolg der eingeleiteten Maßnahmen zu kontrollieren. Wie oben bereits erwähnt, ist in einer Vielzahl von Unternehmen die Kostenseite der IT nicht transparent. In der Regel liegt eine Kostenartenrechnung für den Bereich IT vor, die die Kosten der IT als Mindestmaß in Personal- und Sachkosten gliedert. Auch eine Aufteilung der IT-Kosten nach Kostenstellen ist in der Regel in den meisten Unternehmen anzutreffen. Zur Planung, Kontrolle und Steuerung des IT-Bereiches reicht diese Gliederung der IT-Kosten nach Kostenart und Kostenstelle jedoch nicht aus. Neben der Betrachtung nach Kostenarten und Kostenstellen, ist es von Interesse, zu wissen wofür Kosten entstanden sind (Kostenträgerrechnung). Also welche IT-Leistung verursacht welche Kosten. Die Einführung einer Kostenträgerrechnung innerhalb der IT erzwingt die Analyse der Kosten nach abgegebenen Leistungseinheiten und trägt alleine dadurch zur Erhöhung der Kostentransparenz innerhalb der IT bei. Ergebnis der Kostenträgerrechnung sind die jeweils für eine bestimmte IT-Leistung angefallenen Kosten. Diese Information ist wiederum Basis für eine interne Leistungsverrechnung. Mittels einer internen Leistungsverrechnung können die Empfänger von IT-Leistungen mit den für die Leistungserstellung innerhalb der IT angefallenen Kosten entsprechend belastet werden. Die interne Leistungsverrechnung trägt damit zu einer höheren Transparenz der IT-Kosten bei. Sie ist damit Grundvoraussetzung für die Sensibilisierung der IT-Nutzer im Umgang mit der Ressource Informationstechnologie.

Die Notwendigkeit einer IT-Leistungsverrechnung lässt sich stark vereinfacht wie folgt grafisch zusammenfassen:

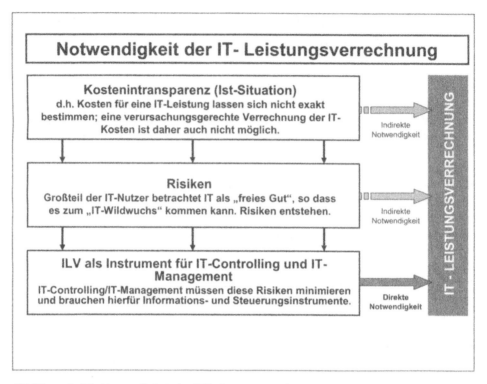

Abbildung 1: Die Notwendigkeit der IT-Leistungsverrechnung

3. Ziele und Anforderungen einer IT-Leistungsverrechnung

Die Unterscheidung in primäre und sekundäre Ziele folgt ausschließlich der Anzahl an Nennungen in den Quellen.[5] Die am häufigsten genannten Ziele wurden als primäre Ziele definiert, während die nur selten genannten Ziele als eher nebensächliche (sekundäre) Ziele eingestuft wurden. Es wurde der Versuch unternommen, sowohl primäre als auch sekundäre Ziele in strategische, operative und weitere Zielsetzungen (weder eindeutig strategisch noch eindeutig operativ) zu kategorisieren.

---

[5] Siehe Literaturangaben in den Abschnitten 3.1 und 3.2 dieses Beitrags.

3.1 Primäre Ziele der IT-Leistungsverrechnung

Auf der strategischen Ebene ist das Hauptziel der Leistungsverrechnung von IT-Kosten die Schaffung einer Informations- und damit Entscheidungsgrundlage zur Beantwortung der „Make or buy,"-Frage.[6] Neben der genannten Entscheidungsunterstützung bei der „Make or buy,"-Frage, dient die interne Leistungsverrechnung der IT-Kosten auch noch dem strategischen Ziel der langfristigen Kapazitäts- und Kostenbudgetplanung der Informationstechnologie im Unternehmen.[7] Auf der operativen Ebene sind es vor allem folgende zwei Stichworte, die als primäres Ziel einer internen Leistungsverrechnung von IT-Kosten angeführt werden können: Kostentransparenz[8] und verursachergerechte Kostenzuordnung.[9] Während sich die oben genannten Ziele mittels den zuvor definierten Unterscheidungskriterien noch relativ leicht einer strategischen oder operativen Zielsetzung zuordnen lassen, trifft dies für die nachfolgenden weiteren primären Zielen nicht zu, weil es hierunter Zielsetzungen gibt, die sowohl von strategischer als auch operativer Bedeutung sein können und daher nicht verallgemeinert werden dürfen.

Als weitere Hauptziele einer Leistungsverrechnung von IT-Kosten lassen sich folgende drei Ziele aufführen: Effizienz- und Effektivitätssteigerung[10], Sensibilisierung der Kunden bei der Leistungsinanspruchnahme[11], Wirtschaftlichkeitskontrolle.[12] Gerade die beiden letzteren Punkte wurden bereits 1985 in der Zeitschrift Computerwoche aufgeführt; sind dennoch auch heute, 20 Jahre später, noch von Gültigkeit. Während sich eine Effizienzsteigerung auf die „Herstellung" einer IT-Leistung bezieht, soll die Effektivitätssteigerung bei der Nutzung bzw. Abnahme der IT-Leistung beim Kunden stattfinden.[13] Die Ergebnisse der Leistungsverrechnung sollen also als Entscheidungsgrundlage für eventuelle Steuerungs- und Verbesserungsmaßnahmen dienen und dies zugleich auf der Ersteller- und auf der Empfängerseite.

Unter der Sensibilisierung des Kunden ist letztlich eine Erziehung des Kunden zu verstehen. Der interne Kunde soll begreifen, dass die Informationstechnologie im Unternehmen kein „freies", sondern vielmehr ein knappes Gut ist und dass deshalb IT-Leistungen nicht zum sprichwörtlichen „Nulltarif" zu haben sind. Eine erfolgreiche Sensibilisierung liegt dann vor,

---

6 Vgl. hierzu Grad der generellen Übereinstimmung zwischen Kargl, Herbert, DV-Controlling, 4. Aufl., München, Wien, Oldenbourg, 1999, S.119 und Stahlknecht, Peter, Hasenkamp, Ulrich, Einführung in die Wirtschaftsinformatik, 11. Aufl., Berlin, Heidelberg, New York, 2005, S.472.
7 Vgl. Stahlknecht, a. a. O., S. 472.
8 Vgl. Bertleff.
9 Erwähnt von Horvath, Peter; Controlling, 9. Aufl., München, 2003; S.743, Stahlknecht, a. a. O., S.472 und Bertleff.
10 Vgl. Bertleff.
11 Aufgeführt bei Bertleff, Computerwoche Nr.11/1985, Horvath, a. a. O., S. 743f, Stahlknecht, a. a. O., S. 472.
12 Aufgeführt bei Computerwoche Nr.11 /1985, Horvath a.a.O., S.744; Kargl, Stahlknecht, a. a. O., S. 472.
13 Vgl. Bertleff, a. a. O.

wenn die Inanspruchnahme von IT-Leistungen durch den Kunden sowohl gezielt als auch kostenbewusst erfolgt. Wobei unter gezielt zu verstehen ist, dass nur die Leistungen bezogen werden, die auch tatsächlich notwendig sind. Kostenbewusst bedeutet in diesem Zusammenhang, dass ein angemessenes Kosten-Nutzenverhältnis der jeweiligen IT-Leistung beim Kunden gegeben ist.

3.2 Sekundäre Ziele der IT-Leistungsverrechnung

Zu den strategischen sekundären Zielen gehört unter anderem das Ziel, dass mit einer etablierten Leistungsverrechnung der IT-Kosten und Leistungen, Aussagen über die Marktfähigkeit der IT-Produkte getroffen werden können. Strategische Entscheidungen über das Produktportfolio und über die Kundenentwicklung können mittels der Leistungsverrechnung getroffen werden.[14] In den letzten Jahren erkennen immer mehr deutsche Unternehmen die Bedeutung der Informationstechnologie als Erfolgsfaktor und damit die Notwendigkeit der Existenz eines Chief Information Officers (CIO) direkt in der Konzern- bzw. Unternehmensleitung. Das Instrument der Leistungsverrechnung unterstützt die Arbeit der IT-Verantwortlichen und rechtfertigt zum Teil die Existenz eines CIO im Top-Management eines Unternehmens bzw. Unternehmensverbund.[15] Zu den operativen Nebenzielen gehören die Ziele Kostenreduktion und Leistungssteigerung[16] innerhalb der IT.

Diese Nebenziele der internen Leistungsverrechnung können aus den allgemeinen Zielen eines IT-Controllings abgeleitet werden.[17] Auch bei den Nebenzielen werden Ziele genannt, die nicht eindeutig entweder den strategischen oder den operativen Zielsetzungen zugeordnet werden können. So zum Beispiel die Ziele: Rechtfertigung von IT-Vorhaben bzw. IT-Projekten[18], Qualitätsverbesserung bei den IT-Leistungen[19] sowie Benchmarking.[20] Das Benchmarking kann mit internen Mitbewerbern sowie mit externen Anbietern durchgeführt werden. Beim Benchmarking mit externen Anbietern ist allerdings zu beachten, dass die Kosten für bestimmte IT-Leistungen nur dann verglichen werden können, wenn diese auf die gleiche Art und Weise ermittelt worden sind und die zugrunde liegenden Leistungen auch von gleicher Qualität sind. Dies ist jedoch nur in den seltensten Fällen tatsächlich der Fall. Die nachfolgende Abbildung fasst die Ziele grafisch zusammen:

---

14 Vgl. Bertleff, a. a. O.
15 Vgl. Bertleff, a. a. O.
16 Vgl. Kargl, a. a. O., S. 119.
17 Vgl. Kargl, a. a. O., S. 119.
18 Aufgeführt bei Horvath, a. a. O., S.744 und Kargl, a. a. O., S.119.
19 Vgl. Stahlknecht, a. a. O., S. 472.
20 Vgl. Bertleff, a. a. O.

Notwendigkeit, Ziele und Gestaltungsmöglichkeiten der IT-Leistungsverrechnung

Abbildung 2: Primäre und sekundäre Ziele der IT-Leistungsverrechnung

3.3 Idealtypische Anforderungen an das Instrument IT-Leistungsverrechnung

Damit die Ziele, die an eine interne Leistungsverrechnung geknüpft sind, auch erreicht werden können, muss das Instrument einer internen Leistungsverrechnung bestimmte Anforderungen erfüllen.

„Die Verrechnungsmethode muss sich in das betriebliche Rechnungswesen einfügen lassen"

Dass sich die Verrechnungsmethode der internen Leistungsverrechnung in den Gesamtrahmen des betrieblichen Rechnungswesens einfügen lässt[21], ist eine Anforderung, die erfüllt

---

21 Vgl. Kargl, a. a. O., S. 119.

werden muss. Bei den nachfolgenden Anforderungen handelt es sich jeweils um Anforderungen, wovon die meisten erfüllt werden sollten.

„Die Verrechnungsmethode sollte gerecht sein"

Die Verrechnungsmethode der internen Leistungsverrechnung soll gerecht sein, wobei in einer Großzahl der Fälle als gerecht angesehen wird, wenn der Empfänger von IT-Leistung proportional zur Inanspruchnahme der Leistungen belastet wird.[22]

„Die Verrechnungsmethode sollte fair sein"[23]

Fair bedeutet in diesem Zusammenhang, dass alle Leistungsempfänger vom Grundsatz her gleich behandelt werden.

„Die Verrechnungsmethode sollte differenzieren können"

Eine gute Verrechnungsmethodik sollte auch noch differenzieren können zwischen Kosten, die vom leistungsempfangenden Fachbereich und die vom IT-Bereich verantwortet werden müssen[24], wobei mit dem Begriff der Verantwortung zugleich gemeint ist, wer einen Einfluss auf die anfallenden Kosten einer Leistung hat: Der empfangende Fachbereich oder der leistende IT-Bereich.

„Die Verrechnungsmethode soll sämtliche IT-Kosten verrechnen und für den Empfänger transparent und nachvollziehbar sein"

Als weitere Anforderungen können noch erwähnt werden, dass das Instrument der internen Leistungsverrechnung sämtliche Kosten des IT-Bereiches verrechnet[25] sowie dass die Ergebnisse der Verrechnungsmethode für den Leistungsempfänger transparent und nachvollziehbar sind.[26] Die Einführung einer IT-Leistungsverrechnung lohnt sich in der Regel nicht, wenn nur ein kleiner Teil der Gesamtkosten des IT-Bereiches an Leistungsempfänger verrechnet wird. Je größer der verrechnete Anteil an den Gesamtkosten des IT-Bereiches ist, desto gerechter, fairer und realistischer sind die Ergebnisse der internen Leistungsverrechnung. Nur dann, wenn der Leistungsempfänger in der Lage ist, das Zustandekommen des Preises für eine bestimmte Leistung nachvollziehen zu können, ist er in der Lage, die Angemessenheit des Preises in Bezug auf die empfangene Leistung abzuwägen und beurteilen zu können.

---

22 Vgl. Kargl, a. a. O., S. 119.
23 Vgl. Kargl, a. a. O., S. 119.
24 Vgl. Kargl, a. a. O., S. 119.
25 Vgl. Kargl, a. a. O., S. 119.
26 Vgl. Kargl, a. a. O., S. 119.

4. Gestaltungsmöglichkeiten einer IT-Leistungsverrechnung

4.1 Grundsatzfragen der Gestaltung einer IT-Leistungsverrechnung

Auf folgende Grundsatzfragen sind unternehmensindividuelle Antworten zu finden:

- Welche Organisationsform hat die IT?
- Welche Zielsetzung wird mit der einzuführenden Leistungsverrechnung vor allem verfolgt?
- Nach welcher Methode soll verrechnet werden (Umlage oder Leistungsverrechnung)?
- Welche Bezugsgrößen sollen idealtypisch verwendet werden und welche davon können auch in der Praxis ermittelt werden?
- Auf welcher Basis werden Verrechnungsbeträge gebildet (Vollkosten-, Plankosten-, Marktpreisorientierung etc.)?

Neben diesen wesentlichen Grundsatzfragen existieren noch weitere Fragen grundsätzlicher Bedeutung, die ebenfalls unternehmensspezifisch zu beantworten sind. Diese weiteren Fragen sind teils schon sehr detailliert und hängen von dem vorliegenden Abrechnungsmodell ab. Hierzu zählen vor allem folgende Fragen[27]:

- Für welchen Zeitraum sollen die Verrechnungspreise gelten?
- Für welche IT-Leistungen sollen differenzierte Preise festgelegt werden?
- In welchem Verhältnis sollen interne Verrechnungspreise zu den externen Marktpreisen stehen?
- Wie sind Entwicklungsleistungen zu verrechnen, die zunächst für einen einzelnen Anwender erstellt wurden, später aber von mehreren Anwendern genutzt werden?
- Wie sind Aufwendungen zu verrechnen, die durch zentrale Systemanpassungen oder Modernisierung/Entwicklung der IT-Landschaft entstehen, die der Leistungsempfänger nicht zu verantworten hat?

---

[27] Vgl. Horvath, a. a. O., S. 744.

- Je nach Führungsphilosophie ist auch noch die Frage zu beantworten, ob die einzelnen Fachbereiche des Unternehmens gezwungen werden, die IT-Leistung von der konzerneigenen IT zu beziehen oder ob Freizügigkeit in Bezug auf die Inanspruchnahme von alternativen Angeboten des Marktes besteht?[28]

Schließlich sind bereits vor der Einführung einer IT-Leistungsverrechnung, die Verantwortlichkeiten der Beteiligten eindeutig zu verteilen und zu fixieren. Inwieweit beispielsweise das Gesamt-Controlling oder IT-Controlling bei der Einführung und der laufenden Betreuung der IT-Leistungsverrechnung mitwirkt, ist vom jeweiligen Leitbild des Controllings im Unternehmen abhängig.[29] Generell gilt folgender Grundsatz[30]: Die richtige Lösung eines Abrechnungsmodells gibt es nicht! Die optimale Lösung ist vielmehr von den unternehmensspezifischen Gegebenheiten und Anforderungen abhängig.

4.1.1 Gestaltung in Abhängigkeit der IT-Organisationsform

Die Organisationsform der IT hat Auswirkung auf die Leistungsverrechnung in Bezug auf die Transparenz, die Kundenorientierung und auf die Produktbildung.[31] Bei der Gestaltung eines Abrechnungsmodells ist deshalb die Organisationsform der IT entsprechend zu berücksichtigen. Ist die IT als Kostenstelle oder Cost Center organisiert, so wird in der Regel auf eine verursachungsgerechte Verrechnung weniger Wert gelegt. Kargl begründet diesen Sachverhalt damit, dass die Organisationsformen in der Regel eine reine Kostensammelfunktion haben, so dass eine undifferenzierte Verrechnungsmethode mittels einfacherer Kostenumlage ausreicht.[32] Bei der Profit Center Organisation wird in der Regel IT-Leistung auch an externe Kunden abgegeben und internen Kunden wird vom Grundsatz her die Möglichkeit geboten, ihre benötigten IT-Leistungen auf dem freien (externen) Markt einzukaufen.

Desto verursachungsgerechter die Leistungsverrechnung erfolgt, desto gerechter ist die Bepreisung einer IT-Leistung und damit die Vergleichbarkeit des Preis-Leistungs-Verhältnisses der zu beziehenden IT-Leistung. Genau diese Vergleichbarkeit des Preis-Leistungs-Verhältnisses zwingt das IT-Systemhaus zu einer Leistungsverrechnungsmethode, die durch ein sehr hohes Maß an Berücksichtigung der Verursachungsgerechtigkeit gekennzeichnet ist. Geschäftszweck des IT-Systemhauses ist schließlich die Erzeugung und der Vertrieb von IT-Leistung auf dem freien Markt. Je größer der Anteil an externen Kunden ist, desto stärker sind die Verursachungsgerechtigkeit und die Transparenz der Kosten und Leistungen innerhalb der Verrechnungsmethode zu berücksichtigen. Auch in Hinblick auf Leistungsarten und

---

[28] Vgl. Kargl, a. a. O., S. 120.
[29] Vgl. Bertleff, a. a. O.
[30] Vgl. Suter, a. a. O.
[31] Vgl. Bertleff, a. a. O.
[32] Vgl. Kargl, a. a. O., S. 121 f.

Verrechnungsbasis hat die Organisationsform der IT Einfluss auf die Gestaltung der Leistungsverrechnung.

Beim IT-Cost Center sind sowohl die Bezugsgrößen der Leistungsmessung als auch die Leistungsart eher technisch orientiert.[33] Beispiel für solch eine technische Leistungsart ist die Leistungsart „Mainframe-Nutzung", gemessen in CPU-Minuten. Diese Leistungsart ist für den Leistungsempfänger nur schwer nachvollziehbar, da dieser normalerweise nicht einschätzen kann, welche Anwendung wie viel CPU-Sekunden verursacht. Diese Problematik der Intransparenz beim Leistungsempfänger ist bei der überwiegenden Zahl technischer Leistungsarten vorzufinden. Der Leistungsempfänger hat daher nahezu keine Chance seine IT-Kosten zu steuern. Da beim Cost Center die Leistungsempfänger ausschließlich interne Kunden sind, werden in vielen Unternehmen technische Leistungsarten akzeptiert mit der Begründung, dass die IT-Kosten nahezu verursachungsgerecht zugeordnet werden. Anwenderorientierte Leistungsarten sind für den Kunden verständlich und transparent und bieten ihm daher die Möglichkeit, die Höhe seiner IT-Kosten auch zu beeinflussen.

Eine anwenderorientierte Leistungsart könnte der Betrieb und die Wartung der Anwendung XYZ auf einer Mainframe-Anlage mit definierten qualitativen und quantitativen Merkmalen wie Anzahl der User, Anzahl der durchzuführenden Updates, sein. Diese Leistungsart ist für den IT-Nutzer transparenter, als die bloße Anzahl der beanspruchten CPU-Minuten. Schließlich ist die zugrunde gelegte Verrechnungsbasis noch ein weiterer Einflussfaktor der Organisationsform auf die Gestaltung einer Leistungsverrechnung. So werden beim Cost Center die Verrechnungspreise in der Regel auf Selbstkostenbasis ermittelt, während ein IT-Profit Center und ein Systemhaus sich zunehmend mehr an Marktpreisen der abgegebenen Leistung orientieren. Der Grund hierfür liegt letztlich darin, dass Profit Center teilweise, und Systemhäuser gänzlich um die Gunst ihrer Kunden auf dem freien Markt kämpfen. Deswegen steht bei diesen Organisationsformen die Marktpreisorientierung auch im Vordergrund der Preisbildung. Die wesentlichsten, aus der Organisationsform resultierenden Einflusselemente auf die Gestaltung einer Leistungsverrechnung können grafisch wie folgt zusammengefasst werden:

---

[33] Vgl. Bertleff, a. a. O.

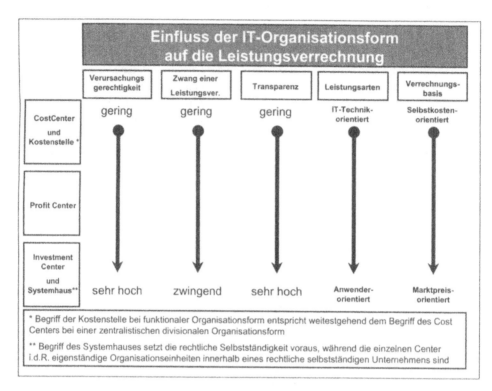

Abbildung 3: Der Einfluss der Organisationsform auf die Leistungsverrechnung

4.1.2 Verrechnungspreisorientierung

Bei der Leistungsverrechnung mittels Verrechnungspreisen bieten sich verschiedene Varianten an. Basis zur Ermittlung von Verrechnungspreisen können sowohl Marktpreise als auch Kosten sein. Bei der Kostenbasis stellt sich wiederum die Frage nach dem Zeitbezug und dem Umfang der zu verrechnenden Kosten. Anhand des Zeitbezuges unterscheidet man die IST-Kosten, die Normalkosten und die Plankosten. Nach dem Umfang der zu verrechnenden Kosten kann man differenzieren zwischen Vollkosten und Teilkosten. Eine Alternative des Zeitbezuges und eine Alternative des Kostenumfangs bilden dann zusammen eine Verrechnungspreisgrundlage; zum Beispiel die Ist-Kostenrechnung auf Vollkostenbasis.

Ob Verrechnungspreise für IT-Leistungen auf Marktpreisen oder auf Kosten basieren sollen, ist vor allem von der im Unternehmen vorherrschenden Führungsphilosophie abhängig.[34] Die Ermittlung von Marktpreisen ist jedoch deutlich schwieriger, als es in der Regel im ersten

---

[34] Vgl. Suter, a. a. O.

Moment vermutet wird.[35] Ein Grund hierfür ist, dass die Zahl der IT-Dienstleister wie zum Beispiel die so genannten „Application Service Provider„ (ASP) in den vergangenen Jahren stetig zugenommen hat, insgesamt aber dennoch nur relativ wenige IT-Dienstleister auf dem IT-Markt um die Gunst des Kunden konkurrieren. Mit anderen Worten, es existieren auf dem IT-Markt vergleichsweise weniger Marktpreise als in anderen Dienstleistungsmärkten. Es bleibt abzuwarten, ob sich dieser Sachverhalt in Zukunft weiterhin verbessern wird, und die Zahl der zur Verfügung stehenden Marktpreise wachsen wird. Ein weiterer Grund ist, dass die wenigen existierenden Marktpreise der einzelnen Anbieter der Höhe nach extrem variieren können.

Die DV-Unternehmensberatung Michels hat 1998 eine Studie zum Vergleich von RZ-Preisen durchgeführt. Das Ergebnis der Studie war, dass die Preise für einen Warenkorb aus typischen RZ-Leistungen damals einem Verhältnis von 1:10 unterlagen.[36] Das bedeutet, dass ein Kunde für eine vergleichbare IT-Leistung beim teuersten Anbieter das Zehnfache bezahlt hat als beim günstigsten Anbieter. Das Verhältnis hat sich in den letzten Jahren zwar verbessert, aber die grundsätzliche Tendenz ist auch heute noch partiell vorhanden. Marktorientierte IT-Verrechnungspreise für interne IT-Leistungen sind darüber hinaus auch nur dann anwendbar, wenn die zugrunde gelegten IT-Leistungen auch wirklich mit den Marktleistungen vergleichbar sind. Dies bedeutet auch, dass die internen IT-Leistungen auch tatsächlich durch Leistungen externer Anbieter substituierbar sind. Dies ist in der Regel nur selten der Fall. Eine marktpreisorientierte Verrechnungspreisgestaltung befreit das betroffene Unternehmen keineswegs davon, ihre Selbstkosten der einzelnen IT-Leistungen zu ermitteln. Unter Umständen kann hierauf kurzfristig verzichtet werden, was gerade in der Einführungsphase einer IT-Leistungsverrechnung gerne praktiziert wird; auf längere Sicht ist die Ermittlung der Selbstkosten der unterschiedlichen IT-Leistungen jedoch unerlässlich. Zusammenfassend lässt sich feststellen, dass aufgrund der zu erwartenden Probleme bei der Ermittlung von Marktpreisen für IT-Leistungen, der kostenorientierten Verrechnungspreisbildung der Vorzug einzuräumen ist.

Die Unterscheidung zwischen Teilkostenrechnung und Vollkostenrechnung beruht auf der Zurechenbarkeit der Kosten zu den einzelnen Kostenträgern. Demnach liegt eine Vollkostenrechnung vor, wenn alle Kosten (fixe und variable) direkt auf die Kostenträger verrechnet werden, und eine Teilkostenrechnung, wenn nur die variablen Kosten direkt auf die Kostenträger verrechnet werden. Ob nun der Teil- oder der Vollkostenrechnung in der IT-Kostenträgerrechnung der Vorzug zu geben ist, hängt maßgeblich von der Kostenstruktur der IT ab. Kostenstruktur bedeutet in diesem Zusammenhang das Verhältnis zwischen den fixen und den variablen Kosten der IT.

---

35 Vgl. Horvath, a. a. O., S. 746.
36 Erwähnt bei Funke, a. a. O., S. 79 sowie bei Suter, a. a. O.

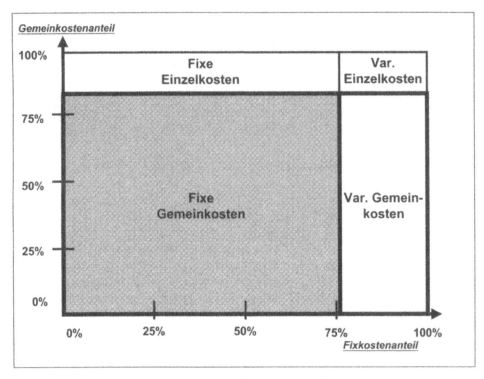

Abbildung 4: *Fiktive Kostenstruktur in der IT*[37]

Die Abbildung 4 basiert zwar auf fiktiven Werten, aber das Ergebnis ist kennzeichnend für die Kostenstruktur der IT in einer Vielzahl von Unternehmen: Der Fixkostenblock stellt in der IT regelmäßig 75 Prozent und mehr der Gesamtkosten dar. Mit einem Anteil der variablen Kosten an den Gesamtkosten von unter 25 Prozent ist daher gerade in der IT eine Teilkostenrechnung nahezu unbrauchbar. Das Ergebnis einer IT-Kostenträgerrechnung auf Teilkostenbasis wären grotesk niedrige Stückkosten der einzelnen IT-Produkte bzw. IT-Leistungen, die weder als Preisuntergrenze noch für eine Deckungsbeitragsrechnung von Aussagewert sind.[38] Werden dann die einzelnen IT-Leistungen mit so geringen Verrechnungspreisen auf Teilkostenbasis an die einzelnen Leistungsempfänger verrechnet, ist die Frage berechtigt, ob sich der Aufwand einer derartigen Leistungsverrechnung überhaupt rechtfertigen lässt.[39] Aber auch die vollkostenorientierte Verrechnungspreisbildung bringt Nachteile mit sich. Verrechnungspreise auf Vollkostenbasis haben kaum eine Lenkungsfunktion, ermöglichen dafür jedoch die Beurteilung der Wirtschaftlichkeit und geben dem Benutzer Entscheidungshinweise über Art

---

[37] Eigene Darstellung in Anlehnung an Funke, a. a. O., S. 43
[38] Vgl. Mai, Konzeption einer controllinggerechten Kosten- und Leistungsrechnung für Rechenzentren, Frankfurt a.M., 1996, S. 165-172
[39] Vgl. Suter, a. a. O.

und Umfang seines IT-Leistungsbezuges. Aufgrund der oben beschriebenen IT-Kostenstruktur werden Verrechnungspreise auf Vollkostenbasis als sinnvoller erachtet[40], obwohl aus betriebswirtschaftlicher Sicht die Teilkostenrechnung bei einem geringen Fixkostenanteil bevorzugt wird.[41] Der Grund für die grundsätzliche Bevorzugung der Teilkostenrechnung liegt vor allem darin, dass diese keine Proportionalisierung der Fixkosten unterstellt.[42]

Wenn Verrechnungspreise auf Kostenbasis gebildet werden sollen, ist neben dem Umfang der Kosten (Teil- oder Vollkosten) auch über den zeitlichen Bezug der zugrunde gelegten Kosten zu entscheiden. Hierbei kommen IST-Kosten, Normalkosten und Plankosten in Betracht. Die IT ist, wie alle anderen Fachbereiche auch, in einzelnen Abrechnungsperioden unterschiedlich stark ausgelastet. Bei einer geringen Auslastung entfallen auf die einzelnen IT-Leistungen daher höhere anteilige Fixkosten als bei einer 100-prozentigen Auslastung. Auch die Preise für Güter und Dienstleistungen, die die IT-Abteilung bezieht, schwanken von Periode zu Periode und finden ihren Niederschlag in den IST-Kosten der IT. Werden die IT-Leistungsempfänger durch Verrechnungspreise auf Istkostenbasis belastet, so bezahlen die einzelnen Leistungsempfänger sowohl Schwankungen der Auslastungen als auch Preisschwankungen. Genau diese Schwankungen aber auf einem Minimum zu halten, ist Aufgabe des IT-Managements. Diese Schwankungen hat der IT-Leistungsempfänger nicht zu verantworten und muss diese daher auch nicht wirtschaftlich tragen.[43] Die Bestimmung eines Leistungspreises für die Zukunft (Angebotserstellung) ist basierend auf Istkostensätze und den darin enthaltenen Preis- und Beschäftigungsschwankungen, kaum möglich.[44] Die Istkostenrechnung, und damit auch Verrechnungspreise auf Istkostenbasis, ist für die Kostenkontrolle und als Führungsinstrument nahezu unbrauchbar.[45] Neben der Verrechnungspreisbildung auf Istkostenbasis bieten sich Verrechnungspreise auf Basis von Normalkosten an. Die oben beschriebenen Preis- und Beschäftigungsschwankungen werden bei der Normalkostenrechnung daher herausgerechnet und so ein konstantes Preis- und Beschäftigungsniveau unterstellt.

Diese Veränderungen im Preisniveau und im Auslastungsgrad drücken sich dann entweder als Kostenunterdeckung oder als Kostenüberdeckung innerhalb der IT aus. Verrechnungspreise auf Istkosten- oder auch auf Normalkostenbasis sind vergangenheitsorientierte Verrechnungspreise. Vergangenheitsbezogene Kosten stellen gerade in der schnelllebigen Informationstechnologie ein Risiko dar. Dieses Risiko kann teilweise verringert werden, wenn anstelle von vergangenen Kostengrößen, erwartete Kostengrößen (Plankosten) verwendet werden. Verrechnungspreise auf Basis von Plankosten kommen damit der Forderung nach einer vorausschauenden Lenkungs- und Kontrollfunktion nach.[46]

---

40 Vgl. Horvath, a. a. O., S. 746f.
41 Vgl. Kargl, a. a. O., S. 120
42 Vgl. Suter, a. a. O.
43 Vgl. Suter, a. a. O. und auch Kargl, a. a. O., S. 126.
44 Vgl. Funke, a. a. O., S. 101.
45 Vgl. Funke, a. a. O., S. 101.
46 Vgl. Funke, a. a. O., S. 105.

4.1.3 Die Wahl der Verrechnungsmethode

Innerhalb der Grundsatzfragen zur Einführung einer IT-Leistungsverrechnung ist des Weiteren zu entscheiden, mittels welcher Methode die IT-Kosten verrechnet werden sollen. Generell existieren zwei Alternativen: Die „Kostenumlage" und die „Leistungsverrechnung". Die nachfolgende Abbildung gibt einen Überblick über die beiden Abrechnungsalternativen (s. Abbildung 5).

Bei der IT-Kostenumlage werden die gesamten IT-Kosten einer Abrechnungsperiode nachträglich mittels Schlüsselgrößen auf die Nutzer verteilt.[47] Es handelt sich also um eine Verrechnung von Kosten der Vergangenheit. Traditionell wird die IT-Kostenumlage anhand ressourcenorientierter (technischer) Schlüsselgrößen wie beispielsweise CPU-Sekunden, Anzahl der Plattenzugriffe oder Anzahl der Druckzeilen durchgeführt. Die Wahl geeigneter Bezugsgrößen ist das Hauptproblem bei der IT-Kostenumlage. Technische Schlüsselgrößen sind für die IT-Kunden intransparent, da diese ja nicht wissen, in welchem Umfang ihre Transaktionen IT-Ressourcen (Rechenzeit, Speicher und andere Kapazitäten) beanspruchen. Die IT-Umlage anhand technischer Schlüsselgrößen wird daher oft als unverständlich und/oder ungerecht empfunden. Bei der Verwendung von nur einer Schlüsselgröße unterstellt man ein homogenes Lastprofil, welches in der Praxis jedoch nur selten vorkommt. Suter schlägt daher vor, nicht nur eine Bezugsgröße, sondern eine Kombination aus mehreren Bezugsgrößen für die Umlage heranzuziehen.[48] Der große Vorteil der IT-Kostenumlage ist die sehr einfache Handhabung. Als Nachteile sind zu erwähnen: Das geringe Maß an Verursachungsgerechtigkeit und die Tatsache, dass eine Erfolgskontrolle des IT-Bereiches durch die einfache Umlage nicht möglich ist.[49] Hinsichtlich der Planbarkeit der IT-Kosten bei den einzelnen Leistungsempfängern ist noch zu erwähnen, dass diese die IT-Kosten in der Regel erst am Ende einer Abrechnungsperiode belastet bekommen, d. h. erst nach dem eigentlichen Leistungsbezug. Der Leistungsempfänger kann daher bei seiner Budgetplanung seine IT-Kosten nur grob anhand historischer Werte prognostizieren.

---

[47] Vgl. Suter, a. a. O.
[48] Vgl. Suter, a. a. O.
[49] Vgl. Horvath, a. a. O., S. 744.

Notwendigkeit, Ziele und Gestaltungsmöglichkeiten der IT-Leistungsverrechnung

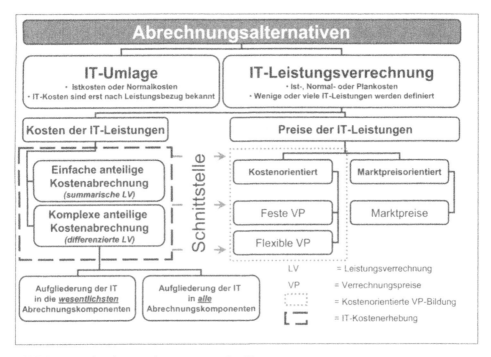

Abbildung 5: Abrechnungsalternativen in der IT

Ein wesentliches Merkmal der IT-Kostenumlage ist schließlich, dass die bezogene IT-Leistung in der Regel „en bloc" verrechnet wird. Die Verrechnung „en bloc" bedeutet, dass einzelne IT-Leistungen nicht definiert, sondern pauschalisiert und undifferenziert verrechnet werden. Das wichtigste Unterscheidungsmerkmal zwischen der IT-Umlage und der IT-Leistungsverrechnung ist die Tatsache, dass bei der Leistungsverrechnung einzelne IT-Leistungen bzw. IT-Leistungspakete[50] definiert werden. Für eine definierte IT-Leistung wird ein Preis bestimmt. Bei der Leistungsverrechnung ist grundsätzlich zwischen den Kosten und dem Preis einer IT-Leistung zu unterscheiden. Die Kosten einzelner IT-Leistungen ergeben sich aus der IT-Kostenrechnung, während die Preise die Beträge darstellen, die der IT-Leistungsempfänger für den Bezug der IT-Leistungen bezahlen muss. Preis und Kosten einer IT-Leistung können vom Betrag her identisch sein, müssen es aber nicht zwangsweise. Innerhalb der IT-Leistungsverrechnung existiert also eine Schnittstelle zwischen den Ergebnissen der Kostenermittlung und den daraus resultierenden kostenorientierten Verrechnungspreisen für die IT-Leistungen.[51] Feste Preise oder Pauschalpreise eignen sich vor allem für Programmabläufe mit konstantem Datenvolumen oder konstanter Beanspruchung von IT-

---

[50] Nachfolgend sind mit dem Begriff „IT-Leistung" auch die Bündelung von einzelnen IT-Leistungen zu „IT-Leistungspaketen" gemeint, auch wenn diese nicht explizit erwähnt werden.
[51] Vgl. auch Abbildung 6: Abrechnungsalternativen in der IT.

Betriebsmitteln. Der Preis für eine bestimmte IT-Leistung wird im Voraus festgesetzt und ist unabhängig von der Kapazitätsauslastung der IT. Feste Preise schaffen vor allem beim IT-Leistungsempfänger eine hohe Transparenz, da die Abrechnung in der Regel leicht nachvollziehbar ist. Bei der Verwendung von flexiblen Preisen hängt deren Höhe eng mit dem jeweiligen IT-Auslastungsgrad zusammen. Durch die Verwendung von flexiblen Preisen wird der Allokationsfunktion von Verrechnungspreisen in größerem Maße Rechnung getragen als bei der Verwendung von festen Preisen. Ein großer Nachteil von flexiblen Preisen ist dagegen, dass die geforderte Reproduzierbarkeit und die Überschaubarkeit der entstandenen IT-Kosten, vor allem beim IT-Leistungsempfänger, nicht gewährleistet werden kann.

Denkbar wäre hier eine Differenzierung nach:

- Zeitlichem Anfall der Leistung (z. B. Tag oder Nacht)
- Bearbeitungsmodus (z. B. Batch- oder Dialogverarbeitung)
- Priorität der Anwendung
- Benutzerstatus
- Art der benutzten Komponenten (zentrale od. dezentrale IT-Komponenten)

Neben diesen Differenzierungsmöglichkeiten existieren noch weitere Unterscheidungsmerkmale für eine flexible Verrechnungspreisgestaltung. So kann ebenso zusätzlich oder alternativ nach der Fristigkeit von IT-Leistungen unterschieden werden, zwischen Daueraufträgen und Einmalaufträgen. Nach Funke sind Daueraufträge gut einplanbar und daher mit geringeren Preisen zu bewerten als beispielsweise kurzfristige Einmalaufträge.[52] Im Hinblick auf eine marktorientierte IT-Verrechnungspreisgestaltung sei an dieser Stelle nur erwähnt, dass zum Festlegen des Verrechnungspreises nur die interne IT-Leistung mit der externen IT-Leistung auf dem freien Markt vergleichbar sein muss. Ist die Vergleichbarkeit der Leistung gegeben, so kann für die interne IT-Leistung der Marktpreis als Verrechnungspreis festgelegt werden.

Die zweite Seite der IT-Leistungsverrechnung ist, neben den Verrechnungspreisen, die Kosten-Seite der IT-Leistungen. Die Kosten einer zuvor definierten IT-Leistung werden durch Istdaten-Erhebung ermittelt. Man unterscheidet hierbei die einfache anteilige Kostenabrechnung und die komplexe anteilige Kostenabrechnung. Bei der einfachen anteiligen Kostenabrechnung werden laut Funke[53] lediglich die Systemnutzungszeiten einzelner Programme herangezogen. Hierbei kann unterschieden werden zwischen Programmverweilzeiten und Rechnerkernbelegungszeiten (CPU-Zeit). Der IT-Leistungsempfänger bekommt dann einen, der Belegungszeit entsprechenden, Anteil an den IT-Gesamtkosten belastet. Voraussetzung für diese Methode ist, dass die einzelnen Belegungszeiten durch Job-Accounting-Routinen[54]

---

52 Vgl. Funke, a. a. O., S. 72.
53 Vgl. Funke, a. a. O., S. 70.
54 Job-Accounting-Routinen ermitteln, wie Hardware-Komponenten einer Rechenanlage durch dort ausgeführte Anwendungen beansprucht werden.

ermittelt werden können. Die einfache anteilige Kostenabrechnung ist nur dort sinnvoll, wo die IT überwiegend für einen Auftraggeber arbeitet und wo es zu keinen starken Schwankungen zwischen rechenintensiven oder I/O intensiven Programmen kommt. Sie ist nicht geeignet für die betriebliche IT, in der mehrere unterschiedliche Anlagen betrieben werden.[55] Was Funke als „einfache anteilige Kostenabrechnung bezeichnet,‟ nennt Kargl auch „summarische Leistungsverrechnung„ und meint damit inhaltlich weitestgehend das Gleiche. Allerdings unterscheidet Kargl zwischen den Belegungszeiten, gemessen in Maschinenstunden, und den Personalstunden für beispielsweise verschiedene Entwicklungsleistungen, Softwarewartung sowie für Beratungs- und Betreuungsleistungen. Voraussetzung für die Verrechnung von Personalstunden ist eine projekt- und/oder tätigkeitsbezogene Zeiterfassung durch die IT-Mitarbeiter. Die Zeitaufschreibung sollte dabei mindestens die Projektbezeichnung, die Tätigkeitsart, die leistende und die empfangende KST, den Tätigkeitsbeginn und das Tätigkeitsende sowie eine eventuelle Unterbrechungsdauer und deren Grund umfassen.[56] Im Anschluss wird dann die Anzahl der Personalstunden mit dem durchschnittlichen Personalstundensatz bewertet, der sich aus den Gehältern, den Gehaltsnebenkosten, den Arbeitsplatzkosten und den Weiterbildungskosten der IT berechnet.

Im Ergebnis stimmen Funke und Kargl wieder überein. Zusammengefasst sind beide der Auffassung, dass die einfache anteilige Kostenabrechnung bzw. die summarische Leistungsverrechnung wenig geeignet ist, um die Ziele einer IT-Leistungsverrechnung zu erreichen.[57] Begründet wird dies mit der Komponentenvielfalt der heutigen IT-Infrastruktur und zweitens mit der Tatsache, dass unterschiedliche Komponenten die Hardwarekapazitäten unterschiedlich stark beanspruchen. Diese unterschiedlichen Beanspruchungsintensitäten werden bei der oben beschriebenen Methodik nicht berücksichtigt, so dass eine wirklich verursachungsgerechte Zuordnung zu einzelnen IT-Leistungsempfängern nicht möglich ist. Während sich die einfache anteilige Kostenabrechnung grundsätzlich auf die beiden Größen Maschinenstunde und Personalstunde konzentriert, arbeitet die komplexe anteilige Kostenabrechnung mit einer Vielzahl unterschiedlicher Messgrößen zur Leistungsbestimmung und Leistungsverrechnung. Je nach Umfang der benutzten Messgrößen und deren Modifikationen unterscheidet Funke die komplexe anteilige Kostenabrechnung nochmals in zwei Varianten. Bei der ersten Variante wird die IT nur in die wesentlichsten Abrechnungskomponenten aufgeteilt, während bei der zweiten Variante alle IT-Abrechnungskomponenten berücksichtigt werden.[58] Anstelle des Begriffes „komplexe anteilige Kostenabrechnung„ verwendet Kargl den Begriff der „differenzierten" Leistungsverrechnung. Inhaltlich stimmen die beiden Begrifflichkeiten wiederum nahezu überein.[59] Die Verwendung eines breiteren Spektrums an Bezugsgrößen soll zum einen die Möglichkeit geben, die IT-Leistungsvielfalt besser darzustellen und zum anderen damit auch eine solidere Basis im Hinblick auf eine verursachungsgerechte IT-

---

[55] Vgl. Funke, a. a. O., S. 70.
[56] Vgl. Kargl, a. a. O., S. 123.
[57] Vgl. Funke, a. a. O., S. 70 und Kargl, a. a. O., S. 124.
[58] Vgl. Abbildung 6 sowie Funke, a. a. O., S. 68.
[59] Vgl. Funke, a. a. O., S. 70f. und Kargl, a. a. O., S. 124-128.

Leistungsverrechnung sein. Aber auch hier gilt, dass die Quantität der Bezugsgrößen alleine nicht maßgeblich ist. Die Qualität (Aktualität und Genauigkeit) der abrechnungsrelevanten Datenquellen, die als Basis für die Leistungsverrechung dienen, muss gewährleistet sein. Nur wenn diese gewährleistet ist, kann die eigentliche Abrechnung über gleiche qualitative Eigenschaften verfügen.[60]

Bei der differenzierten Leistungsverrechnung wird die Maschinenstunde aufgegliedert in zahlreiche technische Messgrößen, durch die es ermöglicht wird, die Inanspruchnahme der einzelnen Komponenten der technischen IT-Infrastruktur zu messen. So zum Beispiel bei zentralen Verarbeitungseinheiten die CPU-Zeit und die belegte Hauptspeicherkapazität (Region Size) oder bei externen Speichermedien die Anzahl der Zugriffe, der permanent und temporär belegte Plattenplatz oder im Bereich des Netzwerkes die übertragenen Datenmengen, um nur einige Beispiele zu nennen.

Die primären Leistungen werden wiederum mittels Job-Accounting-Routinen gemessen. Für jede einzelne Messgröße ist ein Preis zu bestimmen. Der Verrechnungspreis für die technische Komponente einer IT-Leistung ergibt sich dann aus der Aufsummierung der bewerteten Teilleistungen der technischen IT-Infrastruktur. Neben diesen primären Leistungen, die in der Regel direkt gemessen werden können, fallen noch sekundäre Leistungen an. Als Beispiele führt Kargl folgende sekundäre Leistungen an: Arbeitsvorbereitung und Operating bei Mainframe-Systemen, Nachbearbeitung bei Druckoutput, Hotline-Dienste zur Benutzerbetreuung und viele mehr. Bei den sekundären Leistungen handelt es sich überwiegend um Leistungen, für die hauptsächlich Personalkosten anfallen. Zur Erstellung von primären Leistungen fallen dagegen vor allem Sachkosten an.

Die sekundären Kosten können dem Leistungsempfänger in der Regel nicht direkt zugeordnet werden oder nur mit einem nicht zurechtfertigenden Aufwand. Die sekundären Kosten werden daher oft mittels eines Umlageschlüssels auf die primären Leistungen verteilt. Die Umlage der sekundären Kosten ist einfach, verzerrt aber die Kostenbelastung des Anwenders, da dieser evtl. mit Kosten anteilig belastet wird, die er nicht verursacht hat. Trotz dieser Umlage ist die differenzierte Leistungsverrechnung dennoch deutlich präziser als die summarische Leistungsverrechnung, weil erstere der Forderung nach einer Proportionalität zwischen Leistungsinanspruchnahme und verrechneten Kosten, gerecht wird.

Das Hauptproblem bei der komplexen anteiligen Kostenabrechnung (differenzierte Leistungsverrechnung) liegt durchgängig bei der Akzeptanz der technischen Bezugsgrößen durch die IT-Leistungsempfänger. Deshalb ist es erforderlich, die technischen Bezugsgrößen zu anwenderbezogenen Bezugsgrößen zu aggregieren bzw. umzuformen. Diese Umformung wird als die schwierigste Aufgabe bei der differenzierten Leistungsverrechnung angesehen.[61] Die nachfolgende Abbildung zeigt die Umformung der technischen Leistungsarten zu einem IT-Produkt am Beispiel eines Standard-Office-Arbeitsplatzes:

---

60 Vgl. Bertleff, a. a. O.
61 Vgl. Bertleff, a. a. O.

Notwendigkeit, Ziele und Gestaltungsmöglichkeiten der IT-Leistungsverrechnung 525

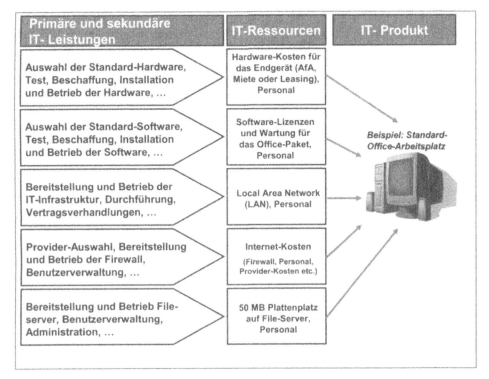

Abbildung 6: Umformung technischer Leistungsarten zu IT-Produkten[62]

Bei der IT-Produktbildung sollten folgende drei Kriterien beachtet werden[63]:

- Verständlichkeit: Sind die Produktbegriffe aus der Welt des Kunden?
- Nachvollziehbarkeit: Kann der Kunde seine Leistungsinanspruchnahme mit der Höhe der Inanspruchnahme in Verbindung bringen? Kann er die erhaltene Rechnung prüfen?
- Beeinflussbarkeit: Kann der Kunde durch sein Verhalten tatsächlich die Höhe der Rechnung beeinflussen?

Der Geltungszeitraum der IT-Preise für bestimmte IT-Leistungen soll sich nach Möglichkeit an den Planungszeiträumen orientieren. Bertleff empfiehlt in diesem Zusammenhang, dass sich die IT-Preise unterjährig nicht ändern sollten.[64] In Bezug auf den Zeitpunkt der Abrechnung hat sich der monatliche Abrechnungszyklus in der Praxis bewährt. Der Grund hierfür liegt vor allem darin, dass der IT-Leistungsempfänger in diesem Zeitraum den Umfang der

---

62 Entnommen bei Bertleff, a. a. O.
63 Vgl. Bertleff, a. a. O.
64 Unter der Annahme, dass der Planungshorizont ein Jahr beträgt.

von ihm bezogenen IT-Leistung besser nachvollziehen kann, als beispielsweise bei einem vierteljährlichen Abrechnungszyklus. Abschließend sei, speziell zur komplexen anteiligen Kostenabrechnung, aber auch im geringeren Maße für alle anderen Arten der Leistungsverrechnung, noch erwähnt, dass ein Abrechnungsmodell dynamisch ist, so wie die IT selbst. Das bedeutet, im Laufe der Zeit entstehen unter Umständen neue IT-Produkte und bisherige IT-Produkte fallen weg. Mit steigender Komplexität eines Abrechnungsmodells sinkt die Flexibilität, dieses schnell an veränderten Umweltbedingungen anpassen zu können.

4.2 Prozessorientierte IT-Leistungsverrechnung

Als weiteres Verfahren der „IT-Leistungsverrechnung" bietet sich die Prozesskostenrechnung an. Durch die Prozessorientierung ist es möglich, den großen Anteil an Gemeinkosten innerhalb der IT verursachungsgerechter auf die einzelnen IT-Leistungen aufzuteilen, als dies mit den traditionellen Verfahren (IT-Umlage und IT-Leistungsverrechnung) möglich ist. Diesem Vorteil steht der Nachteil gegenüber, dass die IT-Prozesskostenrechnung selbst immensen Aufwand verursachen kann. Gerade in Zeiten knapper Budgets ist daher im Vorfeld intensiv zu prüfen, ob der erzielbare Nutzen den Aufwand einer IT-Prozesskostenrechnung rechtfertigt. Grundsätzlich lässt sich die Einführung einer prozessorientierten IT-Leistungsverrechnung in zwei Phasen einteilen. Die erste Phase der Umsetzung stellt dabei die Identifikation der Aktivitäten, Teilprozesse und Hauptprozesse der IT dar. Damit gehen die Definition von technischen Bezugsgrößen und die Ermittlung der Kosten einzelner Prozesse einher. In der zweiten Phase werden die Erkenntnisse der vorangegangenen Phase benutzt, um aus den technischen IT-Prozessen anwenderbezogene Prozesse zu formen. Modellhaft lässt sich dieser Transformationsprozess mittels der IT-Service-Matrix darstellen:

Notwendigkeit, Ziele und Gestaltungsmöglichkeiten der IT-Leistungsverrechnung 527

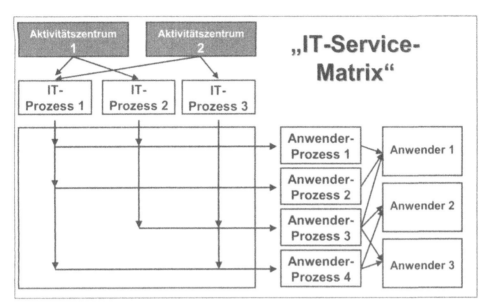

Abbildung 7: Die „IT-Service-Matrix"[65]

5. Von der Theorie zur Praxis

Nachfolgend sind einige Aspekte aufgeführt, die bei der Implementierung einer IT-Leistungsverrechnung hilfreich sein können, aber selbstverständlich den individuellen Unternehmensverhältnissen angepasst werden müssen.

„Konzentration auf ein Mindestmaß an unterschiedlichen IT-Produkten und deren Ausprägungsformen"

Wie bereits eingangs erwähnt, kann die IT-Landschaft im Unternehmen sehr komplex sein. Es liegt in der Natur der Sache zu glauben, dass eine Leistungsverrechnung dieser komplexen Landschaft ebenfalls komplex sein muss. Gerade in diesem Zusammenhang ist jedoch der Ausspruch „Weniger ist manchmal mehr" angebracht. Die Konzentration auf ein Mindestmaß an unterschiedlichen IT-Produkten und deren unterschiedlichen Ausprägungsformen ist von Anfang an zu empfehlen. Das „A und O" ist schlussendlich die Nachvollziehbarkeit beim in-

---

[65] Vgl. Suter, a. a. O.

ternen und externen Kunden, die maßgeblich ist, ob das Instrument der IT-Leistungsverrechnung als erfolgreich implementiert gelten darf oder nicht.

„Bevorzugung der kunden- bzw. anwenderorientierte IT-Produktbildung gegenüber der rein technisch orientierten IT-Produktbildung"

Eine kundenorientierte IT-Produktbildung ist immer besser als eine technisch orientierte Produktbildung. Sicherlich ist in diesem Zusammenhang auch darauf hinzuweisen, dass anfangs eine technisch orientierte IT-Produktbildung den Einstieg in die Existenz der internen IT als Service Provider bereiten kann, dennoch sollte mittelfristig das Ziel stets eine anwenderorientierte IT-Produktbildung sein.

„Klare Definition, wer als Leistungsempfänger und wer als Leistungsverursacher gilt"

Während der Produktbildungsphase muss man sich auch stets die Frage stellen, ob der Leistungsempfänger auch tatsächlich der Leistungsverursacher ist. In der Praxis wird diese Frage allzu oft mit einem selbstsicheren „Selbstverständlich" abgetan. Je nach Führungsphilosophie im Unternehmen kann sich bei einigen IT-Produkten herauskristallisieren, dass Verursacher und Empfänger durchaus zwei verschiedene Fachbereiche sein können. Hier ist im Vorfeld zu klären, wie mit solchen Ausnahmen zu verfahren ist. Als interner IT-Service Provider gilt es zu vermeiden, andere Unternehmensbereiche zu verwalten. Gerade am Anfang kommt es seitens der internen Kunden regelmäßig zu Aussagen wie beispielsweise „Wir benötigen dies nur, weil es die Geschäftsleitung/Vorstand von uns verlangt. Also belastet diese und nicht uns!" Hier empfiehlt es sich, sich auf keine Diskussionen einzulassen und als IT zu vermeiden, für den internen Kunden auch noch deren, eventuell gerechtfertigte, Weiterverrechnung an Dritte zu übernehmen. Ist die IT-Dienstleistung erbracht und an den IT-Kunden verrechnet, ist der Auftrag erfüllt. Eine darüber hinausgehende Weiterverrechnung kommt einer Verwaltung anderer Unternehmensbereiche gleich, für die in der Regel innerhalb der IT keine Ressourcen vorhanden sind oder teuer bezahlt werden müssen. Es sollte der Grundsatz gelten, dass ihr Ansprechpartner auch derjenige ist, der eine bestimmte Leistung bezahlt. Wenn dieser wiederum die Leistung als Bestandteil einer von ihm erbrachten Leistung, in einer nachverlagerten Verrechnung an andere weiterverrechnen kann, umso besser für den internen IT-Kunden.

„Vermeidung von Subventionen einzelner Kunden oder Produkte"

Nur allzu gerne werden von der Führung unter Umständen bestimmte Subventionen für bestimmte interne und externe Kunden verlangt. Dies ist nur im idealtypischen Modell vermeidbar, in der Praxis wird man sich unter Umständen dennoch regelmäßig mit diesem Sachverhalt auseinander setzen müssen. Hieraus resultierende Unterdeckung muss aus Sicht der IT jederzeit qualitativ und quantitativ transparent sein. Auch hier gilt vereinfacht ausgedrückt: „Zu viel Ausnahmen vernichten den Standard".

„Den IT-Mitarbeitern die Angst vor der Leistungsverrechnung nehmen und die Chance, die dieses Instrument bietet, aufzeigen"

Transparenz in der IT muss als Chance und nicht als Gefahr und Bedrohung verstanden werden. Dieser Sachverhalt wird gerne nicht ausreichend deutlich an die Menschen hinter den Maschinen kommuniziert. Die Chance liegt darin, die Vielfalt und die Qualität der erbrachten Leistungen transparent zu machen, die ohne Leistungsverrechnung den meisten Fachbereichen so in der Form gar nicht oder nur teilweise bewusst sein kann. Zugleich gilt es aber auch zu verdeutlichen, dass die IT-Leistungsverrechnung nicht einfach nur ein neues Spielzeug des Controllings ist, sondern sehr wohl auch ein Teil des Führungsinstrumentariums des IT-Managements.

„Berücksichtigung des TCO-Grundgedankens"

Gerade bei der Implementierung einer IT-Leistungsverrechnung trifft man unter Umständen auf Anlagen (assets), die bereits abgeschrieben sind und rein buchhalterisch keine Aufwendungen und kostenrechnerisch unter Umständen auch keine Kosten mehr erzeugen. Allzu gerne werden diese Anlagen bei der weiteren Implementierung und der späteren Bepreisung der IT-Produkte nur unzureichend berücksichtigt oder im schlimmsten Fall schlichtweg unterschlagen. Auch wenn die Aussagekraft, des von der Gartner Group stammenden Begriffs der Total Cost of Ownership (TCO), umstritten ist, so gibt es grundsätzlich wohl keinen Zweifel daran, dass die reinen Anschaffungskosten einer Anlage in der Regel nur ein relativ kleiner Anteil an den von ihr verursachten Gesamtkosten während ihrer gesamten Nutzungsdauer sind. Im PC-Bereich schätzt die Gartner Group diesen reinen Anschaffungskostenanteil auf ca. 20 bis 25 Prozent der Gesamtkosten, die ein PC während seiner Nutzungsdauer verursacht.[66] Berücksichtigt man also die bereits abgeschriebenen aber noch produktiv vorhandenen Anlagen nicht entsprechend richtig, dann hat dies in der Regel zur Folge, dass zum Beispiel laufende Kosten der Betreuung entsprechend zu hoch auf die übrigen (noch nicht abgeschriebenen Anlagen) allokiert werden. Damit werden die Transparenz und auch die spätere Bepreisung verschiedener IT-Produkte unnötig verzerrt. Das Maß der Verzerrung und die Toleranz hierfür sind unternehmensindividuell zu bestimmen und festzulegen. Der Versuch, eine TCO-Analyse verschiedener IT-Assets (zum Beispiel eine unternehmensinterne Anwendung) durchzuführen, sollte durchaus unternommen werden; und wenn das Ergebnis zunächst lediglich mal eine andere Sichtweise der Dinge, anstatt tatsächliche Kostenbeträge, ist.

„Nötigenfalls einen Teil der Sachgemeinkosten in den Personaltarif einrechnen"

Das ist zugegebenermaßen nicht die feine englische Art, aber es erleichtert das IT-Controller-Leben ungemein. Für den Kunden ist ein hoher Personaltarif oftmals leichter nachvollziehbar als ein exorbitanter Gemeinkostenzuschlagssatz auf der eher sachkostenorientierten Preiskomponente. So merkwürdig und unseriös wie es im ersten Moment auch klingen mag, letztlich ist das bereits Ausdruck des Umdenkens in der IT: Die Nachvollziehbarkeit und Transparenz beim Kunden steht im Focus (Selbstverständlich sollte hierbei ein gewisses Maß an Begründbarkeit gewahrt bleiben).

---

[66] Vgl. Stahlknecht, a. a. O., S. 473

„Anfängliche Fehler gestehen und daraus lernen"

Was so einfach und selbstverständlich klingt, wird oftmals nicht wirklich gelebt. Besteht Kritik seitens der Kunden, so ist diese immer gerechtfertigt. Statt sich auf Rechtfertigungs- und IT-Produktverteidigungsdiskussionen einzulassen, ist seitens der IT bereits an Lösungen zu arbeiten. Das Umdenken und das Hinführen der IT zum tatsächlich gelebten, und nicht nur auf dem Papier definierten, Service-Provider ist zugegebenermaßen in vielen Fällen sehr herausfordernd aber durchaus leistbar. Dies ist selbstverständlich primär die Aufgabe des IT-Managements, jedoch kann und soll das IT-Controlling, als „Co-Pilot", unterstützend tätig werden.

„Einen Schritt nach dem anderen machen"

Gerade wenn die IT als Cost Center organisiert ist und eine Leistungsverrechnung zu implementieren hat, ist in den meisten Fällen der Einstieg über eine komplexe anteilige Kostenabrechnung (differenzierte Leistungsverrechnung)[67], mit einer Konzentration auf die wesentlichsten Abrechnungskomponenten, empfehlenswert. Diese ermöglicht anfangs mit technischen Leistungsarten und mit kostenorientierten Verrechnungspreisen zu arbeiten und lässt zugleich die Option offen, im nächsten Schritt den Übergang zu anwenderorientierten Leistungsarten und, wo möglich, ebenso zu marktorientierten Verrechnungspreisen zu vollziehen.

„Bei der Auswahl der Abrechnungsmethode kompromissfähig sein in Hinblick auf Ziele und Anforderungen"

Welche Abrechnungsmethode nun benutzt werden soll, hängt maßgeblich von der Organisationsform und den damit verfolgten Zielen ab. Es ist demnach nach der unternehmensindividuellen Lösung zu suchen. Die nachfolgende Abbildung stellt die traditionellen Abrechnungsmethoden und deren grundsätzliches Potenzial zur Erreichung bestimmter Ziele und dem Erfüllen bestimmter Anforderungen dar. Für jede Methode sind die jeweils größten Vor- und Nachteile, basierend auf den subjektiven Erfahrungswerten, durch entsprechende Symbole gekennzeichnet.

---

[67] Vgl. Abbildung 5 auf S. 521.

		IT-Umlage	Einfache anteilige Kostenabrechnung (summarische LV)	Komplexe anteilige Kostenabrechnung (differenzierte LV)
Ziele	Unterstützung bei „Make or Buy"	-	+	+
	Kapazitäts- und Kostenplanung	-	+	+
	Kostentransparenz	-	+ + +	+
	Verursachungsgerechtigkeit	- - -	+ +	+ + +
	Effizienz- und Effektivitätssteigerung	-	+	+
	Sensibilisierung der IT-Nutzer	- -	+	+ +
	Wirtschaftlichkeitskontrolle	-	+	+
	Basis für evtl. Benchmarking	-	-	+
Anforderungen	Eingliederung in das existierende betriebliche Rechnungswesen	+	-	- -
	Gerchtigkeit (Belastung proportional zur Inanspruchnahme)	-	+	+
	Fairness (alle Kunden werden gleich behandelt)	+ +	+	+
	Nachvollziehbarkeit	+	- -	-
	Leistungstransparenz	-	+	+
	Implementierungs- und lfd. Betreuungsaufwand der Leistungsverrechnung	+ + +	- - -	- - -

+ (-) grundsätzliches Potenzial (kein Potenzial) zur Erreichung eines Zieles bzw. Anforderung
+ + + (- - -) größter Vorteil (Nachteil) der jeweiligen Abrechnungsmethode (subjektiv)
+ + (- -) zweitgrößter Vorteil (Nachteil) der jeweiligen Abrechnungsmethode (subjektiv)

Abbildung 8: Vor- und Nachteile der traditionellen IT-Abrechnungsmethoden

6. Zusammenfassung und Ausblick

Die *Notwendigkeit* einer internen Leistungsverrechnung von IT-Kosten ergibt sich vor allem aus der häufig anzutreffenden Kostenintransparenz von IT-Kosten, also aus der Ist-Situation im Unternehmen. Aus dieser Kostenintransparenz resultieren Risiken wie beispielsweise der „IT-Wildwuchs" und das Risiko von Fehlentscheidungen aufgrund unzureichender Informationen. Die Notwendigkeit der IT-Leistungsverrechnung ergibt sich demnach unmittelbar aus der Forderung des IT-Managements und IT-Controlling nach einem geeigneten Informations- und Steuerungsinstrument und indirekt durch die Kostenintransparenz der IT-Kosten und den darin innewohnenden Risiken.

Zu den strategischen *Zielsetzungen* zählt vor allem die Unterstützung der IT-Leistungsverrechnung in Bezug auf die „Make-or-buy„-Frage und in Bezug auf die langfristige Kapazitäts- und Kostenplanung der IT-Abteilung. Auf der operativen Ebene werden mit der IT-Leistungsverrechnung die Kostentransparenz der IT-Kosten und eine möglichst verursachungsgerechte Kostenzuordnung an die IT-Leistungsempfänger angestrebt. Als weitere Zielsetzungen sind zu erwähnen: Eine Steigerung der Effizienz und der Effektivität der betrieblichen IT, die Sensibilisierung der IT-Nutzer sowie bessere Möglichkeiten der Wirtschaftlichkeitskontrolle der betrieblichen IT.

Bei den *Gestaltungsmöglichkeiten* lassen sich zwei Verfahren voneinander unterscheiden. Die „IT-Kostenumlage" und die „IT-Leistungsverrechnung". Das Verfahren der „IT-Kostenumlage" ist das einfachste Verfahren und zugleich auch das ungenaueste Verfahren im Hinblick auf eine verursachungsgerechte IT-Abrechnung. Bei der Umlage wird die IT-Leistung als Gesamtheit definiert. Die „IT-Leistungsverrechnung" definiert einzelne IT-Leistungen und verrechnet diese mittels einer Leistungsmenge und dem Verrechnungspreis für eine Leistungseinheit. Die Definition einzelner IT-Leistungen (IT-Produkte) und das Ermitteln geeigneter Verrechnungspreise stellen zusammen den zentralen Punkt der „IT-Leistungsverrechnung" dar. Die IT-Leistungen können dabei aus Sicht der eher technischen IT stammen (z. B. CPU-Minuten) oder auch aus Sicht des Leistungsempfängers definiert werden (z. B. Standard-PC-Arbeitsplatz). Die Verrechnungspreise können grundsätzlich an Marktpreisen angelehnt sein oder sich an der Kostensituation im Unternehmen orientieren. Maßgeblich für die Wahl der Verrechnungsmethodik und des Verrechnungsverfahrens ist unter anderem die Organisationsform der IT. Während bei Cost-Center-Organisationen regelmäßig Abstriche in puncto Verursachergerechtigkeit in Kauf genommen werden können, ist für eine Profit-Center-Organisation eine detaillierte und verursachungsgerechte IT-Leistungsabrechnung unerlässlich.

Neben den beiden o. g. traditionellen Verfahren gewinnt die Prozesskostenrechnung innerhalb der IT zunehmend an Bedeutung. Deren großer Vorteil besteht in der Möglichkeit, den großen IT-Gemeinkostenblock relativ gerecht und realistisch auf die einzelnen IT-Leistungen aufteilen zu können. Voraussetzung ist dabei, dass als IT-Leistungen IT-Prozesse definiert werden. Dem Vorteil steht allerdings der unter Umständen immens hohe Aufwand gegenüber, die Prozesskostenrechnung verursachen kann.

Zusammenfassend lässt sich feststellen, dass die Notwendigkeit, die Ziele und die Gestaltungsmöglichkeiten einer internen Leistungsverrechnung von IT-Kosten stets von den unternehmensspezifischen Umständen abhängen. Ein allgemeingültiges und als einzig richtiges Konzept der IT-Leistungsverrechnung existiert nicht. Für die Zukunft lässt sich vermuten, dass die Informationstechnologie in immer stärkerem Maße zum integralen Bestandteil der Geschäftsprozesse im Unternehmen wird.[68] Damit ist die Notwendigkeit und die zunehmende Bedeutung des IT-Controllings im Unternehmen verbunden. Darüber hinaus zeichnet sich ab, dass die Zeiten drastischer Budgetkürzungen und ambitiösen Einsparungen in der IT allmählich am Ende sind. Die Budgets sind größtenteils an ihrer Untergrenze angelangt. Jetzt heißt es für das IT-Controlling den weitaus interessanteren und fordernden Teil seiner Aufgaben, nämlich dem Steuern der IT, nachzukommen. IT-Controlling sollte weit mehr sein als die reine „Zahlenspielerei" in Form von Ist-Plan-Abweichungen und die reine Konzentration auf die Kostenseite.

---

[68] Vgl. Bertleff, a. a. O.

Deutscher Corporate Governance Kodex

Richard Lederer

1. Einleitung	534
2. Die Entstehung des DCGK	535
3. Die Grundstruktur des DCGK	536
4. Die Inhalte des DCGK	537
4.1 Aktionäre und Hauptversammlung	538
4.2 Zusammenwirken von Vorstand und Aufsichtsrat	539
4.3 Vorstand	542
4.4 Aufsichtsrat	545
4.5 Transparenz	551
4.6 Rechnungslegung und Abschlussprüfung	553
5. Die Akzeptanz des DCGK	556
6. Fazit und Ausblick	557

Vorbemerkung: Der Artikel basiert auf der Fassung des Deutschen Corporate Governance Kodex (DCGK) vom 23. Mai 2003.[1] Die Wiedergabe von Formulierungen aus dem Kodex ist durch *kursive* Schreibweise gekennzeichnet.

---

[1] Vgl. Deutscher Corporate Governance Kodex; www.corporate-governance-code.de..

1. Einleitung

Spektakuläre Firmenzusammenbrüche, Bilanzskandale, undurchsichtige Börsengeschäfte, vergoldete Handshakes und schlechthin Missmanagement haben in den letzten Jahren das betriebswirtschaftlich und juristisch allgemein interessante Thema von Corporate Governance (CG) in den Vordergrund öffentlichen Interesses gerückt. Liberalisierung und Globalisierung der Welt- und Finanzmärkte verstärken diese Tendenz. Der DCGK soll gegenwärtigen und zukünftigen internationalen Kapitalgebern, insbesondere Aktionären einen Einblick in die Art und Weise unternehmerischer Führung in Deutschland geben. Der angloamerikanische Begriff CG kann als Leitung und Überwachung von Unternehmen, besser: als Leitung und Überwachung der Leitung, übersetzt werden. Das Auseinanderfallen von Eigentum (Anteilseigner) und der Verfügungsgewalt über das Eigentum (Management), wie es bei Aktiengesellschaften typisch ist, stellt besondere Anforderungen an CG. Dabei geht es aber in der modernen Diskussion um CG in Deutschland keineswegs nur um die Aktionäre, die geschützt werden sollen, vielmehr werden auch die Beziehungen zu anderen Stakeholder des Unternehmens, wie Mitarbeiter, Gläubiger, Lieferanten, Allgemeinheit, in die Überlegungen einbezogen. Neben dem rechtlichen und organisatorischen Rahmen, der die Aktivitäten von „Leitung und Überwachung" begrenzt, und den wirtschaftlichen Notwendigkeiten, die die Aktivitäten auslösen, wird im Rahmen von CG immer mehr an Normen und Verhaltensmuster appelliert, die unter dem Begriff Ethik zu subsumieren sind. Man muss nicht dem bekannten bayerischen Komödianten Karl Valentin (1882-1948) folgen, der sagte:

„Was, Wirtschaftsethik wollen Sie studieren? Na, dann sollten Sie sich aber für eine Disziplin entscheiden – entweder für Wirtschaft oder für Ethik." [2]

Der ethische Rahmen des Handelns scheint aber teilweise in der Praxis verloren gegangen zu sein. Aber dies nicht nur in der Wirtschaftspraxis. Man kann auf den im Jahre 1517 gegründeten und noch immer existierenden Verein „Versammlung Eines Ehrbaren Kaufmanns zu Hamburg e.V." zurückgreifen, der eine an ethischen Werten und am Allgemeinwohl orientierte Führung der Geschäfte proklamierte und proklamiert. Anfang des letzten Jahrhunderts entwickelte sich in der Betriebswirtschaftslehre eine Richtung, die ethisch-menschliche Werte in ihre Aussagen mit einbezog und unter „normativer Betriebswirtschaftslehre" bekannt wurde (Heinrich Nicklisch, 1876 – 1946). Auch heute ist der Begriff des ehrbaren Kaufmanns für viele nicht nur ein Leitbild im Wort, sondern auch in der Tat. Und in Gesetzestexten wird immer wieder und ganz bewusst auf den „ordentlichen und gewissenhaften Kaufmann" Bezug genommen. Die Ausprägung von CG ist natürlich auch abhängig von der Rechtsform und der Unternehmensverfassung und damit insbesondere von der Struktur der Leitung. In England und den USA finden wir bei Kapitalgesellschaften ausschließlich das

---

[2] Vgl. o.V; Die Rheinpfalz vom 03. 04. 2004; Seite: „Leben heute".

monistische System mit einem Board (Verwaltungsrat), dem sowohl die operativ leitenden Personen als auch die so genannten Non-Executives, also die mehr beratenden und überwachenden Personen angehören. Demgegenüber steht das duale oder dualistische System mit Vorstand (Leitung) und dem Aufsichtsrat (AR) für die Überwachungs- und Beratungsaufgaben. Die wirtschaftlichen Turbulenzen der letzten Jahre haben beim Boardsystem zu einer bewussten und rechtlich unterlegten Aufgabensplittung geführt. So sollen mehr der Überwachung dienende Aufgaben ausschließlich von den Non-Executives wahrgenommen werden. Im dualistischen System dagegen übt der Aufsichtsrat verstärkt operativen Einfluss aus. Je mehr beide Systeme sich der Vorteile des anderen bedienen wollen, umso stärker bewegen sich beide Systeme aufeinander zu. Ein völliger Gleichklang würde jedoch die Aufgabe von jeweils bestimmenden Strukturelementen bedeuten. In Frankreich gibt es z. B. die Möglichkeit, eine Aktiengesellschaft nach dem monistischen oder dualistischen System zu gestalten. In Deutschland gilt ausschließlich das dualistische System.

2. Die Entstehung des DCGK

Die wünschenswerte Entwicklung zur Internationalisierung der Finanzmärkte und das zunehmende Interesse, insbesondere von internationalen institutionellen Anlegern auch an deutschen Aktien, haben schon zu Beginn der 90er Jahre des letzten Jahrhunderts zu Überlegungen geführt, CG in Deutschland zu kodifizieren. Hinzu kam damals, dass die Aktie für eine breite Schicht von Anlegern in Deutschland boomte (Neuer Markt). Mit der Kodifizierung sollte für Interessenten am Kapitalmarkt die Art und Weise von CG transparenter gemacht und das Vertrauen in den Finanzplatz Deutschland gestärkt werden.

Die kapitalmarktmäßige Vorrangstellung der USA und von England und die dort vorhandenen Regelungen haben natürlich auch im DCGK ihren Niederschlag gefunden. Die bereits am Anfang des Artikels erwähnten Schieflagen von Unternehmen und die auch damit verbundene Kritik an Wirtschaftsprüfungsgesellschaften – der spektakulärste Fall ist sicherlich der Konkurs von Enron in den USA und als Folge der Untergang einer der größten Wirtschaftsprüfungsgesellschaften weltweit – haben den zeitlichen Druck auf die Erstellung eines Kodex verstärkt. Es hat jedoch bis zum September des Jahres 2001 gedauert, bis auf der Basis von verschiedenen Vorarbeiten eine Regierungskommission unter der Leitung von Dr. G. Cromme (ThyssenKrupp AG) – daher auch manchmal Cromme-Kommission genannt – zur Erarbeitung des Kodex eingesetzt wurde. In dieser Kommission sind neben Praktikern und Universitätsprofessoren auch der Deutsche Gewerkschaftsbund, die Deutsche Börse, Wirtschaftsprüfer und Anlegerinteressen vertreten. Im Februar 2002 wurde der Kodex von der Kommission verabschiedet und danach durch den elektronischen Bundesanzeiger bekannt gemacht. Mit der Einführung des § 161 Aktiengesetz (AktG) durch das Transparenz- und

Publizitätsgesetz (TransPuG) im Juli 2002 bekommt der DCGK einen rechtlichen Rahmen (s. weiter unten Abschnitt 3.).

Die Regierungskommission hat sich nicht aufgelöst, sondern besteht weiter und hat sich zur Aufgabe gemacht, den von ihr vorgegebenen Rahmen regelmäßig zu überprüfen, weiter zu entwickeln und bedarfsweise anzupassen. So wurde im Mai 2003 die letzte Fassung verabschiedet und im Juli 2003 im Elektronischen Bundesanzeiger bekannt gemacht.

3. Die Grundstruktur des DCGK

Der Geltungsbereich des Kodex ist in erster Linie auf börsennotierte Aktiengesellschaften ausgerichtet. Die durch die Anwendung des Kodex angestrebte Transparenz und Standardisierung einer Unternehmensführung soll dem Finanzmarkt, den institutionellen Anlegern, den Kleinaktionären aber auch allen anderen Interessengruppen – Stakeholder – als vertrauensbildende Maßnahme dienen, da der Kodex die Best Practice-Methode, also die Standards guter Unternehmensführung widerspiegelt.[3] Aber *auch nicht börsennotierten Gesellschaften wird* in der Präambel *die Beachtung des Kodex empfohlen.* Damit soll die „gute Unternehmensführung" in allen Unternehmen, unabhängig von der Rechtsform und der Kapitalstruktur Eingang finden. Sicherlich sind keineswegs alle Bestimmungen auf andere Unternehmensformen übertragbar, aber man kann erwarten, dass der Geist, der hinter den Bestimmungen steht, sich ausbreitet. Dies kann auch in kleineren und mittleren Unternehmen sehr hilfreich sein, z. B. für Kreditaufnahmen, bei denen die Banken im Rahmen ihres Rating nicht nur Hard Facts, sondern auch weiche Faktoren, also die Art und Solidität der Unternehmensführung oder die Transparenz des Zahlenmaterials in ihr Kalkül mit einbeziehen.

Der DCGK enthält drei unterschiedliche Vorgaben:

Er gibt in Gesetzestexten festgelegte Regelungen wieder, die eingehalten werden müssen. Im Wesentlichen wird dabei auf das AktG Bezug genommen. Diese Wiedergabe von gesetzlichen Regelungen dient lediglich der Komplettierung der Bestimmungen zur Unternehmensführung.

Weiterhin werden ca. 70 „Empfehlungen" ausgesprochen, deren Einhaltung auf Freiwilligkeit beruht. Sie sind im Text mit dem Hilfsverb „soll" versehen. Die Nichteinhaltung dieser „Empfehlungen" muss zwar nicht begründet werden, aber in der Entsprechenserklärung lt. § 161 AktG (s. unten) müssen die einzelnen nicht zur Anwendung gelangenden „Empfehlun-

---

[3] Vgl. Audit Committee Quarterly; KPMG Frankfurt; Heft III/2003, S. 10 ff.

gen" aufgeführt werden. Das Prinzip einer solchen Vorgehensweise nennt man „comply or explain".

Schließlich gibt es die dritte Art von Vorgaben, nämlich die „Anregungen". Sie stellen die weichsten Bestimmungen dar und werden im Text des Kodex durch „sollte" oder „kann" gekennzeichnet. Ob diese knapp 20 „Anregungen" erfüllt werden oder unbeachtet bleiben, muss nicht dokumentiert werden.

Der bereits erwähnte § 161 AktG trat zum 01. 07. 2002 in Kraft:

„Vorstand und Aufsichtsrat der börsennotierten Gesellschaften erklären jährlich, dass den vom Bundesministerium der Justiz im Amtlichen Teil des Elektronischen Bundesanzeigers bekannt gemachten Empfehlungen der ‚Regierungskommission Deutscher Corporate Kodex' entsprochen wurde und wird oder welche Empfehlungen nicht angewendet wurden oder werden. Die Erklärung ist den Aktionären dauerhaft zugänglich zu machen."

Dieser Gesetzestext ist das einzige rechtliche Rückgrat des Kodex, wenn man von den oben bereits erwähnten Wiederholungen von Regelungen für die Unternehmensführung aus verschiedenen Gesetzen absieht. Mit einer solchen Entsprechenserklärung wird Neuland betreten. So ist es nur verständlich, dass in Bezug auf Fristen, Inhalt, Träger der Erklärung, Geltungszeiträume, Haftung und Haftungsansprüche noch juristische Fragen auftreten werden, die erst mit einem längeren Anwendungs- und damit Erfahrungszeitraum geklärt werden können.

Beispielsweise ist die Entfernung eines AR-Mitgliedes zum Tagesgeschäft in einem Unternehmen doch so groß, dass er kaum die komplette Anwendung der „Empfehlungen" überprüfen kann. So wird in den verschiedensten Erörterungen und Kommentierungen zum Kodex schon überlegt, ob Vorstand und Aufsichtsrat getrennte, jeweils für ihren Verantwortungsbereich gültige Erklärungen abgeben sollten, oder ob die Einrichtung eines, natürlich nicht hauptberuflich tätigen Beauftragten sinnvoll ist, der den beiden Organen zuarbeitet. In der Praxis geben heute meistens Vorstand und Aufsichtsrat eine gemeinsame Erklärung ab, die oft auch im Internet hinterlegt ist.

4. Die Inhalte des DCGK

Die Vorgaben des Kodex wenden sich in erster Linie an den AR. Daraus könnte man schließen, dass hier eine wesentliche Ursache in den Unternehmensturbulenzen der vergangenen Jahre zu suchen ist und von der Regierungskommission hier auch der größte Nachbesserungsbedarf gesehen wird. Dennoch werden im Kodex alle Spieler hinsichtlich einer „guten Unternehmensführung", also Aktionäre, Vorstand, AR und Wirtschaftsprüfer (WP) angesprochen. Die nachfolgenden Ausführungen werden in der Reihenfolge der Abschnitte des Kodex gegliedert und befassen sich schwerpunktmäßig mit den „Empfehlungen".

4.1 Aktionäre und Hauptversammlung

Die Aktionäre nehmen ihre Rechte in der Hauptversammlung wahr und üben dort ihr Stimmrecht aus. (s. auch § 118 AktG). Im Wesentlichen beschließt die Hauptversammlung (HV) über die Bestellung der AR-Mitglieder (Vertreter des Kapitals), über die Verwendung des Bilanzgewinns, über die Entlastung von Vorstand und AR, über die Bestellung des WP, über Satzungsänderungen und Kapitalmaßnahmen.

Die Ausführungen im Kodex sollen dazu dienen, den Aktionären die Wahrnehmung ihrer Rechte zu erleichtern. So soll der Vorstand die für die HV vorgesehenen Unterlagen nicht nur auslegen und den Aktionären, Aktionärsvertretern und Finanzdienstleistern übermitteln, sondern auch im Internet hinterlegen. Weiterhin soll der Vorstand für die Bestellung eines Vertreters sorgen, der die weisungsgebundene Ausübung des Stimmrechts der Aktionäre wahrnimmt. Als „Anregung" wird vorgeschlagen, dass dieser Vertreter auch während der HV ansprechbar ist und dass die HV z. B. über Internet verfolgbar ist.

Dem Bankier von Fürstenberg schreibt man die Bemerkung zu, dass Aktionäre dumm und frech seien: dumm, weil sie ihr Geld Dritten geben, und frech, weil sie dafür auch noch eine Rendite, also eine Dividende erwarten. Nun, die Aktionäre als Kapitalgeber sind der tragende Kern von über 3000, davon knapp 1000 börsennotierten Aktiengesellschaften in Deutschland, und es ist selbstverständlich, dass man die Wahrnehmung ihrer Rechte unterstützt. Das Problem liegt vielmehr in der praktischen Durchsetzung. Wer eine große HV schon einmal besucht hat, weiß, dass unabhängig von dem manchmal herrschenden Volksfestcharakter ein einzelner Aktionär, ein so genannter Kleinaktionär, meistens auf verlorenem Posten steht und sich nach seiner Wortmeldung bestenfalls mit einem Applaus der Versammlung zufrieden geben muss. Bewegen wird er nicht viel, unabhängig davon, wie sein fachlicher Hintergrund ist. Dies gilt natürlich nicht für Großaktionäre, die meist ein Mandat bzw. eine Vertretung im AR haben, und für Vertreter von Aktionärsvereinigungen, die den Besuch von HVen und die professionelle Beschäftigung mit der Materie zu ihrem Beruf gemacht haben. Durch seriöse Aktionärsvereinigungen oder sonstige Intermediäre kann der einzelne Aktionär seinen Willen mit Gleichgesinnten bündeln und besser zum Ausdruck bringen.

Sehr viel weniger gilt dies für das so genannte Depotstimmrecht, bei denen Banken die Aktien von Depotkunden verwalten und auftragsgemäß vertreten. Natürlicherweise handeln Banken nicht nur im Interesse der Aktionäre, vielmehr haben sie auch berechtigterweise ein Eigeninteresse und können dadurch in Interessenkonflikte geraten. Deshalb steht das

Depotstimmrecht auch immer wieder zur Diskussion, andererseits zeigen Banken und Sparkassen immer weniger Interesse an dieser Aktivität.[4] Bei Gesellschaften mit großem Streubesitz wird durch das Depotstimmrecht immerhin erreicht, dass eine ausreichende Präsenz auf der HV vorhanden ist, um Entscheidungen von zufällig anwesenden Minderheiten zu verhindern.

Die vornehmste Aufgabe von Aktionären ist letztlich die Wahl ihrer Vertreter in den AR. Der AR stellt die Vorhut der Aktionäre im Unternehmen dar und ist dann relativ immer noch näher am Geschehen als der Aktionär in der meistens einmal jährlich stattfindenden HV. Das Principal-Agent-Verhältnis, das in der Fachliteratur häufig das Verhältnis von Aktionär (Principal) und Vorstand (Agent) beschreibt, muss viel stärker auf den AR als eigentlicher Agent der Aktionäre ausgeweitet werden. Denn einerseits werden die Kapitalvertreter im AR durch die Aktionäre in der HV gewählt, andererseits bestellt der AR den Vorstand (s. Abschnitt 4.4).

Die Rechte der Aktionäre werden u. a. durch das im Entwurf vorliegende „Gesetz zur Unternehmensintegrität und Modernisierung des Anfechtungsrechtes" (UMAG) gestärkt. Hierbei geht es um einen verstärkten Minderheitenschutz bzw. das Klagerecht von Aktionären – ab 1 Prozent des Grundkapitals bzw. 100.000 Euro Börsenwert – und der damit verbundenen entsprechenden Haftung der Organmitglieder sowie um das Recht auf Sonderprüfungen.[5]

4.2 Zusammenwirken von Vorstand und Aufsichtsrat

Eine Vertrauenskultur zwischen Vorstand und AR ist die Grundlage für die Zusammenarbeit der beiden Organe zum Wohle des Unternehmens. Dabei ist auf eine sachliche Zusammenarbeit Wert zu legen. Jegliche Kumpanei ist dabei zu vermeiden, da sonst die Rollen, die beide Organe zu spielen haben, nicht mehr wahrgenommen werden können.

Neben der Abstimmung über die strategische Ausrichtung des Unternehmens sieht das Gesetz nach § 111 Abs. 4 AktG so genannte zustimmungspflichtige Geschäftsarten vor. *Für Geschäfte von grundlegender Bedeutung legen die Satzung oder der AR Zustimmungsvorbehalte zugunsten des AR fest.* Hierzu gehören Entscheidungen oder Maßnahmen, die die Vermögens-, Finanz- oder Ertragslage des Unternehmens grundlegend verändern. Die Ablehnung des AR für ein solches Geschäft kann dann nur durch einen Beschluss der HV aufgehoben werden.

---

4 Vgl. von Werder, A.; Gespräch in Berlin am 06.07.2004.
5 Vgl. Peltzer, M.; Gastkommentar in: Audit Committee Quarterly; Heft I/2004; S. 4 ff.

In diesem Zusammenhang ist die Frage zu stellen, ob der AR als Ganzes überhaupt das Detailwissen besitzt, um solche Geschäfte sachgerecht beurteilen zu können. Der Informationsvorsprung des Vorstands ist normalerweise so groß, dass lediglich ein kluges Hinterfragen für den AR verbleibt. Es ist deshalb üblich, solche schwerwiegenden Geschäfte mit AR-Vorsitzendem oder meinungsbildenden Mitgliedern des AR vorher abzuklären.

Die ausreichende Informationsversorgung des AR ist gemeinsame Aufgabe von Vorstand und AR. Einen beispielhaften Katalog über die regelmäßige Berichterstattung enthält § 90 AktG. Bei der Festlegung über Inhalt und Form der Informationen müssen sich AR und Vorstand verständigen. Dabei sind alle für die Unternehmensführung wichtigen Geschäftszahlen abzubilden, die Darstellung zum besseren Einlesen in gleich bleibender Form zu wählen und besonders bei tabellarischen Darstellungen eine Kommentierung vorzunehmen. Letzteres gilt in besonderem Maße für die Begründung von Soll-Ist-Abweichungen, die ja einen wesentlichen Gegenstand der Beratungen mit dem AR ausmachen. Auf eine zeitnahe und in sich geschlossene Berichterstattung, auch zwischen den einzelnen Sitzungsterminen des AR ist wert zu legen. Potthoff[6] nennt 6 Anforderungen, die bei der Berichterstattung seitens des Vorstands zu erfüllen sind: „alle Berichte müssen (1.) wahr, (2.) vollständig, (3.) übersichtlich und klar, (4.) nachprüfbar, (5.) formgerecht und (6.) zeit-gerecht sein." Auch wenn postuliert wird, Zahlenfriedhöfe zu vermeiden, so ist das oft wegen der notwendigen Vollständigkeit der Information nicht immer zu umgehen. Hilfreich kann dann sein, Verdichtungen vorzunehmen und Detailblätter für interessierte Leser anzuhängen. Somit kann eine hierarchische Struktur der Informationsmenge aufgebaut werden.

Unabhängig von der regelmäßigen Berichterstattung hat der Vorstand den AR bzw. seinen Vorsitzenden über außergewöhnliche Ereignisse umgehend zu informieren. Umgekehrt steht ein grundsätzliches Informationsrecht dem AR-Vorsitzenden genauso zu wie jedem einzelnen AR-Mitglied. Es besteht sogar eine Pflicht des AR bzw. seiner Mitglieder, sich die für die Aufgabenerfüllung notwendigen Informationen zu beschaffen („Holschuld"). Das Mitglied wird aber häufig seine Anfrage vorher mit dem AR-Vorsitzenden absprechen, weil dieser eventuell schon durch seine zahlreicheren Kontakte mit dem Vorstand die Anfrage beantworten kann.

Natürlich sind Informationen manipulierbar. Ein Dilemma liegt darin, dass der AR einerseits den Vorstand überwachen soll, andererseits die Informationen, auf die der AR angewiesen ist, vom zu überwachenden Vorstand bekommt. Hier spielt wiederum, neben der einen oder anderen Logik- oder Plausibilitäts-Prüfung, das schon erwähnte Vertrauen die entscheidende Rolle für die Zusammenarbeit. Bei bewusster Verletzung des Vertrauens müssen allerdings dann auch die entsprechenden Konsequenzen gezogen werden.

Im Abschnitt 3.6 des Kodex heißt es: *In mitbestimmten Aufsichtsräten sollten die Vertreter der Aktionäre und der Arbeitnehmer die Sitzungen des AR jeweils gesondert, gegebenenfalls*

---

[6] Vgl. Potthoff, E./Trescher, K; Das Aufsichtsratsmitglied. Ein Handbuch der Aufgaben, Rechte und Pflichten; Stuttgart 2003; hrsg. von Manuel R. Theisen, neu bearbeitete 6. Auflage; S. 172.

mit Mitgliedern des Vorstands, vorbereiten. Und weiter: *Der AR sollte bei Bedarf ohne den Vorstand tagen.* Die letzte „Anregung" ist ganz sicherlich bei Personalentscheidungen wahrzunehmen, zu denen auch Grundsatzüberlegungen zur mittelfristigen Struktur und Besetzung des Vorstands gehören. Die erstgenannte „Anregung" ist zwar vielfach Praxis, führt aber unweigerlich dazu, dass die offiziellen AR-Sitzungen teilweise dann zu einer Formalie bzw. zu einem Ritual reduziert werden. Hinzu kommt die Gefahr, dass der Vorstand aufgrund seiner Macht und seiner Kompetenz die von ihm abhängigen Arbeitnehmervertreter im AR bewusst oder unbewusst in der gesonderten Sitzung mit ihnen beeinflussen kann.

Weitere Inhalte des Abschnitts 3 des Kodex sind die Erwähnung der Aufgaben von Vorstand und AR bei einem Übernahmeangebot, die Verpflichtung zur Wahrung der Vertraulichkeit und die Zustimmungspflicht des AR bei der Gewährung von Krediten des Unternehmens an Mitglieder des Vorstands und des AR.

Im Kodex wird auch die D & O-Versicherung (Directors- und Officer-Versicherung) behandelt. Mit ihr werden finanzielle Ansprüche, z. B. von Aktionären gegenüber Organmitgliedern, aber auch gegenüber Leitenden Angestellten, bei zumindest nicht schuldhaften Verstößen abgedeckt. Wird eine solche Versicherung von der Gesellschaft abgeschlossen, was keine Pflicht, aber zunehmend der Fall ist, *so soll ein angemessener Selbstbehalt vereinbart werden.* Es kann sich bei dem Selbstbehalt für die jeweilige Person nur um eine vorbeugende, psychologisch wichtige Bewusstmachung für die Gefahren von Fehlverhalten handeln, da in der Regel der Selbstbehalt, sofern er überhaupt schon in der Praxis umgesetzt ist, bei Mitgliedern des Vorstands 25 Prozent der jährlichen Festbezüge und bei Mitgliedern des AR zwischen 50 und 100 Prozent der Festbezüge nicht übersteigt und damit nur in unbedeutendem Maße eine meist größere Schadenssumme abdecken kann.[7]

Vorstand und AR sollen jährlich im Geschäftsbericht über die Corporate Governance berichten. Damit soll sichergestellt werden, dass „gute Unternehmensführung" den Handelnden bewusst und als gelebte Praktik im Unternehmen nach Außen transparent wird. Diese Aussage im Geschäftsbericht ist nicht mit der bereits im 3. Abschnitt abgehandelten weitaus formaleren Entsprechenserklärung nach § 161 AktG zu verwechseln, obgleich natürlich hier ein Zusammenhang besteht.

---

[7] Vgl. Audit Committee Quarterly; Heft I/2004; S. 19.

4.3 Vorstand

„Der Vorstand hat unter eigener Verantwortung die Gesellschaft zu leiten".

(§ 76 Abs.1 AktG) Dieser Kernaussage fügt der Kodex hinzu, dass der Vorstand zur *Steigerung des nachhaltigen Unternehmenswertes verpflichtet* ist. Aufgabenumfang und -vielfalt der Unternehmensführung in der Praxis lassen aber einen Katalog der Zuständigkeiten eines Vorstands nicht zu. Neben dem Hinweis auf die Erarbeitung und Umsetzung der Strategie erwähnt der Kodex als Aufgabe für den Vorstand noch die Sicherstellung der Einhaltung gesetzlicher Bestimmungen im Unternehmen und das Risikomanagement, das durch das Gesetz zur Kontrolle und Transparenz im Unternehmensbereich (KontraG) mit dem § 91 Abs. 2 AktG Eingang gefunden hat. In diesem Zusammenhang muss aber noch einmal auf die bereits im vorigen Abschnitt erwähnten Geschäfte mit einem Zustimmungsvorbehalt durch den AR verwiesen werden.

Der Hinweis auf die „Nachhaltigkeit" begründet sich sicherlich zum Teil aus Fehlentwicklungen in der Praxis. Der oft missverstandene oder fehlinterpretierte Shareholder Value-Gedanke und immer kürzer werdende Berichtszeiträume lassen die Nachhaltigkeit immer mehr in den Hintergrund treten. Teilweise sensationell aufgemachte Erfolgsmeldungen können natürlich den Börsenwert kurzfristig steigern, ohne aber dass die Ertragskraft oder die inneren Ressourcen für die Zukunft des Unternehmens gestärkt werden. Die Messung der Nachhaltigkeit ist ein betriebswirtschaftlich sehr schwieriges Thema. Auf eine allgemein gültige theoretische Lösung hat man sich noch nicht einigen können. Der Ruf nach einem Value Based-Management-System, auf das hier nicht näher eingegangen wird, kann weder z. B. durch eine Zeitreihe der Entwicklung der EVA-Kennzahl (Economic Value Added) befriedigend erfüllt werden, noch durch die Darstellung, welche Segmente, seien es Märkte oder Produkte, zu Werttreibern bzw. zu Wertvernichtern gehören. Jedoch steht eine große Anzahl von Kennziffern zur Verfügung, die unternehmensindividuell strukturiert, ausgewählt, zusammengestellt und festgelegt werden können und die dann bei regelmäßiger Anwendung eine Beurteilung des Werteverlaufs einer Unternehmung erleichtern.

Einen breiten Raum im Kodex nehmen Zusammensetzung des und Vergütung für den Vorstand ein. *Der Vorstand soll aus mehreren Personen bestehen und einen Vorsitzenden oder Sprecher haben*. Bereits im Aktiengesetz ist ab einer Größe des Grundkapitals von 3 Mio. Euro mehr als ein Vorstandsmitglied vorgesehen, sofern die Satzung nichts anderes bestimmt. Demgegenüber steht die Empfehlung zur Bestimmung eines Vorsitzenden oder Sprechers etwas im Widerspruch zum AktG, das im § 77 die kollegiale Verantwortung des Vorstands zum Prinzip macht. In der Ausgestaltung besteht jedoch eine relativ große Freiheit. So sind der Sprecher oder der Vorsitzende meistens den anderen Mitgliedern des Vorstands nicht hierarchisch übergeordnet, sondern wirken in der Öffentlichkeit als Sprachrohr des Unternehmens. Satzung und Geschäftsordnung regeln nicht nur diese Frage, sondern auch die Aufgabenverteilung und Zusammenarbeitsfragen im Vorstand. So wird vom Kodex auch die

Erstellung einer Geschäftsordnung empfohlen, die im Zusammenwirken mit dem AR, selten vom Vorstand eigenverantwortlich beschlossen wird.

Der AR soll über das Vergütungssystem für den Vorstand beraten und es regelmäßig überprüfen. Das System und die Höhe der Vergütung werden meistens von einem Personalausschuss des AR erarbeitet, sollen aber aufgrund der teilweise negativen Beispiele[8] vom Plenum des AR beschlossen werden. Dabei empfiehlt der Kodex, dass die Gesamtvergütung angemessene fixe und variable Bestandteile umfasst. Die variablen Bestandteile basieren auf erfolgsabhängigen Größen, wobei hier wieder die Nachhaltigkeit des Erfolgs eine Rolle spielen soll. Aktienoptionen mit mehrjähriger Veräußerungssperre werden vielfach als besonders geeignete variable Vergütungskomponenten gesehen. In der Regel dienen aber auch kurzfristige Erfolgsfaktoren als Bemessungsgrundlage. Dabei ist die Dividendenhöhe eine wenig geeignete Kennzahl, weil sie durch Bilanzpolitik und Aktienmarktpolitik mit bestimmt wird. Ein besserer Maßstab kann jedoch der operative Gewinn sein, der von außergewöhnlichen und außerordentlichen sowohl positiven als auch negativen Einflüssen jedes Jahr in gleicher Rechenform bereinigt ist. Weiterhin soll die variable Vergütung auch auf einer Leistungsbeurteilung über die Tätigkeit des einzelnen Vorstandsmitgliedes auf der Basis eines Vergleichs von Zielvereinbarung und Zielerreichung beruhen. Der Kodex empfiehlt, dass die vereinbarten Erfolgsziele nachträglich nicht geändert werden und für außergewöhnliche Entwicklungen – z. B. im Falle von mergerbedingten Spekulationsgewinnen – eine Begrenzung vorgesehen ist.[9] Das Vergütungssystem und ggf. Aktienoptionen mit ihrem Wert sollen sowohl auf der Internetseite des Unternehmens als auch im Geschäftsbericht bekannt gemacht und durch den Vorsitzenden des AR in der HV erläutert werden.

Bisher war es Pflicht, den Gesamtbetrag aller Vorstandsbezüge, getrennt nach Bezügen für die aktiven und pensionierten Vorstandsmitglieder, im Geschäftsbericht auszuweisen. Der Kodex empfiehlt nun nicht nur eine Aufteilung nach den einzelnen Komponenten der Vergütung, sondern auch noch individualisiert für jedes einzelne Vorstandsmitglied. Diese Individualisierung wird zurzeit. nur von elf der dreißig DAX-Unternehmen befolgt. Auch wenn sie in vielen, auch europäischen Ländern Praxis ist, tritt die Frage auf, ob dieses zur Schaustellen von Geld und dem daraus abgeleiteten fragwürdigen „Wert" eines Einzelnen zur Transparenz und Verbesserung der Unternehmensführung beiträgt. Unabhängig von der in Deutschland geltenden Kultur, z. B. Schutz der Individualsphäre, die im geltenden Steuergeheimnis einen Ausdruck findet, wird aber auch die Frage zu stellen sein, ob eine solche Individualisierung nicht gesellschaftlich mehr Schaden anrichtet als es nutzt.

Mit Recht werden landauf, landab die exorbitanten Erhöhungen von Vorstands-Gehältern seit Ende der 90er Jahre bei mitunter sogar stark sinkenden Unternehmensergebnissen beklagt.[10] Oft wird in diesem Zusammenhang von Selbstbedienungsmentalität gesprochen. Das gilt in

---

8   Vgl. Peltzer, M.; Deutsche Corporate Governance – Ein Leitfaden; München 2004; 2. Auflage; S. 58.
9   Vgl. Gaitanides, M.; Editorial in: Zeitschrift Führung + Organisation (zfo); Heft 2/2004; S. 65.
10 Vgl. Peltzer a. a. O.; S.37.

gleichem Maße für die Pensionen und Zusatzleistungen (z. B. Auto, Sekretärin), die ein Mitglied des Vorstands oft bis zu seinem Tode erhält. Auch tritt die Frage auf, ob Abfindungen bei einer Abberufung dem Grundsatz einer risikobehafteten Tätigkeit mit entsprechend hoher Vergütung entsprechen. Sieht man von den teilweise unheiligen Allianzen zwischen Vorstands- und AR-Mitgliedern auch unterschiedlicher Unternehmen ab (man spricht hier gerne von der „Deutschland AG"), so ist weniger den Personen des Vorstands eine Schuld zuzuweisen, geschweige denn darf man sie kriminalisieren, da der AR die Vergütungen festlegt. Es ist also sachgerechter, vom Versagen von Aufsichtsräten zu sprechen. Die Empfehlung im Kodex, dass der AR als Ganzes das Vergütungssystem beschließt und regelmäßig überprüft, wird sicherlich die Anzahl größerer Verwerfungen in der Zukunft verringern. In diesem Zusammenhang stellt sich die Frage, ob aber nicht in das Vergütungssystem auch alle Zusatzleistungen einzubeziehen sind? Und müssen bei der Individualisierung dann nicht die „Gesamtkosten" eines Vorstandsmitgliedes für den Aktionär genannt werden?

Die Höhe der Bezüge von Organträgern ist im Rahmen des „Mannesmann"-Prozesses (es handelte sich dabei um die Frage von strafrechtlichen Vergehen bei der Zahlung von vertraglich nicht vereinbarten Abfindungen im Rahmen der Übernahme von Mannesmann durch Vodafone), der im Juli 2004 erstinstanzlich mit Freisprüchen abgeschlossen wurde, wieder in den Blickpunkt gerückt. So wurde sogar der Ruf nach staatlich festzusetzenden Höchstgrenzen für Vorstandsbezüge laut, was unseren marktwirtschaftlichen Prinzipien mit allen Konsequenzen für ausländische Investitionen in Deutschland zuwider laufen würde. Es ist zu akzeptieren, dass Spitzenmanager einen Marktwert haben, den sie natürlich durch ein gutes Reputationsmanagement erhöhen können. Der Forderung von Öffentlichkeit und Politik nach größerer Transparenz, also nach Individualisierung der Vorstandsgehälter ist aber wohl kaum noch etwas entgegen zu setzen. Die Bundesregierung erwägt eine gesetzliche Vorlage, wenn bis Mitte 2005 die großen Aktiengesellschaften, also zumindest die 30 Dax-Gesellschaften den Empfehlungen des Kodex zur Veröffentlichung der individuellen Vorstandsbezüge nicht freiwillig Folge leisten würden.

Zu einer guten Unternehmensführung gehört selbstverständlich, dass neben dem Wettbewerbsverbot lt. § 88 AktG Interessenkonflikte bei den Organmitgliedern, aber auch auf anderen Unternehmensebenen vermieden werden. *Jedes Vorstandsmitglied soll Interessenkonflikte dem AR gegenüber unverzüglich offen legen.* Und *wesentliche Geschäfte sollen der Zustimmung des AR bedürfen* und selbstverständlich dem arms-length-Prinzip entsprechen, also so konditioniert sein wie gegenüber einem Dritten. Es sind hier Geschäfte gemeint, die zwischen dem Unternehmen selbst und dem Vorstandsmitglied oder ihm persönlich nahe stehende Personen bzw. Organisationen abgeschlossen werden.

Nicht nur wegen einer möglichen zeitlichen Beanspruchung empfiehlt der Kodex, dass Nebentätigkeiten, z. B. *Aufsichtsratsmandate außerhalb des Unternehmens nur mit Zustimmung des AR* übernommen werden dürfen. Hier wird vielleicht aus schlechter Erfahrung eine Selbstverständlichkeit postuliert, zu der viele Mitarbeiter vertraglich verpflichtet sind.

4.4 Aufsichtsrat

„Der Aufsichtsrat hat den Auftrag, die Geschäftsführung zu überwachen und dabei treuhänderisch die Interessen des Unternehmens und seiner Anteilseigner zu wahren".[11] Dabei ist er weder der Vorgesetzte des Vorstands noch hat er ein Weisungsrecht gegenüber dem Vorstand. Allerdings bestellt der AR die Mitglieder des Vorstands und beruft sie auch gegebenenfalls ab. Dieses Recht muss als die zentrale und wichtigste Aufgabe des AR angesehen werden. Nach dem Kodex soll der AR auch *gemeinsam mit dem Vorstand für eine langfristige Nachfolgeplanung sorgen.*

Bei der Auswahl von Personen ist immer ein Risiko vorhanden, dass die ausgewählte Person später den gestellten Anforderungen nicht entspricht. So kennt man in der Praxis immer wieder „Blender" mit schauspielerischer Begabung, die nicht nur versagen, sondern das Unternehmen sogar in existenzielle Gefahr bringen. Hier muss der AR dann genau so konsequent ohne falsches Mitgefühl und ohne Scham vor seiner eigenen Fehleinschätzung das betreffende Vorstandsmitglied abberufen. Auch wenn man eine Fehlbesetzung nie ausschließen kann, so führt doch die Beurteilung eines Kandidaten durch mehrere Mitglieder des AR, gegebenenfalls unter Einbindung eines Personalberaters, zu einer spürbaren Verminderung des Risikos. Um Fehlbeurteilungen schneller heilen zu können, regt der Kodex an, dass bei Erstbestellungen die maximale Bestelldauer von fünf Jahren unterschritten wird.

Es ist zwar im Vergleich zu früher in vermindertem Maße, aber dennoch ein guter Brauch, wenn Vorstandsmitglieder aus dem eigenen Haus kommen. Der Nachteil einer gewissen Betriebsblindheit wird dadurch kompensiert, dass man die betreffende Person sehr viel besser kennt. Auch der vorhandene „Stallgeruch" wirkt sich meistens nach Innen positiv aus. Eine besondere Anpassung an die Unternehmenskultur ist für diese Person nicht notwendig und die „Chemie", die für die Harmonie innerhalb des Vorstands so wichtig ist, kann vorzeitig erkannt werden.

Da fachliche Schwächen durch gute Mitarbeiter zum Teil ausgeglichen werden können, erhalten soziale Kompetenzen nicht nur für Vorstandsmitglieder immer größere Bedeutung. In der Praxis sind genug schlechte Beispiele bekannt, um zu fordern, dass Persönlichkeitseigenschaften wieder in den Vordergrund von Auswahlkriterien gerückt werden. In einem Gastkommentar schreibt Dr. M. Peltzer: „Enron, Worldcom, Parmalat und Flowtex wären nie passiert, wenn die Verantwortlichen für die Besetzung der dortigen Führungspositionen den Anspruch des hoch geschätzten Privatbankiers Albert v. Metzler befolgt hätten, der gesagt haben soll, dass er seine Partner immer nach drei Kriterien aussuche: Charakter, Charakter, Charakter".[12]

---

11 Vgl. Potthoff a. a. O.; S. 1.
12 Vgl. Peltzer, M.; Gastkommentar in: Audit Committee Quarterly; Heft I/2004; S. 6.

Weiterhin wird im DCGK die Empfehlung ausgesprochen, eine Altersgrenze für Vorstandsmitglieder festzulegen, was allerdings in der Praxis der meisten Unternehmen schon umgesetzt ist.

Die generelle Aufgabe des AR besteht darin, den Vorstand zu beraten und zu überwachen. Dabei ist die Überwachung schwerpunktmäßig auf die Vergangenheit ausgerichtet. Eine wesentliche AR-Tätigkeit besteht in der Prüfung und normalerweise in der Feststellung des Jahresabschlusses. Demgegenüber bezieht sich die Beratung auf gegenwärtige und zukünftige Entscheidungen. Auf die Informationsasymmetrie zwischen Vorstand und AR wurde bereits im Abschnitt 4.2 hingewiesen.

Die Überwachung ist auf den Vorstand selbst bzw. seine Tätigkeit ausgerichtet, nicht jedoch auf die Mitarbeiter des Vorstandes. Insofern verbietet sich auch für AR-Mitglieder die direkte Kontaktaufnahme zu dessen Mitarbeitern, vielmehr sollte alles über den Vorsitzenden oder ein Mitglied des Vorstandes kanalisiert werden. Das schließt nicht aus, dass Mitarbeiter des Unternehmens in Abstimmung mit dem Vorstand zu AR-Sitzungen oder Ausschusssitzungen für einzelne Punkte der Tagesordnung eingeladen werden. Dies hat sogar den Vorteil, dass der AR dadurch die 2. Ebene des Unternehmens persönlich kennen lernen und durch Plausibilitätsfragen eine zusätzliche Informationsquelle erschließen kann.

§ 107 AktG besagt, dass der AR im Einklang mit der Satzung aus seiner Mitte einen Vorsitzenden zu wählen hat. Dieser koordiniert die Arbeit des AR, lädt normalerweise zu den Sitzungen ein und leitet diese. Außerdem ist der Vorsitzende außerhalb der Sitzungen Kontaktperson zum Vorstand, meistens zum Vorsitzenden oder Sprecher des Vorstands. Ihm gegenüber besteht auch die Pflicht des Vorstands über besondere Ereignisse aktuell zu berichten. Gemäß der Empfehlung des Kodex soll der Vorsitzende dann die AR-Mitglieder informieren und ggf. eine außerordentliche Sitzung einberufen. Der Vorsitzende des AR muss aber auch selbst für den regelmäßigen Kontakt zum Unternehmen sorgen, wobei es auch außerhalb von Vertrags- und Vergütungsbesprechungen sinnvoll erscheint, wenn der Kontakt nicht nur zum Vorsitzenden, sondern zu allen Mitgliedern des Vorstands besteht. Nur dadurch können Unklarheiten beseitigt und klimatische Probleme im Unternehmen erkannt werden. Der AR-Vorsitzende übt also insgesamt eine herausragende Rolle aus, die erhebliche Zeit in Anspruch nimmt, insbesondere wenn sich das Unternehmen in einer Krisensituation befindet.

Der DCGK, die breite öffentliche Diskussion über Leistung und Fehlleistung von Aufsichtsräten und geplante Gesetzesvorhaben vergrößern nicht nur den Aufgabenumfang und die Verantwortung, sondern auch die persönliche formale Haftung von AR-Mitgliedern ständig. Diese Aussage trifft natürlich dann besonders auf den AR-Vorsitzenden zu.

Der Aufsichtsrat soll abhängig von den spezifischen Gegebenheiten des Unternehmens und der Anzahl seiner Mitglieder fachlich qualifizierte Ausschüsse bilden. Bei größeren Unternehmen kann die AR-Arbeit aus Gründen der Intensivierung der Aufgaben und der hohen Anzahl von AR-Mitgliedern kaum noch ohne Ausschüsse erledigt werden.

In paritätisch mitbestimmten Unternehmen ist die Einrichtung eines „Vermittlungsausschusses" gemäß § 27 Abs. 3 des Mitbestimmungsgesetzes obligatorisch. Er besteht aus dem Vorsitzenden, seinem Stellvertreter und je einem weiteren Vertreter der Anteilseigner- bzw. der Arbeitnehmerseite. Er muss zusammentreten, wenn im Plenum des AR eine Zweidrittelmehrheit für die Bestellung eines Vorstandsmitgliedes nicht erreicht wurde.

Alle anderen Ausschüsse werden freiwillig gebildet oder leiten sich aus der Satzung ab. So trifft man in der Praxis häufig den „Investitions- und Finanz-Ausschuss", der sich mit dem jährlichen Investitionsplan und allen Finanzierungsfragen im Unternehmen beschäftigt, sowie den oben bereits erwähnten „Personalausschuss", der normalerweise aufgrund der Satzung die einzelvertraglichen Angelegenheiten einschließlich der Vergütung für die Mitglieder des Vorstands behandelt und entscheidet. Eine Neuheit ist die Empfehlung des DCGK, ein „Audit Committee", das in der angloamerikanischen Praxis teilweise Pflicht ist, im Unternehmen zu installieren. *Der Aufsichtsrat soll einen Prüfungsausschuss (Audit Committee) einrichten, der sich insbesondere mit Fragen der Rechnungslegung und des Risikomanagements, der erforderlichen Unabhängigkeit des Abschlussprüfers, der Erteilung des Prüfungsauftrages an den Abschlussprüfer, der Bestimmung von Prüfungsschwerpunkten und der Honorarvereinbarung befasst.* Die Mitglieder eines solchen Ausschusses sollten nicht nur die entsprechende Sachkompetenz mitbringen, sondern auch unabhängig und objektiv sein. Aufgaben und Leitlinien der Arbeit eines Audit Committee können aus der amerikanischen Praxis entnommen werden, da in den USA schon über einen längeren Zeitraum Erfahrungen damit gesammelt werden konnten.[13] Unter dem Begriff Risikomanagement ist einerseits das bereits oben erwähnte, mit dem Kontroll- und Transparenzgesetz 1998 und in § 91 Abs. 2 AktG festgeschriebene System einer Erfassung, Bewertung und Verfolgung aller das Unternehmen bedrohenden Risiken zu verstehen. Andererseits sind auch die Aufgaben der internen Revision darunter zu subsumieren, deren wesentliche Aufgabe in der Erkennung von Fehlern und Schwachstellen in einem Unternehmen ist.

Der Arbeitskreis „Externe und Interne Überwachung in der Unternehmung" der Schmalenbach-Gesellschaft hat folgende Aufgaben für einen deutschen Prüfungsausschuss erarbeitet:[14]

- Prüfung des Jahresabschlusses und des Lageberichts, des Konzernabschlusses und Lageberichts mit Analyse der Bilanzierungs- und Bewertungsmethoden und der Rentabilität

- Auswahl des der Hauptversammlung vorzuschlagenden Abschlussprüfers

- Festlegung des Prüfungsauftrages, ergänzender Prüfungsschwerpunkte und des Prüfungshonorars

- Prüfung der Systematik und Prämissen für die Unternehmensplanung; Beurteilung des internen Überwachungs- und Kontrollsystems

---

[13] Vgl. Audit Committee Quarterly – Heft I/2003; S. 6 ff.
[14] Vgl. Potthoff a. a. O.; S. 277.

- Analyse von unterjähriger Berichterstattung, insbesondere der Zwischenabschlüsse
- Vereinbarung zusätzlicher Angaben im Prüfungsbericht, z. B. zur Entsprechenserklärung (§ 161 AktG)
- Beurteilung von Gesellschaftsverträgen und Geschäftsordnungen der Tochterunternehmen
- Beurteilung des Finanzmanagements des Unternehmens bzw. Konzerns

Im monistischen Boardsystem wird die Objektivität und Neutralität der Ausschussmitglieder dadurch sichergestellt, dass ausschließlich Non-Executives aus dem Board auch Mitglieder im Audit Committee sein dürfen. In gleicher Richtung zielt die Empfehlung des Kodex, dass der AR-Vorsitzende zwar in allen anderen Ausschüssen den Vorsitz übernehmen soll, nicht aber im Prüfungsausschuss.

In der Regel soll für alle Ausschüsse gelten, dass sie lediglich durch intensivere Behandlung von Themen Entscheidungen vorbereiten, aber letztlich das Plenum des AR die Entscheidungen auf der Basis der Berichte und Vorlagen aus dem Ausschuss trifft und verantwortet. Deshalb ist auch vorgesehen, dass die Vorsitzenden der Ausschüsse regelmäßig bzw. bei Bedarf über die Arbeit des Ausschusses in den ordentlichen AR-Sitzungen berichten.

Eine besondere Art von Ausschuss ist das AR-Präsidium, das in einigen besonders großen Unternehmen eingerichtet ist. „Seine Aufgabe besteht nicht darin, Aufsichtsratsentscheidungen vorzubereiten oder an Stelle des Aufsichtsrats zu treffen (§ 107 Abs. 3 AktG), sondern den Aufsichtsrats-vorsitzenden bei der Sitzungsvorbereitung, der Koordinierung zwischen den Sitzungen oder der Wahrnehmung seiner repräsentativen Aufgaben beratend zu unterstützen"[15].

Es ist erkennbar, dass der in den letzten Jahren eingeleitete Wandel insbesondere den AR betrifft. Auch wenn ein Berufs-AR letztlich kontraproduktiv wäre und nicht dem Geist unserer Unternehmensverfassung entspräche, wird im Kodex doch eine stärkere Professionalisierung gefordert und die Verantwortung und Haftung deutlich erhöht. Mit einem „Frühstückskomitee" aus früheren Zeiten ist der AR heute kaum vergleichbar. Dies und der erforderliche Zeitaufwand machen daher die Suche nach geeigneten AR-Mitgliedern sehr viel schwerer. Man kann sich leicht errechnen, welcher Zeitumfang bei 4 Plenumsitzungen, der Mitgliedschaft in zwei Ausschüssen und der Teilnahme an der HV für ein AR-Mitglied, das daneben noch einen Hauptberuf hat, notwendig ist. Die Empfehlung des Kodex, dass ein Vorstandsmitglied einer börsennotierten Gesellschaft *insgesamt nicht mehr als fünf Aufsichtsratsmandate in konzernexternen börsennotierten Gesellschaften wahrnehmen* soll, ist aus dieser Sicht unrealistisch und ist selbst von dem betroffenen Personenkreis bei einer Befragung auf zwei bis drei reduziert worden.[16] Diese Beschränkung gilt natürlich umso stärker für Vorsitzende des

---

15 Vgl. Potthoff a. a. O.; S. 276.
16 Vgl. Audit Committee Quarterly – Heft I/2003; S. 20.

AR. Es erscheint aber nicht hilfreich, hier irgendwelche Regeln zu erlassen. Vielleicht sollte man darauf vertrauen, dass Kandidaten verantwortungsvoll handeln und sich selbst nicht zum Schaden eines Unternehmens überfordern.

Die vielfach geübte Praxis, dass ein Vorstandsvorsitzender fast automatisch zum AR-Vorsitzenden wird, ist mit den Grundgedanken des Kodex kaum vereinbar und wird auch heute von den Fachleuten kritisiert. Wie soll ein solcher AR-Vorsitzender die Entscheidungen und die Handlungen, die er teilweise selbst als Vorstandsvorsitzender getroffen und begangen hat, objektiv beurteilen und überwachen können? Die Empfehlung im Kodex sieht lediglich vor, dass nicht mehr als zwei ehemalige Mitglieder des Vorstands dem AR angehören sollen. Ein Nachbesserungsbedarf für den Kodex erscheint hier gegeben. Natürlich ist es sinnvoll, einen Kenner der Interna eines Unternehmens im AR zu haben, und es wäre schade, das Wissen und die Erfahrungen, die ein zwischen 60 und 65 Jahren ausscheidendes Vorstandsmitglied hat, brach liegen zu lassen. Es bietet sich daher an, die Möglichkeit von 2 ehemaligen Vorstandsmitgliedern als normales Mitglied im AR zu nutzen. Zum anderen ist die Frage zu stellen, ob nur ein Einsatz im „eigenen" Unternehmen möglich ist, oder ob es nicht andere Unternehmen gibt, die gerne auf die Kompetenz einer solchen Person zurückgreifen. Die Gefahren eines Netzes gegenseitiger Unterstützung nach dem Prinzip „ich tue Dir etwas Gutes und Du mir." erscheinen bei der näherer Betrachtung nicht größer als heute schon vorhanden.

Dem Engpass bei der Besetzung von AR-Sitzen, der natürlich auch dadurch ausgelöst wird, dass mitbestimmte Aufsichtsräte bis zu zwanzig Mitglieder, davon zehn Vertreter der Anteilseigner, umfassen, kann auch dadurch begegnet werden, dass die zu Recht empfohlene einzurichtende Altersgrenze für Aufsichtsräte nicht zu niedrig, auf jeden Fall viel höher als für Mitglieder des Vorstands angesetzt wird. In Fachkreisen wird das Alter von 70 bis 75 Jahre genannt.

Weiterhin *sollen die internationale Tätigkeit des Unternehmens* und *potenzielle Interessenkonflikte* bei der Zusammensetzung des AR Berücksichtigung finden. Hierunter sind z. B. die Vertretung unterschiedlicher Großaktionäre oder Aktionärsgruppen im AR zu verstehen.

Die Vergütung der AR-Mitglieder wird durch Beschluss der HV oder in der Satzung festgelegt. Sie trägt der Verantwortung und dem Tätigkeitsumfang der AR-Mitglieder sowie der wirtschaftlichen Lage und dem Erfolg des Unternehmens Rechnung. Dabei sollen der Vorsitz und der stellvertretende Vorsitz im Aufsichtsrat sowie der Vorsitz und die Mitgliedschaft in den Ausschüssen berücksichtigt werden. Die Schwankungsbreite der Vergütung des AR ist, wie die der Vorstandsmitglieder, sehr groß. Die variablen Bestandteile der Vergütung (s. auch Abschnitt 4.3) sind für den AR kritisch zu sehen, weil die Überwachung von Erfolgszahlen eigentlich ausschließt, dass dem Überwachenden eine Vergütung auf seiner zu überwachenden Basis bezahlt wird. Aktienoptionen für AR-Mitglieder sind inzwischen per Gerichtsbeschluss verboten. Denkbar wäre auch eine größere fixe Vergütung mit dem Verzicht auf variable Bestandteile. Vielleicht wäre es sogar möglich, mit der überzogenen materiellen Orientierung beim AR zu brechen, dessen Mitglieder durch ihren hauptamtlichen Beruf oder durch Ruhestandsgehälter normalerweise gut abgesichert sind?

Die empfohlene Veröffentlichung der individuellen Vergütung für jedes einzelne AR-Mitglied erscheint gerade deswegen übertrieben, weil ja die Vergütung durch HV oder Satzung vorbestimmt und damit bekannt ist. Dagegen ist sicherlich der Empfehlung zu folgen, dass zusätzliche Leistungen und die entsprechenden Vergütungen gesondert und individualisiert angegeben werden. Damit kommt zumindest eine gewisse Transparenz in Beratungstätigkeiten von Mitgliedern des AR, wobei eine solche Beratung die Unabhängigkeit des AR-Mitglieds bereits in Frage stellen kann.

Für Wettbewerbsverbot und die Vermeidung von Interessenkonflikten gilt in entsprechendem Maße für den AR das, was bereits für den Vorstand im Abschnitt 4.3 gesagt worden ist.

Weiterhin wird im Kodex empfohlen, dass der AR sich eine Geschäftsordnung gibt und im jährlichen AR-Bericht vermerkt, *falls ein Mitglied des AR in einem Geschäftsjahr an weniger als der Hälfte der Sitzungen des AR teilgenommen hat.*

Letztlich *soll* der AR *regelmäßig die Effizienz seiner Tätigkeit überprüfen.* Dieser in Deutschland neue Gedanke bringt natürlich seine formalen und psychologischen Schwierigkeiten mit sich. Der Ruf nach einer selbstkritischen Betrachtung und Analyse darf keinesfalls als Zumutung, sondern sollte als Selbstverständlichkeit empfunden werden, um zu erkennen, mit welcher Effizienz man seine Tätigkeit in der Vergangenheit wahrgenommen hat und was für die Zukunft zu verbessern gilt. Für das formale Vorgehen wird die individuelle oder gemeinsame Ausfüllung einer Checkliste – Beispiele dafür gibt es bereits – oder auch eine offene Diskussion unter Heranziehung eines Moderators vorgeschlagen. Was unter „regelmäßig" zu verstehen ist, wird nicht näher festgelegt. Es ist jedoch davon auszugehen, dass die Effizienzprüfung nicht nur einmalig während der normalerweise durch § 102 AktG auf maximal fünf Jahre begrenzten Amtszeit von Mitgliedern des AR erfolgen soll. In der Literatur findet man sogar Hinweise auf jährliche Prüfungen.

Die veränderten Anforderungen an den AR und damit die neue Stellung, die der AR in der Struktur der Unternehmensverfassung einnimmt, hat zu einer Diskussion über eine spezifisch deutsche Ausrichtung in Aufsichtsräten geführt: die Mitbestimmung. In den unter das Betriebsverfassungsgesetz fallenden Unternehmen sind im AR ein Drittel der Mitglieder Vertreter der Arbeitnehmer (AN), in nach Mitbestimmungsgesetz geführten Unternehmen (ab 2000 Mitarbeiter) sogar paritätisch die Hälfte, also je nach Unternehmensgröße die Hälfte von max. 20 Mitgliedern. Die folgenden Anmerkungen sollen und dürfen keineswegs als Angriff auf die Mitbestimmung verstanden werden, denn einerseits hat man sich mit der Mitbestimmung im AR in der Praxis gut arrangiert, andererseits erscheint eine Veränderung politisch gar nicht durchsetzbar. Aus eher theoretischem Interesse müssen aber die wesentlichen Probleme genannt werden.

Natürlich macht die heute geltende Mitbestimmung bei einer Harmonisierung unterschiedlicher Wirtschaftsgesetze in der EU Schwierigkeiten. Es steht außer Frage, dass die gerade behandelte Effizienz einer Aufsichtsratstätigkeit durch die Reduzierung der Mitglieder deutlich gesteigert werden könnte. Die verstärkte Überwachungstätigkeit des AR könnte zu der paradoxen Situation führen, dass weisungsgebundene Mitarbeiter die Entscheidungen und Handlungen ihrer obersten Chefs kontrollieren. Weiterhin sind die anderen AR-Mitglieder mit

Recht in ihrer sachlichen Kritik gegenüber Vorstandsmitgliedern eingeschränkt, weil diese sich dadurch bei ihren Mitarbeitern, also bei den AN, die aus dem Unternehmen kommen, desavouiert fühlen (könnten). Außerdem ist die oben erwähnte Empfehlung, bei einem international strukturierten Unternehmen (Konzern) die Zusammensetzung des AR ebenfalls zu internationalisieren, bei den AN-Vertretern nicht möglich. Ganz bewusst ist hier nicht die Frage der Kompetenz der AN-Vertreter zu stellen – es gibt sehr kompetente Vertreter – und auch nicht die Frage, ob die allgemein gültige Verschwiegenheitspflicht von den AN-Vertretern, besonders von den Vertretern der Gewerkschaften mit ihrer Berichtspflicht innerhalb der Gewerkschaft, weniger ernst genommen wird als von den Vertretern der Anteilseigner.

Ohne hier diese doch interessante Frage weiter erörtern zu können, wird auf das „Berliner Netzwerk Corporate Governance" hingewiesen, das Thesen zur „Modernisierung der Mitbestimmung" vorgelegt hat.[17] Ziel ist dabei, die Mitbestimmung in neue Strukturen einzubringen, den AR aber davon zu entlasten. In gleiche Richtung zielt auch der Vorschlag von Werder in seinem Aufsatz „Modernisierung der Mitbestimmung".[18] Da die Partizipation einen wesentlichen Bestandteil betriebswirtschaftlicher Führungslehre darstellt, geht es um die Anpassung der Mitbestimmung im AR an veränderte Anforderungen und äußere Einflüsse (z. B. Globalisierung). Nach ersten heftigen und verständlichen Gegenreaktionen und Gegengutachten durch die Gewerkschaften hat man heute die Basis einer Diskussion auf sachlicher Ebene erreicht.[19]

4.5 Transparenz

Die bisher behandelten Abschnitte des Kodex enthalten in starkem Maße Regelungen, Empfehlungen und Anregungen, die das Geschehen im Unternehmen transparenter machen sollen. Da Transparenz im Zusammenhang mit Medieninteresse und öffentlicher Kritik steht, ist im Prinzip davon auszugehen, dass Transparenz auch größere Sicherheit für gegenwärtige und zukünftige Anteilseigner bedeutet. So ist im Kodex ein eigener Abschnitt der Transparenz gewidmet mit dem Inhalt, eine Informationssymmetrie [20] gegenüber allen Aktionären und damit auch bedingt gegenüber der Öffentlichkeit zu erreichen. Im Wesentlichen wird hier der Vorstand zu Handlungen beauftragt.

---

[17] Vgl. Berliner Netzwerk Corporate Governance; 12 Thesen zur Modernisierung der Mitbestimmung; www.bccg.tu-berlin.de/main/publikationen/12-Thesen-Papier.pdf.
[18] Vgl. von Werder, A.; Modernisierung der Mitbestimmung in: Die Betriebswirtschaft; Heft 2/2004; S. 229.
[19] Vgl. von Werder; Gespräch; a. a. O.
[20] Vgl. Peltzer; a. a. O.; S. 124 ff.

In Anlehnung an den § 15 Abs. 1 des Wertpapierhandelsgesetz über die kapitalmarktrechtliche Ad-hoc-Publizität [21] wird der Vorstand neue Tatsachen veröffentlichen, wenn sie wegen der Auswirkungen auf die Vermögens- und Finanzlage oder auf den allgemeinen Geschäftsverlauf geeignet sind, den Börsenpreis der zugelassenen Wertpapiere der Gesellschaft erheblich zu beeinflussen. Hierzu gehört auch, wenn der Gesellschaft bekannt wird, dass jemand durch Erwerb, Veräußerung oder auf sonstige Weise 5, 10, 25, 50 oder 75 Prozent der Stimmrechte an der Gesellschaft erreicht, über- oder unterschreitet.

Der Gleichbehandlung aller Aktionäre dient auch die Empfehlung, dass Hauptaktionären oder Finanzanalysten zugeführte Informationen unverzüglich auch allen anderen Aktionären zur Verfügung gestellt werden. Diese auch in USA vorhandene Regelung hat dort zu großem Widerstand geführt, weil damit der Informationsvorsprung „Privilegierter" entfallen ist.[22] Eine gleichartige Empfehlung gilt der unverzüglichen Information im Inland, wenn im Ausland z. B. aufgrund gesetzlicher Vorschriften eine bestimmte Information gegeben wurde. Weiterhin werden von der Gesellschaft der Kauf oder Verkauf von Anteilen an der Gesellschaft durch Vorstands- und AR-Mitglieder bekannt gemacht, sofern der Wert eine bestimmte Summe übersteigt. Vorstand und AR sind verpflichtet, dem Unternehmen solche Transaktionen zu melden. Neben der Ad-hoc-Information sollen *im Anhang zum Konzernabschluss entsprechende Angaben gemacht werden*. Der Besitz von Anteilen, Optionen oder Derivaten über 1 Prozent der ausgegebenen Aktien soll je Vorstands- bzw. AR-Mitglied genannt werden, liegt der Gesamtbesitz über 1 Prozent, so soll zumindest eine Aufteilung nach den beiden Organen erfolgen.

Zur zeitnahen und gleichmäßigen Information der Aktionäre und Anleger soll die Gesellschaft geeignete Kommunikationsmedien, wie etwa das Internet, nutzen. Veröffentlichungen des Unternehmens sollen auf einer übersichtlich gegliederten Internetseite des Unternehmens zur Verfügung stehen.

Letztlich wird empfohlen, einen „Finanzkalender" zu erstellen und zu publizieren, der in einem zeitlichen Vorlauf die Termine der *wesentlichen wiederkehrenden Veröffentlichungen* beinhaltet, damit der Interessent sich mit seinem Informationsanspruch darauf einstellen kann.

Wesentlich und selbstverständlich zugleich ist noch darauf hinzuweisen, dass die vom Vorstand gegebenen Informationen wahrheitsgetreu sein müssen. Ein jüngstes BGH-Urteil (AZ: IIZR 217/03, 218/03 und 402/02) spricht einem vorsätzlich falsch informierten Aktionär Schadensersatz sogar gegenüber dem Vorstand, also nicht nur gegenüber der Gesellschaft zu.

---

[21] Vgl. Ringleb/Kremer/Lutter/v. Werder; Deutscher Corporate Governance Kodex – Kommentar; München 2003; S. 217.
[22] Vgl. von Werder – Gespräch; a. a. O.

4.6 Rechnungslegung und Abschlussprüfung

Gemäß § 242 Handelsgesetzbuch (HGB) hat der „Kaufmann" zu Beginn und zum Ende eines Geschäftsjahres eine Aufstellung über Vermögen und Schulden (= Bilanz) und zum Ende des Jahres eine Aufstellung über Aufwendungen und Erträge (Gewinn- und Verlustrechnung) zu erstellen. Diese Pflicht zur Aufstellung eines Jahresabschlusses ist wesentlicher Bestandteil der Führung des Unternehmens. Diese Aufgabe obliegt also der Leitung bzw. dem Vorstand der Gesellschaft. Dabei dient der Abschluss auch fiskalischen Zwecken, aber an erster Stelle steht die Verpflichtung, dass der „Kaufmann" sich über die quantitativen Auswirkungen seines unternehmerischen Handelns Rechenschaft ablegt, und zwar sich selbst gegenüber, aber insbesondere auch dann gegenüber Dritten, wenn sie als Kapitalgeber und Risikoträger auftreten, also eine persönliche finanzielle Haftung des „Kaufmanns" nur beschränkt vorhanden ist. Um die Finanzsituation wahrheitsgetreu, vollständig und klar im Jahresabschluss wiederzugeben, bedarf es rechtlicher Vorschriften, insbesondere rechtlicher Gliederungs- und Bewertungsvorschriften, die natürlich ihrer Entwicklung und Änderung unterliegen und hier nicht Gegenstand der Erläuterungen sein können.

Um einen Jahresabschluss nicht nur lesen, sondern auch bewerten zu können, bedarf es neben Fachwissen und langjähriger Erfahrung auch besonderer Kenntnisse über zahlenmäßige Zusammenhänge und über rechtliche Vorschriften. Das deutsche HGB war und ist im Wesentlichen auf den Gläubigerschutz ausgerichtet und damit in den Bewertungsfragen dem Vorsichtsprinzip unterworfen. Das besagt z. B., dass nicht realisierte Gewinne nicht ausgewiesen werden dürfen, nicht realisierte Verluste aber aus dem Vorsichtsprinzip heraus gezeigt werden müssen. Die internationalen Regeln aus dem angloamerikanischen Raum zielen dagegen vielmehr darauf, den Aktionären und der Öffentlichkeit ein realistisches Bild ihres Unternehmens aufzuzeigen, in dem natürlicherweise auch Risiken enthalten sind. Bei internationalen Konzernen kommen die internationalen Regeln zum Tragen. Unter bestimmten Voraussetzungen braucht der Einzelabschluss einer deutschen Muttergesellschaft in Zukunft nicht mehr nach HGB, sondern kann auch nach den internationalen Regeln, also IAS (International Accounting Standards), GAAP (Generally Accepted Accounting Principles) oder IFRS (International Financial Reporting Standards) erstellt werden.

Bei Kapitalgesellschaften beinhaltet der Jahresabschluss auch einen Lagebericht, der verbal die Situation beschreibt und auch auf erkennbare zukünftige Entwicklungen eingeht. Bei Abschlüssen nach den internationalen Regeln gehören zur Rechnungslegung auch Kapitalflussrechnungen und Eigenkapitalveränderungsrechnungen.

Kern der Informationen für die Aktionäre und auch für die anderen Stakeholder ist also der Jahresabschluss. Daneben empfiehlt der Kodex bei Konzernen durch (mehrere) Zwischenberichte zu informieren, wobei die allgemeine gesetzliche Vorschrift zumindest einen Zwischenbericht verlangt. In der Praxis haben sich Quartalsberichte bei börsennotierten Unternehmen durchgesetzt. Bei Konzernen wird die *Beachtung international anerkannter Rechnungslegungsgrundsätze* empfohlen.

Bei der Fristigkeit der Veröffentlichung des Jahresabschlusses, der ja vom WP und AR zu prüfen ist, bzw. der Zwischenberichte empfiehlt der Kodex eine Zeitspanne von 90 Tagen für den Jahresabschluss und 45 Tagen für die Zwischenberichte, jeweils nach Ende des Berichtszeitraumes. Dies ist eine Frist, die über die gesetzliche Bestimmung weit hinausgeht.

Weiterhin soll der Konzernabschluss *konkrete Angaben über Aktienoptions-Programme und ähnliche wertpapierorientierte Anreizsysteme der Gesellschaft enthalten*. Die bereits oben erläuterte Transparenzverpflichtung solcher Vergütungssysteme wird hier insgesamt, also auf einen Personenkreis auch außerhalb von Organmitgliedern ausgeweitet.

In einem Konzernabschluss werden die wesentlichen Beteiligungen konsolidiert. Darüber hinaus wird empfohlen, eine Liste der Beteiligungen, die für das Unternehmen von *nicht untergeordneter Bedeutung* sind, mit ihren Kennzahlen aufzustellen und in die Abschlussinformation einzubeziehen.

Im Sinne der Transparenz von Beziehungsgeflechten ist auch die im Kodex letzte Empfehlung im Rahmen der Rechnungslegung zu verstehen. Sie sieht eine Erläuterung der Beziehungen zwischen der Gesellschaft und Aktionären vor, die einen maßgeblichen Einfluss auf die Gesellschaft ausüben.

Der WP ist der Berufsträger der Abschlussprüfung, die lt. § 317 HGB u. a. bei Aktiengesellschaften vorgeschrieben ist. Hierbei hat er die Recht- und Ordnungsmäßigkeit aller Teile des Jahresabschlusses zu prüfen und mit einem Testat gegenüber der Öffentlichkeit zu bestätigen. Dieser so genannte Bestätigungsvermerk findet sich in jedem offiziellen Geschäftsbericht wieder. Außerdem hat der WP einen Prüfungsbericht an den AR zu erstellen, in dem er auch qualitative Erläuterungen und besondere Erkenntnisse über die Situation des Unternehmens aufnimmt. Hommelhoff spricht hier von einer „bewusst angelegten Doppelverantwortung" [23] des WP, nämlich nach außen und nach innen. In dieser Ausgestaltung, die durch KonTraG und TranPuG gefördert wurde, ist der WP neben der HV und den Organen Vorstand und AR zu einer tragenden Säule des Corporate Governance-Systems von Aktiengesellschaften in Deutschland geworden.

Peltzer spricht von der „segenstiftendsten Neuerung" [24], wenn er den durch das KonTraG neugefassten § 111 AktG erwähnt, aus dem hervorgeht, dass der AR den Prüfungsauftrag erteilt und mit dem WP das Honorar vereinbart. Damit ist die Abhängigkeit des WP vom Vorstand entscheidend vermindert worden.

Weitere wesentliche Kodexpunkte sind folgende Empfehlungen: Vor Unterbreitung des Wahlvorschlags (auf der HV) soll der AR bzw. der Prüfungsausschuss eine Erklärung des vorgesehenen Prüfers einholen, ob und ggf. welche beruflichen, finanziellen oder sonstigen

---

[23] Vgl. Hommelhoff, Hopt und v. Werder; in Gemeinschaft mit Feddersen/Pohle; Handbuch Corporate Governance. Leitung und Überwachung börsennotierter Unternehmen in der Rechts- und Wirtschaftspraxis; Köln/Stuttgart 2003; S. 647.
[24] Vgl. Peltzer a. a. O.; S. 126.

Beziehungen zwischen dem Prüfer und seinen Organen und Prüfungsleitern einerseits und dem Unternehmen und seinen Organmitgliedern andererseits bestehen, die Zweifel an seiner Unabhängigkeit begründen können. Die Erklärung soll sich auch darauf erstrecken, in welchem Umfang im vorausgegangenen Geschäftsjahr andere Leistungen für das Unternehmen, insbesondere auf dem Beratungssektor, erbracht wurden bzw. für das folgende Jahr vereinbart sind.

Der AR soll mit dem Abschlussprüfer vereinbaren, dass der Vorsitzende des AR bzw. des Prüfungsausschusses über während der Prüfung auftretende mögliche Ausschluss- oder Befangenheitsgründe unverzüglich unterrichtet wird, soweit diese nicht unverzüglich beseitigt werden.

In erster Linie geht es also hierbei um die Unabhängigkeit des WP. Im Rahmen der Vorgaben des Instituts der WP haben sich die meisten WP-Gesellschaften von ihrem Unternehmensberatungsteil getrennt und diesen rechtlich und kapitalmäßig verselbständigt.

Noch strenger sind die Vorgaben in den USA ausgefallen, wo die von der Börsenaufsicht SEC (Securities und Exchange Commission) im Januar 2003 veröffentlichten Regeln sehr viele Beratungsleistungen von WP-Gesellschaften im Rahmen ihrer Auditarbeit ausschließen. Selbst über die Zulässigkeit der Steuerberatung durch den Abschlussprüfer wird noch diskutiert. Außerdem hat das dortige Audit Committee (s. oben Abschnitt 4.4) außerhalb der verbotenen Beratungen in Anspruch genommene Beratungsverträge im Voraus zu genehmigen.[25] Natürlich haben diese Regeln auch ihre Auswirkungen auf international verbundene Unternehmen. So brauchen z. B. international tätige WP-Gesellschaften in Deutschland, die für eine Tochtergesellschaft eines SEC-gelisteten und gleichzeitig von dieser WP-Gesellschaft geprüften Unternehmens beratend arbeiten, zwingend das vorherige Einverständnis des Audit Committee. Unter den Punkt der Wahrung der Unabhängigkeit fällt auch die inzwischen in Deutschland gültige Vorschrift, dass der Prüfungsleiter nach jeweils fünf Jahren von der WP-Gesellschaft auszuwechseln ist oder nach 7 Jahren die WP-Gesellschaft gewechselt werden muss. Außerdem wird empfohlen, dass der AR mit dem WP die unverzügliche Information über wesentliche Feststellungen während der Prüfung vereinbart.

Die Entsprechenserklärung nach § 161 ist nur insoweit Prüfungsgegenstand, als es um das rein formale Vorhandensein der Erklärung geht. Eine inhaltliche Prüfung gehört nicht zu den Aufgaben des WP. Jedoch empfiehlt der Kodex wiederum eine Vereinbarung von AR mit dem WP, wonach der WP den AR informiert, wenn er im Rahmen der Abschlussprüfung Unrichtigkeiten der abgegebenen Erklärung erkennt.

---

[25] Vgl. Audit Committee Quarterly; Heft I/2003; S. 24.

5. Die Akzeptanz des DCGK

Unabhängig von der Tatsache, dass die Bekanntmachung des Kodex in der Öffentlichkeit sowie in Praxis und Wissenschaft großes Interesse und Aufmerksamkeit hervorgerufen hat, ist es auch für die Weiterentwicklung des Kodex wichtig zu erfahren, in welchem Grade der Kodex in der Praxis umgesetzt und befolgt wird. Von Werder hat mit zwei seiner wissenschaftlichen Mitarbeiter bereits im Jahre 2003 eine Erhebung und Analyse der Akzeptanz der „Erstausgabe" des Kodex auf der Basis der Auswertungen der Entsprechenserklärungen erstellt und veröffentlicht.[26]

In seinem Kodex Report 2004 [27](26) wird eine neue Erhebung nicht nur auf der Basis des Kodex in seiner überarbeiteten Fassung vom Mai 2003 vorgestellt, sondern der Inhalt wurde auch durch eine Fragebogenaktion auf die Einhaltung der Anregungen erweitert. Die folgenden zusammenfassenden Aussagen beruhen auf diesem Kodex Report 2004:

Die Ergebnisse beziehen sich auf 72 Empfehlungen und 19 Anregungen, also 91 Kodexnormen, und beinhalten die Auswertung von 241 Unternehmen. Die folgende Tabelle zeigt die durchschnittliche Anzahl befolgter Kodexnormen pro Unternehmen je Börsensegment:

Empfehlungen	DAX	TecDAX	MDAX	SDAX	Prime	General	Gesamt
heute	68,2	65,8	61,3	59,5	58,8	49,7	57,9
zzgl. zukünftig	1,1	1,7	3,5	3,1	2,7	4,4	3,1
Anregungen							
heute	14,9	13,5	11,8	12,1	10,9	9,1	11,2
zzgl. zukünftig	0,6	0,6	1,1	0,8	0,9	1,1	0,9

Es ist erkennbar, dass die Empfehlungen eine weitaus größere Akzeptanz besitzen als die Anregungen. Weiterhin wird aus der Aufstellung nach Börsensegmenten deutlich, dass die Akzeptanz im Prinzip mit der Größe der Aktiengesellschaft wächst. Der besondere Abfall des Akzeptanzgrades im General Standard ist wohl auch damit zu erklären, dass sich in diesem Segment Unternehmen mit besonderer Eigentümerstruktur befinden.

---

[26] Vgl. von Werder, A., Talaulicar, T., Kolat, L.; Kodex Report 2003: Die Akzeptanz der Empfehlungen des Deutschen Corporate Governance Kodex; in: Der Betrieb Heft 35/2003; S. 1857 ff.

[27] Vgl. von Werder, A., Talaulicar, T., Kolat, L.; Kodex Report 2004: Die Akzeptanz der Empfehlungen und Anregungen des Deutschen Corporate Governance Kodex; in: Der Betrieb Heft 26/2004; S. 1377 ff.

In dem Report werden Empfehlungen, die von mehr als 10 Prozent der Unternehmen abgelehnt werden, als „neuralgisch" bezeichnet. Insgesamt zeigen sich 44 der 72 Empfehlungen als neuralgisch, in der Zukunft noch 31. Dabei liegt die Spanne zwischen 13 (DAX-Unternehmen) und 59 (Unternehmen im General Standard) Empfehlungen. Die drei in der Praxis mehrheitlich abgelehnten Kodex- Empfehlungen betreffen den Selbstbehalt bei D&O-Versicherungen sowie die Individualisierung der Vorstands- und AR-Bezüge.

Bei den Anregungen ergeben sich 17 neuralgische Normen, jedoch auch hier sind Unterschiede nach Börsensegmenten erkennbar.

Aussagen der Unternehmen über die zukünftige Befolgung der Kodexnormen lassen darauf schließen, dass hier noch vieles in Bewegung und die Einführung der Normen in der Praxis noch nicht abgeschlossen ist, um ein endgültiges Urteil zu treffen. Es ist zu wünschen, dass die Selbstregulierungsfunktion des Kapitalmarktes auch dabei mit hilft, die Anwendung der Kodexnormen bei Unternehmen, die vom Kapitalmarkt mit abhängig sind, durchzusetzen.

6. Fazit und Ausblick

Am Anfang des Artikels wurde auf die vielseitigen Schräglagen von Unternehmen und das Fehlverhalten von einigen Organmitgliedern verwiesen. Wird, so ist wohl die Frage, der DCGK und seine Anwendung in Zukunft solche Situationen verhindern, reduzieren oder zumindest vorzeitig und transparent erkennbar machen? Der DCGK ist ganz sicherlich kein Allheilmittel und wird unseriöse und unehrenhafte Personen nur zum Teil von ihren verwerflichen Handlungen abhalten können. Aber die Bewusstmachung und das öffentliche Interesse an CG in unserer Mediengesellschaft werden sicherlich dazu führen, dass die Barrieren höher liegen und damit eine psychologische Hürde mit Präventivcharakter vorhanden ist. Empfehlungen und Regeln schaffen aber noch keine integren Personen. Es ist zu bedauern, dass einige schwarze Schafe in der Praxis die Vorbildfunktion von Unternehmer- und Managerpersönlichkeiten und die soziale Akzeptanz der wirtschaftlichen Elite wenn auch nicht zerstört, so doch stark beschädigt haben. Der Wiederaufbau dieses Vertrauens in eine unternehmerische Elite wird länger dauern als das Schaffen neuer Regeln. Der bereits erwähnte „Mannesmann"-Prozess hat trotz des Freispruchs der angeklagten Manager zu einer moralischen „Standpauke" nicht nur durch das Gericht, sondern auch sehr eindringlich durch die Medien und vereinzelt auch durch Persönlichkeiten der Wirtschaft geführt. Inwieweit solche Manager zur nachhaltigen Wertsteigerung ihres Unternehmens beitragen, muss jedes Unternehmen für sich beantworten.

Es ist bereits deutlich geworden, dass viele Entwicklungen auf dem CG-Gebiet aus den USA importiert sind. Wie so oft ist dabei die Frage zu stellen, ob die eine oder andere Norm kompatibel mit unserer deutschen oder europäischen Kultur und für unser Selbstverständnis passend ist. Aufgesetzte oder allgemein nicht befolgte oder befolgbare Regeln beinhalten die Gefahr, kontraproduktiv zu sein und können einen Kreislauf von Durchsetzungsaktionen und neuen Vorschriften auslösen, schlechthin von Bürokratie, die letztlich auch einen Kostenfaktor für die Unternehmen darstellen. Von Werder ist der Meinung, dass wir in Deutschland im Unterschied zu den USA weniger gefährdet sind, weil wir in Deutschland stärker prinzipienorientiert regeln, in den USA dagegen mit Detailvorschriften.[28]

In vielen europäischen Ländern sind ähnliche Aktivitäten auf dem Gebiet der CG wie in Deutschland vorhanden. Auch die EU beschäftigt sich mit diesem Thema. Dabei spielen die Bemühungen um eine Harmonisierung der nationalen Gesellschaftsrechte ebenso eine Rolle wie Grundnormen von CG. Die im Jahre 2001 von der EU eingesetzte „High Level Group of Company Law Experts" hat unter der Leitung von Jaap Winter, Niederlande, Ende 2002 einen zweiten Bericht (kurz genannt: Winter-Report) vorgelegt, der einige Punkte guter Unternehmensführung aufgreift.[29] Die Schaffung eines Europäischen Corporate Governance Kodex ist wohl aus heutiger Sicht wegen der unterschiedlichen Gesetze und Gesetzesinhalte in den Mitgliedsstaaten nicht zu verwirklichen. Es erscheint dies auch nicht notwendig, sofern gewisse Grundsätze in den nationalen Kodici bzw. in den jeweiligen Gesetzen ihren Ausdruck finden. So wurden im März 2004 Grundsätze im Rahmen einer Novellierung der Abschlussprüfer-Richtlinie durch die EU-Kommission beschlossen.[30] Regeln und Grundsätze zur Unabhängigkeit der Organmitglieder und zur Verbesserung der Informationen über die Finanzsituation und über die praktizierte Unternehmensführung (CG) sind in Arbeit.[31] Für den DCGK erwartet man daraus nur relativ geringe Auswirkungen, weil Deutschland bereits durch seinen DCGK wesentliche Schritte vollzogen hat. Die schlechten Erfahrungen auf anderen Arbeitsgebieten in der EU sollten aber als Warnung vor Überregulierung und Bürokratie in einer freien Marktwirtschaft mit einem freien Unternehmertum dienen.

Im Jahre 2004 hat die deutsche Regierungskommission keine Überarbeitung des DCGK vorgenommen. Für das Jahr 2005 ist jedoch eine solche zu erwarten, die sich dann u. a. wohl auch mit der Präzisierung der Unabhängigkeit von AR-Mitgliedern beschäftigen wird.[32] Wenn in der Einführung dieses Artikels davon gesprochen wurde, dass sich das monistische Boardsystem und das duale Vorstand-AR-System aufeinander zu bewegen, so könnte das z. B. durch eine größere Klarstellung der Aufgaben des AR erfolgen. Die Schwäche des monistischen Systems, d. h. operative Führung und Überwachung in einem Organ, ist dadurch stark abgemildert worden, dass in vielen Ländern Aufgaben der Überwachung nur von Non-Executives wahrgenommen werden dürfen. Die große Schwäche des dualen Systems, nämlich die Pflicht des AR zu überwachen, ohne in das operative Geschäft stärker eingebunden zu sein (Informationsmangel), könnte durch einen beispielhaften Aufgabenkatalog für den

---

28 Vgl. von Werder – Gespräch a. a. O.
29 Vgl. Audit Committee Quarterly; Heft I/2003; S. 22 ff.
30 Vgl. Audit Committee Quarterly; Heft I/2004; S. 23.
31 Vgl. Audit Committee Quarterly; Heft II/2004: S. 18 ff.
32 Vgl. von Werder – Gespräch a. a. O.

AR ebenfalls abgeschwächt werden. Hinzu könnte als Aufgabe des AR kommen, bei einer noch zu bestimmenden Eigentümerstruktur einen Quartalsbericht an die Aktionäre zu veröffentlichen. Und unabhängig von den beiden konkurrierenden Führungsstrukturen von Aktiengesellschaften – in der EU ist eine Wahlmöglichkeit zwischen beiden vorgesehen – ist sicherlich die Rolle der HV ein diskussionswürdiges Problem, das sicherlich keiner schnellen Lösung zugeführt werden kann. Weiterhin erscheint es sinnvoll, die Entsprechenserklärung grundsätzlich zum obligaten Prüfungsinhalt der WP zu machen.

Für die Weiterentwicklung des DCGK wird wichtig sein, dass die Mitglieder der Regierungskommission keine Perfektion im Detail anstreben, sondern eine an der Praxis ausgerichtete Flexibilität zeigen. Dazu gehört auch, sich als weniger bedeutsam herausstellende Normen gegebenenfalls aus dem Kodex heraus zu nehmen und sehr wesentliche dafür in ihrer Wirkung zu verstärken. Im Sinne der Praxis ist es sicherlich auch, eine gewisse Konstanz in den Empfehlungen zu haben und häufigen Novellierungsvorschlägen zu widerstehen.

Auf jeden Fall muss für den Kodex der Grundsatz gelten: Qualität geht vor Quantität. Vielleicht wird dann in Zukunft eine geprüfte Entsprechenserklärung zum Eigenaudit über die Qualität der praktizierten Corporate Governance in den Unternehmen.

Das Management von individueller Performance: IT-Unterstützung von Zielvereinbarungssystemen

Maren R. Grau

1. Management individueller Performance	562
2. Performance Management auf Basis eines IT-gestützten Zielvereinbarungssystems	563
2.1 Zielvereinbarung als Grundlage des Performance Management	564
2.2 Effizienzkriterien des IT-Einsatzes	565
2.3 Zielvereinbarungssysteme	566
2.3.1 Organisatorische Perspektive von Zielvereinbarungen	567
2.3.2 Personalpolitische Perspektive von Zielvereinbarungen	569
2.4 IT-gestützter Zielvereinbarungsprozess	570
3. Risiken und Erfolgsfaktoren der IT-Unterstützung	576
3.1 Risiken im Zielvereinbarungsprozess	576
3.2 Erfolgsfaktoren des IT-gestützten Performance Management	578
4. Resümee	579

1. Management individueller Performance

Bei individueller Performance handelt es sich, im Vergleich zur organisatorischen Performance, die sich auf die Unternehmensleistung als Ganzes bezieht, um die Leistung des einzelnen Mitarbeiters. Ziel ist es, die Leistung des Mitarbeiters zu maximieren sowie den Beitrag zur Gesamtleistung des Unternehmens zu messen und auszuweisen. Die Grundlage hierzu bildet die Leistungsbeurteilung, die den zentralen Bezugspunkt des Performance Managements[1] darstellt. Mit dem Kostendruck sowie dem Zwang zur internationalen Präsenz der Unternehmen kennzeichnen sich die aktuellen Entwicklungen zunehmend durch dezentrale Arbeitsverhältnisse und virtuelle Führungsbeziehungen. Die Leistungsbeurteilung, die bisher vorwiegend Resultat von Verhaltensbeobachtung war, muss dementsprechend neue Anforderungen erfüllen. Unterstützung kann hier der Einsatz von Informationstechnologien (IT) bieten. IT ermöglicht eine systematische standardisierte Erfassung, Verfolgung und Auswertung von Leistungsdaten, so dass trotz dezentraler Leistungserbringung durch den Mitarbeiter eine Leistungsbeurteilung statt finden kann.

Bisher existieren gerade mit Blick auf den informationstechnologischen Einsatz im Performance Management kaum Aussagen darüber, wie ein effizientes IT-gestütztes Performance Management gewährleistet werden kann. Ziel des vorliegenden Beitrages ist es daher herauszuarbeiten, wie ein solches Performance Management zu gestalten ist, um einen Beitrag zum Unternehmenserfolg zu leisten und diesen auch abzubilden. Den Mittelpunkt der Ausführungen bildet die Leistungsbeurteilungen als Indikator für unternehmensbezogenes Handeln und dessen Zielerreichungsgrade. Vor dem Hintergrund der aktuellen Unternehmensentwicklungen wird als relevantes Konzept der Leistungsbeurteilung ein IT-gestütztes Zielvereinbarungsverfahren entwickelt. Die mit der IT-Unterstützung von Zielvereinbarungen einhergehenden Chancen, Risiken sowie Erfolgsfaktoren werden verdeutlicht um daraus Handlungsempfehlungen für ein IT-gestützes Performance Management abzuleiten.

---

[1] Der Begriff des Performance Management bezieht sich im vorliegenden Artikel auf das Management von Mitarbeiterleistung. Handelt es sich um die Gesamtleistung des Unternehmens wird dies entsprechend hervorgehoben.

2. Performance Management auf Basis eines IT-gestützten Zielvereinbarungssystems

Die Herausforderung für Unternehmen besteht darin, trotz dezentraler Organisationsstrukturen, strategischer Netzwerke, virtueller Teams und Führungsbeziehungen in einem sich schnell wandelnden externen und internen Unternehmensumfeld ein aktives Management der individuellen Performance zu betreiben. Komplexe stark variierende Aufgaben werden die von hoch qualifizierten Spezialisten mit weit reichenden autonomen Entscheidungskompetenzen übernommen. Da die Arbeitsergebnisse zu einem wesentlichen Teil der Beeinflussung der Mitarbeiter unterliegen, sich die Kommunikation zwischen Führungskraft und Mitarbeiter häufig unter geographischer Distanz und in großen Leitungsspannen vollzieht, sind die Möglichkeit der Leistungsmessung stark eingeschränkt. (vgl. Tabelle 1). Mit dem Einzug der IT in den Arbeitsalltag eröffnen sich hier neue Chancen und erweitern damit die Möglichkeiten für die Realisierung des Performance Management.

1 Dynamik des Aufgabenumfeldes
2 Zunehmende Variabilität und Komplexität der Aufgaben
3 Hohe Beeinflussbarkeit des Ergebnisses durch den Mitarbeiter
4 Leistungs- und Ergebnisorientierung
5 Selbstkontrolle und Autonomie der Mitarbeiter
6 Keine direkte Beobachtbarkeit des Verhaltens
7 Häufig fachliche Unterlegenheit der Führungskraft
8 Weite Leitungsspannen
9 IT-gestützte Kommunikation

Tabelle 1: Herausforderungen für das Performance Management

Ein vor dem Hintergrund der aktuellen Unternehmensentwicklungen relevantes Leistungsbeurteilungsverfahren als Ausgangs- und Bezugspunkt des Performance Management bezieht sich auf IT-gestützte Zielvereinbarungen. Da zukünftig verstärkt von dem IT-Einsatz auch in bisher weitgehend unberührten Bereichen, wie der des Performance Management, ausgegangen werden kann, erhält das in der Literatur ausführlich behandelte und in der Unternehmenspraxis weit verbreitete Thema Zielvereinbarungen einen völlig neuen Aspekt.

2.1 Zielvereinbarung als Grundlage des Performance Management

Zielvereinbarungen stellen ein Instrument des Performance Management dar, deren Mittelpunkt die Evaluation der Ergebnisse der Vereinbarung zwischen Führungskraft und Mitarbeiter bildet. Der Ausgangspunkt von Zielvereinbarungen ist ein Verhandlungsprozess zwischen Führungskraft und Mitarbeiter, der in einer Leistungsvereinbarung in Verbindung mit einem Sollzustand mündet. Am Ende des Zielvereinbarungszyklus bildet dieser Sollzustand als Vergleichsmaßstab die Basis für die Beurteilung und prägt somit die Vereinbarung der neuen Periode. Das Zielvereinbarungsverfahren stellt damit eindeutig darauf ab, den individuellen Leistungsbeitrag zu messen und als valide Grundlage für ein unternehmensbezogenes Performance Management auszuweisen. Die Aktivitäten im Rahmen des individuellen Performance Management setzen schließlich bei den Leistungsergebnissen eines Mitarbeiters an. Eine zielorientierte Beurteilung kann dem Performance Management unter den aktuellen internen und externen Unternehmensbedingungen insbesondere aus folgenden Gründen Rechnung tragen:

- Die Zielvereinbarung stellt gerade im Kontext der sich permanent neu konfigurierenden Aufgabenverteilung, ein adäquates Instrument dar, um trotz der Dynamik aktuelle Definitionen der Verantwortungsbereiche zu gewährleisten. Hier stehen Ergebnisse im Vordergrund, weitgehend unabhängig von den einzelnen Teil-Aufgaben.

- Die Vereinbarung führt zur Transparenz der Ziele und der zu erfüllenden Aufgaben, so dass dem Mitarbeiter die Anforderungen, die an ihn gestellt werden, bekannt sind. Dies befähigt ihn im Sinne des Selbstmanagement sein Handeln zielgerichtet zu steuern.

- Die hierfür erforderliche Verantwortung, die dem Mitarbeiter im Rahmen des im Verhandlungsprozess abgesteckten Handlungsspielraums zuerkannt wird sowie die damit verbundenen Entscheidungs- und Handlungskompetenzen aktivieren intrinsische Motivationspotenziale.

- Angesichts der weiten Leitungsspannen und den damit verbundenen Herausforderungen einer IT-gestützten Kommunikation, erleichtern Leistungsvereinbarungen das Management von Performance trotz minimalen persönlichen Kontakts zwischen Führungskraft und Mitarbeiter.

- Ferner kann aufgrund der Spezialisierung des Mitarbeiters und der somit häufig aufgabenspezifischen Unterlegenheit der Führungskraft, die Ergebniskontrolle eine Alternative zur kontinuierlichen Überwachung der einzelnen Aktivitäten und Entscheidungen des Mitarbeiters darstellen.

- Das Performance Management erfährt durch die ergebnisorientierte Grundlage gerade im Zuge des IT-Einsatzes eine Systematisierung, wodurch die Effizienz der Leistungserstellungsprozesse sichergestellt werden kann.

Aus dieser Argumentation heraus wird zugrunde gelegt, dass Zielvereinbarungen ein adäquates Instrument im IT-gestützten Performance Management liefern, um die Aktivitäten der Mitarbeiter auf die übergeordneten Unternehmensziele auszurichten und ihren Beitrag zum gesamten Unternehmenserfolg zu evaluieren.

2.2 Effizienzkriterien des IT-Einsatzes

Die Effizienz des Performance Managements kann mittels des IT-Einsatzes wesentlich gesteigert werden. Gründe hierfür stellen vorwiegend die Möglichkeit der zeitlichen und räumlichen Entkopplung der Kommunikation zwischen Führungskraft und Mitarbeiter, die Kosteneinsparung durch Standardisierung von Beurteilungsformularen und Realisierung von Synergieeffekten, die Harmonisierung unternehmensweiter Prozesse sowie die Reduktion der Komplexität eines Organisationseinheiten übergreifenden Performance Management dar. Für den Zielvereinbarungsprozess lassen sich die folgenden durchaus interdependenten Effizienzkriterien des Einsatzes von IT ableiten, die je nach technologischem Medium in gewissen Abstufungen vorhanden sind:[2]

- **Schnelligkeit** der Informationsvermittlung: Trotz räumlicher Distanz zwischen Führungskraft und Mitarbeiter ist die Realisierung eines unmittelbaren Informationsaustauschs sowie das zeitnahe Treffen von Entscheidungen möglich.

- **Präzision** der Informationsvermittlung: Der Kommunikationsprozess erfolgt zielgerichtet und geplant, d.h. nicht spontan und unvorbereitet, wie dies häufig in persönlichen Kommunikationssituationen der Fall ist. Dadurch sind die Kommunikationspartner zur Formulierung von unmissverständlichen und konkreten Aussagen gezwungen.[3]

- **Transparenz** des Kommunikationsprozesses: Die Dokumentier- und Archivierbarkeit der IT-gestützten Kommunikation fördern die Transparenz und Verbindlichkeit der Aussagen.[4]

- **Quantität** der Informationsvermittlung: Aufgrund der medialen Gestaltungsvielfalt kann eine große Menge an Informationen über unterschiedliche Kanäle gleichzeitig übermittelt werden. Dies unterstützt den Informationsfluss sowie die fachliche Argumentation.[5]

---

[2] Vgl. Bronner, R. (1997), S. 82 f.
[3] Vgl. Clark, H. H./Brennan, S. E. (1991), S. 141 f.
[4] Vgl. Clark, H. H./Brennan, S. E. (1991), S. 141 f.
[5] Vgl. Burgoon, J. K./Hale, J. L. (1984), S. 200 ff.

- **Objektivität** der Kommunikation: Aufgrund der restriktiven Übermittlung von Zusatzinformationen, wie bspw. nonverbale Elemente, gestaltet sich der Kommunikationsprozess weniger emotional d.h. objektiver. Gerade im Hinblick auf Antipathien bzw. Sympathien, lassen sich hierbei Chancen durch den Einsatz von Technologien gerade in der Leistungsbeurteilung vermuten.

In Verbindung mit den Effizienzpotenzialen der einzelnen Medien steht ihre mediale Reichhaltigkeit,[6] die sich durch die Kapazität zur authentischen Übertragung von Informationen bestimmt. Die face-to-face-Kommunikation ist eine reiche Kommunikationsform, da sie eine Vielzahl paralleler Kanäle, wie Sprache, Mimik und Gestik bietet und unmittelbares Feedback ermöglicht. Mit steigender Reichhaltigkeit der Technologie verringern sich die beschriebenen Effizienzpotenziale. Welche Reichhaltigkeit eines Mediums angemessen ist, hängt von der jeweiligen Situation und Kommunikationsaufgabe ab.[7] Die Mediennutzung ist mit Kosten verbunden. Um zu vermeiden, dass keine unnötige Komplizierung oder eine unangemessene Simplifizierung erfolgt,[8] welche die Effizienz des Performance Management reduziert, sollte je nach Kommunikationsanforderung ein mehr oder weniger reichhaltiges Medium gewählt werden.

2.3 Zielvereinbarungssysteme

Für den Erfolg von IT-gestützen Zielvereinbarungen als Grundlage des Performance Managements ist die Einbettung in einen organisatorischen Gesamtkontext entscheidend. Diese Forderung bezieht sich auf die strategische, strukturelle und führungspolitische Integration des Performance Managements auf der Unternehmensebene. Dies wird durch eine stringente Kaskadierung der langfristigen Unternehmensziele sowie einem institutionalisierten Rückkopplungssystem erreicht. Ein umfassendes Zielvereinbarungssystem integriert sowohl eine organisatorische als auch eine führungspolitische Perspektive. Zielvereinbarungen übernehmen damit zum einen die Funktion eines Steuerungs- bzw. Koordinationsinstruments, indem mit den Mitarbeitern Teilziele vereinbart werden, deren Realisierung das Erreichen der Unternehmensziele gewährleistet. Zum anderen repräsentieren sie ein personalpolitisches Delegations- sowie Motivationsinstrument, indem die Mitarbeiter am Zielbildungsprozess beteiligt werden und innerhalb des durch Teilziele festgelegten Handlungsspielraums selbstständig entscheiden und agieren können (s. Abbildung 1). Im Folgenden wird dargestellt, wie sich eine solche Integration konkretisieren kann.

---

[6] Vgl. Daft, R. L./Lengel, R. H. (1986), S. 554 ff.
[7] Vgl. Rice, R. E. (1992), S. 490.
[8] Vgl. Pribilla, P./Reichwald, R./Goecke, R. (1996), S. 21.

2.3.1 Organisatorische Perspektive von Zielvereinbarungen

Dezentrale organisatorische Einheiten verfügen häufig über eigene Kunden, Anbieter, Wettbewerber und damit über selbstständige Verantwortung für die Profitabilität ihrer Aktivitäten. Die weitgehende Autonomie der dezentralen Einheiten wird zusätzlich durch die IT-Unterstützung und der damit verbundenen Unabhängigkeit vom Informationsfluss aus der Unternehmenszentrale vorangetrieben. Mit Hilfe von IT können Informationen gesammelt, komprimiert und jederzeit für die dezentralen Einheiten abrufbar zur Verfügung gestellt werden. Die Herausforderung besteht darin, die autonomen Aktivitäten in den dezentralen Einheiten auf die strategischen Unternehmensziele auszurichten. Die Steuerung und Kontrolle der gesamtorganisatorischen Performance kann über Zielvereinbarungen im Sinne eines vertikalen und horizontalen Kontraktmanagement erfolgen. Die Unternehmensleitung vereinbart mit den dezentralen Einheiten Leistungsziele in Verbindung mit einem Finanzrahmen in Form von Budgets oder Kostenlimits, innerhalb dessen diese die zur Leistungserstellung erforderlichen Transaktionen realisieren können. Durch die Fokussierung auf Ergebnisse gewinnen die dezentralen Einheiten die notwendigen Entscheidungs- und Handlungsspielräume zur flexiblen Gestaltung ihrer Leistungsprozesse und sind dennoch zentral zu steuern und in den strategischen Gesamtprozess einzubinden.[9]

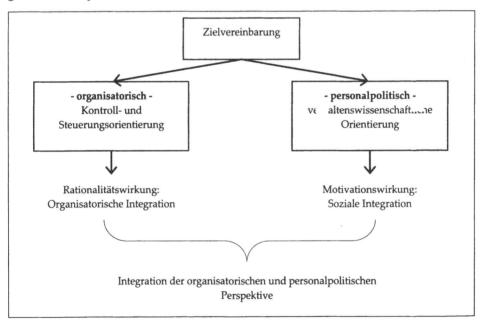

Abbildung 16: Organisatorische und personalpolitische Integration von Zielvereinbarungen[10]

---

9 Vgl. Botta, V. (2000), S. 227 f.
10 In Anlehnung an Drucker, P. F. (1955), S. 121 f. sowie Odiorne, G. S. (1971), S. 67 ff.

Wertvolle Unterstützung bietet hierbei die IT, anhand welcher die schnelle Informationsvermittlung gewährleistet, die dezentrale Gewinnermittlung systematisiert, die Transparenz der Zahlungsflüsse gesteigert sowie quantitative Größen zu aussagekräftigen Kennzahlen verdichtet und an die Unternehmenszentrale zurückgemeldet werden können. Der IT-Einsatz ermöglicht damit die zentrale Kontrolle bei weitgehender Dezentralisierung der Unternehmensaktivitäten. Ferner unterstützt die IT die stringente Zielkaskadierung, indem die übergeordneten Ziele und Strategien bis auf die Ebene des Mitarbeiters systematisch operationalisiert, festgeschrieben und kommuniziert werden können und somit Anknüpfungspunkte für individuelles Handeln liefern.

Den Ausgangspunkt für die Leistungsvereinbarung zwischen der Unternehmenszentrale und den dezentralen Organisationseinheiten bildet die Ableitung der Teilziele aus den übergeordneten Unternehmenszielen. Dabei geht es in erster Linie um die sukzessive Kaskadierung der Oberziele auf die verbliebenen Ebenen hinweg anhand von überprüfbaren Kriterien. Hierdurch entsteht eine transparente Zielhierarchie (s. Abbildung 2).

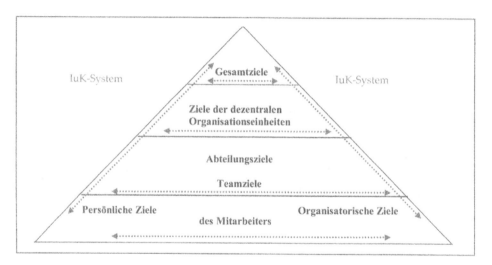

Abbildung 2: IT-gestützte Zielkaskadierung

Die Existenz eines organisatorischen Zielsystems bildet einerseits die Basis für die Ableitung der individuellen Ziele und Aufgaben. Andererseits erlaubt das Zielsystem eine transparente Zurechnung des individuellen Beitrags zum gesamten Abteilungs- und Unternehmenserfolg und liefert damit eine valide Datenbasis für das Performance Management.

2.3.2 Personalpolitische Perspektive von Zielvereinbarungen

Im Rahmen der individuellen Zielvereinbarungen dienen die übergeordneten Ziele als Ausgangspunkt für den Zielbildungsprozess zwischen Führungskraft und Mitarbeiter. Ein idealtypisches Zielvereinbarungsverfahren umfasst die Phasen der Zielbildung und Zielvereinbarung sowie die Festlegung der Leistungsstandards, die auf den Zielvorstellungen der Führungskraft und des Mitarbeiters beruhen (vgl. Punkt 2 der Abbildung 3), der Aussonderung unangemessener Ziele bzw. Anpassung der Zielvereinbarung unter Berücksichtigung neuer Impulse (vgl. Punkt 4a-4c) und des Soll-Ist-Vergleichs im Zusammenhang mit dem Beurteilungsgespräch und der sich anschließenden Anpassung des Arbeitsvollzugs entsprechend Abbildung 3 (vgl. Punkte 5 und 6).[11]

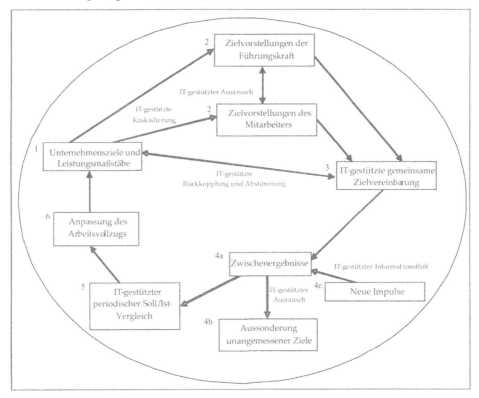

Abbildung 3: IT-gestütztes Zielvereinbarungsverfahren[12]

---

[11] Vgl. Breisig, Th. (2000), S. 21 ff.; sowie Gebert, D. (1995), S. 427.
[12] In Anlehnung an Odiorne, G. S. (1971), S. 82; ferner Oechsler, W. A. (2001), S. 295.

Die generelle Voraussetzung des Performance Management anhand von Zielvereinbarungen ist die Formulierung eines Leitbildes mit entsprechend eindeutigen Oberzielen eines Unternehmens. Der Zyklus setzt an den allgemeinen Unternehmenszielen und Leistungsmaßstäben an (vgl. Punkt 1). Die Zielinhalte sind dabei so festzulegen, dass eine Erfüllung tatsächlich in der Kompetenz des Mitarbeiters liegt. Dies erfordert unter Umständen eine Überarbeitung der Struktur eines Unternehmens, um eine Kongruenz von Zielinhalten und organisatorischen Kompetenzen zu erreichen (vgl. Punkt 1).

Der IT-Einsatz dient bereits bei der Kaskadierung der Unternehmensziele auf die nachfolgenden Ebenen hinweg als wertvolle Unterstützung, um letztlich die strategische Ausrichtung der Mitarbeiterziele zu gewährleisten. Softwarebasiert können Ziele und Subziele sowie entscheidende Meilensteine der einzelnen Unternehmensebenen zielgruppenspezifisch dezentral zur Verfügung gestellt werden. Dadurch entsteht eine Ziel-Transparenz, die zur Kanalisierung der Energien beiträgt. Die IT-Unterstützung trägt zu einer effizienteren Unternehmenskommunikation bei. Der Prozess der Vereinbarung sowie das Festhalten der Ziele und Bewertungsstandards vollziehen sich gleichfalls anhand von IT, deren Einsatz sich aufgrund der Effizienzkriterien der Dokumentierbarkeit und Präzision anbietet. Im Zuge der Zielerfüllung wird IT zur Gewinnung und Systematisierung von Informationen herangezogen, um neben dem individuellen Leistungsverhalten externe und interne Einflussfaktoren der Zielerreichung identifizieren zu können. Im Rahmen des Soll-Ist-Vergleichs sind Führungskraft und Mitarbeiter ebenfalls auf den IT-Einsatz angewiesen.

2.4 IT-gestützter Zielvereinbarungsprozess

Eine idealtypische IT-Unterstützung des Zielvereinbarungsprozesses wird im Folgenden anhand der in der Unternehmenspraxis häufig eingesetzten Medien wie Videokonferenz, Online-Konferenz, Voice Mail, E-Mail und HR-Software dargestellt. Dabei wird den drei klassischen Phasen der Vereinbarung, Anpassung und Soll-Ist-Vergleich bzw. Beurteilung gefolgt.

Phase der Zielvereinbarung

Der Zielvereinbarungsprozess kann mittels einer systembasierten Generierung von standardisierten Zielvereinbarungsdokumenten durch den zentralen Personalbereich sowie die durch Workflows gestützte Benachrichtigung von Führungskraft und Mitarbeiter eingeleitet werden. Auf der Grundlage der automatisiert zentral erstellten Dokumente können die Führungskräfte dezentral ihre Zielvereinbarung mit ihren Mitarbeitern durchführen (s. Abbildung 4). Die Vorbereitung des Vereinbarungsgesprächs sowie der Austauschs der Zielvorschläge erfolgt mithilfe von E-Mail, Telefonkonferenzen in Verbindung mit NetMeeting oder mittels Einträgen in einer Datenbank. Die Kommunikation der Zielvorstellungen zwischen Führungskraft und Mitarbeiter kennzeichnet sich durch einen wechselseitigen Informationsfluss anhand von gering reichhaltigen Medien. Bestehen Schnittstellen zu weiteren Datenbanken

Das Management von individueller Performance

bietet es sich an, aus der Zielhierarchie erfolgskritische Leistungs- und Entwicklungsziele für den Mitarbeiter abzuleiten. Die Leistungsvereinbarung selbst kann bspw. bei neuen Mitarbeitern anhand einer Videokonferenz erfolgen. Der IT-Einsatz ermöglicht hier trotz räumlicher und zeitlicher Distanz den Dialog zwischen Führungskraft und Mitarbeiter unter geringen Kommunikationskosten.

Die IT-gestützte Kommunikation erzwingt die unmissverständliche Definition von Zielen, Leistungsstandards sowie Leistungsdimensionen. Dadurch entsteht zum einen Transparenz hinsichtlich der an den Mitarbeiter gestellten Erwartungen. Zum anderen werden die Grundlagen für eine anschließende objektive Bewertung der Leistung des Mitarbeiters gelegt. Ferner ist eine punktuelle Unterstützung des Mitarbeiters durch die Führungskraft während des Zielerreichungsprozesses möglich. Sind die Ziele zwischen Führungskraft und Mitarbeiter vereinbart, können die Ziele und Bewertungsstandards in einer gemeinsamen zugänglichen Datenbank abgespeichert und Veränderungen protokolliert werden (vgl. Tabelle 2).

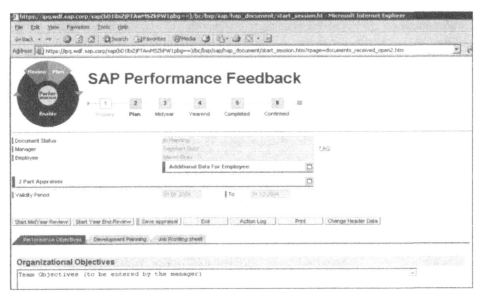

Abbildung 4: SAP R/3 basierte Zielvereinbarung bei der SAP AG[13]

Phase der Anpassung

Das Feststellen eines Zwischenergebnisses während der Beurteilungsperiode fördert die Leistung des Mitarbeiters. Der Mitarbeiter wird in die Lage versetzt, sein Verhalten neu auszurichten

---

13 In Anlehnung an Odiorne, G. S. (1971), S. 82; ferner Oechsler, W. A. (2001), S. 295.

sowie die gewählten Aufgabenstrategien und das Maß seiner Anstrengung anzupassen.[14] Zur Kommunikation in der Anpassungsphase werden gering reichhaltige Medien wie E-Mail, Online Konferenz und Telefonkonferenz herangezogen. Eventuelle Änderungen der Ziele und/oder der Bewertungsstandards werden nach Absprache zwischen Führungskraft und Mitarbeiter in separaten Feldern der Datenbank hinterlegt. Die IT bietet die Möglichkeiten die Führungskraft zeitnah in Entscheidungen einzubinden und somit den Handlungsspielraum des Mitarbeiters potenziell einzuschränken. Sind die Ziele und ihre Bewertungsstandards in einer Datenbank oder in einem für beide Parteien zugänglichen Dokument abgespeichert, können die Ziele in regelmäßigen Zeitabständen auf ihre Aktualität und den Erreichungsgrad hin überprüft werden. Ist nicht eindeutig klar, ob eine Zielanpassung tatsächlich auf die Leistung des Mitarbeiters oder auf externe Bedingungen zurückzuführen ist, unterstützt der IT-Einsatz Informationssammlung und -fluss zugunsten der Führungskraft. Ist die Vertrauensbasis zwischen Führungskraft und Mitarbeiter schwach ausgeprägt, kann die IT auch im Sinne einer Verhaltenskontrolle eingesetzt werden, indem der Mitarbeiter Statusberichte abliefert, die im Zusammenhang mit Einwahlzeiten, Anzahl von Akquisitionen oder Verkaufszahlen etc. systembasiert überprüft werden. Inkonsistenzen werden IT-gestützt festgestellt und angezeigt. Ferner kann IT-gestützt Feedback von Kunden, Projektleitern und Kollegen zu einem bestimmten Sachverhalt effizient eingeholt werden. Die Dokumentation der Zielanpassungen in einer Datenbank erhöht die Transparenz und anschließende Überprüfbarkeit des Zielerreichungsprozesses.

Phase des Soll-Ist-Vergleichs und der Beurteilung

Im Anschluss an einen Zielvereinbarungszyklus folgen die Phase des Soll-Ist-Vergleichs, in welcher nun die tatsächliche Leistung des Mitarbeiters anhand des Zielerreichungsgrades festgestellt wird, sowie das Beurteilungsgespräch. Je spezifischer und konkreter die Ziele, Leistungsstandards und Erreichungsgrade in Datenbanken zentral abgelegt wurden, desto transparenter und objektiver kann die Bewertung ausfallen, da sich Interpretationsspielräume und Mehrdeutigkeiten reduzieren. Werden weitere Feedbackgeber eingebunden, kann die Führungskraft auf der Basis der Teilbeurteilungen bspw. eines Projektleiters sowie der Selbstbeurteilung des Mitarbeiters die abschließende Beurteilung vornehmen und in der Datenbank hinterlegen. Das Ergebnis des Soll-Ist-Vergleichs liefert die Datenbasis für das nachfolgende Beurteilungsgespräch, das der Führungskraft und dem Mitarbeiter dazu dient, in einen Dialog über die bisherige Zusammenarbeit, künftige Aufgabenschwerpunkte und die persönlichen Entwicklungsmöglichkeiten einzutreten. Weichen die einzelnen Teilbeurteilungen stark voneinander ab oder handelt es sich beim Beurteilungsgespräch um das Anbringen von negativer Kritik, so sind, um der Komplexität und Vertraulichkeit der Kommunikationssituation gerecht zu werden, reichhaltige Medien einzuschalten. Denkbar sind die face-to-face-Kommunikation oder die Videokonferenz, die emotionale Elemente transportieren und somit die Botschaft in einen Interpretationskontext einbinden.[15] Im Falle der negativen Diskrepanz zwischen Soll und Ist der Zielerreichung sind gemeinsam durch Führungskraft und

---

14 Vgl. Gebert, D. (1995), S. 429.
15 Vgl. Trevino, L. K./Daft, R. L./Lengel, R. H. (1990), S. 75 f.

Mitarbeiter die Ursachen im Rahmen einer Abweichungsanalyse zu identifizieren. Im Zuge dessen spielen Transparenz, vorangegangene Dokumentation und Präzision der Zielerreichung eine wesentliche Rolle. Handelt es sich um ein positives Feedback, sollte mit Blick auf die Motivation des Mitarbeiters auf die Nachhaltigkeit der Kommunikation abgezielt werden. Zum Ausdruck der Anerkennung kann die Auszeichnung zeitnah an mehrere Empfänger insbesondere auch hierarchisch höherer Positionen via E-Mail oder Veröffentlichungen im Intranet kommuniziert werden. Die Präzision und Transparenz der Kommunikation in den vorangehenden Phasen entscheidet über die Erfüllung der Gütekriterien[16] im Zuge der Leistungsbeurteilung. Aufgrund der restriktiven Übermittlung von Zusatzinformationen, wie bspw. nonverbale Elemente, können spontane emotionale Reaktionen bezüglich eines Sachverhalts, im Gegensatz zur face-to-face-Kommunikation, abgekühlt werden, um in eine rationale geprägte d.h. objektive Kommunikationssituation einzutreten.[17]

Abschließend muss aus rechtlichen Gründen sowohl dem Mitarbeiter als auch der Führungskraft die Möglichkeit geben werden, das Beurteilungsdokument mittels einer digitalen Unterschrift zu bestätigen. Nach Beendigung des Zielvereinbarungszyklus kann der zentrale Personalbereich zum einen die Kontrolle bezüglich der durchgeführten Zielvereinbarungen, zum anderen Auswertungen bezüglich der Leistungsdaten vornehmen. Abbildung 5 repräsentiert einen idealtypisch IT-gestützten Zielvereinbarungszyklus. Die Symbole kennzeichnen die in der jeweiligen Phase einzusetzenden Medien, wobei die Videokonferenz als Substitut der face-to-face-Kommunikation angenommen wird.

---

16 Vgl. Martin, A. (1994), S. 164 f.
17 Vgl. Büssing, A./Moranz, C. (2003), S. 33.

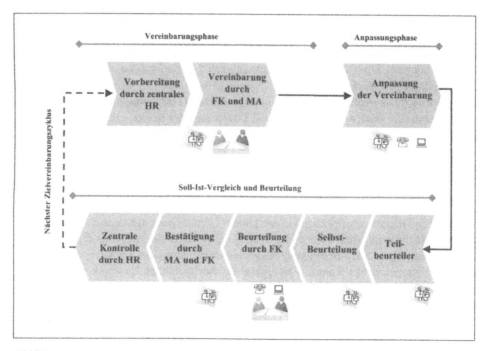

Abbildung 5: *Prozess eines IT-gestützten Zielvereinbarungsverfahrens*[18]

---

18 Vgl. Grau, M. R. (2005), S. 220.

Das Management von individueller Performance

Die folgende Tabelle fasst die Chancen des IT-Einsatzes in den einzelnen Phasen des Zielvereinbarungszyklus anhand der Effizienzkriterien zusammen.

Effizienz-Kriterium / Phase	Schnelligkeit	Präzision	Transparenz	Quantität	Objektivität	Technologie
Anbahnung Zielvereinbarung	– Reduktion der Informationsasymmetrie	– Definition der Leistungsstandards – Festlegen der Ziele nach Methode der kritischen Ereignisse – verstärkte Aufgabenorientierung	– unterstützt Verbindlichkeit der Aussagen	– Nutzung von unterschiedlichen Kommunikationskanälen: verständnisfördernd – bessere Entscheidungsgrundlage für Ziele	– sachliche Argumentation – Entscheidung auf Basis von Fakten	– E-Mail – Voice Mail – Telefonkonferenz – Online Konferenz – Datenbanken/ Betriebssoftware
Zielanpassung	– Einschränkung der Handlungsspielräume – Kontrollmöglichkeit – zeitnahe Adaption der Zielerreichungsstrategie – Reduktion der Informationsasymmetrie		– Dokumentation der Historie – Transparenz der Argumentation bei positiver und negativer Anpassung – unterstützt Verbindlichkeit der Aussagen	– umfassende Informationsversorgung	– Ausblenden von irrationalen Aspekten – Verfügbarkeit sachlicher Argumente	– E-Mail – Telefonkonferenz – Online Konferenz – Datenbank/ Betriebssoftware **Negative Anpassung:** – Videokonferenz
Soll-Ist-Vergleich/ Beurteilung	– effiziente Informationsversorgung – Reduktion der Informationsasymmetrie	– Dokumentierbarkeit des Informationsflusses – präziser Soll/Ist-Vergleich	– Dokumentation bei negativer Zielerfüllung – Identifizierung von Verantwortlichen bei negativer Zielerfüllung	– Verfügbarkeit von umfassenden Informationen	– Reduktion der Beurteilungstendenzen – Erhöhung der Objektivität durch Hinzuziehen von weiteren Beurteilern – Ausblenden von irrationalen Aspekten	– E-Mail – Telefonkonferenz – Online Konferenz – Datenbank/ Betriebssoftware **Negatives Feedback:** – face-to-face – Videokonferenz

Tabelle 2: Chancen IT-gestützter Zielvereinbarungen und spezifischer Medieneinsatz

3. Risiken und Erfolgsfaktoren der IT-Unterstützung

Im Zuge der IT-Unterstützung des Zielvereinbarungsprozesses entstehen neben den Chancen auch Risiken. Diesen kann jedoch unter Berücksichtigung der besonderen Anforderungen des Performance Management, wie im Zuge der Darstellung der Erfolgsfaktoren verdeutlicht, weitgehend entgegengewirkt werden.

3.1 Risiken im Zielvereinbarungsprozess

Die Risiken beziehen sich vorwiegend auf die geringe Reichhaltigkeit der Technologien, den enormen Anstieg von verfügbaren Informationen sowie die Überbewertung von quantitativen Größen und resultieren potenziell in folgenden Problemen im Zielvereinbarungsprozess:

- Erschwertes Schaffen von Ziel-Commitment beim Mitarbeiter
- Schwach ausgeprägter Beziehungskontext zwischen Führungskraft und Mitarbeiter
- Potenzielles opportunistisches Verhalten des Mitarbeiters
- Schwierigkeiten der Interpretation der IT-gestützten Kommunikation;
- Potenzielle Informationsüberflutung bei defizitären Umgang mit den IT-Technologien
- Konzentration auf quantitative Größen ohne Berücksichtigung von Verhaltensdimensionen und sozialen Kriterien

Eng in Verbindung mit den Effizienzkriterien des IT-Einsatzes stehen die eingeschränkten Möglichkeiten hinsichtlich der unmittelbaren Rückkopplung von Feedback, der Vermittlung von nonverbalen Elementen, der Spontanität von Kommunikationssituationen und des Entstehens von informeller Kommunikation. Je nach Reichhaltigkeit der eingesetzten Medien unterliegt die IT-gestützte Kommunikation im Zielvereinbarungsprozess diesbezüglich Restriktionen, die insbesondere zur Schwächung des Beziehungskontextes zwischen Führungskraft und Mitarbeiter sowie zur Minderung des Ziel-Commitment des Mitarbeiters führen können. Fehlen emotionale vorwiegend durch nonverbale und spontane Elemente hervorgerufene Aspekte in der IT-gestützten Kommunikation, besteht die Gefahr, dass die Motivation des Mitarbeiters zur Zielerreichung sinkt, die Kommunikation aufgrund des fehlenden persönlichen Kontextes schwerer interpretierbar sind und der Informationsfluss unterbrochen wird. Ist die Beziehung zwischen Führungskraft und Mitarbeiter sowie zwischen den Mitarbeitern untereinander schwach ausgeprägt, fehlen soziale Mechanismen, die das Commitment des Mitarbeiters hinsichtlich der Zielerreichung stärken. In Anbetracht der eingeschränkten Kontrollmöglichkeit in dezentralen oder virtuellen Arbeitsverhältnissen besteht daher eine er-

Das Management von individueller Performance

höhte Gefahr opportunistischer Aktivitäten des Mitarbeiters. Wurde die Zielvereinbarung zentral dokumentiert und in einer Datenbank abgelegt, sind die Barrieren höher, vereinbarte Ziele zurückzunehmen, auch wenn dies z. Bsp. in einer Über- oder Unterforderung des Mitarbeiters mündet. In Tabelle 3 sind in Abhängigkeit der Effizienzkriterien die Risiken in den verschiedenen Phasen des Zielvereinbarungszyklus zusammengefasst.

Effizienz-Kriterium \ Phase	Schnelligkeit	Präzision	Transparenz	Quantität	Objektivität
Zielvereinbarung	– voreiliges Treffen von Zusagen – Über- oder Unterforderung – Fragmentierung des Arbeitsalltags	– Überbewertung von Details – Vernachlässigung sozialer Komponenten – Vernachlässigung von Verhaltensdimensionen		– zu hohe Komplexität des Vereinbarungsgegenstandes: Differenzierung von Wesentlichem und Unwesentlichem – Schwierigkeit der Priorisierung	– geringe emotionale Bindung
Zielanpassung	– Informationsüberflutung – Fragmentierung des Arbeitsalltags			– Informationsüberflutung	– geringe emotionale Bindung
Soll-Ist-Vergleich/ Beurteilung	– voreiliges Treffen von Entscheidungen durch die Führungskraft	– Überbewertung von quantitativen Größen			– Reine Ausrichtung an Zielergebnissen – keine Berücksichtigung von weiteren Leistungsdimensionen – geringe emotionale Bindung

Tabelle 3: Risiken IT-gestützter Zielvereinbarungen

Eine Gefahr für den IT-gestützten Zielvereinbarungsprozess kann die potenzielle Informationsüberflutung bedeuten, die aus der Schnelligkeit und Quantität der Informationsvermittlung resultiert. Hiermit ist nicht nur der Umgang mit bspw. permanent eintreffenden Mails und der damit einhergehenden potenziellen Fragmentierung des Arbeitsalltags angesprochen. Der IT-Einsatz steigert die Informationsfrequenz, provoziert damit die Beschleunigung der Reaktionszeiten, die zu einer Zunahme der Erwartungen nach unmittelbarer Rückkopplung und schnellen Entscheidungen führen. Letztlich ist im Zusammenhang mit der Quantität der verfügbaren Informationen die Schwierigkeit der Priorisierung von Zielen und Aktivitäten verbunden.

Die IT-gestützte Überbrückung der räumlichen und zeitlichen Distanz entwickelt sich zum Nachteil für die Durchführung eines Management-by-Behavior-and-Results[19]. Die mit der Distanz verbundenen Nichtbeobachtbarkeit des Handelns des Mitarbeiters fördert eine Beurteilung, die sich rein auf das Ergebnis des Soll-Ist-Vergleichs stützt. Hierin liegen zwar die Chancen für eine objektivere Leistungsbeurteilung, jedoch besteht auch die Gefahr, eine eindimensionale Bewertung auf Kosten von Verhaltensdimensionen und sozialen Aspekten vorzunehmen. Die Möglichkeit, die Bewertung mehrerer Beurteiler, wie bspw. des Projektleiters oder eines Kunden, einzubeziehen erhöht die Objektivität der Beurteilung. Dies würde die Zielerreichung gerade bei qualitativen Zielgrößen umfassender abbilden. Die Einbindung weiterer Feedbackgeber wird durch den IT-Einsatz erleichtert.[20]

3.2 Erfolgsfaktoren des IT-gestützten Performance Managements

Um den mit dem IT-Einsatz verbundenen Risiken entgegenzuwirken, konnten folgende Erfolgsfaktoren identifiziert werden:[21]

- Qualifikationen im Umgang mit IT
- Qualifikationen hinsichtlich der Spezifika IT-gestützter Zielvereinbarungen
- Unternehmens- und Kommunikationskultur
- Uneingeschränkte Medienverfügbarkeit
- Aufgabenspezifischer Medieneinsatz
- Vertrauensvolle Führungsbeziehung
- Persönliche Kommunikation im Zielvereinbarungszyklus
- Einsatz eines Kommunikationsmix
- Sensibilisierung der Anwender bezüglich sozial geprägter mitarbeiterorientierter Komponenten in der Kommunikation

Gerade den Risiken, die den Aufbau eines persönlichen Beziehungskontextes betreffen, kann insbesondere anhand der Sensibilisierung der Anwender hinsichtlich des Transfers von emotionalen und sozialen Größen, entgegengewirkt werden. Umfassende Qualifikationen im Umgang mit diversen Technologien, der aufgabenspezifische Einsatz sowie die uneingeschränkte Verfüg-

---

[19] Vgl. Oechsler, W. A. (2000), S. 477.
[20] Vgl. Oechsler, W. A. (2001), S. 306.
[21] Vgl. Grau, M. R. (2005), S. 227 ff.

barkeit zur Realisierung eines Medienmix unterstützen den Erfolg des IT-gestützten Performance Management. In komplexen und kritischen Situationen, wie bspw. bei der Vermittlung von negativem Feedback sollten Medien herangezogen werden, die eine unmittelbare Rückkopplung zulassen und das Erfassen nonverbaler Elemente ermöglichen. Die face-to-face-Kommunikation ist hierbei empfehlenswert. Die Videokonferenz dient als Substitut.

Die Einbindung des IT-Einsatzes in die Kommunikations- und Unternehmenskultur ist Prämisse für ein erfolgreiches IT-gestütztes Performance Management. Die Einschätzung spezifischer Situationen und Kommunikationsaufgaben sowie die als adäquat geltenden heranzuziehenden Medien werden durch Muster und ungeschriebene Regeln der Kommunikation geleitet, die auf langfristige individuelle und kollektive Erfahrungen zurückgehen. Solche langfristig gewachsenen durch das soziale Umfeld suggerierten Normen und Regeln bringen zum Ausdruck, wie IT-gestützt kommuniziert werden muss, damit sowohl die Mitarbeiterorientierung im IT-gestützten Zielvereinbarungsprozess bzw. im Performance Management, als auch die Ausschöpfung der Effizienzpotenziale des IT-Einsatzes gewährleistet werden kann.

Ein effizientes Performance Management muss trotz des IT-Einsatzes in einen durch face-to-face-Kommunikation geschaffenen persönlichen Kontext eingebunden sein. Im Rahmen regelmäßiger auch außerorganisatorischer gemeinsamer Aktivitäten entsteht im Zuge eines offenen persönlich Austauschs zwischen Führungskraft und Mitarbeiter ein durch Vertrauen geprägter Beziehungskontext. Vor dem Hintergrund eines etablierten Beziehungskontextes können den mit dem IT-Einsatz verbundenen Risiken vorgebeugt werden. Daher sind Kontakt- und Kommunikationsplattformen von Unternehmensseite zur Verfügung zu stellen, welche in regelmäßigen Zeitabständen die Möglichkeit zur persönlichen informellen Kommunikation bieten. Denkbar sind ein bis zweimal jährlich organisierte Events für Teams, die unter virtuellen Bedingungen zusammen arbeiten.

4. Resümee

Ein systematischer IT-Einsatz kann insbesondere in dezentralen Arbeitsverhältnissen die Realisierung eines erfolgreichen Performance Management gewährleisten. Mit einem IT-gestützten Performance Management wird die Grundlage geschaffen, Mitarbeiterleistung zu verbessern, zu messen und den Beitrag zur Gesamtleistung des Unternehmens auszuweisen. Die Voraussetzung für ein zielorientiertes IT-gestütztes Performance Management stellt dabei die Einbettung in den Gesamtkontext eines organisatorischen Zielsystems des Unternehmens dar. Erst die Abstimmung mit den langfristigen Unternehmenszielen und der entsprechenden strategischen Ausrichtung ermöglicht, dass den Erfolgsfaktoren hinsichtlich Qualifikationen, Medienverfügbarkeit sowie Unternehmenskultur Rechnung getragen wird. Da der Bereich des IT-Einsatzes im Performance Management bzw. in der Leistungsbeurteilung bisher noch wenig untersucht wurde, sind je nach konkretem Fall landeskulturelle und arbeits- bzw. datenschutzrechtliche Restriktionen zu berücksichtigen.

Projektcontrolling im Anlagen-Export

Peter R. Wetzel

1. Vertragsrisiko-Analyse	582
2. Risiko-Bewältigung	586
3. Grundlagen des Claimings	587
4. Eigenclaims	590
5. Checkliste Risiko-Claim-Situation	593
6. Protokoll des Claim-Ereignisses	598
7. Fremdclaims	599
8. Änderungsmanagement	602

1. Vertragsrisiko-Analyse

Insbesondere beim Auftragsprojektmanagement sind für den Lieferanten vielfältige Risiken der Normalfall. In einer ersten Stufe empfiehlt es sich, mit einer Risikoanalyse zu beginnen. Bereits vor Vertragsabschluss geht es dabei darum, potenzielle Risiken zu erkennen und zu bewerten. Hier wird die Grundlage für eine claimbewusste Angebots- und Vertragsgestaltung gelegt. Aufgrund des dann vorliegenden Vertrages überprüft man noch einmal auf potenzielle Risiken und sucht nach einer geeigneten Bewertung. Spätestens hieraus ergeben sich die Grundlagen für Risiko-Bewältigungsmaßnahmen. Siehe dazu die später aufgeführte Risiko-Claim-Checkliste.

Die Überprüfung der folgenden Fragen zur „Vertragsrisiko-Analyse" soll helfen, Risiken aus der Vertragsgestaltung aus der Sicht der Lieferanten rechtzeitig zu erkennen. Sie enthält die wesentlichen Punkte, die in größeren Lieferverträgen in der Anlagentechnik aufgeführt sind. Wenn die Fragen mit „JA" beantwortet werden können, bestehen für den Lieferanten praktisch keine vertragsbezüglichen Bedenken. Muss die Frage verneint werden, ist zu klären, was zu veranlassen und wer zu informieren ist. Für Besteller gilt eine Bewertung im umgekehrten Sinne.

1. *Abnahme:* Ist der Begriff „provisorische Abnahme" klar geregelt? Ist der Begriff „definitive Abnahme" klar geregelt? Ist bei Abnahmezertifikat durch den Besteller klar geregelt, wann es spätestens nach erfolgter Abnahme auszustellen ist? Ist bei Abnahmezertifikat durch den Besteller klar geregelt, dass kleinere Mängel nicht die Ausstellung verhindern? Ist bei Abnahmezertifikat durch den Besteller klar geregelt, dass die Ausstellung auch erfolgt, wenn die Abnahme aus nicht beim Lieferanten liegenden Gründen verzögert wird? Ist der Umfang der Abnahmeprüfungen klar geregelt? Ist klar geregelt, wer Personal, Material, Energie, etc. für die Abnahmeprüfung stellt?

2. *Änderungen:* Ist das Recht des Bestellers, Änderungen zu verlangen (Termin, Lieferumfang, Ausführung, etc.) klar geregelt? Ist klar geregelt, dass Änderungen nur auszuführen sind nach Einigung über Mehrkosten und Terminverschiebung? Ist klar geregelt, wie Mehrkosten berechnet werden? Führen Änderung größer 15 Prozent des ursprünglichen Vertragswertes zu Anpassungen der Overheads?

3. *Anwendbares Recht:* Ist das anwendbare Recht eindeutig festgelegt?

4. *Bedingungen auf der Baustelle:* Ist klar geregelt, dass der Besteller für den Baugrund und die Baubewilligung verantwortlich ist? Stellt der Besteller Energie, Wasser, Telekommunikationseinrichtungen, etc? Stellt der Besteller den Zugang zur Baustelle sicher? Stellt der Besteller Unterkunft für das Lieferer- und Montagepersonal sowie verschließbare Räumlichkeiten zur Verfügung?

5. *Bedingungen im Bestellerland:* Kann der Lieferant Transportmittel/-weg frei wählen, gibt es keine Transportbeschränkungen? Unterstützt der Besteller den Lieferanten für

Einreise- bzw. Arbeitsbewilligungen von Montagepersonal? Stellt der Besteller unter Umständen notwendige Importlizenzen zur Verfügung?

6. *Dokumentation:* Ist klar geregelt, welche Dokumentation der Lieferant zu liefern hat? Ist klar geregelt, wann einzelne Dokumente zu erstellen sind?

7. *Eigentums- und Gefahrenübergang:* Sind die Zeitpunkte des Eigentums- und Gefahrenübergangs klar geregelt? Wurde vermieden, dass der Besteller tatsächliche Herrschaft über die Anlage vor diesem Zeitpunkt ausübt?

8. *Engineering:* Falls der Besteller das Engineering zur Verfügung stellt, ist klar geregelt: a) Wann der Besteller welchen Teil des Engineering zur Verfügung stellt? b) Dass der Besteller für das von ihm gestellte Engineering verantwortlich ist? c) Wie weit die Prüfungspflicht des Lieferanten geht? Falls der Lieferant das Engineering zur Verfügung stellt, ist klar geregelt: a) Wann der Lieferant welchen Teil des Engineering dem Besteller zu übergeben hat? b) Ob der Besteller das Engineering zu prüfen hat? c) Innerhalb welcher Frist der Besteller den Prüfbescheid dem Lieferanten mitteilen muss? d) Was nach einem negativen Prüfbescheid geschieht?

9. *Fabrikationstests:* Sind alle durchzuführenden Fabrikationstests vertraglich klar geregelt? Ist klar geregelt, ob und wann der Besteller über den Termin von Fabrikationstests zu informieren ist? Ist ein Testzertifikat gültig, auch wenn der Besteller am Test nicht teilgenommen hat? Falls der Besteller Wiederholung bzw. Zusatztests verlangt, kann der Lieferant Mehrkosten bzw. Terminanpassung fordern?

10. *Garantien Dritter (z. B. Banken):* Ist klar geregelt, welche Garantien vom Lieferanten abgegeben werden müssen (z. B. Anzahlungs-Garantie)? Müssen bestimmte Voraussetzungen erfüllt sein, damit der Besteller eine Auszahlung der Garantie verlangen kann?

11. *Garantierte technische Werte*: Sind vereinbarte technische Werte genau definiert? Sind Prüfvoraussetzungen klar geregelt? Ist die Höhe einer Vertragsstrafe für die garantierten Werte klar geregelt? Ist die maximale Höhe der Vertragsstrafe für einen garantierten Wert festgelegt (Begrenzung)? Ist die maximale Höhe aller Vertragsstrafen für die garantierten Werte festgelegt (Begrenzung)? Ist klar geregelt, dass es sich bei der Vertragsstrafe um Ersatz eingetretenen Schadens, nicht um eine Strafe handelt?

12. *Gegenseitige Unterrichtspflicht:* Ist klar geregelt, dass sich Besteller und Lieferer über Schwierigkeiten der Vertragserfüllung unterrichten müssen?

13. *Gesetze im Bestellerland:* Sind die Folgen von Gesetzesänderungen im Besteller-Land nach Angebotsabgabe vom Besteller zu tragen?

14. *Gewährleistungsfrist:* Sind der Beginn der Gewährleistungsfrist und die Dauer der Gewährleistungsfrist klar geregelt? Hat der Lieferant Einfluss auf den Beginn der Gewährleistungsfrist? Gibt es einen Spätestens-Termin für den Beginn bzw. das Ende der Gewährleistungsfrist? Gibt es auch einen Spätestens-Termin für die Gewährleistungsfrist, wenn sie unterbrochen wird oder durch Reparaturen neu zu laufen beginnt? Ist die Gel-

tendmachung von Mängelrechten nach Ablauf der Gewährleistungsfrist ausdrücklich ausgeschlossen?

15. *Gewährleistungsumfang:* Gilt der Gewährleistungsumfang nur für die Einhaltung der Spezifikation und der Qualität des verwendeten Materials bzw. der Arbeit und gibt es keine Zusatz-Gewährleistung für Anlagenfunktion? Fehlt eine zusätzliche Gewährleistung des Lieferanten, dass die Anlage dem neusten Stand der Technik entspricht? Gibt es keine Bestelleransprüche beim Vorliegen von Mängeln bei Reparatur und/oder. Ersatz; bei Reparatur durch den Besteller bzw. von ihm beauftragten Dritten; bei Ersatz von durch den Mangel verursachten Schäden? Kann der Lieferant zwischen Mängelrechten (Wandlung oder Minderung) wählen? Falls dem Lieferanten nicht alle Mängelrechte zustehen, sind andere Mängelrechte ausdrücklich ausgeschlossen? Muss der Besteller Mängel nach deren Entdeckung unverzüglich rügen?

16. *Haftung:* Ist die Haftung des Lieferanten für Personen-, Sach- und Vermögensschäden klar geregelt? Ist die Haftung beschränkt durch Ausschluss von Vermögensschäden, Ausschluss von indirekten Schäden, summenmäßige Limitierung oder Beschränkung auf versicherte bzw. versicherbare Schäden? Ist haftungsverursachendes Verhalten des Lieferers bzw. seiner Arbeitnehmer eingeschränkt (z. B. leichte Fahrlässigkeit)? Ist die Geltendmachung von Haftungsansprüchen nach Ablauf der Gewährleistungsfrist ausdrücklich ausgeschlossen?

17. *Höhere Gewalt:* Ist der Umfang ausführlich definiert? Berechtigt dieser Umstand den Lieferanten, die Termine angemessen anzupassen? Berechtigt dieser Umstand den Lieferanten zur Geltendmachung von Mehrkosten? Besteht beidseitiges Recht zur Auflösung des Vertrages, falls der Umstand über längere Zeit andauert?

18. *Inkrafttreten des Vertrages:* Ist klar geregelt, dass der Vertrag nicht schon mit Unterzeichnung, sondern erst nach weiteren Voraussetzungen (z. B. Finanzierungsvertrag, Ausstellung von Importlizenz, etc.) in Kraft tritt? Ist eine Frist vorgesehen, in welcher solche Voraussetzungen erfüllt werden müssen? Ist klar geregelt, wer die Folgen des verspäteten Eintreffens solcher Voraussetzungen zu vertreten hat?

19. *Lieferfrist:* Ist der Beginn der Lieferfrist klar geregelt? Wurden neben dem Endtermin für Lieferanten verbindliche Zwischentermine vermieden? Falls der Lieferbeginn verzögert ist: werden weitere Probleme (z. B. Programm-Umstellung) berücksichtigt oder nur eine Verschiebung der Lieferfrist um die Verzögerung? Ist klar geregelt, dass bei der Überschreitung von Zwischenterminen durch den Besteller der Lieferant Mehrkosten bzw. Terminanpassung geltend machen kann? Ist das Recht des Bestellers, nach Belieben bzw. in bestimmten Fällen Lieferfrist zu unterbrechen, ausgeschlossen? Wenn der Besteller die Lieferfrist unterbrechen kann: Darf der Lieferer eine angemessene Terminanpassung geltend machen? Wird der Lieferant für Zusatzkosten bzw. verspäteten Zahlungseingang (Zinsen, Devisenkursverlust, etc.) entschädigt? Ist nur die Überschreitung der Lieferfrist, nicht auch von Zwischenterminen, unter Vertragsstrafe? Ist die Höhe der Verzugs-Vertragsstrafe pro vollendeter Zeiteinheit klar geregelt? Ist die maximale Höhe der Vertragsstrafe beschränkt? Bezieht sich die Vertragsstrafe nur auf den verspäteten

Teil und nicht auf den gesamten Lieferwert? Ist klar geregelt, dass die Vertragsstrafe pauschalisierter Schadensersatz und nicht Strafzahlung ist? Ist klar geregelt, dass der Besteller neben der Vertragsstrafe keine weiteren Ansprüche gegen den Lieferer wegen Lieferzeitüberschreitung, z. B. Rücktritt vom Vertrag, geltend machen kann?

20. *Lieferumfang:* Ist der Lieferumfang im Vertrag bzw. durch Verweis auf andere Vertragsdokumente klar geregelt? Sind die Schnittstellen zu Leistungen anderer Lieferanten bzw. zu bestehenden Anlagen klar definiert? Falls der volle Lieferumfang noch nicht klar ist, sind Kriterien für die nähere Festlegung vereinbart? Falls der Lieferumfang durch bestimmte Funktionen festgelegt ist: Wurde eine Fixierung auf bestimmte Lösungsdetails vermieden? Werden Vollständigkeitsgarantien vermieden? Sind die zur Anwendung gelangten Normen genau definiert (Ausgabejahr, Ausgabe, etc.)? Falls Schulung von Bestellerpersonal vorgesehen ist, sind die Details klar geregelt (wo, wer zahlt was etc.)?

21. *Preis:* Sind Festpreis, Preis mit Preisgleitklausel, Preis nach Aufwand oder eine Kombination vereinbart? Ist geregelt, falls der Besteller eine Rechnungsprüfung vorbehält: eine Frist für einen Prüfbescheid an den Lieferer; dass der unbeanstandete Rechnungsteil ausbezahlt wird; Was nach einem negativem Prüfbescheid geschieht? Ist die Vertragswährung (u. U. verschiedene) klar geregelt? Sind zahlungsauslösende Ereignisse klar definiert? Ist klar geregelt, dass der Besteller auch Teilzahlung leisten muss, wenn das zahlungsauslösendes Ereignis ohne Verschulden des Lieferers nicht eintritt? Ist klar geregelt, dass der Besteller bei verspätetem Zahlungseingang Verzugszinsen zahlen muss?

22. *Rücktritt vom Vertrag:* Ist das Recht des Bestellers, nach Belieben oder in bestimmten Fällen vom Vertrag zurückzutreten, klar geregelt? Kann der Lieferant in bestimmten Fällen vom Vertrag zurücktreten? Wird der Lieferer für die aus dem Rücktritt entstandenen bzw. vor dem Rücktritt entstandenen Kosten entschädigt? Wird der Lieferer zusätzlich für Gewinn, der wegen des Rücktritts nicht realisiert werden kann, entschädigt?

23. *Steuern im Bestellerland:* Ist klar geregelt, wer die Steuern im Bestellerland (Umsatz-, Einkommen-, Gewinn-, etc.) trägt? Falls der Lieferer Steuern zu tragen hat: ist klar geregelt, welche Steuern in welcher Höhe und dass er für neue bzw. höhere Steuern vom Besteller entschädigt wird?

24. *Streiterledigung und Schiedsklausel*: Besteht ein Schlichtungsverfahren? Ist eine Schiedsklausel vereinbart und ordentliche Gerichtsbarkeit ausgeschlossen? Sind der Schiedsklausel alle Streitigkeiten aus dem Vertragsverhältnis unterworfen? Entscheidet das Schiedsgericht endgültig? Ist die Zahl der Schiedsrichter bestimmt? Ist eine Verfahrensordnung (z. B. internationale Handelskammer) bestimmt? Sind der Sitz des Schiedsgerichts und die Verfahrenssprache klar geregelt? Bei ordentlicher Gerichtsbarkeit: Ist ein für den Lieferanten günstiger Gerichtsstand vereinbart?

25. *Unterlieferanten:* Ist die Hinzuziehung von Unterlieferanten zugelassen? Falls der Besteller Unterlieferanten vorschreibt: Kann der Lieferer sich durch Vorbehalt von der Verantwortung befreien?

26. *Versicherungen:* Ist der Lieferant verpflichtet, bestimmte Versicherungen abzuschließen? Reichen Standard-Versicherungen des Lieferanten oder muss er Zusatz-Versicherungen abschließen bzw. den Versicherer informieren? Ist der Lieferant in der Wahl der Versicherungsgesellschaft frei?

27. *Vertragsdokumente:* Sind die Bestandteile des Vertrages vollständig aufgelistet? Ist bei Widersprüchen der Vorrang zwischen mehreren Vertragsbestandteilen geregelt? Ist die Reihenfolge für den Lieferer günstig?

28. *Vertragssprache:* Ist für den Vertrag eine verbindliche Sprache geregelt? Ist die Übersetzung in die verbindliche Sprache auf Übereinstimmung mit dem verhandelten Text (in anderer Sprache) geprüft? Wenn die Vertragssprache schwierig ist: Ist die Sprache für die technische Korrespondenz abweichend von der Vertragssprache festgelegt, wenn ja für welche?

29. *Zölle im Bestellerland:* Ist klar geregelt, wer für die Zollabfertigung verantwortlich ist? Ist klar geregelt, wer Zölle und Zollabgaben trägt? Ist klar geregelt, innerhalb welcher Frist die Zollabfertigung durchgeführt wird? Ist klar geregelt, was bei der Überschreitung einer solchen Frist geschieht? Falls der Lieferer Zölle und Zollabgaben trägt: welche Zölle hat er in welcher Höhe zu tragen und wird er für neu erhobene bzw. höhere Zölle vom Besteller entschädigt?

2. Risiko-Bewältigung

In der Projekt-Planungsphase bezieht sich die Risiko-Planungsbewältigung zuerst auf die Angebots- und Vertragsgestaltungsphase. Es sind Umfang, Definitionen und Abgrenzung von Lieferungen, Leistungen und Spezifikationen festzulegen. Weiter müssen garantierte Werte, Standards und technologische Eckwerte wie Wirkungsgrad oder Verfügbarkeit einer Anlage beachtet werden. Liefer- und Zwischentermine sind unter Berücksichtigung interner Kapazitäten und Randbedingungen zu überprüfen. Die Risikosituation hat unter allen diesen Gesichtspunkten einen wesentlichen Einfluss auf den Angebotspreis. Weiter sind die Aufgaben und die Verantwortung des Kunden, wie z. B. die Lieferung bestimmter Informationen, zu definieren. Bestimmungen in Bezug auf Vertragsabweichungen, in erster Linie die Minimierung von Vertragsstrafen und die Haftungsbegrenzung, erfordern besondere Aufmerksamkeit. In der Planungsphase wird bereits die Grundlage dafür gelegt, dass später wenn nötig Risiken auf Vertragspartner weitergeleitet werden. Ein Teil der zu treffenden internen Maßnahmen haben vorbeugenden Charakter. Unter diese Rubrik fallen hauptsächlich Maßnahmen zur Verminderung von Risiken wie z. B. Zeitreserven bei kritischen Terminen oder technische Redundanzen. Wirkungsbezogen sind dagegen Eventualmaßnahmen der Planung zur Risikobewältigung wie z. B. Versicherungen für bestimmte Risiken. Für zu übernehmende Restrisiken sind möglichst ausreichende Rückstellungen zu bilden.

In der Ausführungsphase liegt der Schwerpunkt der Risikobewältigung beim raschen, frühzeitigen Erkennen sich anbahnender kritischer Ereignisse, u. a. als Grundlage für ein erfolgreiches Claiming. Die konsequente Durchführung der geplanten Risikobewältigungsmaßnahmen, wie z. B. die sofortige Umdisposition bei Ausfall eines Lieferanten, dient der Schadensminimierung bei Eintritt von Schadensereignissen. Dazu kommen Planung und Durchführung ergänzender Maßnahmen.

3. Grundlagen des Claimings

Um finanzielle Verluste während der Abwicklung eines Projektes zu vermeiden, wird ein erfahrenes Projektmanagement der Claimsituation höchste Aufmerksamkeit widmen. Im Zusammenhang mit dem Projektmanagement versteht man unter einem Claim: Finanzielle, terminliche und/oder sachlich Forderungen eines Vertragspartners infolge Abweichungen oder Erschwernissen im Zusammenhang mit der Vertragserfüllung. Dabei ist folgende Abgrenzung vorzunehmen: Claimähnliche Forderungen aber keine Claims sind Forderungen von bzw. gegenüber Dritten ohne vertragliche Basis (Entschädigungen); Vertragsänderungen im gegenseitigen Einvernehmen und firmeninterne Forderungen, wenn die Regelung innerhalb der Firma diese nicht vorsieht. Zu unterscheiden ist weiterhin zwischen Eigenclaims, d. h. Forderungen von uns an Geschäftspartner und Fremdclaims, d. h. Forderungen von Geschäftspartnern an uns. Bei den Geschäftspartnern kann es sich um Kunden, Consultants, Unterlieferanten, Konsortialpartner etc. handeln.

Die Claim-Ursache ist die vertragsrelevante Ursache des Claim-Sachverhaltes, zum Beispiel eine unvollständige Betriebsvorschrift. Der Ansatz für einen Claim wird als Claim-Sachverhalt bezeichnet, z. B. ein Zahlungsverzug. Bei den Claim-Arten unterscheidet man zwischen finanziellen Claims (Preisanpassung, Vertragsstrafe, Zahlungsaufschub, Verzugszins, etc.); Termin-Claims (z. B. Verschiebung eines Zwischen- oder Endtermins); Sach-Claims (Anpassung des Leistungsumfangs, Anpassung der Leistungsart, Anpassung von Vorgehen oder Einsatz der Mittel) und im äußersten Fall Vertragsbruch.

Unter Claim-Management versteht man die Summe aller Maßnahmen, mit dem Ziel, Eigen- und Fremdclaims aktiv und frühzeitig zu erkennen, Eigenclaims effizient durchzusetzen und Fremdclaims abzuwehren.

Die häufigsten Claim-Sachverhalte lassen sich in vier Gruppen einteilen:

- Vom Vertrag abweichende Ansprüche (terminlich, sachlich, in Bezug auf die Vertragsbeendigung)

- Erschwernisse bei der Vertragserfüllung (terminlich, sachlich, Änderung der Kosten- bzw. Preis-Situation)
- Vom Kunden nicht verlangte eigene Mehrleistung (terminlich oder sachlich)
- Nicht vertragskonforme Gegenleistung des Partners (verspätete Zahlung, abweichender Zahlungsbetrag, unberechtigte Inanspruchnahme einer Bankgarantie etc.)

Die Beachtung claimrelevanter Gesichtspunkte ist in jeder Phase des Projektmanagements von Bedeutung. Bereits bei der Angebotsgestaltung und der Ausarbeitung bzw. Bewertung der Verträge sind Möglichkeiten für Eigenclaims vorzubereiten und Risiken von Fremdclaims einzuschränken. Wichtige Bereiche sind dabei Leistungen, Termine/Preise, Verantwortung des Kunden, Bestimmungen bei Vertragsabweichungen, etc. Besondere Beachtung verdient in diesem Zusammenhang auch die Risikobewältigung mit Geschäftspartnern außerhalb des Vertrages, bei denen es sich also nicht um Claims per Definition handelt. Dazu gehören das Weitergeben/Überwälzen von Risiken bzw. Kosten auf z. B. Unterlieferanten und/oder Konsortialpartner sowie interne Maßnahmen. Weiter ist zu entscheiden, ob das Risiko versichert werden oder selbst getragen werden soll. Die Projektplanung ist zu jeder Zeit unter der Berücksichtigung des Claim-Managements durchzuführen, realistisch, umfassend und risiko- bzw. claimbewusst. Dabei sind alle Vertragsinhalte inklusive der Fremdleistungen zu überwachen und ihre Einhaltung sicherzustellen. Auch die Korrespondenz ist claimbewusst zu gestalten. Vorbedingung für ein erfolgreiches Claim-Management ist eine Entscheidung über die geplante Claim-Politik. Wenn langjährige Geschäftsbeziehungen zum Business-Partner bestehen, wenn Folgeaufträge oder ein nennenswertes Geschäftsvolumen, u. U. auch in anderen Bereichen des Unternehmens, in Aussicht sind, wird man ein eher zurückhaltendes Claim-Verhalten an den Tag legen. Ist die Situation jedoch angespannt und man befindet sich ohnehin „auf dem Kriegsfuß", kann die Entscheidung auch durchaus zugunsten eines aggressiven Claimings ausfallen. In der Praxis wird wohl häufig ein Mittelweg gewählt werden. Die folgende Tabelle gibt einen Überblick über die wesentlichen Sachverhalte:

Claim		zurückhaltend	aggressiv
	Vertrags-Gestaltung	vertragspartner- freundlich	eigenfreundlich, Einbau von Claim-Fallen
Eigen -	Claim-Schwelle	Claiming nur bei klaren Partner-Verstößen oder wenn *uns* Nachteil erwächst	Claiming bei allen Möglichkeiten, auch ohne eigenen Nachteil
	Forderungen	höchstens Kompensation eigener Nachteile, Ziel problemlose Akzeptanz	Forderung maximal und bewusst überhöht, unabhängig von eigenem Nachteil
Fremd -	Verhalten	berechtigte Forderungen vorbehaltlos akzeptieren	alle Claims grundsätzlich in Frage stellen, Gegenargu-mente ausschöpfen
	Claim-Verhütung	alle Möglichkeiten ausschöpfen	Möglichkeiten für Eigenclaims durch „Schweigen" fördern

Natürlich sollte ein Unternehmen bestrebt sein, gute und dauerhafte Beziehungen zu den Geschäftspartnern zu pflegen. Dennoch wird man sich bemühen, berechtigte Ansprüche im Rahmen der Vertragserfüllung entschlossen durchzusetzen und ungerechtfertigte Forderungen konsequent abzuwehren. Damit werden die Möglichkeiten zur Sicherung oder Verbesserung des Ergebnisses im Rahmen der Geschäftsbeziehungen wahrgenommen. Im gegebenen Fall wird man sich an den länderspezifischen Gegebenheiten, der Markt- und Konkurrenzsituation sowie an Vorgehen und Verhalten des Vertragspartners orientieren. Potentielle (Fremd-) Claims sollte man versuchen, wenn immer möglich, in Zusatzkäufe umzuwandeln. Der Projektleiter ist verantwortlich für das Erkennen und Überwachen von Claim-Situationen, die letzte Entscheidung über das Claiming liegt bei der jeweiligen Geschäftsleitung. In Bezug auf die Claim-Arten wird man in sich in einer Reihe von Fällen auf vertragliche Regelungen zu beschränken haben, wie z. B. die Beschränkung auf terminliche Forderungen bei Höherer Gewalt (Force Majeure). Anstreben sollte man beim Eigenclaim finanzielle Forderungen, die man versucht, höher als auftretende Zusatzkosten geltend zu machen. Falls sich finanzielle Forderungen nicht realisieren lassen, bleibt immer noch die Möglichkeit einer Leistungsreduktion. Wichtig ist, dass keine vertraglichen Claiming-Fristen, wie sie häufig z. B. für den Fall der Höheren Gewalt vertraglich festgesetzt sind, versäumt werden. Weiter gilt es, die Budgetsituation des Partners zum Zeitpunkt des vorgesehenen Claims zu beachten. Es sind ungleich schwierigere Verhandlungen am Ende der Budgetperiode, wenn die Kassen leer sind, zu erwarten, als zu Beginn eines neuen Budgetzeitraums. Es kann also klüger sein, Forderungen erst in der Folgeperiode anzumelden, wenn dadurch keine Claiming-Fristen überschritten werden. Allgemein hat es sich als klüger erwiesen, Claims in „kleinen Dosen" aber kontinuierlich einzufordern. Erstens besteht eine bessere Rekonstruktionsmöglichkeit, da das Claim-Ereignis zeitlich noch näher liegt. Zweitens ist die Gefahr, Claiming-Fristen zu überschreiten, geringer. Drittens wird man in der Regel mit einer tieferen hierarchischen Stufe beim Kunden leichter verhandeln können. In Abhängigkeit von länderspezifischen Eigenarten und dem Verhältnis zum Geschäftspartner werden zum Teil überhöhte Forderungen gestellt, über die dann verhandelt wird. In jedem Fall sollte bereits in der Phase der Vertragsverhandlungen finanzieller Spielraum für künftige Claims geschaffen werden. Zu beachten sind mögliche vertragliche Regelungen, von denen hier einige beispielhaft aufgeführt werden sollen: Vertragsstrafe in Abhängigkeit vom Terminverzug; Angemessene Entschädigung für Folgekosten oder Mehraufwand; Angemessener Gewinn für zusätzliche Leistungen; Minimierung von Folgekosten, d. h. die Verpflichtung, alles zu unternehmen, um Folgeschäden möglichst klein zu halten. Bei der Ermittlung von Folgekosten bzw. von Mindererträgen ist darauf zu achten, dass auch wirklich alle Elemente berücksichtigt werden. Hier ist insbesondere an folgende Punkte zu denken:

- Personalaufwand für Zusatzleistungen, Umstellungen, etc.
- zusätzliche Materialkosten
- Transportgebühren
- Versicherungsgebühren
- teuerungsbedingte Mehrkosten
- zusätzliche staatliche Abgaben
- Zinsen für aufgeschobene Zahlungen
- Kosten für Performance Bond
- Kurssicherungskosten
- Vertragsstrafen

4. Eigenclaims

Der Vorgang eines Eigenclaims beginnt bei der aktiven und frühzeitigen Projektüberwachung, auf der Basis der vorliegenden Verträge mit der Problemerkennung. Treten Änderungen, Verzögerungen, Erschwernisse auf, die ein Vertragspartner zu verantworten hat, so hat die Dokumentation der claimverdächtigen Ereignisse zu erfolgen. Es ist darauf zu achten, unbedingt und in jedem Fall zu dokumentieren, unabhängig davon, ob man beabsichtigt einen Claim anzumelden oder nicht. Selbst wenn man aus der Vertragsverletzung des Geschäftspartners keine eigenen Nachteile erwartet und eine zurückhaltende Claim-Politik verfolgt werden, können Nachweise eventueller Claimmöglichkeiten bei auftretenden Fremdclaims zur Abwehr dienen. Zu berücksichtigen sind in diesem Zusammenhang etwaige im Vertrag für bestimmte Ereignisse festgelegt Claimfristen, die nicht überschritten werden dürfen. Es hat sich als nützlich erwiesen, ein vorgedrucktes Claimprotokoll zu benutzen, um einzelne wichtige Punkte des Vorgehens nicht zu übersehen. Größte Bedeutung hat dabei die Unterschrift des Verursachers oder eines neutralen, zuverlässigen Zeugen.

Der nächste Schritt ist dann eine Beurteilung der Lage: Ist ein Claim möglich und/oder zweckmäßig? Dabei sind Punkte zu beurteilen wie die Rechtslage und Claiming-Fristen anhand des vorliegenden Vertrages; Ursachen, Abweichungen und Auswirkungen; Chancen und Risiken; nötige Sofortmaßnahmen wie z. B. eine Orientierung der Vertragspartner. Als Hilfsmittel dienen hierzu die im folgenden Text vorgestellte Checkliste „Checkliste Risiko/Claimsituationen". Hier wird man sich geeigneter Fachberatung (rechtlich, steuerlich, von Seiten der eigenen Landesvertretung) versichern. In dieser Phase des Claimprozesses gilt es über Art (z. B. Mehrpreis oder Terminaufschub), Ausmaß und Höhe der Forderung zu entscheiden. Auch der Zeitpunkt und die Staffelung des Claims sind zu beachten. Oft wird man das Vorgehen in Abhängigkeit von der Reaktion des Vertragspartners wählen. Letzter Schritt dieser Phase sind Bewertung und Auswahl des voraussichtlich besten Weges.

Das Vorgehen der Claim-Realisierung beginnt mit der Vororientierung bei geeigneten Kontaktpersonen des Vertragspartners bzw. der eigenen Landesvertretung als Basis für die geeignete Verhandlungstaktik. Danach ist der Claim zu formulieren und anzumelden, ein Prozess, der viel Zeit, Geld und Arbeitskraft kosten kann. Der Verhandlung, im Extremfall einem Prozess, folgt als letzter Schritt die Erfolgskontrolle und Dokumentation im eigenen Hause, um bei künftigen ähnlich gelagerten Fällen auf die Erfahrung dieser Claim-Situation zurückgreifen zu können. In Bezug auf die Lagebeurteilung und Bewertung eines Eigenclaims bietet sich für verschiedene Gesichtspunkte eine Reihe von Checkfragen an. Zuerst sind die Erfolgschancen zu beurteilen: Ist ein Claim möglich?

- In Bezug auf die *Vertragsrelevanz des Ereignisses* ist zu klären, ob es im Vertrag als forderungsberechtigt eindeutig zu identifizieren und ob die vertragsrelevante Ursache nicht bei uns zu suchen ist. Bei dieser Kernfrage für das Claiming muss u. U. geeignete Fachberatung (z. B. bei rechtlichen Fragen) hinzugezogen werden. Hilfreich ist auch die Konsultation der weiter unten aufgeführten Checkliste für Risiko-/ Claimsituationen.

- In Bezug auf den Nachweis bzw. die *Dokumentation des Ereignisses* ist zu prüfen, ob ein eindeutiger, unumstößlicher Beweis des Ereignisses vorliegt. Ist dieser durch den betreffenden Vertragspartner bereits anerkannt? Ohne eine lückenlose Beweisführung ist ein Claim-Erfolg unwahrscheinlich. Unter Umständen sind noch nachträglich Beweise zu beschaffen. Wenn eine Bestätigung durch den Verursacher nicht zu erreichen ist, kann die Bestätigung des Ereignisses durch einen neutralen, glaubwürdigen Zeugen hilfreich sein.

- Wichtig ist auch die Überprüfung der Frage, welchen Einfluss das *anwendbare bzw. lokale Recht* hat. Welches Recht gilt? Welche Seite wird begünstigt? Gibt es konkrete rechtliche Bestimmungen im Bestellerland für den vorliegenden Fall? Eine geeignete Fachberatung hat u. U. die Möglichkeit, Erfahrungen in ähnlichen Fällen zu Rate zu ziehen.

- In Bezug auf die *Claiming-Frist* ist zu untersuchen, inwieweit entsprechende vertragliche Bestimmungen vorliegen. Wenn ja, ist der Ereigniszeitpunkt eindeutig und wann läuft die Frist ab? Hilfreich ist auch die Konsultation der weiter unten aufgeführten Checkliste für Risiko-/Claimsituationen.

- Manchmal kann das *Verhalten des Vertragspartners* Rückschlüsse auf den Erfolg eines Claims gestatten. Wie ist der Vertragspartner in der Vergangenheit bei Claims vorgegangen? Wie sind unsere Position und das zwischenmenschliche Verhältnis gegenüber dem Vertragspartner? Besteht die Möglichkeit, dass andere Kontaktpersonen positiven Einfluss nehmen? Kann die Erfahrung der eigenen Vertretung im Bestellerland genutzt werden?

- Können wir den *Erfolg analoger Fälle* zu Rate ziehen? Sind ähnliche Fälle bekannt, waren die Umstände bzw. das Landesrecht damals vergleichbar und worauf beruhte der damalige Erfolg bzw. Misserfolg. Manchmal können ältere Kollegen bzw. andere Fachabteilungen des Unternehmens hilfreich sein.

Ebenfalls ist die Frage zu klären, ob ein in der Regel teurer Claim-Prozess zweckmäßig ist, selbst dann, wenn gute Erfolgschancen bestehen.

- An erster Stelle steht hier die Überlegung zum *Aufwand-Nutzen-Verhältnis*. Zum kostenrelevanten Aufwand zählen alle Bemühungen zur Abklärung und dem Nachweis des Ereignisses. Vorbereitung und Ausarbeitung des Claims kosten ebenso Geld wie notwendige Reisen und der Aufwand für Verhandlungen. Auf der Nutzen-Seite sind Mehrerträge und Minderkosten in Anrechnung zu bringen. Besonders an dieser Stelle ist das Wissen des Controllers gefordert.

- Weiterhin ist das *Risiko provozierter Fremdclaims* zu bedenken. Kennen wir die eigenen claimrelevanten Versäumnisse und Fehler? Sind möglicherweise Fremdclaims in Vorbereitung? Lässt die veränderte Haltung des Vertragspartners auf eine solche Bedrohung schließen? Dabei sind an die eigenen Versäumnisse die gleichen Maßstäbe anzulegen, wie bei denen der Geschäftspartner. Unter Umständen kann über die eigene Vertretung im Bestelland versucht werden, eine mögliche Partnerreaktion auszuloten. Wenn Fremdclaims zu befürchten sind, sollten rechtzeitig Gegenargumente vorbereitet werden.

- Kann das Einreichen eines Claims zur *Gefährdung des eigenen Images oder von Folgeaufträgen* führen? Wie sind unsere Zukunftsaussichten bei dem Partner und wie steht es um seine Kundentreue? Im Rahmen eines größeren Firmenverbundes ist die Bedeutung unseres Vertragspartners für andere Bereiche des Verbundes zu bedenken. Auch dabei kann die Landesvertretung helfen. Die landesüblichen Verhaltensnormen in Bezug auf das Claiming sind ebenso zu bedenken, wie das Verhalten der Wettbewerber in dieser Frage.

Im Aufbau des Claims werden Claim-Sachverhalt und die Forderungen zusammengefasst. Dabei ist vorrangig zu klären, was der Vertrag in Bezug auf Abweichungen vorschreibt. Der Claim-Sachverhalt ist ausführlich mit hinreichender Dokumentation darzulegen. Es ist festzustellen, welche Auswirkungen in Bezug auf Mehrleistungen, Verzögerungen etc. der

Projektcontrolling im Anlagen-Export 593

Claim-Sachverhalt vermutlich haben wird. Daraus werden dann die notwendigen Forderungen in finanzieller, terminlicher oder sachlicher Hinsicht abgeleitet.

5. Checkliste Risiko-Claim-Situation

Die folgende Checkliste soll helfen, für verschiedene Sachverhalte die Lage zu beurteilen und angemessen zu reagieren. Dabei sind für alle Bereiche die vertraglichen Regelungen zu überprüfen und notwendige Maßnahmen zu planen.

Nr.	Sachverhalte gegenüber Vertragspartner	Lagebeurteilung	Mögliche Forderungen/ Reaktionen	Bei dem Projekt beachten	
				Vertragliche Regelungen	Maßnahmen
	Eigenclaim – Checkliste: Risiko/Claim – Situationen				
1.	**Vom Vertrag abweichende Ansprüche/Wünsche an uns**				
1.1	**Terminliche Ansprüche/Wünsche**				
	• Beschleunigung der Arbeit (Geschäftspartner verlangt Fertigstellung vor Vertragstermin) • Spätere Durchführung, Streckung, Unterbrechung der Arbeit	• In sich widersprüchliche vertragliche Zwischentermine? • Auswirkungen auf andere Termine/ Projekte?	• Ablehnung der Ansprüche • Anpassung aller abhängiger Termine • Kosten: Umstellungen, Lagerung, Versicherungen, Zinsen, Gebühren, etc. • Vereinfachung der Leistung		

1.2	Sachliche Ansprüche/Wünsche				
	<ul><li>Änderungen im Leistungsumfang (Zusatz-/Erweiterung gegenüber ursprünglicher Spezifikation)</li><li>Änderung der Spezifikation bezüglich Funktion, Material, Qualität, Leistung, etc.)</li><li>Änderung des Vorgehens bei der Leistungs-erstellung (Abläufe, Reihenfolge, QA-Verfahren, etc.)</li></ul>	<ul><li>Anspruch lt. Vertrag?</li><li>Alle nicht spezifizierten Leistungen sind zu bezahlen!</li><li>Bisher nicht verrechnete Zusatzwünsche?</li><li>Terminliche/ sachliche Auswirkungen?</li><li>Alternative technische Lösungsmöglich-keiten, die den Kunden befriedigen?</li></ul>	<ul><li>Ablehnung der Ansprüche</li><li>Änderung von Lieferfrist/-programm wenn begründbar</li><li>Kosten: Mehraufwand an Personal, Material, Auswirkungen auf andere Leistungen</li><li>Änderung/Anpassung anderer Leistungen</li></ul>		
1.3	Vorzeitige Vertragsbeendigung durch den Vertragspartner				
	<ul><li>Teilweise (bei Verzicht auf wesentliche Teile der Lieferung/ Leistung)</li><li>Vollständig (bei Abbruch)</li></ul>	<ul><li>Fachberatung konsultieren</li></ul>	<ul><li>Kosten:</li><li>Bisheriger noch anfallender Aufwand</li><li>Für Abschluss der Arbeiten anfallender Aufwand</li><li>Entgangener Gewinn</li></ul>		
2.	Erschwernisse bei der Vertragserfüllung				
2.1	Terminliche Erschwernisse (bezüglich Lieferung, Leistung oder Information)				
•	<ul><li>Verspätung des Vertragspartners in seiner Verantwortung</li><li>Verspätung von Dritten in Verantwortung des Vertrags-partners</li></ul>	<ul><li>Auswirkungen auf End- und Zwischentermine?</li><li>Noch einzuhaltende Vertragstermine?</li><li>Auswirkungen auf andere Projekte?</li></ul>	<ul><li>Anpassung sämtlicher abhängiger Termine</li><li>Kosten: Umstellungen, Lagerung, Versicherungen, Gebühren, Zinsen</li><li>Evtl. Vereinfachung der Leistung (falls Vergütung der Mehrkosten nicht erreichbar)</li></ul>		

2.2	**Änderung Kosten-/Preissituation (soweit lt. Vertrag an Kunden weiterzugeben)**				
	Höhere Personalkosten durch • Tarifänderungen • Geänderte Anstellungsbedingungen • Geänderte Arbeitszeiten • Höhere Materialkosten/-preise • Höhere Transport- und Versicherungskosten • Höhere Zölle, Gebühren, Steuern	• Klare vertragliche Grundlage für Weitergabe? • Genaue Quantifizierung der Mehrkosten!	• Mehrkosten mit quantifizierter Begründung • Sachliche Forderungen (Reduktion der Leistung) nur als Kompensation für nicht realisierbare Mehrvergütung		
2.3	**Sachliche Erschwernisse**				
	Höhere Gewalt (nicht verschuldet/ voraussehbar durch erfahrenen Auftragnehmer): • Ungeeignete Bodenbeschaffenheit • Naturkatastrophen (Sturm, Überschwemmung, Erdbeben, etc.) • Streiks, Unruhen, Ausschreitungen • Unfälle, Epidemien, Sabotage, Krieg	• Grenze zwischen claimrelevanten und zumutbaren Ereignissen schwer bestimmbar (starker Wind oder claimrelevanter Sturm) • Meist kurze Claimingfristen	• Unbedingt Lieferfristverlängerung erreichen! • Wenn möglich uns entstehende Kosten/Mehrkosten weiterreichen • Mehraufwand aufgrund terminlicher Konsequenzen (z. B. Umstellungen) • Kosten für Reparaturen, Instandsetzungsarbeiten Aufräumarbeiten, Lagerung, etc.		

	Durch Dritte verursachte Erschwernisse: • Gesetzes-änderungen • Strengere Gesetzeshand-habung • Strengere Visabestimm-ungen • Geänderte Zollvorschriften • Andere behördliche Maßnahmen	• Folgen von Gesetzesände-rungen oft nicht in Verantwortung des Kunden!	• Unbedingt Lieferfristverlänge-rung erreichen! • Wenn möglich uns entstehende Kosten/Mehrkosten weiterreichen • Mehraufwand aufgrund terminlicher Konsequenzen (z. B. Umstellungen) • Kosten für Reparaturen/ Instandsetzungs-arbeiten, Kosten für Aufräumarbeiten, Lagerung, etc.		
	Durch Vertragspartner zu verantwortende Erschwernisse: • Falsche, fehlende Informationen • Mangelhafte Infrastruktur auf der Baustelle (Transport-anschlüsse, Lagerungsbeding-ungen, Wasser-, Gas-, Stromversorgung, Bauten, Geräte, Einrichtungen, etc.) • Nicht vertragskonforme Zulieferungen/ Leistungen in Verantwortung des Vertragspartners/ Unterauftrag-nehmers	• Claim nur möglich, wenn Vertragspartner für Folgen verantwortlich • Es ist irrelevant, ob Erschwernis durch Vertragspartner selbst oder durch seinen Unter-auftragnehmer verursacht!	• Änderung Lieferfrist/-programm entsprechend sachlicher Erschwernis • Mehraufwand durch Abklärung, Anpassung, Verzögerung • Leistungsanpassung an geänderte Voraussetzungen		

3.	**Vom Vertragspartner nicht verlangte Mehrleistung durch uns**				
3.1	**Termin- Vor-verschiebung**	• Wie groß ist der Zusatznutzen für den Vertragspartner?	• Schwierig, da keine vertragliche Grundlage		
	• z. B. vorzeitige Fertigstellung und Inbetriebnahme eines nutzbaren Anlagenteils	• Erkennt der Vertragspartner tiefere Beweggründe für Mehrleistung	• Mehrwert evtl. nur teilweise unter Hinweis auf gegebenen Zusatznutzen		
3.2	**Sachliche Mehr-leistung**	• Ist Mehrleistung als Folge von Wünschen/ Äußerungen des Vertragspartners darstellbar?	• Versuchen als Zusatzleistung zu „verkaufen"		
	• Bewusst in Kauf genommen (z. B. Software mit mehr Funktionen als verlangt)	• Ursache für Mehrleistung „aus Versehen"?	• Als Argument bei Gegenforderung benutzen		
	• Unbewusst erbracht (z. B. infolge nicht ausreichender Vertragskenntnis)				
4.	**Nicht vertragskonforme Gegenleistung (Zahlung) des Vertragspartners**				
4.1	• **Verspätete Zahlung**	• Genaue Prüfung möglicher Ursachen z. B. Nichterfüllung der Leistung durch uns (sachlich o. terminlich),	• Sofortige Nach-zahlung mit Verzugszinsen		
4.2	• **Abweichender Zahlungsbetrag**	• Zahlungsunfähigkeit des Vertragspartners	• Einstellen der weiteren Arbeiten		
		• Lageerkundung beim Vertragspartner			
4.3	• **Unberechtigte Inanspruch-nahme der Bankgarantie**	• Angekündigt oder bereits ausgezahlt?	• Rückzahlung Garantiebetrag inkl. entstandener Zusatzkosten		
		• Wirklich ungerechtfertigt?	• Evtl. Nichtauszahlung bzw. Rückerstattung durch Bank verlangen		
		• Ausstellung durch welche Bank?			
		• Geeignete Fachberatung beiziehen!			

6. Protokoll des Claim-Ereignisses

Wie bereits erwähnt, ist die umfassende Dokumentation eine unabdingbare Voraussetzung für den Erfolg des Claims. Ein Protokoll des Claim-Ereignisses soll im Prinzip wie das unten aufgeführte Beispiel ausgeführt sein. Von großer Bedeutung sind dabei die Zeilen „Visum des Verursachers" bzw. „Visum eines Zeugen". Als Anlage können alle denkbaren Medien der Beweisführung dienen: Tonbandaufzeichnungen, Fotos, Filmaufnahmen, Handskizzen etc.

Protokoll : Claim – Ereignis	
Projekt :	*Datum :*
Projektleiter :	
Betroffenes Anlagenteil/Leistung/Produkt:	
Beschreibung des Ereignisses (was, wann, wo, wer, wie, wieviel etc.):	
Ursachen/Verursacher des Ereignisses :	
Auswirkungen/Folgen für uns/Vertragspartner (Sach-, Termin-, Kosten-):	
Claiming-Frist :	
getroffene Sofort-Maßnahmen :	
informiert/zu informierende Personen/Stellen :	

Visum des Verursachers :
Visum eines Zeugen :
Visum Berichterstatter
Anlagen :

7. Fremdclaims

Das rechtzeitige Erkennen sich anbahnender Fremdclaims ist eine Voraussetzung für das Verhindern externer Forderungen. Der Projektleiter sollte sich jederzeit über eigene Versäumnisse, die den Vertragspartner zum Claiming führen können, im Klaren sein. Weiter gilt es, das Verhalten der Vertragspartner auf Anzeichen eines bevorstehenden Fremdclaims zu untersuchen.

Die detaillierte Kenntnis des Vertrages und etwaiger Änderungen sind von grundlegender Bedeutung. An zweiter Stelle, jedoch nicht minder wichtig, ist eine umfassende, exakte und realistische Projektplanung, besonders unter der Berücksichtigung von Qualitätssicherungs-Anforderungen. Es gilt, Unklarheiten frühzeitig aufzudecken und klarzustellen. In Bezug auf Spezifikationen sollte das Änderungswesen möglichst vertraglich fixiert werden. Anweisungen, Entscheide, Änderungen etc. von Seiten der Vertragspartner soll man sich in jedem Fall schriftlich bestätigen lassen. Eine aktive Projektüberwachung bedeutet auch die laufende Überprüfung und Sicherstellung der Vertragsinhalte und das Claim-Management als Standard-Tagesordnungspunkt in Projekt-Fortschrittssitzungen. Der Projektleiter hat dafür zu sorgen, dass die ganze Korrespondenz mit den Vertragspartnern, insbesondere Forderungen, Einwände, Änderungen, etc., claimbewusst geführt wird. Alle Ereignisse im Sinne von Abweichungen oder besonderen Vorkommnissen sind unter Benutzung eines Claimereignis-Protokolls zu dokumentieren, um sie gegebenenfalls als Gegengewicht zu Fremd-Claims einsetzen zu können. In jedem Fall dient eine offene gegenseitige Informationspolitik zur Verhütung von Claims in beiden Richtungen, sie ist damit ein Werkzeug der zurückhaltenden Claiming-Politik.

Wenn ein externer Claim vorliegt, ist der erste Schritt eine umfassende Beurteilung der Lage, die mit Hilfe der Checkliste Lagebeurteilung/Bewertung eines Fremdclaims vorgenommen werden sollte. Auch die Checkliste Fremdclaim: Risiko/Claim – Situation ist hilfreich. Es gilt den Sachverhalt zu beurteilen d. h. zum Beispiel die Frage zu klären ob die Forderung berechtigt ist und ob Sofortmaßnahmen einzuleiten sind.

Es folgt die Ausarbeitung möglicher Maßnahmen anhand des Vertrages, der vorliegenden Dokumentation und der Versäumnisse der Gegenseite. Sollen wir ablehnen, reduzieren, die Forderung weiterleiten oder einen Gegenclaim eröffnen? Der Bewertung und Auswahl der Alternativen folgt die Realisierung unter Beistand von Fachberatung. Das Vorgehen wird im Detail festgelegt, über Argumentation und Verhandlungstaktik entschieden. In Verhandlungen, im Extremfall in einem Prozess, wird über den Erfolg des Fremdclaims entschieden. In der Praxis entscheiden sich beide Seiten manchmal für eine Aufrechnung der jeweiligen Claims gegeneinander und damit für eine Kompromiss.

Die Lagebeurteilung bzw. die Bewertung eines Fremdclaims ist anhand der folgenden Checkliste unter ähnlichen Gesichtspunkten zu betrachten wie die eines Eigenclaims:

- Die erste Frage bezieht sich auf den *Claim-Sachverhalt*. Hat das Ereignis tatsächlich stattgefunden, war es vertragsrelevant, ist es nachweisbar und war es in unserem Verantwortungsbereich? Trifft das Ausmaß der angegebenen Abweichung zu?

- Die *Claim-Ursache* ist näher zu untersuchen. Liegt die Ursache bei Vertragspartnern oder Dritten, ist sie vertraglich relevant? Wichtig ist die Klärung der Frage, ob wir die Verantwortung weiterreichen können.

- Im weiteren Schritt sind die *Claim-Forderungen* zu untersuchen. Handelt es sich um Terminclaims, Sachclaims oder welche Art von Claim? Ist die Begründung stichhaltig? Ist aufgrund des Vertrages eine Reduktion möglich?

- Zu untersuchen ist auch, ob eine *Claiming-Frist* existiert und ob diese nicht bereits abgelaufen ist.

- Weiter ist zu prüfen, inwieweit *Versäumnisse des Vertragspartners* gegen bestehende eigene Ansprüchen aufgerechnet werden können. Welche Vertragspartner-Versäumnisse sind bekannt? Sind Gegenclaims von uns möglich? Wie sind die Ausmaße von Claims und Gegenclaims?

- Im eigenen Hause ist zu klären, welche Konsequenzen die Fremdclaims in terminlicher, sachlicher oder finanzieller Hinsicht voraussichtlich haben werden.

Zur Bewertung soll die folgende Checkliste helfen:

Fremdclaim – Checkliste: Risiko/Claim – Situationen

Nr.	Sachverhalt für Fremdclaim von vertragspartner	Lagebeurteilung	Mögliche Gegenforderungen/ Reaktionen	Bei dem Projekt beachten	
				Vertragliche Regelungen	Maß- nahmen
1.	Unsere Abweichung von der vertraglich spezifizierten Leistung					
1.1	Terminliche Abweichung		• Ablehnung/ Reduktion der Forderung • Umwandlung der Forderung (z. B. zusätzliche Leistung anstatt einer Zahlung) • Gegenforderung aufgrund von Versäumnissen des Geschäftspartners • Weiterreichen der Forderung an Konsortialpartner, Unterauftragnehmer, etc.		
	• Eigene Verzögerung • Verzögerung unseres Unterauftragnehmers	• Ursachen auf Faktoren außerhalb unserer Firma zurückführen: z.B abweichende/ zusätzliche Ansprüche, Erschwernisse bei der Vertragserfüllung, nicht/zu spät erfolgte G.- Partner-Zahlungen			
1.2	Sachliche Abweichung				
	Mängel: • Nichterfüllung technische Spezifikationen • Nichterreichen von Garantiewerten • Betriebsausfälle • Ungenügende Verfügbarkeit • Unvollständige Dokumentation • Schäden: • Durch Fehlfunktion der Anlage • Durch falsche/ mangelnde Anleitung des Betriebspersonals	• Ursache auf Faktoren außerhalb unserer Firma zurückführen: • Falsche Informationen durch Vertragspartner o. seinen Unterauftragnehmer? • Erschwerende Umstände (höhere Gewalt)? • Ursache bei Unterauftragnehmern?			

8. Änderungsmanagement

Die Erfahrung zeigt, dass es kein größeres Projekt gibt, das nicht irgendwann von ungeplanten Änderungen belastet wird. Ein Änderungsauftrag ist eine finanzielle, terminliche oder sachliche Aufforderung eines Vertragspartners und führt in der Regel zu Mehrungen oder Minderungen und damit zu Änderungen des Vertrages im gegenseitigen Einvernehmen der Vertragspartner. Die Aufgabe besteht darin, das Auftreten von Änderungen zu akzeptieren, sowie Strategien und Methoden zu ihrer Reduzierung und Beherrschung einzusetzen. Das Management dieser Änderungen trägt wesentlich zum Konsens zwischen Kunde und Auftragsgeber bei.

Ursachen der Änderungen können sowohl neue Vorschriften, technischer Fortschritt, nachträgliche Kundenwünsche oder neue Versuchsergebnisse als auch unpräzise Vorgaben, unzureichende Voruntersuchungen oder technische Probleme sein. Die Änderungen können den Projekterfolg wesentlich beeinflussen, im negativen wie auch im positiven Sinne. In Bezug auf die Qualität kann das Ergebnis sowohl die Gefahr von Spezifikations-Abweichungen als auch die Möglichkeit zur Nachbesserung von Fehlern sein. In Bezug auf die Kosten entsteht ein oft hoher zusätzlicher Aufwand, der einerseits zu Verlusten, andererseits zu Projektmehrungen und Claims führen kann. Terminplanänderungen führen auf der einen Seite zu Zeitdruck und häufig auch zu damit verbundenen Kapazitätsproblemen, auf der anderen Seite durch den Zeitdruck häufig zu einem Zeitgewinn und mehr Flexibilität.

Aus dem Änderungsmanagement ergeben sich eine ganze Reihe von Zielen: An oberster Stelle steht die Sicherung des Projektzieles in Bezug auf Technik, Kosten und Termine. Dabei ist stets darauf zu achten, dass gültige Unterlagen verwendet werden, d. h. die aktuellen Projektpläne in Bezug auf Struktur, Kapazität, Termin etc. Ein Schwerpunkt liegt darauf, Doppelarbeit, Ausschuss oder Nacharbeit zu vermeiden. Selbstverständlich wird man immer bemüht sein, die Anzahl der Änderungen zu reduzieren und Änderungshektik zu vermeiden. Die Durchsetzbarkeit der eigenen Forderungen wird man versuchen zu steigern, Störungen versuchen zu verhindern.

In den einzelnen Projektphasen ergeben sich aus dem Änderungsmanagement bestimmt Aufgaben für das Projektteam. In der Startphase: Auf der Basis der aus dem Vertrag abgeleiteten Änderungsmanagement-Ziele des Projektes sind durch den Projektleiter mit Unterstützung des Projektteams für das Projekt die allgemeine Organisation, die generellen Methoden und Beziehungen zum Umfeld zu konkretisieren, zu detaillieren und im Projektteam zu kommunizieren. In der Abwicklungsphase hat das Projektteam für die ordentliche Durchführung des Änderungsmanagements und die projektbegleitende Optimierung der Änderungsprozesse zu sorgen. In der Schlussphase sind die aufgetretenen Schwerpunkte der Änderungsarten und -ursachen sowie die Höhe der Fehlerkosten etc. zu betrachten und zu dokumentieren. Die Ergebnisse liefern wichtige Hinweise für weitere Projekte und die Optimierung des Änderungsmanagements als 'Werkzeug'.

Auf das Änderungsmanagement wirken viele unterschiedliche Faktoren ein. Einflussfaktoren beziehen sich u. a. auf den Projektstand (Produktionsunterlagen, Beschaffung, Endmontage, Abnahmen etc.), auf die Risiken (Gefährdung von Personen und Umwelt, Projektkomplexität, wirtschaftliche Risiken etc.) und auf die Vorgaben (Gesetze, Richtlinien, Normen, Verträge etc.). Daraus leiten sich mögliche Inhalte ab, die bezogen sind auf das Produkt (Lieferanten, Werkstoffe, Produktkomponenten, Prozesse etc.)) und auf die Projektregelung (Kosten-, Termin- und Kapazitätsplan, Projektrichtlinien, Vereinbarungen etc.). Einflussfaktoren und mögliche Inhalte bestimmen die Gestaltung des Änderungsmanagements in Bezug auf Verantwortungen, Abläufe, Kommunikation, Dokumentation etc.

Aufwand- und Nutzenaspekte des Änderungsmanagements sind zu optimieren. Auf der einen Seite stehen die Aufwandstreiber in Form von Dokumentation und Formblättern, Entscheidungs- und Genehmigungsstellen, administrativen Tätigkeiten etc. Auf der anderen Seite sind die Nutzenaspekte u. a. in Form angepasster Prozesse, der Menge der überwachten Änderungsinhalte, der projektphasen- und risikospezifischen Änderungsprozesse zu betrachten.

Der Ablauf des Änderungsmanagements wird vom Projektteam in der Startphase projektspezifisch festgelegt. Dabei sind Gestaltungskriterien u. a.:

- Umfang, Art und Komplexität des Projektes
- Ziele des Änderungsmanagements für das Projekt
- Bewertungskriterien für Änderungen
- Aufwand-/ Nutzenbetrachtung bei der Änderungsmanagement-Gestaltung

Bei Bedarf sind verschiedene Abläufe in Abhängigkeit von der Eskalationsstufe denkbar. Ausgangspunkt für den Ablauf des Änderungsmanagements sind die freigegebenen Projektunterlagen (Stand n). Der eintreffende Änderungswunsch leitet die Änderungsvorbereitung ein. Die daraus entstehende Änderungsanfrage führt zur Ablehnung oder einer Änderungsgenehmigung und einer daraus resultierenden Änderungsmitteilung. Nach der Änderungsumsetzung hat eine entsprechende Rückmeldung zu erfolgen, auf deren Basis die freigegebenen Unterlagen (Stand n + 1) entstehen. Zur reibungslosen Änderung gehört also eine durchgängige Dokumentation.

Die Änderung kann von verschiedenen Quellen initiiert worden sein: Kunde, Konsorte, Lieferant, Vertrieb, Engineering, Supply Management, Controlling, Arbeitsvorbereitung, Logistik, Montage, Inbetriebsetzung, Kundendienst, Qualitätswesen, Zulassungs- bzw. Prüfstellen, Genehmigungsbehörden etc. Bei der Änderungsidee kann es sich um eine Muss-Änderung handeln. Darunter fallen zu erwartende Schäden für Personen oder Material, Änderungen von Regelwerken und Gesetzen, Abhängigkeit von einer notwendigen Zulassung, Nichterreichen der Anforderung, bezahlter Kundenwunsch etc. Zu Kann-Änderungen gehören z. B. eine Produktverbesserung, Schönheitsfehler, ein Lieferantenwunsch, strategische Gründe oder Cost Improvement-Maßnahmen.

In größeren Firmenorganisationen wird die Dokumentation der Änderung, wie oben beschrieben, nach festgelegten Richtlinien ausgeführt. Die Zustimmung bzw. Genehmigung muss einerseits vom Initiator, andererseits innerhalb des Hauses, je nach Wichtigkeit, vom Teilprojektleiter, Projektleiter oder von der Geschäftsführung eingeholt werden. Das Projektteam hat zu entscheiden, ob die Änderung unabwendbar ist (Muss-Änderung), ob sie wirtschaftlich ist (Kann-Änderung) und ob eine externe Zustimmung eingeholt werden muss. Können diese Fragen verneint werden, ergeht eine Information an die Initiatoren und die Beteiligten mit dem Ablehnungsbescheid. Ist der Entscheid positiv, werden die Initiatoren und die Beteiligten von der Umsetzung der Änderung informiert. Das folgende Schaubild informiert über die Abläufe bei der Umsetzung der Änderung. Der Abschluss des Vorgangs ist die Erledigungsmeldung der Durchführenden an das Projektteam, das die Durchführung und die Unterlagen zu überprüfen hat, die Korrektur von Beanstandungen anordnen muss und Kostenaufstellungen anfordern und prüfen soll. Gegebenenfalls sind Kosten dem Kunden in Rechnung zu stellen.

In Sonderfällen können Eiländerungen notwendig werden. Bei einer Eigenfertigung kann es sich beispielsweise um eine Verzögerung des Auslieferungstermins oder um hohe Kosten durch Projekt- oder Fertigungsstillstand handeln. Das muss zu einer Abstimmung des Initiators mit der Fertigung, Konstruktion, Arbeitsvorbereitung und mit dem Änderungsteam führen. Folgen sind vorab geänderte Dokumente und Mitteilungen an die Betroffenen. Bei Fremdbezug können die Gründe bei der Verzögerung des Auslieferungstermins oder bei hohen Kosten durch Nacharbeit, im Extremfall der Verschrottung liegen. Nötig ist eine Abstimmung des Initiators mit dem Supply Management, der Konstruktion und dem Änderungsteam. Hier sind die Folgen geänderte Dokumente, Mitteilungen an die Betroffenen und eine schriftliche Information des Auftraggebers. Parallel zu diesen Vorgängen ist eine Änderungsanfrage zu erstellen, die den normalen Ablauf einleitet.

Eiländerungen sind, wenn irgend möglich zu vermeiden, da sie einige Gefahren verursachen können. Neben höheren Gesamtbearbeitungskosten bergen sie in ihren Auswirkungen ein erhöhtes Risiko, da sie wegen des Zeitdrucks nur eingeschränkt geprüft werden können. Außerdem beinhalten sie Gefahrenpotenziale durch die schwieriger aufrechtzuerhaltende kontrollierte Dokumentation. Eiländerungen sind immer Störungen in den Arbeitsabläufen. Es müssen folgende Grundsätze gelten: Eiländerungen sind die absolute Ausnahme und nur in Notsituationen zu vertreten, wenn große Zeit- oder Geldverluste die Folge des Standardverfahrens wären. Auch Eilanträge sind durch den Teilprojektleiter oder Projektleiter schriftlich zu genehmigen, die damit die Prozessverantwortung tragen. Für jede durchgeführte Eiländerung ist das Standardverfahren nachzuholen. Es folgt eine Checkliste zur Gestaltung des Änderungsmanagements.

Projektcontrolling im Anlagen-Export

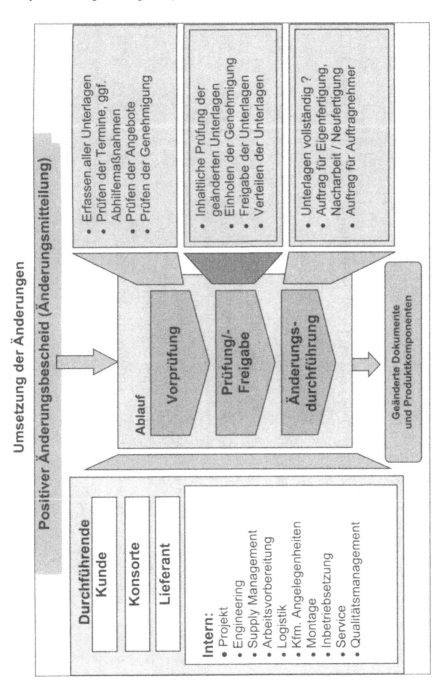

Abbildung 1

Checkliste zur projektbezogenen Gestaltung des Änderungsmanagements (ÄM) [I]

Erfüllungsgrad *
0 5 4 3 2 1

Rahmenbedingungen
- Sind die Ziele und Teilziele für das ÄM im Projekt festgelegt ? ☐ ☐ ☐ ☐ ☐ ☐
- Ist das ÄM für das Projekt allen Projektmitgliedern bekannt ☐ ☐ ☐ ☐ ☐ ☐
- Ist Bewusstsein für Notwendigkeit des ÄM im Team vorhanden ? ☐ ☐ ☐ ☐ ☐ ☐

Organisation
- Ist die Aufbauorganisation für die Anwendung des ÄM spezifiziert ? ☐ ☐ ☐ ☐ ☐ ☐
- Sind Aufgaben und Kompetenzen der einzelnen Stellen festgelegt ? ☐ ☐ ☐ ☐ ☐ ☐
- Sind alle Organisationseinheiten beim ÄM (Kernteam, erweitertes Team, Teilprojektteams, Änderungsverwaltung etc.) berücksichtigt ? ☐ ☐ ☐ ☐ ☐ ☐
- Sind die Schnittstellen zu Projektpartnern spezifiziert ? ☐ ☐ ☐ ☐ ☐ ☐
- Ist ein Einführungsplan notwendig und ggf. aufgestellt ? ☐ ☐ ☐ ☐ ☐ ☐
- Sind die Kommunikations- und Informationswege definiert ? ☐ ☐ ☐ ☐ ☐ ☐

* 0 = nicht relevant, 5 = nicht erfüllt, 1 = vollständig erfüllt

Abbildung 2

Checkliste zur projektbezogenen Gestaltung des Änderungsmanagements (ÄM) [II]

Erfüllungsgrad*
0 5 4 3 2 1

Änderungsüberwachung
- Ist der Änderungsprozess in seinen Stufen präzise beschrieben? ☐ ☐ ☐ ☐ ☐ ☐
- Ist ein Schema zur Klassifizierung und Bewertung erstellt? ☐ ☐ ☐ ☐ ☐ ☐
- Sind Änderungsanfragen, -bescheide und -mitteilungen vorhanden? ☐ ☐ ☐ ☐ ☐ ☐
- Wenn Eiländerungen notwendig – Ist das Verfahren sicher und als Ausnahme akzeptiert? ☐ ☐ ☐ ☐ ☐ ☐
- Ist die Rückverfolgbarkeit sichergestellt? ☐ ☐ ☐ ☐ ☐ ☐

Änderungsnachweis
- Ist der Stand der laufenden Änderungsanfragen, der Durchführungsstand der genehmigten Änderungen und eine Übersicht der abgelehnten Anfragen verfügbar? ☐ ☐ ☐ ☐ ☐ ☐
- Sind die Registrierung und Archivierung organisiert? ☐ ☐ ☐ ☐ ☐ ☐
- Ist ein EDV-Tool geplant oder vorhanden? Bestehen Anwendungserfahrungen und wird die Anwendung beherrscht? ☐ ☐ ☐ ☐ ☐ ☐

* 0 = nicht relevant, 5 = nicht erfüllt, 1 = vollständig erfüllt

Stichwortverzeichnis

„One Page Only"-Controlling 290
„Six loop Concept®" 64
100%-Analyse 360
4P Schema 352

A
ABC-Analyse 143
Abstimmbrücke 15
Abweichungsanalysen 261
AktG 535
Aktionäre 538
Aktionsfelder 395
Alert Systems 108
All-in-one Management Konzept 61
Analysephase 351
Application Service Provider 517
Aufsichtsrat 539
Auftragsprojektmanagement 582

B
Balanced Scorecard 46, 321
Basisziele 10
Basler Eigenkapitalverordnung 423
BCG Matrix 316
Bedarfsanforderung 110
Benchmarking 16, 311, 510
Beobachtungsbereiche 243
Bereichsstrategien 318
Beschaffungs-Balanced Scorecard 132
Beschaffungskette 108
Beschaffungsmarkt 109
Beschaffungsportfolio 126
Bestandsoptimierungen 109
Beteiligungscontrolling 390

Beteiligungsmanagement 390
Beteiligungsmanager 396
Betriebliches Rechnungswesen 453
Bonitätsprüfung 417
Branchenanalysen 422
Branchenrating 426
Break Even Analyse 163
BSC-Perspektiven 49
Budgetierungsprozesse 371
Business Design 19
Business Reporting 292
Business Unit Strategy 372

C
Chance 226
Chancen und Risiken 309
Change Management 17
Chief Information Officer (CIO) 510
Claimings 587
Clusteranalyse 334
Coca-Cola 19
Cockpit-Ampelcharts 473
Communications Value System 496
Composite 321
Controlling Stern 409
Corporate Governance 534
Corporate Strategy 372
Cost Center 504, 514, 515, 530, 532
Cross-Impact-Analyse 244
C-Teile-Management 193
Customer-Life-Cycle 154

D
Darwiportunismus 208
Deckungsbeitragsrechnung 158
Dephi-Befragung 315
Designphase 350
Deutschen Corporate Governance Kodex (DCGK) 533
Dienstleistung 186
Dienstleistungsökonomie 168
Dienstleistungsrationalisierung 169
Dispositionsparameter 189
Dringlichkeit 247
Due Diligence 488
Dynaxität 30

E
Effektivität 103
Effizienz) 103
EFQM-Modell 177
Eigenclaims 590
Eigenkapitalunterlegung 415
einer KPI-Steuerung 466
einspurige Strategie 338
Erfolgsfaktoren 10
Erfolgspotenziale 331
ERP-Systemen 165
Evaluation 245

F
Five Forces Modell 26
Fixkostendeckungsrechnung 158
Flaschenhalseffekte 174
Formulare 402
Fremdclaims 599
Frühaufklärungssystem 260
Frühindikatoren 26
Führungsgrundsätze 284
Führungs-Scorecard 285
Führungssysteme 252
Functional Strategies 372
Future Search 306

G
GAAP 553
Gemeinkosten 22
Gewinn- und Verlustrechnung 13
Globalisierungsprozess 81
Großgruppenkonferenz 305

H
Handelsgesetzbuch (HGB) 553
Hard facts 430
hat Swisscom Mobile 53
Hauptprozessanalyse 199
Hauptversammlung 538
Herstellkosten 35
Human-Ressourcen-Risikomanagement 206

I
IAS 553
Informationsquellen 243
Infrastrukturengpässe 354
Initiative Mapping und Tracking 370
Innovationsfähigkeit 14
Institutional 391
Instrumental 391
Intangible Assests 170
Integrated Supply Chain Management 117
Intel 19
International Financial Reporting Standards 293
Interne Revision 445
ISO-Qualitätshandbuch 444
ISO-Qualitätssystem 444
ISO-Standard 112
Issues-Portfolio 244
Istkennzahlen 94
IT-Integration 265
IT-Kostenumlage 514, 520, 532
IT-Leistungsverrechnung 520, 521, 532; differenzierte Leistungsverrechnung 523, 524, 530; einfache anteilige Kostenabrechnung 522, 523;

Stichwortverzeichnis

komplexe anteilige Kostenabrechnung 522, 523, 524, 526, 530; mittels Prozesskostenrechnung 526, 532; summarische Leistungsverrechnung 523, 524
IT-Service-Matrix 526
IT-Systemhaus 504, 514

J
Job-Accounting-Routinen 522, 524

K
Kalenderkonzept 400
Kalkulation 202
Kanbansysteme 194
Kausalbeziehung 258
Kennzahlen 228
Kennzahlenfokussierung 373
Kennzahlensystem 320
Kennzahlen-Verantwortliche 262
Kernkompetenzenanalyse 312
Knowledge Management 14
Kommunikation 482
Kommunikations-Controlling 485
Kommunikationsergebnis 487
Kommunikationsmanagements 489
Komplexitätsgrad 45
Komplexitätsmanagements 44
Komplexitätsreduzierung 358
Konditionen 414
Konkurrenz- / Wettbewerberanalyse 310
Konkurrenzanalyse 146
KonTraG 226
Kooperationsbereitschaft 483
Kosten- und Leistungsrechnung 13
Kostenrechnung 456
Kostenstruktur 21
Kovarianz-Strukturanalyse 260
KPI's 463
Kreditcontrollings 415
Kreditmarketingstrategie 416
Kreditvergabe 414
Kreditvergabebedingungen 415

Krisenindikatoren 422
Krisenmanagement 13, 226, 243
Kundenanalyse 310
Kundennutzen 11
Kunden-Portfolio-Analyse 152
Kundenzufriedenheitsportfolio 40

L
Lead Time 23
Lebenszyklus 36
Lebenszykluskonzeptes 316
Leistungsbewertungssystem 453
Leitbild 467
Lieferantenbewertung 109
Lieferantenportfolio 125
Logistikkosten 109

M
Make or buy 509, 531
Make or Buy 113
Marktkommunikation 492
Maßnahmen 263
Maßnahmenportfolio 382
mehrspurige Strategie 338
Methusalem-Phänomen 210
Mitarbeiterkommunikation 492
Mitläufer 146
Mittelstand 60
Moderation 300
Moderator 300
Monitoring 342
Multidimensionale Ergebnisrechnung 160

N
Nachhaltigkeit 239
Nachhaltigkeitsmatrix 240
New Economy 410
Nischenanbieter 146
Nokia 19

O
Open Space 305

operative Instrumente 155
operativen Adaption 495
Outsourcing 504

P
Passive Sum Consolidation 383
Performance Management 384
Personalentwicklungsmaßnahmen 213
Personal-Management 207
Potenziale 279
Preisniveau 189
Product-Life-Cycle 150
Produktportfolio-Analyse 147
Profit Center 504, 505, 514, 532
Prognoseinstrumente 330
Prozess der Moderation 301
Prozessbewertung 103
Prozesscontrolling 93
Prozessführung 92
Prozesskostenanalyse 196
Prozesskostenrechnung 22, 161
Prozessmanagement 84, 91
Prozessmonitoring 93
Prozessoptimierung 80
Prozessorganisation 84
prozessorientierten Arbeitsorganisation 86
Prozessorientierung 84
Prozessplanung 92
Prozesspotenziale 103
Prozessregelkreismodell 97
Prozesssteuerung 92
Prozessverbesserung 84, 101
Publizität 292
Ratinganalysen 424
Ratingsätze 423
Ratingverfahren 430
Realtime Strategic Change 306
Reserven 279
Ressourcenallokation 381
Return on Logistics Assets 123
Risiko 226
Risiko-Claim-Checkliste 582

Risikomanagement 211, 227
Risikomanagementsystem 262
Risikomatrix 232
Risikoscorecard 231
ROCE 291
ROI 123
Rolling Forecast 475
Ryanair 27

S
Scanning- & Monitoring-Ansatz 243
Schnittstellen 33
Schnittstellenanalysen 116
Schnittstellenoptimierung 116
Schwache Signale 243
Service Level Agreement 505, 506
Service Performance Measurement 170
Service Productivity 176
Shareholder Return 20
Single Sourcing 10
Soft facts 434
Soll-/Ist-Vergleich 94
Sollkennzahlen 94
Spätindikatoren 26
Stakeholder 20
Stakeholder-Kompass 491
Strategic Value 384
Strategie 272
Strategieentwicklung 315
Strategieimplementierung 370
Strategieimplementierungsprozess 382
Strategiekaskadierung 370
Strategiewahl 318
Strategische Analyse 308
Strategische Frühaufklärung 243
strategische Issues 243
Strategische Kontrolle 320
Strategische Planung 304
Strategische Prognose 313
Strategische Unternehmensführung 303
Strategische Ziele 307
strategischen Adaption 495
strategischen Allianz 108

strategischen Geschäftsfeldern 147
Strategischer Erfahrungsaustausch 323
Strategy Map 229
Stückkosten 355
Supply Chain 108
Supply Chain Controlling 114
Supply Chain Council 116
Supply Chain Operations Reference-Modell 116
Sustainable Balanced Scorecard 239
Swatch 19
SWOT-Analyse 316
Szenario-Management 331
Szenariomethode 314

T
Target Costing 129
Teilprozessanalyse 197
Time to Market 22
Time-Based Management 127
Time-to-market 348
Total Cost of Ownership 16, 123, 128
Total Costs of Ownership (TCO) 529
Total Quality Management 13
Trade-off-Kurven 359
Trendmanagement 330
Trendscouts 330
Triggerpoints 473
Trumpf 19

U
Umfeldbedingungen 272
Umsetzungsphase 352
Umwelt 234
Umweltanalyse 309
Umweltsphären 236
Umweltveränderungen 226
Unique Selling Point 188
Unternehmensanalyse 311
Unternehmensführung 252
Unternehmenskommunikation 482
Unternehmenskultur 20
Unternehmensleitbilder 307

Unternehmensleitlinien 307
Unternehmensstrategie 48
Ursache-Wirkungsketten 23

V
Value Based Managements 20
Value Network Management 108
Vendor-Managed-Inventory 194
Veränderungsdrucks 349
Veränderungsprogramme 348
Veränderungsprozess 82
Veränderungsprozesse 80
Verrechnungspreis 515, 516; Kostenorientiert 516, 517, 521; Marktpreisorientiert 515, 516, 517, 522
Vertriebs-Controlling 140
Vertriebsmanagement 141, 160
Vertriebssegmenten 140
Vertriebssteuerung 191
Vision 48
Visionen 304
Visualisierung 335
Visualisierungstechniken 301
Vorstand 539

W
Wertewandel 218
Wertketten- / Wertschöpfungsanalyse 312
Wertmanagement 20
Wertschöpfungskette 254
Wertsteigerung 20
Wirtschaftsmoderation 300
Würth Gruppe 192

Z
Zielhaus 470
Zielsätze 470
Zielvereinbarungen 252
Zukunftsmatrix 340
Zukunftsorientierung 274
Zukunftsprojektionen 334
Zukunftssicherung 252

Literaturverzeichnis

A

Achleitner, A.-K./Everling, O. (Hrsg.), Handbuch Ratingpraxis, Wiesbaden 2004

Argyris, C., Knowledge for action, San Francisco 1993

Armistead, C./Machin, S., Business process management: implications for productivity in multi-stage service networks, in: International Journal of Service Industry Management, Vol. 9, No. 4, 1998

Arnaout, A., Controlling – auch für die Kommunikationspraxis?, in: Piwinger, M./Porák, V. (Hrsg.), Kommunikations-Controlling, Kommunikation und Information quantifizieren und finanziell bewerten, Wiesbaden 2005

Arnold, W./Freimann, J./Kurz, R., Sustainable Balanced Scorecard (SBS): Integration von Nachhaltigkeitsaspekten in das BSC-Konzept, in: Zeitschrift für Controlling und Management, H. 6, 2003

Audit Committee Quarterly, KPMG Frankfurt, Heft III, 2003

Audit Committee Quarterly, KPMG Frankfurt, Heft I, 2004

Audit Committee Quarterly, KPMG Frankfurt, Heft I, 2003

Audit Committee Quarterly, KPMG Frankfurt, Heft II, 2004

B

Bea, F. X./Haas, J., Strategisches Management, Stuttgart 2001

Becker, W., Strategisches Management, Bamberg 2001

Beinhocker, E. D./Kaplan, S., Tired of strategic planning? The McKinsey Quarterly, Special Edition: Risk and Resilience 2002

Beitz, H., Die wichtigsten Checklisten von der Arbeitszufriedenheitsanalyse bis zur Zielgruppenauswahl, in: Handbuch für den Vorgesetzten, Bonn 2001

Bergner, M./Gminder, C.-U., Umweltschutz mit der Balanced Scorecard managen, Erfahrungen der Berliner Wasserbetriebe, in: Controller Magazin, H. 6, 2003

Berthel, J., Kontinuität in der Unternehmensführung, in: Schmidt, D./Rottland, C./Leidig, G. (Hrsg.) Unternehmensstrukturen erfolgreich gestalten, Wiesbaden 1997

Berthel, J., Arbeit in der Wissensgesellschaft – was wird anders?, in: Leidig, G./Mayer, Th. (Hrsg.), Betriebswirtschaft und Mediengesellschaft im Wandel, Wiesbaden 2002

Berthel, J./Becker, F. G., Personal-Management. Grundzüge für Konzeptionen betrieblicher Personalarbeit, Stuttgart 2003

Bertleff, C., Einführung einer IT-Leistungsverrechnung zur Unterstützung des strategischen IT-Controllings, in: HMD 217, Praxis der Wirtschaftsinformatik, Februar, 2001

Biebeler, H., Sustainability Balanced Scorecard, in: Umweltwirtschaftsforum, H. 4/5, 2002

Binner, H. F., Prozessorientierte TQM-Umsetzung (Reihe: Organisationsmanagement und Fertigungsautomatisierung), München 2002

Binner, H. F., Handbuch der prozessorientierten Arbeitsorganisation (REFA-Fachbuchreihe „Unternehmensentwicklung"), München/Wien 2004

Bogaschewsky, Ronald, Integrated Supply Management. Effizienz steigern, Kosten senken bei Einkauf und Beschaffung, Köln 2003

Borchers, S., Beteiligungscontrolling in der Management-Holding, Wiesbaden 2000

Bosshardt, Ch. (Hrsg.), Problembereiche interdisziplinärer Forschung, Bern u.a. 1999

Botta, V., Vom Cost-Center zum Profit-Center, Wiesbaden 2000

Booz Allen & Hamilton, Wertkreation mit Kommunikation, Herausforderungen und Perspektiven für Unternehmen, Produkte und Marken, Frankfurt am Main 2004

Böckermann, R./Pepels, W. (Hrsg.), Personalbindung. Wettbewerbsvorteile durch strategisches Human Ressourcen Management, Berlin 2004

Böhler, H., Marktforschung, Stuttgart/Berlin/Köln 1992

Bramsemann, R., Handbuch Controlling – Methoden und Techniken, München und Wien 1987

Breisig, Th., Entlohnen und Führen mit Zielvereinbarungen, Franfurt/Main 2000

Bronner, R., Kommunikationsbedingungen und Entscheidungseffizienz, S. 82-88, in: zfo, H. 2, 1997

Broetzmann, F./Oehler, K., Risk Enhanced Balanced Scorecard (REBS) – ein Instrument für ein strategisch orientiertes Risikomanagement, in: Controller Magazin, H. 6, 2002

Bullinger, H.-J./Scheer, A.-W. (Hrsg.), Service Engineering: Entwicklung und Gestaltung innovativer Dienstleistungen, Berlin 2003

Bullinger, H.-J., Erfolg mit innovativen Dienstleistungen, in: Kreibich, R./Oertel, B. (Hrsg.), Erfolg mit Dienstleistungen. Innovationen, Märkte, Kunden, Arbeit, Stuttgart 2004

Bundesumweltministerium, Umweltbundesamt (Hrsg.), Handbuch Umweltcontrolling, München 2001

Burgoon, J. K./Hale, J. L., The Fundamental Topoi of Relational Communication, 1984

Burke, R., Project Management. Planning and Control, New York etc. 1994

Bühner, R., Mitarbeiter mit Kennzahlen führen. Der Quantensprung zu mehr Leistung, Landsberg 1996

Büssing, A./Moranz, C., The Role of Face-to-Face Communication in Business relations based on Tele-Collaboration, in: Zeitschrift für Arbeitswissenschaft, Feb. 1, 57. Jg., 2003

C

Clark, H. H./Brennan, S. E., Grounding in Communication, Washington DC 1991

Courtney, H.: 20 | 20 Foresight. Crafting Strategy in an Uncertain World, Boston 2001

Crandall, R. E., Keys to Better Performance Measurement, in: Industrial Management, Jan/Feb, 2002

Czekala, T., New Controlling in der New Economy?, in: Controlling, Zeitschrift für erfolgsorientierte Unternehmenssteuerung, 14 Jg., 2002

Czenskowsky,T./Schünemann, G./Zdrowomyslaw, N., Grundzüge des Controlling, Gernsbach 2004

D

Daft, R. L./Lengel, R. H., Organizational Information Requirements, Media Richness and Structural Design, in: Management Science, Vol. 32, 5, May 1986

Daimler, R./ Sparrer, I., Varga von Kibéd, M., Das unsichtbare Netz, München 2002

Daum, J., Intangible Assets oder die Kunst, Mehrwert zu schaffen, Bonn 2002

Delfman W./Reihlen M. (Hrsg), Controlling von Logistikprozessen, Stuttgart 2003

Deutsche Public Relations-Gesellschaft e.V. (DPRG) (Hrsg.), Arbeitskreis „Kommunikation als Wertschöpfung", Wertschöpfung durch Kommunikation – Thesenpapier zum strategischen Kommunikations-Controlling in Unternehmen und Institutionen, Bonn 2004

Deyhle, A., Controller Handbuch, Gauting 1996

Doppler, K./Lauterburg, C., Change Management, Frankfurt 1994

Doppler, K./Lauterburg, C., Change Management: Den Unternehmenswandel gestalten, Frankfurt/Main 2002

Drucker, P. F., The Practice of Management, Oxford et al. 1955

Dyllick, T./Schaltegger, S., Nachhaltigkeitsmanagementmit einer Sustainabilty Balanced Scorecard, in: Umweltwirtschaftsforum, H. 4, 2001

E

Eccles, R. C., Wider das Primat der Zahlen – die neuen Steuergrößen, in: HarvardManager, deutsche Ausgabe, H. 4, 1991

F

Faulhaber, P./Landwehr, N., Turnaround-Management in der Praxis, Frankfurt a.M./New York 1996

Fink, A./Schlake, O./Siebe, A., Erfolg durch Szenario-Management. Prinzip und Werkzeuge der strategischen Vorausschau, Frankfurt/Main 2001

Forrester, J., Industrial Dynamics, Cambridge, MA 1961

Freeman, R. E., Strategic Management. A Stakeholder Approach, Boston 1984

Funke, H., Kosten- und Leistungsrechnung in der EDV, Kassel 1999

G

Gaitanides, M., Editorial, in: Zeitschrift Führung + Organisation (zfo), H. 2, 2004

Ganz, W./Holzschuh, G./Tombeil, A.-S. 2001: Mit der Competence Card Dienstleistungsbenchmarking unterstützen, Stuttgart 2001

Ganz, W./Tombeil, A.-S., Die Competence Card im Kontext der internationalen Diskussion um Performance-Measurement und Performance-Management, Stuttgart 2002

Gaydoul, P., Controlling in der deutschen Unternehmenspraxis, Darmstadt 1980

Gebert, D., Führung im MbO-Prozeß, Stuttgart 1995

Gerberich, C. W./Kastner, A., Verbesserte Bonitätsanalyse durch integriertes Kennzahlen-Controlling, in: Die Bank, H. 6, 1998

Gilad, B., Early Warning, Using Competitive Intelligence to Anticipate Market Shifts, Control Risk and Create Powerful Strategies, New York 2004

Gladen, W., Performance Measurement als Methode der Unternehmenssteuerung, in: Fröschle, H.-P. (Hrsg.): Performance Measurement, Heidelberg 2002

Gleißner, W., Faustregeln für Unternehmer, Wiesbaden 2000

Gleißner, W./Meier G., Wertorientiertes Risikomanagement für Industrie und Handel, Wiesbaden 2001

Gleißner, W. (Hrsg.), Risikomanagement im Unternehmen, Augsburg 2001/2002

Gleißner, W./Piechota, S., Advanced Controlling – eine Ideenskizze, in: Controller Magazin, H. 5, 2002

Gleißner, W./Füser, K., Leitfaden Rating Basel II: Rating-Strategien für den Mittelstand, München 2003

Gleißner, W./Füser K., Leitfaden Rating, München 2003

Gleißner, W./Weissman A., FutureValue – 12 Module für eine wertorientierte strategische Unternehmensführung, Wiesbaden 2004

Goldratt, E./Cox, J., Das Ziel, New York 1984

Grau, M. R., Kommunikationstechnologisch gestützte Führung. Chancen und Risiken am Beispiel von Zielvereinbarungssystemen, Mannheim 2005

Grönroos, C./Ojasalo, K., Service Productivtiy. Towards a conceptualization of the transformation of inputs into economic results in services, in: Journal of Business Research, H. 57, 2004

Grönroos, C., I did it my way, in: Fisk, R. P./Grove, S. J./John, J. (Hrsg.), Services Marketing Self-Portraits: Inspections, Reflections, and Glimpses from Experts, Chicago 2000

Gummesson, E., Service Management: An Evalutaion and the Future, in: International Journal of Service Industry Management, Vol. 05, No. 1, 1994

H

Hamel, G./Prahalad, C.K., So spüren Unternehmen neue Märkte auf, in: HarvardManager, deutsche Ausgabe, H. 2, 1992

Hammer, M./Champy, J., Business Reengineering. Die Radikalkur für das Unternehmen, Frankfurt/Main 1994

Hedberg, B./Dahlgren, G./Hansson, J./Olve, N.-G., Virtual Organizations and Beyond. Discover Imaginary Organizations, London 1997

Heenemann, H./Leidig, G., Emotionale Intelligenz und Führung, in: Leidig, G./Mayer, Th. (Hrsg.), Betriebswirtschaft und Mediengesellschaft, Wiesbaden 2002

Heinen, E. (Hrsg.), Industriebetriebslehre – Entscheidungen im Industriebetrieb, vierter Teil: Produktionswirtschaft, Wiesbaden 1991

Herbek, P., Strategische Unternehmensführung, Kernkompetenzen – Identität und Visionen – Umsetzung, Fallbeispiele, Wien/Frankfurt 2000

Hering, R./Schuppener, B./Sommerhalder, M., Die Communication Scorecard, Bern/Stuttgart/Wien 2004

Hodgson, P./White, R. P., Relax, it's only uncertainty. Lead the way when the way is changing, London/Edinburgh 2001

Hommelhoff, P./Hopt, K. J./v. Werder, A., Handbuch Corporate Governance. Leitung und Überwachung börsennotierter Unternehmen in der Rechts- und Wirtschaftspraxis, Köln/Stuttgart 2003

Horn, K.-P./Brick, R., Das verborgene Netzwerk der Macht, Offenbach 2001

Horn, K.-P./Brick, R., Die Organisationsaufstellung und systemisches Coaching, Offenbach 2003

Horváth & Partners (Hrsg.), Balanced Scorecard umsetzen, Stuttgart 2004

Horvath, P., Controlling, München 2003

Horvath & Partners, Balanced Scorecard umsetzen, Stuttgart 2000

Hudson, M./Smart, A./Bourne, M., Theory and practice in SME performance measurement systems, in: International Journal of Operations & Production Management, Vol. 21, No. 8, 2001

I

Issacs, B., Dialogue and the art of thinking together, New York 1999

J

Jossé, G., Balanced Scorecard, Renningen 2003

Jossé, G., Strategische Frühaufklärung in der Touristik. Aufbau eines zielgebietsorientierten Frühaufklärungssystems für Reiseveranstalter, Wiesbaden 2004

Jossé, G., Balanced Scorecard. Ziele und Strategien messbar umsetzen, München 2005

K

Kaplan, R. S./Norton, D. P., The Balanced Scorecard – Measures That Drive Performance, in: Harvard Business Review, Jan-Feb 1992

Kaplan, R. S./Norton, D. P., Balanced Scorecard, Stuttgart 1997

Kaplan, R. S./Norton, D. P., Balanced Scorecard. Strategien erfolgreich umsetzen, Stuttgart 2001

Kaplan, R. S./Norton, D. P., Strategy Maps: Der Weg von immateriellen Werten zum materiellen Erfolg, Stuttgart 2004

Karapidis, A., Benchmarking Clubs aufbauen und organisieren am Beispiel des "Fit for Service"-Vorhabens, Stuttgart 2001

Kargl, H., DV-Controlling, München, Wien, Oldenbourg 1999

Karmarkar, U., Will You Survive the Service Revolution?, in: Harvard Business Review, H. 06, 2004

Kastner, A., Wie bekomme ich einen Kredit für mein Unternehmen, Eschborn 2004

Katzenbach, J. R.; Smith, D. K., The wisdom of teams, Boston 1993

Kaerner, H., Studie der Unternehmensberatung Accenture (2003), Das Zukunftsgeschäft Service organisieren, in: Die Welt, Spezialausgabe Maschinenbau und Unternehmensbeteiligungen, April, 2003

Klingenberg, C., Balanced Scorecard bei der Deutschen Lufthansa AG, Wiesbaden 2000

Klingenberg, C., Die Bedeutung der Balanced Scorecard für die Strategieentwicklung bei der Deutschen Lufthansa AG, Herne 2000

Kobi, J.-M., Personalrisikomanagement. Eine neue Dimension im Human-Ressources-Management, Wiesbaden 2002

Kotler, Ph./Bliemel, F., Marketing – Management, Analyse, Planung und Verwirklichung, Stuttgart 1992

Köhler, R., Marketing-Controlling: Konzepte und Methoden, in: Reinecke, S./Tomczak, T./Geis, G. (Hrsg.), Handbuch Marketingcontrolling: Marketing als Motor von Wachstum und Erfolg, Frankfurt/Wien 2001

Königswieser, R./Keil, M., Das Feuer großer Gruppen. Konzepte, Designs, Praxisbeispiele für Großveranstaltungen, Stuttgart 2003

Köthner, D., IT-Unterstützung im Beteiligungscontrolling, in: Littkemann, J./Zündorf, H. (Hrsg.), Beteiligungscontrolling, Herne/Berlin 2004

Kropp, W., Entscheidungsorientiertes Personalrisikomanagement, in: Böckermann, R./Pepels, W. (Hrsg.), Persolanbindung. Wettbewerbsvorteile durch strategisches Human RessourcenManagement, Berlin 2004

Krystek, U./Müller-Stewens, G., Frühaufklärung für Unternehmen, Stuttgart 1993

Küffmann, K., Leistungsbasierte Kostenrechnung als Basis für eine Profit Center-orientierte IT, in: Controller Magazin, H. 06, 2001

L

Lange, M., Das Communications Value System der GPRA Gesellschaft Public Relations Agenturen e.V.: ein Handlungsrahmen für die Bewertung von Kommunikation, in: Pfannenberg, J./Zerfaß, A. (Hrsg.), Wertschöpfung durch Kommunikation. Den Beitrag zum Unternehmenserfolg steuern und kontrollieren, Frankfurt am Main 2005

Lautenbach, C./Sass, J., Perspektiven des internationalen Kommunikations-Controllings, in: Pfannenberg, J./Zerfaß, A. (Hrsg.), Wertschöpfung durch Kommunikation. Den Beitrag zum Unternehmenserfolg steuern und kontrollieren, Frankfurt am Main 2005

Leidig, G., Auswahl und Einführung von Mitarbeitern, Wiesbaden 1994

Leidig, G., Führungs-Handbuch. Erfolgreiche Arbeit in der Druckindustrie, Wiesbaden 1998

Leidig, G., Chaostheorie und Zukunftsherausforderungen, Wiesbaden 1999

Leidig, G., Komplexe Systeme und Unternehmensführung. Naturwissenschaften ante portas Betriebswirtschaftslehre, Wiesbaden 2002

Leidig, G. et al., Balanced Scorecard als Instrument zur Strategieumsetzung. Handbuch für die Druck- und Medienindustrie, Wiesbaden 2002

Leidig, G./Mayer, Th. (Hrsg.), Betriebswirtschaft und Mediengesellschaft im Wandel. Festschrift für Diethelm Schmidt und Lorenz Rottland, Wiesbaden 2002

Leidig, G. et al., Balanced-Scorecard-Handbuch, in: Leidig, G. (Hrsg.), Leitfaden Rating und Kreditverhandlungen, Wuppertal 2003

Leidig, G., Balanced Scorecard, in: Steuerberater Branchenhandbuch, Druckerei, 60. Erg.-Lfg./Februar 2003, Bonn 2003

Leidig, G., Balanced Scorecard und Rating, in: Leidig, G. (Hrsg.), Leitfaden Rating und Kreditverhandlungen, Wiesbaden 2004

Leidig, G. (Hrsg.), Leitfaden Rating und Kreditverhandlungen, Wiesbaden 2004

Lidke, H.-D., Projektmanagement, München/Wien 1995

Liebl, F., Der Schock des Neuen. Entstehung und Management von Issues und Trends, München 2000

Littkemann, J./Zündorf, H., Beteiligungscontrolling, Berlin 2004

Lombriser, R., Strategisches Management: Visionen entwickeln, Strategien umsetzen, Erfolgspotentiale aufbauen, Zürich 2004

M

Mai, J., Konzeption einer controllinggerechten Kosten- und Leistungsrechnung für Rechenzentren, Frankfurt a.M. 1996

Macharzina, K., Unternehmensführung, Wiesbaden 1999

Martin, A., Personalforschung, München 1994

Mercer Management Consulting, Wertsteigerung in der Unternehmenskommunikation, Ergebnisse des „Communications Benchmark 2003", München 2003

Morgan, G., Images of organization, Newbury Park 1986

Moser, J. P, Balanced Scorecard als Instrument eines integrierten Wertmanagements. Ein praxisorientiertes Konzept unter besonderer Berücksichtigung von Banken, Bern, Stuttgart, Berlin 2001

Müller-Stevens, G./Lechner, C./Stahl, H. K., Die Gestaltung von Stakeholder-Beziehungen als Grundlage jedes Grenzmanagements, in: Hinterhuber, H./Stahl, H. K. (Hrsg.), Fallen die Unternehmensgrenzen? Beiträge zur Außenorientierung der Unternehmensführung, Renningen-Malmsheim 2001

Müller-Stewens, G/Lechner, C, Strategisches Management. Wie strategische Initiativen zum Wandel führen, Stuttgart 2001

Müller, A., Strategisches Management mit der Balanced Scorecard, Stuttgart 2000

O

Odiorne, G. S., Personnel administration by objectives, Homewood 1971

Olfert, K./Pischulti, H., Kompakt-Training Unternehmensführung, Ludwigshafen (Rhein) 2002

Oechsler, W. A., Personal und Arbeit, Grundlagen des Human Resource Management und der Arbeitgeber-Arbeitnehmer-Beziehungen, München, Wien 2000

Oechsler, W. A., Führen mit Zielvereinbarungen: Organisatorischer und rechtlicher Rahmen von Führungs-, Beurteilungs- und Entgeltsystemen. Gedenkschrift für Prof. Dr. D. Schwiering, Hamburg 2001

Oepping, H./Siemes, A., Strategisches Risikomanagement mit der Balanced Scorecard, in: Controller Magazin, H. 3, 2003

P

Panse, W./Stegmann, W., Kostenfaktor Angst, Landsberg a. Lech 1998

Patterson, K./Grenny, J./McMillan, R./Switzler, A., Crucial Conversations, New York 2003

Patterson, K./Grenny, J./McMillan, R./Switzler, A., Crucial Confrontations, New York 2005

Pedell, B./Schwihel, A.: Integriertes Strategie- und Risikomanagement mit der Balanced Scorecard – dargestellt am Beispiel eines Energieversorgungsunternehmens, in: Controlling, H. 3, 2004

Peltzer, M.; Gastkommentar in: Audit Committee Quarterly, KPMG Frankfurt, Heft I, 2004

Peltzer, M., Deutsche Corporate Governance – Ein Leitfaden, München 2004

Pfannenberg, J., Due Diligence: Ansatzpunkt für die Bewertung von Kommunikationsleistungen (Loseblattwerk), in: Bentele, G./Piwinger, M./Schönborn, G. (Hrsg.), Kommunikationsmanagement, Neuwied 2001 ff., Ergänzungslieferung 4.11, Juni 2004

Pfannenberg, J., Kommunikations-Controlling im Rahmen des Value Based Managements, in: Merten, K./Kocks, K./Neujahr, E. (Hrsg.), Handbuch der Unternehmenskommunikation, Bonn 2005

Piechota, S., So verknüpfen Sie operatives Controlling und Berichtswesen, München 1998

Piechota, S., Geld reinstecken und Hoffen, in: Computerwoche Extra, H. 4, 2000

Piechota, S., Auf dem Weg zu Business Knowledge Systems, Zürich 2001

Piechota, S., IT- Effizienzverstärker oder Komplexitätstreiber in der analytischen Unternehmennsführung?, in: Controlling&Finance, H. 8, 2002

Piwinger, M./Porák, V., Grundlagen und Voraussetzungen des Kommunikations-Controlling, in: dieselben (Hrsg.), Kommunikations-Controlling. Kommunikation und Information quantifizieren und finanziell bewerten, Wiesbaden 2005

Porák, V., Methoden zur Erfolgs- und Wertbeitragsmessung von Kommunikation, in: Piwinger, M./Porák, V. (Hrsg.), Kommunikations-Controlling. Kommunikation und Information quantifizieren und finanziell bewerten, Wiesbaden 2005

Porter, M. E., Wettbewerbsstrategie – Methoden zur Analyse von Branchen und Konkurrenten, Frankfurt a. M./New York 1999

Potthoff, E./Trescher, K., Das Aufsichtsratsmitglied. Ein Handbuch der Aufgaben, Rechte und Pflichten, Stuttgart 2003

Preißler, P., Controlling – Lehrbuch und Intensivkurs, München, Wien 1992

Preißler, P. (Hrsg), Controlling – Intensivkurs, Landsberg/Lech 1993

Pribilla, P./Reichwald, R./Goecke, R., Telekommunikation im Management. Strategien für den globalen Wettbewerb, Stuttgart 1996

R

Rappaport, A: Selecting Strategies that Create Shareholder Value, in: Harvard Business Review, May-June, 1981

Rappaport, A., Creating Shareholder Value – The new standard for Business Performance, New York/London 1986

Reichling, Peter (Hrsg.), Risikomanagement und Rating, Wiesbaden 2003

Reichwald, R./Dietel, B., Produktionswirtschaft, in: Heinen, E. (Hrsg.), Industriebetriebslehre – Entscheidungen im Industriebetrieb, Vierter Teil: Produktionswirtschaft, Wiesbaden 1991

Rice, R. E., Task analyzability. Use of new Media, and effectiveness: A multi-site exploration of media richness, in: Organization Science, Vol. 3, 4, Nov. 1992

Riesenkoenig, M., Die Reform des Umbruchs. Zur Psychologie der Innovation und Organisationsentwicklung in ostdeutschen Kommunalverwaltungen, Lengerich et al 2000

Ringleb/Kremer/Lutter/v. Werder, Deutscher Corporate Governance Kodex – Kommentar, München 2003

Risse, W., So analysieren Sie ein Unternehmen selbst. Anleitung zur erfolgreichen Unternehmensführung, Berlin 2000

Rogler, S., Risiko-Management im Industriebetrieb – Analyse von Beschaffungs-, Produktions- und Absatzrisiken, Wiesbaden 2002

Rolke, L., Kommunizieren nach dem Stakeholder-Kompass, in: Kirf, B./Rolke, L. (Hrsg.), Der Stakeholder-Kompass. Navigationsinstrument für die Unternehmenskommunikation, Frankfurt 2002

Rommel, G./Brück, F./Diederichs, R./Kempis, R.-D./Kluge, J., Einfach überlegen, Stuttgart 1993

Rommel, G./Brück, F./Diederichs, R./Kempis, R.-D./Kaas, H.-W./Fuhry, G., Qualität gewinnt, Stuttgart 1995

S

Sattelberger, T. (Hrsg), Die lernende Organisation, Wiesbaden 1994

Schachten, Wyludda, Schwope, Becker, Kastner, Aspekte der Kreditrisikosteuerung, in: Fachbeiträge zur Revision des Kreditgeschäftes, IIR Schriftenreihe Bd. 34, Berlin 2002

Schedl, Ch., Die Balanced Scorecard – Anhaltspunkte zur erfolgreichen Entwicklung und Implementierung, in: Leidig, G./Mayer, Th. (Hrsg.), Betriebswirtschaft und Mediengesellschaft im Wandel, Wiesbaden 2002

Schein, E., Process consultation: its role in organization development, Reading, MA 1969

Schein, E., Process consultation (vol. II), Reading, MA 1987

Schirrmacher, F., Das Methusalem-Komplott, München 2004

Schmelzer, J. H./Sesselmann, W., Geschäftsprozessmanagement in der Praxis, München/Wien 2004

Schmidt, D./Rottland, L./Leidig, G. (Hrsg.), Unternehmensstrukturen erfolgreich gestalten, Wiesbaden 1997

Schomann, M., Wissensorientiertes Performance Management, Wiesbaden 2001

Schoemaker, P. J.H., Profiting from Uncertainty. Strategies for Succeeding no matter what the future brings, New York 2002

Scholz, Ch., Personalmanagement, München 2000

Scholz, Ch., Darwiportunismus – auch in der Druckindustrie?, in: Leidig, G./Mayer, Th. (Hrsg.), Betriebswirtschaft und Mediengesellschaft im Wandel, Wiesbaden 2002

Scholz, Ch., Spieler ohne Stammplatzgarantie. Darwiportunismus in der neuen Arbeitswelt, Weinheim 2003

Scholz, Ch./Stein, V./Bechtel, R., Human Capital Management, München – Unterschleißheim 2004

Schröder, E. F., Operatives Controlling, in: Mayer, E. (Hrsg.), Controlling-Konzepte, Wiesbaden 1987

Schwab, V., Die Unternehmensperformance steigern, in: wissensmanagement, H. 02, 2003

Schwab, A. J., Managementwissen für Ingenieure, Berlin 1997

Seagal, S./Horne, D., Human Dynamics, Waltham 1997

Seifert, J. W., Visualisieren – Präsentieren – Moderieren, Offenbach 2004

Senge, P., The fifth discipline, New York 1990

Sepp, H. M., Strategische Frühaufklärung, Wiesbaden 1996

Simon, H., Die heimlichen Gewinner – Erfolgsstrategien unbekannter Weltmarktführer, Frankfurt/New York 1997

Simons, R., Levers of Control: How Managers Use Innovative Control Systems to Drive Strategic Renewal, Boston 1995

Sommerlatte, T. (Hrsg.), Angewandte Systemforschung. Ein interdisziplinärer Ansatz, Wiesbaden 2002

Splittgerber, M., Value Based Communication. Ein Ansatz der Daimler Chrysler AG, in: Bentele, G./Piwinger, M./Schönborn, G. (Hrsg.), Kommunikationsmanagement (Loseblattwerk), Neuwied 2001 ff., Ergänzungslieferung 6.11, April 2004

Springer, R., Wettbewerbsfähigkeit durch Innovation, Berlin 2004

Stahlknecht, P./Hasenkamp, U., Einführung in die Wirtschaftsinformatik, Berlin, Heidelberg, New York 2005

Suter, A., Informatik-Kostenverrechnung als wesentliches Element der IT-Governance, in: Der Schweizer Treuhänder, H. 03, 2003

T

The Swedish Public Relations Association. Return on Communications, Stockholm 1996

Trevino, L. K./Daft, R. L./Lengel, R. H., Understanding Managers' Media Choices: A Symbolic Interactionist Perspective, London, New Delhi 1990

Turner, J. R., The Handbook of Project Based Management, London etc. 1993

V

Vester, F., Ausfahrt Zukunft. Strategien für den Verkehr von morgen. Eine Systemuntersuchung, München 1990

Vester, F., Neuland des Denkens. Vom technokratischen zum kybernetischen Zeitalter, München 1997

von Reibnitz, U., Szenariotechnik, Wiesbaden 1992

von Werder, A., Talaulicar, T., Kolat, L., Kodex Report 2003: Die Akzeptanz der Empfehlungen des Deutschen Corporate Governance Kodex, in: Der Betrieb, Heft 35, 2003

von Werder, A., Talaulicar, T., Kolat, L., Kodex Report 2004: Die Akzeptanz der Empfehlungen und Anregungen des Deutschen Corporate Governance Kodex, in: Der Betrieb, Heft 26, 2004

von Werder, A., Modernisierung der Mitbestimmung, in: Die Betriebswirtschaft, Heft 2, 2004

Vos, M./Schoemaker, H., Accountability of Communication Management. A Balanced Scorecard for Communication Quality, Utrecht 2004

Vuorinen, I./Järvinen, R./Lehtinen, U., Content and measurement of productivity in the service sector, in: International Journal of Service Industry Management, Vol. 9, No. 4, 1998

W

Währisch, M., Kostenrechnungspraxis in der deutschen Industrie – eine empirische Studie, Wiesbaden 1998

Weber, G., Praxis der Organisationsaufstellungen, Heidelberg 2002

Weber, J., Einführung in das Controlling, Stuttgart 1998

Weimar, R./Leidig, G., Evolution, Kultur und Rechtssystem, Frankfurt/M. u.a. 2002

Welge, M. K./Al-Laham, A., Strategisches Management. Grundlagen – Prozess – Implementierung, 4. Auflage, Wiesbaden 2004

Werner, H., Supply Chain Management, Wiesbaden 2002

Wunderer, R/v. Arx, S., Personalmanagement als Wertschöpfungs-Center, Wiesbaden 1999

Z

Zerfaß, A., Rituale der Verifikation? Grundlagen und Grenzen des Kommunikations-Controlling, in: Radermacher, L. (Hrsg.), Distinktion und Deutungamacht. Studien zu Theorie und Pragmatik der Public Relations, Wiesbaden 2004

Zohar, D., Am Rande des Chaos: Neues Denken für chaotische Zeiten, St. Gallen 2000

zur Bonsen, M./Bauer, P./Bredemeyer, S./Herzog, J., Real Time Strategie Chance, Wiesbaden 2003

Zock, A., A critical review on the use of systems dynamics for organisational consultations projects, in: Proceedings of the 22nd International Systems Dynamics Conference, Oxford, July 2004, New York 2004

Die Autoren

Dr. Roland Bardy ist Dipl.-Kfm. (Wien), Dr. rer pol. (Heidelberg) mit knapp 29 Berufsjahren in der BASF-Gruppe. Aufgaben in den Bereichen Finanzen und Controlling, zuletzt bei BASF Aktiengesellschaft verantwortlich für die Überführung der Personalaufgaben in ein „Service-Center Personaldienste". Von 1973 bis 1979 Mitglied der Geschäftsleitung der BASF Argentina, Buenos Aires, 1980 bis 1983 Prokurist im Zentralbereich Controlling in Ludwigshafen, 1984 bis 1991 Leiter der Hauptabteilung Bilanzen, Finanzen und Beteiligungen bei BASF Lacke + Farben AG in Münster. Entsendungen zur Treuhandanstalt, Berlin und zum Landesverband Chemische Industrie Rheinland-Pfalz. Seit 1999 selbständiger Berater, seit 2000 Lehraufträge an der F.C. Goizueta Business School der Emory Universität in Atlanta, Georgia, an der Florida Gulf Coast University in Fort Myers und an der Fachhochschule Worms. Veröffentlichungen zum Controlling und zu ausgewählten Bilanzierungsfragen.

Bernd Bienzeisler ist Organisationssoziologe und arbeitet als wissenschaftlicher Mitarbeiter am Fraunhofer Institut für Arbeitswirtschaft und Organisation. Er beschäftigt sich dort insbesondere mit der Gestaltung von Dienstleistungsarbeit und mit integrierten Konzepten der Personal- und Organisationsentwicklung im Dienstleistungssektor.

Prof. Dr.-Ing. Hartmut F. Binner ist nach mehrjähriger leitender Tätigkeit in der Industrie seit 1978 Professor an der FH Hannover, dort zuständig für den Studienschwerpunkt „Integriertes Organisations- und Prozessmanagement" und die Fächerkombination Industriebetriebslehre, Planung von Werkstätten und Anlagen sowie Qualitätssicherung. Seit 1994 alleiniger geschäftsführender Gesellschafter der Dr. Binner CIM-House GmbH mit ca. 70 Mitarbeitern.

Rainer Bürkert ist Diplom-Oeconom und seit 1991 in der Konzernrevision der Adolf Würth GmbH & Co. KG tätig. Seit 1992 bearbeitet er Sonderprojekte der Konzerngeschäftsleitung. 1993 übernahm Bürkert die kaufmännische Leitung der Division Industrie National und wirkte seither ebenfalls beim Aufbau der Division International mit. Seit Februar 1997 ist er stellvertretender Leiter der Division Industrie International. Seit Januar 1998 Prokurist übernahm er zum Januar 1999 als Geschäftsführer die Firma Würth Industrie Service GmbH & Co. KG (eine Tochtergesellschaft der Adolf Würth KG).

Petra Clemen ist Inhaberin und Geschäftsführerin des Unternehmens ClemenConsulting - Moderation und Training mit Sitz in Karlsruhe. Tätigkeitsschwerpunkt ist die Moderation von Workshops im Rahmen der strategischen Unternehmensführung, der Teamfindung und der Optimierung von Prozessen und Abläufen. Des Weiteren hält sie Seminare zu unterschiedlichen Themen der strategischen Unternehmensführung und moderiert den strategischen Erfahrungsaustausch auf Geschäftsführerebene für verschiedene internationale Unternehmen.

Thomas Czekala hat in Hamburg Betriebswirtschaft mit den Schwerpunkten Industriebetriebslehre, Marketing und Psychologie studiert. Im Anschluss war er Assistent am Lehrstuhl für Industriebetriebslehre und Organisation von Herrn Professor Layer, wo er sich mit Fragen zu Wechselwirkungen zwischen Organisation und Controlling beschäftigte. Bei der Asche AG, einer Tochtergesellschaft des Pharmaunternehmens Schering AG (Berlin), hatte Herr Czekala verschiedene Funktionen im operativen Controlling inne. Er war dort u. a. verantwortlich für Marketing-, Vertriebs- und IT-Controlling sowie Projektleiter für die Vorbereitung und Einführung des damals neu aufkommenden Internets. Herr Czekala war Direktor Group Controlling der Scout24-Gruppe und war bei dem schnell wachsenden Start-Up für Controllingkonzeption und deren Umsetzung im Konzern zuständig. Er hat als Finanzvorstand der JobScout24 die Redimensionierung und Neuausrichtung der Tochtergesellschaften in Deutschland, Österreich und der Schweiz verantwortet. Als Beteiligungscontroller der Beisheim Holding Schweiz AG betreut er zurzeit ein Portfolio unterschiedlicher Direktinvestitionen über alle Phasen des Beteiligungszyklus.

Martin Fiedler ist Diplom-Betriebswirt (FH). Während des berufsbegleitenden Studiums der Internationalen Betriebswirtschaftslehre an der Fachhochschule Darmstadt mit dem Schwerpunkt Finanzierung und Controlling war er als Junior-Controller bei der Reckitt Benckiser Produktions GmbH in Ladenburg/Neckar tätig. Im Jahre 2002 kam er zur Software AG nach Darmstadt und war dort zunächst mit Aufgaben des Bereichs- und Beteiligungscontrollings betraut. Seit 2003 ist Martin Fiedler für das weltweite IT-Controlling der Software AG zuständig.

Dr. Alexander Fink ist Gründungsinitiator und Mitglied des Vorstandes der ScMI Scenario Management International AG. Die ScMI AG unterstützt Unternehmen und Organisationen in den Bereichen Szenario-Management, Visions- und Strategieentwicklung sowie Früherkennung und Trendmanagement. Dr. Fink verfügt über langjährige Erfahrung bei der strategischen Beratung von Industrie- und Dienstleistungsunternehmen. Er ist Autor bzw. Mitautor mehrerer Bücher und schreibt für zahlreiche deutsche und internationale Magazine und Fachzeitschriften.

Dieter Friedemann berät seit fünf Jahren als selbstständiger Management Consultant Vorstände und Geschäftsführer mittelständischer Unternehmen in strategischen Fragen und in Fragen professioneller Unternehmenssteuerung. Nach der Ausbildung als Groß- und Außenhandelskaufmann studierte er Betriebswirtschaft, Informatik und Mathematik. Im Anschluß an das Studium erwarb er über 25 Jahre Führungserfahrung als Controller in internationalen Unternehmen, in denen er als Geschäftsführer und Konzernbereichsleiter Controlling tätig war. Neben seiner Beratungstätigkeit ist er Dozent an den Fachhochschulen Heidelberg und Pforzheim und veröffentlicht Fachaufsätze zu aktuellen Controlling-Themen. (D.Friedemann @t-online.de)

Prof. Dr. Claus W. Gerberich ist Hochschullehrer für Internationales Management und Controlling an der FH Worms – University of Applied Sciences. Er verfügt über 25-jährige Führungserfahrung in der Industrie und zehn Jahre Erfahrung in der Unternehmensberatung.

Die Autoren

Dr. Maren Grau ist Team Lead im HR Shared Services Center EMEA-Projekt bei der SAP AG. Ihr Arbeitsschwerpunkt liegt in der Analyse von HR-Prozessen mit Blick auf Offshoring und Outsourcing. Davor war sie im HR IT-Consulting tätig. Ihre Spezialisierung lag in den Themen Global Performance Management und Global Compensation Management. Sie dozierte und promovierte an der Universität Mannheim, Lehrstuhl für Personalwesen und Arbeitswissenschaft.

Dr. Werner Gleißner ist Vorstand der FutureValue Group AG und Geschäftsführer der RMCE RiskCon GmbH & Co. KG, Leinfelden-Echterdingen/Nürnberg (www.futurevalue.de)

Eugen Hefti ist als Leiter Controlling bei der Sulzer Pumpen (Deutschland) GmbH tätig.

Dr. rer. pol. Germann Jossé lehrt an der Fachhochschule Worms. Seine Schwerpunkte sind Rechnungswesen/Controlling und Strategisches Management. Daneben arbeitet er als freier Seminartrainer in den genannten Bereichen und hat zahlreiche Bücher zum internen/externen Rechnungswesen und Controlling veröffentlicht.

Arno Kastner ist Dipl.-Kfm. und seit 1986 bei einer Bank beschäftigt. Nebenberuflich befasst er sich mit Finanzierung und Steuerung mittelständischer Unternehmen und den damit verbundenen Prüfungshandlungen aus Bankensicht (Stichwort: Analyse von Krisenindikatoren und Aufbau von Frühwarn- und Managementinformationssystemen). Er ist sowohl auf Firmen- als auch auf Bankenseite als Seminartrainer, Berater und Buchautor tätig, verantwortlicher Redakteur der Zeitschrift „Controller-News" sowie Mitglied der Arbeitskreise „Revision des Kreditgeschäftes" des Deutschen Instituts für Interne Revision e.V. in Frankfurt und „Controlling" der Vereinigung Controller (RKW) e. V. in Mainz.

Dr. Christoph Klingenberg ist bei der Deutschen Lufthansa AG und seit dem 1. Mai 2003 Bereichsleiter und Bevollmächtigter des Vorstands für das Programm Zukunft Kont. Ziel des Programms ist es, die Wirtschaftlichkeit des Europa-Verkehrs der Lufthansa zu verbessern. Nach seinem Mathematikstudium an den Universitäten Hamburg, Princeton und Bonn sowie einem Aufenthalt als Gastforscher an der Harvard Universität in Cambridge/ Massachusetts war Dr. Christoph Klingenberg von 1990 bis 1996 als Berater bei McKinsey & Company in Düsseldorf tätig.

Christoph Lautenbach und Jan Sass sind Geschäftsführende Partner der Unternehmensberatung für Kommunikation Lautenbach Sass in Frankfurt am Main. Beide verfügen über langjährige Erfahrungen in marktführenden Kommunikationsberatungen und widmen sich seit Jahren den Themen Strategieentwicklung und Evaluation von Kommunikationsprozessen. Sie sind Mitglieder des Arbeitskreises „Kommunikation als Wertschöpfung" des Berufsverbands Deutsche Public Relations Gesellschaft e.V. (DPRG). Die Gesellschaft Public Relations Agenturen e.V. (GPRA) beraten sie bei der Entwicklung und Implementierung des „Communications Value System" (CVS).

Richard Lederer ist nach jahrzehntelanger Tätigkeit in leitenden kaufmännischen Funktionen bei der KSB AG Frankenthal (Pumpen und Armaturen) heute Mitglied des Aufsichtsrates bei KSB. Mitglied zuerst des Vorstands und später des Beirates der gfo Gesellschaft für Organisation (u. a. Herausgeber der Zeitschrift Führung und Organisation zfo).

Dr. rer. pol. Guido Leidig ist Dipl.-Kfm. und Leiter der Abteilung Betriebswirtschaft des Bundesverbands Druck und Medien e.V., Wiesbaden. Er ist Mitglied des Verwaltungsrates der Faculté Européenne des Sciences du Foncier, Strasbourg sowie in nationalen und internationalen wissenschaftlichen Organisationen. Autor zahlreicher Fachbücher und -artikel.

Tobias Lotz studierte Maschinenbau, Volkswirtschaft und Betriebswirtschaft in der Schweiz und hält einen Abschluss als lic. oec. publ. der Universität Zürich. Danach war er im Kreditbereich bei Banken tätig, u. a. in der Kreditanalyse und im Projektmanagement. 1996 trat er in das vom Vater aufgebaute Maschinenbauunternehmen ein und ist dort seither mit verschiedenen kaufmännischen Aufgaben betraut, insbesondere in den Bereichen Finanzen und Kreditbeziehungen. Außerdem verantwortete er u. a. den Aufbau des Qualitätswesens im Unternehmen und die Neugestaltung des Personalbereichs im Generationswechsel. Zur Zeit gehört zu seinen Aktivitäten: Change Management in den Auslandsunternehmen, Harmonisierung der Finanzberichte und Bilanzen in der Firmengruppe sowie Innovationsmanagement und Patentwesen.

Prof. Dr. Sven Piechota ist Professor für Controlling an der Universität Lüneburg, Aufsichtsratsvorsitzender der Softmark AG und Beirat der ZFU AG Zürich.

Dr. Walter Schmidt ist selbständiger Coach und Moderator für angewandte strategie und kommunikation (ask) und gemeinsam mit Herwig R. Friedag Verfasser der meistverkauften deutschsprachigen Bücher zum Thema Balanced Scorecard. Dr. Schmidt begleitet Unternehmen und Organisationen bei der Entwicklung und Umsetzung von Strategien sowie adäquater Führungs- und Controlling-Instrumente. Er ist Mitglied des Vorstands, Leiter der Projektgruppe IFRS und Gründungsmitglied der Ideenwerkstatt im Internationalen Controller Verein e.V. (walter@ask-schmidt.de)

Mario B. Stephan arbeitet in der Position eines Managers bei BearingPoint Switzerland AG in Zürich. Seine Schwerpunkte liegen in den Themen strategische Planung, Performance Management und Balanced Scorecard. Davor war er in verschiedenen Positionen bei unterschiedlichen Unternehmen in Deutschland und den Vereinigten Staaten tätig. Er ist Dozent für „Strategic Management & Change" an der Steinbeis-Hochschule Berlin.

Dr. Peter R. Wetzel ist Diplom-Ingenieur der Elektrotechnik und war 33 Jahre in leitenden Positionen in einem schweizerischen Elektrogroßkonzern tätig. Während einer 18jährigen Auslandstätigkeit in Brasilien, Südafrika, der Schweiz, Frankreich und Weißrussland war er mit Managementaufgaben befasst, zu denen auch die Führung von Großprojekten der Elektrotechnik gehörte.